東亞民俗學稀見文獻彙編
第二輯

民俗學

第三卷第七～十二號

第五冊

民俗學

第參卷　第七號

昭和六年七月

民俗學會發行

民俗學會會則

第一條　本會を民俗學會と名づく

第二條　本會は民俗學に關する知識の普及並に研究者の交詢を目的とす

第三條　本會の目的を達成する爲めに左の事業を行ふ

イ　毎月一回雜誌「民俗學」を發行す

ロ　毎月一回例會として民俗學談話會を開催す

　但春秋二回を大會とす

ハ　隨時講演會を開催することあるべし

第四條　本會の會員は本會の趣旨目的を賛成し會費（半年分參圓　壹年分六圓）を前納するものとす

第五條　本會會員は例會並に大會に出席することを得るものとす　講演會に就いても亦同じ

第六條　本會の會務を遂行する爲めに會員中より委員若干名を互選す

第七條　委員中より幹事一名、常務委員三名を互選し、幹事は事務を執行し、常務委員は編輯庶務會計の事務を分擔す

第八條　本會の事務所を東京市神田區北甲賀町四番地に置く

附則

第一條　大會の決議によりて本會則を變更することを得

私達が集つて此度上記のやうな趣意で民俗學會を起すことになりました。

考へて見ますと學問が大學とか研究室とかに閉ぢこめられてゐた時代は何時まで何時までつゞくものではないといふことが云はれますが、然し大學とか研究室とかいふものを必要としなければならない學問のあることも確かに事實です。然し民俗學といふやうな民間傳承を研究の對象とする學問こそは眞に大學も研究室も之を獨占することの出來ない學問であります。然しされぱといつてそれは又一人一人の篤志家や學究が個々別々にやつてゐたのでは決してものになる學問ではありません。出來るだけ多くの、出來るだけ廣い範圍の協力に待つしかないものと思ひます。日本に於て決して民間傳承の資料の蒐集なり研究なりが閑却されてゐたとはいへません。然しそれがまだ眞にまとまるところにまとまつてゐるとはいはれないのが事實であります。

かう云ふ事情の下にある民俗學の現狀をもつと開拓發展せしめたいがために、民俗學會といふものを發起することになつた次第です。そして同樣の趣旨のもとに民間傳承の研究解說及び資料の蒐集を目的として、會員を募集し、會員諸君の御助力を作つてこれらを發表する機關として「民俗學」と題する雜誌を發行することになりました。

どうかこの一般國民生活の中に深く生きてゐる事實の意義及び傳承を生かす爲めに、そして民間の學問としての學的性質を達成せしむる爲に、本會の趣旨を御諒解の上御入會御援助を賜りたく御願ひ申します。

委員

石田幹之助　宇野圓空　折口信夫
金田一京助　小泉鐵　松村武雄
松本信廣（在京委員）
秋葉隆　移川子之藏　西田直二郎
（地方委員）

昭和六年七月發行

民俗學

第三卷　第七號

目次

回教徒の祈禱作法

內藤智秀

一

一口に回教徒と云つても、回教にはセイニ・アブドル・カデル（Sheik Abdul Qadir）の意見による樣に、百五十以上の分派がある。そして其の派の分れるに從つて作法も亦多少づゝ異るのであるから、一概には云へない。けれども回教は大別してスンニー（Sunni）派シャー（Siah）派に二分する事が出來、其の內でもスンニー派はトルコ、エジプト、アラビアに最も多くの勢力を有し、在來正統派として認められてゐたのであるから、今其のスンニー派による回教徒の祈禱作法を述べて、之れを以て代表的なものとすることは決して妥當を缺くものでないと考へる。以下述べる所は正統派の作法による事を一言して置きたい。

回教徒には六個條の義務《ファルス》がある。其の一は信仰《アメーンドビッヒ》であり、其の二は日に五回の祈禱《サラート》であり、其の三は每年一ケ月間の斷食《ラマザーン・オルノ》であり、其の四は一生涯に一度メッカへの巡禮《ハッヂ》であり、其の五は所得の二分五厘を施與《ゼキアット》する事であり、其の六は回教國の敎に對する神聖戰爭《ジハット》に參加する事である。

今右の內祈禱《サラート》を說明すると、一日五回の祈りと、朝夕の懺悔とは回教徒の義務で、右は既に經典中に明記してゐるもので、これに違反するものは死罪に當る。即ち男女共相當の年齡に達した者、男子の場合は既に割禮を施し且つ夢精を見たるもの、婦人の場合は既に月經を見たものであれば此の義務を負ふ。回教徒に於ける割禮は男

2

兒七八歲に達した時僧侶を呼び鋏みを以て此の式を行ふのであるが、女子は今日では行はない事を普通とする。男女共十歳にして祈禱を行はざる時は之を打ち懲す必要があり、人妻にして之を行はざる時は離縁せられ又は打ち懲される。但し此際の離縁に對して、夫は其の妻に支拂ふべき手切金を只借用證書の形式でする事が出來る。

二

（イ）其の祈禱の準備行爲として、初め不淨の清め《ハデシ》をしなければならぬ。其は水を以て手、口、鼻其の他足は踝に至るまでを清める。但し水のない時は砂を以て之れに代へる事が出來る。蓋し夢精、交接、手淫又は月經後であれば全身を三回清め《グスル》なければならぬ。其の中第一回は手を以て全身を摩擦するのみでよいが、他の二回は手、口、鼻其の他局部に至るまで洗ひ清める。但し出產の際は產後四十日經過した事を要する。又大小便《アブデスト》の後であれば、先づ顏を洗つて心を清め、木楊子を以て齒を磨き、手は肘まで、そして頭は上部四分の一を耳は手首を以て洗い、顎髭は單に手を以て摩擦するのみでよい。そして靴をはいてゐる場合は足を拭ふ眞似だけでよいが、其の靴は紐のあるもので三哩以上の步行に堪えるものであつて、若し上靴、破靴（二本指を入れる程度まで穴のあるもの）であれば、それをぬいで洗はなければならぬ。但し又是れ等の清めをした後、出血、濃、放屁、吐瀉、睡眠、氣絕、氣狂、酒醉、笑聲等を發した場合は新にやり直さなければならぬ。此の場合水が四十步以上の遠距離にあれば、砂又は土を以て之れに代へられるが、砂ならば、其れを以て手足を拭ふのであるが、土ならば一度土の上に手を廣げ、其の手を以て顏又は手足を拭ひ、再び掌を土の上に廣げて十指を以て腕其の他を拭ひ清める。但し極めて多忙な際又は金がなくて水を買ふ事の出來ない時は、土を以て代用する事が出來るけれども、其の際は條件の備はり次第再びやり直すべきで、病氣の爲めに自ら手を下す能はざる時は他人の助けを借りてもよい事になつてゐる。

斯様な祈禱の際、其の衣服に固形の不潔物が一匁以上附着してゐるか、又はアルコールの汚點がついてゐれば、其の衣服を三度水につけて洗ひ、若し石鹼を使用する際は、其の洗方が一度でよい事になつてゐる。

(ロ) 祈禱の準備行爲として注意しなければならぬのは、其の服裝の事である。男子は臍より膝まで、女は顏に薄物をかけて髮の毛の見えない程度にし、手の掌及び足の先以外は全部掩はなければならぬ。平素毎日の祈禱の際は別に特に美服を纒ふ必要はない。但し露出を禁止された部分の四分の一以上を「スバラ」と三度唱へる間(三秒程)明けた場合は、再び始めから祈禱をやり直さなければならぬ。そして身に衣服を着用する事の出來ない場合は只だ心中に於て祈禱する事となつてゐる。

(ハ) 祈禱の際、信者はメッカに向ふ事になつてゐる。回曆二年七月十五日(月曜日)教祖マホメットは、メッカより數時間里程の一寺院に於て晝間の祈禱をしたが、此の時から神聖な町メッカに向つて祈禱する事となつた。但しメッカ滯在中はカーバ(Caaba)に向つてし、方角が不明であれば人に質ね、それでも不明の際は自分がメッカの方面として信ずる所に向つて拜すべく、祈禱の途中で其の方角が判明した場合は方角を替へて續くべきである。但し群衆の中で行ふ際は、片手位の長さで指の大さの棒を前に立てゝ行ふべきであると規定してゐる。

(ニ) 祈禱の時間については(1)朝の祈禱は夜明けより日の出までの間。(2)午の祈禱は物の影が最も短き時から、其の影の長さが其の物の二倍に達するまでの間。(3)午後の祈禱は其の後日沒までの間。(4)夕方の祈禱は日沈の時から暗くなるまでの間。(5)夜の祈禱は暗くなつてから夜明けまでの間に行はれる。此の毎日五度の祈禱の以外にウイッテルと云つて番外に夜の祈禱を爲す事もある。其れは夜の祈禱の後に行ふのであるが、其の時は色々の懺悔をする事となつてゐる。右の際注意しなければならぬのは、丁度日出、正午、日沈時には祈禱を禁じられ、地平線から二弓だけ離れた場合、午、夜も之れに準じて行はるべき事となつてゐる。

（ホ）祈禱準備として祈禱の決心を爲す事であるが、一人の場合は自ら決心し、僧侶《イマム》と一所に行ふ際は、其の指導者に從ふ事を決心し、此の際は僧侶も亦其の信者と一所に祈禱する事を決心するわけである。

三

以上は主として祈禱の準備行爲に就ての注意個條を述べたのであるが、右が備つてから愈々祈禱が始められる。

（イ）先づ敬神《テクリム・タハリメ》の形から云へば、男は手の親指を耳の下に上げ、女は乳の上に兩手を廣げて置く。そしてアラハ・エクベル（神は最大である）と四回唱へる。それからエスハド、エラ、エラヘ、エララハ（世界唯一の神あり、アラハは其の神である）と二回唱へる。更にエスハド、エンナ、モハンメデン、ラスルラハ（眞にマホメットは神の豫言者である）と二回唱へる。其の後は右に向ひハイヤレス、サラード（急いで祈れ）と二唱し、次ぎは左に向ひハイアレル、ヘエラー（永久の神聖の爲めに）と二唱する。其れからはメッカに向つてアラハ、エクベル（神は最大である）と二唱し、ラ、イラヒ、イララ（神以外に神はない）と一回唱へる。右の中、朝の祈、寺院内の祈り等によつて多少文句に變りがあり、朝の祈禱の際は特にハイアレル、ヘエラー（永久の神聖の爲めに）の次ぎにエス、サラート、ハイルン、ミ・ネンネフ（祈禱は眠るよりよろし）と二回叫ぶのである。讀經僧《イーデン》が時を知らす爲めに祈禱する際は尖塔《ミテーレ》に於て行ふ。讀經僧《イーデン》とはマホメットの死後アビシニア人ビララハベシと云ふ人が、美聲を以て高き所に登り禮拜の時を知らした事に始まる。尖塔《ミナーレ》は回曆五九年埃及の知事セレメが埃及を統一せるアミール・イブニル・ラースの寺院に於て尖塔を建てた事に始まる。ミは火の意味で、ナレは光で、始め燈臺に使用されたもので、寺院には一本乃至六本（君府及びアケネに各六本の尖塔のある回教寺院を有する）の針の様に又煙突の様につき立つた尖塔を見るのである。

(ロ)　祈禱の際の姿勢を云へば、起立の際は、足の先きを少々廣げ、其の間に四本の指を入れる事の出來る程度にする。但し、病人は座したまゝでもよい。手は男の場合耳の下にあつたものを臍の上に持つて來て組む。女は乳の上に廣げた手を胸の上に持つて來て組む。

(ハ)　愈々讀經が始まるのであるが、回教經典中の都合のよい所の一句以上を正確に發聲して讀む必要があるので信者は豫め一句以上の句を暗記してゐる必要がある。但し第一章の七行スレー、ファテーは何人でも知つてゐなければならぬ。四度起ち又座するのであるが、此の間二度までの間に讀み終へてもよい。そして三四回目は他の章を讀むもよいが、午や午后の祈禱の時以外は高聲で讀み上げる。但し僧侶と共に行ふ時は自分は默するもよい事になつてゐる。

(ニ)　其の後最敬《ルクユー》禮を爲すのであるが、男の場合は指を廣げて膝まで、女は指を閉ぢて等しく膝まで持つて來る。そして背を平にして、其の上のコップの水がこぼれない程度にする。

(ホ)　最後に頓首の禮を爲しアラハ、エクベル（神は最大である）と唱へ、スパハネ、アラビ、アラジーム（最大の神に御禮す）と唱へて、更に起立しセミ、アラハ、ヒルミン、ハミデー（神は御禮する人を認める）と唱へて二度頭を地につける。其の際、指はメッカに向ひ、肱は男の場合少し開き、女の場合は開かなくともよい。其の後スパハネビラ、アラハ（最大の神に祈る）と六唱して座わる。

右の際座わる時は、男は左足を横に、右足を縦にし、女は兩足を左にそらす。但し足の指はメッカに向ふ事を要する。右の作法が終へてから祈禱が終れば、エシャド、エラ、ヱララ、ヴシエヘヅ、エンヌ、ムハンメデ、アブッフー、ヴレシッドウ（神以外に神なく、モハメットは其の豫言者である）と云ふ間だけ座つてゐて、其の後自分の祈り事、例へば自分を金持ちにしてくれとか、信者に幸あれとか、卑近なそれ〴〵の祈り言を述べ、又アラハを讃美し、自分の家族の救助を祈り、最後に、右に向ひサラム、アレクム、ワラメトラ（神の無事、神の感謝が皆人の上にあれ）と唱へ、更に左に向つて同樣に唱へて、此所に祈禱は完全に終るのである。

（へ）尙ほ是れ等祈禱に際しての細かな規則もあるので、其の一二を述べると、祈禱終了後は十秒間程卽ちアラフエンメ、インテサラム、ウミン、カサラム、タバレクテヤジヤレジエラリ、イクラム（完全な神よ、貴下の惠みは非常に神聖である）と唱へる間だけ靜止し、然る後外出又は他の祈禱を始める。又頭を地につけた時は其の鼻を見、起立してからは自分の足先きのみを見る。右に向つた時は其の右肩を、左に向いた時は其の左肩を見る。祈禱中欠伸が出る時は口を開かない事、但し萬止むなき時は手を以て口を掩ふ樣にする。祈禱の初めに手を耳の下に持つて來た時は、手が衣服の袖から出てゐる必要がある。但し祈禱中咳をしたり、邪念を起し、又は順序を誤つた場合は思ひ付いた時は其の部分だけをやり直せばよいが、全部濟んだ時に思ひ付いたら祈禱は無効になるから、始めからやり直さなければならぬ。又祈禱の途中他人と話した時、祈禱の途中齒の間から食べ物が出て、其れを呑み込んだ時、又は其が解けて流れ込んだ時も同樣祈禱は無効となる。尙ほ又空腹の甚しい時は食事して然る後祈り、祈禱の際の唱へる言葉の數や頓首の數等は珠數《テシビフ》を以て計算する。佛教徒の珠數は百八を單位にして、其の半分又は三分ノ一の數を以て作られるが、回數の際は九十九を單位とし其の三分ノ一の數のもある。

四

等しく祈禱作法と云つても、平素の祈禱のそれと異る場合がある。卽ち斷食祭中の祈禱《テラウイヒ・ナマズ》とか、金曜日の祈禱《ジユマ・ナマズ》とか、祭日祈禱《バイラム・ナマズ》又は死人の祈禱《ゼナゼ・ナマズ》等によつて多少其の作法が異つて來る。今斷食祭中の祈禱について云へば、此の祈禱は祈禱僧と共に寺院に於て行ふのである。祈禱僧の資格は何等の制限がなく、只だ彼等が政府の役人として其の生活を保證されてゐるのみである。彼等が回教經典を讀み得、祈禱作法を心得て居れば、希望によつて政府から祈禱僧として採用される。斷食祭中の祈禱は回教曆第九月《ラマザーン》中夜の祈禱の濟んだ後、男女共二十回の頓首の禮をするのである(女は家庭内でする)。此の祈禱は平素獨りで行ふものと比し、神に對し二十七倍の効力を有し、此の祈禱をすると然らざるとは、眞面目であるや否やを決定する標準となる。此の祈禱を行ふものは宗教裁判に於て證人たる資格を具有する。此の祈禱に際して信者が一人しかゐない時は祈禱僧の右に座するか、二人以上の際は祈禱僧の後ろに座る。そして祈禱僧に近い程上席となる。祈禱僧は最初先づ後ろを見、列が正しく整頓された時祈禱を始める。最初聲高に、次ぎに低くする。信者の數多い時は讀經僧(Maezzin)が中繼ぎをなし、之れを繰り返す。其の際讀經僧が節をつけると其の祈禱が無効となる。遲刻者のある時は最初から祈禱をやり直すか、若しくは一段濟んだ後に加はへてもよい。二段濟んだ後ならば、祈禱僧の作法に關係なく、列外で單獨に行つてもよい。但し此の際は起立と座臥の作法は衆に從ふ事となつてゐる。此の際の祈禱中、指導者たる祈禱僧に左の誤ある際も、僧のするまゝに從ふ。

一、祈禱僧が座する代りに最敬禮をした時。

二、アハラ・エクベル(神は最大である)と云ふ句が一つ不足した時。

三、第二回目の座りを忘れた時。

四、祈禱僧が靜座を忘れた時。

五、最後に誤りを訂正する爲めにする祈禱の際の誤り。

以上五ッの誤りの場合は見逝して、僧に從ふが、然し左の誤りを犯した場合は、僧に從ふ必要がない。

一、二回行ふべき第一の靜座を三回行つた場合。

二、アラハ・エクベルと九回以上唱へた時。

三、四回の頓首の後更に僧が續けようとする時。（以上）

右の祈禱が濟むと、僧は信者に向ひ、尙ほ信者中祈禱を續けてゐるものあれば、右に向ひ、其の際僧は三度神に懺悔し、經典中の最後の二句を讀む。珠數を以て數へながら三十三回スバナラと云ひ、最後にアルハンブラ（神に御禮す）と云ひ、更に又三十三回アラハ・エクベル（神は最大である）と、そして一回ライライラヒ、マホメット、イヲヒ（神は唯一最大全能にして其の神にのみ感謝す）と唱へる。最後に自分の家族を守つて下さい、とか、自分を幸福にしてくれとか、又は國王を安全にしてくれ等と祈り、兩手を乳の上にあて、最後の感謝を述べてから掌で顏を二度拭き作法終るのである。

五

金曜日の祈禱《ジユマ・ナマズ》について略言して見ると、回教徒の金曜日は基督教の日曜、猶太教の土曜に當り、一週中の安息日で、此の日全回教徒は寺院に參詣する義務を有し、代人を以てするを許さない。此の日の參詣は効力も多く、其の週三日間の罪は、此の日の參詣を以て消滅すると云はれる。金曜日に寺院に參詣する事は、女には義務がないけれども、男子が相當の理由なくして此の祈禱を忘れる事三回に及ぶものは僞善者《ムナフク》（心と口との異る人）となる。其れ故回教主《カリフ》も金曜日には必ず寺院に參詣することを習慣とする。回教主が寺院に參詣する際は、從者は寺院の石段に於て、之れを迎へ、パーデシャー、マグロ、オルマ、センデン、ブユク、アラハ、ワール（皇帝よ、高慢なる勿れ、汝より偉大なる神がある）と幾度か繰り返し、高聲に唱へて、神の名により皇帝を戒めたのであつた。

金曜の祈禱に際し、條件となるものは左の六ヶ條である。

一、大きな町の寺院では滿員になるまで集合する事。

二、回教主《カリフ》から免許を受けた僧侶が祈禱の指導者となる事。

三、午の祈禱の前に之れを行ふ事。

四、僧侶は此の日寺院内で説教する必要がある事。

五、信者三人以上集まれば、必ず此の祈禱を行ふ義務がある事。

六、此の祈禱の際は、都城の門を閉ぢ、回教徒中の祈禱希望者を全部收容する。此の日の祈禱會は一種の議會でもあるから、一週間内の其の町の出來事を報告する事。（以上）

尙ほ又此の祈禱に加はる信者に對する條件は左の通りである。

一、其の村人卽ち此の寺の檀家の人たる事。

二、健康な人たる事。

三、自由人たる事、奴隷及び禁錮者は義務がない。

四、男子たる事、兩性人及び宦官は參加不可能である。

五、盲人ならざる事。

六、自ら歩行し得る人、健康な人でも足無しは參加出來ない。

七、參詣する事を恐ろしがらぬ人、子供（割禮後未だ夢精を見ざるもの）は參詣の義務はない。（以上）

尚ほ金曜の説教中信者は決して發言してはならぬ。他人の行爲を制する爲めにも只だ手眞似を以てし、決して發聲せざる事。又信者は此の日、其の神に對する祈り事を心に念じ、説教の濟んだ後は信者は午の祈禱を行つて、然る後解散する事となつてゐる。

六

祭日祈禱《バイラム・ナマズ》では、金曜日の祈禱作法を適用する。――只だ其の祭日が砂糖祭《セケル・バイラム》（斷食祭終了直後の祭）の日であれば祈禱前に少々甘いものを食し――木楊子で齒を清め、更に身體をも清め、又身體には香水をかけ、成るべく立派な衣服をまとひ、歩む間は低聲で、アラハ、エクベル、ライライラ、アラハ、エクベル、アラハ、エクベル、ウイライイラハムトと讀み續ける。そして太陽が東天に二弓程上つた時手を耳の下にあてゝ祈りを始める。そして普通の祈禱より丁寧に之れを行ひ、最後にスバナラと三回繰り返し、手を前に組み、低聲で經典の最後の章を讀み、後三回アラハ、エクベルと繰り返し、今一度頓首して止めるのである。此の祈禱の際アラハ、エクベルと云ふ言葉は普通の祈りの際より五回餘計に唱へる。尚ほ祭日と云つても前に説明した砂糖祭の外羊の祭《クルバン・バイラム》（斷食祭終了後七十日にして行ふもの）もあるから祭の性質については僧侶から、其の都度信者に説明をする事となつてゐる。

七

死人の祈禱《ビナビ・ナマズ》とは葬式祈禱の意味であるが、是れは死人のあつた時、親戚又は知己が一人以上行へばよいのであるけれども、此の祈禱を誰れも行はなかつたら、其の責任は全村人にかゝる。人が將に死なんとする時は之れを仰向きにし、小形の蒲團様の枕を頭の下に置く。そして時にライライラハの文句を唱へ、側に於て經典中の死の節を讀み上げる。愈々死んでからは、白布を以て頬被りをさせ頭の上で結ぶ。目を閉ぢさせ、手足を延ばし、香をたき、四脚の臺の上に仰向きに裸にして置く。そして下半部は白布を以て掩ふのである。其の後近親の者が布を以て湯又は水で身體を洗ひ淸める。（今日では近親の者の代りに僧侶が之れを行ふ）髮と鬚とを石鹼で洗つてやつてから口を洗ひ、更に左右に動かして側面を洗ひ、又上半身を起して腹を揉み、便をも洗ひ取る。死人を一人以上洗ひ淸める事は回教徒の義務とされてゐる。（若し此の死人が水死の場合は三度これを廻はす）死人を洗ひ淸めた後は、三重に白布を以て卷くのであるが、最下のものは所謂下着《カミシ》で主として下半部、特に足を丁寧に卷き、次ぎに中着《エザール》と云つて頭から足までを左から右に卷いて行く。最後に上着《レファフエ》と云ふ中着と同樣の卷き方で白布を卷きつける。婦人の場合は頭及び顏をかくす爲め白布で頰被りをさせ胸の部分を特に丁寧に卷きつける。

愈々棺に納める時は、先づ敷布に香水をかけ、之れを一枚下に敷いてから、タオルでよく拭ひ取つた死人をタオルのまゝ運び、手足を眞直にし、鼻や口には防腐膏を、頭と鬚には香のある粉を振り、其の後卷いた布の一端を足の所で結ぶのである。尙ほ此の淸めの濟むまでは決して讀經してはならぬが、淸めが濟めば讀經をなし、死人は棺のまゝ寺の石段に運ばれる。其の頭は住職《イマム》の右に置き、住職は死人の胸の所に立ち、信者は三列になつて後ろに座する。最後の方が上席である。男ならエルキス、ニエテネと云ひ、女ならハツンキス、ニエテネと云ひ、子供ならオーランチク、娘子ならキズヤーズと唱へ、其の後はアラハ・エクベルと四唱する。人が死んだら平等で、庶民も君主《ソルタン》も同樣であるが、只子供だけは必ず極樂《ゼンネット》へ參るものと考へられ、子供は死人の案內者の役を勤める。死んで生れた子供の場合だけは單純な式を行ふが、其の他の場合は何れも死人の幸福を祈る爲めの長い祈の言葉を述べられる。そして最後にアラハ・エクベルと三回唱へ、更に又サラム、アレクム、ヴアラメツラと唱へて祈禱が終る。

此の死人を運ぶには、臺に載せて四人で肩にかついでするのであるが、互に十歩を歩めば他の人を以て代へる。若し其の一人が四十歩歩めば四十箇の罪が許される。總べては土葬である。（航海中は水葬にする爲め甕に入れて海中に投ずる事もあるが、火葬する事はない）死體を地上に下す時は會葬者は地上に座る。墓穴の深さは胸に達する程度で、頭をメッカに向け緒の結び目を解き、普通は死體を棺より出しメッカに向けて臥させる。此の時ビシミラハ、ワラミレ、トスレイラ（神の名によりマホメット教國民である）と云ひ、板を一枚だけ横臥せる死體の上に置き、其の上に土をかける。石棺の場合でも、死體の上に一枚の板を置き、更に石の蓋をして土をかけ、最後に水を少々かけるのである。埋葬後は墓場で經典中第五章の內の一節の前と後とを讀み靈魂にさゝげる。そして死人の罪の許しを神に祈る。尙ほ人々が歸つた後は僧又は善良な性質の人が一人遺り、死人の名に其の母の名をつけて呼びかけ、汝の欲する事を云へ、私は回教徒であるから、豫言者マホメットに取りつぐであらうと云ふのである。

但し戰死者、無實の罪で死んだ人、學問の爲めに殉死した人、御產で死んだ婦人（自分の床で死んだもの以外）等は犧牲者として取り扱はれ、淸めの式を行はず、其のまゝ白布を以て掩ふのみで以上の式を行ふのである。

八

以上說明した通り、回教徒の祈禱作法は、極めて質素で飾なく、祈禱にも普通の場合は何等場所の選定をなさず、死人に對し花環さへさゝげる事をしない。而も其の間自ら秩序がある。且つ彼等は共同精神に富み、組織的な團體運動を營み、個人的に勝手な振舞をする事を許されない。其の上死人に對しては平等な待遇をなし、子供から皇帝に至るまで、等しくフエーズと云ふ赤い帽子を冠つてゐた樣に、一向に差別をしない。斯樣な事柄が今日の回教徒に見る樣な國民性を作り上げたものであらうと考へる。

久保寺君のアイヌの「聖傳」について

金田一京助

この一篇の物語歌は、アイヌのユーカラの發達過程を示唆する面白い實例である。日高の老嫗が之をユーカラ卽ち詳しくいへば『英雄のユーカラ』として久保寺君へ口授したものであると云ふ。アイヌの物語歌には、神々のユーカラと英雄のユーカラとあつて、前者は祖神オイナカムイ或はオキクルミの功業、主として惡神や魔神を征伐して人間世界を救ふ物語であり、その內特に、オイナカムイの自敍傳に成つてゐるものをオイナ卽ち聖傳と呼んで大事に傳承してるものである。英雄のユーカラの方は、トメサンペツ（川の名）のシヌタプカ（鄉名）に、カムイオトプシを兄とする英雄兒の武功、武勇譚を謳ふもので、この方は相手の敵は人間で、各々その鄉名を名に負つてゐるものである。然るに、この一篇は、やはり、兄がカムイオトプシで、シヌタプカの英雄兒の物語になつてゐるから、老嫗が英雄のユーカラの積りで傳へたのに無理はないが、併し、その戰の內容は、全然相手が魔神で、オイナの系統のものである。現に、私は先年時を隔てゝワカルパ及びタウクノ二人のアイヌから之を大同小異の形を以つてオイナとして聞いてゐる。折返しの文句もあり、且つそのヒーローが、やはりオイナカムイであつたのである。小著アイヌラツクルの傳説、一一五頁及び一一八頁の物語が、それである。

併乍、私が、いつもさう云ひ且つ考へてゐるやうに、英雄のユーカラのあの長大な物語歌は、一朝一夕に出來上る筈のものではなく、寧ろそれより前に、純宗教的な神々のユーカラの方が先行した筈である。神々のユーカラ中の長篇、オイナになると、その措辭、その文體、上半ぐらゐを聞いてゐると、アイヌでも、屢〻その何れであるかを辨へかねる。たゞオイナは神謠に似て、やゝ長いだけであるのに、英雄のユーカラになると、段物になつてゐて、色々な村々へ後から後から戰がつゞいて、要するに幾つもの物語りの結合で出來てゐるので、一篇を謠ひ終るのに往々一晩もかゝるのである。ヒーローの相手の敵はやはり他村の大將であるのが常で、オイナの方の全く惡神や惡魔であるのと對照するのであるが、それでも間々、敵が惡魔化されて來て、人間ではないやうになつてしまふことも、絶無ではない。樺太のものになると殊にさうであつて、樺太のものでは、オイナとの差が愈々小さなものになつて來る。たゞ長さと、ヒーローそのものゝ名とで分ちがつく。だから、ヒーローの名を取りちがへて行きさへすれば、すぐにユーカラの短篇になつてしまふ。それを、後から〱話を結びつけて行けば、もう全くユーカラになつてしまふわけである。かうしてユーカラが、樂んで聽く物語として發達したものであつたのであらう。即ち、久保寺君の採集されたこの一篇の如きは、オイナの內容をそのまゝに、たゞヒーローその人を、ユーカラのヒーローの名にして語り傳へてしまつてゐるもので、ユーカラがオイナから形成されて來た過程を如實に示す好個の標本である。

久保寺君は、國學院大學在學中から、アイヌ語に指を染め、單身十勝に入つて古老の口から親しくその地のアイヌ方言、及びそれから成る神話傳說を採集して居られた。その後、日高地方へ二度まで踏査に赴かれて、得た所の收獲は堆いノートの山を成して居る。この採集の仕事は、私の長い經驗から、中々並大抵の勞苦でないことを熟知してゐる。殊にその譯解には、今日まで公にされたアイヌ語の文典も辭書も殆んど何の助けともならないのである。一語一語の意義は、之をアイヌに尋ねても、詩語であり、文飾が迂餘曲折を極めた表現であるから、彼等の口でその說明は出來かねるのである。潜心刻苦、漸くこの稿を成されたので、苦心のあとは私にはよくわかるのである。近頃のよい收獲として之を江湖に推薦する所以である。

『北海紀聞』　淸野謙次氏編

本書は「安場保和の『明治十七年北海道巡回日記』—特に千島アイヌの色丹島移住事情に就て」「明治九年千島三郡取調書」「北海道及び千島の沿革」「千島警備及び北海道開拓に關する金子堅太郎の七議案」の四編から成るものであるが、其の主たるものは第一の安場和保氏及び末喜氏の千島及び北海道の巡回記である。勿論內容は見物記にすぎないものであるが、丹念に目にふれ耳に入つた事柄を記してあるので、當時のアイヌ部落のことが或る程度までの想像がつく。それに此の旅行の目的が占守島にゐたアイヌを色丹島に移住せしむる爲めに、其を說得するにあつたのであるが、其の當時アイヌの心的狀態といふやうなものが窺び知ることの出來るのが面白い。

なほ「明治九年千島三郡取調書」は純粹の調査報告であるが位地、港灣、實測標、海峽、地質、海草、陸草、木類、魚類、蟲類、獸類、村落、村名、戶數、人口、人種、言語、文學、職業、風俗情態、衣服、飲食、家屋、寺院、宗門、儀式、漁獵具、器具、家畜、曆數等の項目に分つて、其の記載があり、又土人の談話を附加してある。それは是等の項目が記す部門に於ける貴重なる資料である。

第三は北海道は從てあつて、主として千島の沿革を記したものであり、第四は標題に示す通りものであるが、當時に於ける植民政策といふものを知るに大事な文献である。私はこの最後の一篇を現在に於ける臺灣の政策などに比較して大變興味深くよんだ。（小泉）

雲の柱・火の柱

別所梅之助

道に迷へば誰しも困る。殊に集團が道を失へば、群全體の運命が危くなる。その危さを脫れ出でたといふのに因んで、いろいろの傳へが殘る。

神武天皇御東征の物語にしても、山嶮しうして行くべき道あらぬに、大神が八咫烏をおつかはしになり、その導きで遂に菟田に達せられたとある。これは野の鳥だけに、齊の桓公が孤竹國をうつて、雪に道を失うたをり、老馬を放つて道を求めたといふのよりも素朴に聞える。

古人は斯く生物に道しるべをさせたといふのみならず、無生物にも導きを讀んだとある。卽ち天武天皇が吉野から東國に入らんとせられたをりの傳へには、神武のいにしへをしのばせるやうな記事がある。それでは菟田から大野へ出で、山暗く進みかねるので民家の籬をこぼちて炬となし、隱《なばり》を過ぎて家を燒き、橫河に至らんとするに、十餘丈の黑雲、天にわたるをみて、天下兩分の祥なり、しかも遂に天下を得るかと占ひ給うたとある。さういふ事があつたからか、天武の帝は「天文遁甲を能くす」と書紀につたへられた。

後醍醐天皇も中興の英主であらせられる故にか、天武帝をしのばせるつたへが存する。天武帝が布洗ふ洲股の女の湯舟の下にかくれさせ給うたといふ宇治拾遺あれば、後醍醐帝には伯耆人の船底にひそみ給うたとの太平記がある。一は上に布をつみかさね、一は乾魚の俵を重ねる。それよりも後醍醐帝の吉野へのがれさせ給ふをり、

> 今夜いかにもして吉野の邊までなし參らせんとて、こゝより寮の御馬を參せたれども、八月二十七日の夜の事なれば、道いと暗うして行くべき樣もなかりける所に、俄に春日山の上より金峯山の嶺まで、光る物飛び渡る勢ひに見えて、松明の如くなる光、夜もすがら天を耀し、地を照しける間、行路分明に見えて、程なく夜の曙に大和の國賀名生といふ所へぞ落ちつかせ給ひける。（太平記卷十八）

との話があつた。この日附は八月ならで、延元元年十二月二十二日とするのが普通であらう。

雲の柱・火の柱　(別所)

吉野拾遺には、同じ事を、

　同じ帝、花山院を竊かに出御ならせ給ひて、大和の方へ赴かせ給ひけるに、いと暗き夜なりければ、御供に侍ひける人々、いかにせんとわび合へるを聞かせ給ひて「こゝはいづくの程にか」と尋ねさせ給ひければ、忠房の侍從、稻荷の御社の前にこそと申し給へば、御歌、

　ぬば玉のくらき闇路に迷ふなり、我にかさなん、三つの燈火

とて伏しをがませ給ひければ、御社の上よりいと赤き雲一むら立ちいでて、臨幸の道を照らし送りて、大和の內山に入らせ給へば、雲は金の御嶽の上にて消え失せにけり。まさしく御供に侍りて見し事にこそ。

とまで記してある。

　こゝで聖書に話を移さう。イスラエルの人々が曠野の道をゆくをりに、神は雲もて民をみちびいた。

　ヱホバ彼らの前に往きたまひ、晝は雲の柱をもて彼らを導き、夜は火の柱をもて彼らを照らして晝夜往きすゝましめ給ふ。民の前に晝は雲の柱を除き給はず、夜は火の柱を除きたまはず。(出エジプト一三の二一、二)

なほ

　爰にイスラエルの陣營の前にゆける神の使者移りてその後に行けり。即ち雲の柱その前面をはなれて後に立ち、エジプト人の陣營とイスラエル人の陣營の間に至りけるが、彼が爲には雲となり、暗となり、是が爲には夜を照せり。是をもて彼と是と夜の中に相近づかざりき。(出エジプト一四の一九、二〇)

　曉にヱホバ火と雲との柱の中より、エジプト人の軍勢を望み、エジプト人の軍勢を惱まし、(出エジプト一四の二四)

ともあつて、イスラエルを導くものが、敵人を迷はしたといふ。出エジプト記には、別に神の在すをゑがいて、

　モーセ幕屋に入れば、雲の柱くだりて幕屋の門口に立ちて彼を見る。(出エジプト三三の九)

となす。

　日本の畫工のゑがく雲の上に御幣の乘れるは、作爲にすぐる心地すれど、雲に神明を感ずるは、古人の普通のおもひであつたらう。モーセがシナイの山に律法をうけたをりも、「ヱホバは雲の中にありて降り」たまうたとあり、おなじ想が新約にも影を投げてをる。ヱホバが幕屋の聖所の上にいますとは(レビ一六の二)、そこに香の煙の立ちのぼるからであらう(レビ一六の一三)。

　曠野の旅では、夜はもとより晝も篝をたく。その煙が見る目はるけき所でも、しるべとなる。炬火に道を照し、篝火に夜を

守る。日本人にはさう古い姿でもない。さういふならはしと神を畏るゝ念ひとが相凝りて、雲煙に神の導きを見たのであらう。いにしへ人にとつて、天上の雲、地上の火は、ともに神秘であつた。

孫引ゆゑ、まちがひもあらうが、ギリシヤのトラシブルス Thrasybulus が、夜、火の柱に導かれたといふ。同じくチモレオン Timoleon がシラキユースを救はんとコリントより船出するや、火光天より現れて其の艦隊を導いたと、プルタトクに見える。なほアレキサンドルの沙漠の旅に迷ふや、群鴉が一行を導いたと、これまたプルタークに殘つてをる。これは八咫烏を思はせる。

支那では黃帝の涿鹿の野に戰ふや、常に五色の雲氣あつて、帝の上に止まつたといはれる。漢の高祖の山澤に隱るゝをり、呂后はいつも之を求めえた。「季の居る所の上、常に雲氣ある故に」、それを目じるしにしたのだといふ。かゝる話は、後の帝王の上にも繰りかへされる。神と帝王とは相近かつた。

導くのでない火柱も、物のさとしと思はれた。仁治二年二月四日の火柱に、人の心のおちつかなかつた樣は、吾妻鏡の記事を見ても知られる。元錄十六年に、江戸に火柱が立つた。「曉七つ過ぎより始まりて、北の方に見えたり。山の根よりそらに二丈ばかり赤く、はゞ二尺ばかりに見え、南の方へたふれ」た。その後、北より南へと幾度も大火があり、本郷から小日向をはじめ、赤坂、青山、さては麻布、品川まで燒けたと、廣文庫に引いてある。貝原益軒の書にも、火柱を怖畏ながら「天の御告にて、御國政をお改めなされ候ふ樣にとの御惠み」としてあるさうな。私なども火柱が立つと火事があると聞いて育つた。何かは知らねど、火柱といはれる物をも見た。もとより聖書のとは話が違ふ。それにしても、自然に神の導きを見たといふ心根を、私は尊くおもふ。

厠で唾はくを忌む事

第三卷第三號に南方先生の同記事あれど、奈良縣高市郡地方では厠で唾はけば、鼻が赤くなるとて忌む風習あり。赤鼻になりたる時は厠の前にて一週間若しくは二週間燈明をあげてまいれば癒ると云ふ。澤田博士編のふるさとには唾を便所で吐くと口が荒れると記載してある。神が唾を嫌ふと云ふ證據は寂照堂谷響集第十空唾にもその例あり。（久長興仁）

「たなばた様の着物」を觀て

松本友記

宮崎市瀨頭町の舊家、金丸茂一氏の家寶として昔から傳へらるゝ「たなばた様の着物」を觀た。この着物は舊七月七日でなくては見ることはできない。その日でも午前八時頃から午後四時までの間で、四時すぎれば必らず箱の中へ納められ、又來年の七夕様の日でなければ絕對に見ることを許されない。私は昨年の舊七月七日の午後一時頃訪ねて拜見さして戴いた。

床の前に横に竹を渡してそれに着物を掛けてあつた。着物の前の台には二つの煤けた箱があつた。一つの箱は着物入れ。一つの箱には着物についてゐたと家人が言ふ文箱であつた。それに團子やら貢しめやら菓子やらそなへられ、親類の人が四人、その前で合掌して拜んで居た。

着物は仕立てを解いてある。袖と、襟と、オクビと身と一々の布片に離してある。布には纖細なボタン・ホウオウ鳥等の刺繡がしてあり、私には一見僧侶の衣地だなと想わせられた。布には明に仕立てた跡がある。或時この着物を仕立てゝ盆踊りに着て出た所が、その年家人に非常な不幸が多かつたと家の人は言つてゐる。言ひ傳へに依ればこの布は「蓮のマンダラ」で織つたものだと。罰があたるのを覺悟して布のはしの五六本の織維をひき拔いてかへり、ゼラチンで固定して、これを切斷し、顯微鏡で調べてみた所、絹絲でもなく、羊毛でもなく、木綿では勿論なかつた。纖維が絹絲より餘程細く、例へばクモの巣の絲の様である。或は蓮の莖の中の維管束をとつて織つたものであるかも知れないと思つた。尙科學的檢證を進めねば斷定出來ない。

この着物がいつの頃から傳へられてゐるか皆目不明で勿論家人も知らず、年老ひた親類の人も知らない。昔は書き物もたくさんあつたと言ふが、或る時着物と文書と一緒に盜賊に盜まれ、宮崎市から四里餘り距れた佐土原の質屋に入質してあつた、夜になるとこの入質物からゴ光がさすので少し氣味悪がり、「寶まけ」するといけない、これは多分宮崎の人のものだらうといふ考へから、質屋の主人が宮崎の方に持つて來る途中、盜まれ方の探し手と會つて、幸にも着物は再び金丸家にかへつた、けれ共文書はかへらなかつた、といふことである。現在金丸家には二枚のボロボロになつた文書がある。家人は、これが着物について ゐた書き物でせうと着物の前に供へてあつたその二枚の文書を見して呉れた。

一枚は、もうとてもボロボロで讀むことが出來ない程になつてゐる。一枚は字だけは讀める。讀むことは出來たが意味が分らない。家人が、何んな意味のことが書いてありますか、本當にたなばた樣の着物と一緒の書き物でせうかと聞くが答へられない。自分の不才を泌々はがゆく思つた。次に參考までに全文を掲げて置く。

欽勘周易之〇〇（二字不明筆者ハ「木卦」ト思フ）

誕生天正十一年癸未二月十二日

正當 ䷳ 艮下艮上 艮 六二陰得位

彖《ウ》曰《ニ》艮《クンヘ》レ其背《ニ》不《ス》レ獲レ其身《ノミヲ》行《テ》其庭《ニ》不レ見レ其人《ヲ》无レ咎《シ》。

彖《ン》曰《ニク》艮《ノ》止也。時止《ニ》則止《ルベキ》時則行《ンハク》動靜《セイ》不レ出其時《ヘノヲ》一其道。

光明 艮其止々其所也上下敵應不相焉也。是以不《テス》レ獲其身《ヘノ》行《ヲテ》其

庭《ニ》不見其人无レ咎也。象曰魚山《ケン》艮《ニアルハナリ》。君子以思不レ出二其位《ヲ》一。六

二艮《ム》二其腓《ノコムラニ》一。不拯《アゲ》其隨《アン》其心不レ快。象曰不極其隨未レ退聽也。

元龜曰遊魚避網之課積小成高之象

于時慶長九年甲辰菊月如意珠日

誌之

たなばた樣のナギナタ

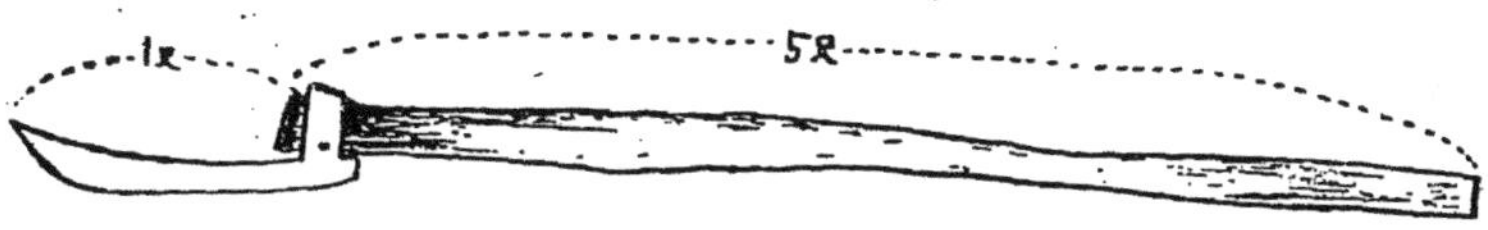

上の樣な文である。たなばた樣の着物につきての書き物であると家人が信じてゐるやうに、果して關係あるものであるか、或は全然別個の文書であるか、その道の人の考證を待たなければ自分には判らない。

たなばた樣の着物には女人は一切手を觸るゝことは許されない。女人が之に手を觸るれば眼がつぶれると信ぜられ、見る人も、それが女の人なら必らず手を後にやつて誤つて觸れるやうなことのない樣に用心してゐた。

家の系圖があつたらと願つた所が、家の系圖は、たなばた樣の着物が盜まれた時、文書と一緒になくなつたと言つて調べることが出來なかつた、先祖の位牌を見せて貰うと、眞黑になつた十幾つかの內最も古いのは寬政の年號のものであつた。明智の姓があつた。

前に言ひ忘れたが、着物の側に長いナギナタ、がならべてあつた。柄は木、刃は鐵、柄の長さ五尺、刃の長さ一尺、その形は圖に示すやうである。このナギナタは口碑に依ればたなばた樣の御用ひになつたナギナタださうである。

たなばた樣の着物やナギナタに就て、何等依

るべき文献を見出せないのは殘念であるが、こゝに注意して特記しなければならない口碑がある。それは次の樣なことである。

年代ははつきり判らないが、昔、たなばた樣がこの地で戰爭をされた、ところがたなばた樣の軍に戰運利あらず散々敗れ、瀨頭に逃げて來られた、敵軍は尙も追擊を續け、こゝでたなばた樣も必死の抵抗を試みられた、激しい格鬪の途中、不運にもたなばた樣は桓根に生へてゐたカボチャとタチワケ（なたまめの事）の蔓にひつかゝつて倒れ、到々戰死されたのである。その時着て居られた着物とナギナタが、今金丸家に傳はるそれであつて、蔓にひつかゝつて死なれた所は金丸家の屋敷內であつたといふ。それで金丸家では昔からカボチャとタチワケは決して作らない。先年屋敷內の桓根にカボチャが自生したので、これは植ゑたのぢやないからいゝだらうとそのまゝにしておいたらその年家人が死んで、もう其後決して屋敷內には生やさないことにして居る。このことは「民俗學」「紙上問答」の問五のお答への一になるかとも考へる。

私は以上のたなばた樣に就ての言ひ傳へから推してたなばた樣とここで言ふのは多分僧侶であつたと考へる。僧侶が軍に加わつて戰ひ金丸家の屋敷で不幸にも栽培植物の蔓にかゝつて倒れた、異樣な着物の人がナギナタをもつて死んだ、それが丁度七月七日であつた、着物の布地が七夕傳說の七夕樣の衣は印度

のマンダラだといふ、それに酷似しておる。後にその着物が質屋の質倉で光を放つたといふことや、着てみた人が何か他の原因で死んだり等して、益々着物が神秘化、傳說化されて、とうとう信仰化されるまでに至つたものだと考へる。だがこんなことは淺學な者が陷り易い獨斷に過ぎないであらう。その道の硏究家の一資料にならば幸である。（一九三〇・九・一）

『東筑摩郡道神圖繪』　橋浦泰雄編

本書は長野縣の信濃教育會東筑摩部會が目下編纂中の「郡誌別篇第二東筑摩郡道神誌」の附圖ともいふべきもので、同書に先だつて出版せられたものである。

編者橋浦氏が東筑の村々を採訪調査せられた收穫であつて、集められ、編された道神實に一五一に及んでゐる。而して各像について其の現存地、製作年月日、其の他の刻字、尺度・高・巾・厚、性別、附屬物についての正確なる記載がある。圖版又可成り明瞭である。

本篇である「道神誌」の方は今秋出版せられるとの事である、二つは相俟つて民間信仰の硏究に大きな資料を與へることとなると思ふが、この一篇だけでも、道神の態樣とか種別といふやうなことが信仰の對象としてのそれの上に或る變化のあつたことが明かにされ、又その彫造の方法といふことが民間藝術の發達の上に現はれた變遷を示すことが出來よう。

見方によつてこの中からいろ／＼なことが考へさせられると思ふと、大變好き出版であると信ずる。（定價二圓、鄕土硏究社出版）

寄合咄

編輯者から

本號にアイヌの Oina を寄稿せられた久保寺氏は金田一氏に師事せられた研究家であつて、同文は同氏の親しく採錄されたものでありますそれは金田一氏の本號の紹介にもありますやうにアイヌ研究の文獻として意義あるものであります。

然して本號は同全文を掲載したが爲めに他の資料の部分に於て頁數を減ぜねばならなかつたことは已むを得なかつたことと御宥恕を願ひます。

次ぎに御願ひですが、今迄の毎號の資料報告によつて略〻民俗學の資料の範圍もお解りのことと思ひますが、更にもつと廣い範圍にわたつても各地方に於て民俗資料の御報告を受けたく會員諸君の御盡力を待ちます。民俗資料は拾ひ出せば殆んど種子がつきることないまでに各地に傳承されても居れば、又埋れてゐると思ひます。それは斷片であつても、一くだりであつてもよろしいのです。唯斷片を斷片とし、事實を事實として客観的な記載をしていたゞくことが必要なのです。解説と批評とは資料と區別されんことを望みます。

最後に、私は今年に入つてから始終健康を害し、半月と健康のよかつたことがなかつた爲めに編輯の上にも、又會員方との交詢の上にも心ならず手落ちがあり、失禮したことを深くお詫びして置きます。今日でも未だ本當に健康が回復せず弱つてゐますが、努力して之までの債務をつぐなひたいと思つてゐます。（小泉）

お願ひ

本號には松本氏の「日向の村八分」の報告を得ましたが、大變面白かつた。殊に私にはかうした資料が常に欲しく思つてゐたのでした。

これは私個人としての御願ひですが、(1) 村の統制——支配・權利・義務・制裁等。(2) 村の單位——部落・組等の構成要素。(3) 村の生活內容及び形式——集會・交際・贈與・交換等。(4) 村の職業——生産の手段・分配等。(5) 村の階級——地主、小作等の他に或る特定の役目者しくは地位。(6) 村の祭禮・年中行事——參加する家柄・身分及び其の職分・範圍等。(7) 其他村落の生活に於ける社會組織に關する事項についてお氣付きの點を御報告に與りたい。又村の成立とか、村から他に移住するとか又は村へ引越して參來る場合の慣例風習、村落の仕切り又他の村落との地域的・統治的關係、村の共有物及び村の公共事業等についても御報告を得たいと希望します。殊に其の事實の儘の材料が欲しいのです。

自分自身で日本の村落の採訪をしたいと多年願つてゐるのですけれども、少し懸案があつて近いうちには到底自身出かけることが出來ないかも知れないので、身勝手ながら會員の方の御助力を願ひたいと思ふのです。（小泉）

プリオリティについて

前號の肥後氏の「稻荷考」の中にも出てゐるので、今私がこゝで問題にすると、少し角張つて不快な感じがせられるかも知れないが、私は此の機會に自分の考へ方をいつて置きたいと思ひます。

何處の學界でも又何の學問でも、プリオリティーの問題は始終ごた／＼があります。誰が誰のプリオリティーを盜んだとか、あの學說は誰が先きにいひだしたものだとか、あの發見は誰が先きに手をつけたものだとかいふいざこざを始終耳にします。

勿論、他人の發見や創意になる着想を横取りして澄ました顏をして自分のものであるやうに發表することは不德義であることは明かですがそれが其の當人だけの手にあつては單に思ひ付きにすぎなかつたものが――そしてそれが發展することが出來なかつたものが他人の手によつて其の發見なり着想なりが發展完成されるといふ場合は決して少くない。其の場合に創始者に敬意を表すことは――そしてそれを明かにすることは順序であるが、それに對して其の發見なり着想なりを私有しようとすることは無意味である。私は學問の如何なる部分もが私有されてはならないと考へてゐる。

私は個人の業蹟に對して賞讃を惜しまないし、其の個人に對して尊敬を禁じ得ないが、吾吾の學術に期待するものは唯疑が解け、問題が說明せられることである。それが誰によつてなされようと吾々は問はないのである。

科學的といふ言葉は方法のそればかりではなく、學術そのものに對する態度に於て私は要求したいのである。科學的であるといふことには個人などといふ要因は消えてなくなつていゝと私は思つてゐる。科學的であるといふことは余計な無駄をしないといふことであり、解り切つたことを二度繰返さずにすますといふことである。私は其の意味に於てプリオリテイの問題をも取扱ひたいと思つてゐる。（小泉）

第四回民俗學會大會

豫告にあつた通りに六月六日の夜、丸の內日本工業倶樂部の大講堂に於いて大會を開きました。三百近くの聽衆があり、盛會でした。

會は宇野圓空氏の開會の辭に始まり、講演に入つて、金田一京助氏の「ユーカラに現はれたるアイヌの生活」及び白鳥庫吉博士の「アルタイ民族の Jada（札答）呪法に就いて」の講演がありました。

なほ折口信夫氏の「虎杖丸に因みて」の講演がある筈でしたが、折口氏は生憎く十數日前から健康を害せられてゐた爲めに同講演はきくことが出來なかつたのは殘念でした。然し折口氏は其後國學院大學の「鄕土研究會」にて同講演を爲された筈ですから、同講演の筆記は本誌に掲載することが出來ると思ひます。金田一氏及び白鳥先生のそれらも號を追ふて本誌に發表される筈ですから、大會に出席出來なかつた諸君はそれについて御覽を願ひます。

最後に石田幹之助氏の閉會の辭を以て散會したのは午後十時すぎでした。

今度の大會に際して白鳥博士が特に私達の御希望を快く御承諾下すつて講演をなすつて下さつたことを厚く御禮を述べて置きたいと思ひます。

なほこの大會の講演會は金田一氏のアイヌ研究に手を着けられてから二十五年、そして其の業蹟である「ユーカラの研究」が發表せられたのに對して本會としての祝意を同氏に捧ぐる爲めであつたことも附加へて置きます。

資料・報告

日向の村八分に就て

松本友記

〔一〕まへがき

從來我國の社會制度の一面に村八分といふ一種の自治的相互制裁の制度が存在してゐたことは幾多の人々によつて記錄せられてゐる。古く梅園日記にハチブなる語を發見することが出來るし、近くは穗積重遠氏(法學協會雜誌)、牧野英一氏(日本刑法)等はこの問題に法的解釋を與へてゐるし、中山太郎氏(日本若者史)も氏の故里に於ける村八分の制度に就ての面白い實例を示し、現在は最早なくなつたと述べてゐる。村八分なる制度そのものが時代思潮に合致せざる制度なるため次第に消滅しつゝあり、殆んど全國的なる制度らしく思われる村八分も、近年に於ては漸く忘れられ、最近に至つて消失した地方もあり、又今尙殘存する地方もあるやうである。筆者は宮崎に於ける本制度に就て調査したのに全縣下に亘つて今尙殆んど消失して居らず、時折この制度が行使せられてゐることさへ耳にすることがあつた。以下調査の大略を述べてみたいと考へる。この方面研究者の一資料ともならば幸である。

〔二〕宮崎縣下各地の實例

(1) **宮崎縣兒湯郡上穗北村**

この地方ではヤクワンメシと云ふ。村の掟を守らないとか、或は自己一身の利害の爲に公共的團體の體面を傷けたとか、村の共同的生活制度を亂すとかいふやうな者があれば、部落或は團體はかゝる不所爲の人間を八分する。これを『ヤクワンメシ食わせる』といふ。

かゝる破廉恥漢が生じた場合部落民は寄合をなし、――勿論本人の出席はない――ヤクワンメシにするか許すかの論議をなし、愈々ヤクワンメシくわせるとなれば、部落民の一人がヤクワンメシにされた者の家にゆき村民の議決を傳へる。かくて以後部落民は斷然本人一人、或はその家族との交際を絕ち共同の團體よりも除名し、村の政治の參與をも許さない。然して本人と交際をせし者は同樣にヤクワンメシくわせられる掟となつてゐる。昔は今よりももつと嚴格な規律の下にこの制度が守られてゐたのであつて、例へば五年に一度行われる地割(現在は地割の制度はない)にも參加せしめず、本人の生活權をも侵害するが如き極端なる制裁を實行してゐたさうである。ヤクワンメシに

日向の村八分に就て（松本）

されたものが前非を悔ひ、考へを矯めたならば、村の頭役の家に行き、今後決してかゝることをしないから、どうか元の様に普通に交際をして呉れ、村の政治にも參與さして呉れと謝罪する。そうすると頼まれた人が、もし本人の陳情が誠意あるものだと認めたならば、村中に觸を出し寄合を開く、そしてその席上で斯様なわけで、あれが心をもち直して謝罪を申しこんだが、皆の衆どうだらうとはかる。そこでもし皆の衆が承知すれば、その寄合に當人をつれて來て皆の前で謝罪させる。かくてヤクワンメシは解け人並の村民となるわけであるが、當人はこの寄合に或程度の酒（燒酎が主である）を振舞ふのが慣例になつてゐる。

(2) **東諸縣郡本庄町**

にせ（若衆）の社會に存在した制度であつたが一般民の間にもないではなかつた。村の頭立つ人の言ふことにさからつたり、不都合な行爲でもすれば、村人が寄合をなしヤクワンメシくわせるかくわせぬかを論議し、衆議がくわせることに決定すれば、その旨を本人に通知する。かくて交際を絶たれてしまふのであつて後悔した場合は(1)に於ける場合の如き形式で謝罪する。この謝罪のことを『ことわりを入れる』といふ。ことわりを入れる場合は酒を貰つて振舞わねばならぬ。昔は罰として大抵ローソク百斤を申し付けてゐたが、村の中老の顔を立てる爲に多くの場合ずつと減ぜられて五—六斤ですまされてゐた。

(3) **宮崎市外赤江町恒久**

今では殆んどなくなつたが五十年前頃迄はそれは酷しいもので、村にヤクワンメシの契約書といふものが備つてゐて、その文面には、

一、村一般の者に對して惡事を働きたる者
二、村の體面を汚したるもの
三、やまいも掘つたるもの

註『やまいも掘る』とは酒のんで醉狂することを言ふ

右の内一ケ條又はそれ以上に抵觸するが如き行爲をなしたるもの堅くヤクワンメシに致候事が嚴重に規定されてゐた。

例へばこゝに乙が甲から非常に亂棒されたとする、そうすると村に寄合をなしてその席上乙が皆の衆に事の次第をのべ「どうしたもんだらうか」と示議する。こゝで村一般が甲の行爲を不都合なりと認めたならば、直ちにヤクワンメシくわせることに決定し、その旨を本人に通知する。以後共同の生活、村の政治より切離してしまふのである。甲は一週間も經てば（人によれば一ケ月もそのまゝでゐる者もある）絶交の苦痛を泌々と感じ村に『ことわり』を入れて謝罪する。この場合の謝罪の方法は次の樣であつた。甲は他部落に行つてそこの顏役二人に事の事情をよく話し苦衷を訴へ、どうか仲に入つて謝罪して呉れと依頼する、若しもその人が仲裁を引受けるならば、仲裁人から甲の村

に私が斯々の事を引受けたと通知する。そして謝罪の日を決定する。日が決定したならば甲の村ではその日に寄合が開かれる。甲は仲裁人二人の者に同道して寄合の場所に赴きそこで謝罪する。卽ち『ことわりを入れる』のである。村民がこの謝罪を容れたならば『ことわりを受けた』といふ。『ことわりを入れる』場合、甲は村一般に對して『……の事情により不都合なる行爲を致し寔に相濟不申、今後再びかゝる行爲致すまじく云々』といふ樣な意味の誓書をしたゝめ氏名捺印の上提出しなければならなかつたけれ共、この誓書は後々迄も殘つて弃人に立ちかへつた後の本人に對して名折れになるのは氣の毒だといふところで中止になり燒酎買へば相濟む樣になつたといふ。

(4) 門川村、次郎別府、小林町、高千穗

門川村では組はづし、次郎別府ではヤクワンメシ、小林町では鄕中はづしと呼ばれ現在でも時々問題が惹起するとこの制度が適用されるそうである。何れもその形式は前述の地方のそれと大差なく謝罪はすべて酒、酒々で圓くおさまつてゐる。高千穗では一本立ち、かんなべからひ(或はかんなべくらひ)と呼ばれ、名稱に於て隣接の熊本縣と同一なことは注意すべきことで、又その形式も略同一とみて差支へない。

〔三〕 考　察

上述せる實例は宮崎縣下各地より調査したるものなれば、全縣下の該制度に就ては大體斯の如しとみることが出來るであらう。以上の例を通覽するに、かゝる制裁を受けるものは村の自治制を破壞したるもの、村の體面、個人の人格を毀損したるもの、素行惡く社會風教を亂す者等であつて、警察制度の確立しなかつた農村に於てかゝる自治的制裁の生れだるは當然なことであつて、それにより村の統一も、道德的或は經濟的社會的統制をも保たれたことゝ察せられる。赤江のヤクワンメシ契約書の中の一ヶ條に、やまいも掘つた者を八分して、彼自らをして反省せしめ共後再びかゝる不行跡を殘さしめないやうにしたことは、現代より是を考ふれば餘計な御セツカイの樣に考へられるけれ共、村民が、自己村民の一人の生活を、人格を、將來を思ふ衷情は是を輕々に非難すべき性質のものでないと考へる。彼等が一旦八分にしたる村民の一人を、八分を解消したる後そこに一點のわだかまりもなく、以前と同一程度の親愛さを以て農村の共同生活を構成してゆく有樣は、現代社會に於て容易にみられない村落內の有機的一現象だと云はなければならぬ。

兒湯郡上穗北村に於ける事例に述べた樣に、當地方に於ては五年に一度割地の割直しが行はれてゐた。割り直しは一定の場所で抽籤法が實行されてゐたのであるが八分されたものは絕對にこの抽籤に參加することは許されなかつた。このことは現代に於てもさうである如く當時の農村社會に於ても一個の人間の生活權を極端に侵害するものであつて到底許さるべき性質のものではないのであるが、然しかゝることが村の自治の名の許に實行されてゐたのであつた。かくて八分されたものはその土地に生活することが出來なくなり、自業自得とあきらめて他村へ移住すべく餘儀なくされたのであつた。八分されたものゝ他地への移動現象は色々な意味に於て注意すべき社會的現象であつて、民俗傳播の方面よりも考慮して然るべきことだと考へる。斯の如く個人的に言へば殘酷なる制裁ではあつたけれ共、之を社會的に見れば、實に當時に於ては有効なる村の自淨作用であつたやうに思はれる。割地に參加することが出來ないことが、重大なることであるだけ村民は如何に相互の義を重んじたかが想像せられる。經濟制度と社會制度との著しく變化した今日より考ふれば一種の野蠻的な制度であるが、背景たる時代を考察の基礎におけば確かに、當時の農村にはかゝる制度も必要であつたであらう。

昔は現在よりももつと若者階級の存在が明白であつたやうに思はれる。各地の二才組、若衆組等嚴重なる規約が作られこの規約に違背した場合は之を團體より除名したことは明な事實であつて、村が八分によつて自淨作用をたした樣に團體も亦八分によつて團體そのものゝ向上と團結とが保たれてゐた樣である。

斯の如く村八分は昔の社會生活の上に重要なる意義を有してゐた制度であつたが、一面之を惡用することが次第に慣習づけられる幣害を免かれ得なかつた。

中山太郎氏によれば石川縣能美郡の各村では、昔處女は村の若者の共有物であつて父兄が之を認めねば種々の亂棒をなし嫁入の妨害等して困らせ、他日娘が困窮な生活に陷つても一向かまわず共同生活の圈外に放つて打合はなかつたといふ。又井上圓了氏の記載によれば、信州伊那郡にては或る天理教信者で管狐を使ふといふので村人がその家を八分にしたといふ。或は又政爭の激しい熊本の或村では擧村一致で甲黨を支持してゐる場合或者が反對黨の者を選擧したといふので村八分に處したといふ話もきいてゐる。

斯樣に正當なる理由なくして、或は迷信的理由によりて個人の自由を束縛し、或は名譽を毀損し、乃至は畏怖心を生ぜしむるが如き幣害又少なしとしない。明治の末葉より「單獨絕交は各自の自由なれ共、多數の者が共同同盟して絕交し以て社會的生活の自由を妨害し名譽を失墜せしめしは不法行爲なり」と法的解釋が與へられ、大正十年後は村八分を不法行爲と確認せられるに至つた。（明治四十四年九月五日宣告判決錄第十七輯一五二二頁、大正二年一月卅一日宣告判決錄第十九輯一四九頁、大正九年十二月十日宣告判決錄第二十六輯九一六頁、法學協會雜誌、日本刑法の諸文獻

參照）

村八分が不法行爲とせらるゝに至つて、社會文教の向上と共にかゝる制度は急激に消滅するに至つたのであるが、宮崎縣に於いてはいまだ時折かゝる問題をきくことがある。

以上村八分を社會的、法的に考へてきたが、次に方向をかへて名稱の方から少し述べて置き度いと思ふ。盛岡長野地方ではむらはちぶ又ははちぶ、讃岐では本願ばらひ、熊本地方ではかんなべからひ等の名稱あり其他村はね、村がさ、町はぶき等が地方により稱へられるが宮崎に於ける名稱をあぐれば、

一、仲間はづし　（南那珂郡地方）
二、絶交　（宮崎郡田野地方）
三、ちよかかるひ　（都城地方）
四、やくわんめし　（宮崎市地方其他一般縣下）
五、郷中はづし　（小林町地方）
六、のけもの　（宮崎市附近）
七、はばあき（或ははゞき、ばゞわき）（宮崎市附近）
八、一本立ち　（西臼杵郡地方）
九、組はづし　（宮崎南部地方）
一〇、かんなべくらひ　（宮崎縣と熊本縣と近接地方）
一一、講中はづし　（宮崎市附近）
一二、うつぱづし　（一般にどの地方にも通用）

調査によつて著者は以上の如き名稱が通用してゐることを知つた。是等の名稱の語源に就ては著者は言ふ資格はないのであるが、梅園日記によればはちぶは撥撫なりと云ひ三田村氏は佛經の天龍八部に關聯せしめてゐるし、中山氏によればはちぶは八分で、世間の交際の重なるものは冠婚葬でこの三の外建築水害火事病氣旅行出産追善の七あり普通の社會人ならこの十の交際を生ずるのであるけれ共、村八分となればこの十の内葬式と火事だけ一般の交渉を許し他の八は交渉を絶つより起る「八分されてもまだ二分殘る」といふ俚諺まであると述べてゐる。（日本若者史二二〇頁）牧野博士も八分なる言葉を用ひてゐるし、若山甲藏氏の牧野博士の村八分は村はづしの誤傳ではなからうか（日向の言葉五二頁）との說は誤解であらう。この若山氏の說に對し、盛岡の橘正一氏は若山氏への私信に述べて曰く『牧野博士の村八分は村はづしの誤傳ではないかとあるが、外では確かにはちぶ又はむらはちぶと言つて居る』と。

宮崎に於ける名稱は、町省き、仲間はづし、組はづし等具體的な名稱が多いのであるが、特にちよかかるひ、やくわんめし、かんなべくらひ等日常生活の器具に關係した名稱があるのはおもしろい。『ちよか』とは茶瓶のことであり、『やくわん』は藥罐であり、『かんなべ』とは湯をわかす小さい鍋で普通飯はたかないのであつて『おかゆ』等を煑くもので一人分位しか飯はたけ

ぬ。是等の名稱の語義は考へるとおもしろいが誰かいゝ說明はないものか。

〔四〕　總　括

一、宮崎縣では昔はどこにも八分の制度があつた。
二、地方によれば現在も尚殘つて行はれてゐる。
三、昔は八分されたものは地割に參加できなかつた。
四、八分によつて住民の移動が行はれた。
五、八分は農村の自淨作用の効があつた。
六、大正十年後八分は不法行爲と認められる樣になつた。
七、宮崎には八分に關して十二の方言がある。
八、それ等の名稱の語義は明にされてゐない。

（一九三一・二月二十日稿）

あかものかぁはん・神迎・神送・盆踊歌

織　田　重　慶

◇あかものかぁはん（富山・射水郡下村）

六月の初卯の日、田植祭《さい》をする。おんたうえといふ。その日眞菰（花がつみ）で五六寸位の草人形を二つ拵へ、これに紙の着物を着せ、御としらかけの小枝を紙の紐でくゝり背中に負はせ

る。これをあかものかぁはん（眞菰の神樣）と言ふ。これを高く放り上げる。拾つた者がその年幸福で豐作を得られると言ふ。又銘々小さなあかものかぁはんを作り家の神棚に供へ豐年を祈る。

◇神送・神迎

神送りは九月三十日。十月三十一日には神迎へをする。その時に銘々の家で生きた鮒を床ノ間に据ゑる。

◇盆踊歌（富山縣中新川方面）

おらが殿まは　餌差をすきで
餌差するときは　衣裳から違ふ
紺の股引　きれ緒の草鞋
腰に黐箱　手に竿持ちて
ちやらりふらりと　北野へさがる
こゝは何處じやと　子供衆に聞けば
こゝは北野の　天神林
もつとそち行けば　小松原ござる
小松小枝に　小鳥がとまる
お前や餌差か　わしや無情の鳥
今日は霜月　二十八日で
生きたものとは　取りにくござる
御緣あつたなら　次に來て差しやれ

蕃族の社會組織に關する資料（一）

小泉　鐵

私は最近に臺灣に於ける蕃族の一なるタイヤール族の間に於ける蕃社組織の二重形態に就いて自分の考察を發表したいと考へてゐるのであるが、其の問題を取扱ふ前に彼等の間に於ける社會組織に關する資料を先づ今後數回に亙つて報告して置かうと思ふ。然しそれは私の所論の題材であるガガ――地方によつてはガザ、ガヤ、ガガロフといはれるが、此の報告では煩を避ける爲めに特定の場合の他はすべてガガと呼ぶことにする――並にアランに關する資料を主として、それに附隨關聯する若干の項目を擧げるにとどまるであらう。而して此等は昭和二年より昭和三年にかけて私自身の調査にかゝるもののみに限定する。

(1) 霧社蕃

霧社蕃は昨秋の暴動の爲めに現在ではあの暴動を起し又それに加盟した蕃社は彼等の住居地から他地方――北港溪右岸の一部、眉原蕃の現住地の對岸下流――に移住せしめられたので、從來の霧社蕃としてのガガの構成の內容に變化があつた筈であるが、私がこゝに報告するのは暴動前の狀態であることは勿論である。

こゝで霧社蕃といふ時の蕃はガガの內容と一致してゐるのであつて、それはトーガン、シーパウ、パーラン、ロードフ、ホーゴー、タカナン、カッツク、タロアン、マヘボ、スーク、ボアルン、タボアンの十二社から成る一體のガガなのである。即ち十二社は相互にショッポ　ガザであつて全體にてケンガル　ガザをなすのである。（ショッポとは同の意味であり、ケンガルとは單一の意味である）

是等の十二社のうちボアルン、タボアンの二社を除く他の十社は今日より約三世代前までは現在のタロアン社につゞく上方の台地に全部集團して一社をなし、又同時に一ガガをなしてゐたのであるが、漸次分散移動して彼等の領域內の各地に分立して各別に社を營むに至つたのである。而して社は分立したけれども、ガガとしては一體を成して其の分裂は行はれなかつたのである。然しボアルン、タボアンの二社は元來は霧社蕃の東北に隣接するタウツア蕃に屬するものであつたのであるが、明治年代の末期にタウツア蕃のガガを脫退して霧社蕃のガガに加入したのである。

ガガとは本來の意味は掟でとでもいふ可きものであり、そしてそれは勿論現在でも掟としての內容を有ち、有効に行はれてゐるのである。而して其の掟としてのガガを相互に一體として維持遵奉する集團を又ガガと稱するのである。

而して集團としてのガガは一定の領域、即ち地域的に其の勢力範圍を有つてゐるのである。それは獵場であり、河川であり、森林であり、牧場であり、其の他耕地、未開墾地等がその中に含まれるのである。其等はすべてガガの所有であつて共有され、同じガガに屬するものは其の地域內に於ては自由に狩獵をなし樹木を伐採し、家畜を放牧し、河漁をし、畑を耕作することが出來るのである。然し現在では霧社蕃に於ては耕地は私有を認められ、所有權が確立し、其の所有者が讓渡若しくは放棄を言明しない限りは永久に私有せられるのである。それは勿論子孫によつて相續せられるのは當然であるが、然し父なる所有者が生前に於て讓渡するか若しくは讓渡を遺言せずに死亡せる場合には、子といへどもそれを耕作使用することは禁忌とせられてゐる。

次に彼等の居住地、即ち集團部落をなす住宅地は本來共有であつて其の何處に家屋及び其の附屬物を建築するも自由なのであるが、部落によつては彼等が移住して住宅地を設定した場所が、たま〳〵誰かの耕作地であつたといふ場合が可成り有り得たのであつた。斯樣なる部落に於ては其の住宅地は依然として其の當時の所有者及び其の繼承者の私有であつて、部落の他の成員達は借地の形式に依て其處に住宅を構へてゐるのである。

團體としてのガガは又共同して祭事を行ふものであるが、其の祭事の司は代々世襲であつて、霧社蕃に於ては三人の司祭者がある。それはシムガソツ（種播祭）、メホマッチョ（粟の收穫祭）、メホバッサオ（黍の收穫祭）の祭事を司どる者が各別に一人宛あるのである。而してなほシムガソツとメホマッチョとには代理とも稱すべき副司祭者が一人宛ある。然し本來は各一人宛であるのであるが、司祭者に故障のある場合に代つて司祭する爲めに設けられるので、但しそれは司祭者の血緣につながるものである。而して現在では司祭者は三人ともパーラン社に居住するが、副の方はロードフ社に住んでゐる。

霧社蕃ではルーダン　シムガソツがガガの司祭者として統一してゐるといふ觀念が存してゐるが、然し各社は又各々地域的に獨立して、祭事及び掟としてのガガに對する責務以外は統治上獨立してゐるのである。

(A)　パーラン社

パーラン社は先づ四部落に分れてゐる。それはテンタナ、ルッツァウ、チェッカ、フンナツであるが、テンタナ及びルッツァウは部落名であり、チェッカ及びフンナツは夫れ〳〵に中・下の意味であつて便宜上の名稱である。

而して是等の部落は更に小別されてゐるのであるが、それはテンタナに於て四、ルッツァウに於て二、チェッカに於て三、フンナツに於ては一となつてゐる。

斯樣なる場合に於てパーラン社といふ全體をアランと呼ぶこ

とは勿論であるが、更に其の下の四部落も各々アランと稱し、アラン　テンタナ、アラン　フンナツ等と呼ぶのである。而して又霧社蕃全體をもアランと稱するのである。それ故彼等は霧社蕃全體を指す時、アラン　セーデッカと呼ぶといつてゐる。然し之れをセーデッカと稱することには疑義がある。

次に小區分されたるものをパーラン社にてはテナナクアランと呼んでゐる。然しこの場合には其の部落名を呼ぶ時には其の部落、卽ちテナナクアランの頭、卽ちルーダン（日本では勢力者といつてゐる）の名前を附けて誰某のテナナクアランと稱するのである。

テナナクアランには各々一人若しくは二人のルーダン―ブシュランともいはれる―なるものがあつてそれを支配してゐるのである。それを現在では勢力者と呼んでゐる。而してルーダンが二人ある場合には年長者の名前を其のテナナクアランの名稱とするのである。

是等のルーダンのうち更に實力勢望他に秀でたる者が社のルーダンとかブシュラン（日本では頭目といつてゐる）となるのである。

頭目と勢力者とを區別する爲めには彼等は頭目をルーダンバーライとかルーダンパールと呼び、勢力者をルーダンチッコ又はルーダンハリと呼ぶのである。（バーライは本當のの意味、パールは大なるの意味、チッコは小なるの意味、ハリは近いの意味である）

而して是等の頭目、勢力者は間々父子相繼ぐ場合が屢々ないではないけれども、然しそれは制度的に世襲であるのではない。又其の選出も制度的の機關があつて爲されるのではなく、實力のあるものが衆望を擔つて部下を率ゐるといふ形である。それ故實力のあるものが他に現はれると場合によつては勢力爭ひから分裂し、幾つにも小分せられることもあり、又反對に合併せられることもあるのである。斯樣なる狀態に於て一のテナナクアランの內容には變化が行はれるのであり、それが一の血族を中心とした團結といふやうな意味內容は現在では認められないやうである。

(B) ホーゴー社

ホーゴー社は三の部落に分れて各々一つに纏つてゐるが、其の部落名はない。そして其の部落の勢力者の名前をとつて誰某のアランと呼んでゐる。

(C) ロードフ社

ロードフ社は二の部落から成つてゐる。以下ホーゴー社と同樣である。

(D) カッツク社

カッツク社は三部落に分れて各々ルーダンを有つてゐたが、最近に其の一つはルーダンの死亡によつて、他と合併し、現在では二部落に分れてゐる。

(E) **タロアン社**

タロアン社は一部落である。

(F) **マヘボ社**

マヘボ社は二部落に分れてゐる。然しそれは最近まで一であつたのであるが、分裂して二になつたのである。そして部落名は位置によつてアラン　ダヤ（上の社）、アラン　フンナツ（下の社）と呼んでゐる。而して此等の區分されたる部落をトボボフルアランと稱する。

(G) **ボアルン社**

(H) **タボアン社**

二社ともタウツア蕃より加入せるものであつて、加入に際して何れも霧社蕃のガガに大豚二頭を提供してショッポガヤとなしたといふ。此の場合のショッポガヤとはガヤを同じうするの意味で加入の場合である。個人の場合にても同じく、その時も豚を出して其の肉をガガの全體にドッメホールして分つのである。ドッメホールとは肉を分つ時に長い竹箸をつくりて、それにて肉を一片づゝ刺して順々に分つのである、加入せるものも當然その肉の分配に與るのである。

ボアルン、タボアンは各ゝ一部落である。

(I) **スーク社**

スーク社はカレラオ、バコワン、シーパウの三部落に分れ、是等の名稱は部落名である。

(2) 萬大蕃

萬大蕃は彼等の自稱アラン　ペルガワンであつて、ツゲウス社及びシメウル社の二より成り、オットフガガロフをなす。（オットフはケンガルと同じく單一の意味であり、此處ではガガなガガロフといふ）

ツゲウス社及びシメウル社は各ゝ獨立して社となし、各ゝ頭目を有するのである。そしてツゲウス社は四部落に、シメウル社は更に二部落に分れ、各部落に勢力者があつて部下を率ゐ、各ゝは誰某のアランと稱してゐる。

祭事の司祭者をシメットと稱し、二社共通である。而して祭事はトンブラハタラッケシ（粟の種播き）、クンロハタラッケシ（粟の收穫）の二であるが、萬大蕃には司祭者に分擔はなく、すべてそれを世襲する家が七軒あつて其の年々の司祭者は萬大蕃全體の頭目及び勢力者等が協議の上當番を選定するのである。

附記　霧社蕃はタイヤール族中のセーデッカと稱する部類に屬し、萬大蕃は純タイヤールの部類に屬する。霧社蕃にてはガガなガザ及びガャと稱するが、萬大蕃はガガロフと稱するのである。然しタイヤール族全體としてはガガと稱するのが本來のやうである。

兩部の祝詞

雜賀貞次郎

紀州田邊の湯川退軒翁（明治三十三年歿、年六十二）の手寫した書類中に『長瀨八幡宮祝詞寫』あり現に翁の次男尾ノ崎象三郎氏の許に傳藏されてゐる。長瀨八幡宮といふは、田邊から約三里はかり北東の現長野村大字上長瀨にある村社八幡神社のことで、俗に長瀨の八幡といふ。この八幡社は紀伊續風土記（卷七二 牟婁郡）三栖莊長瀨村の條に

八幡宮　境内森山周九十八間
　末社三社　若宮　定守社　山神社　拜殿
小名澤の口といふにあり一村の產土神なり那須定守といふ者の勸請なりといへり末社定守社は卽其人を祭るといふ

とあり、地方では此の社の氏子の先祖は下野の那須族で、鄕國からこの神を奉じて移住し祠を建てゝ祀つたと言ひ傳へて居り、現に長瀨及び同地に接する三栖村大字上三栖には那須を姓とするものが多い。扨て祝詞だが、退軒翁は何れから之を得、何の爲めに寫したか分らぬが、多分同社の元の神職の家（神職は元那須氏であつたが、明治以後再三異動あり今は世襲の神職の家といふのは無い）から借り得、趣味多角だつた翁のことゝて珍らしいものとして寫したものかと思ふ。祝詞は左の如くであるが、神主又は社僧の控へ書であり果して應永七年の作か否かは分らず、或は應永に那須定守が勸請し聖朴といふ僧と共に仕へたといふ傳說があつて後世の作ながらそれらの人の作としたのかも知れぬが、何にしても兩部の祝詞は珍らしいと思ふから玆に揭ぐ。

長瀨八幡宮祝詞

謹請再拜々々、于維當年號何年月并十餘月日數三百六十餘ケ日撰定九月吉日良辰、掛忝賢幽嚴御座八幡三所大菩薩宇津廣前備進御酒種々菓子捧給金散米金幣帛信心之大施主也、夫奉勸請當社八幡三所本地阿彌陀如來觀音勢至遍照等流法身也、法身如來者一切遍顯其德是等誓願不到無所、就中此所垂和光跡守護氏子乎庄薗、御座地形爲躰傍淸河流禪定水鎭澄秋風拂松調緊那羅琴曉浪拍峰孝子謂彭誠天下無雙勝地日域第一靈所也、此處卜居此砌同蕪御座世々番々化難化化衆生在々所々度難度群類給實權化歲故共感應日新壽命長遠願者與靈山阿伽陀投蓬萊不死藥給願七珍萬寶寺成如意寶珠悉滿藏、我等此砌來此處住現世安穩後生善處諸願成就事喜中喜幸也、仍而今日當番并參詣黨俗男女貴賤上下命長富豐峒峻金財飽殊當御座本家并面々御治世御沙汰所千齡亦千齡期彌萬歲又萬々歲榮無盡別而庄內泰平五穀成就人民繁昌安穩快樂喜誇惣而一天風雨順時到潤四海浪靜回船自由咸劫轉增劫長福守給謹言爰以三栖庄長

瀬村天長地久祈所而已敬白
經兕等可隨意者也

那須定守
釋氏聖朴

應永七年正月二日

武州川崎市稻毛神社祭禮ノ揭示三種

一、社頭の分（之れは大祭と大書し兩袖に此通一枚板に割書です）

來ル八月二、三日
二日午前九時供進使參向
同十一時ヨリ各區御神輿行列渡御

大祭

三日午前六時ヨリ大神輿渡御
一日夜宮ヨリ三日間神樂執行

二、町內揭示ノ一

揭示

八月一日　午後三時小神輿當區內ヲ豫行渡御ノコト
八月二日　午前十時小神輿ハ神社々頭ニ集合午前十一時御發輿午後六時還御後當區內ヲ正式ニ渡御ノコト
八月三日　午前六時大神輿ハ色變リ役ニテ宮出ノコト

第七月　堀之内區長

三、町內揭示ノ二

告知

來ル八月一日ヨリ三日迄三日間稻毛神社大祭ニ付當町ニ於テハ同社ノ假御安置所ヲ御神酒所內ニ設置致候間御參拜ニ御光來被下度候
御神酒所ハ當町八十番地大塚氏宅

昭和四年七月　宮本町第六部

各位

（後藤圭司報）

紙上問答

○たとへ一言一句でもお思ひよりの事は、直に答をしたためて頂きたい。
○一度出した問題は、永久に答へを歡んでお受けする。
○どの問題の組にも、もあひの番號をつけておくことにする。

問（六〇）　御幣の部分名

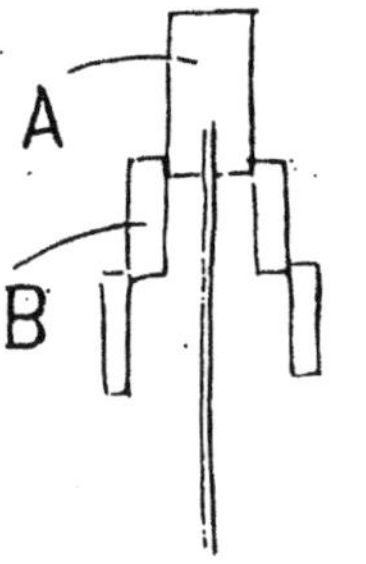

御幣のAの部分とBの部分とを何と稱しますか地方の方言承りたし。又AとBとの色の變つたのは特別の用法がありますか。Aの處へ白米（紙で包む）や其他食物を附ける實例を承りたし。

問（六一）「種子」

伊勢山田邊では子供が無いと「種子」とて貰ひ子をする。そして實子が出來るとそれを「へんねち子」と云ひその方に家督を嗣がせ種子の方は復姓させ小々財産を分けて家から出して仕舞ふ。それと同樣の例承りたし。又その名稱並財産の分配方法。

問（六二）「ねこ」「ねこがき」

圖の形に編んだ筵を「ねこ」「ねこがき」と信州で云ひますがその他に同樣の物は分布してゐませんか。又元日だけ座敷へ筵を敷く風習の地がありますか。（井上賴壽）

問（六三）　ムグラモチを防ぐ一法。

紀州のこの田邊町近村にはムグラモチ少なき故、農家で之を防ぐ方法とて別に聞及ばぬが、北方の那賀郡諸村には此物多く、農事に大害をなすから、古來色々と防禦又捕獲の法が考えられ行はれおる。例えば、田植え頃、田に水を湛えあるに、一夜彼奴が畔を穿ち、其穴から、折角苦辛して溜置た水を洩し盡して、田栽不能に及ばしむる事少なからぬ。因て其季節になると、毎夕農民がタンゴ（糞をになひ運ぶ桶）一つを片足で踏まえ、オーコ（天秤棒）の内側（になふ時、肩に當る方）で、タシゴの兩手を摩擦すると、十町斗り聞え渡る異樣の音を出す。斯て十分間も鳴せば、ムグラモチ遁れ去て其一夜は田畔を穿ちに來らず。彼地方では田栽え頃普通の行事だ。他府縣にも此行事ありやと問ふ（五月廿六日午後十一時半、南方熊楠）。

問（六三）　招魂法。

寂照堂谷響集第九に招魂法の事あり。それに依つて見ると、以レ衣喚レ魂云二招魂一、或は升レ自二東榮一中レ屋履レ危北面三號捲レ衣投二于前一司服レ之。降レ自二西北榮一凡復男子稱レ名婦人稱レ字とあり。楚辭招魂の項にも人死則使レ人以二其上服一升レ屋履レ危北面而號曰ヤ皐某復ヨ遂以二其衣一三招レ之乃下以覆レ尸とあり。現在にても屋根に升りて名を呼ぶ風俗大阪に殘りおる事をきゝたり。同樣の招魂法及他の異りたる招魂法ありや。

問（六四）　徒然草八十九段に猫又の記事あり。猫又とはいかなるものなりや。

問（六五）　島原の北向。

同じく佛教笑話集に島原の北向にはやりてがすかぬものじやとあり、その所以を御存知の方に御たづねする。（以上三、久長興仁）

答（八）

新類　シンルチ、本家　オホヤ、分家　インキヨ、獨身者　オヂ、又女なればオバ、私生兒　テテナシゴ、中間の食事　コビリ、ゲンマユビキリ、神宮　ダンサン、短身　チビ、肥滿　デブ、出額　デブスケ、禿頭　キンカ、片目　メッカチ、足の不具　チンバ。（佐渡小木、青柳秀夫）

答（一一）

植木の支柱を佐渡小木附近でもサギッチョーと云ひます。（青柳秀夫）

答(十四)
佐渡小木附近では、昔々があつたとさー、ではじまり、この、アッタトサ、を連發し、をしまひに、ソイデ、イチハンヂヨサケタ、で結ぶ。(青柳秀夫)

答(十五)
佐渡の海府には今でも泣き女があると聞いて居ります。報酬などくわしい事は知りません。(青柳秀夫)

答(十七)
風邪の神を追出すにはナンバンを火の中にくべ燻《イブ》します。
又鍋釜のフタでばさ〳〵あをると風の神が逃げると云ひます。(青柳秀夫)

答(十七)
風送りと稱して節分の晩、爪、びんの毛、襟先等を各人が切り(全項或は二項位)ゐろりの四隅の灰を共に紙に包み、家族の名、年齢等を記したものと共に神社に持ち集り、藁にて舟型を作り神職の祈禱ありて後ローソク等を灯して川に流す。(澤田廣茂)

答(十七)
澤田博士編なるさとに風邪ひきには女房の腰卷を首に卷きつけて寢るとよいとある。(久長興仁)

答(二十一)
佐渡小木では葬式の事をチンポン、又はソレンと云ひます。尙又棺をかつぐ人々をロクシヤクと云ひます。勿論五人組がかつぐのです。(青柳秀夫)

答(二十八)
佐渡小木では、貝はケイ、又はケイケイと云ひ、とんぼは、ダンブリと云ひます。(青柳秀夫)

答(三十七)
大便と戀との事は知りませぬが、佐渡小比元村の蓮華峰寺の南方近くにハチワリ坂と云ふ山道がある。そこで弘法大師がころんで手にしてゐた鐵鉢を割られたのでその名がある。ここを一名エンムスビ坂とも云ひ、この道の草又は木の枝と枝とを三本の指でむすび逢はせ得れば思ふ人と一緒になれると云つてゐます。(佐渡小木、青柳秀夫)

答(四〇)
雷鳴甚しき時は蚊帳をつり、線香をたてしないさま(國幣中社上佐神社)の松をたく。——高知縣長岡郡田井村地方(澤田廣茂)

答(四二) 觀音のかり錢。

明の錢希言の獪園卷十一に云く、廣利王廟の香火嶺南に盛んに、民間施捨の金錢を積み貯はへ、人の告げ借るを許す。賈人の子あり。劵を持て金を借んとし、神前にトなふ、凡そ三次、皆大吉なり。三次に計り借て數百金に過ぐ。纔かに洋に出て便はち海寇に遇ひ劫取さる。最後に群寇之を樹に縛り、其故を拷訊す。此人具さにいふ、廣利王廟より、借り且つ三たび劵を操ると、寇惻然として之を憫れむ。適たま近く埠せる商船の桐油數百箭あり。此人に給與し、連船載去り、販ひで資本となさしむ。後ち其油を賣るに、箭毎に底に元寶一双あり。立どころに子母を神に償なひ、遂に大に富む云々と。又云く今吾鄕(呉會)市店貿易の夫、歲首毎に契を立て、五聖に向つて貸を乞ふ。先づ大紙錠を買ひ、往て神に獻じ、仍て持ち歸つて、家廟中に懸け、供養惟れ謹しみ、歲終に至つて其小者を外に加え、以て子錢となし、上方山に赴いて之を焚き、名けて納債といふ。自ら欺くか、神を欺くか、何ぞ其愚一に此に至るやと。說鈴後集に收められた。淸の呉震方の嶺南雜記にも、潮州の蛇神を祀る者、蛇嘗て其家に遊び甜ふ。甚しきは神に問て借貸する者ありと出づ。(六月五日午前四時、南方熊楠)

答(四二) 觀音のかり錢。

是迄和漢の例のみ出たから、爰には一つ印度の例を申し上る。一九一五年ボムベイ板、エントホヱンのコンカン民俗記によると、マハラクシュミ山に、小兒の痘瘡を守る女神ジグドハニの祠あり。金を要する者、所要だけの金と等しい大きさに花を積で此神像の前におき、用事がすんだら、金を返すべしと言て歸り、約束の日に復た詣でると、花を積置た所に屹度所要の金が在た。然るに一度金を借り乍ら返さぬ者有てから、女神は金貸しを止めたといふ。（六月八日午後十一時半、南方熊楠）

答（四三）

人糞・尿を擔桶にて運ぶ時は籾殼又は藁を輪の如くまげて、桶の中に浮べてはれ出るのを防ぐ。――高知縣長岡郡田井村地方（澤田廣茂）

答（四三）

私も子供の時かたぎで水を汲む時はこぼれないやうに大きな木の葉をとつて水上においたものです。（奈良縣般若寺町、長久興仁）

答（四五）

本年三月下旬、奈良縣高市郡八木町で實見した。丁度夕飯後で、大軌電車八木西口驛のすぐ傍であつた。南方先生の仰つしやるのと多少違ふから、一々書いて見る。まづ、子供達は半圓形に列び、鬼になつた者は、その前方に眼かくしをして、向ふむきに立つてゐる。まづ鬼が、「ガーチャ/\」と呼ぶ、と一同は「誰の隣に誰が居る」と叫ぶ。此間頻りに位置を替へる。鬼はそれに應じて、「孝ちやんの隣に直子さんがゐる」といふ風に推量で答へる。鬼がこれをいふと、もう位置の變更は許されない。鬼の推量が間違つてゐたら、一同は「違ふて候」と言ひながら又列び替つて、第二回目を始める。中つたら、中てられた者が、代つて鬼になる。但しこの時何にも言はない。私の實見したのは、これ一つであるが、まだ可なり盛んに行はれてゐるやうである。私の實家の同縣磯城郡都村でも行はれてゐるが、文句は一寸違ふ。何れ調べて又お報告する。（原田恭助）

答（四九）

藪柑子の方言に高知縣長岡郡田井村地方にてはへんどうみやげといふ。（澤田廣茂）

答（六二） 阿彌陀籤はついて

阿彌陀くじてふ名稱の所以は、阿彌陀佛像の後光から來たもので、籤の作り方が類似してゐるからと思ふ。笠の被り樣に阿彌陀笠あり。これは前方をあげて被ると、笠の裏骨が見えて後光の感あれば云ふと思ふ。圓光の感には非るべし。御參考までに。（昭和・六・六・廿一 藪）

學界消息

○國學院大學國文學會大會講演會 は六月七日同大學に於て開催され、柳田國男氏の『座頭文學に就て』と題する講演があつた。氏は座頭文學研究の現在に至るまでの經過と座頭が持ち運んだと思はれる昔話の諸地方に殘るものをあげて昔話運搬者としての彼等の功業を語り、この座頭文學の研究によつて、我々は平家物語、義經記、曾我物語等の起りと日本に於ける笑の文學の發生及成長過程を實證的に說き明かすことが出來るであらうことを力說した。

○國學院大學鄕土會公開講演會 は同會創立以來の指導者である金田一京助氏の『ユーカラの研究』の出版を記念して六月十三日同大學大講堂に於て開かれた。先づ中山太郎氏はユーカラ虎杖丸の梗概を述べて、その中に現はれて居る民俗を內地の民俗と比較して兩者に非常に多くの類似のあることを例示し、折口信夫氏は『虎杖丸に因みて』といふ演題の下に、刀に對する古代人の論理から鞘の發生について考察し、金田一京助氏は『胡沙考』と題して『八串の肉串戰物語』といふユーカラを譯述し、其中のアイヌラックルが初目見の途中、他國の魔女にあひ

學界消息

其の息吹によつて災難にあふ場面があることを擧げ其の息吹を husa と言ふことを注意し、更にこの husa が kosa として和人に傳へられ、遂に『胡沙吹く風』などの如く誤用されて行つた、經路を諳示した。なほ閉會後日本青年館に於て『ユーカラの研究』出版記念の祝賀會があつた。

○慶應大學地人會 が暫く振りにて六月廿日同大學圖書館内會議室に於て開かれて、柳田國男氏の『對馬旅行談』があつた。島の文化に對する人文地理的の觀察談、比較的後の移住者が上層階級をしめて居る關係上、島の舊文化の研究にはこの上層階級の裏に隱れた人々の生活を究明することが必要であるらしい等種々の見聞談があつた。

○小泉鐵氏 は『東亞』七月號に『アミ族の年中行事』を、『科學畫報』八月號に『蕃人の食物其他』を寄稿した。

○松村武雄氏 は岩波の『日本文學』のために『神話學より見たる國文學』を執筆、單行本『神話傳說の支那』を校正中。

○松本信廣氏 は六月廿五日慶應大學史學會例會に於て先史時代の印度文化に就て講演した

○旅と傳說 四ノ六

木曾御嶽本地 中山 太郎

傳説の精神分析ッ・フロイド 大槻憲二譯
端午の節句と農民 田中喜多美
河内十三嶺の十三塚 栗山 一夫
國產の秘密 寺石 正路
鮫付の怨群とヱビスといふ事 雜賀貞次郎
香風の訓殷といふ名 同
播磨法華山の金輪聖王塔 淺田 芳郎
大田道灌と岩槻城 北澤怡佐雄
善德蟲の名稱と傳說の分布 湯淺 啓溫
島の聲蟲の聲 杉谷 流翠
和歌山附近の童謠 山田 弘通
伯耆大山紀行 山本 尊國
式部山由來 田中 鯉三
松本城物語 柴田 富陽
柳田先生著作年譜 水木 直箭
既刊郡誌書目解題(十) 大藤 時彥
下總地方の方言 齋藤源三郎
繪馬漫錄 下村作次郎
「聽耳草紙」の法螺の貝 高橋 勝利
死んだ人の來る話 小野 秋風
乞食行脚 卜部哲次郎
手賀沼の女城主 諏訪 三郎

○方言と土俗 二ノ一

天草島のメダカ方言分布圖 濱田 隆一
タンポポと山鳩 橘 正一

子供の言葉 諸 家
月の童謠 諸 家
原因を表はす助詞と理由を表す助詞と 橘 正一
鹿角の童謠と地名考資料 內田 武志
鄉土方言資料目錄補遺 橘 正一

○愛媛縣周桑郡鄉土研究彙報 十一

風位考資料 (九) 柳田 國男
愛媛縣周桑郡石根村明穗誌(四) 玉井 正孝
石根村大頭の俗信 三村 靜
周桑郡のいたどり方言 杉山 正世
越智郡櫻井町登畑採訪記 渡部 傜義
かくれんぼ遊び 杉山喜三男
長崎に於ける魚類方言 本山 桂川
佐渡小木港船唄 青柳 秀夫
ツクシの方言等
風の稱呼

○土のいろ 特輯八ノ五 遠州方言研究一

靜岡縣方言の重要性 東條 操
遠州方言の特色 野島 角男
濱名湖と方言分布 宇波 耕策
丁斑魚考 佐々木清治
方言の二三に就いて 平松 東城

○史苑 六ノ二

民族學の概念 岡田 太郎

アイヌ敍事詩

OINA 聖傳

日高國沙流郡平賀村　エテノア媼傳承

久保寺逸彥採集並譯註

(Sakehé :——**Kanekaunkaun**)

Akor sapo (1)	我が養姉《まゝあね》
ireshpa hine (2)	我を育てゝ
ramma-kane	常日頃
katkor-kane (3)	變りなく
an͡-an ruwe	(我)ありあり
ne hike :——(4)	たるに,
Tan͡ iyoikir (5)	これなる寶什の列《つらなり》は
ran-pesh kunne (6)	低き懸崖《きりぎし》のごと
chishiturire, (7)	伸び横たはり,
enkashike	そが上に
nishpa mutpe (8)	首領の佩く太刀
o-tu-santuka (9)	數々の欄
o-re-santuka (10)	數多の欄

---

* Sakehe (折返す囃言葉), この詩は一句の終毎に Kanekaunkaun を refrain とす。

註(1) akor sapo は本篇の主人公なる小城主 Aeoina-Kamui を育つる女性であるが, 血緣をひく姉を意味しない。恩師金田一先生の譯語を拜借して「我が養姉」と譯出した。

(2) i (我を) respa (resu「育てる」の三人稱複數) hine (そして,て), Syn. irespa wa.

(3) kat (常態) kor (持つ) kane (つゝ), いつもさうしてゐる, 健やかに暮す。

(4) ne (前句の ruwe に續く,のである) hike (…であつたが,…であつたところが)。

(5) tan (これなる) i-o- (物を容れる容器) ikir (列), これなる寶筐, 寶器の列の意 (ユーカラ研究 p. 272)。

(6) ran (下れる,垂れ下る) pesh (水際の崖) kunne (…の如く)。

(7) shi- (自身) turire (伸ばさしむ), 自身を伸ばす, これに chi-(中相接辭)がついて自動化されて結局「伸びてゐる」の意となる。他動化したものをまた更に自動化する語法は我我には驚異である。

(8) nishpa (首領,大將) mut (佩く,帶にさす)-pe (もの), 首領の佩く太刀。

(9) 二句で對句をなし,文飾となる。tu-(二つ),re-(三つ)は數詞の原義をはなれて「數多」の意。

(10) o- (事物の重なる意を示す接辭) santuka (欄がしら,tuka< 邦語, Syn. Sannip)。

ō-uka-uiru, (1)	互に相重なり
uko-ran-pusa	相共に垂るゝ總《ふさ》(太刀の)
suipa kane,	搖れつ，そよぎつ,
iyoipe nipek	寶器の光
asso-kotor (2)	壁の面《おもて》に
mike kane	照りかゞよひて
shiriki kor shir'an. (3)	ありしことかや。
Ikir mompokke	寶列の下手(に)
chi-tuye amset (4)	別造りの高床
kane amset (5)	金の高牀
chishireanu, (6)	据ゑてあり,
amset-kurka	その高牀の上に
ai-(y)o-resu. (7)	我養ひ育てらる。
Ineap-kusun (8)	あはれ，如何なればか
akor sapo	我が養姉《まゝあね》の
i(y)oma ruwe kusu	我を愛《め》で慈しみ
iki yaka (9)	せしかも

註(1) o-(事物を指示し，上句の enkashike を指す) uka (互に，上に) uiru (在り)，互に重なる。

(2) as=ash (立つ)，so (平面部)，asso(壁)-kotor 壁の面，壁際。
譯者筆錄の際 ashi-sho kotor と書けり，このまゝなれば「我が右座の際に」の義かと思はるれど，恐らくは聞誤れるならん。(ユーカラ研究 p. 241) を參照して改めたり。

(3) shiriki (見說法，さういふ風にする) kor (つゝ) shirian (見說法，こゝでは驚嘆の意をあらはす，あることかな)。

(4) chi-(過去分詞法接辭) tuye (tui「切れる」の他動詞)，chituye は「切られたる，切りてある」。amset は amse ともいふ，涼臺の如き形狀にて，爐邊に一段高く設けられた臺座をいふ，今日アイヌの家にても見ること稀なるが如し。

(5) kane 邦語「金」，こゝにては特に konkane (konkani とも)「黃金」の意に用ゐらる。
高床の善美なるを修飾せるのみ。

(6) shir (狀態一般を含めていふ) e (そこに，amset を指す) anu (an「置く，ある」の具體形)，そこに置く。それに，chi-(中相接辭) がついて「置かれてある」の意となる。

(7) ai- (一人稱所相) o-(そこに，amset-kurka をさす) resu (育つ，育てる)，我そこに育てらる。

(8) ine-ap-kus ともいふ。ine (何う，如何に) -ap (あるもの) kusu (故)-un (强辭)，今姑く「あはれ，如何なればと」と譯したれど，「なんとまあ」位に譯したる方，或は當らんか，複數 ine-rokpe-kus。

(9) i (事物を「それ」と指す) ki (する，爲す)，「物す」の意。

aeramishikari,	我知らず,
shuke kusu-ne kor (1)	飯《いひ》炊ぐとては
tem-shut na wa (2)	腕のもとより(指先まで)
yashke kor orowa,	洗ひ浄め了へ
pirka poi shu	よき小鍋に
o-tu-pechirpe (3)	二杓の水
o-re-pechirpe (4)	三杓の水
karpare wa (5)	掛け灑ぎ
hoka tuika	圍爐裏《ゐろり》火の上《へ》に
eterkere, (6)	どさと投げかけ
umshu pirkep (7)	よくしらげたる粟
shu-oro-konna (8)	鍋に入るゝに
echopopo, (9)	煮えたつ音ぐすぐす,
pirka meshi, (10)	美《うま》し飯《いひ》
pera-ko-kir (11)	箆《へら》にてかへし

註 (1) kusu-ne 未來をあらはす,「何々せんとす」の意。

(2) tem (手) shut (麓, 根もと) na (方) wa (より)。

(3)(4) o-tu, o-re 數多重なる常套的語法, pe (水) chirir (流る), ぱつと水の撥れることを含めて pechirpe といふ, (ユーカラ研究 p. 923)。

(5) karpa (kar「する, なす」の複數) re (他動化語尾) wa (…して, から)。
karpare, karkar 等の如きは眞に不思議の語にて, 前後の關係より意味を掴むより外仕方なきか。

(6) e (そこに, hoka tuika を承く) terkere (はれしむ, 投げる)。

(7) umshu pirkep, バチラー氏辭書「Umshu. adj. Stored up. Prepared. Put away in the best places. Pirikep. n. Thrashed millet」, 金田一先生は貯へられし粟, 上等に舂き白げたとつて置きの粟 (アイヌは「白米のことだ」とも云ふ) と教へられたり。

(8) shu (鍋) — oro (……の中に, 入れる) — konna (kor-na より變つた形で詞をながめる辭), 鍋の中に入れる樣。
ipe-shir-konna (食べてゐる樣), arki-shir-konna (來るらしき樣) 等の用例あり。

(9) e (そこに, 前句を指す) chopopo (chopo に最後の音節-po を繰りかへし附けて反復, 繼續をあらはす形, 恐らく擬聲にてチヨッチヨッといふ語ならん。金田一先生の「ユーカラ研究」に, chop 接吻の音か, chop-chop-se (チヨプチヨプと鳴らす), chopnere (接吻す) [p. 781], aechopnure, anechopinure (接吻す) [p. 851] とあれば, それに關係ある語ならん。譯者, 水の撥れる音として「バシヤ」「バシヤ」と譯して, 先生に質したるに, 先生は「煮え立つ音」ならんと教へられたり。よつて「グス」「グス」と譯し改めつ。

(10) meshi < 邦語 (飯)。

(11) pera < 邦語, kashup (箆, 杓子) ko (共に) kiru (かへす)。

kashup-ko-kir (1)	杓子にて混ぜ
yapte wa, (2)	(爐より)外し下して,
kaparpe itanki (3)	薄手造の椀(に)
kaparpe otchike (4)	薄手造の折敷《をしき》(を)
u(w)oeroshki (5)	互に重ね立て
poro sonapi	飯《めし》の高盛り
yaikokarkar	供へ造り
tek chikirpo	手を下につき
i(y)oushi wa (6)	膝《ゐざ》行りつゝ
ramno kane	ねもごろに
ikoipuni, (7)	我に捧げつ,
konneshi-un (8)	さるまゝにありてぞ
chitomte resu	我齋《いつ》き育てられ
iekarkar kor	つゝ
an-an rapo(k)ke,	ありけるに,
inu-an humi	我が聞く物音
ene oka-hi; ——(9)	かくありけり; ——
Ine hunak-un	何處にてや
tu-otonrim hum (10)	どうと鳴り頻る音
re-otonrim hum (11)	夥しく轟と鳴る音
anu kane kor	我耳にしつゝ
an-an ruwe,	ありけるに,

註 (1) 前頁の註 (11)參照。
(2) yapte (上げる, 陸へ上げる, 爐を沖と見なして, 鍋を下すをいふ語法)。
(3)(4) kapar (薄き)—pe (物), itanki (椀), otchike < 邦語, 折敷 (ヲシキ)。
(5) u-or-eroshki, u (互に)—or (うち, そこ)—e (そこに)—roshki (ash「立つ」の複數), 互に重ね立てる。Syn. uwonnayushi.
(6) i (それを) y (挿入音)—o (そこに) ushi (附ける), 膝行する (手を下につき)。
(7) i (我に) ko (向って) i (それを) puni (上げる, 捧ぐ), ikoipuni (pl. ikopumpa) は特に食膳を捧げる時にいふ。
(8) kor (さうしつゝ) neshi (のみ) un (語勢的助辭)。
(9) ene (かく) oka-hi (oka-i), oka は an (ある) の複數, okahi は名詞法 (ユーカラ研究, 文法篇參照)。
(10),(11) tu-, re- (多數の意) o-(重なる意か) tonrim (どうと鳴動す, 轟となり轟く) hum (音)。この音は後段に敍する Kamui-otopush の戰ふ音なり。

tan (h)ushkotoi wa (1)	暫しが程
an-an ruwe.	聞きつ，聞えつ
Ne rok aine (2)	あり經るに
hentomani (3)	この頃
orwa-no	よりして
nea humash	かの物音
hum etokoho (4)	音の末々
koeshikari (5)	しばし途絕えて聞えず
an-an ruwe.	なりぬ。
Ne rok awa	さる程に
shinean-to ta (6)	或日のこと
onuman-ipe (7)	夕餐を
auruoka (8)	したゝめ
karpare	終り
ipe-an okakehe	食べ了へて後
chiomante kor, (9)	暫し程過ぎ
aama shotki	我が臥す臥牀《ふしど》
shotki-kurka	臥牀の上に
koyaitapapa (10)	我が身を橫たへ
aki hine (11)	つゝ

註 (1) tan（この）hushkotoi（永い間）wa（より）。

(2) ne（意義上前行の ruwe につゞき，確說法，である，……にて）rok（a「坐る」の複數，過去，あつた）aine（狀態の進行をあらはす助辭）Syn. ne rok awa.

(3) hentomani orwano の二句を簡單に hentomani-no ともいふ。

(4) hum（音）etok（先，末）—oho（etok の具體形 etoko を更に長めていへば etokoho となる）。

(5) ko（方向をさす接辭）e（そこに）shikari（まはる，まがる，めぐる）。

(6) shine（一つ）an（ある）tō（日）ta（に），或る日に，或る日のこと。Syn. Shineani ta

(7) onuman（夕，晚）ipe（食物），夕餐。

(8) auruoka 食事終る。譯者 aruoka と筆錄せしが恩師の「ユーカラ研究」P. 945 を參照し auruoka と訂正せり。

(9) chi—(中相接辭)。oman（行く）-te（使役相語尾），「行かしむ」，これに chi- がつき自動化されて，「行く」「過行く」の意となる。
kor（進行態助辭，つゝ）。chiomante kor にて「過ぎ行きつゝ」，「程過ぎて」の意。

(10) ko（に向つて）yai（自身）tapapa（橫臥する，tapa の反復形）。
バチラー辭書 Yaitapapa. v. i. to lie down.

(11) a（我）ki（する）hine（て），我して。

hotke kosonde (1)	寢衣の小袖(を)
ashikurka-sam (2)	我が身體の上へ
eopirasa (3)	さつと打掛け
hotke-an ruwe,	臥したりけり,
nehi orowa	それより
mokon-no kunip (4)	眠れる様
katun kuni (5)	常にすべからん様に
ahorkasuye (6)	いつはり裝うて
an-an ruwe	ゐたりける
nea kusu,	まゝに,
iresu sapo	わが養姉《まゝあね》
nep-anpe (7)	何事を
eyai-ko-uwepekerpe (8)	獨言《ひとりご》つもの
nea kusu,	なればか
hoka-ran-noshki	爐火の眞中を
enuchishishike (9)	ぢつと目守りゐ
tu-okne iporo (10)	悲しみ沈む面持
yaikarire	數多度なしつゝ,
kor oka rok aine (11)	やゝありて
utur peka (12)	木尻座へ

註 (1) hotke (寢る), kosonde < 邦語「小袖」kosonte, kosonto 皆同語, アイヌに珍重される。
(2) a (我が) shi (自身) kurka (上に)—sam (側)。
(3) e (そこに) o (へ) pirasa (廣げる), …へ廣げかける。
(4) mokor (眠る)—no (副詞法語尾) kuni (べき)—p (もの)。
(5) katu (kat「形, 狀, 常態」の所屬形)—un (强辭) kuni (べき)。その様をいつもする様に。Syn. kat-kor kuni.
(6) horka (逆さまに) suye (振る), 我さながらに眞似す。
(7) nep (如何に, どう) an (ある)—pe (もの)。
(8) e (それをと nep anpe を指す) yai (自身) ko (向つて) uwepeker (物語る)—pe (もの), Syn. eyai-ko-itak.
(9) enitomom ともいふ。側目もふらず見つめてゐる。
(10) tu (數多の) okne (悲しげな) iporo (顏色)。
(11) kor (つゝ) oka (an「ある」の複數) rok (ā (過去をあらはす < 坐る) の複數) aine (繼續的進行形)。
(12) utur (木尻座, 火尻座) peka (「を通つて」の經由格「より, ゆ」の意より助辭化して「に」「を」等と譯せらる)。

shiar-sho-unma (-un-wa) (1)	向座《むかうざ》より
pon͡ mat-usshiu (2)	少女婢《こめのわらは》に
kohetutturi hawe (3)	顔寄せ(耳打ち)いふこと
ene oka-hi :—	かくありけり :—
"Inkar kusu (4)	【いでや
pon͡ mat-usshiu	少女婢よ
itak͡-an chiki (5)	我が言はんを
einu katuhu	汝《いまし》 聴かんは
ene oka-hi,	次の如きぞ,
Kamui-otopush (6)	**神髪彦《かみよしひこ》**
akor yupi	我等の兄《せ》の君
ikoitak-muye hawe (7)	言遺し給へる言《こと》は
ene oka-hi ;—	かくぞありける ;—
'Tan͡ akor pet (8)	『我が里川沿ひに
arpa hine	のぼり行かば
petkuretoko	その水源《みなかみ》に
poro tō ean, (9)	大き沼あり,
tō-pakehe	沼上《ねまがみ》は

註 (1) shiar (向う)—sho (座)—un (ある) wa (て, より), 向座より。
(2) pon (小) mat (女), 少女—usshiu (召使), 少女婢。
(3) ko (へ, 方向をあらはす) he (顔) tutturi (原形 turituri, 延ばし延ばしする) hawe (いふ言葉), 顔を寄せて私語する言葉。
(4) i (それを) nukar (見る) kusu (爲に, …するとて)。間投詞化して「あのれ」と呼掛ける語。この 112 行より 216 行まで養姉の物語。
(5) 以下三行 ene-oka-hi までは Itakan chiki, pirka-no nu wa ikore (私がいふのをよく聞いて下さい) の意。
(6) kamui (美稱<神の意) otop (髮) ush (附く); 神髮彥, 頭髮美しければこの名あり。ワカルパ翁は「虎杖丸の曲」にて otop nemanup, kutune arpa, moreune arpa, otop etoko, chioimeru kotehitara, otop kurkashi, kane wakka, echirir paye, (髮なるものは, 蔓草のやうに垂れ, 渦卷きのやうに垂れ, その髮の毛の先には, 光りがつきまとひてぴかぴかし, その髮の毛の上には, 金色の水, したゝり流れたり) とその美髮を讃誦してゐる。〔ユーカラ研究 P. 276〕, (譯者後序參照)。
(7) i (我に) ko (向つて) itakmuye (言遺す, 遺言す)。
(8) tan (これなる) a (我が, 我等が) kor (持つ, …の) pet (川) といふは沙流川 Sar pet のことなり。本篇の小ヒーロー Aeoina-Kamuiの居城といはるゝ Hayopira(Hai 角鮫の口嘴 o ある pira 崖) は沙流川に臨み, 平取市街の端にあり)。この 121 行より 181 行まで kamui-otopush 物語る也。
(9) poro (大なる) tō (沼) e (そこに, petkuretoko を指す) an (ある)。この poro tō は

homar kane (1)	月も遙に仄みえ渡り
tō-kesehe	沼《ねま》の端《はづれ》は
homar kane	縹緲と輝き渡り
an ruwe ne,	てあるなりけり,
tō-noshkikehe	沼の半程《なから》に
poro tukushishi (2)	巨鯇《おほあめのうを》
ekotan-kor, (3)	棲ひなす,
tō-kesehe	沼端《ねまじり》に
esaman-nitne	川獺《かはをそ》の妖魔
ekotan-kor,	住みなせり,
tō-pakehe	沼上《がみ》には
hoyau-nitne (4)	蛇體の魔物
shak-shomo-aye-p (5)	夏なれば言ひも得ならぬ妖魔の
wen-kamui	禍神《まがつみ》
tō-pakehe	沼上に
ekotan-kor.	棲息《すまひ》せり。
Ne rok wen-kamui (6)	かの禍神《まがつみ》等
ainu-kotan	人間の村を
wente kuni	滅ぼしこぼたんと
eukoramkor. (7)	心を協せ力を戮す。
Tampe kusu	かゝるが故に

沙流川と十勝川との分水嶺にありといふ。

註 (1) homar (杳かなる, 仄かなる) kane (情態接續形, さうあつて, つゝ, ながら), 先が見えぬまで遙けし。仄かに見えわたる。縹緲たり。

(2) poro tukushishi (大鯇) esaman-nitne (川獺の魔) hoyau-nitne (飛龍の魔) 等が人間國土を破壞し, 神々を屠りつゝありしに, 終に Aeoina-kamui に征服せらるゝ話の分布は極めて廣いらしい。金田一先生は「Aeoina Kamui が人間國土の文化を開く話」として分類せられてゐる。(譯者後序參照)

(3) e (そこに) kotan(村)kor (を持つ), 住む。

(4) 飛翼ある蛇體の魔神にて, 西洋の dragon を想像させる。水氣多き夏はその魔力甚だ強ければ, 口にいはんことさへ taboo として忌憚るといふ。(アイヌラックルの傳說 P.93)

(5) sak (夏) shomo (否定辭) a (我々が) ye (言ふ) p (もの), 夏話してはならぬもの。(4) (5) は同格に立つ句。

(6) ne (さうで) rok (a「完了態 < 坐る」の複數, であつた) wen-kamui (惡神)。それ等の惡神, 件の惡神等。

(7) e (それについて) uko—(相互に, 相共に) ram (心) kor (持つ), 相談してぐるになる。

ainu-moshir ka ta	人間國土の上に
rok rok kamui (1)	ゐます神々
ne rok wen-kamui	かの禍神らを
koiki kusu	屠らんと
kamui-u(w)ekarpa wa (2)	神集ひに集ひ擧《こぞ》りて
ne rok wen-kamui	かの禍神を
akoiki yakka (3)	殺さんとするなれど
ar peker-kamui (4)	全き光明神
patek ne kusu	のみなれば(敵し難くて)
kamui-kotan tuye	神の村は滅び絕え
an kor shir'an. (5)	んとはすらし。
Tampe kusu	かゝれば
ikaopash (6)	取急ぎ手助けに
arpa-an kusu (7)	我赴かんと
ne ruwe-ne na ;	するものぞかし；
i(y)okake-ta	(我が行かん)その後は
arespa kamui	我等育てまつる神を
chitomte resu	厚く養育《ひた》し
eekarkar yak (8)	まつることこそ
pirka na,	よからんぞ,
arpa-an wa (ma)	我行きて
nea wen-kamui	かの禍神《まがつみ》(等)を

註 (1) rok rok (P. 8註(6)參照) kamui (神), 澤山ゐます神, 八百萬の神といはんが如し。

(2) kamui (神) u (互に) e (それについて) karpa (kar の複數,「何々す」), 神々が相會す, 集ひこぞる。

(3) a (我等) koiki (殺す) yakka (とても, としても), a (我等) の中には kamui-otopush も含めて云ふ心持ならん。

(4) ar (全き) peker (明るい, 光明) kamui (神), 全き善神。wen-kamui (惡神) に對していふ。善神は惡神に敵し難く, Aeoina によりて助けらるゝこと多し。故に「全き光明神のみなれば, 神村は滅びつゝある如し」などと論理を飛躍させても, 傳承者も聽手もちやんと了解してゐるのだらう。

(5) an (ある) kor (つゝ) shir-an (「さういふ狀態あり」といふ見說法, また咏嘆の意もある)。

(6) i (その) ka (上に) opash (赴く), 助けに行く, 手助けに行く。

(7) kusu は次行の ne に續く kusu-ne で未來をあらはす形,「…せんとす」の意。

(8) e (汝) e (それについて, chitomte resu を指す。) karkar (kar「爲す」の反復形)。

akoiki wa	(我)居りつくして
rai-an yakun (1)	(我が)死せんには
moshir arke (2)	國の半は
shukushu-o-tom (3)	陽光《ひかり》輝き
moshir arkehe	國の半は
kem͡-apto ash (4)	血の雨降る
ki nankor, (5)	ならん,
tan͡-ushike-un (6)	それにより
eeshirwante wa (7)	汝その様を知り
ne yak-ne	たらんには
rai-ani ka (8)	我死せりとも
eeram-an (9)	(汝)合點す
ki nankonna.' (10)	べきぞ』
sekor okaipe	との言葉(を)
Kamuiotopush	神髪彦《かみよしひこ》
akor yupi(-hi) (11)	我等が兄《せ》の命
ye kane kor	のたまひて
shoine ruwe ; (12)	外面《そのも》へ出立たせ給へり

註 (1) yak-un (條件的接續形,「…するならば」)。

(2) 171 行以下 175 行までアイヌの叙事詩によく見る常套句。

(3) shukushu (日光)—o (其處に)—tom (輝く)。

(4) kem (血) apto (雨)—ash (立つ), 血の雨が降る。apto-ash は雨の降ること, 十勝方言にては ruyanpe rui といふ。

(5) ki (爲す, する) nankor (想像形助辭,「…であらう, ならん」)。

(6) tan (この, その) ushike (場所) un (…に於いて), その場所に於いて, その時には。Syn. tan͡-ushike ta.

(7) e (汝) e (それについて, それにより) shir (狀態, 樣子, 天候, 氣象等總べて含めていふ) wante (探る, しらべる), 汝その樣子を探り知る。

(8) rai-an (我死す)-i (-hi, 名詞法語尾) ka (も), 我の死せることも。

(9) e (汝) e (それについて, それによつて) ram-an (心がある, 利巧な, 賢い, 考へる, 承知する), 汝…を合點する。

(10) ki (する) nankor-na (想像形助辭, 所期法, 柔かい命令法, また將に起らうとする動作を豫期して, 自己の動作に添へて云ふと, 對手に約束する意にもなる, こゝでは其の意), するであらうぞ。

(11) yupi (yupi-hi) は yup (兄) の具體形, 抽象的な兄といふものは考へられないので, yupi, yupi-hi が多く用ゐられるのであらう。親稱接尾辭—po を添へて yupo などともいふ。

(12) shoine (外出する) ruwe-ne (確說法, のである)— rok (a の複數, 完了態助辭) awa (半反意接續形, ところが),「外出したのであつたところが」の意。

ne rok awa	るさ程に
neun-ne shir (1)	如何なること(天象)
ne nankor (y)a, (2)	にやありけん,
tan-an tō otta	その日の中《うち》に
akor moshir	わが郷國《さとぐに》の
moshir arkehe	國土の半には
shukushu-o-tom	日光輝き
moshir arkehe	國土の半には
kem-apto ash	血の雨降り
ki shir	なす様
ne yakun,	なれば,
akor yupi	我等の兄《せ》の神の
yep ne akusu (3)	宣ひしことなれば
akor yupi	我等の兄《せ》神は
rai shir-ne (4)	死に給へる
kuni aramu ; (5)	ならんと我が想へり ;
anakki korka	されども
ares(h)u kamui	我が育てまつる神
nā pon-kashpa (6)	いまだ稚く在し
hine	(まし)て
apashkuma ka (7)	我が物語らんも
e(y)aikap wa kusu (8)	難ければ
apashkuma ka	物語ることも

註 (1) neun (如何なる)—ne (である) shir (狀態, 樣)—ne (である), shir-ne (見說法); 如何なる狀態で。

(2) nakor-ya (疑問法助辭) P.10.註 (10) 參照。こゝでは寧ろ嘆辭になつてゐる。

(3) ye (言ふ) p (もの, こと) ne (である) akusu (繼起的接續形助辭, …したから, したら。pl. rok-kusu); 言つたことなれば。

(4) rai (死ぬ) shir-ne (見說法, やうだ, らしい) 死んだやうだ, 死んだらしい。

(5) kuni (可能法「べく」, 未來, 柔かい命令, こゝでは間接叙法で sekor (と)の樣な意で「と」「やうに」と譯す, 「ユーカラ研究」P.207, 208 參照) aramu (我思ふ); のやうに思ふ,…と思ふ。

(6) na (猶, 未だ) pon (小さい) kashpa (何々し過ぎる), まだあまり幼年すぎる。

(7) a (我) pashkuma (物語る) ka (も)。

(8) e (それについて) aikap (し難し, し敢へず, しわづらふ)。

shomo-ki ruwe,	せざりしなり,
nea korka	されど
mokon-no wa	熟睡《うまい》し給へる
an ropoke-ta	間に
papir peka (1)	小聲にて
aenure hawe (2)	(我が)汝《いまし》に聞かせやること
ne na" sekor-	なるぞ】と
utur peka	下座なる
pon mat-usshiu	少女婢《こめのわらは》に
iresu sapo	我が養姉《まゝあね》の
kohetutturi (3)	耳打ち私語《さゝめ》き
ki hawe	する聲を
anu ruwe ne.	我聞けるなりき。
Tata orota (otta)	こゝに於いて
shotki-ka ta	臥床の上に
amat-kosanu (4)	我颯とばかりに
aki hopuni	起上り
shi-shō peka	右座に
niwen chinika (5)	猛き足蹈み
atuimaturi (6)	大股に蹈み延べ
akor sapo	我が養姉の
uren-tapshutu(-hu) (7)	兩肩《もろかた》を
atek-saikare (8)	わが手にひつつかみ

註 (1) papir (小聲) peka (「…を通る」, 「…より」の經由格助辭なれど, 轉じ「に」「を」「にて」等の意となる), 小聲もて。

(2) a (我) e (汝に) nure (聞かしむ, 聞かせてやる) hawe (hau (聲) の所屬形「hau-e > hawe」聞說法, 聲, 風聞, 噂, ことなどの意)。

(3) ko (に向つて) he (顏) turituri (turi「伸ばす」の反復態, 伸ばし伸ばしする), 耳に口を寄せて私語する樣にいふ。

(4) a (我) mat (起きる)—kosanu (一回態語尾, pl. kosampa ばつと…す, つと…す); 我ばつと起上る。

(5)(6) ukewehomshu (戰陣誦呪) する樣。niwen-chinika = niwen-apkash (勢猛しく足踏みを高くする足取), a (我) tuima (遠く) turi (伸ばす)「ユーカラ研究 P. 333, 336」.

(7) uren (双つの, 兩方の) tapshutu (tapshut の所屬形,「…の肩」); 兩方の肩を, 諸肩を。

(8) a (我) tek (手) saikare (卷く, つかむ)。

tōni-un ma (wa) (1)	とざまに
tāni-un ma (wa) (2)	かうざまに
ahosarire (3)	振りそむけつ
ahekirure, (4)	振向けつ
“Nep-ta ye yā	『何をか云へる
tusui ye yan (5)	再び云へかし
anu kusu-ne nā.”	我聞かんずるに』(と)
itak-an kane	我が言ひつゝ
ahekirure	こなたへ振り向け
ahosarire	彼方へ振りそむけ
ki rok awa ;	たれば；
akor sapo	わが養姉《まゝあね》
hottoro-ka ta (6)	面上《かんばせ》
kotususatki (7)	さつと，わなゝき震へ
tashu kusu kuni (8)	息の根も
yaikoseshke (9)	止まらんばかりに
ki rok aine	やゝありて
chish-turano (10)	嗚咽《をえつ》ながらに
ene itakī : ——	かく云へり：——
“Nā epon wa kusu (epon nuwa kusu)	『汝《な》が尊《みこ》の猶稚くませば
aepashkuma ka (11)	(我が)聞え上ぐることも

註(1)(2) tōni (彼方)—un (ある)—wa (より), tāni (こなた)—un (ある)—wa (より), 彼方より，此方より。簡單にtōni wa (彼方より), tāni wa (此方より) といふ語もあり,「ユーカラ研究 P. 624」。

(3) a (我) hosari (振りかへる)-re (せしむ), 我振返らしむ, 我振向ける。

(4) a (我) he (額) kiru (轉ず)-re (せしむ), 我こなたに向かしむ。

(5) tu-sui (二度, 再) ye (云ふ) yan (命令法複數助辭, 丁寧な語法, …しなさいよ)。

(6)(7) hottoro (額の上部, 眉のあたりより額へかけての部分) kata (上に), ko (共に) tususatki (ぶるぶる震へる;-atki, pl. atkipa 多回態動詞語尾)「ユーカラ研究 P. 157, 568」。Syn. kaniporo-kata raikosanu, hottoro-kata raikosanu (P. 574), hottoro-kata kotusutusu (P. 935), iporokatkan omanitara, iporokatkan isamitara.

(8) tashu (tash「息をする」の具體形) kusu (する爲に, の故に) kuni (可能法, べく, すべく), 息をするために, 息をせんとして。

(9) yai (自身) ko (共に) seshke (閉づ, 塞がる)。

(10) chish (泣く) —turano (「共格」助辭, …と共に, …しながら), 泣きながら。

(11) a (我) e (汝に) pashkuma (物語る) ka (も)。

shomo-ki	しあへず
ruwe-ne awa,	ありたりしに,
enu-rusui kusu (1)	汝《な》が尊《みこ》の聞かんと望み給ひて
ehawe-anpe (2)	しか宣ふなる
ne kusu	べければ
aenure kusu (3)	(我汝に)聞え上げ
ne nā." sekor	ん』と
hawe-an kor	言ひつゝ
nā anu-ewenpe	未だ我が聞かざりし
neap korachi (4)	ものの如くに(一仔始終)
ye wa oker	語り了へ
kanna ki. (5)	再び言ひ終へたり。
Pakno ne kor (6)	こゝに於いて
akishikiru	我が身をつと逸らし(姉の肩より)
iyoikir-ka-un	寶列の上に
kane kosonde	金《こがね》の小袖
aukoraye (7)	(我)相寄せ
aeshikurka-sam (8)	我が身體の上へ
o-pirasa,	打掛け
uwok-kane-kut (9)	金の鋲具《びぢよう》帯
earsaine-no (10)	たゞ一卷に
ayaikosaye, (11)	ぐつと緊め

註 (1) e (汝) nu (聞く) rusui (望む, 欲す) kusu (故), 汝聞きたいと望む故。
(2) e (汝) hawe-an (言ふ) pe (もの, こと)。
(3) a (我) e (汝に) nure (聞かす)。
(4) neap (であつたもの) korachi (の如く, の樣に), なりしものの如く。
(5) kanna (再度, また) ki (する, こゝでは「物語」をする意)。
(6) pak-no (「迄」の意の格助辭) ne (である) kor (つゝ), そこまであつて, そこで, こゝに於いて。
(7) a (我) uko (相共に) raye (やる, 押しやる)。
(8) a (我) e (それもて) shi (自身の) kurka (上) sam (側), それもて我が身體の上に。
(9) u-ok (相引懸かゝる) kane (金) kut (帶), 金の合せ帶。
(10) e (それもて) ar (全く, たゞ一つに) sai (卷く v.i.)—ne (成す, の如くす)—no (て), たゞ一卷になして, たゞ一卷に。
(11) a (我) yai (自身を) ko (共に) saye (卷く, v.t.), 我が身體に卷く。Syn. atunam-ko-saye.

kaparpe kasa (1)	薄金作の小兜
kasa rantupepi (2)	兜の紐の緒
ayaikoyupu, (3)	しかと結び
kamuiranke-tam (4)	神授の靈刀
ayaitumpa-ko (5)	(我自ら)鍔元まで
piupa kane	深く差し
nichitakne-op (6)	柄短かの矛
ateksaikare, (7)	我が手に押取り
apa noshki	戸の中央に
apa(w)cotke (8)	(我)頭をぐつと刺し
shoiwasamoro (9)	戸外《とのも》へ
aoshiraye. (10)	我立ち出づ。
Tanepo tapne (11)	今ぞ
urespa chashi	我等を育てし山城(の)
shoike-sama (12)	外面《とのも》のたゝずまひ(を)
koyaiamkire, (13)	初めて見る,
akot chashi	我が山城の
pirka katu	宏麗なる狀《さま》(を)
aomommomo. (14)	我詳《つは》らに述ぶ。

註 (1) kaparpe (薄きもの, 薄作りの) kasa (笠, 陣笠 < 邦語, 金田一先生は滿洲系統のものにして uimam (交易) の結果アイヌに入りたるものと說かる)。

(2) ran (下れる) tupepi (tupep「紐」の具體形), 笠の紐の緒, 冑のしのびのを。

(3) a (我) yai (自身を) ko (共に) yupu (緊める), 我が身に緊める。

(4) kamui (神) ranke (降す) tam (刀), 神授の靈刀, アイヌの習俗刀劍を第一の寶物 (ikor) として尊ぶ。されど日本より渡來せる鈍刀に過ぎず。

(5) a (我) yai (自身) tumpa (鐔, 鍔 < 邦語) ko (「共に」の意ならん)。

(6) nichi (柄) takne (短い) op (矛)。

(7) a (我) tek (手に) saikare (卷きつく, 把む), 我が手に押取る。

(8) a (我) pa (頭) e (そこに, apa noshki を指す) otke (刺す, つきさす), 猛しい勢で入口に垂れ下つた蓆をはね上げて外へ出る形容。Syn. asapaepuni.

(9) shoiwasama, shoiwasamma といふ形もあり。

(10) a (我) o (其處に) shi (自身を) raye (やる, 押しやる), 我其處に立出づ。
(9) (10) の二句を簡單に chisoiekatta ともいふ。

(11) tane (今) po (指小辭で親しんでいふ辭) tapne (語勢的助辭, ぞ, こそ), 今こそ, 今初めて。

(12) shoike (戸外のところ) sama (側, 附近), 外面の樣, 外面のたゝずまひ。

(13) ko (と共に)-yai (自身に) amkire (知らしむ), 我初めて見知るの意。Syn. ayaiamkire.

(14) a (我) omommomo (詳述す, 絮說す), 先に述べたことをまた再說する時, そのわづら

Tap-orowano	それよりして
pet turashi	川沿ひに
kamui-mau etoko	神風の先に
aekoshnekur (1)	我が身も輕く
shuipa kane	乘り飄り(搖動しつゝ)
arpa-an (h)umi	我が行く音
aekisar-shutu (2)	我が耳もとに
maukururu. (3)	風捲き起る。
Iki-an rapo(k)kehe	しかする程に
nep pitoho (4)	何神の
nep kamuye (5)	如何なる神の
ituren rok kusu	我に憑けるとてや
ikurkashike	我が眞上に
kohumepushpa. (6)	音をなり轟かしむる。
Tapan kamui-mau (7)	これなる神風
yupke hike (8)	强きが
moshir-sho-kurka	國土の面《おもて》に
eweshururke, (9)	渦卷き荒るれば，

はしさを避けて aomommomo といつて省略するのが普通である。試みに金田一先生の「ユーカラ研究」を開いて見ると，夥しくこの語が使はれてゐるのに驚く。こゝは前に述べたことを再說するのではないから，山城の宏麗な樣を敍して欲しいところだ。然しアイヌの傳承者は aomommomo といつて聽者の顏をじつと見つめて，敍述を省略することが珍らしくない。聽手もそれで了解して頷く。我等外人の全く知らぬ「以心傳心」の境地である。

註 (1) a（我）e（そこに，kamui-mau etoko を指す）ko（共に）shine（一つの）kur（影）我そこに一つの影を。

(2)(3) a（我）e（それもて，前句を承く）kisar（耳）shutu（shut「麓，根，もと」の所屬形），我が耳元に。mau（風）kururu（ぐるぐるまはる，最後の音節の -ru を繰返して反復繼續をあらはす）。

(4)(5) 同意の二句を折重ねて，互文の修飾句となす。nep（如何なる）pito（<邦語「人」，アイヌにては kamui と同義に用ゐて「人」の意には使はず）—ho（具體形語尾）。kamuye（「神」kamui-he である。-eh は具體形構成語尾で，kamui-he 何某の神の義か或はまた，疑問代名詞 nep に應ずる疑問零辭か，判じ難い）。

(6) ko（に向つて）hum（音）e（そこに）pushpa（爆發せしむ），轟々として鳴り渡る。

(7) 309 行以下 331 行まではヒーローが戰に赴く樣を敍する常套句にしてアイヌの表現法の獨自性が見える。「ユーカラ研究 P. 494 參照」。

(8) yupke（强い）hike（名詞法語尾），强いのが。

(9) e（そこに）u（互に）esururke（渦卷く）。

emko-kusu	そがために
kantoi-karpe (1)	地面の上打つ風は
koturimimse, (2)	とゞろと鳴りとよみ
iwatek-karpe (3)	山の支《はしりて》山打つ風は
kosepepatki, (4)	はためき騒ぐ,
awa kina (5)	生ひづる青草
kina chinkeushut (6)	(青草の根は)根こそぎに
kamui-mau pumpa	神風吹き上げ
kamui-mau shoshpa, (7)	神風吹き剝《め》くる,
wen-toira (8)	はげしき土埃《つちほこり》
wen-munira (9)	草の吹きちぎれ
kamui-mau͡ etoko	神風の面《おもて》に
ewehopuni, (10)	互に吹き上げたり,
emko-kusu	その故に
wen-toira	はげしき土埃に
ayaikopoye (11)	我が身を混じへ
arpa-an͡ (h)umi	我が行く音
aekisar-shutu	我が耳の根に
komaukururu.	風まき起る。
Arpa-an͡ aine	行き行きて
akor petpo (12)	我が里川の
petkuretoko	水源《みなかみ》に

註 (1) kan (上) toi (土, 地) kar (打つ) pe (もの), 地面に吹きあてる風。Syn. toyan karpe.
(2) ko (共に) turiminse (鳴動す)。
(3) iwa (山の角々しきところ) tek (手, 枝) karpe (打つもの), 山の支山に吹きあたる風。
(4) ko (共に) sepep (淅瀝, 沛然たる音) atki (多回態語尾, 動作の續いて何度もあることを表す pl. atkipa)。
(5) バチラー氏辭書に Awa kina. n. growing glass. とあり。
(6) kina (草) chin (脚) keu (骸) shut (根), 草の根。
(7) shoshpa (sosh「剝ぐ」の複數)。
(8) wen (悪い意より轉じて, はげしき, 荒々しき等の意) toira (土埃)。
(9) munira (草の斷片, 草の吹きちぎれ)。
(10) e (そこに, 前句を承く) u (相共に) e (そこに) hopuni (起きる, 上ぐ, 立つ)。
(11) a (我) yai (自身) ko (共に) poye (混ず), 土埃を立てながら驅け行く様。
(12) a (我等) kor (持つ) pet (川)－po (指小辭, 親稱辭), 我が里川。沙流川 sar pet (蘆川の義), 古典的名稱 Shishirmuka.

achiepakte kor (1)	及ぶ頃ほひ
aye rok kuni (2)	音に聞く
tapan poro tō	これなる大沼
chishireanu, (3)	目も遙に展開す,
tō pishkani	沼の周圍《めぐり》には
hushko-rai kamui (4)	先死の神
ashin-rai kamui (5)	新死《いまじに》の神
mom-ni chiyan-ru (6)	流木の打上げられし
shikopayara, (7)	にさも似たり,
tō ekari	沼の周圍に
hushko-rai kamui	古死の神
ashin-rai kamui	新死の神
aotetterke, (8)	我(そを)踏み躙れば,
shik-nuyanuya kor (9)	目をこすりつゝ
hopumpa,	起きいでて,
"Nā ohonno	「いま暫時《しばし》
mokor͡an kusu	眠りてあらん
ne rokpe	ものなりしに
aihopumpare hawe (10)	目覺まされし
oka ya!" sekor (11)	ことかな」と

註 (1) a (我) chi—(中相接辭) epak (に到着す) te (使役相語尾,せしむ), 我到着す。

(2) a (我) ye (言ふ) の意より轉じて, 所相となり,「我言はる」, rok (あつた) kuni (べき,筈の); 我言はれてありし筈の, 我かれて聞き及びし。

(3) chi—(中相接辭) shir (狀態・背景等全體をこめていふ語) e (其處に) anu (置く), 置かれてある, 置いてある。

(4) hushko (古, 昔, 先に) rai (死ぬ) kamui (神), 先に死んだ神。

(5) ashin (新しき, 新しく)。

(6) mom (浮く, 流る) ni (木), 流木。chi—(過去分詞法接辭) yan (上る) ru (道, 跡, 樣) 寄せ上げられた樣。

(7) shi (自身) kopa (間違へる)—yara (使役相接辭), 自身をまちがへしむ, さながら其の樣に思はしむ。

(8) a (我) o (そこを) tetterke (躍る, 踏みつける), 我それを (神々を) 踏みにぢる。

(9) 318 行より 354 行までの表現法は, 助けられし神々却つて怨みがましく云ふところアイヌ一流の暢氣な考方で興味が深い。

(10) ai (一人稱所相) hopumpa (hopuni「起きる」の複數) re (他動化語尾) hawe (聲, 噂こと), 我起されしこと。

(11) oka (an「ある」の複數) は前行の hawe につゞく, hawe-an〔oka〕(噂あり＞聞說法

hawe-oka kor	云ひて後
hopumpa wa	起き出でゝ
hoshippa wa oker. (1)	歸り去りぬ。
Okakehe ta	それよりして
shitukushishi	巨鯇《おほあめのうを》に
ashi-ko-mewe (2)	(我)奮ひ起ち
ki akusu	いどみかゝれば
tō noshki ta	沼の中央に
noshki pakno	中程まで
hetari, (3)	頭をもたげたり,
nehi orota (4)	こゝにありてか
yairenkane (5)	しめたとばかり(打喜び)
ashir-ko-otke, (6)	我ぐさと突刺す,
iki-an chiki	しかしたれば
shitukushishi	巨鯇め
kiror yupu kor (7)	力《つと》め奮ふに
nisaptom p kno (8)	脛《すね》半ばまで
aiorekatta, (9)	(我)ぐつと引きずり込まる,
kiror yupu-an kor (10)	我奮ひ力むれば

> 驚きの意, 驚き訝れる意, こゝは「驚き」をあらはす。ya`(疑問辭, 反語)。

註 (1) hoshippa (hoshipi「歸る」の複數) wa (て) oker (完了態, してしまつた), 歸つてしまつた。

(2) a (我) shi (自身) ko (と共に) mewe (胸を張り勢を振起こす, ふんばる, obj. pl. meupa); 我自身にふんばる。

(3) he (顔) tari (動かす, あげる), 顔を上ぐ, 頭を上ぐ, 起上る。pl. hetarpa Syn. chihetar_pare.「ユーカラ研究 P. 925」; これに對する語 hotari (pl. hotarpa)「尻を上げる, 建てる, 立てる, 仆れる」。

(4) nehi (そこ) orota (に於いて, にて), そこに於いて。

(5) yairenkane. バチラー氏辭書 Yairengane. adv. With pleasure. Joyfully.

(6) a (我) shir (地, 地上の目に見える一切の物狀, 模樣, 狀態をいふ, 意味を强める添詞) ko (と共に) otke (刺す), 我猛しく刺す, 我ぐさと刺す。「ユーカラ研究 P. 426」。

(7) kiror (力) yupu (引張る, 緊張す, 奮ふ) kor (進行態助辭, つゝ, て); 力を出して, 力め奮ふ。

(8) nisap (脛) tom (中, 中央, 半) pakno (「迄」の意の格助辭), 脛半ばまで。

(9) ai (一人稱所相) or (內, 中に) ekatta (强勢態語尾, 不意にする動作, 力を入れてする動作をあらはす); つと (沼) 中に引込まれる。

(10) yupu (註, (7) 參照)—an (一人稱動詞接辭), 我力を出す。

pet-char ta (pet-chat͡ta)	渚に
shitukushishi	巨鮫を
aya(w)ekatta, (1)	引きずり上ぐ，
nēno-anpe (2)	その如く
utashpa pakno (3)	交互《こもごも》に
aeumontashpa, (4)	競ひつとむ，
ki rok͡aine	しかする程に
yayapapu ram (5)	我ながら不甲斐なき奴ぞと
ayaikorpare, (6)	悔い怒りつゝ
shi-pen-kiror (7)	我が上體の力
ayaikosanke wa (8)	を出して
akishiyuppa, (9)	我努むれば
kamui-renkai-ne (10)	あはよくも
shitukushishi	巨鮫を
kenash-sho ka-ta	木原の上に
aya(w)ekatta,	引き上げたり，
tap͡orowano	こゝに於いて
atatatata (11)	我散々に切刻み
ki rok͡aine	切刻みしに
usa kikir ne (kikin͡ne) (12)	種々《くさぐさ》の蟲けらとなり

註（1） a（我） ya（陸） ekatta（P.19 註（9）參照），我ぐつと陸へ引上ぐ。
（2） neno（その樣に） an（ある） pe（もの，こと），その樣にあつて，その樣に。
（3） utashpa（相互，交互） pakno（まで），相互に，交る交る。
（4） a（我） e（それについて） u（互に） montashpa（montasa の obj. pl. 忙しくす，競ふ，mon 手 tasa 返す）。
（5） 原語は yai-apapu ram，yai（自身を） apapu（叱る） ram（心），自らこの畜生奴と奮ひ立つ心。不甲斐なき奴と自ら思ふ心。
（6） a（我） yai（自身） korpa（kor「持つ」のobj. pl. 澤山持つ） re（使役相語尾），我持たしめらる。我催す。Syn. ayaikore.
（7） shi（自身の） pen（上體の） kiror（力），我が上體の力。
（8） a（我） yai（自身） ko（と共に） sanke（下す，出す） wa（て，して，繼起的並列的接續形），我出して。
（9） a（我） ki（する） yuppa（yupu「緊張す，奮ふ」の複數），我奮ひ努む。
（10） kamui（神） renkai（意） ne（で，にて），天佑にも，僥倖にも。
（11） a（我） tatatata（tata「打つ」の反復態），我打ちに打つ。
（12） 金田一先生の御說によれば「化成神話」の面影ありといふ。（アイヌラックルの傳說，P. 120 註）。

usa chikap ne	数多《こゝだく》の鳥となり
ukohoppa (1)	皆散り飛びて
isam ruwe ne.	あらずなりぬ。
Tō-pakehe	沼上《ぬまがみ》に
ekotan-korpe	すまひなすもの
hoyau-nitne	飛龍の魔神を
ashir-ikinne (2)	また更に
akoiki ruwe	我討ち
ne rok aine, (3)	討ちて
rayottemush	辛うじて
araike ruwe ne.	我屠り去る。
Orowano sui	それよりぞ　また更に
tō-kesehe	沼端《ぬまじり》に
ekotan korpe	住まひなすもの
esaman-nitne	河獺の魔を
ashi-ko-mewe, (4)	我挑みうつ,
esaman-nitne (5)	河獺の妖魔こそ
pokna-shikitehe (6)	下腭は
kanna-notkewe	上腭を
ekasu kane	を過ぎ(て喰違ひ)
kanna-shikitehe (7)	上腭は
pokna-notkewe	下腭に

註 (1) u (相互に) ko (共に) hoppa (散る, 遣す, 遺す, 飛散す), 互に皆飛散す。

(2) ashir (新しい, 初め)—ikir (列, 系, 一つゞき)—ne (になる, に), 新しい番に, 今度は, 今また, また更に。

(3) ne (前句の ruwe に續く, ruwe-ne 確説法「のである」) rok (完了態助動詞 a の複數, あつた) aine (であつて, やがて, 經過接續形), さうであつて, さうして。

(4) a (我) shi (自身に) ko (と共に) mewe (奮ひ努む), 我自身にふんばる。

(5) 410 行—417 行の 8 行は esaman-nitne とは如何なるものぞと説明せるにて, 說話の文脈には關係なき如し。

(6)(7) 互文のあやをなすのみ。肉食獸に見る如く上下の牙の喰ひ違ひに交はる樣なり。shikitehe = notkewe = nirush 皆腭の義。e (それを, 前句をさす) kasu (過ぎる) kane (つゝ, ながら, て), …を過ぎてゐる, 喰違ひに交はる。pokna-shikitehe, kanna shikitehe, ekasu kane を pokna-nirush, kanna nirush, chiekasure などゝいつても同意味らしい。「ユーカラ研究 P. 934」。

ekashu kane	喰違ひ交はりて
okaipe,	あるものなれや,
esaman-nitne	河獺の禍神を
chiya(w)ekatta (1)	陸に引上げ
tap orowano (2)	しに
riten-karip ne (3)	たわに撓みて輪狀に
yaikar kane (4)	自らをなして
atam-etoko	我が太刀先に
ekochitara, (5)	まつはり附く,
emko-kusu	その故に
aekot poka (6)	われ殺すことも
ewenitara, (7)	し敢へず
orowano	して,
esaman-nitne	河獺の魔を
akoiki katu	我が屠る樣
kunne rerko (8)	(ぬばたまの)夜は
noiwan rerko (9)	(かゝなへて)六夜
tokap rerko	(ま日照る)晝は
noiwan rerko	(かゝなへて)六日
akoiki ruwe	我討ち
ne rok aine	討ちて

註 (1) Syn. ayaiekatta. chiyaiekatta は神謠 kamui-yukar に使はれる樣な形, chi—(一人稱接頭辭, 單, 複). ayaiekatta の方が他の語との對照がとれてよいと思はれるが, 如何。

(2) tap (これ) orowano (より), これよりして, それがすんでから, 前句より續けて「…せしに」と譯す。

(3) riten (柔かき, 撓み易き) karip (輪) ne (の如く), 葡萄蔓にて造りし輪投遊び karip-pashte に用ゐる投輪が撓む樣に, 身をしなやかに撓める意。(ユーカラ研究, P.702)

(4) yai (自身を) kar (爲す, する, 作る) kane (つゝ, て)。

(5) ekot (…に附着する, 纒はり附く)-hitara (連續態語尾), 太刀の先にしなやかに, ぺたりぺたりと纒はりつく。

(6) a (我) ekot (を殺す, kot「死ぬ」) poka (さへも, も)。

(7) e-wen (し難し, しづらし)—hitara (連續態語尾) Syn. ewen kane.

(8) kunne (黑, 暗, 夜) rerko (日) 夜の日, 夜。

(9) no—(何々をよくするといふ義で名詞について修飾していふ接頭辭, また形容詞語尾, 副詞語尾にもなる) iwan (6なれど, アイヌにては神聖數として數多の義に使はるゝこと多し), no-iwan は 6 を單位とした多數をいふ。

rayottemush	辛くして
aronnu ruwe. (1)	屠り了へたり。
Orowano san-an.	それより，川沿ひに我下る。
Akot chashi otta	我が山城にて
nea (h)ike	その時
akor yupi	わが養兄《まゝあに》を
tanepo tapne (2)	今し初めて
anukar,	我見るに，
kamui-tusare (3)	神の手に甦《よみがへ》りし
chiesonere (4)	ものとおぼしく
nan nipeki	面わの光
hetuku-chup ne (5)	出で初むる朝日の如く
i(y)enu-chupki (6)	眩しき光華
chiure kane okai	さし映えてありし
orota ahun-an.	ところに，我入りて行く。
Inukan-rokpe (7)	我を打見て
kaniporokashi (8)	額の上
korai-kosanu, (9)	さとばかり打ちをのゝき，
"Arespa kamui	「わが養育《ひた》しまつる神
arespa pito	わが育む神人《みこと》
nā chonno	猶しばらくも

註 (1) a (我) ronnu (raike「殺す」の obj. pl. 澤山殺す。こゝでは單に raike の意) ruwe (のである)，我殺したのである。傳承者は筆錄の際 araike ruwe ともいひたり。

(2) tanepo (今，-po は指小辭，親稱) tapne (强辭)，今ぞ，今こそ。

(3) kamui (神) tusare (助く，蘇生せしむ)。死靈に，甦る死靈と全く死果つる死靈とあり，甦る死靈は東天に音高く沈み行き，全く死する死靈は西天に音悲しく沈むと考ふ。死靈が昇天して後，天の護神の手に助けられて生返るを kamui-tusare といふ。

(4) e (それにつきて) sone (本當なり，まことである) re (他動化語尾，ならしむ)，「本當ならしむ」，それに chi—(中相接辭) が附くと，また自動化して，「本當なり，事實らし，おぼし」等の意。

(5) hetuku (出づ，成長す，生ず) chup (太陽) ne (の如く)「ユーカラ研究 P. 395, 883」。

(6) i (我に，我を) enu (直視出來ぬ程眩しく照らす) chupki (光，光線)。

(7) i (我を) nukar (見る) rok (完了態) pe (もの)，「我を見て」の義。

(8) kan (上) ipor (顏色，顏付き) ka (上) ta (に)，目から額へかけての顏付き。

(9) ko (と共に) rai (死ぬ)—kosanu (「さつと」，「急に」の意，一回態動詞語尾)，さつと死んだ樣になる。(8)，(9) 畏れ虔しむ樣の甚だしいことをいふ。

mokor-an kunak (1)	我眠りてあらんと
aramuahi, (2)	(我)思ひしに,
Kerai-nepta un (3)	げに宜《う》べなれや
epenupurpe (4)	親神に似て優れ給へる
wariunekur (5)	若君
ne a kusu	なればぞ
mokor hontomo wa	眠れるさなかに
ihopunire wa (6)	我を起して
iwak-an"	歸り給へるものなれや」。
sekor okaipe (7)	と
Kamuiotopush	神髪彦《かみよしひこ》の
ye ruwe ne.	いへるなりけり。

註 (1) mokor (眠る)—an (一人稱動詞接辭) kunak (誘導接續助辭「…と」), 我眠らんと。

(2) a (我) ramu (思ふ)—a (完了態助辭)—hi (名詞法接辭), 我思ひしに。

(3) kerai (さすが) nep (であるもの) ta (强辭) un (强辭), さすが, 流石に, げにや, 宜べなれや。バチラー氏辭書, Kerainepta-un. interj. Dear me! How many.

(4) epenupurpe 親に似て優れてゐるもの。本聖傳 (oina) のヒーロー Aeoina kamui (我々の言傳へ語繼ぐ神の義) は單に oina kamui (傳承する神) とも呼ばれ, 半人半神の生活をし, 人間文化の源をつくりし神なれば, Ainurak-kuru (人間匂き人) とも呼ばる。また Okikurmi, Okikirmui, Okikirma 等の異名がある。その父についても, 日神說, 雷神說, 蔵神說等種々あるらしい。詳しいことは金田一先生の「アイヌラックルの傳說」,「アイヌの研究」,「ユーカラ研究第一冊」等を參照して戴きたい。

(5) 「若様」,「若君」等の義で年少の男子に對する敬稱。(ユーカラ研究 P. 216)。

(6) i (我を) hopuni (起きる)—re (使役相語尾, せしむ) wa (て), 我を起きしめて。

(7) sekor okaipe 以下三行は傳承者述ぶべきところを落したるならんとの金田一先生の御言葉により譯者の書加へしものなれば, 特にイタリック字體にせり。

譯者後序

(1) こゝに譯出したアイヌ叙事詩 Oina（聖傳）一篇は譯者が昭和四年八月，日高國平取に於いて平賀《ピラカ》村の老媼**エテノア**の傳承を筆錄したものである。傳承者は Kamui yukar（神謠）といつて Oina といはなかつた。金田一先生の御說に據れば，Oina と Kamui yukar との概念はアイヌの人々の間でも屢々混同されて明瞭でないといふ。

こゝに筆錄したものゝ如きは，yukar に近い要素を多分に持つてゐるらしい。とまれ，Kamui yukarを「神謠」（神々の單純な自敍傳的說話），yukar を「英雄傳說」，Oina を「聖傳」「古傳」等と譯されて，yukar に似てゐるが內容が重大な信仰上の物語として區別された金田一先生の御說に從つて Oina と改めた。

なほ傳承者はこの敍事詩の一句每にあるべき筈の「折返し句」(Sakehe) を忘れたといつた。金田一先生の御敎示により Sakehe を Kanekaun-kaun と書加へた。

(2) この聖傳のヒーローは人間國土の主宰神として降臨した（或は天より降臨した神の子ともいふ）Aeoina Kamui（我等が言繼ぎ，語繼ぐ神）で，一篇の筋は Aeoina Kamui が魔神を征伐し，人間國土を棲みよい所とし，アイヌの文化或は生活の起原を開いた所以を，文化神自身が自敍傳風に物語ることになつてゐる。

(3) この Oina（聖傳）の類型若しくは異傳と見らるべきものは，金田一先生が既に「龍蛇を平げる話」（アイヌラツクルの傳說 P. 96),「大鯇を平げる話」（アイヌラツクルの傳說 P. 115, 118),「大鯇退治のオイナ」（ユーカラ研究第一冊 P. 288) 等に發表せられてゐる。（いづれもアイヌ語の詩は省かれ，邦譯だけ）その意味で，こゝに譯出した Oina は決して目新しいものではなく，それほど貴重な資料でもない。たゞ同一と思はれる說話が斯くも多様性をもつて傳承せられてゐるといふ事實を報告するに過ぎない。

(4) たゞこの Oina が先生の學界に御發表になつた前記のものと相異した點と思はれることは (1) Kamui-otopush の出現である。Kamui-otopush（神髮彥）は yukar（英雄傳說）に於いて，シテ役 Poiyaunpe（小本州人）に對し，ワキ役を演ずるかの觀ある神人で，Oina に登場することは珍らしいのである。

(yukar には勿論傳承されないらしい) この事實の解釋に苦しんで，金田一先生に御訊ねしたところ，先生は「英雄傳說と聖傳との混同か，或は簡潔な Oina より絢爛たる大敍事詩 Yukar に發展して行く一過程を示すものかも知れぬ」と仰せられた。この異傳は傳承文學の進化して行く道程を考へる上に何等か深い謎を持つてゐるかも知れぬので，一概に傳承者の覺え誤などとは片附けられない。

(2) 次に前記の先生の御發表になつたものと相違した第二の點は，この Oina が起原的に最も重要性を持つたらしく思はれる部分の傳承を脫落してゐることである。恩師の御指示によつて，大津波の起原を說くために發生したらしいこの神話が大津波に關する傳承を失つてゐることを知つた。(ユーカラ研究 P. 288) の「大鮀退治のオイナ」(タウクノ媼傳承),「アイヌラツクルの傳說 P. 115, 118」の「大鮀退治のオイナ」二篇 (一篇はワカルパ傳承，他の一篇はシコサンケ傳承)には，いづれも Aeoina-Kamui (或は Okikurmi) が魔神を平げて後，沼の傍に力足を踏んで躍つたので，大沼の水が浪打つて溢れ，十勝川へ大津波が下り，沙流川へも大津波が下つたので，育ての姉が吃驚して，肩を抑へ「國を壞されるのを心配して，鮀を殺したのに，鮀を殺して，どうして今度はお前が國を壞すのだ。」と支へ止めたので，ほつと我に返つて，家に歸つたと結ばれてゐる。「ユーカラ研究第一冊 P. 433」文學の黎明の條に於いて，恩師は「文學發生の第一期に巫女時代が先づ存し，次いで之を傳承する婦女子によつて一方にウエペケレ (四方山噺)，一方はカムイ・ユーカラ，オイナに展開し，最後のユーカラの勇壯・雄偉な戰記物に至つて始めて男子が關與して來て，茲に巫女時代から民衆詩人 Bard の時代になつた」と實證的に提唱せられて，文學の發生的研究の上に不滅の光明を點ぜられた。つまりその御說によつて考へてゆくと，この Oina は大津波があつた其の起原を知らんとして，アイヌの人々が神々に祈り神意の程を伺つた時，巫女 (tusu-kuru)に神懸りして,巫女の口から流出た託宣の神語が，次々に傳承されてゆく中に，享樂的氣分が加はつて來て，話の興味ある部分のみが emphasise されて殘り，比較的興味のない津浪・洪水の部分が落されたのではあるまいか。巫女の神語の託宣に「文學の黎明」を認めようとされる金田一先生や折口信夫先生方の御說が段々力強いものになつて來はしまいか。譯者の心なしかそんな風に考へられてならない。

(5) 淺學無氣力な私が此のOina－篇を拙いながら譯し得たのは,全く恩師金田一先生の賜以外何者でもあり得ない。前人未踏ともいふべきアイヌの研究に殆ど半生を献げられて把持された先生のアイヌ語のニユーアンスをそのまゝ專念に傳承したものに過ぎない。採集し得たのも，アイヌの人々が多年先生から受けた愛撫と抱擁に對する感謝と親愛の情とを，私に移して，その信仰生活の祕奧を吐露して吳れたからである。

(6) 先生は御多忙な御身であらせられるにもかゝはらず,再三再四筆錄の誤謬,句讀の切方,誤譯等を訂正校閲して下さり,序の御言葉をさへ賜つた。私は先生に對し,先生の譯語を殆どそのまゝ拜借したことを恥づかしく御詫び申上げ,永年の御指導と御鞭韃を賜うたことに言知れぬ感謝を捧げる。

(7) また恩師折口信夫先生も此の拙稿に御校閲を賜はり,種々御力添下さつた。謹んで御禮申上げて此の稿を終る。

(昭和六年五月－日)

◇前號目次

△原稿、寄贈及交換雜誌類の御送附、入會退會の御申込會費の御拂込、等は總て左記學會宛に御願ひしたし。
△會費の御拂込には振替口座を御利用ありたし。
△會員御轉居の節は新舊御住所を御通知相成たし。
△御照會は通信料御添付ありたし。
△領收證の御請求に對しても同樣の事。

昭和六年七月一日印刷
昭和六年七月十日發行

定價金八拾錢

編輯兼發行者　小泉鐵
東京市神田區表猿樂町二番地

印刷者　中村修二
東京市神田區表猿樂町二番地

印刷所　株式會社　開明堂支店
東京市神田區表猿樂町二番地

發行所　民俗學會
東京市神田區北甲賀町四番地
振替東京七二九九〇番
電話神田二七七五番

取扱所　岡書院
東京市神田區北甲賀町四番地
振替東京六七六一九番

MINZOKUGAKU

THE JAPANESE JOURNAL OF FOLKLORE

Published by the

MINZOKU-GAKKAI

Volume III July 1931 Number 7

東亞民俗學稀見文獻彙編・第二輯

MINZOKU-GAKKAI

4, Kita-Kôga-chô, Kanda, Tokyo, Japan.

民俗學

第參卷　第八號

昭和六年八月

民俗學會發行

民俗學會會則

第一條　本會を民俗學會と名づく

第二條　本會は民俗學に關する知識の普及並に研究者の交詢を目的とす

第三條　本會の目的を達成する爲めに左の事業を行ふ

イ　毎月一回雜誌「民俗學」を發行す

ロ　毎月一回例會として民俗學談話會を開催す

　但春秋二回を大會とす

ハ　隨時講演會を開催することあるべし

第四條　本會の會員は本會の趣旨目的を贊成し會費（半年分參圓　壹年分六圓）を前納するものとす

第五條　本會會員は例會並に大會に出席することを得るものとす　講演會に就いても亦同じ

第六條　本會の會務を遂行する爲めに會員中より委員若干名を互選す

第七條　委員中より幹事一名、常務委員三名を互選し、幹事は事務を執行し、常務委員は編輯庶務會計の事務を分擔す

第八條　本會の事務所を東京市神田區北甲賀町四番地に置く

附則

第一條　大會の決議によりて本會則を變更することを得

私達が集つて此度上記のやうな趣意で民俗學會を起すことになりました。

考へて見ますと學問が大學とか研究室とかに閉ぢこめられてゐた時代は何時まで何時までつゞくものではないといふことが云はれますが、然し大學とか研究室とかいふものを必要としなければならない學問のあることも確かに事實です。然し民俗學といふやうな民間傳承を研究の對象とする學問こそは眞に大學も研究室も之を獨占することの出來ない學問であります。然しされぱといつてそれは又一人一人の篤志家や學究が個々別々にやつてゐたのでは決してものになる學問ではありません。出來るだけ多くの、出來るだけ廣い範圍の協力に待つしかないものと思ひます。日本に於て決して民間傳承の資料の蒐集なり研究なりが閑却されてゐたとはいへません。然しそれがまだ眞にまとまるところにまとまつてゐるとはいはれないのが事實であります。かう云ふ事情の下にある民俗學の現狀をもつと開拓發展せしめたいがために、民俗學會といふものを發起することになつた次第です。そして同樣の趣旨のもとに民間傳承の研究解說及び資料の蒐集を目的として、會員を募集し、會員諸君の御助力を待つてこれらを發表する機關として「民俗學」と題する雜誌を發行することになりました。どうかこの一般國民生活の中に深く生きてゐる事實の意義及び傳承を生かす爲めに、そして民間の學問としての學的性質を達成せしむる爲に、本會の趣旨を御諒解の上御入會御援助を賜りたく御願ひ申します。

委員

石田幹之助　宇野圓空　折口信夫

金田一京助　小泉鐵　小山榮三

松村武雄　松本信廣（在京委員）

秋葉隆　移川子之藏　西田直二郎

（地方委員）

昭和六年八月發行

民俗學

第三卷 第八號

目次

民間傳承と自然的環境（上）

松村武雄

一

この春の頃であつた。病間の徒然に田中貢太郎氏の『旋風時代』を翻展してゐると、『午過ぎになつて、墨汁の中へ菜つぱ汁を流し込んだやうな鬼魅わるい雲が出て、それがみるみる空を覆うたかと見る間もなく、ばらばらと雹を降らしてすぐやんだ。それは甲州方面から來る氣流によつて起るもので、桑の芽の被害を恐れる多摩川沿岸の農家に雹祭までやらせた乾象の一つであつた。』といふ一節が、眼に入つた。

民間傳承と自然的環境との關係の種々相を、つねづね考へてゐる自分には、この一節が特別の風味を持つやうに感ぜられた。自分の立場から云つて、所謂『鄉土誌』に不滿を覺える點は、そこに記述せられてゐる民俗信仰が、刻明に各〻の聚落區域の下に記き込まれてゐるに拘らず、該地域の環境的形相との交涉が閑却せられて、ぽつねんとそこに放り出されてゐることである。その點から云へば、『斐太後風土記』などは、出色であらう。飛彈國吉城郡瓜巢村の熊野社の祭神が須佐之男命及び五十猛神である事實の記述だけに留らないで、

『此村のみ幽邃の山中に住て、四方は山々多く、殊に水源大野郡小鳥鄉の彥谷山、大多和山の峰堺、南は大野郡三枝鄉の見量山の峰堺にて、山々廣大なれば、年々山果、篦笋、菌類を取、薪を伐出、年に依ては材木

をも伐出し、半は山幸を得て栖める村家なれば、古の村民は心得て、木種を施し青山なし賜へる須佐之男命五十猛神御父子を拜祀たるにや有む。』(一)

となし、また同郡古川郷是重村の民衆が、高龗神を產土神として特に崇拜した事實を擧げたあと、

『此是重村は、古しへ水利なき高田にて、潤雨なければ、作れる陸田種子も枯果ぬれば、別て貴布禰の高龗神を齋祭りて、時々潤雨降りて、作毛の豐饒を祈りしなるべし。』(二)

となしてゐるやうな行き方である。

固より民間傳承の性質、樣態等を決定する要因は頗る多樣で且つ錯綜してゐるのが常である。決して自然的環境への顧慮のみでいつも解き盡し得る謎ではない。人文地理學者ジァン・ブリュンヌ氏やセムプル女史の如きも、この科學の研究に執心する者が、太だ屢〻自然的環境の角度からのみ人文を眺め且つ説明しようとする弊を指摘して、他の多くの決定要因の注視の必要を力説してゐる。(三) かくて人によつては、鄉土誌が『斐太後風土記』のやうな行き方をするのを好まぬ者もあるであらう。某の民間傳承が某の性質なり樣態なりを持つてゐることの謎は、鄉土誌を讀み解く者が解明すべきものであつて、鄉土誌それ自身は、單に客觀的事實を傳ふれば足る。鄉土誌が勝手に解釋を持ち出すのは危險であるとする者も、無いではないであらう。

かうした考方には、一應の理がある。しかし一般的に云へば、或る鄉土を最もよく知るものは、その鄉土に生れ且つ住む人である。或る民間傳承を持つ地域の自然的環境、及びこれと不可分離の關係に立つ生產形態生活經濟を語る資格は、どうしてもその地の人に於てより大であるとしなくてはならぬ。その意味に於て、鄉土誌が單に民間傳承そのものの記述を與ふるに留らないで、之と相並んで環境や、それに密接な交涉を持つ社會生活相を

も誌すといふ行き方は、是認せらるべきである。たゞこれ等二者の因果の關係づけになると、之を『必す爲すべきもの』として郷土誌に要求することの是非が問題になる。『斐太後風土記』は、一方に於て高原郷の村々が栗原社を重要神社とする事實及び毎年五月梅雨中に『栗花落祭《ツユマツリ》』を執り行ふ事實を擧げ、而して他方に於て、その村々の生活經濟を記して、

『古來栗子は佳味にて國中ならびなし。搗栗を數多製、國中は更なり、諸國へ賣出して、飛彈國名まで知られ、夫食に用ひたる餘りを、生栗、乾栗まで多く賣出し、其等の價を以て貢金を納むるほどの村々…』（四）

となしてゐる。この場合には、或る民間傳承と環境及びそれに關係する生活經濟とは、單に平行的に記述せられてゐるだけで、兩者の間に何等かの因果關係が存するか否かについては沈默を守つてゐる。瓜巢村の熊野社、是重村の産土神を取扱つた場合に、それ等と環境との間の關係の推定にまで口を出した行き方に比して、より愼重であると云へる。高原郷の人たちにとつて最も大切な神社は栗原社であつて、『神名帳』にも上つて居り、毎年數十ヶ村で祭禮を執り行うた。また『栗花落祭』といふ特種の祭儀まで生れ出てゐる。かやうに栗を中心とする神社や祭儀が發生したといふ文化事實が、この地域に田畑が少く穀作が乏しいため、山林の栗の實を主要な食養資料としなくてはならなかつたといふ自然環境的事實の産果であるか否かの推定は、讀者のなすがまゝに任してある。

自分もかうした行き方で、民間傳承と自然的環境とを取扱つて見る。自分の擧げる二者は、少くとも自分の見るところでは、その間に因果關係がありさうである。少くとも決定要因の一つ若くは一部をなして居さうである。しかし急卒な斷定を避けて、暗示に踏み留りたい。

『自然は、餘りに高く評價せられても、また餘りに低く評價せられてもならぬ。平明穩朗なイオニアの空が、ホーマーの詩の有する典雅に對して、大いに與つて力があつたのは確かである。しかしその空のみでは、決して永久にホーマーの詩は生れない。』

と云つたヘーゲルの言葉を、自分は絶えず心の中に想ひ浮べながら、民間傳承と自然的環境とを出來るだけ平行的に取扱つて見たい。さうした平行が層ゝ相重つて行くうちには、兩者の間に或る程度の因果關係が存してゐるといふ說得力が生れて來るであらう。

但し民間傳承といつても、この論考では、主として祭儀と說話とを取扱ひ、且つ我が國のそれ等以外のものを考察することにしたい。その理由は、

(1)民間傳承のうちの言語、習俗等については、既に人文地理學者が可なり突込んで自然的環境との關係を考察してゐるに反し、宗教、說話に關しては、まだ殆んど全く手をつけてゐないからである。人文地理學は、宗教や說話について、その自然的環境との關係の存在を理論的抽象的に肯定してゐるだけて、細密な實證を試みてゐない。これは民俗學者に殘された處女地である。

(2)我が國の民間傳承については、多くの達識な學徒が存在する。自分のやうな民俗學の新米が廻らぬ口をきくよりも、さうした學徒たちに自然的環境との關係をも究明して貰う方が、より確實であると信ずる。からである。

先づ乾象と民間傳承との關係から始めることにしよう。第一は雲である。布哇の島々にあつては、海から來る陰濕な風が、島中に聳ゆる陵嶽に觸れて、朝に夕に雲を醸生することが太だ多い。そしてこの事實は、雲の多様な形相と色彩とが、自ら土人の心を牽く機縁の豐かであることを豫想させる。そして一方に於ては、布哇の神話は、驚くほど饒多な『靈格としての雲』を持つてゐる。

(1) opua-ka-kohiaka（朝雲の義）
(2) ao-opua-ahiahi（夕雲の義）
(3) ao-opua-aumoe（夜雲の義）
(4) ao-opúa（先の尖つた雲の義）
(5) ao-opua-kiei（覗き込む雲の義）
(6) ao-opua-aha-lo（眺め下す雲の義）
(7) opua-noho-mai（休んだ雲の義）
(8) opua-lani（高きにある雲の義）
(9) ka-pae-opua（水平線に沿うた雲の義）
(10) ka-lani-opua（水平線の上にある雲の義）
(11) ka-ma-kao-ka-lani（太陽の眼の中にある雲の義）

(12) ka-wele-lau-opua（天空の最高所にある雲の義）

などがこれである。これ等はみな、天空に住む靈物で、その統帥者として、ケ・アオ・メレ・メレ（ke-ao-mele-mele—『黃金なす雲の乙女』の義）がある。陽光を受けて黃金色に燦めく雲の人格化せられた麗しい處女神である。(五)同一の宗敎的現象が、サモアに於ても見出される。この群島の神話に出沒する劇的人物にも、人格化せられた『雲』が、著しく豐多である。

(1)『混亂せる雲』
(2)『平靜なる雲』
(3)『騷がしき雲』
(4)『陸をうつ雲』
(5)『高き雲』

の如き、これである。(六)而してサモアも亦氣象的に雲の蒸出と變化とに富む地域である。

次に民間傳承と風との交涉を考へて見る。スメリア人の宗教及び神話に屢〻その姿を現す怪物としてエズー（Zu）

と呼ばるゝ魔鳥がある。スメリア人はこの怪鳥を『惡の行爲者』と呼んでゐた。かれは嘗て神々の王者ベル(Bel)から『運命書板』を盗んで、アラビアの沙漠の中にあるおのれの棲所に匿れてしまつた。『運命書板』は至寶であつて、ベル神はこれによつてすべての神と人類との運命を定めてゐたのであつた。彼は困惑して雷霆神を遣つて怪鳥を平げさせようとしたが、力が及ばなかつたので、更に日月神を遣して之を壓服させねばならなかつた。ズーはそれほど恐るべき邪靈であつた。(七)

スメリア人をしてかうした恐るべき邪靈の存在を想はしめた『或るもの』は、抑々何であつたらうか。ズーはアラビアの沙漠に住むと信ぜられた。そしてスメリア人は、これを呼んで『あらしの惡魔』となしてゐる。自分たちはそこに此の疑問を解く手がかりを見出し得るのではなからうか。スメリア人の住土としてのバビロニアは屢ゝ――殊に夏時に於て、アラビアの大沙漠から襲うて來る砂嵐に苦しめられた。そしてこの胡沙吹く嵐に對する民衆の嫌惡の情が、神話的思考と結びついたとき、そこに怪鳥の表象が生れ出たのではなからうか。

バビロニアの神話は、更に一個の女性の風魔を有してゐる。その名は明かでないが、瞼の無い炯々たる眼、扁平で凄しく大きな鼻、あんぐりと廣く開いて巨獸の牙のやうな歯を露す口、高く突出した頬骨、醜く膨れ上つた額をした怪物で、屢ゝ破壞的なあらしを起しては、人の子の命を奪ふことを樂しみとした。(八)而してこの風魔は西南風を掌るとせられた。ところで西南風は、大沙漠から吹いて來る風として、バビロニアの民衆にとつて、太だ恐るべきものであつた。

眼をアイスランドの宗教及び神話に轉ずると、自分たちはそこにアングルボダ(Augurboda, Angerboda)と呼ばるる一個の風魔を見出す。この島の住民が、いかにこれを忌み嫌つてゐたかといふことは、この妖婆が ロキ

（Loki）の妻として、怪狼フェンリス（Fenris）、大地を圍む巨蛇ヨルムンガンデル（Jormungander）、地獄の魔女王ヘル（Hel）の母となつてゐる事實から、容易に推知することが出來る。（九）なぜならロキは神々への裏切者として世界破滅の因をなした邪神であり、フェンリス、ヨルムンガンデル及びヘルは、力を協せて世界の崩壞を實現せしめた『惡の華』であるからである。アイスランド人は、この風魔を呼んで『屍を噉む者』となした。更にその名アングルボダそのものが、島民の此の妖婆に對する心持を端的に表出してゐる。アングル（angur）は『悲哀』を意味し、ボダ（boda）は『豫兆す』を意味する。從つてアングルボダは、實に『悲哀を豫兆する者』に他ならなかつたのである。（十）

ところでアングルボダは、東風の怪物化である。あらゆる方角から吹く風のうちで、何故に特に東風が邪惡な怪魔と覩ぜられ、悲哀苦惱の豫兆者とせられねばならなかつたか。アイスランドの地勢が、この疑問に對する解答者となつてくれるのではなからうか。アイスランドは氷原若くは雪原の島である。ホフスヨークル、ラングヨークル、ミルダルスヨークル等多くの氷雪の廣野が、島中にその恐るべき胸をひろげてゐる。その中で最も廣大なのは、東部地方に存するファトナヨークルである。ホフスヨークルが五百二十平方哩に亘り、ラングヨークルが五百平方哩に擴がり、ミルダルスヨークルが三百九十平方哩に延びてゐるに對して、ファトナヨークルは、實に三千二百八十平方哩の地域を占めてゐる。そのため島の溫度は東海岸に於て最も低い。（十一）かくてアイスランドの民衆にとつては、冬の東風ほど――大氷原ファトナヨークルを亘つて吹いて來る冬の風ほど、懼るべく嫌ふべきものはなかつた。

ニュージーランドの神話に於ては、半神的英雄マウイ（Maui）が、その手にあらゆる風を收めてゐると云はれ、また大きな洞窟に閉ぢ込めて、巨石でその口を塞いでゐるとも傳へられる。しかし流石の神人も西風だけは捕へることが出來なかつた。だから西風のみは殆んど常に自由に動き廻つてゐると云はれる。(十二)常夏の樂土としてのニュージーランドに殆んど絶えず吹いてゐる風が西風であるといふ乾象を知るものは、かうした神話の存在に對して、坐ろに微笑を禁じ得ないであらう。

更にフィンランドの宗教及び神話に於ては、北風が、プルヒ(Puruhi)といふ名の下に、厭ふべき霜の邪靈パッカネン(Pakkanen)の父と觀ぜられ、民衆の恐怖と憎惡との標的となつてゐる。(十三)北極に近く位する彼等の住域にあつては、あらゆる風のうちで、北風が最も凌ぎ難いものである。

寒冽によつて人の子を脅す風が、一個の惡の原則《プリンシプル》と觀ぜられるとすれば、曖昧によつて人間の心を暢やかにする風は、當然一個の善の原則と考へられなくてはならぬ。そして宗教的及び神話的事象は、實際にその然ることを證示してゐる。而してこの場合にあつても、いかなる方位からの風が善の原則であるかを決定するものは、自然的環境であるらしい。

蘇格蘭を見よ。この國にあつては、西海岸が大西洋の暖かな潮流に洗はれ、從つて溫柔な風は、多く西若くは西南から吹いて來る。而して一方に於て、西風若くは西南風は、『陽春の精靈』アングス(Angus)の隨從者として、民衆に悅び迎へられる一個の靈物となつてゐる。(十四)更に獨逸の宗教及び神話を見よ。雷霆と嵐との神トル(Thor, Donnar)は、一個の偉大な放浪者であり、そして放浪の目的は、巨人族や邪靈を征服することに存したと傳へられてゐるが、この勇猛粗剛な神の旅路のあとを辿ると、それがいつも西から東に向けて行はれてゐることを見出す。この神話上の謎は、獨逸に於ける風の性質に注目することによつて解けさうである。エッチ・エー・

グェルベル氏（H. A. Guerber）は、『北歐人の神話』（Myths of the Norsemen）の中で、

『獨逸に於ては、東からのあらしが嚴冷であり、萬物を凋萎させるに反して、西からのあらしは、暖雨と溫柔な天候とを齎すからである。』（十五）

と云つてゐる。もし氏の言が當つてゐるとするならば、獨逸の民衆は、自然的環境に神話構成を支配せられて、邪惡と破壞との存在態《ウエーゼン》を東方に想定し、そしてこれを驅逐し征服するものとしての善と建設との神を西方から送り出さねばならなかつたといふことが出來る。古代希臘人は、東西南北の風をそれぞれ一個の超自然的靈格と觀じた。（十六）エウロス（Euros）は東風の神であり、ヅェフュロス（Zephuros）は西風の神であり、ノトス（Notos）は南風の神であり、そしてボレアス（Boreas）は北風の神である。これ等の風の神は、ホメロス以後の文化期に現れた多くの詩人や藝術家によつて、いづれも一様に翼を與へられ若くは天馬に牽かせた車を授けられてゐるが、その性情に關する考方は、それぞれ相異つてゐる。北風ボレアスは、一種の嫌はれ者であつた。boreas は oros から抽き出された oreas であり、山脈《やまなみ》から吹きおろす疾風を意味する。希臘人のこの風に對する心持は、ボレアスの一名をアイトレーゲネース（Aithrēgenēs—『霜を産み出すもの』の義）と呼ぶ事實によつて、略〻推知せられる。（十七）南風のノトスの名は、恐らく獨逸語のナス（nass）や、和蘭語のナート（nat）と血緣を有する語辭で、濕潤の氣を帶びてゐることを表したものであらう。（十八）これも希臘人にとつて、あまり有難い靈物ではなかつた。東風の名 euros は、ēos（東）から出たものであらうが、南風と同じやうに、何等の神話もこれについて生れてゐないといふ事實から推して、大きな關心を持たれた風とは云ひ難い。ところが西風に關しては、事情が全く異つてゐる。この風には、情味に豐かな多くのローマンスが纏繞してゐる。西風は、虹の女神イリス（Iris）と相馴れ

て、愛と生成との神エロス（Eros）を生んでゐる。ヘシオドスは、『テオグニス』（Theognis）の詩の中で、

Ōraios kai Erōs epitelletai, hēnika per gē
anthesin eiarinois thallei aeksomenē.（十九）

と歌つてゐる。西風と虹とが最も屢々現れる季節としての春が、同時に愛の季節であるといふ事實の神話詩的《ミソポエチカル》な表現である。神格化せられた四人の『季節』の一人は、西風の神の情を享けて、カルポス（Karpos）といふ子を産んだ。カルポスは果實にほかならぬ。（二十）羅馬の詩人たちも、かうした觀想に呼應して、西風を百花の女神フロラ（Flora）の夫君となしてゐる。（二十一）

希臘人や羅馬人は、四つの風のうちで、何故にかくも特に西風の神を愛寵したのであらうか。彼等の國土に於ては、大西洋を越えて吹いて來る西風が春の風であり、その柔かな吹息に觸れて、草が萠え花が開いたことに自分たちは注目しなくてはならぬであらう。

ところが、ペルシャの神話傳説に於ては、これと全く對蹠的な關係が現れてゐる。イラン高原の神話詩にあつては、希臘に於ける西風に歸せられた役割が、東風に歸せられてゐる。東風こそ愛と生成とを惠む神として讃へられてゐる。この差別相は、主として兩地域に於ける氣象の相違から生れたらしい。トーマス・ケートレイ氏（Thomas Keightley）は、その間の消息に觸れて、

『ペルシャの詩に於ては、歐羅巴の詩に於て西風に歸せられた役を、東風が演じてゐる。その原因は、兩地

の相異る地理的位置である。なぜなら、歐羅巴に於ては、西風が大西洋の海波に凉爽となつて吹いて來るに反し、ペルシャに於ては、東風がヒマラヤ山系及び西藏の高原を越えて凉爽となつて來るからである。』となしてゐる。(二十二)

次には、民間傳承と雨との關係である。

ここで先づ自分たちの注意をひく點は、雲や風の場合にあつては、これと民間傳承との間に、若し因果關係がありとしても、生活經濟の因子が殆んど全く該關係に加はつてゐないのに反して、雨と民間傳承との因果關係(もしありとすれば)に於ては、この因子が強く働きかけてゐるといふことである。言葉をかへて云へば、雲や風の場合には、自然的環境の宗教及び神話の構成に對する決定力は殆んどすべて直接的であり、雨の場合には、自然的環境が先づ民衆の生產經濟に作用し、而してそれを通して間接的に宗教及び神話の構成を支配することが多いといふことである。

ペルーには、雪を頂く大きな山脈があつて、絕えず幾多の河川を養つてゐるに反し、メキシコには、さうした天福が缺けてゐる上に、高原地帶と海岸とに挾まれた狹隘な低地帶は、大きな河川の成立を拒んでゐるし、更に森林に乏しいことが水の蓄積を妨げてゐる。かくてペルーとメキシコでは、作物の栽培の上で、降雨に凭りかか、る強度に、大きな開きがある。降雨を待望する熱意では、ペルーの民衆は、到底メキシコの民衆の敵手ではない。かうした自然的環境の差異は、兩國土の宗教的現象の差異によつて對應せられてゐる。卽ち

(1)ペルーの宗教には、厳密な意味に於ける雨の神が、殆んど見出されない。コン(Con)、パリアカカ(Pariacaca)、コンチキ(Contici)、イラチキ(Illatici)、チュロクエラ(Churoquella)の如きは、雨の神といふよりは、雷の神である。尤より雷の神は同時に雨を降らす神ではあるが、しかしペルーの民衆は、雷の神を作物と結びつけて考へてゐない。クイチュア族の一人の無名の詩人が、雷の神を讃へて、

見よ、御身の兄弟は、
今し御身の壺を
こなごなに撃ち砕きつ。
その撃砕よりぞ
雷光は閃めき
雷は轟く。
さて王子御身は、
水をとりて
雨を降らし
霰を降らし
また雪を降らす。

と云つたのは、民衆の心持のいい代言である。之に反してメキシコには、醇乎たる雨の神が数多く生れてゐる。トラロック（Tlaloc）は、その一であり、チャルチフイトリクエ（Chalchiuitlicue）は、その二であり、チャック（Chac）は、その三であり、P神はその四である。（メキシコには、名前の不明な神が多く存してゐる。學徒は假りに之に字母を附す）そしてそのいづれもが、農耕經濟の恩惠者として強く意識せられてゐる。トラロックの住土としてのトラロカン（Tlalocan―『トラロックの國』の義）が、水に豐かな、作物のよく實る樂土に表象せられてゐる如き、（二十三）P神が、種子を播き畝の溝を造つてゐる姿に表され、またその頭飾に一年三百六十日を示す記號をつけてゐる如き、（二十四）みなその證據である。

(2)ペルーに於ては、嚴密な意味に於ける雨の神が、殆んど見出されないことの自然の結果として、這般の神の祭儀が全く目にたたぬのに反して、メキシコでは、一年に四回も、盛大な祭禮を催して、さまざまの供犧によつて、熱心に雨神の意を迎へる。（二十五）殊に意味の深いのは、雨の精靈のための『休息祭』である。メキシコの昔にあつては、アタマルクァリズトリ（Atamalqualiztli）と呼ばれる祭禮が、八年毎に催された。（二十六）雨の精靈及び雨の神は、メキシコの民衆に雨を與へるために、年々大きな苦勞をする。そのために精力が消耗し盡されては一大事であるといふ懸念が嵩じて、この祭禮となつたものである。即ち八年毎に雨を掌る精靈と神とに快い休息を與へて、勞れたる活力を回復させる意圖から生れたのが、アタマルクァリズトリ祭である。自分たちは、そこにメキシコの民衆が、降雨に對していかに強い關心を有してゐたかといふことの明白な證徴を見出す。

ペルーとメキシコとの比論を止めて、兩者を別々に考へて見ても、思ひ當るところが多い。

メキシコの宗教に於けるパンテオンにあつて、最も勢力の大きかつた神の一人は、雨と濕氣とを掌る神トラロック（Tlaloc）であつた。この神が、いかにナフア族（Nahuas）の間に人氣があり且つ重要視せられたかは、その像の彫刻的表現が、メキシコの他のいかなる神にも優つて多數であるといふ事實の、明かに證示するところである。そしてトラロックが、かうした特別の崇拜を享けた主要な原因は、メキシコの自然環境であると云へさうである。この邦土の特殊的な地表構成――山岳障壁によつて閉ぢ込められた高い高原《プラトー》と、その高原及び海岸に挾まれた狹溢な低地帶とから成る地表構成は、大きな河川盆地の發展を許さないし、高原地域に於ける降雨量が少いことと、森林の缺乏が水の蓄積を困難ならしめることとが、これと相呼應して、大きな河の存在を不可能ならしめてゐる。ジェー・エス・マン氏（J. S. Mann）が、

『メキシコの水路樣態は、最も單簡な種類のものである。高原若くは山岳傾斜面から、東の方メキシコ灣に、西の方太平洋に流れ降る若干數の小さな流――これがその全圖である』（二十七）

と道破したのは、嘘僞のないところである。かうした地域にあつては、農耕經濟――いな一般生活さへも、太だ強く降雨に依據しなくてはならぬ。しかもその降雨すら決して多くないとすれば、雨の價値はます〳〵高く評價せられるわけである。這般の自然環境的事情が、メキシコの民衆をして雨の神トラロックへ強くもたれかゝらしめたであらうことは、容易に推測せられる。レウィス・スペンス氏（Lewis Spence）が、その著『メキシコ及びペルーの神話』（Myths of Mexico and Peru）の中で、

『收穫の成否が全然降雨の多少に依存してゐるメキシコの如き國土にあつては、彼（トラロック）が高度に重要な神格となつたことが、容易に首肯せられる。』（二十八）

と云つたのは、動かぬところであらう。

ペルーの高地帶に住む民衆は、毎年雨季が始まりかけると、カパック・シチュア（Ccapac-Situa）と呼ばれる祭禮を執り行うた。これは一種の病靈驅逐祭で、人々は手に手に槍を振り廻し、大きな聲で叫び立てて、八方に駈け廻る。さうすると低地帶から入り込みかけてゐた惡疫の精靈が、その騷ぎに愕き惧れて、クズコ地方を繞る峽谷に逃げ潜み、そこで河の精靈に捉へられて、海原に運び去られると信ぜられた。(二十九)

水の淨化力と河の運搬力との觀念に基礎を置いた此の祭儀は、我が國の『はらひ』祭の或るものと、その成立の心理を同じうしてゐるが、しかし自分が今考へたいのは、祭儀の內容ではなくて、その時期の問題である。何故にカパック・シチュア祭は、一種の『はらひ』祭でありながら、年に一回であり、しかも雨季の始めに限定せられたかといふ問題である。自分の考では、これは、ペルーの地勢と因果關係を持つてゐると思ふ。

ペルーでは、最も人口の多い地帶は、四、九〇〇呎乃至一一、五〇〇呎の高地帶であり、從つて都市の大部分も、六、五六〇呎以上のところに位してゐる。ジャン・ブリュンヌ氏（Jean Brunhes）が、その大著『人文地理學』（La Géographie Humaine）で指示してゐるところに從ふと、(三十)

アレクィパ（Arequipa）	七、八七四呎
クズコ（Cuzco）	一〇、四九九呎
シクアニ（Sicuani）	一一、五八八呎
オロヤ（Oroya）	一一、九二六呎

プノ(Puno)　一二、六六四呎
クルケロ(Crucero)　一二、九五九呎

そしてかうした人口分布は、偶然の事情による一時的現象ではない。古く既にインカ族が、その燦然たる文化をこれ等の高地帯に建設してゐる。ペルーの民衆は決して酔狂で這般の高地帯に住みついたのではない。ペルーの地貌は、單に高地帯と沿海低地帯との二つだけから成り立つてゐる。ところでその沿海低地帯は、濕度が強く溫度が高くて、メキシコ人自身が『死の町』(Ciudad de los muertos)と呼んだメキシコ灣岸のヴェラ・クルズと同じやうに、著しい不健康地であるに反して、その高地帯は、『老病と自殺との外は死ぬものがない』と云はれたサンタ・ロザ・デ・ロス・オソス(Santa Rosa de los Osos ——八、三三〇呎の高原の上に存する市)と同じやうに、健康に適した地域である。ペルーの民衆が、古くから高地帯にその主要な住所を求めたのは、かうした消極的及び積極的な地理學的原因の致すところである。(勿論その高地帯は、健康地であるといふだけで、人間を吸引するのではなく、人間がそこに生存し發展して行くだけの資源の供給の存することが、一の豫定條件となつてゐることを忘れてはならぬ。しかしそれはここでは問題外として置くことが出來る)。しかし低地帯の『惡しきもの』は、時として高地帯まで彼等を追跡する。その最も嫌なものは惡疫熱病であつた。ペルーの低地帯に位置する谷間は、每年雨期になると、熱病と瘧との溫床となつた。そしてこれ等の惡疫は、ただに低地帯を荒し廻るだけでなく、時としては高地帯にまで潛込して來るのであつた。高地帯の民衆は、自分たちの樂園を這般の侵入者から擁護しなくてはならぬ。カパック・シチュアの祭禮は、かうしたところにその發生因を有する。その執行の時期が、

雨季の始めになつてゐたのは、畢竟するに自然的環境に決定せられたのに他ならぬ。

以上は、雨が民間傳承の構成に積極的に働きかけたらしい事例である。しかし雨はその『有ること』によつて民間傳承の發生、特殊化などに關與するだけでなく、『無いこと』によつても亦、それ等と緊密な交渉を持つてゐるやうに思へる。

アラビア人は、地理學で謂ふところの『沙漠民』である。彼等は水に飢ゑてゐる。シリアの沙漠で、旅人が、ベヅーイン・アラブ（Bedouin Arab）に出逢つたとき、最初に投げかけられる問は、極つて『どこかに雨は降らなかつたか』といふことである。そしてもし旅人が、『ここに來る途中で夕立に逢つた』と答へるとしたら、アラビア人は野營に馳せ歸つて、家族たちにこの吉報を告げ、直ちに居を移す準備を命ずるのを常とする。（三十一）高度の、そして長期に亘る乾燥期を持つパレスタインの住民にとつても、旱魃がその最惡の敵であつた。かくてイスラエル人は、屢〻その故土を離れて、他の地域——水があり青草がある牧場に富むところを探すべく誘惑せられた。ナオミがその夫と共に、家族を擧げて、ヨルダンの東モアブに移り住んだ如きは、さうした事實の現れの一つに過ぎない。歴史上の大きな事件は、屢〻沙漠に起つた旱魃をその動因としてゐる、紀元四百五十年頃、匈奴がアッチラに率ゐられて、歐羅巴に侵入したのも、六百五十年頃、アラビア人が、その沙漠住土から大浪のやうに四方に、溢れ出たのも、一千二百年頃、成吉汗が西部亞細亞を荒し廻つたのも、はた一千五百年頃、蒙古人が洪水の如く印度に流れ込んだのも、盡く彼等の住土としての沙漠地が、異常な旱魃を見た時期に當つてゐることを思ふとき、旱魃が『沙漠民』に對していかに大きな心的衝動を與へるかを痛切に感知し得るであらう。彼等の宗教がかうした事情の影響を蒙らなかつたとしたら、それは一の不可思議でなくてはならぬ。

沙漠地に生れた宗教である回々教が、その信奉者たちに力說するところの一つは、『淸潔であれ』といふことであつた。何が故に『淸潔』を高調しなくてはならなかつたかといふことは、アラビア人の多數が、その住土に水の乏しいため、未だ嘗て real bath をとることなくして生活したといふ事實を知るとき、容易に理會し得られるであらう。

『沙漠民』の宗教と物理的環境との交渉は、更に雨の希求の實修に鮮かに現れてゐる。パレスタインは、高度の乾燥期を持つ國土の一つである。夏期の六ヶ月(五月から十月)には、殆んど一滴の雨も降らぬ。ところで一方に於て、ヘブライの豫言者の多くは、いづれの民族のそれ等も雁行し得ないほど濃厚に weather-prophet の面目を具へてゐる。北米印度人の一で、アリゾナから北部墨耳古にかけて住むピマ族(Pimas)も、沙漠地の生活を營む人々であり、而して水に不自由のない民族の宗教に見出し難いほど繁多な、雨に關する呪言、迷信、實修、說話を有してゐる。かうした關係は、單に偶然に生じた平行關係であらうか。(續く)

註

(一) 斐太後風土記　卷之十

(二) 同上　卷之十二

(三) Jean Brunhes, La Géographie Humaine ; Ellen C. Semple, Influences of Geographic Environment 等參照。

(四) 斐太後風土記　卷之十二

(五) W. D. Westervelt, Hawaiian Mythology, p. 128.

(六) G. Turner, Samoa, p. 4.

(七) D. A. Mackenzie, Myths of Babylonia and Assyria, p. 74.

(八) Mackenzie, Op. Cit., p. 73.

(九) Saemund's Edda; R. B. Anderson, Norse Mythology, p. 373.

(十) B. Thorpe, Northern Mythology, vol. I, p. 184.

(十一) Encyclopaedia Britannica, vol. 14. Iceland の條。

(十二) Schirren, Wandersage der Neuseeländer, p. 85; Ellis, Polynesian Researches, vol. 1, p. 329; Yate, New Zealand, p. 144.

(十三) Kalevala (into English by J. M. Crawford), vol 1. Rune IX.

(十四) D. A. Mackenzie, Wonder Tales from Scottish Myth and Legend, p. 10.

(十五) H. A. Guerber, Myths of the Norsemen, p. 68.

(十六) Homeros, Ilias, XXIII.

(十七) Homeros, Ilias, XV.

(十八) T. Keightley, Mythology of Ancient Greece and Italy, p. 226.

(十九) Hesiodos, Theognis, 1275.

(二十) Servius, Commentarii in Virgilium, V.

(二十一) Ovidius, Fasti, V.

(二十二) Keightley, Op. Cit., p. 226, Note.

(二十三) L. Spence, The Myths of Mexico and Peru, p. 75 ff.

(二十四) L. Spence, A Dictionary of Non-Classical Mythology, Tlaloc.

(二十五) H. H. Bancroft, Native Races of the Pacific States, vol. III, p. 332 ff.

(二十六) E. J. Payne, History of the New World called America, vol. I. p. 425.

(二十七) Encycl. Brit., vol. 18, p. 318.

(二十八) Spence, The Myths of Mexico and peru, p. 75.

(二十九) Payne, Op. Cit., vol. I, p. 445.

(三　十) J. Brunhes, La Géographie Humaine, chap., III.

(三十一) E. Huntington, and S. W. Cushing, Principles of Human Geography, p. 314.

啞人が鳥を見て言ひ出す

南方熊楠

日本書紀巻六に、垂仁天皇二十三年、秋九月丙寅、朔丁卯群臣に詔して曰く、譽津別王は是れ生年既に三十、髯鬚八掬あるも、猶は泣て兒の如く、常に言ず、何の由ぞ、有司に因て之を議れと、冬十月乙丑朔壬申、天皇大殿の前に立ち、譽津別皇子之に侍る、時に鳴く鵠有て大虚を度る、皇子仰いで鵠を觀て曰く、是れ何物ぞやと、天皇則ち皇子が鵠を見て言ふことを得たるを見て、之を喜び、左右に詔して曰く、誰か能く是鳥を捕へて之を献らんと、是に於て鳥取の造の祖、天湯河板《たな》擧奏言すらく、臣必らず捕へて献らんと、卽ち天皇湯河板擧に勅して曰く、汝是鳥を献つらば必ず敦く賞せむと、時に湯河板擧遠く鵠の飛る方を望んで追尋ね、出雲に詣りて捕え獲たり、或は曰く、但馬國に得と、十一月甲午朔乙未、湯河板擧鵠を献る、譽津別命是鵠を弄びて遂に言語するを得、是に由て敦く湯河板擧を賞し、則ち姓を賜ふて鳥取造と曰ふ、因て亦鳥取部、鳥養部、譽津部を定むと出づ。此皇子の御母狹穗姫皇后は十八年前に歿死された。其事を不快で啞のまねして卅歳迄坐された處ろ、鵠の飛ぶ面白さにふと物言ひ初られた者か。何に致せ似た事が支那にもある。先輩が既に言たかも知ぬが、寡聞の儘、自分發見の積りで獨悅しおる。北史三八に、西魏の裴俠字は嵩和、河東解人也、祖思齊は秀才に擧られ議郎に拜せられ、父欣は西河郡守で晋州刺史を贈らる、俠年七歲で猶ほ言ふ能はず、後ち洛城に於て、群烏が天を蔽ひ西より來るを見、手を擧げ之を指して言ひ、遂に志識聰慧異常なるあり、貧苦中に精勤して遂に榮達した次第を述べある。

烏を見て初めて物言た、其鳥か日本で白い鵠、西魏で黑い烏とは奇妙だ。其他啞人が物をみて言出した數例を擧ると、趙宋の朱弁の曲洧舊聞三に、語兒梨初め斤梨と號く、大きなは重さ一斤に至るからだ、鄭州の郭偵家の陵邊にいと多く産す、其父老云く、田家兒あり、數歲で言ふ能はず、一日此梨を食ひ、輒ち人に謂て大に好しと曰た。其より此名を得た云々。明の郞瑛の七修類藁五一には、正德間、揚州江都縣に、啞だから鄭啞巴と通稱された者が、一夕南門に至り、偶ま空中光り曜やくを見、

啞人が鳥を見て言ひ出す（南方）

仰ぎ視ると天が開眼したのだ、拜み乍ら人を喚で觀せしむると、覺えず聲が出た、是より啞ならずと。淸の王希廉の彎史四四に、右の外に天開眼をみた二例を出す。宋羊襲吉、少時忽見二天開眼一、其內雲霞繪錦、樓閣參差、光明下照二山岳一、後狀元及第。又明天順間、陝西陳鸞生二一子一啞、年十四、仰見二天開眼一、上帝冕旒袍袞端二拱其中一、儀衞甚衆、宮殿欄楯炫二耀目一、其子亟拜、不レ覺聲出若レ鐘、後耕レ田、獲二金獅一枚一、遂大富。明治卅三年九月予スエスの堀割を過た時、船客夕食中、予のみ最下等客で、彼等の殘物を食される爲め、一時間程甲板に獨り立居ると、西天に廿五菩薩があり／＼と現じた。まだ卅四の年若でお迎へにあふは割が惡いと呟いて、熟視すると、藍鼠色の叢雲に入日が照て、處々桧赤色の菩薩立像にみえた者だつた。天の開眼もこんな事だらう。其よりもアッと參つたは明治十八年頃、東京で同宿の紀州學生共と湯島の湯屋へ往た。朝のまだから、他に男湯の入手はなし。自在に種々の珍興を催す內、今は故人と成た何某等二人が無言の行とか唱え、相對して睨みつくから、追々變じて百面相を闘はすに、孰れも剛情で少しも笑はない。處ろが女湯から上つた十八九の婀娜な藝妓が、鏡に向つて髪を直す內、どうしたはづみか眞向きの開眼、女は氣付ねどガラスは正直、鮮かに映して餘蘊なき刹那、二人は身慄ひして不覺ウ、ッと發聲したは、啞が物言た犬の開眼も及ばぬ瑞相だつた。同程度の笑話が支那にも在て趙宋の錢仲之卅餘歲で瘖となり言ふ能はずとは、馬から落馬の念の入た書方、愁悶して八年を經た。或時怒つて杖で其妾を打んとし、妾逃げながら啞の畜生と言た。大に瞋つて、啞畜生が人を打つを看よと呼はつて咄々止ず。主人の瘖が直つたと、家人驚喜して來り觀た。其より言語舊に復し、是れ全たく妾の手柄と、怒りを置て之を賞したそうだ。此他印度や支那で長生術を求めた隱士に賴まれ、生を更ても無言で推通した烈士が、物言ねば子を殺すと迫られて忽ち發音した咄から、日夜苦行禮佛した啞僧が忽ち言出た事、三人片輪の啞が醉てうなり出した狂言又啞聾の藝妓が百兩貰ふて思はずも是は有難ふ存じますと禮を言た話に至る迄、まだ／＼面白いのが少なからねど、先づ今朝は是切り（夷堅志、支戊三。西域記七。酉陽雜俎續集四。曠園雜志下。續狂言記五の八。安永二年板、龜友の小兒養育氣質、二卷二章）。

◇ドンコの方言（三ノ六、三三四頁參照）

ドンコの方言二三御報告申上ます。

ヌスンコ・パチンコ……………兵庫縣氷上郡幸世村井中

ヌスンコ・ドスンコ……………兵庫縣多紀郡村雲村向井

ドボスゴ……………………………兵庫縣西宮市及ビ武庫郡今津町

尙方言と土俗二卷一號に氷上郡スナホリとありますが、多紀郡村雲村ではスナホリと云ふのはネガマとも云ひドンコよりは小さい茶縞の魚ないふさうです。御參考迄に。（鷲尾三郎）

寄合咄

熊本の方言に就いて

自分の鄕里熊本の方言に關して、思ひ出すまゝを記して見ることにする。

雜誌『富士』に佐々木邦氏の『がらまさどん』といふ滑稽小說が連載せられたことがある。佐々木氏の言ふところによると、「がらまさ」といふのは、熊本の方言で「蟹」のことであると。氏は、誰からこれを聞かれたのか知らぬが、自分の鄕里では「がれまさ」といふのが普通である。蟹《カニ》を「かに」といふから、「がらまさ」よりは「がれまさ」となるのが本當だらう。

これで思ひ出したのは、本居宣長翁をして『玉勝間』に『田舍に古への雅言のこれる事』といふ一文を草せしめた一動機である。或る時肥後國の男で、宣長の弟子となつてゐるものが、師に對つて、「私の國では蛙のことをタンガクと申しますが、これは祝詞などに出てゐるタニグク(谷蟆)の訛てはありますまいか」と語つたといふことである。方言學の大家東條操氏の『方言』の放送にもこの事に言及され、「この言葉は今日でも熊本縣ばかりでなく、福岡縣その他にもございます」と云つて居られる。福岡縣その他のことは知らぬが、熊本縣では、「タンガク」よりも寧ろ「タンギャク」の方が、今日では普通のやうである。固より一口に熊本縣といつても廣い地域だから、「がらまさ」「タンガク」といふところもあるだらうが、自分の耳にしてゐる限りでは、「がれまさ」「タンギャク」である。

『民族』第四巻第二號を見ると、安田喜代門氏が、近松の淨瑠璃丹波與作の中の『手足は山のこけ猿ぢや』を九州の方言「こけ」によつて解きほぐして居られるのも、面白く拝見したが、熊本縣では「こけ」よりは寧ろ「こゝけ」とつまるのが普通のやうである。『年老いて醜い』狀態を表す語辭である。

小野高倚の『夏山雜談』に、「西國邊にて下賤の詞に、人のかたにて食物を喰ふことをろさうと云。又小兒の母に乳汁なくて、もらひ乳にて育るを、ろさい乳と云ふなり。按ずるに、佛氏の外に出て食を乞を邏齋といふ。貰ひ喰をろさいといふは是なるべし」。と見えてゐる。また『西國邊の人、菓子肴などを少しづつ、むしり喰ふことをつづしるといふ。今昔物語に鮭、鯛、くほからなどをつづしると見えたり。』とあり、また『仕官の人、我身を私にすることを身をぬすむといふは古き詞にて、源氏物語にも見えたり。上方の人はいはぬやうなれども、西國方の人は專かくいふなり。』ともある。かうした場合の「西國」が、どれほどの地域を指してゐるかは明かでないが、少くとも肥後國がその中に含まれてゐることは、同じ書物に『西國邊中にも、薩摩國、肥後國球麻の郡などの人の言語は、上方の人のききては、耳をどろかすことのみ多けれども』とあるので訣る。ところで肥後國にも「ろさい」、「つづしる」、「身をぬすむ」などいふ語辭が存してゐるかどうか、知りたいものである。

これは小葉『朗かな斜視』の中にも言つたことだが、自分の鄕里の方言で、蟷螂のことを「おがめ」(をがめ)と云ふ。太だ面白い語辭であると思ふ。「おがめ」が「拜め」であることは、子供たちが、この動物を見つけると、棒切や木の枝などでその行手を遮つて、『オガマニア・トーサン』(拜まれば通してやらぬの意)と連呼するによつても、容易に推知される。この動物が前肢を舉げてすり合せるやうな恰好をするのが、祈拜を思はせるからであらう。ところで英語でも蟷螂のことを"praying mantis"といふ。やはり「拜む」がつき纒うてゐる。更に mantis そのものが、希臘語で蟷螂のことであるが、本來は「トふ」「豫言する」「祈拜する」などの意味を持つてゐる。

これで思ひ出したのは、わが國の古語の「しし」である。この語につきては、初め「獸」を意味し、轉じて鹿、猪の稱となつたとなす説と、反對に始め鹿を指したのが、あとで廣く獸を指すに至つたといふ説とがあるやうであるが、外國語にもこれに類似した現象が見出される。英語の deer が「鹿」を意味することは勿論であるが、しかし本原的にはさうでなかつた。deer は獨逸語の thier や羅典語の fera と cognate な語辭で、本來はすべての野獸を意味したのが、あとで鹿に限られるやうになつたのである。

話がすこし脱線しかけた。これで寄合咄に於ける自分の責務を果さしてもらふことにしよう。（松村）

民間傳承採集事業説明書

輓近學界の隆運に伴ひ、過去の國民生活の考察に關する國史・考古學・人類學など遺物、殘留品を以つて、研究の對象とし、若しくは、之を方便とする學科は、皆既に、其々着々として研究の歩を進め居れども、祖先の內生活各方面にわたつて、今日既に固定忘却に委し、或は尙、生々たる生活樣式を誘導したる所以を察知し、國民傳統生活の久しきものなることを自覺せしむべき、民間傳承に關する學問も、將に來るべくして、その末大いに盛ならざるは常に甚だ遺憾とする所なり。

何物か早晩、亡失せざらん。而も破壞・變化・拗曲の憂ひの刻々に迫ること、內生活の記憶より甚しきはあらざるべし。明治開化の物質的方面の餘波を蒙りて、舊習、卽、陋習として退け來りたる風、今尙、改まらず。僅に存するものも、刻々に滅亡に瀕する狀、眞に累卵も啻ならざるものなり。

歐洲諸國に斯學の起りたる時は、既に舊傳殆ど滅び盡したる後にして、學者をして浩嘆せしめたりき。

其に比しては、我が國開化稍々遲れたるため舊慣相承け未存せるもの多きは、些か人意を強くせしむるものあり。然れども其將に今後幾年か其命脈を存せむや。是れ拱手坐視に堪へざる所以なり。

斯學の目的は、民間生活に於ける古代的要素を研究するにあり。卽、傳說・風習・文獻等によりて、信仰並びに行事の方面より、その基礎をなせる古代人の精神的發達を考察せむとするものにして、引いては、各國の民間傳承の間に存する關係・差異を判定せむとするものなり。

一面よりすれば、人類學及び考古學より出でて、心理學並びに宗教學に近づかむとする傾向を有するものといふを得べきか。

民間傳承學の科學的地步を占めて、狹義の人類學より獨立するに至りしは、近々五十年以來のことなるが既に、十八世紀の初めよりして好古・汝寶者流の研究態度漸く科學的、內面的に傾き來り、單に物件を對象とするに止まらず、地方農民生活に勢力を有する信念習慣の遺風の來るところを、古代文獻並びに近世の諸傳說に徵して比較研究をなすことゝなり、書籍以外の民間傳承採集事業の必要漸く切に感ぜらるゝに至れり。

民間傳承の原語 Folk-lore なる語の初めて用ひられしは一千八百四十六年のことなるが、この學術的採集事業の着手せられしは北歐の古代民謠・舞曲に始る。

而して其英國の近代生活に關係深き點より數多の學者が研究欲を刺戟して數種の著述を見るに至りしが、ジョン・ブランド氏出でて、英國は固より、希臘・羅馬の古代文獻並びに異教徒の種々の行事を引證として、歌謠の正確なる解釋書を試みられ民謠方面に於ける民間傳承學は、こゝに第一步を發したり。

次いでグリム兄弟の獨逸に於ける神話・民間說話などに關する著述出でゝ、所謂傳說方面に於ての民間傳承の完全なる出發點が開かれたり。

一八七八年民間傳承學協會ロンドンに設立せられ、斯學の宣傳に努め、五十部以上の書籍を刊行したるが、民間傳承の範圍廣汎にして、取捨に惑ひ易きを以つて、

一八八七年民間傳承學要覽
(The Hand-Book of Folk-Lore. を刊行したり)

爾後斯學の進歩にはかに著しく、フランスに於ては一八八九年・一千九百年兩度の巴里博覧會に於て、傳說普及會總會を催したるが遂にアンドリユー・ラング博士を會長としたる萬國民間傳承學會開催せらるゝ隆盛を來し、世界的の學者と世界的の名著續出せり。

翻つて思ふに、記紀萬葉・風土記以後歷代文獻中、先達諸家の考證に漏れたるものにして、民間傳承を旁證とする時は釋然氷釋するもの存外數多あり。記錄・文獻單にそれら著名なる事件人物の起伏推移の旁證たるに止まらず、表るゝことなくして大いに時代を動じたる祖先群集の潛勢力をも察知すべく、旁々從來史的研究が權力階級・偉人英傑の事蹟を、主として攷究したるに對し、此は下司、凡下の、所謂民衆生活の信條として、久しく相守られ、而も時々刻々、世運を變化・遷轉せしめたる原動力として、階級種性の別なく、均しく脫すること能はざりし其影響を、明らかにすることをも得べきなり。

而も斯學研究資料たる民間傳承はその性質上、文獻・記錄に漏れ易きを以つて單に書齋に於ける涉獵を以つて完全なりといふべからずして、其の大部分は民人の記憶或は實在せる傳承の蒐集に俟たざるべからず。

唯從來好事家輩の奇習・異俗として、已先づ驚き、又人をして驚さむとする類の享樂態度が、果して幾許の成果を齎すべきか。但、其が中にも、篤實なる旅客の手記になりたる此方面の記錄、必ずしも尠からず。而も其の地方々々につきて現狀を實査するに、既に傳承失せて年を經、痕跡の辿るべきものなき類すら數多あり。誠に記錄せらるゝを待ちて、直ちに滅びたる感なきにあらず、若し此記述なかりせばと肝を抱くこと一再に止まらざるなり。而も筆錄せられずして滅びたるものも、更に幾十、幾百層位なるべきを思へば、今にして努むべき所以、痛感するに堪へたり。拙者等數年來雜誌鄕土研究・土俗と傳說を發行し來り、地方篤志家等と共に、之が蒐集に努めたりと雖も、寄せ來る所の記錄皆地方の人の手になりたるため、忠實なる記錄も或點却つて、强ひて國史に迎合し、或は好事享樂の態度强き者もなしとは言ひ難く、且、其他・其事に狎れて觀察眼を鈍らし、土人に媚び憚りて、實を枉げたるものも尠からず。土地と人とに對する客觀能力を疑はしむる者も、數々見えたり。此經驗より推して民間傳承學の素養あらざるよりは、到底完全にこの祖先の遺風を傳ふること能はざるを知れり。玆に於て拙者等親しく其地方々々に臨んで、精細に採訪を遂ぐる外なきを信ずるに至れり。

從來調査の實驗によれば土俗傳說の民間傳承の地方分布には、大いに濃淡の差あり。今後幸に御贊助を得て調査の歩を進むることを得ば、その密度最大なる地方を中心として、大體他の地方の狀態を類推する標準とするを獲むと欲するものなり。

此方針を以つて擇びたる地方左の如し。

一、沖繩諸島を中心として
(沖繩群島・先島群島・奄美群島・土噶刺群島・大隅群島に亘る)

二、鹿兒島灣を中心として
(薩摩・大隅・日向に亘る舊島津領その他)

三、赤名峠を中心として
(出雲・石見・安藝・備後)

四、吉野川上流を中心として
(阿波・讃岐・伊豫土佐の山地)

五、琵琶湖を中心として

寄合咄

（美濃・若狹越前山城・大和・伊賀・伊勢の國境地方）

六、天龍川中流を中心として

（信濃東南部・三河東北部・遠江西北部）

七、奥羽六縣

（二行不明）

又右採訪事業の副目的として民間傳承に關聯せる物件・未刊行の地誌・風俗誌・傳說集並びに、古歌曲・呪文・傳說・童謠の曲調ある部分の音譜の蒐集をも含む。

右の事業、主として之に與るものは、柳田國男、佐々木喜善、折口信夫の三名にして、内、柳田は五ケ年、十ケ月（一年の中二ケ月適宜に時を擇ぶ）折口は五ケ年、十五ケ月（一年の中三ケ月の夏冬休暇を利用す）佐々木は五ケ年、五十ケ月（一年の中農繁二ケ月間は家居）を豫定の地方にて採訪に從事するものなり。尙時宜に應じて、帝國大學、國學院大學の學生及び其出身者の鄕土研究會に關係あるもの二三名を擇び、助手に採用さることあるべし。

（一）より（七）に亘る地方は皆、既に一回の實地踏査を經たるものにして、五ケ年間に必ず調査の完了すべきを信ず。幸ひに拙者等意の存する所を諒せられ御補助に與ることを得ば、啻に吾が國民間傳承學上の大慶事たるのみならず、歷史・人類學・考古學・經濟學等の參考資料たるは固より道德・宗教の國民的本義を獲得すべき根本的資料ともなるべきを信ず。

右の採訪事業の經過は每年一回之を報告し、且五ケ年の終りに於て調査報告書を御會に提出し認可をまつて、當方に於て適宜に出版公表するものとす。

大正十五年五月十四日海上ビルデング啓明會にて寫す。

岡本佐氏雄
向山武男

これは、大正十一年啓明會へさし出した物の寫してす。當時柳田國男先生は國際聯盟日本委員としてじゆねいぶに居られました。出發に臨んて、私に含め置かれた旨を、書き綴つたものです。かうした文章に馴れない私は、今更恥しい惡文を書いたものだと思ひます。此は、主として佐々木喜善さんに働いて貰ふ考へからの企てだつたのです。採訪に關する細かい日割豫定は私の獨斷で立てゝ見たのだつたと記憶して居ます。（を生）

日本のシンデレラ說話

◇

繼母が自分の娘を連れて、王樣が王子の嫁選みの爲めに催す宮廷の夜會へ出かけ、繼娘にはひとり留守居をさせて、その間にこれ丈のことをやつて置けと、澤山な仕事を課して行つたあと、フェアリーが出て來て、泣いてゐる繼娘を手傳ひ、お前も行つておいでと、美しく裝はせて夜會へ遣ると、王子は、繼母の娘へは目もくれず、繼娘の美しさに見とれて、これを欲しいと云ふことになり、終に繼子が王子樣へお嫁入りをするといふ哀れにも美しいシンデレラ姬の昔話は、永く童話界に君臨し、童話界のクイーンとしてその分布は實に世界中に互つて三百四十五類話が發見されてゐる。その日本に於けるものは、といふと、折角拾ひ舉げられてゐるけれど、平安朝の落窪物語では、將又中世の岩屋の草紙では、繼子の方が高貴へめでたく嫁入りする所だけが合つてゐて、外の部分は極めて稀薄で心細い比較である。然るに、佐々木喜善氏の名で世に出た、小笠原謙吉氏筆錄の紫波郡昔話の中の糠福米福の話、內田邦彥氏の津軽口碑集の粟藏米藏の話、土橋里木氏の甲斐昔話集の粟ぶき、米ふきの話などになると、こんなに田舍びた素樸そのものゝ樣な名前をしてゐるけれども、一點疑ふ餘地のない立派なシンデレラ説話である。この話は私の鄕里盛岡にもあつて、粟ぶき、米ぶきの名で語られてゐた筈である。紫波郡昔話で、始めて糠福・米福の話に出逢つた時に、遠くから故鄕の森の頭でも覗いたやうな驚きと喜びとを搗き交ぜて、遠い幼年の日の耳覺えを、どの樣に引き出さうと力めたか知れないが、切れて飛んだ凧の絲を手にしてゐる樣なたよりなさをどうすることも出來なかつた。今年、姉が上京して來たので、その話をすると、やはり忘れてはゐたが、まだ私よりは覺えてゐた。繼母が二人の娘を栗拾ひに山へやるのに、連れ娘の米ぶきにはよい嚢を持たせ、繼娘の粟ぶきには穴のある嚢を持たせてやつた。米ぶきの袋がぢき一ぱいになるが、粟ぶきの袋は何時まで拾つても一ぱいにならない。ひとり山路に行き暮れて、灯影を辿つて着いたのが山姥の家だつた。虱を取らされてよく取つた褒美に、袋をいつぱいにして貰ひ、赤い着物を持たされて歸る。お祭の日に、繼母と米ぶきは綺麗な着物を着て出掛けるけれど、粟ぶきは留守番をさせられて小豆に一升に、豆一斗選つて置けと云ひつけられて、泣きながら、それを選つてゐると、雀が來て選り分けて吳れ、お祭りへ行つてお出でといふから、髮結うてお白粉つけて赤い着物を出して着て行くと、長者の息子が嫁に欲しいとなる、結局、粟ぶきが鈴をつけた馬に乘つて長者の家へ嫁入りをするといふ筋だけは辿られた。神樂堂の神樂を棧敷で見てゐるのに、長者の家の人達は、繼母の連れ娘などには目もくれず、粟ぶきの方にばつかり目を注いで褒めて居るのを繼母が氣を揉むやうな所などもあつたと言ふ。何しろ、この話は、繼母がつらくあたる話なので、幼い頃同じ家族の從姉の手前をかねて、そつとやるだけだつた。それは、從姉は伯父の先妻の子で、從妹は今の伯母の子なので、繼母の昔話をするのは家の内では禁物だつたから、それでこの話だけは私にも姉にも朧げになつてゐた。たゞ袋の差別だてをする條だけが耳に殘つてゐて、その先がどうなつて行くものだつたか、私などは忘れてゐたのである。こゝだけでは繼母物語だとは解つても、シンデレラの物語へ結附く昔話だらうとは、紫波郡昔話を讀むまで氣がつかなかつたのである。その後、學校の大勢の前などで、栗拾ひの袋の條を話して、こんな昔話を聞いたことはないかと訊ねて見るのに、あります〳〵と、にこ〳〵する顔が多くつても、では、それから先はどうなる?と訊ねると、誰も〳〵、その先はぼんやりしてゐて思ひ出せなかつた。民俗學の問答欄へ、問ひを出して見たけれども、誰からも答へを得ずに、今日に至つたのである。これからでも、日本中の讀者に向つて永久にこのお答へを待つ。

◇

二人の娘たちの名が如何にも變な名で、内田氏の理解では、米と粟との對照は「繼母は己がつれ娘の米嚢には米一俵搗けと命じ、繼娘の粟嚢には粟一俵搗かしめ、疾く終らむものを宮參りにつれ往かうといへり。無論米嚢が勝ちたれば母と宮に往ぐ。米は粟よりも搗きあぐるには容易きものにて、二と一との割合なれば、粟嚢は勝たん筈なり、獨り殘りて粟を搗くに、小鳥一羽飛び來り箕吹きして手助けしてくれ」云々。それでこの名が明らかになるとされてゐる。確かに此は面白い。紫波郡昔話では、米ぶくで何の意たるや解しがたいが、津輕の傳承で、このぶくは嚢の意だつたかと分る所は愉快である。私の鄕里は、紫波郡の小笠原氏の煙山村とは僅か三里許の距離で米ぶきと變つてゐて、そして甲州の昔話の名を一致してゐるのは不思議である。紫波郡は、田村將軍時代の有名な志和城の所在地で、或長い時代の間、こゝが大和民族の東北開拓の根城となつてゐた所であり、中世南部氏が、陸奥の三戸から今の盛岡の地へ治を移してから、盛岡が城下町となつて榮えたけれど、どうも紫波の郡山、今の日詰町附近や、從つて爛山邊の方は、早くから東北文化のあの邊での中心で、傳說も口碑も今に豐富な所であるし、土地の舊家の內には、盛岡の方を新開地ぐらゐの意氣組で紫波に住んでる人がある程、こゝは岩手縣でも由緒のある舊い土地である。紫波郡昔話が出て、我々をあツと云はしたのも無理は無い。米ぶく糠ぶくの話も或は、そんな遠い昔から土地にあつたものかも知れないから、盛岡の米ぶきの方は或は米ぶくの訛りであるかも知れないが、又考へると、南部家は、甲斐源氏で、もと甲州から來た家である。南部といふ氏名もさうであるが、その外一族家臣の苗字、破木井・櫻庭・福士・原など甲州の地名から出た苗字が盛岡藩に澤山あるのはその爲である。甲州との類似は、外の國との類似の樣に偶然視して居るわけには行かない點もある。

米ぶきと云ふ名は、幼い私の頭には、コゴメバナを聯想さしてゐたものである。ユキヤナギ・イハヤナギ・アゼバナ・コゴメバナなど呼ばれる晩春の垣根に、細い枝條をしなやかに垂れて、小さな白花を雪の降つた樣に簇生さするあの可憐な灌木の花を、盛岡では米吹《こめぶき》と呼んで、同じ頃、やはり枝を垂れて黃に咲く山吹と似た語呂をもつてゐるので、私の朧げな記憶には、この二人の娘が、山吹・米吹だつたかの樣に紛れてゐて決しがたかつた。若しこの話を今十分記憶してゐたら、うちの子等へ、山吹・米吹として話してやつて居たかも知れない。『傳說には固有名詞へ重きを置くな』といふ金言は、この際にもはつきり思ひ出される。實際かういふ樣なことで、話し傳へてゐる內に、固有名詞は、聞く方の人の連想、話す人の方の連想で、色々になつて行く可能性を有つのであらう。

語尾が、ぶきであつたことだけは確かで、頭が、一方は米で、一方は果して、山だつたか、それとも糠だつたか、粟だつたか、紫波郡昔話を讀んでも幼い記憶の蘇生が不十分で、私をして、やつぱり糠ぶき、米ぶきであつたか知らと思ひ返させ、それとも、粟ぶき、米ぶきではなかつたか、或は人によつてこの兩樣を生じてゐたのではなかつたかとさへ思はせられる。

◇

米と粟との對照の意味は、內田氏は、一つの異傳で決定されたが、粟が、糠になつてる方のにも、相當の理由は深からうと考へられる。それは、紫波郡の話には、繼娘が山姥から貰つて返つた籠を、家へ歸つた夜にひとりで開けて見たら、綺麗な小袖がどつさり入つて居た。それを糠屋の隅に匿して置く。それから、留守の間に科された水を七さげ、絲を七結び、稗を七臼これだけの仕事を、手傳つてもらつて、あとから自分も神樂へ出かけて行く時、顏を洗ひお白粉をつけ、糠屋の隅から山姥に貰つた美しい衣物を出して着て往く、とある。かやうに糠屋が自分のプライベート・チエンバーである所に、見逃せない糠ぶきの糠の意味がある。連れ娘は美麗にしていつもよい着物を着せられて居たであらうし、繼娘は、糠屋に、糠まみれになつて働かされてゐたせいの名前を負うてゐたのではなかつたか。

シンデレラは、灰だらけ、灰まみれになつて火焚き水仕にこき使はれてゐたからの名であつた。ドイツの此の話のヒロインの名のアッシェンピュッテルも灰だらけ、灰まみれになつて働らかされてゐるから、負はされた名であつた。併し、どちらの名前にも、口碑傳承の常として、語形が少し崩れて普通のフランス語・ドイツ語には、この姫の名以外には出て來ぬ語形となつてしまつてゐる。その樣に我々のこの繼娘の名も、字に書かれたことなく、今日まで數百年田舍の老婆の口から幼い兒供の耳へ語りつがれるだけで傳はつてゐた名前だから、語る人聽く人の聯想で樣々になつて來たのであらうことは、理解しがたくはない。米甕粟甕のふくろは、明かに、この話の冒頭に出て來る、二人の持たされた持ち物から、附いた名に相違ない。その前の語尾が何であつたらうとも、わかり難くなつたら、當然結びつくべき理由はあつたのである。

さて、シンデレラやアッシェンピュッテルには無い所の、この話の冒頭の粟拾ひの一條は、何故に存在するのであらうか。粟拾ひに出る話と、祭り見に出る話とは二つの話になつてゐて一寸結び目がしつかりしないのである。

この點、内田氏の異傳が、も一つ大事な資料として役に立つ。卽ち異傳では、粟拾ひの代りに、米と粟との搗き競べの一條があつて、而かもそれは、祭り見に連れて行かれるのと、留守居の番をさせられるのとの條件なのである。して見ると、米を箕吹《みぶ》くのと、粟を箕吹《みぶ》くのとで米吹・粟吹でも名の說明はつく。粟拾ひの方も、實はもとは、同じ役目の一條で、「早く甕へいつぱい拾つて歸つた方を祭り見に連れて行く、負けた方は留守番だよ」と、條件を付けて、繼娘の方へは底に穴のある袋を持たしてやつたのであつたらう。それが偶々山姥に逢つて晴衣を貰つて歸る結果になつたのである。シンデレラ及びアッシェンピュッテルでは、繼母は西洋流の主婦の權威で、たゞ否應なしに繼娘に留守番を命じる。日本の繼母は、繼娘を留守番させるのに、いづれでも、勝つた方を連れて行く、負けた方が留守番だよとあきらめさせる樣にして、その實、粟の方が搗きにくいから負けさせようと、その名に基いてそれ〴〵のものを搗かせるやうにきめたり、或は底に穴のあるのを持たして窃かに連れ娘に勝たせようといふ手段を講じたりしてゐる、東洋式の繼母である。あちらの繼母の方は、邪慳で權柄で殘酷だが、こちらの繼母は、陽に公平を裝つて、陰に女性らしい細工がある。

◇

西洋の夜會だの舞踏がないから、我々の農村の昔話には、長者の神樂堂に神樂があるのを見に行く話に變つてゐるのも面白い地方色である。たゞ我々のシンデレラは玉の靴を穿いてゐなかつた。向のは、舞踏の夜に穿いた玉の靴の片方をたよりに王子がその主を探してシンデレラを見出す。この一條が我々に無いが、イギリスのにも無い。若しも、日本にあつたら、櫛ぶくが、赤い緒のポクリでも一つ落して馳せて歸るのを、長者の悴があと慕うて追ひ掛けるとでもならうか、さながら今日の不良少年少女化してしまつて興ざめかも知れないが、その一條が缺けてゐて却つて日本の話が、日本らしく、日本の社會感情をそぐはさず、品位を保つて渾然たる童話の可憐な作品を玉成してゐる。

時々現はれて、繼娘を助ける役が、ドイツでは小鳥、フランスではフエアリーのやうな魔女になつてるが、日本でも津輕では小鳥になつて居、甲州や紫波郡では山姥になつてゐる。盛岡では、赤い着物を呉れるのは山姥、仕事を手傳つてくれるのは小鳥だ。小鳥は亡き母の魂であつて、歌を謠つて來て助ける點、彼此一致して居るし、魔女と山姥とも亦、西洋でも東洋でも、古代信仰に於ける巫女の傳説童話の上に、無氣味な老女として信仰の色褪せと共に下落した殘存物に外ならないので亦同じものである。

ベアリングゴールドは、この話を東洋種とし、多分印度が發源地であらうといふから、アジアの南に起つて、一つは西して歐羅にに入り、一つは東して、いづれは支那、朝鮮を經て、餘程古く日本に入つたからこそ、中央に忘れられて、甲斐の盆地だの、此奥の田舍に殘つてゐたのであらう。又餘程古く入つたからして、かく迄地方化してしつかり根を地盤に卸してゐたのであらう。

悠々たる人類の來往、幾萬年の昔から、網目のやうに地球の表面を過ぎて居ようけれども、肉體は、朽ちればあとを止めないが、話し傳へた説話のみは、「交通史」の傳へない東西の心の古い接觸と連鎖を如實に物語つて青々と永く照つてゐるのである。（六・八・四　金田一）

寄合咄

民族學の進歩と左派宗教理論

この春から反宗教運動といつたものが起つて、マルキシズムを奉ずる人々から、宗教の否定とか解消とかいふことが盛んに論議されてゐる。これからの議論の大半が、西洋で五六十年も前から論じられたるもの丶蒸しかへしであることは勿論だが、その論據が宗教の形而上學的否定や理想主義的説明によらないで、何ほどか歴史的にその發生や機能を説くところに、その科學的と號する誇りもあり、また現代の人々への強い魅力をもつてゐる。そしてその發生發達の歴史といはれるものが、ディーツゲンでも、ボグダーノフやアイルダーマン等に於ても、つれに民族學的資料と取扱を主として、アニミズム説やトーテミズム説などの蹈襲または補修である點は、民族學に志すもの丶多少顧慮に値するものがある。それでいつか私はこれらを概して舊い民族學的起源論の燒直しだと評したら、それに對して左派理論家の某君は、一體今の民族學に舊時のそれとちがつた學的構想があるのか、半世紀間の民族學の進歩なんて、たゞ雜然たる資料の堆積以外の何ものでもないではないかと逆襲された。そこで私は傳播説や文化圈説による宗教發生論を指摘したかつたが、省みて現今なほ多くの民族學者や民俗學者の説明ぶりを思ふと、あまり大きなこともいへない氣がして沈默したのであつた。實際左翼理論の中に取入れられた民族學的發生論が、何十年か前のままで一そう通俗化されてゐるのは困りものであるが、宗教學や社會學に於ても、それ以上大いに歴史的な説明が進んでゐるとはいい切れないてはないか。ことに民族學的史觀の多くが、根本的に舊態依然だといはれるのは悲しい。この際學的進展に向つてお互に一そうの努力が緊要である。（宇野）

説話の移動に就いて

説話は隨分遠隔な地から移動して吳る。説話移動の路線を調べることは説話學者の主要な仕事であり、あらゆる説話の印度起源を論ずることは過去の學者の愛好する題目であつた。然し最近の研究者は、寧ろ人類學的社會學的解釋に走り、よし説話の移動を論じてもその起源地を印度にのみ限定するのを避け、エジプト、バビロニア等説話發生の諸中心の存在を信じやうとする。然るに最近の考古學的言語學的發見は、古代の文化中心として印度の重要な役割を演じたことを再び證明しつゝある。紀元前三千年紀の初頭に於て印度の文化は、スメル文明よりもまさりはしても劣らなかつたといふ。或學者は、印度のこの文化を生んだものはスメル人と同種であつたと解し、またスメル語とオセアニア語と親縁關係があると主張してをる。將來の研究が果して此諸説を是認するかどうかは知らぬが、こういふ傾向から行くと印度説話の研究に對しても今までの樣な單純な考へでは始末がつかなくなつて來たことは事實である。アーリア人の浸入前から印度には文明が榮えてゐた。印度の説話の今見る形式のものは古い形式の變化し、復合した結果である。その最初の形を再建するに非ざれば説話の淵源は不明である。一部學者の云ふやうに此古代印度の先住民として重要な役割を演じたものを南海系の所謂オーストロアジア族であつたとするとこういふ種族の持つてをる神話傳説説話が、この古代印度の説話を研究する有益な資料になつてくれるわけである。南海の山地孤島に存するオーストロアジア系の原始民族の傳承風俗が印度古代文明の闡明に有益な指針を提供して吳れゝことを忘れてはならぬ。（松本信廣）

案頭雜書

○ The Science of Folk-lore. By Alexander Haggerty Krappe, London: Methuen & Co., 1930.

これは例のマレット氏監修の、"Methuen's Anthropological Series"の1冊で、ハートランドの Primitive Society、同じ著者の Primitive Law、イー・オー・ヂェームスの Primitive Ritual and Belief、バックストンの Primitive Labour などゝ姉妹篇をなすもの、大體に於いて名著であるとの評判が高い。著者は嘗てコロンビア大學で講師をしたこともあり、最近迄ミネソタ大學でロマンス語學の教授の任にあつた人で、此書は "Zeus" の著者 A. B. Cook 氏に獻じてある。民間傳承に關する手頃の參考書は乏しきを憂ひないが、英語で書かれたものには獨逸で先年ライプツィヒの Heims から發行された Handbücher der Volkskunde のやうな、包括的・組織的な謂はゞ ouvrage d'ensemble がないので、この缺陷を補ふ積りで此書が書かれたものらしく、緒論以下 Fairy tale, Merry tale 動物譚、地方的傳說、傳播する傳說、散文の Saga、俗諺、民謠、俗謠、呪文・聯句・謎、迷信、植物說話、動物說話、鑛物說話、星辰說話・宇宙開闢物語、慣習と儀禮、呪術、鄕土舞踊と鄕土演戲、民間傳承・神話・宗教の十八章に分け、著者自らが first-hand の知識を有するものばかりから實例を引いて說明の資に供したもので擧證正確、立論穩當との評が高い。著者はなほ未決の問題に對しては決して輕々に臆斷を加へず、分れるを分れりとし、分らざるを分らずとして流行の牽強附會の辨を避けてゐるのは、最も敬服に値する。Throughout the present book I have been interested not se much in establishing a new dogma (of such we have already too many,) as in laying down a general working method, essentially of the historical type. と序に斷つてあることもまことに床しい態度として我々も服膺してゆき度い。(我が國ではこの一言は史學の學徒にも頂門の一針たる概がある)。各章の終に註の形に於いて多くの參考書が擧げてあるが、これも著者の周到なる用意がよく現はれてをり、最近の、而して最も權威ある論著に限つてあるのは、往々見かける他書のビブリオグラフィーを幾種か轉寫して拵し上げたものなどよりどれほどいゝか分らない。なほ卷末には著者各索引と事項別索引とが附してある。因に著者の云ふフォークローアは獨逸でいふフォルクスクンデより範圍の狹いものであり、フインランドのクローンの名著(K. Krohn, Die folkloristische Arbeitsmethode. Oslo 1926)を引いて Folk-lore……limits itself to a study of the unrecorded traditions of the people as they appear iq popular fiction, custom and belief, magic and ritual. と云つてある)。

○ An Introduction to Social Anthropology. By Clark Wissler. New York: Henry Holt & Co., 1929. pp. X+392. 8vo.

これは Howard W. Odum 氏の監修に係る American Social Science Series の1つで、昨年の出版であるから些か玆に紹介するも時はづれの感がないでもない。第一章人類學の境域、第二章人類學的單位としての community に始まり、以下その經濟上の基礎、言語の研究、考古學上の問題、部族、Dual division (Phratrie) と族外婚、親族關係の諸型、婚姻、トーテミズム、アニミズム、呪術、神話、信仰と儀禮、手藝(細工物)、地理學的視察、地理學的研究法、文化《カルチユラル》・區域《エリア》の概念、文化の進歩、等の諸項に就き、大體

寄合咄

それ〴〵の問題が從來如何に研究され來り、如何なる學說が提出され來たつたかといふやうな研究の沿革に重きを置いて說明を施したもので入門書としては至極恰好のものと思はれる。特に卷末に附した參考書目は最もよく、索引も便利に出來てゐる。著者は申す迄もなく米國ではこの方面有數の大家で、今エール大學の教授で又 American Muaeum of Natural History の主事であり、私どもにはフランツ・ボアスやローウィー教授の名と共に最も親しい米國學者の一人である。(石田幹之助)

御挨拶

創刊當時から編輯の方の事務を見て來ましたが、今度私がよして小山君にお願ひすることになりました。

永い間會員の方々及び寄稿者の皆樣の御後援によつて曲りなりにも大過なく今日まで續けることの出來ましたことを御禮申します。

然し編輯の方はよしますけれども、會及び雜誌との關係は今通りで、今後にも及ばずながら力を盡したいと思つて居ります。

先月號から臺灣の資料を載せ始めましたが、そして今月も載せる豫定であつたのですが、健康も思はしくなく、それに身邊に取込みがありましたので、執筆が間に合はなかつたので、九月號から先きをつゞけることにして貰ひます。(小泉)

御挨拶

今度小泉さんのあとを享けて私が主に本誌の編輯事務をとることになりました。云ふまでもなく民俗學の對象のやうな我々の現實生活の中に無意識的に生きてきたものを取扱ひ、そして全面的にその存在と意義とを把握しようとするには相互の協力的な研究が絕對に必要です。それで私はもつとこの雜誌を通じて會員相互の關係を緊密にし、出來ることなら地方に分散してゐる斯學研究者の統一的な中央發表機關でありたいと望んで居ります。この使命を達する具體的な一方法として先づ會員各位の積極的な御寄稿をお待ちします。私は紙面の許す限りその御好意と御業績とを尊重致す積りでをります。又編輯に關しても充分な御教示と御批判とをお願ひ出來れば幸と存じます。(小山榮三)

人が蟲に成た話

中山太郎君の日本民俗學隨筆篇の此條に洩たのを一二擧よう。能登國鹿島郡久江村の人園田道閑は、苛刻な撿地を中止せしめた咎で、寬文七年十二月十六日磔刑に處せられ、其魂が、カゲロウの一種ヒイチゴと名くる奴に化たといひ、甲州西八代郡葛籠澤村に大龜蟲が多く、農作を荒すは、昔し刑殺された强盜の化た物といふ。支那でも、後漢の光武帝の建武六年山陽有小蟲、皆類人形、甚衆、明日皆懸于樹枝死。明の崇禎庚辰秋、析城山樹頭遍挂蟲殼、加人形、長三寸、綵色衣冠、襟袖宛然、兩腋下穿黑絨線、如傀儡繩繫狀、山中僧人取空圓。至春時絲殼開裂、中飛出一蝴蝶、絕可觀。兩例乍ら先はお菊蟲の屬だが、人形に似たと斗り言て、人が化たと言ない丈け正直な。然し中々どうして、人が蟲に成た話の本ン元はやはり支那とみえ、今から千五百年前成た異苑に、縊女長寸許、頭赤身黑、恒吐絲自懸、昔齊東郭姜旣亂崔杼之室、慶封殺其二子、姜亦自縊、俗傳此婦骸化爲蟲、故以縊女名蟲也とある。(大正四年十月一日「日本及日本人」鄕土光華號、二九八頁。土橋氏甲斐昔話集一一二。潛雄居類書一一七。古今圖書集成、禽蟲典一六九。格致鏡原二〇〇)

(八月十日午前三時、南方熊楠)

資料・報告

平野の御《オン》田《タ》

錦　耕　三

はしがき

大阪市住吉區平野宮町の杭全《クマタ》神社では、毎年一月十三日に御田植神事を行うてゐる。以前は、大阪市――現在の舊大阪市――から一里ばかりも離れた寂しい田舍町で、少數の小工業者と、貧弱な店屋と、あとは農業者が大部分だつた。大阪市に編入の後も、久しい間、發展はしなかつた。が、この二三年前から急に、といふより不意に、賑やかな町になつた。近々には市電も敷かれようし、古くからあつた關西線の電化される日も、案外早いことかも知れない。併し、現在でも青菜を積んだ荷車や、肥車が隨分通つてゐるけれど、平野をす通りして、みな中河内方面へ歸つて行く百姓達である。實際、現在の平野に、純粹の百姓が果して何人ゐることか、兎も角も、農業に從事してゐる人々が、その姿を消して了ふ日の來るのが、近い將來だ、と確實に言ふことが出來る。さうした運命に伴うて、杭全神社の御田植神事も、やがては亡んで了ひさうに思はれてならない。三四年前に、國學院大學の鄕土研究會で、村田正志さんが實演して見せてくれた伊豆三島神社の御田打を印象に浮べると、比べものにならない程、これは都會くさい田植神事である。けれども、大阪市内に殘つたものとしては、珍しいぐらゐに野趣があつて、古い印象の形骸、と言へないまでも、昔の匂ひだけはかすかながら漂うてゐる、と思ふ。その匂ひさへも、今では消えよう、としてゐる。

一　資料から

平野鄕は大阪に近かつた爲か、百姓をしてゐた者も、商賣人が跣で逃げる、と言うても過言でない位に、狡猾で、薄情で、すれつからしの人間が多かつた。最近、中河内方面の村々が、かうした風になつて了うた。さうした土地がらだけに、聞きおぼえの智識など、亡んで了ふのは當然である。それで、この神事の樣子も、今では記録に殘つたものだけで眺めるより、致し方がない。

平野鄕の七名族――坂上田村麿の後裔――の一つである辻葩氏所藏の「年中行事用役集」(安永天明頃の)に

一、十三日當社御田植神事有之大阪より古春左衛門相見へ每例舞臺ニ而田植之儀式有之惣御年寄中幷役人中社參時刻ハ初夜過　但傍役以下袴羽織着ス上下着ス

但古春氏ハ年番惣代方ニ而取賄致ス役人中トも傍を通ル

とある。正月十三日は、いふまでもなく舊曆によつてゐたが、今では、そのまゝ新曆の一月十三日に移してゐる。時刻は初夜過とあるので、夜に行はれてゐたことが知れる。現在では、午後二時より行ふことになつてゐる。大阪の能太夫、古春左衛門は隨分昔から杭全神社の翁を勤めてゐたらしいが、神社と古春とに、どうした關係があつたのか、詳でない。それから、現在、

平野の御田（錦）

此神事に關係のある面は、田植儀式に用ひる牛頭面を除くと、

翁の古面　（由來書が一軸添へてある。作者や出來た時代は訣らぬといふ方がほんとうだらう。今は使用してゐない。）

田植儀式のして面　（面の名も、その作者が出來た時代も訣らない。此二個は神社所藏）

翁　　面　（現在使用の面。白面で、古面に對してかり面と稱し、末吉家所藏。）

此の三個である。面に關した事は、誰に聞いても、もう訣らない。翁の古面はその由來書と共に、古春家で保存してゐた。平野郷覺帳を見ると、

（前略）　權現社開帳之節者右之翁面境内ニ面見せ物同前ニ諸人江見せ申候　（後略）

（前略）　古春左衞門傳來當社神事翁之面右開帳中於境内弘申度　（後略）

といふ樣なことが出てゐる。明治の時代に入つてからは、古春家も、能樂の衰微につれて、能太夫では生活を維持して行けなかつたらしく、翁古面及び由來書を賣りとばして、行方不明になつて了うた事が　翁面由來書寫添文　末吉道久筆」に出てゐる。其後、平野郷の名族末吉勘四郎氏の肝入りで、古面が、明治三十二年二月十一日に神社へかへつて來た事情は「古面奉納帳」に記されてある。が今では、此古面も舞臺には出ないで、

昔ながらの柔和な笑顏が、由來書とともに箱の中に納つてゐる。

平野郷覺帳には、また、次の樣な事が出てゐる。

『大坂能太夫古春左衞門儀者從往古春秋兩度御神事相勤來候者ニ御座候』

『明九日　（天保二年九月）當社御神事ニ付舞臺ニ而翁相勤申候』

春の神事は此御田植神事のことであるが、秋に勤めた、といふ九月九日の儀はもう亡んで了うた。

それから、もう一つ、此神事を畫いた奉納繪馬が神社に殘つてゐる。繪はもうはつきりと見えない。だが、古春左衞門時代の神事の氣分を少しでも想像させてくれる資料は、平野郷に殘つたものとしては今のところ、この奉納繪馬が唯一つあるに過ぎない。けれども、惜しい事には、繪馬に記された年代が明瞭を缺いてゐる。

二　過去の俤

——末吉一郎氏からの聞き集め。

古春が古面を賣りとばし、夜にげをした事は前に述べた。その後、柏原といふ人が古春に代つて此神事を勤めた。柏原氏——大阪府中河内郡大正村字太田の舊家。柏原仁兵衞といへば太田附近では今でも有名——は末吉家の一族で、能の素養が有つた人だから、古春の代りとして、勤める樣になつたのらしい。

それとも、柏原氏と古春とに、何かの關係が有つたのか無かつたのか、また、古春から傳授を受けたのか受けなかつたのか、さうした事どもは、柏原氏にでも聞いて見なければ訣らない。柏原氏は、現在は堺市宿院にをられるさうである。

古春の子孫が、今は信州にゐるらしい、といふ事を末吉平三郎氏から聞いた。

柏原氏がこの神事を勤めてゐた時には、古面は、古春に賣りとばされ人手に渡つてゐた頃だから、古面を使用してゐなかつたことは確かな事實である。當時は、地を謡ふ者が一人だけで、柏原氏と二人で勤めてゐた。太田――平野郷から約一里半程東南にある村――から、二人が人力車《クルマ》に乘つて平野へやつて來たものだつた。そこで先づ、夜寒しのぎに酒をひつかけて、其後に神事を勤めた。歸る時刻は、どうしても午後十二時近かつたといふ。太田からわざ〳〵出かけて來るのは道も遠いし、何かにつけて便利が惡かつた。で、當時やはり能に素養のある若かつた一郎氏が、柏原氏から傳授を受けてそれ以來一郎氏が勤める樣になつた。さうじて今日まで、もう二十年以上にもなることだ。最初は、一郎氏が一人で、翁と田植儀式のしてとを勤めてゐたが、後に、平三郎氏も一郎氏から傳授を受け、現在では、この兩氏が翁と田植儀式を交替で勤め、柏原氏の時よりも、地を謡ふ者が二人加はつて、都合四人である。囃子方は、今も柏原氏の時にも無かつた。一郎氏は、古春時代にも囃子は無かつたらう、と言うてをられるが、はつきりと言はない方がよさ相である。

田植儀式の能謡は口傳であつたらしいが、どうして柏原氏が古春から受け繼いだか、詳でない。

牛を使うて田を鋤く所作の時、以前は、牛が命令どほりに動かないで、してを隨分と困らせたさうである。といふのは、牛に扮したものは命が短い、といふ俗信があつて、誰もが牛になるのを嫌つた。爲方がないので、酒をうんと飲ませて無理やりに、牛にさせたといふ。それで牛役は、人身御供にでもされた樣な氣持ちに酒の勢も手傳うて、舞臺に出ると、しての命令に從はないでやけくそに駄々けちらかしたのだつた。今ではそれ程でもないが、やつぱり牛になるのは嫌つてゐるとの事である。夜更けの寒さしのぎに、勤める方も見物人も、みんなが揃うてほろ醉機嫌になり、舞臺の空氣を一段とおどけさせた樣子が自然と眼に浮んで來て、下笑ましい氣分が湧き出て來る。だけれど、牛役の狂態は考へてやれば哀れである。人生の悲劇には、その反面に、何時も喜劇が附纒うてゐるのを、今更ながらしみ〳〵と感じさせる。

福の種――神社にあがつたお初穂の籾――を田植儀式のしてが蒔くと、見物人が競うてそれを拾ふ。曾ては、近郷のお百姓

平野の御田（錦）

さんが大勢で、此籾を拾ふ爲にやつて來たのださうである。この時に拾うた種は――拾うた人から貰ひ受けてもよいさうである――一粒でもよい、籾蒔きの時にまぜておけば、其田はよく稔るのだ、といふ信仰があつた。未だにその印象が殘つてゐるらしいと聞いた。去年は大人も大勢拾うてゐたけれど、今年は子供らがわい〱騒ぎながら拾うてゐたゞけだつた。神事が終つて後、社務所内の連歌所で、去年は豐年で米の値が暴落したから今年は見物人が少かつたのだ、と一同が大笑ひであつた。

三四年前頃から、此神事も午後二時より始める、といふ事に改革されたが、それまでは午後の九時頃に初めたさうである。その頃に撮影された寫眞――杭全神社々司藤江正治氏所藏。翁舞ひ。田打ちの時にしてが鍬を擔いで頌謡してゐるところ。牛を使うて唐鋤で田を鋤いてゐる所作。田ならし棒の所作。籾蒔きの所作。男と早處女《サウトメ》の田植ゑ。以上の大要――を見れば、やつぱり言ひしれぬ懐しさが湧いて來る。………舞臺の軒廻りに吊された澤山の提灯や、ところ〲に立てられた、ほのかな闇に浮んでゐる雪洞、それから周圍にゐる見物人の多くが、皆こつぺ面《ヅラ》をしてゐるのも、田植神事の氣分を味はふに適しい情景だが、その味さへも今では漸くにして殘つてゐるこの六枚の古びた寫眞から受け得られるのみである。晝間行ふ樣になつて以後は見物人が少く、境内の整理が大層樂になつた、と社司藤江氏は述懐された。けれど、それだけ現在の神事が、過去の匂ひを失うたものになつてゐる、と私は言ひたいのである。また曾ては、舞臺の周圍に棧敷を組んだ時があつて、其處には、ぎつしりと大勢の人々が集つたし、境内の內外には澤山の屋臺店が出てゐて、實に賑やかだつたさうである。さうして、その頃を思ひ起すと、ほの暗い舞臺にまたゝく篝火の燈あかりにも、神事を勤めて來た者にとつては、口には言へない親しさがある、と一郎氏は話された。田植儀式の舞臺で鍬をふりあげ『やあーゑい』と掛聲を出す時に、見物の方が、『あーゑん』と土地の訛りで先走りをやる。自分で聲をかけずとも、自然と手が動いて所作に力が入つた。見物があーと叫べば鍬があがるし、ゑんと言へば鍬が勝手に下へ動いてくれて、見物と、勤める方の氣分とがぴつたりと合うてゐた。今もさうだが、以前でも、翁舞ひの時には面白くないからか訣らない爲か、じつと靜まりかへつて見物してゐたが、田植ゑのしてが舞臺へ鍬を擔いで出て行くと、見物人は急に騒ぎ出す。田植儀式の方が翁舞ひよりも、一般の民衆に受入れられたのは何時の代にも變りはない。兎も角夜に勤めた頃の方がやはり一郎氏にしても面白かつたらしい。たゞ困つたのは、やんちやな小僧どもが、櫓がゝりに登つて來て衣裝の裾を摑んだりするので轉ぶことがある。それだけは賑やかな時代の缺點だつた、と。

神社の都合で、某間に勤める様になつたけれど、最近に變つたのだから、また夜行ふことにしても構はぬではないか。さうして、其方が見物人も多からうし、勤める者も氣のりがする。併し、百姓が斷然少くなつたから以前程は見物人も來ないだらうが、晝間よりは確に多い――と一郎氏はかう語られてもゐる。今になつて、以前の姿にかへすのは、良いとも惡いとも私には言へない。だが、此神事の如きは、夜行うた時代の經驗者がもとの姿にかへさう、と言ふのだから贊成して良からうと思はれる。

若い候補者を求めて、此神事を護つておきたいと思ふ。今では勤め得る者が平三郎と私と二人つきりしか無いのだから。でも、二十年以上も此神事を勤めて來て、その年々に舞臺を包んでゐた雰圍氣をふりかへつて見ると、世の中はめまぐるしい程に變つて了うたことである――と推移のひどい、日一日と急速なてんぽで移り變つて行く大都市に、幾分かでも昔の匂ひを殘してくれた一郎氏も、御田植神事が辿りつく未來の運命を暗示する樣な言葉を出されたのが、やはり寂しまれずには居られない。

三　現在の容姿

一

今年の二月十三日は、朝から雪曇りのした寒い日であつた。長い馬場先を通つて、街並みから二町程も奥まつた境内に這入つたのは、午後二時少し前であつた。拜殿前のあまり廣くもない空地には、假仕立ての舞臺があつて、橋がゝりや舞臺の屋根として張つてある天幕がひら／＼と風に搖らいでゐる。其周圍には子供達が、神事の初まるのをがや／＼と戯れながら待つてゐた。娘や、子供や、お婆さんの見物が多くて、昨年よりは其人數の目だつて少いのを先づ感じさせられて寂しかつた。今年の雪空に比べて、去年はほこ／＼とした暖い好い天氣だつた。或は天氣のせいで見物人が來ないのかも知れない。ふと見ると、拜殿前の大きな松や其附近に聳えてゐる樟の大木が、鉛の樣な雪空を背景に、茂つた梢をくつきりと見せ、ざわ／＼と騒《サヤ》いでゐた。さうして、ちら／＼粉雪が降りかけて來る。町家からいさゝか隔つた地域の關係もあらうけれど、さびしい見物人、憂欝な天候、昔の匂ひが、今年はまた一入薄らいだ樣に思へてならない。外套の襟を立てながら、私は境内をぶら／＼歩いた。杭全神社緣起繪詞や翁面由來書に記してある傳説の木、祇園牛頭天皇影向の松や、熊野證誠大權現の直體と天照大神の面及び熊野權現の面を入れた笈を役ノ小角が懸けて行つたといふ笈懸松、其時に、一夜の間に生えて、何處からともなく飛んで來た三羽の烏が一羽づゝ止つたといふ三本の椰の木、さうした樹木が何處に有るのか、それとも、そんなものが有つたのか無かつ

平野の御田（錦）

たのか、聞いても、もう識つた人のあらう筈がない。たゞ、笈懸松だけが殘つてゐるとかで、此神社から二三町ばかり西南にある警察署の北側の老松がそれだといふ。拜殿の西南、假造りの舞臺の西側に立つてゐる大きな青銅の大阪市編入記念碑は、昔の俤を滅ぼし盡した記念碑だと言へよう。境內を一周して、私は舞臺の方へ戾つて來た。二時半にもなるが、神事は未だ初まりさうにない。見付柱の下に立つて、私は暫く待つてゐた。

橋がゝりから舞臺にかけて、床板には疊の上敷が敷きつめてあつた。先刻、一寸ちらついた雪はもうやんだけれど、曇つた空は愈々暗く、風はやつぱり冷たかつた。柵を越え、大阪市編入記念碑の臺石の上に立つて、當代の末吉勘四郎氏が、活動寫眞撮影機のピントを舞臺の方へあはせてゐる。去年はあの臺石の上から、田植儀式のしてに惡態をついた中學生が二人をつたことをふと思ひ出して、丁度一年の年月が經つたのだ、としみじみ感じた。この前に來た時は、社務所へ上つて見物したので、今年は觀衆の一人になつて眺めよう、と思つたけれど、寒さの身體に染込むのが耐へがたく、勸められるまゝに社務所へ這入つて見物する事にした。

午後三時前にやつと準備が調うて、愈々翁が初まる。樂屋になつてゐる社務所內の連歌所で先づ神主さんの祓への式がある。さうして一同が舞臺に出るのである。此連歌所の長押廻りに懸つてゐる三十六歌仙の畫像を見るのも、實に一年ぶりであつた。

今年は末吉平三郎氏が翁、末吉一郎氏が面箱持を勤めた。いつ頃からさうなつたか知らぬが、今では翁は形式的になつてゐる。だから何の感興も湧かなかつた。見物人も至極靜かで、去年に比べて翁の頌謠もよく聞きとる事が出來た。寶生流であつた。

翁が終つて、一同が樂屋へ戾る。

田植ゑのしてが、鍬を右の肩に擔いで橋がかりに出ると、子供の聲で『おやぢ』『おっさん』といふ叫び聲が起つた。なるほど、裝束をつけて立烏帽子を冠つた時には此してゝ面の顏だちはおやぢに見える。けれども面だけを離して眺めると、一寸女の樣な感じを與へるのである。曾て、末吉家史の編修をやつてゐる曾根研三さんに『田植儀式のして面の名前を平野の人から聞いた事が無いか。』と問うたところ、『誰からも聞かないが、末吉一郎氏は、あの面はどうも女らしい、と言うてゐた』と答へたのをふと思ひ出した。

社務所の方の見物人も、昨年に比べると今年は寂しかつた。氏子總代は勤める方の末吉兩氏を除いて、一人も顏を見せてゐない。「上方」の南木氏、府廳の野本氏、大阪每日新聞の記者と曾根研三さん、及び私の五人だけであつた。舞臺では鍬を擔いだしての頌謡が初まつた。

〽今日は當社權現の御田植にて候

見物人の靜けさもあらうけれど、しての頌謡は力強く舞臺に響いた。

水口を切つてから田を鋤く所作になる。樂屋からしてが牛を追ひながら橋がゝりに出ると、たわいもない言葉で子供達が調弄うた。唐鋤を牛にひかせて舞臺を廻る時、途中て唐鋤が動かなくなつて、してが一寸困つたやうだつた。去年は、此時に牛の面がはづれかけたので、見物人が大喜びで騷いだ。

福の種を蒔く所作になると、小學生達が帽子で受けとめたり拾ひ集めたりしてゐた。昨年の折にだつた。見物に來てゐた一人の婆さんが、背負うた子供に『見てゝみや。麥蒔かはるでー』と言ひきかせてゐた。『過去の俤』のところで、福の種拾ひの信仰の印象が今でも殘つてゐるらしい、と聞いた事を述べたが、實際は、もうさうした印象など亡んで了うたのでは無からうか。

早處女が舞臺へ出ると、續いて、男が人形をおんぶして出て來る。早處女二人は神樂の巫女、男は神樂の囃子方の者が勤めてゐる。去年の此男に扮した役者は、狂態な身ぶりで橋がゝりを跳ぶ樣にして舞臺に出た。それを見物人は大變喜んだことであつた。今年のは、靜かに出て行つたので見物人も騷がないし、義理づとめくさく私に思へてならなかつた。前記の奉納繪馬は男が人形を背負うて橋がゝりに出てゐる此場面を畫いたものなのである。

してが人形に小便させる所作は社務所で見物してゐる人々に興味を感じさせたらしく、『小便させるのはどういふ意味だらう』とか、『あれは田に肥をやる意味だらう』といふ樣な話聲が聞える。インテリ階級と自負してゐる人達は、どうしたものにでも早速と解決をつけたがる妙な癖がある。直觀は結構だが、出鱈目が伴ひ易くその裏面には虛榮心が隱れてゐる。

小便させる所作が終ると、男が再び人形を背負うて早處女と一緒に田植ゑをする。松葉――苗――一束を兩手で持ち、自分の顏から一尺程の位置でその松葉を上下に一寸動かしながら後《アト》退《ズサ》りしてまた前へ進み、そこできり〳〵つと三四回まはるのは、田を植ゑると言うてゐるが惡くいへば奉納神樂を見てゐる樣な氣がする。昔の古春左衞門時代のこゝの樣子が知りたいけれど、今ではどうする事も出來ない。平野鄕覺帳から抄錄した「杭全神社記錄」を讀んで見ると、神社專屬の巫女を鄕民の娘から採つた事が出てゐる。この早處女を神社專屬の巫女達に勤めさせたのではなからうか。そして現在のやうに義理勤めをやつてゐる職業氣分の濃厚な神樂屋さんの如き不愉快なものではなかつたのかも知れない。だが、これは私自身のつまらない臆測に過ぎない。

午後四時に此神事は終つた。見物人か少かつたので今年の神事は昨年よりもさびれてゐた様に思はれる。舞臺が空になつた時、ほつとした氣持ちで眼をやると、どすぐろい曇り空の西の方か、境内の茂みの上で一寸樺色に夕焼してゐた。

神事が終つてから、社務所で、早乙女を勤めた神樂の巫女が面白さうに人形を見て笑うてゐた。何が面白いのかしら、と私も見に行つたところ、巫女はくす〳〵笑ひながら人形の裾をまくつて私に示した。よく見ると、小さな男根がついてゐたのである。足をなげ出して、こしかけに坐つてゐる高さが一尺五寸ぐらゐ、塗りの美しい、木で造つた人形で、眞白な額と、兩方の頬に赤色でぼんぼらさんが塗りつけてある。頭髮はおかっぱで、女の子が着るやうな緋縮緬の着物を着てゐた。その緋縮緬の色あひの、もうあせて了うてゐるのが何となしに昔を思はせる。此人形に關した事も、書きものゝ上からや傳承上から何の話も識る事が出來ない。人形のこしかけ――これに腰をかけさせ、括りつけて保存してある――の裏に

地主太坂道頓堀御前町　井筒屋治兵衛重義

と記してあるのみで、其年月も、作者の名も書いてない。

二

(1) 神事の初まる前

翁の初まる前、言ひかへれば舞臺が未だ空の間に、その正面に机をおき、田植ゑの時に男が背負うて出る人形をのせる。そして、御酒・洗米・牛蒡・大根・め（海草の一種）を供へる。これは、神事が初まると、樂屋の方へ引込めて了ふ。それから翁渡しになるのである。脇座の隅においてある小さな桶――後に人形の肥桶になる――はその儘で引込めない。

(2) 道具と服裝

翁の時には道具は要らない。田打ち以後の所作に用ひるものは

鍬　田打ちと、水口を切る時に使用する。寶永八年正月吉日櫟木屋彌三右衛門寄附。

唐鍬　田を鋤く時に牛にひかす。寶永八年正月吉日櫟木屋彌三右衛門寄附。

牛頭面　杭全神社の「備品臺帳」に、天和二年正月十三日田植神事用牛頭面、壹、とある。

田ならし棒　「備品臺帳」に、寶永八年正月吉日田植神事用棒、壹、と記してある。これは杉の棒で、重すぎるところから使用しなくなつたが今でも殘つてゐる。現在使用の棒は、「備品臺帳」によると、大正二年三月三十一日田植神事用桐棒、壹、價格八十錢と誌つてゐる。

桶　どーず（牛の食物のこと）を入れる桶。籾を入れる桶。

人形の肥桶。「備品臺帳」には、寳永八年正月十三日
　田植神事用桶、參、と記入してある。
早處女の菅笠　「備品臺帳」に、寳暦五年正月十三日田植
　神事用市女花笠貳、社役人榎坂卯兵衛寄附と記入。
その他に必要なものは、既述の人形、松葉三束——早處女二人及び男が持つ苗。

裝束の名稱が、調べて見たけれど未だに私には譯らない。「備品臺帳」に、寳暦五年正月十三日田植神事用裝束、壹、と記してある。翁として（田植儀式）のとで、今ではこれも使用しない。さうして、やつぱり神社に殘つてゐる。現在使用のものは末吉氏の所有で、その名稱が譯らないのである。翁としての二種ある。

三

(1) 翁

昔はどうだつたか譯らない、が今では簡略して、初日の歌謠を千歳ぬきでやる。囃子方のない事は前述の通りである。而箱持が先に立つて翁渡しをやり、一同が舞臺に出る。能どほりにやるのだから、殊更、書く程のこともない。衣裝なども正裝ではない。翁舞ひが終つて翁がへりになり、あつさり、十五分ばかりで終つた。昨年は末吉一郎氏が、今年は末吉平三郎氏が翁を勤めた。

(2) 田植儀式

樂屋から、してが面をつけ、鍬を擔いで舞臺に出る。地謠の三人が羽織・袴でその後へ續く。してが舞臺の中央に出で、神前に向うて、鍬を右肩に擔いだまゝの姿で頌謠し初める。

シテ〽今日は當社權現の御田植にて候。芽出度御田を植うと存
　ずる
　世の中のよければほながのじよも唯れ唯れ
地〽大こうじを二つ並べて福の種を蒔ふよ
シテ〽さあらば秋の方を向ひて鍬初めをいたう

あきの方は歳德の方であるが、今年の私のノートには正面に向うて先づ田を打つた、とある。掛聲をかけて田を打つ所作。やあーで鍬を振上げ、ゑいで打つ。

シテ〽やあーゑい

鍬を擔ぎ、もとの姿勢に戻る。

シテ〽一鍬打てば和泉諸白の香がほつことする
地　のみたし〳〵
シテ〽のませうぞ〳〵
　世の中のよければほながのじよも唯れ唯れ
地〽大こうじを二つ並べて福の種を蒔ふよ

此時にも歳德の方を向ふのだらうが、私のノートには、脇柱の方へ斜めに向うて、掛聲、田を打つ所作、とある。

平野の御田（錦）

シテ〽やあーゑい
もとの位置及び姿勢に戻つて頌謠。
シテ〽二鍬打てばこわめしの香がほつことする
地〽くひたし〳〵
シテ〽くはせうぞ〳〵
　世の中のよければほながのじよも唯れ唯れ
地〽大こうじを二つ並べて禍の種を蒔ふよ
やはり私のノートによれば、見付柱の方へ斜めに向うて、掛聲及び田を打つ所作。
シテ〽やあーゑい
もとの位置及び姿勢に戻つて頌謠。
シテ〽三鍬打てば錢米のかゞほつことする
地〽ほしゝ〳〵
シテ〽とらせうぞ〳〵
　世の中のよければほながのじよも唯れ唯れ
地〽大とうじを二つ並べて禍の種を蒔ふよ
シテ〽さあらば秋の方を向ひて水口を切ろう
秋の方に向うて、やあーゑいがわ〳〵〳〵と言ひながら水口を切る所作を續けて三回。田打ちの時よりも、鍬を打下してからの動作が、土をかくやうにして後へ退く距離が長い。私のノートには、橋がかりの詰へしてがやつて來て、歳徳の方（今年は

東南）に向うて水口を切る所作と記してある。秋の方とある時には、出來る限り歳徳の方に向うて所作をしてゐる、と一郎氏は語られた。
シテ〽やあーゑい、がわ〳〵〳〵
　やあーゑいがわ〳〵〳〵
　　やあーゑいがわ〳〵〳〵
もとの位置へ戻つて頌謠。
シテ〽世の中のよければほながのじよも唯れ唯れ
地〽大こうじを二つ並べて禍の種を蒔ふよ
して、樂屋へ入つて鍬をおき、牛をつれて出る。牛役は四足になつて歩く。人夫が一人、その補佐をする。しては牛の手綱を右手に持ち、左手に唐鋤を操つて舞臺の中央に出で、正面に向うて頌謠する。牛役は、町内の水利組合の人々が此神事の世話役にあたり、その中から一人出て勤める。牛役は牛頭面をつけ、黑布で身體をすつかり包み、足と手には黑の靴下をはめる、來年からは黑布の袋を作る、といふことである。昨年は、してが橋がゝりの詰まで來て人夫のつれ出した牛を受取り、不必要になつた鍬を人夫に渡して、舞臺の中央へ引返した樣に記憶する。一郎氏に聞いて見ると、最近になつて、してが樂屋へ牛をつれ出す爲に這入らなくなつた。けれども以前は樂屋へ牛を呼びに這入つた。今年は、久しぶりに自分が勤めたので、以前ど

ほりにやつてみた、と話された。牛を前に、舞臺の中央で正面に向うてしての頌謡。

シテ〽あゝ肥えたり〳〵、牛も畜類なれども某祝言の申そう。

答へ申せ

西の宮のぜゞが

地〽月に三度の雨

シテ〽西の宮のぜゞが

地〽月に三度の雨月々に六度の雨もし

シテ〽牛のやまう人のゐきれい、よろづ惡しきこと熊野の奥の

泥の海へさしのけいさせいひよせい、〳〵〳〵

して、牛と唐鋤を操りながら、中央から正面に出で、脇柱の方へ行き、それより南の方へ東の方へ、北の方へ、西の方へ、といふ順序で舞臺を廻つて田を鋤く所作をする。私のノートには、舞臺を四回廻つたと記してある。人夫が一人、牛役を補佐しながら、一緒について歩く、これが終ると、牛を樂屋の入口まで送つて來て、其處に用意してある田ならし棒を持つてしては舞臺の中央に戻り、正面に向うて頌謡。

シテ〽世の中のよければほながのじよも唯れ唯れ

地〽大こうじを二つ並べて福の種を蒔ふよ

シテ〽さあらば田ならしを致そう

して、手に持つた長さ五尺位の桐の棒を横にし、その左右を兩手にて握り、先づ頭の上へ高くさしあげ、掛聲をかけて下へおろし、前かゞみになつて田をならす所作。

シテ〽やあーゐい、ゐい〳〵〳〵

やあーゐい、ゐい〳〵〳〵

やあーゐい、ゐい〳〵〳〵

田をならす如くにして、棒を横にゐい〳〵と聲をかけながら眞後《マウシロ》へ退《スサ》る。先づ中央を、次に兩側を、最後に東側を、正面に頭をむけて田ならしをする。終つてもとの中央に戻り頌謡

シテ〽世の中のよければほながのじよも唯れ唯れ

地〽大こうじを二つ並べて福の種を蒔ふよ

して、樂屋へ田ならし棒をかへし、籾を入れた桶を持ち出して頌謡

シテ〽世の中のよければほながのじよも唯れ唯れ

地〽大こうじを二つ並べて福の種を蒔ふよ

しては桶に入れてある籾を右手で摑み出して頌謡しながら蒔く。何處から先に蒔くとも定つてゐないらしい。

シテ〽和泉の國の市のもり長者の福の種を蒔ふよ

世の中のよければほながのじよも唯れ唯れ

地〽大こうじを二つ並べて福の種を蒔ふよ

シテ〽河内の國松ら長者の福の種を蒔ふよ

頌謡しながら、舞臺の四方八方に籾を、めつちややたらに蒔

いて歩く。

シテ〽世の中のよければほながのじよも唯れ唯れ

地〽大こうじを二つ並べて福の種を蒔ふよ

シテ〽大和の國せゞなげ長者の福の種を蒔ふよ當所も蒔ふよ宮の前へも蒔ふよ蒔ふ蒔ふ〳〵

世の中のよければほながのじよも唯れ唯れ

地〽大こうじを二つ並べて福の種を蒔ふよ

して、籾をすかり蒔き終る。この頃に人夫が土器に盛つたしらむし一枚を舞臺へ出しておく、して、脇座から秋の方に向うて　扇で早處女を招く

シテ〽參らせ候〳〵

早處女二人、菅笠、白衣、緋袴といふ服裝で、松葉（苗）一束を兩手で持ち舞臺に出る。一郎氏の話では、以前は早處女がこゝで三度、田植ゑを舞うた。が、今ではもう舞はなくなつたのだ相である。二人の早處女は脇座のあたりで、男の出るまで待つてゐる。しては、脇座から扇で男をさし招く。

シテ〽太郎坊やあい、次郎坊やあい

次郎坊、太郎坊やあい

樂屋から、男、白衣、白袴、白いはちまきをしめ、人形を背負うて――白い紐で、胸のところで十字に絡み、丁度赤ン坊を背負ふ様にして――舞臺に出る。早處女の如く、やはり兩手で

松葉を持つてゐる。男が舞臺に出ると、早處女の一人が、その人形を抱き下してしてに渡す。して、人形を抱いて舞臺の正面につくもり、そこに用意してあるしらむしを、箸にて人形に食はす所作。それが終ると、丁度三つ四つの子供に小便をさせる時の如くに前をまくつてやつて、最初からおいてあつた肥桶の上で、人形に小便をさせる所作。終ると、してが人形を早處女にかへし、早處女は受取つた人形をまたもとの如く男に背負はす。男、人形を背負うたまゝ、早處女と共に田植ゑを舞ふ。男を中央に、早處女がその左右に、正面に向うて舞ふのである。三人、皆同一の舞ひである。松葉を兩手にて持ち、丁度、顎の高さぐらゐのところで上下にやゝ動かしながら、一間ほど眞直ぐに後退《アトズサ》りし、また前へ進んで、きり〳〵つと三四回廻り、後退りをする。かうした所作を三度繰りかへす。田植ゑをする、と稱してゐる。この舞ひが終つた後、一同退場するのである。

四　書き加へ

奉納繪馬の年代を簡單に考へてゐたが、調べて見ると、さう手輕なものではなかつた。爲方なしに、前述の通り「年代は譯らぬ」としておいたのである。もう一度洗つておかう。この繪馬については、何の書きものも殘つてゐないから繪馬に記されてある年代を見るより致しかたがない。繪も字も、ぼやけて了うてはつきりしてゐない。〔嘉七寅十二月〕これだけが漸く寫

眞の方で讀める程度のものである。或は嘉といふ字ではないのか、それとも、何かの字が抹消して了うたのか、もう知ることが出來ない。原圖よりも、却つて寫眞の方がはつきりしてゐる。今、假に「嘉七寅」とあるのを嘉永七年として見ると、丁度寅年にあたる。けれども、嘉永七年は閏七月に改元して安政元年になつてゐるから、十二月とあるのは一寸疑はれる。改元までに繪馬が出來上つてをつたので其儘奉納したのか、未だこの田舍まで改元が行渡つてゐなかつたのか、種々考へ方はあらうけれど、結局は譯らないのである。兎に角、この繪馬の年代が案外に厄介ものなので附記しておく。

この原稿が殆ど出來上つた時に社司の藤江氏から、柏原氏以前に勤めてゐた人の有つた事を聞いた。大阪の坂上龜太郎とかいふ人で、柏原氏は此人から傳授を受けたのであつて、どうもこの人は古春の門弟らしいとのことである。併しながら、坂上龜太郎といふ人については何の話も聞くことが出來ないのみか、姓名をさへも一寸あやしいのである。

この神事を俗に「御田《オンダ》」と稱してゐる。

私はこの御田を昨年と今年と、二回きりしか見てゐない。その上に田植儀式の能謠を、末吉一郎氏から呈示を受けたのは、一ケ月以上も經た二月廿一日だつた。兎角、印象の把持力に乏しい私は、此記錄を一段と拙いものにして了うたことである。能謠の用字にひどい誤りもあつたけれど一郎氏から呈示を受けた通りに記しておいた。資料方面は、友人曾根研三さんか、多大の便宜を與へて呉れて、甚だ都合がよかつた。

この神事を見る爲、末吉一郎氏、社司藤江正治氏に、いろ／＼とお世話になつた。殊に末吉氏はお忙しいのにも拘らず、私の質問にお答へして下さつて、大變有難かつた。

——一九三一・三・一二——

（杭全神社御田植神事寫眞集及文中に引用された翁面由來書其他御田植神事關係の古記錄等、この記事と相伴ひ、之に一段と精彩を放つべき寫眞集記錄があるのですが、紙面の都合上已むを得ず割愛いたし、續稿として次號に其等を一括して掲載いたすことになりました。）

支那の初夜權

大清一統志二三五に、明の洪鐘錢塘人、宏治初爲二四川按察使一、馬湖土知府安鼇恣二淫虐一、土人婦女將レ婚、必請レ命、或至レ老不レ嫁、殺二無辜數百人一、掘二冢墓一焚二廬舍一甚衆、讐家訐奏、有司利二其金一、遷延二十年、僉事曲鋭、請二巡按御史張鸞一按治、鐘贊決、捕レ鼇送二京師一、置二極刑一、安氏自レ唐以來、世有二馬湖一、至レ是改レ流、官二一方一始靖。婦女婚せんとする必ず命を請ひ、或は老に至るも嫁せずとは、安鼇淫虐を恣まゝにして濫りに初夜權を用ひ、婚せんとする女を、己れ先づ試み犯したので、之を耻る者は老ても嫁せなんだと見える。本邦には秋田實季暴政甚しく、元服婚嫁出產に迄課賦した故、男女いつ迄も童の體で過した（藩翰譜八下）ときけど、初夜權と迄は考え及ばなんだらしい。（八月九日午前五時、南方熊楠）

民家小品八題

菊池山哉

第一圖　長野縣南佐久郡田口村上中込所在

臼田の町から千曲川を渡つて、大奈良へ行く途中、縣道沿ひにある竪穴住居です。穴は二尺程土盛りも二尺程其の上へ合掌組みの小屋で、三尺四方の障子を採光窓として居ります。

第一圖

長野縣南佐久郡田口村

私は歩むで居つて、フト男女の話聲を耳にし、人影のないのに、小頭を傾けたのでした。桑畑の中にあります。三尺許りの人が藁細工の仕事をして居ました。この中へ寢るそうです。

恁うした竪穴住居は、南佐久郡の山村至るところに見受けられました。

第二圖　山梨縣南都留郡鳴澤村鳴澤所在

第二圖

山梨縣南都留郡鳴澤村

第三圖

東京府南多摩郡蓮光寺村

二尺許りの穴で周圍僅か五寸許りの土被りでした。東京府荏原郡下沼袋の埴輪製造址(考古學)の竪穴は柱立ての穴が斜めに掘られてあつたそうですが、恁うした合掌姿の小屋組だつたのでしよう。

現在建築界では甚麼《どんな》大きな家でも、屋構を小屋組と稱して居ります。恁うしたシンプルな屋構の成長したものなのでしよう。

この竪穴には芋類が貯藏されて居りました母屋と棟續きではありませんが、露路一重で近附いて居ります。

第三圖　東京府南多摩

郡蓮光寺村所在
薄暮の寫眞で鮮明でありませんが、こゝの竪穴は曲り家《まがや》になつて、小屋組としては近代式建築家の藝術屋構と敢へて遜色がありません。深さは二尺位土被り一尺位で、母屋と棟續きになりました。
用途は仕事場で、夏は冷しく冬は暖たかいさうです。

第四圖　千葉縣印旛郡酒々井《しすゐ》町所在
酒々井の町よりは佐倉の町へ近いところの民家です。右手に突き出て見へる小屋は竪穴です。深さは一尺程しかありませんが、この中は藁敷き莚敷きになつて居ります。
蓮光寺村の民家に比較して一段の進歩ですが、竪穴氣分は脱して居りません。什麼《どう》も土を幾分掘らないと品物が乾燥したり、寒暖暑冷とならないさうです。

第四圖

千葉縣印旛郡酒々井町

第五圖　埼玉縣大里郡御正《みしやう》村御正新田所在。
農家です。右手に見ゆる部分は、穴ではありませんが藁敷き莚敷きで、竪穴の名殘りには違ひありません。下總のものと比較すると遂々母屋の中へ抱含されて仕舞ひました。矢張り藁を扱ふ仕事場になつて居る樣です。

第六圖　埼玉縣秩父郡秩父町下郷《しも》所在。
秩父の町も原谷へ行ふとする田舍の農家です。御正村では母屋へ抱含したとは言へ、まだ〳〵昔の離れ屋の名殘りはあつたのですが、こゝでは完全に母屋の一部となつて仕舞ひました。外觀上では

第五圖

埼玉縣大里郡御正村

第六圖

埼玉縣秩父郡秩父町

第七圖

東京府北多摩郡國分寺村

第八圖

埼玉縣北足立郡三橋村

何處が竪穴か一寸分りません。恁うした堂々たる家でも、この部分は莚敷きで土と親むで居ります。第七圖　東京府北多摩郡國分寺村國分寺所在。

これ迄は竪穴部分の採光は其の何れもが、固定式な少々なものでした。がこゝで初めて引き違ひの二枚障子となり、肱懸け窓の觀を呈して參りました。が内部も仕切られて居り、こゝは細工場になつて居ります。第八圖　埼玉縣北足立郡三橋村所在。

この村落は五十戸許り殆んど恁うした造りです、左手の椽座敷に比較して、床組がなく土間根太で低くはありますが疊敷です。一見して外觀何んの不思議もありませんが、この堂々たる民家も、今まで擧げて來た例から推して、同じ系路にある竪穴の進化したものゝ如く思はれます。

多くの民家はこの部分が既になつて居ります。

共有林野のこと

雜賀貞次郎

紀州田邊から北東へ約十里、富田川の水源地にある二川村は兵生、福定、大川、高原、溫川、小松原、川合等の部落から成る山間の僻地だが、何れの部落にも『部落共有の山林と原野』があつて、表面は村有として統一されてゐるが、事實は部落々々の共有として利用されてゐる。即ちこの共有林と原野は、部落の住民が自家用の薪木及び肥料とする芝草を、自由に採取するところになつてゐる。薪木なり芝草なりを自家にほしいだけ、何時でも勝手に採取し得られ、其の採取の多寡は問題とならず、採取期の前後も物議にならぬ。全く何の氣兼ねも遠慮も要らぬ、但し共有林で採取する薪木と下草は、各自家用のものに限られ之れを他へ賣ることはならぬといふ。この共有林は以前は可なり多く、面積も廣かつたが、明治時代から道路の開修、學校の建築等の費用の出所に困り、漸次に之れを賣却して共の費に充てた結果、今日では一戸に一段五畝歩當り位の面積に縮少されたが、まだ各家々の用を缺くやうな事は無い。

同じく田邊から二里許北にある長野村大字上長瀬では、部落共有林を以前は二川村のやうに自由採取に委してゐたが、數十年前これを改めて、林野を部落の戸數だけに略ぼ等しい面積に割り、二十年を一期として抽籤で分ち、各自其の當籤した區域の薪木を採取し、又植樹するなど自由にせしめ、年期が滿ちると又抽籤する方法を執つてゐる。この方法は京都府方面でも行はれるらしい。

田邊に接續する下秋津村では、數年前、昔から村人が自由に薪木を採つてゐた村有林を『鎌止め』即ち伐採を禁じ、之れに殖林して村財政を償ふべく、村會の決議を經て殖林に着手しやうとしたが、一部の村民が反對して肯かず、紛議を重ね曲折を經て數年間實行を延期し、昨年延期滿了と共に再び延期を重ねてゐる。反對者は村有林から薪木及び下草を得ねばならぬ——自家持の山林の無い人々であり、殖林しやうといふ側は自家の山林あつて共有林の鎌止めに平氣の人々である。利害が正面衝突をしてゐるのだ。

同じく田邊に接した万呂《まろ》村では、部落林を統一して賣却し、その金で他地方で山林を購ひ入れて殖林し、依て村有財産の增加を圖つてゐる。この村は概ね平地で共有林は僅かであり、住民は概ね自家用の山林があるので、問題とならず統一して賣却されたのだ。

農家の生業と生活には、耕地に次いで山林と原野が重要だつた。それは燃料の薪木を得ること、肥料としての下草を得ること、その他に果實等いろ／＼の食物を得るのが、山林と原野であるからだ。最初は農民が耕地の外は占有者を定めず、山林等は各自が勝手に所要のものを採つた、それが共有林の始まりであるらしいが。次第に世が下るにつれ、上記の二川の如きは稍や原形を殘し、進みたるは上長瀬の如くなり、中には下秋津の如く、万呂の如くなる運命にあるものもあらう。

共有山林の農村經濟に關係することの多いのは茲に言ふまでも無いが、共有山林の爭論が常に深刻であるのも其のためである。南紀州では串本町と潮岬村大字上野が魚梁山《やなやま》の境界を論じ、明治七年から同十四年まで血の出るやうな爭を續け、田邊在の南富田村と東富田村が入會山を爭ひ、明治初年から同二十二年まで抗爭した。同じく生馬村と朝來村の入會山の爭ひは、明治中年から大正の末まで續けられ、その爭議の猛烈であつた際には、兩村の緣戚者は悉く關係を斷ち、離婚離緣及び交際遮絕など、人情の悲慘を盡したものだつた。

土佐幡多郡の俗諺

中平悦磨

ここには郷里の俗諺を報告する。

諺語大辭典に當つて、それに一般に行はれるものとしてあるものは削去り、それ以外のものをとの標準によつて採り、特定した他地方で行はれてゐる如く記されてゐながら、然かも幡多郡で行はれてゐるものは特に之を擧げた。

一般に行はれながらも、幡多では表現法を異にし、又著しく方言を用ひたのなどは之をも擧げることゝした。

諺語大辭典を檢討して、最も奇異に感じたのは、土佐の諺語が最も多數出てゐることである。他の國々のものは平均してせいぐ〜二十未滿だのに、土佐のみは百六十五章も載つてゐるのは、何に原因してゐるのであらうか。

さて幡多の俗諺——

○秋なすび嫁に食はすな。
○秋の夕燒千石てらす。
○欠伸を一緒にすると三日いとこ。
○朝虹に川渡りすな。
○明日《あす》はまだ手つかず。（せくな、あはてるなの意に）

○頭が痛いと日和がおちる。
○味もしゃしゃらもない。
○會ひたいわいの、見たいわいの、せくわいの。
○蟻が十疋。（ありがとうの駄洒落）
○鮟鱇（あんこ）が酢に醉うた樣にしちょる。
○一黑丸に二かり高三先すぼ。（魔羅品隲。但しすぼは包莖）
○一月いぬる、二月にげる、三月去る。
○一文をしみの十うしなひ。
○いはく因緣故事來歷。
○うしろ千兩前ばったり。
○うしろからが近道。（眼の凹んだのを誇張して）
○うどの大木ましゃくに合はん。
○うまいもな（物は）頰被りして食へ。
○うり物に花咲かせ。
○うんだらつわせ、はれたらかかい。
○越中富山の藥屋さん、鼻糞丸めて萬金丹。
○遠慮ひだるし、伊達寒し。
○おにも十八、番茶も出ばな、屁くそかづらも花盛り。
○おんびき（蛙）の三日ぼし。——（瘦せたものを形容して）
○雷の時には「桑原々々」と唱へる。
○川端の藻くぞでクヒにかかっちょる。（食ふ事にかゝつてゐるを材にかけた地口）

○かんしよう糞食ふ。
○機轉は木ぢゃない。(氣の利かぬものをけなして)
○口が三年先い生れた様な。(口達者に)
○具道の豐年きびよし〱。(具道は中村町の西の農村きみがよいの地口)
○食はず嫌い。
○食ひ食ひすりゃあ牛臭うなる。
○下女と鍬は使ひよで切れる。
○暗みやい(夕方)の仕事は後い戻る。(晩方する仕事は後戻りするとも)
○毛剃れん蠅ぶる〱。(もがさの顔を嘲っていふ)
○ごくどうの節句ばたらき。
○こけても馬の糞つかうで起きる。
○ことづけは苘んならん。(遠慮せず言づけるべしの意)
○子供は風の子大人《おせ》は火の子。
○菜喰ひ貧乏。
○じたばたしゃんすな鶏ゃ跣足ぢゃ。(あはてるな、しつかりせよの意)
○十三ちく〱色始め、十四ぱっちり、十五で毛揃ひ、十六寝て待ちる。
○十チョン〱棒ハネクチョン。(ホレタの謎)
○自慢高慢酒のかん。
○すつな糞ずつな屁。(せつな糞)
○せんちの火事でやけ糞。

土佐幡多郡の俗諺　(中平)

○せんちの踏板またぎえもん。松の伐口樹脂《やれ》えもん。
○剃りかけ坊主に宿かすな。
○默ったもなア臭い屁ェひる。
○盥から盥にうつる五十年。
○だれぼうし。おらぼし。(童兒ら誰欲しと物を差し上げて、俺欲しと最初に唱へた者にその物を與ふ。)
○ちんからさき〱ふじゅう。(鍛冶の貧乏をいふ。貧から先〱とかせげどその槌言には似で、燒金を水に浸す音の如く、いつも不自由々々々)
○朔日ごってにゃ餅ゃつけん。
○釣りする馬鹿に見る阿房。
○鐡砲の彈丸でいきぬけ。
○亭主と箸は强いがよい。
○手杵で鼻こすった様な。(愛想もこそもないすっちょうなこと。すっちょうとは愛想なきこと)
○とこそとちやを最初《はな》からつけるもんぢゃない。(何回賴んでも應じて吳れない時に何々して吳れちゃ何々とこそなどと督促する、で最初の第一言からとこそ、ちゃでは無理だ。)
○隣の馬も借ったらいちんち。
○どりゃのをばちは三丈長い。(とりやもう立って行かうといってからも中々立たない時などにいふ。)
○泣く〱嚙んで笑ひ〱ひん吞む。(馬が蒭を好む事にいふ。)
○鯰を食うと癜ができる。(鯰を斷つ事を誓ひ、その繪間を捧げて治癒を祈る)
○にがひたうをは太い。
○二歩の吹き取り。(棊基の語)
○にら、にんにく、にぎり屁、なほも臭いもなア子取り婆のに

土佐幡多郡の俗諺（中平）

っきの手（右をにぎと訛る者は極稀なれども、この時ばかりは語呂を面白がつてにぎといふ。）

○猫一代に鼠一疋。（滅多にない事）

○猫にぬくい日は土用にたった三日。

○猫、寢子、にゃあこ。（春の彼岸出來のは本當の猫で性善し、田植頃に出來しは寢るばかり、夏土用のは にゃあこ〳〵と泣くばかりにてまるで何の用にも立たず、といふなり。）

○猫の口ひげ燒くと鼠とらなくなる。

○女性《ねしやう》の腐つた樣な奴。（男らしからざる男をさげすみていふ語）

○坊主の頭に金柑のせて、のるかのらんかのせて見る。

○馬鹿の糞垂れ笑ひ。（へへ……と笑ふへゝら笑ひをくそたれ笑ひとて下品なものとせり。）

○始めちょろ〳〵中ぽっぽじわ〳〵時に火をひいて、赤子泣くとも蓋とんな。（千本櫻の中の文句なれど通常に飯焚きの要諦として諺に用ひらる。）

○八刀のばぶれ蚊。（ばぶれるは、あばれる意）

○はっこべよーい。（假死狀態になつた蛙に大葉子の葉を被るて土の如く唱えて蘇生せしめる兒戲）

○鼻の向いた方へ行く。

○箸と亭主は强いがえゝ。

○二十日の夕涸れ。（汐は二十日には朝夕の六時が干時）

○腹八合。

○春秋の彼岸はたつた七日にて、いらぬ土用がにくの十八

○ぱちんぷーん。（もがさの顏を笑つていふ。蝿ぶる〳〵、毛それん參照。）

○ひぜんがかいゝと雨。

○ひとり角力でとりよがない。

○百になつて百品。（氣長に勉强せよの意）

○備後表豐後合羽。（言ひにくい言葉）

○ひんすりゃどんする。

○ぶに（幸福）は寢て待て。

○ぼち〳〵三升。（滴り落ちるものも、積れば侮り難い量となる）

○松かさよりも年かさ。

○松の代り口やねえもん。

○まろんでも馬の糞。

○港口は日に七遍變る。

○目から鼻へ拔ける樣な。（怜悧の形容）

○目はつらの看ばか。（物を見付け得ぬものをのゝしつていふ語）

○安物買ひの錢はたし。

○病のかんぶくろ。

○山櫻――で花より先に葉が出る。（反ッ齒を笑つて）

○夜霧りに長續きなし。

○慾すりゃ損するスコチャンピイ。（後半、單なるハヤシことばにて、意味不明。）

俗諺を弄しながら思つたのは、此誌に報告される俗信の類も終にはこの諺語大辭典以上に完備した全國俗信集を結成しなければならぬといふことだつた。

子守唄

——廣島市及其近傍——

磯貝　勇

向ふの山を、
猿が三匹通る、
どの猿ももの知らず、
いつち中の小猿めが、
ようもの知つて、
日本國中あるいて、
小錢《コゼニ》を三文ひろうて、
鰯を三匹買うて來て、
煮て食うても鹽からし、
燒いて食うても鹽からし、
あんまり鹽があらうて、
前の川へ飛び込んで、
水を三杯飲んだなら、
あんまり腹がふうとうて、
鐘撞堂《カナツキドウ》へあがつて、
屁をプリプリこいたなら、
鐘撞堂がゆらいで、
大《オ》けい猿は泣《ナキ》やある、
小《コオ》さい猿は笑やある、
泣きやっさ、
笑やっさ、

（此處より節を變へて）

今日の市と、
明日《アシタ》の市と
一《イチ》もく二もく
三もく節、
櫻の枝に、
鳶《トービ》の口と、
烏《カラス》の口を、
捩《ネヂ》やげておいて、
お殿さんはお馬で、
鎗の尖《サキヤ》はスツテントン、
スツテントンの道を、
尾のない鳥と、
尾のない鳥が、
あつちいチヨロリ、
こつちいチヨロリ、

チョロつくとこを、
油屋の婆《ババ》さんが、
機竹《ハタダケ》でたゝいた、
その竹はどうした、
はあ火にくべた、
その火はどうした、
はあ灰になつた、
その灰はどうした
はあ麥にかけた
その麥はどうした、
はあ雁が食うた、
その雁はどうした、
山越へ、
谷越へ、
雁が松へとまつた。

（終）

此の歌の分布は廣島市近傍に限られてゐるもので子守唄としてのみでなく『昔話』型として語り傳へられてもゐます。

紀北地方の童謠

——和歌山縣那賀郡田中村——

與田左門

螢

○ホ、ホ
ほーたろ來《こ》ーい　ほーたろ來い。
お前のお連《つれ》は　此處に居る。
或は　ホ、ホ
ほーたろさーん　こちおいで
お前のお連は　此處に居る。

○ホ　ホ
螢《ほたる》と云ふ虫は　賢い虫で
油のないのに　尻火《ひー》とぼす。

○ほーたろ來《こ》ーい　來い來い來い、
紺《こんや》の窓から　呼び出して、
大根《だーいこ》飯の　盛《もー》り切り。
（いわしの頭の　ねーぢ切り）

○ホ　ホ
ほーたろ池《いーけ》の　かご池《いけ》の
落ちたら玉子の　露のまそ。

○ホ　ホ　ほーたろ來い、
あつちの水《みーづ》は　にーがいぞ、
こつちの水《みーづ》は　あーまいぞ、
ホ　ホ　ほーたろ來い、
あーまい水《みーづ》を　のみに來い、
來い來い來い來い　一寸來い（海草郡）

蝙蝠

○こーもり來ーい　草履《ぢよーり》やろぞ
一足三文《さんも》に　まけてやら。

○こーもり來ーい　草履《ぢよーり》やら
草履《ぢよーり》いーらにや　くーつやら
くーついーらにや　せきだやら
或はこーもり來ーい　草履やら
草履いーらにや　せきだやら
せきだいーらにや　げーたやら。

紀北地方の童謠（與田）

烏

○からすかあかあ　どこへ行《い》く
向の山《やーま》へ　麥ほしに
ちつこの山《やーま》へ　火がついて
もやそか消《け》そか　青松葉
松屋の門《かーど》に　松三本
竹屋の門に　竹三本、

最後の二行を

向の山へ　竹三束
一家の門に　松三本（根來村）

お夏

お夏とはばつたに似た頭のとがつた青い昆虫であるが、本當の名は知らない。このお夏の一番後の大きな足を二本だけ持つて、動かすと、その足の環節でお夏の身體が上下に面白く動くのである。動かし乍ら次の謠をうたう。

○お夏布《のの》織れ　赤いべべ（着物）着せよ。
そして羽をめくると、お夏の身體は赤い色をしてゐる。

たんぽぽ

たんぽぽの實のつたのをとつて、次の謠をうたう。

○酢《すし》買て來い　酒買《こ》て來い
もどりに｝
ついでに｝頭を　そつて來い。
そして羽根のついた種子を吹きとばしてしまう。

紀北地方の童謠（奥田）

つばな（茅花）

○つんばな來《こ》ーい　こーとしょ
こーとの神さん　皆まつろ

ことは此地方の節句の一つである。丁度花の出る頃で、この謠をうたひ乍ら、茅花を抜いて廻る。

つくし

○つくつくぼーし　なぜなきぁよ
頭に毛やのて　寒むごんす。

霰

○今日は雪霰《あられ》　明日《あした》はどんな
どんなへ詣つて　あめ貰《こ》てしやぶろ。

どんなは粉河寺の中にある、童男樣のお祭りの事である。

雨

○雨こんこ　降つて來た。

月

○月夜の晩に　重節拾《ひ》ろて
ひらいて見れば　ぬくぬく饅頭《まんぢゆ》
つかんで見れば　おやぢのきんだま。

○お月さん幾つ　十三一つ
まだ年《とし》や若いの
京へのぼつて　あの子を生んで
おまんに抱かしゃ　こまんがおこる
こまんに抱かしゃ　おまんがおこる
おまんに抱かして　油一升《いつしよ》貰ひにいて
油屋のかどで　油一升こぼして
その油どーした　太郎の犬と
次郎の犬と　皆ねづつた（なめたの意）
其犬どした　太鼓に張つて
あつちゃ　打ちゃどんどん
こつちゃ　打ちゃどんどん

之は手まり唄かも知れない、起句「あとさん幾つ」となつてゐるのもある。

罵倒するもの　茶化するもの　皮肉るもの

○ぼーず（坊主）ぼっかい　ほらの貝
中割つたら　とりのくそ。

○ぼんちぼろくそ　箸にさいてころころ、

ぼんちは坊ちやんの方言で良家の息子を云ふ。

○旦那さん段から　まくれ落ちて
奥さん奥から　飛んで來て

いとさん(お嬢さん)糸そで　くゝられてぼんちぼくと(棒)で
なぐられた。

○爲やん(人名)たんごへ　しょんべして
常やん(人名)つっつと　いので《揃いで》行《い》た

○仙たん(人名)　せんちで　豆かんで
一粒《ひとつぶ》落して　太さがし

○孝《こう》たん(人名)　孝たん　何買《こ》うたん
ちんち(お金)　一文《いちも》で　飴買うたん

以上三種は特定の人に對してゞある。

○おてい(人名)　こてい
中《ちゅう》てい　なかてい
いやてい　おてい
或は　おきよ　こきよ　中きよ　なかきよ　いやきよ　おき
よ

之はおのつく名前の女の子に對して。

いしげこげ　はったい粉《こ》
ねつて食《く》や　うまいわ

「茂やん」等と呼ばれる者を罵倒する。はったい粉は「麥こがし」の事。

紀北地方の童謠　(奥田)

○みっちゃん(人名)　三《みっ》つで嫁もろて、
箸《はーし》の棒《ぼー》で　家建てて
牛《うーし》の糞《くーそ》で　壁塗つて
茶椀のかーけで　屋根ふいた
或は　文《ふみ》ちん　二つで嫁もろて、(以下同)

○光一《こい》つぁん(人名)　こんこ食て
はらぼてれん。
或は　政《まお》ちゃん　まんぢゅくて
はらぼてれん。
こんこは澤庵漬の方言。

○おこりごんぼ(牛蒡)
ごんぼたいて食はせ
ごんば(ごんぼは)　煑やんとて
またおこる。
おこつた者をこう云つて茶化す。

○おっかしけりゃ　悶むいて
太皷つって　笑へ。
笑つた場合——。他人に笑はれて内心癪にさへ乍ら、こう云つて
負け惜しみを云ふ場合もある。

紀北地方の童謡（與田）

1\. おい　不意に人に呼びかけて、その返事の仕方で茶化し方が色々ある。
　　と返事した場合。

　　おいづる（笈摺？）かけて西國せ、

2\. はい

　　蠅を釣らんと鯉をつれ、

3\. えー

　　椽から落ちて鼻打つな、

4\. うん

　　うんつくばば（菸）ひてくっさいよ
　　或はうんだらつやせ　針なけりゃ　貸ちちゃら

5\. やあ

　　やっとかたげてそーっとおろせ

6\. なんだ

　　なんどなた豆、こまったこまめ

7\. 併し返事をしない場合もある、すると、
　　だまり團子佛《ほとけ》さんの食ひさし、

○今泣いた子は　何處《だーこ》の子
　丹波のやけ子　藁の一把やろぞ
　尻げっかり　焼いて來い。
或は今泣いた子は　何處の子
　臼《うーす》のかげへ　かーくれて
　今によっと出《で》して來た。

○一分《いちぶ》泣いた　二分《にぶ》泣いた　三分泣いた……
　泣きかゝってゐる子供が、こう皮肉られると、いよいよワーッとべそをかいてしまふ。それが又他の子供には面白いのである。

○おなご（女）　に負《ま》ーけて　七《なな》ふくろ
　七つの金玉　何《なん》にすりゃ
　とっといで　おかにやれ
　隣のおば（婆）にも　分けてやれ

○どっこい　泥つく
　こけたら　餅つく
　人がころんだ場合、こけるはころふの方言、

○どことどんなの　橋の下、
　他人が「何處へ行くか」と尋ねた場合、こう云つて返事をしない。

○あの嫁さん（或は姉さん）　ええけども
　×××のはーたい　紙はって
　はってはーって　はりまくり
　若い女の通るのを見た時

遊戯を伴ふ謡

手まり唄お手玉唄もこの部に屬すべきであるが、それは別にまとめて報告する。

○草履かーくし　十文字《ぢゅーもんぢ》
じゃごじゃごなくのは　なんぢゃいな
とんぼのはー（羽）ねは　咲いたか咲かんか
またおつぎの　めーばんしょ
かーいる（蛙）ふーんで　げんがりしょ

草履や下駄を澤山横に並べて、一つづゝ指て突いて行つて、最後の「しよ」に當つたものをのけて行つて、草履が無くなるまで繰返す。

之と同じ目的のものかとうか分らないが、次の如きものがある。

草履かくし　十文字
じゃごじゃご泣くのは　何ぢゃいよ
たんぼの花は　咲いたか　まだ咲んか
石入れごんぼ　何誰で御座るの御座る。
（那賀郡西北部）

○りんごや　かんご
おー月さんの　かんご
大《お》きい子は　小さし
小さい子は　大《お》きし
あの川へ　どんぶりこ
この川へ　どんぶりこ
りんごや　かんご
かんごやの　お姫さん
足が痛うて　ようしやるかんで（歩かないで）
一丁目　二丁目
三丁目の門《かど》で
大水　ついて
舶か船人か　誰かいな
この子可愛いけど
深い川へ　どんぶりこ（伊都郡）

二人が向き合つて兩手をつなぎ、その中へ他を一人入れ、この謡をうたひ乍らゆすり、最後にドシリと下へ落す。

○なーかの中《なーか》の　しんぼっつぁん（新發意《しんぼち》さん）親《おーや》の日《ひー》に
とと《魚》食《く》て　まま《飯》食て
こしゃ《腰》かかんだ。

一人（鬼）が眼をつむつてしやがみその周圍を大勢で手をつないでとり巻き、この謡をうたひ乍らぐるぐる廻り、最後の「だ」で一緒に手をつないだまゝしやがむ。そして鬼が自分の前のが誰であるかを當てる。一種の鬼ごつこである。

紀北地方の童謠（輿田）

○皆「れーしこ　　れんこ
誰《だれ》ざん次には　誰が居《ゐ》る。
鬼「〇〇さん次には　〇〇さん居る
皆　そりやナきた　よちがい

質問欄に南方先生が出題されて問題になつてゐるものである。どうしたかはつきり覺えないが、前揭のものとは別のものと思はれる。

かやつてこーい　やーまんぼ
)なーご《長》なーれ　細引《ばーそひき》

多勢一列に手をつなぎ、引き合ひ乍らあつちこつちを走りまわる。力の強いものが居るど、それにリードされて苦しく引つぱりまわされる。

○ゆさゆさ　桃《もーも》の木
もも　なつたらあげら

木(桃に限らない)にのぼつてゆすふる時、

○去年《きゅねん》の　あこ(赤ん坊)と
今年《ことし》の　あこと
あこどしゃ　バーァ

赤ん坊同志(去年の赤ん坊と今年の赤ん坊とでなくともいゝ)の挨拶である。

○子と子と　けんかして　(小指)
親親　おこつて　(親指)
人さん　寄つて來て　(人差指)
中中　きかいで　(中指)
辨慶さんの　ごあいさつ　(藥指)
或は最後を　藥指で量見《りようけん》せー

こう云ひ乍ら兩手の指をそれぞれ、たゝき合はせる。

雜

○桃栗三年　柿八年
梅はすいとて　十三年
ゆー(柚)は九年で　まだならん。

○椎樫　しーばの實《み》
食へんもー《物は》な　どんぐりこ

○金柑むいたら　實《みー》あげら
蜜柑むいたら　皮《かー》あげら

○蜜柑金柑　わしゃ好《す》かん
子供に羊かん　やりゃ泣かん
角力取りゃ裸で　風引かん
親の云ふ事《こ》た　子はきかん

にはとりゃはだしで　足つかん
山家《やまが》のねーさん　氣やきかん

○いちぢく　にんぢん
さんしょに　しいたけ
ごんぼに　むかご
七草　やつがしら
きゅーねんぼ　とんがらし

○あがら二人は　仲よしョ
あとのぼんさん　はねのけョ

○次《ち》郎《ろ》兵衞《べ》　太《た》郎《ろ》兵衞《べ》
馬どこへ　つないだ
お寺の　柿《かーき》の木
すってんとーんと　つないだ

○子供風の子　ぢぢばば火の子

○下井阪《しもいさか》死んで　中井阪《なかいさか》泣いて
畑《はたね》の上旗持ち　花野《けや》けぶり、

下井阪・中井阪・畑の上・花野何れも田中村の大字名

1
○窪《くぼ》はいつたち　竹房《たけぶさ》ぬずみ
打田《うちた》八けん　蜂の巣

窪・竹房・打田何れも田中村の大字名

○打田賣つて　粉河《こかわ》買うて
安樂川《あらかわ》洗ろて　竹房たいて
窪食てもた。

粉河町・安樂川村何れも那賀郡の地名、

○ごめん　そーめん
うでたら　にゅーめん

○兵隊さん
ラッパとちんこと　換へてんか

○阿呆《おほ》にゃ　ほだ（程は）ない
ほらく（ほーろく）にゃ　足《あし》ゃない
鼬にゃ　ふたない
ばっち（股引）にゃ　底《そこ》ぁない

○正月どーのは　ごーざった
どーこまーで　ごーざった
だーんごやーまの　すーそまで
杵ふりかーたーげて
もーちーつーきに　ごーざった。

シベリヤに於けるロシヤ土俗學（下）

小島武男

イルクックと距ること遠からざるツールンに於ける土俗學は革命以前には何等特記すべきものもなかつたのであるが革命當時に至り渦亂を他所にシベリヤ研究促進會がゲ・エス・ヴイノグラドフ及びイ・ア・エフセニンの兩氏によつて設立さるゝに至り、隨時邊境地方に探檢を行ひ一九一八年には同學會の紀要を發行するに至つたのである。同紀要中にはゲ・エス・ヴイノグラドフ氏の論文「東シベリヤに於ける古ロシヤ人《スタロ・ヂール》の居について」の如きが掲載されて居る。一九一九年より同學會は隨時小册子等を刊行するに至つたのである。この二ケ年間に於て同學會はシベリヤ研究の基礎を築き、土俗方面にも見るべきものがあつたのであるが内部の都合により一九二〇年に至り活動を極端に縮少し終に閉鎖するに至つたのである。其後更に同學會の後身と見らるゝ地方研究學會なるものが組織されるに至つたのであるが同學會も何等殘す處なく消滅するに至つたのである。雖然同地はイルクックと地理的に密接なる關係を有する結果自然同方面の研究も促進せられア・エス・ブリスカロフ、デ・ヴエ・シズイフの兩氏の如き土俗學研究に名聲を拍すに至つたのである。その一例としては當時イルクックに開催されたる鄕土研究展覽會に上記の諸氏の出品せし種々の材料が最も研究家の注目するところとなつたのを見てもよく分ると思ふ。

更に東に向ひ、ヴエルフネエデインスクは如何にと見るに先づ順序として最初に同地の人民大學について一應述べて置く必要があると思ふ。同大學は研究の對照を特にバイカル湖沿岸地方にとり、同地方の研究報告の最初のものとしては一九二一年に「人民大學に於けるバイカル湖沿岸地方研究」を刊行して居る。同報告書中にはア・エボフ「チユイ地方に於ける婚姻に關する舊習」ヴエ・ギルチエンコ「バイカル附近總論」其他種々の論文が掲載されて居る。尙同時に刊行されしエス・カ・ヴエリミン氏の「バイカル附近に關する文獻」なる一書も同地方の研究家には缺くべからざるものである。

一九二三年の蒙古＝ブリヤート共和國の設立に關連して同地方に於ける土俗研究は一段の色彩を加へるに至つたのである、卽同年ブリヤード＝蒙古科學々會がドッジ・バンザロフ氏によつて組織せられ小規模ながら數次土俗學的探檢が行はれるに至つたのである。當時の同地方に關する研究發表機關としてはエヌ・エヌ・コジミン氏の編輯する雜誌「ブリヤートの生活」があり同誌には單に同地に於ける諸士の論文を掲載したのみならず尙イルクック又はレニングラードに於ける諸士の同地方に關する論文も掲載されたのである。主なる論文にはア・エヌ・サモイロヴイッチ「カタノフ氏について」エヌ・ベ・ボボフ「バイカル地方に於ける驛務」ベ・バラデイン「蒙古劇について」ベ・ホロシッフ「ブリヤートの工藝美術について」同「ブリヤート俗話研究」の如きがある。一九二五年に至りては益益鄕土研究が盛んになり遂に研究雜誌「ブリヤート研究」が刊行されるに至つたのである。

前記の學會が組織せらるゝと共に同學會內に歷史＝土俗學科が設置され最初は單にブリヤート族についての研究のみであつたが最近には尙ブリヤート族間に居住する古ロシヤ人《スタロ・ジール》についても相當研究の歩を進めて居る事は注目すべきであらう。尙雜誌「ブリヤート研究」はブリヤート研究の權威ドッヂ・バンザロフ氏の編輯により現今同地方に於ける代表的の研究雑誌である。

チタに於ては一九二一年に人民教育協會が設立され人文科學研究に於ては同地方に於ける中心をなすに至つたのである、同協會にはシベリヤ史のヴエ・イ・オゴロドニコフ、郷土研究のア・ア・ポロヴインキン、言語學のア・ヴエ・グレベンシチコフの諸氏が活動して居たのであるが一九二三年に至り同協會はヴラデイヴオストツク大學に編入されたのである。この二ケ年間に於て協會が公にせし論文中主なるものを掲ぐればヴエ・イ・オゴロドニコフ「ユカギル地方探訪」ア・エヌ・リプスキー「ゴリド族間に於ける宗教＝心理學的現象」ヴエ・ア・マラホフスキー「シベリヤ方言研究」以上の外協會報、紀要等がある。尚同地發行（一九二一年—一九二二年）の雑誌「教育月報」に土俗學に關した論文がチタ及びイルクツク兩地に於ける諸士によつて掲載されて居たのである。

一九二四年にア・ヴエ・ハルチエウニコフ氏が「ロシヤ地理學協會後バイカル部の活動及びア・カ・クヅネツオフ氏の管理せる博物館に於ける三十年」なる一書を編し、書中著者は一九一四年より一九二四年に於ける後バイカル部の活動はこれを二期に分たなければならない即第一期は一九二〇年以前であつた同部が革命の餘波を受けて全然活動を休止して居た時代、第二期は一九二〇年の終り以後騒亂の鎮靜と共に新組織による活動の如くに説明して居る。一九二一年以後に發行されし部報中主なる論文はエヌ・エヌ・コジミン「ブリヤート民族史に於けるエム・エヌ・ボグダノフ氏の研究」同「ブリヤート族の史詩」同「バイカル地方に居住するブリヤート族の發生について」ゲ・エス・ヴイノグラドフ「教材としての土俗學問題」ペ・ペ・マレイフ「オロチヨン族に關する傳説」以上の如きがある。

極東に於ては—露領極東—主としてハバロフスク及びヴラデイヴオストツクが中心となつて居る。ヴラデイヴオストツクに於ては革命以前に於ける人文科學の研究は實に微々たるものであつたが現今に於ては極東に於ける重鎭をなして居るのである。尚同地については後に書くことにする。

一九二五年の終りに至りブラゴヴエシチエンスクの知識階級がロシヤ地理學協會の支部を設置せんと計畫し土俗方面にも一縷の光明を現さんとしたのであるが其後については何等知るところがない。

ニコリスク＝ウスリーにあつてはロシヤ地理學協會支部が活動しハバロフスクにあつても革命後更生に向ひ黒龍部（現在は極東部）が一九二三年の秋より具體的に活動を開如し一九二四年には同方面の研究家であり旅行家であるヴエ・ア・アルセニエフ氏が歸來し又エ・イ・テイトフ氏が博物館を管理し主力をツングース族研究に置いたのである。一九二五年に至り極東地方研究委員會が同地に招集され同會に於てヴエ・カ・アルセニエフ氏が「ロシヤ地理學協會支部に於ける境域問題」について論じて居り結論として同部はウドスク地方又はアムール下流地方の人種について研究せねばならぬと力説して居る。

極東に於て最も重きをなして居るのはヴラデイヴオストツクであることは前にも述べた通りである。一九一八年に同地の識者間にヴラデイヴオストツク大學設立問題が起り、決議の結果最初單に歴史＝言語學科が開講されることゝなり教授にはア・ア・メルヴアルト、エル・ア・メルヴアルト、エス・エム・シロコゴロフ、ア・ヴエ・クレベンシチコフ、エヌ・ヴエ・キユネルの如きが居たのである。後に同大學は國立極東大學となり歴史＝言語學科に東洋協會が併合されるに至り更に同科にはヴユ・カ・アルセニエフ、イ・ア・ロパテインの諸士が加ることになつた。同大學に於ける出版事業は何等停滞することなく一九一九年よりは同科の紀要が刊行されエス・

エム・シロコゴロフ「人種學的材料蒐集方法」エス・イ・ルデンコ「バシユキル族について」同「ツングース族間に於ける薩滿敎の基礎的研究」の如き論文が掲載されて居る。尙一九二四年より同大學紀要が刊行さるゝこととなり民俗方面の論文も屢々掲載されて居る。

一九二三年に同大學に附屬して地方研究會が設立されたのである。同會は内部を自然、產業、及び人類の三部門に分たれ、その中、人類部は更に四部に分れて居る。一、人類學及び土俗學。二、言語學。三、歷史＝考古學。四、研究の科學的組織。以上の如くで、人類學及び土俗學部の研究範圍は一、極東に於ける先住民及び現住民族の研究又は民族分布地圖の作成。二、先史及び有史時代に於ける民族移動の研究。三、土俗學關係の材料研究。四、古ロシヤ民族研究。以上の如くである。

一九二四年に同部はシホタ＝アリン地方の森林地帶に土俗學的探檢を行ひエ・エム・チエブルコフスキー敎授の指揮によつたのである。言語學部は主として東洋語の研究に力を注ぎ一、極東地方に於けるロシヤ語の影響。二、極東地方に於ける言語地圖の作成。三、極東地方に於けるロシヤ語方言地圖の作成。四、極東地方に於ける民間説話の蒐集。研究範圍を以上の四部に分けたのである。同部に關係した敎授にはア・ベ・ゲオルギエフスキー、ア・ベ・ルーダコフ、エ・ゲ・スパルヴイン、ア・ヴエ・グレベンシチコフ、ベ・カ・パシコフの諸士がある。尙同部より紀要、論文等を刊行して居るが今は茲には略すことにする。

同大學を除いてはロシヤ地理學協會ヴラデイヴオストツク部のアムール地方研究學會が土俗學研究に力を注ぎ同會より刊行された數種の論文中一九二二年にイ・ア・ロパーテイン氏の大論文「アムール、ウスリー地方に於けるゴルド族の土俗學的研究」は特記に値するものである。尙一九一八年より一九二三年に至る間アムール地方研究の權威ヴエ・カ・アルセニエフ氏が主として同學會に盡力せしことを附記しておかなければならないのである。其他ヤクーツクにロシヤ地理學協會シベリヤ・ヤクーツク部の研究學會があつて同方面の研究に貢献して居たのである。

以上を以てシベリヤに於ける革命當時及び革命直後のロシヤ土俗學の概要を述べたのであるが現今に於てはより充實したる組織を以て研究を繼續して居ることは勿論であつて、一方本國に於ける學士院人文科の活動も決して侮りがたきものがある。(完)

紙上問答

○たとへ一言一句でもお思ひよりの事は、直に答をしたためて頂きたい。

○一度出した問題は、永久に答へを歡んでお受けする。

○どの問題の組にも、もあひの番號をつけておくことにする。

問(六六) 草又は木の枝を三本の指で結ぶ事

問(三七)に對する青柳氏の御答に、草又は木の枝と枝を三本の指で結び得れば思ふ人と一緒になれる、といふのがありましたが、之に似た信仰や風習が他にありませうか。御敎示を願ひます。(前田エミ)

問(六七) 蛇を指したときのとなへ言

兵庫縣加西郡地方では蛇を指すとその指が腐ると信じてゐる。これはよく聞くのであるが當地方には便利なことに「蛇の指腐れ」と云つてから「ツ、ツ、ツ」と三べん唾を吐くと腐らないことになつてゐる。類例がありませうか。亦ハメ(まむし)は二番目の者に飛びつくと云つて狹い畦等を通る時に二番目になるのを嫌ひます。

(栗山一夫)

問(六八) 大便を一時とめる法

廣島市附近には子供が遊んでゐて、たまく大便に行きたくなるとそれを一時とめるに、イシナゴ(小石の事)を三つ拾つてこれを帶の間にはさんで三べん廻ると云ふ禁厭があります。子供ばかりがやる樣です、僕も少年時代蜻蛉つりに行つたりしてよくやつたものです。此の禁厭は廣島縣下には廣く分布いたしてゐるし、兵庫縣、愛媛縣、山口縣及北九州方面にもあるらしい樣です。他國にこんな禁厭があるかどうかお尋ねいたします、又此方法に限らず行きたくなつた大便を一時とめる禁厭があればお知らせ下さいませんか(磯貝勇)

問(六九) かし王樣は何神樣か及其名稱

三河國寶飯郡小坂井町大字小坂井の小字々々では氏神樣の外に、若宮八幡樣、さいの神、おしやぐり樣、かし王樣、天神樣、お津島樣を祀る。各祭日には一軒十錢位宛出し合つて、神主を依賴して祠前でお祭りをし、後、會食をなすのが例ですが、このかし王樣は何神樣か、及其名稱他にもあらば承りたし。(川出)

答(五) 家庭に植るを忌む植物

二卷二號一四五頁に引た塵添埃嚢鈔二と、殆んど同じ理由で、柑類、梧桐、芭蕉、紫荊、款冬等を俗家に植ぬ物と、續群書類從三五九に收めた東山往來、廿四狀に載せある。此二著どちらが早くできた者か予は知らぬ。(六月廿六日南方熊楠)

答(五)

私の祖母から聞いただけですが枇杷を植ゑると「ビワくする」(ジメくしめるほどの意)で家が貧乏になつたり病人が出來るといつて嫌つて居た。加西郡誌に、

南瓜があまり多くなると不幸がある。
里芋や甘藷の花が咲くと不幸だ。
葡萄の木が屋根を越すと不吉だ。
棕櫚の木が軒より高く伸ると不吉である。

印南郡誌　後篇に

枇杷を植ゑると早く死ぬ

とあります。御參考までに。(栗山一夫)

答(四三) 荷ひ桶の水のはね出るを防ぐ法

廣島市に上水道が設置されないまでは水汲みさんと稱して河川の水を汲み賣り歩く人がゐた。その人達が川から水を桶に汲んで町を歩くのにその水のはね出るのを防ぐため、長さが桶の直徑より稍々短い巾二寸位の板を二枚十文字に打ちつけたものを水面に浮べるか、又は六角形樣に切つた板を水面に浮べるなどしてゐたものだと、僕の母は話してゐました。(磯貝勇)

答(四三)

人糞を擔桶にて運ぶ時は籾殼又は藁切を入れる風俗は鶴岡市附近の農家にもあり。猶伊豆大島にて水類を運ぶときは椿の葉を浮べて運ぶを見ました。(昭和六年七月廿日國分剛二)

答(五一) エスノロジーと言語學

御希望に少し遠いかも知れませぬが、言語と文化の權威である書物、

O. Schrader. "Reallexion der Indogermanischen Altertumskunde (Grundzüge einer Kultur-und Völkergeschichte Alteuropas), II vol, 1901—1929.

外に方言と土俗の關係は

E. M. Wright, "Rustic Speech and Folk-lore". など。

(金田一京助)

答(五六) 「吾が身ぢやないが」

類例と思はれるものですが、攝津三島郡高槻邊にては第三卷第五號「一極めの詞」の中に報告しておきました如く、猫や蛇を殺したとき又は其死骸に出會つたときにも「俺のみィとちがふぞ　山のお猿のみイやぞ」と云つて唾を吐くことをしますが「吾が身ぢやないが」なる詞と何か關係がある樣に思ひますので御參考までに。尤も以上は人間以外の場合にて、人間の場合には自身の其所を指して說明する事は矢張り忌む

紙上問答

樣です。（六月廿八日内藤好春）

答(五七) 花もて胎兒の男女を占なふ事

井上賴壽來示に「花の占ひは全たく初耳に候へども、京都馬町三島神社にて、生兒の性別を豫知する守りをうけ、中より出る繪が舟ならば女、兜ならば男に候。神戸邊の某社に、揚羽の蝶と兜にて、女と男を占ふ所有之由に聞及び候。又北山、敷地神社、一名藁天神(金閣寺南の田の中にある森中の小社)にては、藁を八分許りに切しをくれる。其に節有て袴がつきあれば男、袴なくば女と豫斷いたし候。馬町三島神社は、時代により變る由に候へど、舟の繪が女兒をあらはすは、變らぬ由に候」と有た。(六月廿八日、南方熊楠)

答(五八) 無い物買ひ

老人の話てすが攝津三島郡高槻邊にても同じく、以前には行はれた樣で「御免」と云つたあとで田邊と同じ文句の「釣鐘の虫糞おくなはれ」とか「天水《テイスイ》かごの黒やきおくなはれ」とか云ふ言葉を用ひたさうです。これに反して賣りつける方は、年こしの晩によくやつたさうですが、女の子など門口に立つて「枕はづし要りまへんか」と自分の癖を、又は「あたまいた(頭痛)要りまへんか」などとなるべく不明瞭に賣り聲をあげて、先方か「ヘッ?」とか「何です?」とか來れば癖や病氣がなくなるのであとは矢張り逃げ出したと云ひます。こんなのを「枕はづし」と云ふ名で呼び、「ゆふべ枕はづしか何や來ましてな」などゝ云ふのだと語りました。

昭和六、六、廿八　(内藤好春)

答(五八)

井上賴壽君來示に「夜分子供が、商家へ、無さそうな物を賣れといひ、無くば罵倒して逃る事は、小生子供の時伊勢山田にて致し候。有る筈なし迚きくに、立派に有て困りし事も記憶有り候」。予も十一二歲の時、狐の舌を求めに往くと、其家もと漢方の藥店だつたので、其舌を舊藏しあり。出してきたので、四錢か何か出し、買ひ歸り、大に叱られた。又宮本勢助氏來信に、氏も亦幼時無い物がひの連中に加はりし事あり。但し鬼の角抔、全く有り得ない品を買ひにゆくでなく、其店に持合さないと、明白に知れ切た物を求めに出かけた。例せば魚を八百屋に求むるが如しと有た。想ふに是れが無い物買ひの本義で、和歌山でも在來其通りだつた處ろ、明治九年來、能狂言が數年間頻りに催ほされたを見まれに、狂言にある鐘の蟲屎、石の腸抔から思ひ付て、鬼の角、天狗の卵抔、ヘンな物を求めに往たのだろう。無い物買ひの事、一向文献に徵すべき物を見ず。曾てこんな惡戯も行はれたと、後代へ傳へ度て質問した處ろ、先は二君の來示で、和歌山縣外にも有たと分つた。

(南方熊楠)

答(五九) 各地の墓地方言

和歌山縣那賀郡田中村では埋葬地と墓石を建て並べる場所とは別になつてゐて、前者をサンマイ後者をハカバと云つてゐる。サンマイ(或はサンマエ)は、部落を離れて存在し、ハカバは寺院の地續きである。又ヤママイリと云ひハカマイリと云つて區別してゐる。ヤママイリは葬式の當座だけである。——之で答は終りであるが、こんな風な區別のある地方が外にもあるかどうかを反對に私の方からお尋ねしたい。

(與田左門)

答(六一) 惠美壽膳

今日も紀州諸處で、膳の板の條理を人に縱に据ろをえびす膳といふ。嬉遊笑覽八に「寛永發句帳、奢き初やまづ心よきえびす紙、さくら鯛すゆるはえびす折敷かな(こは今俗に云えびす膳の事なるべし)中略。また、丁六はしらぬえぼし折膝といふ付合あり、此折敷は今鳴子板抔の如く、横平の六角に、飛彈杉抔にて作れる物あり、是なるべし、(折烏帽子の形によれり)えびす折敷は夷子紙と同じ、常にゆがみてかたわしきを忌て、えびすと祝したる也、一說に十月は神みな出雲國へ行給ふ故、此月を神無月といひぬれど、夷子講は此月に行ふ、こは出雲へ此神のみ行給はぬ也、去ばえびす紙は、紙のたち殘りといふ意にて、然いふと云り」と出づ。一話一言八に尾張の堀田方舊の言を引て、何故えびす紙と呼ぶかと小ざかしき男に問ば、かみのたちそこなひよといふ、或翁に尋れると其說は世の理屈と云物也、只何となく其紙を斜めに取直してみよ、烏帽子姿のあり〳〵と現はるゝぞと云た、何事も理屈を離れてこそおかしけれと領つきぬと。扨筆者蜀山は始めのかみのたち損なひ說を面白いと評しある。折烏帽子形の折敷は予みた事なし、えびす神は不具といふから、膳を不具なりに据るをえびす膳といふので有ろう。（六月廿六日南方熊楠）

答（六一） 追記

拙妻言く、田邊では、膳の板の木理を、食事する人の前に横にせず、縱にして之を据るをソハ膳といふ人多し、死人に枕飯を供ふる時、膳をかく据る故忌むと。熊楠攷ふるにソバはサバを訛つたのだろう。塵添埃嚢鈔一三にサバを取る事の條あり。日食の上分を取て、或は曠野鬼神の分とし、或は訶利底母〔鬼子母神〕の食とし或は魂靈神の料に充つ、皆な因緣あり、普れく諸鬼に及ぼすが故に、散飯と名くとある。所謂ろ魂靈神の料に充るの義に依て、未葬の死人に供ふる枕飯をもサバと呼だ者か。（南方熊楠）

答（六二） 阿彌陀籤

嬉遊笑覽八に、今用る觀音籤は、いつの程より有し物にか、谷響集（九）釋門正統名二菩薩籤一云々、敘二其事一者謂、是菩薩化身所レ撰、理或然云々。又觀音くじと名つけて、江戸王子村わたりの小兒、草の葉稻の藁抔をもて結びてする事あり、吉原町の妓女抔は、紙捻にて結ぶとなり云々。予十八九歳の時迄和歌山市の多くの家に在た大雜書（文化頃成た者）に「元三大師御鬮の事は、あながち師の述作にも非ず、唐土にては、之を觀音籤と稱して云々、是を元旦大師に托する者は、師も亦觀世音菩薩の應現なれば也云々、師在世の砌り、此御鬮を取て、普れく諸人の吉凶を示さる、是より諸人元三大師の法作の如く思へり」とあり。籤を盛る箱の一側に、菩薩の名號又は元三大師と書きあり。先づ觀音及び大師を念じ、觀音の呪を三度唱へ、箱を三度戴だき目を閉てふり出せとあり。乃ち其通りしてふり出すを毎度みた。今も其通りの籤を公衆に試用せしむる寺が予の知るだけでも、この田邊町に二三所ある。其内一ケ處は籤に出た番號を僧に話すと、大雜書に書た通り、其番號に應じ、印刷しある五言四句の一紙をくれる。その解說を聽取て自ら判じ、若くは人に判じ貰ふので、十餘年前予の方え、其紙を持て判じ貰ひにきた別嬪が有た。今はたゞ「みくじ」と云て、觀音くじと云ぬが、籤の箱に昔のまゝ觀世音の名號を書付けある。扨阿彌陀鬮は、予の生處和歌山で曾て聞なんだが、この田邊町で、一二と云るゝ豪家の次男が、大變な阿彌陀鬮ずきで、廿四年前、新建築の棟上げ式の酒宴を、阿彌陀鬮で行なふた。斯るめでたい式場で、佛の名の付た事をするはいかゞと云者も有たが、子細構はず、其鬮を引せると、大工が藝妓二名、石工が酒四升、左官が鰹、車力が牛肉といふ體に當り、肝心の主公が煎餅一袋とか最少價の物に當つたので、一同大弱り、こんな異樣な祝宴は未曾有の事と、ヤケに成て飲む內、酒も肴も盡たので、再三阿彌陀鬮をやつたが、主公は其度毎に最少價の物に當つたので、饗應さるべき職人輩が、全たく主公を招待した譯に成たと、今に苦笑しおる。それから予始めて阿彌陀鬮の名を知り、折に觸て調べるが、之を記した物を見あてず、今日に及んだ。たゞ日本百科大辭典一の其條に「錢に豫じめ金高の高低を記入しおき、各之を引て、其當りたる金額を醵出し、物を買て、之を均一に分配する也」とあるのみ。惟ふに阿彌陀佛が、いかなる衆生をも、平等に救ひやらるゝと云ふ樣な所ろから、此圖の名が出たで有う。序でに云ふ、玄惠法印の遊學往來上に毘沙門双六あり。これはどんな遊戯か。識者に敎えを乞ふ。（六月廿八日、南方熊楠）

答（六三）　招魂法

招魂法に種々有り。巫女や法師や方士や覺術家が、死で葬むり了つて時日をへた人の魂を招いたといふ例も多いが、久長君が問るゝは、人死してまだ葬らぬ内に、其魂を招いて其體へ返らしむるので、支那人古く其式を復と呼だ。似た事は印度のホス人、南洋のバンクス島人、フィジー、又西アフリカで里人パンツ人共に行なふ。書紀十一でみると、本邦亦之れ有たが、屋棟に上る代りに屍に跨つて呼だのた（南方隨筆、二六九―二七〇頁）。本誌二卷十號六三四頁、雜賀君の「船乘りと死人」に、紀州田邊地方の船が海上で乘組員を失ふて歸著する時、死人の魂を呼び、其者が歸つた如く裝ふて後、一同上陸する由記しあるが、近處なる市瀨鮎川諸村では、人が死ぬると、屋棟に上り招魂する事、ほゞ、支那の復の古式に同じ。但し只今も行なふか否を知ず。楓軒偶記三や諼草小言四に、水戶領諸村でも、同樣に行ふた事がみえる。立路隨筆には丹後國峯山、此在家に人死すれば、其死の限りをみて、家の棟に上り、一升々を持て、其底をたゝく事久し、是にて二村へ不幸をしらするとぞ、是れ實は、死人の魂を呼還せし遺風か」とある（七月廿二日、午前六時、南方熊楠）。

答（六三）　ムグラモチを防ぐ一法

ムグラモチの事を攝津高槻町方言にではウンゴロと言ひますが、是を防ぐ方法は、紀州の如ぐ田植時ではなく、當地にては節分の夜に限ります。そして天秤棒で摩擦する部分もタンゴの耳でなく、他の部分であります。老人に理由を尋ねて見ますと、ウンゴロは豚を最も恐る。故に豚の鳴聲に似た音で以て退散せしむるなりと。（鍜重孝）

答（六三）

美濃國加茂郡太田町地方にては『ムグラモチ』の田畑を害するときには肥桶一個を地上に置き棒にて桶の內側を摩擦して「キーキー」と聞える音を約十分位づゝ二三日行へば『ムグラモチ』は逃げ行くと云ふ。又徑一尺位の平石を地上に置き少しく小なる石にて打ち「チンチン」と云ふ音を出せば『ムグラモチ』は逃げ行くと云ふ。近來は此の如き事を行ふ事稀なり。（林魁一）

答（六四）　猫又

畔田伴存の古名錄七二に「明月記曰、天福元年八月一日、夜前自二南京方一使者小童云、當時南都云、猫胯獸出來、一夜噉七八人、死者多、或又打殺、件獸目如レ猫、共狀如レ犬長云々、二條院御時、京中此鬼來由誰人稱、又稱二猫胯病一、諸人病惱之由、少年時人語レ之、若及二京中一者、極可レ怖事歟、〔こゝに徒然草を引く〕中畧、觀レ此則畜猫年たけて其尾岐二二岐一、中畧、本朝食鑑曰、凡老雄猶作レ妖、其亦變化不レ減二狐狸一、而能食レ人、俗呼稱二猫麻多一、百練抄第七日、近衞天皇、久安六年七月、近日京土訛言、近江美濃兩國山內有二奇獸一、夜陰群入二村間一食二損兒童一、俗謂二之猫狗一、此事見二小野右府記一、俗言不違也」と記す。初め猫狗と云たのを後に猫胯と改めたらしい。大和本草附錄二に、猫または〔支那で〕金花猫と云、月令廣義に出たりと見ゆ。月令廣義は手許になく古今圖書集成、淵鑑類函、山堂肆考、天中記、格致鏡原等にも、金花猫の事を引きおらぬから、金花猫の何物たるを知るに由なし（七月廿二日、午前六時　南方熊楠）

答（六四）

猫又は猫股と書いて、大日本國語辭典には、「猫の年老いて尾は二岐に分かれ能く人を害すといふもの」とあり、和訓栞には、「猍猫を、またと訓ぜしものなるべし云々、金色にひかりて毛は、一條もなくて、鬚は長く、尾は、兩股にわかれ、爪のするどきこと、劍をあざむき、牙は、狼に似、頭より尾まで、九尺に及べり。死して、雨眼をとぢず。ひかる事、星のごとし云々、人を食ふものなりとぞ」とあります。其他箋注和名類聚鈔や和漢三才圖會にも諸說がありますが、長文で引用出來ませぬ。今日學問上何と云ひますか知りませんが、山猫の一種を誇大に傳へたものでないでせうか。（籔重孝）

一極めの詞

三卷六號三五九頁に籔君が出された詞は、第九と第十の二句足らない樣に見受たから、諸友え問合した處ろ、宮武省三君の返書に、神戸市の知人方の紀州新宮町生れの女中あり。曰く、新宮では「インニク、ニクニク、三クニ、シモツヤ、イッチン、チャラノク、チーヤノ、ハア」といひ乍ら、集まつた子供の手を輕く押し、最後の句に當つた子を鬼と定むと、と有た。是れも總て八句で二句足りない樣だ。今より四十餘年前、熊楠妻抔この田邊町で專ら唱えたは「イッチク、ニノチク、サンチク、シメクテ、權現、ヤマカラ、狐ガ、デテクル、ホーイ、ホイ」。又五十年斗りの昔し、和歌山市で行なはれたは「イソチク、ニノチク、サンゲン、シオクテ、權現、テレック、ピンヤノ、ヤワラカ、サンヤノ、ホー」。（或は第七句以下を「キノシ、アメクテ、ホーイ、ホイ」と云た）。孰れも總て十句だつた。

明治十一年頃東京で京年踊りを演じあるいて飴を賣り、大評判で、身代を拵らえた人あり。團十郎等も新富座で其まねを演じた。其事は依田學海の譚海に見える。其踊りの唱詞に「イノチク、ニッチク、タヱムドン、云々」と有た、件の一極めの詞との關係は知れど、東國にも「イッチク、ニッチク」てふ句が有た證據になる。（七月四日、午後三時、南方熊楠）

一極めの言葉（追記）

前日此事に就て一書を差上たのち、宮武省三君教え越れたは、豐前の小倉邊では「イック、タック、ターヤマサン、乙姫樣の、泣く聲きけば、フー、フーの、ホラの貝」。又「イノブク、タソブク、タチマチ、ミヤウジン、ショウジン、花がさきや、雲雀、チンチクリント、リントナク、リントナク」。又「イッチク、タッチク、鯛の目の、乙姫樣が、チウヤにいつて、蚊のなく聲を、チュウ〳〵、モウモウ、あのなのな」。神戸市では「草履隱しの、キユネン坊、橋の、下の鼠が、草履を、くわへて、チュッチュクチュ、チウネン坊、チウネン坊」。以上何れも子供等、握り拳を突出して、其各の拳の上を、此詞を唱へて叩き、最後の句に中つた子が鬼と定まると。（南方熊楠）

學界消息

○第七回方言研究會　は七月十四日東大山上會議所に於て、折から東上の新村出氏を迎へて開會された。會は橋本進吉氏の挨拶によつて始り、柳田國男氏の今春に於ける九州方面の旅行談にうつつた。氏は昭和六年の春創設された廣島の方言協會及京都の近畿方言學會の發會式に列席した當時の印象を語り、又に近く九州大學を中心として九州方言協會が生れ出んとして居る事を述べ、今日まで地方々々に割據的狀態にあつた方言研究も次第にオルガナイズされて、今や雜誌『方言』の發行と相俟つて、方言研究のオルガニゼイションが出來せんとして居るといふ斯界の趨勢を說き、京都大會の狀況及其後の模樣については新村氏からきかれんことを希望して廣島の方言協會の發會式に於ける氏の講演を概說した。卽、氏は今回壹岐對馬及平戸五島方面に旅行した結果、從來の如き、方言採集手帖を手にして、恰も考古學者が雨後石鏃等を拾ふが如き、方言の表面採集は餘程困難になつて來た故に、今後は或計劃を以て、例せば、喧嘩の場合に臨むとか、話者に酒を飲ますとか、表面採集にたらず、發掘をも試みればならず、又標準語を知つて、地方語によく通ぜぬ採集者には從來の方言採集手帖は改訂の必要があることを痛切に感じた次第を述べた。次いで新村出氏より近畿方言學會の創立及其後の經過が報告され、第一回例會に於ては氏が柳田氏の農業經濟研究に出た農村の行商に就いての批評紹介をなしたこと等をのべ、氏は、氏が今より三十年前東大の研究室にあつた頃、方言採集の爲、飛彈の白河・靜岡を中心として濱名湖より新城方面・伊豆半島方面に出掛けた當時の思ひ出を語り、以來文獻の研究に入つて方言の採集には遠ざかつて居たが、近年民間傳承方面より勃興して來た方言の機運に刺戟され、且つは最近日本語の完全な辭彙の編纂を思ひ立つて居る關係上方言の研究に非常に關心を持つて居ることを述べた。ついで木更津より來場の塚田氏より千葉縣下の方言調査が一昨年より中等學校研究會國語漢文部によつて遂行されて居るといふ報告があり、來會者諸氏の自己紹介及方言研究經驗談があつて散會した。

○南島談話會復活第一回小集　が七月廿五日(土)午後七時から新宿白十字喫茶室で開かれた。同會は柳田國男先生を中心として、所謂南島―薩南諸島・沖繩諸島・先島列島―出身の鄕土研究家を主會員とし、それに南島に興味と關心を有する本土の學徒を會員とする南島協同研究の機關である。當日は久しく休んだまゝになつてゐた同會の復活を祝する會合で、例會の樣に研究題目をかゝげて、それを中心に話を進める事をせず、先づ最初に顧問柳田先生が南島談話會の略史を話して開會の挨拶に代へられた後、折口・金田一兩先生・今泉忠義氏・服部四郎氏・山本靖民氏が立つて會員としての南島研究に對する感想と希望を述べられた。次いで幹事比嘉春潮氏から、同會の復活を機して機關誌『南島談話』の創刊計畫が發表された。同誌は九月下旬創刊。隔月發行。菊版四十頁前後。定價二十五錢。主として南島の土俗と方言に關する資料と研究論文を收載する。この報告が濟んでからは雜誌に移り、「螢」の南島方言と童謠、「おたまじやくし」の方言等に關する質問や應答などがあつて、十時閉會した。第二回例會は九月下旬開催。研究話題は「南島方言に於ける敬語法」の豫定である。當日は主會員伊波普猷先生、宮良當壯氏外數名は缺席したが、會する者三十名の盛會さであつた。

柳田國男。折口信夫。金田一京助。今泉忠義。吉田澄夫。山本靖民。服部四郎。大藤時彥。洞　富雄。魚住惇吉。天野義郎。澤野武馬。金城永寛。外間宏喜。當原呂松。島袋盛敏。仲原善忠。上里朝秀。比屋根安雄。仲宗根政善。岩倉市郎。萩原正德。源　武雄。金城朝永。比屋根安定。島袋源七。與世田朝保。岩切　登。日高豐彥。比嘉春潮。

同會事務所は市外淀橋柏木一四二比嘉春潮氏方に置いてある。同會に對する照會はすべて右宛にせられたい。(金城報)

○折口信夫氏　は長野縣信濃教育會東筑摩郡部會の招請により松本市に於て、七月十一・十二の兩日古事記に關する講筵を開き、ついで能登方面に採訪旅行をなした。

○新村出氏　は七月廿五日長野縣信濃教育會東筑摩部會の招聘により、松本市松本高等女學校講堂に於て『南蠻人の國語國文の研究』と題しロードリーゲルスの日本文典を中心として近世初頭に於ける歐人の日本語及文學についての功績について語つた。會する者約二百五十。盛會であつた。

○橋浦泰雄氏　の編著『東筑摩郡道神圖繪』出版記念資料展覽會は七月廿五・廿六の兩日松本市鶴林堂書店の樓上に於て開催され、閉會後同市、精養軒に於て同圖繪に關係深き同地方の敎育家及民俗學家鄕土研究に興味を有する人々により記念の祝宴がひらかれた。

○都合により關係文獻の紹介は次號に廻します

東洋文庫論叢

第一	中原音韻	石山福治	八・〇〇 ・三二
第二	龍歌故語箋	前間恭作	三・〇〇 ・一八
第三	雞林類事麗言攷	前間恭作	三・〇〇 ・一八
第四	西域發見の繪畫に見えたる服飾の研究	原田淑人	五・〇〇 絶版
第五	支那古代史論	飯島忠夫	五・〇〇 絶版
第六	唐宋時代に於ける金銀の研究	加藤繁	一〇・〇〇 絶版
第七	（本篇未刊）		
	入唐求法巡禮行記解說（東寺觀智院藏本）	岡田正之	二〇・〇〇 ・三二
第八	道家の思想と其開展	津田左右吉	七・〇〇 絶版
第九	天草版文祿元年 ドチリーナ・キリシタン 切利支丹教義の研究	橋本進吉	一三・〇〇 ・三六
第一〇	近江奈良朝の漢文學	岡田正之	三・〇〇 ・二七
第一一	寫經より見たる奈良朝佛教の研究	石田茂作	七・〇〇 絶版
第一二	石氏星經の研究	上田穰	四・〇〇 ・二七
第一三	支那に於ける佛教と儒教道教	常盤大定	一三・〇〇 ・四五
第一四	アイヌ叙事詩ユーカラの研究	金田一京助	三五・〇〇 ・六三

東洋文庫叢刊

第一	永樂大典		三〇・〇〇 ・三六
附編	元朝驛傳雜考	羽田亨	三・〇〇 ・一八
第二	八重山語彙	宮良當壯	一五・〇〇 ・四五

東洋文庫研究部紀要

	第一號（一九二六）	三・〇〇 ・一八
同	第二號（一九二七）	三・〇〇 ・一六
同	第三號（一九二八）	三・〇〇 ・一六

American Foreign Policy Towards Japan During the Nineteenth Century　Tejjuhn Wada　五・〇〇 ・二七

◇前號目次

△原稿、寄贈及交換雜誌類の御送附、入會退會の御申込會費の御拂込、等は總て左記學會宛に御願ひしたし。
△會費の御拂込には振替口座を御利用ありたし。
△會員御轉居の節は新舊御住所を御通知相成たし。
△御照會は通信料御添付ありたし。
△領收證の御請求に對しても同樣の事。

昭和六年八月一日印刷
昭和六年八月十日發行

定價金八拾錢

編輯兼發行者　小山榮三
東京市神田區表猿樂町二番地

印刷者　中村修二
東京市神田區表猿樂町二番地

印刷所　株式會社　開明堂支店
東京市神田區北甲賀町四番地

發行所　民俗學會
振替東京七二九九〇番
電話神田二七七五番

東京市神田區北甲賀町四番地
取扱所　岡書院
振替東京六七六一九番

MINZOKUGAKU

THE JAPANESE JOURNAL
OF
FOLKLORE & ETHNOLOGY

Published by the

MINZOKU-GAKKAI

Volume III August 1931 Number 8

MINZOKU-GAKKAI

4, Kita-Kôga-chô, Kanda, Tokyo, Japan.

民俗學

民俗學

第參卷　第九號

昭和六年九月

民俗學會發行

民俗學會會則

第一條　本會を民俗學會と名づく
第二條　本會は民俗學に關する知識の普及並に研究者の交詢を目的とす
第三條　本會の目的を達成する爲めに左の事業を行ふ
イ　毎月一回雜誌「民俗學」を發行す
ロ　毎月一回例會として民俗學談話會を開催す
　但春秋二回を大會とす
ハ　隨時講演會を開催することあるべし
第四條　本會の會員は本會の趣旨目的を贊成し會費（半年分參圓　壹年分六圓）を前納するものとす
第五條　本會會員は例會並に大會に出席することを得るものとす　講演會に就いても亦同じ
第六條　本會の會務を遂行する爲めに會員中より委員若干名を互選す
第七條　委員中より幹事一名、常務委員三名を互選し、幹事は事務を執行し、常務委員は編輯庶務會計の事務を分擔す
第八條　本會の事務所を東京市神田區北甲賀町四番地に置く

附　則

第一條　大會の決議によりて本會則を變更することを得

私達が集つて此度上記のやうな趣意で民俗學會を起すことになりました。

考へて見ますと學問が大學とか研究室とかに閉ぢこめられてゐた時代は何時まで何時までつゞくものではないといふことが云はれますが、然し大學とか研究室とかいふものを必要としなければならない學問のあることも確かに事實です。然し民俗學といふやうな民間傳承を研究の對象とする學問こそは眞に大學も研究室も之を獨占することの出來ない學問であります。然しさればといつてそれは又一人一人の篤志家や學究が個々別々にやつてゐたのでは決してものになる學問ではありません。出來るだけ多くの、出來るだけ廣い範圍の協力に待つしかないものと思ひます。日本に於て決して民間傳承の資料の蒐集なり研究なりが閑却されてゐたとはいへません。然しそれがまだ眞にまとまるところにまとまつてゐるとはいはれないのが事實であります。かう云ふ事情の下にある民俗學の現狀をもつと開拓發展せしめたいがために、民俗學會といふものを發起することになつた次第です。そして同樣の趣旨のもとに民間傳承の研究解說及び資料の蒐集を目的として、會員を募集し、會員諸君の御助力を待つてこれらを發表する機關として「民俗學」と題する雜誌を發行することになりました。

どうかこの一般國民生活の中に深く生きてゐる事實の意義及び傳承を生かす爲めに、そして民間の學問としての學的性質を達成せしむる爲に、本會の趣旨を御諒解の上御入會御援助を賜りたく御願ひ申します。

委　員

石田幹之助　宇野圓空　折口信夫
金田一京助　小泉　鐵　小山榮三
松村武雄　松本信廣（在京委員）
秋葉　隆　移川子之藏　西田直二郎
（地方委員）

昭和六年九月發行

民俗學

第三卷第九號

民俗學

目次

民間傳承と自然的環境(中)

松村武雄

三

次には動物區系(Fauna)及び植物區系(Flora)と民間傳承との關係である。

この關係について、先づ第一に誰でもの念頭に浮ぶのは、諸民族の間に存する民譚の主人公若くは副次的人物としての動物であらう。かうした說話に於ていかなる動物が人氣役者になるかを決定するものは、明かにその地域に於て最も强く民衆の注意關心を牽く動物の種類である。(關心をそそる原因そのものはさまざまであるが、)朝鮮の民譚に於ける虎、(一)安南の民譚に於ける虎と象、(二)北亞米利加印度人の民譚に於ける水牛と尾長狼(Coyote)(三)エスキモー人の民譚に於ける海豹の如き(四)これである。

かうした民譚は、語りつがれてゐるうちに、一の定型となる。そして這般の定型化は、人氣役者としての或る動物の估劵を大にし、動物の登場を心要とする多くの民譚を自己の繩張内のものとしてしまふこと、猶弘法大師の如く、武藏坊辨慶の如く、アーサーの如く、シャーレマンの如くである。

このことは、或る動物に於ける民譚的特許權の獲得を意味する。從つて說話の移動に於ける物語の變容過程ま
1 でが、この事實に左右せられる。Aの動物を主人公若くは副主人公とした民譚が、その發生の原地域から遊離し

て、Bの動物が說話的にポプュラーな他の一地域に移動した場合には、BがAに代つてその物語の主役となるでなければ、A國が困難である。新地域がAの動物の住息圏內でない場合には、さうした說話變化の傾向は殆んど絕對的である。もし何等かの事情で、原地域の動物がその儘新地域に擴布してからの說話に居据るとなれば、それは該說話の發生地を指示する一種の指標《インデツキス》となる。それほど動物區系と說話との關係は密接である。

しかしかうした現象は、この關係に於ける初步的段階に過ぎぬことで、何人も知了してゐる筈である。自分は更により特殊的な現象を考察して見たい。

第一に動植物の分布樣態のいかんは、屢〻宗敎的現象の或る形相を特に强調化する。その動物に於ける實例として、ニュー・グラナダから蟾蜍を引つぱり出し、その植物に於ける實例として英國から林檎樹を持つて來て見よう。（ついでだから、ここに言つて置くが、この論考が餘り長くなることを惧れて、なるだけ例證を節約して置くことにする。いづれ一冊に纏め上げたものにするつもりであるから、充分な數量の例證は、それに擧げるつもりである。この例證の節約は、本論考のいづれの部門に於てもさうである。）

蟾蜍は、水の產子《うみご》若くは水の精靈の象徵として、多くの民族に於ける呪術及び宗敎にその姿を見せる。羅馬の農夫たちは、作物に都合のよい天候を得んがために、これを壺の中に閉ぢ込め、また穀物から象鼻蟲の害を除くために、納屋の楣にこれを吊した。（五）亞米利加に於ては、蟾蜍の崇拜が殊に廣く行き渡つてゐる。オリノコ河域の若干の部族は、降雨若くは好天氣を得んがために、これを崇拜した。そしてもし彼等の祈願が遂せられないと、哀れな動物は酷く擲られるのであつた。（六）アラウカ族（Araucans）も、大きな蟾蜍を『グンコ』（Genco—『水の主』の義）として崇拜し、（七）アイマラ印度人（Aymara Indians）に屬する一部族も、蟾蜍の形をした頭巾を着つけた人形を、彼等の食物神（dics de las comidas）として崇拜した。(八)しかしこの動物の崇拜と實修とが最も發達してゐるのは、亞米利加の中でもニュー・グラナダ地方を第一とした。(九)自分たちは、何がさうさせたかといふ疑問を起さざるを得ない。新大陸の民族の研究の第一人者であるエドワード・ジョン・ペーン氏(E. J. Payne)は、これに答へて、

It was in the advanced district of New Granada, where no useful animal whatever, and no other innoxious quadruped than the toad, was known, that its worship attained the greatest development.(十)

と云つてゐる。もし氏の言説が當つてゐるとしたら、動物系《ファウナ》の分布樣態のいかんが、宗教的現象の或る形相を強調化する一例證が、ここに存してゐるわけである。

歐洲大陸に住んでゐた頃のことは知らぬが、英國に移つてからのケルト人の間の呪人團體ドルイドは、その呪術的實修に特に林檎樹を重要視した。彼等は木の枝を折り取つて、それで卜占したこと、ウェールスの古い歌謠が、

『斑の指は、何者が壓服せられ、何者が征服し、何者が放逐せられ、何者が勝利を得るかを占ひ知るために、幾本かの小枝を折り取れり。』

と歌つた通りである。そしてそれは多くの場合林檎樹の枝であつた。(十一)また或る者を彼等の團體に入れる場合の入會式には、樹齡と高さと大きさとを同じうする百四十七本の林檎の樹（こんな條件が容易に滿され得るとは考へ難いが、兎に角百四十七は、聖數と信ぜられた。）の傍でその者にさまざまの祕密の實修を傳授するのであつた。(十二)リチャード・スティールが指摘したやうに、(十三)英國の林檎の實は、外國から優良な種が入つて來る以前に於ては、まことにやくざなものであつた。しかし生《な》ることは非常によく生つた。所謂がりではあるが、

壘々として實るのであつた。さうした林檎樹の觀景がケルト人をして、この樹に强大な生成の力の內存を信ぜしめた。ドルイドが彼等の呪術的實修に特にこの樹を重要視したのは、恐らくかうしたところにその成因を持つであらうと思はれる。(卜占に用ふる條枝として、特に實を結ぶことの多い樹木の枝を選ぶことば、多くの民族に、その實例が存してゐる。)

もし動物區系及び植物區系の問題に、生活經濟の問題が結びつけば、これ等の區系のいかんが民間傳承に對して作用する決定關係は、より鮮明になりより重要な意義を帶びて來る。

或る地域に於けるさまざまの動物の中、その或るものが特に食養過程の問題を解決するに重大な役割を演ずれば、その民族がフィッシャーのいはゆる『絕對的宗敎形相』(die absolut religiöse Phase）の文化階層にある限り、(十四)該動物は自ら主要な靈物として崇拜せられる。該動物の經濟價值がその靈威價值に換算せられるからである。西比利亞のヴォーグル族は、純然たる狩獵民であるが、彼等は木石を體軀とし鉛若くは珊瑚を眼とする多くの神像を造り、これを小屋若くは洞窟の中に安置して、狩の遠征に出かける每に、これに動物の犧牲をささげる。而してその中の主要神は麋である。而して一方ヴォーグル族にとつては、麋がその chief game であり、彼等の生活經濟に於ける主要な價值物である。(十五)ペルーの土人は、西北山地に棲む淡褐色のラマの一種である Vicugna（Vicuna）を主要な食料としてゐた。而して宗敎的現象として、自分たちは、彼等がこの動物を著しく崇拜した事實を見出す。(十六)

宗敎的崇拜の主體は、多くの場合おのれを中心とする祭儀を發生させる。而して狩獵漁撈民族にあつては、さうした祭儀の組織化は、自然の歸趨として、該民族の食養經濟に最も大きな寄與をなす動物の生態、及びこれを捕獲するための豫備的行動若くは捕獲したあとの諸行動などが、その原型となる。北亞米利加西北岸の土人は、鮭及び海豹を主要食料としてゐる。而して彼等の宗敎である薩滿敎《シャーマニズム》の重大な儀禮は、實に『漁獲せらるべく鮭及び海豹を河流に誘引する』儀禮であり、之に用ひられる假面アマン・ガク（Aman guak）は、側面に二本の手を有し、灰色と白色とで塗られ、その上に二本の司祭の權標があり、その間に一頭の海豹の形がある。假面の下部の左右には、二個の方孔が穿たれ、その下に河口を表示した、多孔の中空な圓球があり、その中に象徵的に示された鮭が、司祭によつて驅り入れられるのであつた。（十七）南印度のニルギリ丘地に住むトダ族は、水牛によつて生活してゐることで有名であるが、この民族の周到な研究者リヴァーズの記するところによれば、

『搾乳場に於ける搾乳及び攪乳に關する行動が、トダ族の宗敎的祭儀の大部分の基底をなしてゐる。……水牛の神聖なものに對する世話は、多くの祭儀と關聯してゐる。……聖獸の乳を攪拌する搾乳場は、トダ族によつて神殿と考へられてゐる。搾亂といふ日常の行動が、ここでは儀禮となつた。そして宗敎的性質を帶びた諸儀制が、水牛の生活に於ける殆んどあらゆる重要な出來事に伴つてゐる。』

のであつた。（十八）その他海豹と魚類とを大切な生活資源とするエスキモー族にあつては、これ等の動物が宗敎的崇拜の對象となり、而してこれ等の捕獲と使用とに關する社會的諸活動が、その祭儀の形態樣式の規範となつて居るし、（十九）また北米印度人の宗敎的儀制の多くは、彼等の主要食たる熊、鹿、水牛、（植物にあつては玉蜀黍、米）などの生活樣態の、戲曲的形式による再表現である。（二十）

植物系區と民間傳承との間にも密接にして多樣な關係が見出される。

植物を主人公若くは副主人公にする物語は、動物の場合と異つて、普通の民譚には寧ろ稀であり、（樹木精靈說

話は自ら別問題である。)寓話の形態を採るのを常とする。而して寓話は民間傳承ではなくて、個人藝術─しかも後代の文化期に屬する個人藝術であるが故に、自ら當面の考察の埒外に出てゐる。しかし民間傳承としての説話に植物が全く無關係であると云ふことは出來ぬ。往々にして意外なところに顏を出すものである。一二の例證を舉げて見る。

アリゾナの土民ピマ族（Pimas）の世界創成神話によると、ジュー・ウェルタ・マーカイ（Juh-werta-mahkai）と呼ばれる靈物が、太初おのれの胸を摩でて、脂ぎつた土を出し、それで世界を造つた。そして最初に生ひ出でしめた植物は、グリースウッド（greasewood）で、造物者は、その幹から護謨が流れ出るやうにし、もろもろの蟻をこれに棲ましめたといふ。(二十一)アリゾナ地方で最も目につく植物は、グリースウッドである。そこにはこの植物のさまざまの種屬が到るところに簇生してゐる。artiplex confertifolia もあれば、artiplex canescens や、artiplex nuttalli もある。tetradymia canescens も見出されれば、sarcobatus vermiculatus も見出される。また grayia spinosa にも、屢々逢着する。ピマ簇が世界創成神話に於て、最初の植物をグリースウッドに想定したのは、かうした植物分布の觀景に、その刺戟因を有してゐると推定しても、決して見當違ひではなからう。更にアイスランドの神話に從へば、昔イグドラジル（Igdrasil）と稱せられる一個の『世界樹』(World-Tree) があつて、上つ枝はさまざまの宇宙を支へ、下つ根は神界、巨人界、氷寒世界に至つたといふ。而してこの巨大な靈木は、とねりこ樹（ash, eberesche）であつたと傳へられる。アイスランド人は、何故に世界樹として特にとねりこ樹を選んだであらうか。ネーゲラインがその著『日耳曼神話學』(J. von Negelein, Germanische Mythologie) の中に指摘してゐるところに從へば、

『とねりこは北歐人が持つ最も背の高い濶葉樹である。殊にアイスランド島に於ては、それが、著しい高さに達し得る唯一の植物である。』のであつた。(二十二)もしさうであるとしたなら、この島の民衆が、その神話に於ける世界樹としてとねりこを選んだのは、全く同島の植物様態のいかんに支配せられたのであるとしなくてはなるまい。

しかしかうした關係が最もはつきりした姿を採るのは、動物の場合に於けると同じやうに、植物區系の問題が食養經濟の問題と結びついた場合である。その一例としてメキシコの玉蜀黍と宗教及び神話との交渉を擧げて見よう。

メキシコは、實に『玉蜀黍の國』であつた。氣候と地味の上から特にこの植物の發育に惠まれ、從つてこの地域の住民の食養過程は、主としてこれによつて安固にせられた。而して一方を顧ると、メキシコの宗教及び神話とが、高度に『玉蜀黍的色調』を露呈してゐる。先づナフア族が崇拜した神々のうちで、數量的に最も優越してゐるのは、玉蜀黍の成長を掌るものであつた。ナフア族はそれ等の神を總稱して『ケンテオトル』(Centeotl)となした。(二十三)ケンテオトルのうちで最も名高いのは、チコメコファトル(Chicomecohuatl)といふ女であつた。この靈格の名は『七つの蛇』を意味し、玉蜀黍の成育になくては叶はぬ水の豐饒力を象徴すると云はれる。(二十四)この女神にささげられる祭儀がまたいつも玉蜀黍を中心としてゐる。祭儀の一であるフエイトゾズトリ(Hueyto-zoztli)は、春祭で、四月五日に催されるのであるが、この日メキシコの民衆は、香蒲で家を飾り、手足から取つた血を灑ぐと、列をつくつて玉蜀黍の畑まで練り歩く。そしてその柔かな莖を抽いて、樣々の花でそれを美々しく飾り立て、カルプリ(Calpulli)と呼ばれた村落共有の社殿に安置する。この儀禮が濟むと、村中の男たちが、女神の祭壇の前に集つて、烈しい擬戰を始め、女たちは、前の收獲期に刈り取つた玉蜀黍の束を女神にかけた後、それを持ち歸つて、大切に穀物倉に納める。この祭禮にはまた蛙を炙つて、玉蜀黍の粉を詰めた莖をその背に結びつけ、さまざまの食物を入れた籠をそれに載せて、女神の像にささげるのが掟であつた。（二十五）他の一つの祭禮サラクィア（Xalaquia）は、夏祭で、六月二十八日から七月十四日に亘つて催された。この祭には、村中の女が頭髮を解いて、烈しく體を動かしては、根氣よく髮の毛を搖るのであつた。彼等の信ずるところによれば、かうすれば玉蜀黍の成育が良好であるといふのであつた。祭儀の一中心は、女奴隷を殺して、ぴくぴくと動いてゐるその心臟をチコメコアトル女神に捧げることであつた。而してこれも亦玉蜀黍を健かに生ひ立たせる爲事に勞れ果てた女神をして潑溂たる生氣を恢復させる意圖に出たものであつた。（二十六）

更にまた玉蜀黍を主要食料とする民族が、申し合はせたやうに、その事物創成神話に於て特にこの植物を問題にしてゐるといふ事實も、太だ示唆的である。

先づマヤ族の神話に於て、玉蜀黍が重要な意味を以て採り入れられてゐる。彼等が持つ人類創造神話によると、太初フラカン神（Hurakan）を始めとして天界の神々が人間を造らうと考へた。その材料につきていろいろ相談した末、黄色の玉蜀黍の粉と白色の玉蜀黍の粉とを捏ねて一種の糊となし、それで四人の男を造り、四人の男の體から四人の女を造つた。これ等八人の男女が人類の始祖であるといふ。（二十七）更に他の一個の神話に從へば、冥府から逃げ出したエックスキックといふ處女が、明界の母の許に還り來つたとき、母がこれをわが子と認める證示《あかし》として提出した條件は、『玉蜀黍の生えてゐないところに行つて、籠に滿つるほどの玉蜀黍を集め來れ。』といふことであつた。エックスキックは、まるで玉蜀黍の生えてゐない野原に出て、平手で大地を叩くと、忽ち數莖の玉蜀黍が生え出して、豊かに實を結んだ。かの女はそれを籠に滿して母に示すことによつて、始めてその子たることを認知せられた。(二十八)ペルーの土族の神話に從へば、パチャカマック神(Pachacamac)が、土を粘つて男女一對の人形を造り、おのが息を吹入れると、すぐに活きて動くやうになつた。しかし男は食物を手に入れることが出來ないで、間もなく餓死した。女は草木の根を咬つて生きつづけてゐたが、太陽がこれを憐んで、一人の男性を惠んだ。パチャカマック神がその男を殺して地に埋めると、その體の諸部からさまざまの食用植物が生り出でたが、先づ第一に現はれたのは、男の齒から生り出た玉蜀黍であつた。(二十九)またコロムビアのツーンハ地方に住んでゐるチブチャ族の神話によれば、世界が成り立つた最初の日に、バチュエー(Bachuê)と呼ばるる麗しい女性が、三歲になる一人の子供を抱いて、イグアクエ湖の中から現れて、多くの子を生んだ、それがチブチャ族である。そしてその神女は、大地に人間が殖えるのを見ると、蛇の姿となつて、湖に隱れ去つたと。(三十)ところで bachuê は、明かに abachuê の略であり、而して abachuê は、aba と chue との合成語であり、aba は『玉蜀黍』の義で、chue は『乳房』を意味する。(三十一)かくて『バチュエー』は、畢竟するに『玉蜀黍を乳育する女』の義に他ならぬ。從つてこの女人が胸に抱いた三歲の子は、イー・ジエ・ペーン氏が解したやうに、

『人間のためにすぐに役に立つ、熟した玉蜀黍を表す。』(三十二)

のであつた。

自分たちは、これ等の神話のうちに、

(1)人間の體素は本來玉蜀黍である。

(2)人間のために最初から最大に生命的重要品であつたものは玉蜀黍である。

といふ觀想を見出す。ペルーの神話の如き、わが國の古史神話に於ける保食神《ウケモチ》、大氣津比賣《オホケツヒメ》の物語に酷似し、共に穀靈を殺すことによつて穀物を得るといふ觀念に裏づけられてゐるに拘らず、われにあつては、殺されたものの身體の諸部から生り出でた生活經濟資料に別段差別づけをしてゐないのに反して、かれにあつては、それ等のうち特に玉蜀黍に最も大きな力點を置いてゐる。そしてかうした神話を産み出した民衆は、みなその日常生活に於て玉蜀黍によつてその食養過程を解決してゐた。かうした關係は、これを單なる平行關係と見做してすむであらうか。

植物系區と民間傳承との關係に於て、最も興味に饒かな現象は、民衆が抱持してゐたさまざまの穀靈のうち、そのいづれが他を拔いて著しく重要性を高めることによつて、遂にはすべての食用物を支配する神格にまで昂揚するかを決定する因子は、多くの場合その民衆の生活に於ける或る特別の食用資料の重要性そのものであるといふ事實でなくてはならぬ。

希臘の宗教に於けるデメテル（Demeter）は、その表象發展の後期にあつては、崇嚴な人態神であり、職能的には廣くすべての農耕的作物を管掌する靈格となつたが、發生的に觀ずると、一の大麥の精靈に過ぎなかつた。demeter は de と meter との合成語であり、而して de はクリート語で『大麥』を意味し、meter は云ふまでもなく『母』を意味する。卽ちデメテルは、ペルーの土族に於ける acsumama（甘藷母）、quinuamama（莢豆母）、saramama（玉蜀黍母）、cocamama（コカ母）や、ハヴァリアの耕人に於ける oats-man, wheat-woman や、ティルシットに於ける Rhy-woman と同じやうに、(三十三)さまざまの穀靈の一としての『大麥母』『大麥の靈』であつた。ところで希臘をその一部とする地中海的地域は、栽培植物として大麥の原産地と解せられ、(三十四)古くは該地域の民衆の主要な食養資料であつた。それがため大麥の靈は自ら他の食用植物の靈との比較から次第に遠ざけられるほどの重要性を帶び來つて、遂にはすべての食物を管掌する神に變容したのであらう。

この推定は、これを裏書する他の多くの類比現象を持つてゐる。わが國の民間では古くは米よりも粟が主要食に用ひられたかも知れぬ。『常陸國風土記』に、御祖神尊《ミオヤノカミ》の宿を拒んだ福慈岳は、『新粟初嘗家内諱忌』と云つて居り、(三十五)『日本紀』には、活目尊《イクメ》が自ら御諸山の嶺に登り、繩を四方に絙へて粟を食ふ雀を逐ふのを夢みたとあり、(三十六)『萬葉集』には、

(1) さなつらの岡に粟まき……

(2) 足柄の箱根の山に粟まきて……

(3) 千早振神の社しなかりせば、春日の野邊に粟まかましを。

(4) 春日野に粟まけりせば……

などある。而しておのが體の諸部にさまざまの穀物を生《な》り出でしめた一般食神である大氣都比賣は、本原的には粟だけの靈であつたらしい。この靈格は粟國（阿波國）そのものであるとされてゐるからである。(三十七)しかし地味や氣候や濕度の上から、稻を以てすべての食用資料の主座に置くやうになつた時代が遂に來た。而して一方宗教的現象を顧ると、本來は單に稻の靈であつた宇加乃美太萬《ウカノミタマ》が、あとではすべての食物を管掌する神となつてゐる。(三十八)卽ち食料資料の重要性と穀靈の或るものの主食神化との間に、或るつながりが存してゐる。

玉蜀黍は熱帶亞米利加を原產地とした。(三十九)該地域の一部としてのメキシコの民衆は、古くから之を主要食とし、今日もトルティラ（tortilla——玉蜀黍で拵へたパンケーキ）を常食とする。而してメキシコの宗教に於け

る食物神は、本來はすべての食物に關係してゐたのではなくて、單に玉蜀黍の靈であつたらしい。ユカタンその他のメキシコの諸州に於ける主要な民族であつたマヤ族に於ける農業神として、すべての食用植物の成長繁茂を掌るものは、E神であつた。ところでEの記號によつて表されてゐる神は、葉のついた玉蜀黍の穗を頭飾としてゐる。かくてレウィス・スペンスは、『メキシコ及びペルーの神話』(L. Spence, Myths of Mexico and Peru) に於て、

『E神に於て一個の玉蜀黍の神を認めることには、殆んど誤がない。』

と云ひ、シェルハスもその著『マヤ族の記錄に於ける神々の形象』(Schellhas, Die Göttergestalten der Mayahand-schriften) に於て、

『E神の頭は、玉蜀黍の常套的な描法から發達したものであつた。そして本來は一個の頭飾であつたが、後には頭そのものの形となつた。だからE神の頭は、今日のところ葉に取圍まれた玉蜀黍の穗のやうに見えるのである。』

と說いてゐる。(四十) さうしたなら、マヤ族に於けるE神は、アズテック族に信奉せられた玉蜀黍の神ケンテオトルの一に相當する靈格であり、更に古くは一個のサラママ（玉蜀黍母）であつたらしい。然るにマドリッドに保存せられてゐるトロ・コルテシアヌス (Tro-cortesianus) の寫本の記すところに從うと、本原的には玉蜀黍の靈であつたらしいこの存在態が、あとでは全般の食用植物の生成豐饒を掌る神となつてゐる。(四十一)

自分たちは、かうした事實から推して、

(1) 食物神は屢〻個々の食養資料の靈の間から生れる。

(2)いかなる特種の食養資料の靈が、代表的にすべての食物を掌る神となるかに對する決定要因は、屢〻いかなる食用資料がその地域に於て最も重要視されるかといふ事實である。

といふことを云ひ得るではなからうか。

四

人間の居住は水の存在を豫定して始めて考へられ得る。だから『人間』の分布は、著しい程度によく『水』の分布と一致する。河、湖、海に沿うた地域に常に多くの聚落が生ずることは、誰でもよく知つてゐる人文地理學的現象である。而して一方民間傳承は、言ふまでもなく人間のゐないところに生れるものであり得ない以上、河、湖、海などと民間傳承との間に、さまざまの姿に於ける密接な關係があるだらうといふことは、容易に考へられ得る。

しかしこの論考があまり長くなることを避けるために、この關係の問題を湖沼だけにとどめて、河、海につきての考察は、ただ、

(1)河は多くの聚落をその流域に發生せしめ、從つて社會集團の間の交渉を複雜ならしめることによつて、民間傳承を豐富多樣ならしめる。(ライン流域に於ける傳說が獨逸傳說の大部分を占めるほど豐多であるのは、その一例證である。)

(2)河は『液體の道路』として、交通の要衝となり、從つてさまざまの異種的な社會集團の接觸を容易にすることによつて、民間傳承の異質性を大ならしめ且つ複雜ならしめる。

(3)河は時として山と同じやうに一種の境界線を形づくることによつて、民間傳承に對して遮斷作用を營む。
(4)河はその運輸力によつて民間傳承の移動傳播率を高める。

といふ事實及び、

(1)海は、河が營む民間傳承への働きかけの種々の樣態を、更に擴大した度合に於て營む。
(2)海は、海岸地に於ける種族的混合を大にすることによつて、民間傳承の異質度を高める。
(3)海は、沿岸民と內陸民との間の血の異質性の大小、生活樣式、氣風性情等に於ける對比を銳くし、從つて兩者の間の文化の對比を强くすることによつて、兩者の民間傳承に異色を與へる。（四十二）
(4)更に具體的な現象に觸れるなら、
(イ)海は民衆の生產形態を强く決定することによつて、神の表象、職能及び祭儀の內容等を決定する。太洋洲民族の部族神、トーテムなどが、沙魚、烏賊、鷗、海龜等であるといふ事實、沿海民が漁撈、航海、商業、また時としては他の沿海民に對して行ふ掠奪などが生活經濟の主要な方法であるために、豐富な漁獲、安全な航行、夥多の分捕品が神々の最も重要な職能となつてゐる事實、祭儀の內容が、海の動物の行動の戲曲化若くはそれ等を捕獲する準備及び捕獲後の始末に關する民衆の集團的活動の戲曲化であることが多いといふ事實の如きこれである。（四十三）
(ロ)說話に於て『移動說話』(Wandersage)が豐富であり、またその他の說話に於ても主題、人物の表象、事件の描寫表現が高度に海洋的色調を帶びてゐること。
(ハ)言語に於て殊に海に關する部分が多樣化し微細化してゐること。馬來人やポリネシア族が特に航海的名辭に豊かであり、サモア諸島、布哇群島の人名に、Tooaau（泳ぎ行く棒切）、Seu-i-le-vaa-o-Lata（ラタの獨木舟の舵取）、Toi-va-i-totonu-o-le-ato-a-tufunga（獨木舟製造人の籠の中に晉する手斧）、Ka-poe-kino-pupu（すべての貝）、Ka-poe-kino-ia（すべての魚）、Ka-poe-kino-limu（すべての海苔）、Ka-poe-kino-mano（すべての鱶）のやうなのが夥しく、（四十四）サモア人の月の名がlo（四月。小さな海魚の名から來てゐる。この月に夥しい群をなして海邊に集る。）fa（九月。これも一種の海魚の名で、九月がその漁期である。）、taunafamua（十一月。the first of plenty の義。この月に至つて海魚が豊かになるからである。）（四十五）などである事實はこれを證示する。

といふことなどを指摘するに滿足しよう。

セムプル女史が言つたやうに、湖は一の大きな結合力である。野蠻時代に於ては、湖水が與へる保護的界限によつて民衆の心に定住への牽引力を發揮し、――湖沼民の杭木聚落はその有名な現れである。――文化が稍々進んでは、沼湖地域の豊饒力及び交通の利便によつて、經濟的政治的集團を形づくらせる。かくて湖は早期文化階層にあつては、屢々小國家のnucleiであつた。チチカカ湖がインカ帝國の搖籃地であり、テズココ湖がトルテック國のそれであり、チャルコ湖がアズテック國のそれであつた如き、よく這般の消息を傳へてゐる。

就中地理學の上でシエラ（sierra）といふ呼名で知られてゐる地形を持つ高原地帶に於ては、湖沼の存在は殆んど絶對に必要である。なぜならかうした地帶にあつては、水の分布は主として湖沼によつて成り立たざるを得ないからである。かくてシエラの居住者にとつては、湖水は太だ高い經濟的重要性を持つてゐる。それは食養過程の解決者であり、防禦線の供給者であり、またさまざまの陸棲動物を誘引することによつて、被服材料の賦與者である。それ故高原地帶に於ては、湖は太だ屢〻その價値を昂められて、宗教的に神聖化せられる。メキシコ、ニカラグァ、グァタヴィタ、チチカカの湖の如き、みなさうである。海に生活するものが、海を萬物の始祖とし、耕作に生活するものが、大地をおのれの母とするやうに、湖に生活するものは、湖を自分たちの遠つ祖とした。コラオ（Collao）の民衆は、チチカカ湖を呼んで、ママコタ（Manacota——『母なる水』の義）となし、(四十六)インカ族は、この湖の中にある一つの島を自己部族の發生地として、深奥な崇敬をささげた。(四十七)チャンカ族（Chanca tribes）は、ソクロコチャ（Soclococha）の湖を崇め尊んで、彼等の『パッカリスカ』（paccarisca）即ち自分たちの起原の場所となしてゐる。(四十八)ニュー・グラナダのチブチャ族（Chibchas）の間にあつては、多くの湖の一つ一つが、おのれに個有な傳承を持ち、チブチャ族は、その各〻に特別な儀祭を産み出し、その儀祭に從つて、湖に犧牲をささげた。そして各〻の湖が巡禮の目的となつて、人々は湖から湖へと巡拜の旅をするのであつた。コロムビアのツーンハ（Tunja）の北四リーグのところに横るイグァクェ湖（Iguaque）も、土民の食養過程を安固にするといふ意味に於て崇拜せられた。人々は、バチュエー（Bachuê）と呼ばれる女神の姿に於て、この湖を崇拜した。そして『バチュエー』といふ語辭は『玉蜀黍を乳育する女』を意味し、而して玉蜀黍は、この地方の土民の主要食料であつた。グァタヴィタ湖（Guatavita）に關しても、宗教と生活經濟とが緊密に結びついてゐる。この湖は、高地帶《プラトー》の全部を通じて、蛇の形をした女神フザチャグァ（Fuzachagua——またバチュエーとも呼ばれる。）の主要な棲處《スミド》として、民衆の渇仰の標的となつた。(四十九)フザチャグアは、實に食用植物の生長繁茂を掌る神格であり、グァタヴィタ湖の食養經濟的價値に對する民衆の讃仰と感謝との具象化であつた。人々はかなたこなたからこの湖を訪れて、供犠として黄金づくり白銀づくりの小さな像を水に投ずるのであつた。それがいかに夥しかつたかは、後年西班牙の冒險家たちが、困難と危險とを冒して、これを拾ひ上げることに努めた一事によつて、容易く推知せられる。（五十）またペドロ・シモンの記錄の告ぐるところによると、この湖への巡禮者によつて踏み拓かれた路は、八方から輻湊して、今日でもその跡を見ることが出來るといふ。交通路の固定性は、その交通路の利用の大小に正比例し、或る靈地に導く道路の數は、その靈地が有する勢力の强弱を圖示する指標であることを思ふとき、ペドロ・シモンの記述は、グァタヴィア湖の崇拜の人文地理學的意義を强く證示するものでなくてはならぬ。この湖に通ずる、八方からの固定路は、湖水に投げ込まれた夥しい供犧と相呼應して、湖の食養經濟的價値の大きさに對する民衆の讃嘆の宗教的顯現の强度を如實に語つてゐる。

かうした事實の當然の結果として、自分たちの注意を牽く他の一つの宗教的及び神話的現象が存する。それは湖、殊に高原地帶の湖の崇拜が、該地の民衆の宗教の原始的な面層を形づくることが多く、同時に湖を主體とする神話が、彼等の神話系體の uralt な部分をなすことが屢〻であるといふことである。一例を擧ぐるなら、コラオ族（Collaos）にあつては、チチカカ湖の崇拜は、確かに彼等の原始的な宗教の一成素をなしてゐる。彼等のチチカカ湖の崇拜は、二つの偶像を中心として可見的なものとなつてゐた。その一つは、コパカフアナ（Copacahuana）と呼ばれ、靑綠色の石で刻んだ魚身人首の女性像で、チチカカ湖を一目に展望し得る高丘に安置せられ、他の一つは、數匹の蛇が絡みついた女人の像で、コパカチ（Copacati）と呼ばれ、コパカフアナを去ること遠からぬところに奉安せられた。前者は、魚類を恵む恩人としての湖の標徴であり、後者は湖そのものによつて示さるる水の勢能の具象化であつた。（五十一）

かうした形相《スガタ》に於けるチチカカ湖の崇拜は、同地方によく知られてゐる太陽崇拜よりも一層古いものであり、同時にこれよりも一層後代まで潑溂たる活力を持ちつづけた。かうした地域の民衆は、自然的環境の關係上、太陽よりも寧ろ湖に、彼等の食養經濟の原動力を認識することに傾き易く、而して食養經濟は、彼等に最も vital な問題であつたからである。西班牙人が、この地方に侵入して來たとき、太陽崇拜は、比較的容易に壓服せられた。しかしチチカカ湖の具象化としてのママコタ女神の一の現れであるコパカブアナの崇拜は、敢然として新來の基督敎に反抗しつづけた。かくて西班牙人は、この崇拜の覆滅が到底不可能であることを悟り、聖母マリアの像を建立して、これをコパカブアナと同一化することを餘儀なくせられた。(五十二)また、一神敎の熱心な支持者であつたフアイナ・カパック（Huayna Ccapac）は、土民たちの信仰崇拜の對象を破棄するに努めて、ペルーの宗敎的中心として、この湖の中の一つの島にヤチリ神（Yatiri）の殿堂を建て、あらゆる他の神々の代りにこの一神を崇拜することを提議した。『ヤチリ』は『統治者』を意味し『萬物の指導者』としてのパチャヤチャチック神（Pachayachachic）の最後の發展形相である創造神パチャカマック（Pachacamac）に對するアイマラ族（Aymaras）の呼名である。フアイナ・カパックは、民衆の宗敎を一神敎化しようとして、この神を持ち出したのであつた。しかし彼は見事に失敗した。(五十三)高原湖域に住む民衆は、萬物の指導者といふやうな空漠な神よりも、直接端的に彼等の糊口を安固にしてくれる神が有難かつた。そしてさうした神としては、チチカカ湖の主に優るものがないとしたのは、環境的に太だ當然である。

これ等の事實はチチカカ湖の神靈に對する民衆の執着がいかに强靭であるかを明示するものでなくてはならぬ。そしてさうした宗敎的執着の强靭性は、高原地帶に於ける湖が、環境的關係から、屢〻民衆の生活經濟の主座になるといふ人文地理學的現象を閑却しては、心解し難いではあるまいか。（續く）

註

（一） 高橋亨氏『朝鮮の物語集』三輪環氏『傳説の朝鮮』參照。

（二） E. M. Smith-Dampier, Contes et Légendes de l'Annam 參照。

（三） K. B. Judson, Myths and Legends of the Pacific Northwest ; Myths and Legends of British North American; Carnegie Institution of Washington Publication に關する諸書參照。

（四） E. Reclus, Primitive Folk 參照。

（五） Plinius, Historia Naturalis, XVIII.

（六） De Pons, Voyage à la Terre-Firme, vol. I, P. 289.

（七） Moliña, English Translation, vol 1, P. 179.

（八） Calancha, Cronica Moralizada, vol. II, P. 9. （（七）（八）は次に記すペーンより引用）

（九） E. J. Payne, History of the New World called America, vol. 1, P. 426.

（十） Payne, Op. Cit., vol. I, P. 426.

（十一） E. Davies, The Mythology and Rites of the British Druids, P. 339.

（十二） Davies, Op. Cit., P. 483.

（十三） R. Steel, The Royal Exchange. 參照。

（十四） H. Visscher, Religion und Soziales Leben bei den Naturvölkern, I Band, S. 85.

（十五） P. S. Pallas, Voyages, vol. II, P. 37.

（十六） Garcilaso de Vega, Comentarios Realis, I. Ch. IX.

（十七） B. Grünwedel, Amerikas Nordwestküste, New Series, Plate I, Fig., 20.

（十八） W. H. Rivers, The Todas, P. 38.

（十九）（二十） E. S. Ames, The Psychology of Religious Experience, P. 47.

（二十一） J. W. Lloyd, Aw-aw-tam Indian Nights, PP. 27, 28.

民間傳承と自然的環境（松村）

（二十二） J. von Negelein, Germanische Mythologie, S. 72.
（二十三） L. Spence, The Myths of Mexico and Peru, P. 85.
（二十四） Spence, Op. Cit., P. 85.
（二十五） Spence, Op. Cit., P. 86.
（二十六） Spence, Op. Cit., P. 86—90.
（二十七） Spence, Op. Cit., P. 229.
（二十八） Spence, Op. Cit., P. 222.
（二十九） Spence, Op. Cit., P. 259.
（三　十） Payne, Op. Cit., vol. I, P. 455.
（三十一） Payne, Op. Cit., vol. I, P. 455, Note 3.
（三十二） Payne, Op. Cit., vol. I, P. 455, Note 2.
（三十三） J. G. Frazer, Golden Bough, Spirits of the Corn and of the Wild, P. 135.
（三十四） J. Brunhes, La Géographie Humaine, chap. IV.
（三十五） 『常陸國風土記』筑波郡の條。
（三十六） 『日本書紀』崇神天皇の條。
（三十七） 『古事記』
（三十八） 『和名抄』『延喜式』――拙著『神話學論考』にこのことに關する詳細の研究を載せてゐるのを參照ありたし。
（三十九） Brunhes, Op. Cit., chap. IV.
（四　十） Schellhas, Die Göttergestalten der Mayahandschriften, S. 52.
（四十一） M. Edwardes and L. Spence, A Dictionary of Non-Classical Mythology, P. 60.
（四十二） E. C. Semple, Influences of Geographic Environment, chap. VIII, IX 參照。
（四十三） H. Cunow, Die Marxische Geschichts-Gesellschaft und Staatstheorie にかうした問題が委しく論じてあるのを參照ありた

し。

（四十四） G. Turner, Samoa の諸所；W. D. Westervelt, Legends of Gods and Ghosts, P. 46.
（四十五） Turner, Op. Cit., P. 205 ff.
（四十六） Payne, Op. Cit., vol. I, P. 453.
（四十七） Sqiure, Peru, P. 331.
（四十八） Payne, Op. Cit., vol. I, P. 452, Note 3.
（四十九） Pedro Simon, Noticias Historiales de Tierra Firme, Parte II. Not III. ch. 2.
（五　十） Payne, Op. Cit., vol. I, P. 455.
（五十一） Spence, Op. Cit., P. 298.
（五十二） Calancha, vol. II. P. 9.（ペーンより引用）
（五十三） Fr. Alonzo Ramos Gavilan, Historia de Copacabana, Lib. I. C. 30, etc.（ペーンより引用）

ニハトコの木は芽出度い木

群馬縣の高崎市を中心とした地方では、ニハトコの木は芽出度い木とされてゐる。一例が勢多郡、下川淵村龜里では一月十四日の歳神に木の皮をむき「花カギ」を以て花をかき二本づつ上げる、そして十五日には小豆粥をたき、豐年を祝して歳神へ供し、此の粥を一尺位のニハトコのを以てかきまはし、苗代田に至り、此ニハトコの木に數量等記入した札を付ける。

ニハトコの木は歳神に供へてある間にでも芽を出すから芽出度いのだと此邊の人は單純に考へてゐるけれとも、歳神と結びついて相當神聖視されてゐた前の姿も想像出來る。（山本靖民）

猿《サル》荻《オギ》氏について

肥後和男

ことし四月廿九日、滋賀縣犬上郡多賀村大字敏滿寺に赴き、同所鎭座の胡宮神社を訪れ、そこに藏する文書記錄を調査したとき、次の如き一通の文書が目にとまつた。

拜殿棟札寫

棟札　拜殿再建者享德二年癸酉十一月四日爲吉日工事始享德三甲戌八月十五日上棟式幷轉讀大般若經以祈天下泰平國家安全爲上棟供養者矣

導師　阿闍梨法師豪運
神主　新谷日向守治勝
造宮奉行 猿荻左近大夫美春
同 建部左京高房
工匠 甲良源吉

この中に猿荻左近大夫美春といふ珍らしい性をもつ人物が擧げられてゐるからである。同席した人の話では、この近くに猿木といふ地名があり、猿荻氏は代々そこに住した豪家であつたが、近年退轉して大阪に移られたといひ、この家に關する種々の傳説をも話してくれた。例へば、昔、南部東大寺の重源上人が、この村にある多賀神社へ延命の願ひをさゝげた時に、この家の先祖が牛一匹を上人に寄進したといふ類の。

近江は猿に關係の多い土地であるから、土地を猿木といひ姓を猿荻と稱することは、充分注意さるべきであると思ひ、大阪に於ける當主の現住所を調べて貰つたら此花區今開町に住んで居られることが分つたから、ひとつ機會を得て尋ねて見ようと思つた。

五月末の暑い日に大阪へ行つて、幸に當主貫藏氏に會ふことが出來た。氏は今雜貨商を營んで居られるが、傍ら姓名判斷もやりその方から自分の名も勝康と改めて居られるなどは、其家の來歷と思ひ合せて甚だ面白いと思つたが、史料となるべきものはあまり無かつた。幕末か明治初期の頃に寫したらしい世繼書と、明治三年にさし出した猿木の鎭守樣に關する書上の寫のみであつた。前者について全文をあぐれば次の通りである。

（前欠）爰に敏達天皇住し給ふ時流れなきに仍而推古天皇詞ひ給ふ時推古天皇御指圖にて一河を掘給ふ是を古川と號し是始て櫻木の民の性に古川と下し給ふ。

仁皇卅四後院推古天皇御子三男猿狄丸太子御初代

推古天王太子三男 猿狄丸太子 推古九壬酉春之比
推古天王後院三代 猿狄宗德 大化二丙午年五月五日ニ世繼
推古天王後院四代 猿狄宗明 大化廿二丁卯年三月ニ世繼
推古天王後院五代 猿狄宗天 大化廿六辛未年世繼
推古天王後院六代 猿狄宗和 白鳳十六丁亥九月ニ世繼
推古天王後院七代 猿狄左專 白鳳廿七戊戌年
推古天王後院八代 猿狄宗佑 靈龜八乙卯八月ニ世繼
推古天王後院九代 猿狄宗河 天平勝寶十三辛丑六年
推古天王後院十代 猿狄左湘 延曆十辛未年
推古天王後院十一代 猿狄宗陽 大洞二丁十一月世繼
推古天王後院十二代 猿狄宗勝 天長九壬子春
推古天王後院十三代 猿狄宗基 年號世繼不知
推古天王後院十四代 猿狄宗當 承和元甲寅三月廿三日世繼
推古天王十五代後院 猿狄左仲入道 仁壽三癸酉年
推古天王十六代後院 猿狄宗盛 貞觀十三辛卯年
推古天王十七代後院 猿狄宗近 元慶八丁酉年
推古天王十八代後院 猿狄宗門 昌泰二庚戌年
推古天王十九代後院 猿狄宗時 延長二甲申年
推古天王廿代後院 猿狄宗之 天慶元戊戌年
推古天王二十一代後院 猿狄宗次 天祿三壬申秋
推古天王二十二代後院 猿狄宗平 長德元乙未年
推古天王二十三代後院 猿狄宗弼 萬壽元甲子年
推古天王二十四代後院 猿狄宗長 長曆二戊寅年
推古天王二十五代後院 猿狄宗永 永承三戊子年
推古天王二十六代後院 猿狄宗是 延久三辛亥三月
推古天王二十七代後院 猿狄宗村 寛治十八甲酉年
推古天王二十八代後院 猿狄宗園 天治元甲辰五月
推古天王二十九代後院 猿狄宗忠 天治六乙戊十二月
推古天王三十代後院 猿狄宗儀 平治六辛申正月
推古天王三十一代後院 猿狄宗朝 仁安元丙戊年
推古天王三十二代後院初テ武士ト成賴朝將軍ニ仕フ 猿狄左二郎宗陰 治承二戊戌十二月
推古天王三十三代後院 猿狄左藤兵衛源宗信 元文二乙丑年
推古天王三十四代後院 猿狄左近小輔源宗政 承久三乙巳年
推古天王三十五代後院 猿狄左兵衛尉源宗正 寛喜元乙丑年
推古天王三十六代後院早世ニ附 猿狄尼宗姓院 建治元乙亥年
推古天王三十七代後院 猿狄左衛右門尉源宗久 弘安八乙酉年
推古天王三十八代後士初テ佐々木ニ仕フ 猿狄左門少輔宗允 正和二癸丑年
推古天王三十九代後士 猿狄左重郎大尉宗家 文和元壬辰年
推古天王四十代後士 猿狄五郎大輔宗明 明德四癸酉年
推古天王四十一代後士佐々木六角ニ仕フ 猿狄三郎大尉宗實 應永廿三丙申年

猿荻氏について（肥後）

推古天王四十二代後士
猿荻左門尉宗基　應永三十四丁未年

推古天王四十三代後士
猿荻左衞門尉宗貞　永享五癸丑仲春

推古天王四十四代後士
猿荻左二郎宗輔　應仁十二庚子年

推古天王四十五代後士播州三木城仕ス
猿荻左門之介宗源　明應六丁巳年古川、成氏卒ス六月七日

推古天王四十六代後士三男播州三木ニテ三人別ル家圖持歸ル
猿荻左衞門尉宗行　文龜元辛酉年

推古天王後院四十七代後士
猿荻小監宗近　大永四甲申年

推古天王四十八代後士
猿荻冶郎宗高　天文二十三甲寅年

推古天王四十九代後士
猿荻四郎宗方　天正元癸酉年八月

推古天王五十代後士
猿荻重太郎宗邑　慶長四巳亥年六月

推古天王五十一代後士
猿荻勘解由宗時　元和八壬戌年七月

推古天王五十二代末孫秀忠上洛ニ附牢人ト成
猿荻宗右衞門左源　元和九癸亥

推古天王末孫五十三代牢人
猿荻佐冶郎宗明　正保四丁亥年

推古天王五十四代末孫牢人
猿荻勘手宗光　延寶元癸丑

推古天皇末孫五十五代牢人
猿荻左五郎宗風　貞享四年丁卯

推古天王五十六代末孫牢人
（猿荻左仲宗繁　元祿十六癸未
古川十郎左衞門　元祿五壬申別家

推古天王五十七代末孫
猿木古河宇衞門宗成　元祿十六癸未

推古天王五十八代末孫
（猿荻古河源九郎宗平　寶永七庚寅
猿荻古河儀十郎宗是　寶永六癸巳丑別家

推古天王五十九代末孫
猿荻古河儀平宗介　元文五庚申

（推古天王五十九代末孫猿荻宗闌別家ニ付古川姓用之
猿荻古河宗右衞門宗闌　寛保元年壬別家

推古天王六十代末孫養ニ付古川用フ
猿荻 古川 勘兵衞宗除　寶暦六年丙子五月ヨリ世繼

推古天王六十一代末孫親儀平ヨリ養子ニ付古川姓ヲ持居ル
猿荻 古川 勘兵衞專信　安永三甲午年七月ヨリ世繼

推古天王六十二代末孫
猿荻勘兵衞宗祐　寛政五癸丑年正月元日世繼

推古天王六十三代後士柿松殿家中任ス
猿荻冶郎勘解由宗影　天保十四癸卯正月元日ヨリ世繼

推古天王六十四代末孫
猿荻貫二郎宗一　明治廿一戊戌年夾鐘九日世繼

ここ迄で終つてゐる。この次に養子として貫平氏が入り當主貫藏氏はその子である。

この世繼書に何程の史實を求め得るか固より疑問である。例へば前記享徳の棟札に見える左近大夫美春の名が出て居ないことなどは、充分この世繼書の基礎を危からしめるものではあるが、大體についていへば略その實を傳ふるものであらう。即この家が古き歴史を有し、中世武家勃興の世には、武士となつて佐々木氏に屬し、近世に入つて牢人となり鄕士風の生活を送つて來たとすることは、多分眞實であらう。

淡海溫故錄卷三●中木の條に「中木氏ハ此村ニ住シテ代々屋形ノ物頭也、尾形高賴 〇即佐々木六角高賴デアル ノ代ニ中木權左衞門トアリ、其後ノ記ニハ見エス、相國寺蓮地崩ノ時討死シケルヤ、中木氏ハ富優ノ人ニテ物嗜ヨキ人也、或時屋形多賀ニアリシニ、俄ニ雨降出ケレバ、高宮●久徳●多賀三人ノ處へ雨具ヲ借ニ、僮ノ支

度ニテ不足シケルニ、中木氏ヨリ竹ノ子笠千蓋出シ上下共ニ足レリ、心掛深キ嗜ヲ政頼感シテ褒美アリ」と記し、併せて前記重源上人に「中木氏牛一匹ヲ奉加ス」とする傳説を載せてゐる。この家が古い由緒をもつことは明かである。

然し武士となるに前の猿荻氏が何をして居たかは一層興味ある問題である。それを知るべき手掛りとなるものは、云ふまでもなく猿荻といふ姓それ自身である。荻は蓋し日置・玉置・稲置などの置に通ずるものであり、要するに招《オ》ぎの意に外ならないであらう。即、猿をおぐわざを營むことがこの家の職掌であつたと思はれる。

猿木には今日春日神社が祀られたゐるが明治三年十二月十六日に神主荻宗一郎・庄屋同勘兵衞・横目古川源右衞門の連名を以て彦根藩の社寺御役所へ掲出した書上によると。これは（大神宮 春日社）神社であり、祭神は天照尊・天津兒屋根尊で祭日は二月・五月・八月・十一月の各二ノ申ノ日であつた。その緣起として述ぶるところは、

天照尊・天津兒屋根尊勸請ハ、多賀神社へ敏達天皇御幸ニ付川留ニテ十五時御休車有之、其時御勸請在テ申之刻ヨル御還御ト申候

但シ聖徳太子御自作ノ延命地藏、今、敏満寺領ニ字春日地藏ト申所有之、右之場所へ右之地藏ヲ納メ置玉フ、夫ヨリ後世ニ至リ、建久年度之比、南都大佛堂建立ニ付後來坊重源奉加來リ、多賀神社エ命ヲ乞フ時、猿荻所司ヨリ右ノ延命地藏ヲ借用致ス、其時猿荻家ヨリ牛壹匹重源ノ奉加帳ニ附、右之延命地藏ヲ背ニ負ヒ牛ニ乘リタレバ牛則死ス、此牛重源ノ命ト替リタルト云フ、夫ヨリ右ノ牛ヲ猿荻村ノ井川ノ上ニ埋ム、右ノ牛ノ背ヲ割テ大日如來出現シ玉フ、此ノ場所今ニ大日場ト號ク、牛ヲ埋メシ場所ヲ字牛ノ口ト號ク、此則二ノ井也、此大日如來今敏満寺ニ納リ玉フ、夫ヨリ重源南都へ歸リ、大佛堂出來之上再ビ猿荻家エ來リ、右之延命地藏ヲ指戻ス、猿荻村兩社ノ側エ別堂ヲ立移シ置ク、夫ヨリ重源坊多賀神社エ命ヲ戻ス、神前ニテ終命致ス、右ニ付延命地藏當村ニ今ニ殘リ玉フ。

といふのである。これは奥書によると荻勘兵衞宗郷が「古來予、家ニ書殘シ有之候傳書之通相認メ」たものであるといふ。これは勘兵衞―世繼書にいる勘解由宗影―の子宗一郎―世繼書にいふ貫二郎宗一―がこの兩社の神主であつたことゝ共に、注意に値するところであり、この兩社が古來この家の管するところであつたことを示すものである。中世に一度武士となつた時でも、この家がこの神を祀ることは恐らく變らなかつたのであらう。延命地藏といふのは察するにこの社の本地佛であつたに違ひない。それも共にこの家が管したのかも知れぬ。

それはさておき、この社勸請の際天皇が申の刻に還御ありといひ、祭日が各申の日であることは、この社が猿と深き關係にあることを想はしめるものである。從つて大神宮・春日社兩社とはあるが、本來は大神宮が主であつたに相違ない。なんとなれば猿は伊勢大神と不可離の關係にあるからである。皇極天皇紀四年正月の條に阜嶺・河邊・宮寺の間に猿吟を聽く。或は十許或は二十許而もその身を觀ることが出來なかつた。時人「此是伊勢大神之使也」と云つたと記してゐる。これらを思ふならば猿狄氏が招氏であり、天照す日の神を祭つて猿を招くわざを營む家であつたことは略〻疑ひなかるべきところであらう。

由來、近江は猿神に緣の深い土地である。先づ日吉山王の神が猿を使とするといふ顯著なる信仰がある外に、日本靈異記の第廿四話には「近江國野州郡部内御上嶺有二神社一曰二陀我大神一」にといひ、この神が小白猴となつて現れ亂暴をした話を收めてゐる。そして猿木もその傍には高宮町、多賀村があり多賀神社が嚴として鎭座ましますことを思へば陁我といふ點に、多少の相通ずるものゝ存することが考へられる。そこに猿を祀る家として猿狄氏のあつたことを當然とするいくらかの雰圍氣が感ぜられるであらう。

かくして猿狄氏はかの猿丸大夫と同樣なものであつたことを推測するのであるが、その文書や傳說の上に猿との關係を明示

するものゝないことを遺憾とする。なほこれに關聯して猿神一般についても述べないのであるが、それは柳田先生の「神を助けた話」に讓つてこゝに筆を擱く。（昭和六年七月十六日）

オガメその他

只今民俗學の八月號か來ました。その寄合咄に、松村博士が蟷螂のことを肥後でオガメといふのは、「拜め」て、外國語の praying mantis に似てゐるとお說きになつてゐます。さうでせうか。私どもは背中などの堅いもの、又は堅さうに見えるものを、兩棲類でも、昆蟲でもかまはず、龜だの、タガメ（田鼈）だの、クサガメ（椿象）だのと申してゐます。何ガメといふ蟲の名は、數々あります。オガメもさうではありますまいか。そして拜まれば通さぬとは、名にもとづいた洒落ではありますまいか。

それから紙上問答（六八）の便意を催した時、小石を帶の間にはさむといふおまじなひは、神功皇后樣が三韓征伐のをり、產月にお當りなさるので、石をとりて裳におつゝみなされ、かへつてから產れよと仰せられたといふ鎭懷石傳說の流でせう（古事記その他）。

どうでもよい事ですが、心づきましたから申しあげます。

別所梅之助

八月廿二日

寄合咄

アムステルダムの植民博物館《ミユゼー・コロニアル》に就て

新たに再建せられんとする帝室博物館は、美術館のみとなり、土俗學的民俗學的陳列品は徹去せられるといふ事實は、我國に於て土俗博物館の出現を待望してゐる者にとつて此上なき打撃てある。民俗學會の會員諸君に此種の博物館の必要を力説する必要はなく、如何なる手段をとつても土俗學陳列所を首都東京に設立しなければならぬことは申すまでもない。たゞ此處に問題となるは、如何なる手段、如何なる組織によつて之を具體化するかにある。

土俗博物館は、各國に立派なものが存し、その陳列方法も種々なる新機軸が開かれてをり、我國にも此方面の視察者が少くないから、眼界の狭い自分などが口をはさむ必要はない。たゞ此處に一九二八年アムステルダムを訪ふた際同所の宏大な王立植民協會《アンスチチユート・ロアイヤル・コロニアル》の建物に驚かされ、同所内の土俗博物館の豐富な陳列を羨望したが、其時同所で購ふた説明書によつて如何にして此機關が成立し成長したかを簡單に述べて見る。

日本の樣な國柄では、卒爾に純學術的な設備の出現を要求するよりもこういふ一方實利的な動機の實現を兼れて進んでゆく事が或ひは容易な手段ではあるまいかと考へたからである。

オランダでは一八六五年に植民博物館がハーレムに出來たが、やがて場所の狹隘と資金難に艱み、此處に大擴張大改善の必要に迫られた。一九一〇年植民協會《アンスチチユート・コロニアル》の設立が企圖せられ、法人或ひは個人が少くとも一人前二萬五千フロリンの寄附によつて設立會員となるやうに勸誘せられ、約百二十五萬フロリンの資金があつめられ、政府、アムステルダム市會の援助の下に一九一三年愈々アムステルダムに會館の起工にとりかかつた。所が不幸大戰が突發し、工費のかさんだ結果、政府より百五十萬フロリンの補助を得、更に民間の寄附を仰ぎ一九二六年、四百萬の巨費を費して遂に完成した。此協會の目的は、植民地に關する智識の普及と、植民地における各種の利益を本國と植民地相互のために保全し防衞しようと云ふにある。第一の目的のため土俗及び植民博物館あり活動寫眞のフイルムや幻燈種板、寫眞を蒐集利用し、展覧會を開き、植民地に關する一切の事項に關する質疑に答ふる機關、植民地への職業紹介所を置き、更にアムステルダム大學に熱帶衞生學、土俗誌、人類學、寄生虫學の講座をつくり、高等學校、中學校では、教授科目を改善してまで植民地に關する智識を注入せんと勉め、會館では役員により講演會が催され、小學校に對しては、低廉な費用で必要な教授用品を貸與する。その他現在の所約三萬册の藏書ある附屬の圖書館を持ち、また植民地の商業、工業、農業に關する各種出版物、植民博物館の各部門の紀要、圖書目録、重要なる土俗誌文献を出版してゐる。後者の中アダト（マレイ慣習法）彙纂はその優なるものである。

植民地の利益の防衞といふ第二の目的のため盡すのは物質的方面では商業博物館と熱帶衞生學の二部門であり、精神的方面では土俗部が之をうけもつてゐる。商業博物館は、この目的を達成するため附屬研究所を持ち、現地調査の旅行も館員によつて度々行はれる。

土俗部は、最初土人の文化狀態を知らしめる目的に止まつたが、まもなく、それだけでは不充分であることが認められ、現在では土人の組織的調査研究を目指し、バタク學會にならひ、バリー、アチー、スマトラ東岸南スマトラ、メナンカバン、モルツク等の各種學會を創設し、手別けして是等の住民の資料を蒐集せしめ、協會は中心機關として協力活躍してゐる。アダト

（慣習法）の研究に、如何に此土俗部の協力が有効であつたかは遺憾なく證明された。

最初ハーレムに置かれた博物館は今日、アムステルダムの廣い新館に移され、その完備を誇つてゐる。協會の門をたゝけば、誰でも植民地に關する一切の智識が授けられるだらう。協會は將來單にオランダの利益のみならずまた植民地人の利益のためにも盡すと宣言してゐる。此理想がどれほどまでに實現されるかは知らないが兎に角土俗部に力をいれてゐるのも一にかういふ目的からでてゐるのであらう。

日本では最近拓務省の廢止が問題となつてをる。霧社事件が起つてから調査員を臺灣に出すやうな御役所は無くともよいが、將來再の霧社事件を未然に防ぐ樣な植民地土俗研究所が欲しいものである。植民地は、富を絞りだす小作地の樣に考へたのは昔のことである。今日の時勢は、植民地土人と共存共榮、その利福を計ることを植民政策の大綱としなければならぬ時代と變つてゐる。海外の人が、日本が臺灣で生蕃人を根絶しようとしつゝあると今なほ信じてゐることはどれほど日本の殖民政策の同情を失ふ基になつてゐるかわからぬ。ミクロネシアの人口減少を一に日本の失政の樣に云ふドイツ側の惡宣傳に日本は對抗する術も持つてない。

一九二二年西アフリカ黃金海岸の英領植民地に設けられた人類學（主として土俗學）の局は、その局長として有名なラトレイ大尉をいたゞき、設立するやまもなく土人の尊崇する聖器に對し、政府が知らずしてとらんとした手段が暴動をひき起さんとしたのを未然に防ぐことが出來た。こんな例を今更引くのは野暮であるが、要するに軍艦をつくるばかりが、これからの世界における植民地擁護、又擴張の手段ではなくなつたのである。學者もこれに向つて堂々くちばしを入れる權利があり、學者のその擧に出ないのはその怯懦の致す所であらう。（松本信廣）

若干の支那說話

支那の說話を調べてゐるうちに、思ひついたことの二三を記して、寄合咄に於ける「枯木も山の賑ひ」にしよう。

『古今圖書集成』に引いた『雲溪友議』に曰く、華州の處某が夢に華嶽神姥が釜で橡の實を煮てゐるのを見て、五嶽の主たる太華山の神の母ともあるものが、橡の實で命をつなぐとはと怪しむと、神姥が之に答へて「人間が神を祭るとき、名を呼ばれなかつた神は、供物にあづかることが出來ぬのぢや」と云つた。そこで處は、山神の廟に仕へる祝人を呼んで、華嶽神姥を祭り、その名を呼んで饌を供へたと。神の名を呼ぶことが、神の出現を强ひる呪術であり、同時に名を呼ばれた神に供物占有の權能を與へる呪術であるとする觀念は、支那以外にも存する。延喜式祝詞に常型として神の名を申すのも、本原的にはかうした意味を持つてゐたであらうと、自分などは考へてゐる。

四川省の丁愷といふ男が冥府に迷ひ込んで、計らずも一鬼の婦となつてゐる亡妻に出逢ひ、御馳走にあづかつたが、丁愷が酒を飲んで肉を啖はうとすると、鬼夫婦が驚き制して『鬼酒を口にするのはいゝが、鬼肉を食ふことは思ひ止まるがいい。明界に還られなくなるから』と云つた說話は有名で、誰でも知つてゐるであらう。冥界のものを口にすると明界に還られなくなるといふ信仰は、我が國の諾冊二神や、希臘のペルセフォネや、蘇格蘭のトーマス・ジー・ライマーや、佛蘭西のオジエーや、芬蘭のワイナモイネンの說話などに現れてゐるが、支那說話のやうに肉と酒とに分界線を引いてはゐない。いなワイナモイネンの說話では、冥府の女主が彼を冥界に抑留するために明かに一種の酒を飲ませようとしてゐる。支那說話で、肉を食へば冥界に留まらねばならぬが、酒は構はぬとなしたのは、單なる物語の上の構想であるか、それとも實際の民俗であつたのか、達識の士の示教を仰ぎたいものである。

晋安郡の謝端が海邊で拾つた一大螺の中から美女が現れて、銀河に住む白水素女と名乘り、謝端の妻にならんことを乞うたが、端正な木强漢たる謝端に叱りとばされて、すごすご天界に歸つた話、これは『述異記』の記するところだが、『搜神記』ではよりメルヘンらしくなつて居り、坐ろにグリムやアファナシエフなどの童話の或る者を偲ばせる。小さくて兩親を失つた謝端が海中で一大螺を獲、瓶の中に入れて置くと、謝端が野良仕事に出かけてゐる留守を窺つては、螺の中から美女が現れて食事の用意をして置く。謝端が怪しんで仕事に出る風をして籬の外から之を見つけたので、女は天界に去つてしまう。そしてこれも白水素女であつたといふ。『此中人語』に載せた說話は、天女など持ち出さないで、單に田螺の精とした點で、より素樸であるやうに考へられる。曰く衛福といふ獨身者の留守にいつも食膳の用意がしてあるので、怪しんで物蔭から窺ふと、中庭の水缸から美女が現れた。缸の中を見ると、田螺の殼だけが入つてゐた。衛福は忍び寄つて女を捕へ妻としたが、或る時夫妻が口論を始め、衛福が怒つて田螺の殼を地に投げつけると、女も田螺の殼も忽然として見えなくなつた。

螺と天女とを結びつけなくても、螺そのものが一の靈物と信ぜられてゐたらしい。衛福の物語にはさうした觀念がほのめいてゐるが、『原化記』に出てゐる義興の吳堪の物語では、それが一層はつきりとしてゐる。堪が縣吏を勤めてゐる頃荊溪の畔で大きな螺を見つけ、之を拾ひ上げると、化して乙女となつた。堪は螺婦と契を結んだ。縣令が堪にその女を讓れといつたが聞かなかつたので、縣令は堪に難題を吹きかけ、蝦蟆の毛や鬼の臂や禍斗といふ奇獸を探し出せと命ずる。その度に螺婦が註文の品を出してくれたが、最後の禍斗が火の糞をたれ、縣令の家が火事となつて一家悉く燒死したとある。この物語は、石井研堂氏編『日本全國國民童話』中の『これは、これは』の物語と酷似してゐる。一漢子が龍宮王から授かつた女を妻としてゐると、國司がこれに目をつけて、彼に樣々の難題を課したが、最後に『これは、これは』といふ品物を註文され、彼が困つてゐると、妻が自ら箱の中に入り、彼をして國司の前に『これは、これは』として持ち出させる。そして大蛇として箱から現れ、國司が『これは、これは』と驚く間に絞め殺したといふ。二者の間に何等かの關係はないだらうか。大方の示教を受けたいものである。

ジェー・ダブリュー・ロイド (J. W. Lloyd) の Aw-aw-tam Indian Nights といふは、その名を『亞拉比亞夜譚』に擬した書物で、北亞米利加印度人の說話を集錄したものであるが、その中に擧げられたピマ族 (Pimas) の一神話によると、太初ジュー・ウェルタ・マーカイ (Juh-wērta-mahkai) と呼ばるゝ一個の靈物が、茫々たる水に浮き漂つてゐたが、遂にそれに倦み果てて、胸を摩じて脂ぎつた土を出し、それで世界を造つた。然るにかくして出來上つた世界は、西に傾いてゐたので、水が悉く西方に流れ去つて、人間の飲みものがなくなつた。そこでジュー・ウェルタ・マーカイは、黑鳶に命じて、翼を鼓して多くの谿谷を造らせ、そこに水を溜らせることにしたといふ。(第二七頁)ところで地勢の實際を案ずると、ピマ族の住土アリゾナは、西方に低くなつてゐて、河川は概れ西に流れてゐる。かくてジェー・ダブリュー・ロイド氏 (J. W. Lloyd) は、この神話に加へた註解の中

寄合咄

に、

In the "slope of the world to the westward" there is something curiously significant when we remember that both the Gila and Salt Rivers flow generally westward. (第三四頁)

と云つてゐる。

支那の神話が、これと好個の對比を示してゐる。『列子』湯問に云ふ、

天地亦物也。物有レ不レ足。故昔者女媧氏錬ニ五色石一。以補ニ其闕一。斷ニ鼇之足一。以立ニ四極一。其後共工氏與ニ顓頊一爭レ爲レ帝。怒而觸ニ不周之山一。折ニ天柱一絶ニ地維一。故天傾ニ西北一。日月星辰就焉。地不レ滿ニ東南一。故百川水潦歸焉。

と。地は東南に滿たず、そこに大きな窪みを生じたため、百川の水が皆これに歸して海となつたといふ觀念は、支那の地勢を考へると、すぐに理會せられる。(松村)

口遊び

相通ずる音は相近い音である。『相近い、それ故に通ずる、』といふ外には理由がない。併乍、相近いだけで、同一音とは見做されてゐない時には、そこには相通の事實はないのである。發音遊戲のくちあそびは其の實情に即して出來てゐる。

長町の生卵子 (naŋamatʃino namatamaŋo)

此處に[n]二個、[ŋ]三個、[m]三個を綜錯さしてこの三種の鼻音はそれぞれ意義聯合の上に各々特殊の價値を今日所有してゐて、この差別を役了しては、語義が損はれるが故に、換言せば、誤りになるが故に口遊びの題目となるので、その意味から、現代語の上には、m n ŋは、截然たる三個の音で、相通は無いことを、この口遊びは意味する。

昔は隨分ミラ。ニラ(蒜)ミホ・ニホ(鳰)ミナ・ニナ(蜷)、ひめもす・ひねもす、相通じてゐたのである。

親鴨が生米嚙めば子鴨が粉米嚙む

(oyaŋamo ŋa namaŋome kameba koŋamo ŋa koŋome kamu)

m n ŋとkとを綜錯さしてゐて、もはやコとゴと相通じないことを表してゐる。清濁相通の時代も隨分永かつたが。

杭引き拔きにくい (kui hiki nuki ni kui

此は nuki と niku を 綜錯させ ki と ku を入れちがはしてまぎれしめんとしてゐる。其所に、もはや母音の〔i〕と〔u〕とが今日相通してゐないことを證してゐる。

こんな口遊びは東北にはない。東北人はイウ接近して中間の音になり、ヌクもニクも一つだから、わけなく云へて問題にならないから。

竹立てかけた (take tate kake ta)

今日kとtの二つの破裂音が相通じてゐないからかういふ口遊びが生れる。[ta]を三つ、[ke]二つ、[ka]一つとを取り交ぜてゐる。奇䏣な口遊び、全國に通用するだらう。

坊主が屛風に上手に坊主の繪を書いた。

(Bozu ga bjobu ni dzozu ni bozu no e wo kaita)

此處には、ボーとビョーの對立が山になつてゐて抑直不相通の現狀を示唆してゐる。

何れも、今日本當に、どつちでも好い音、〔ɔ〕と〔o〕となどは口遊の材料にならない。hとbとも同様である。ʃとsとも出て來ない。シとスと交錯したものがあつたら、東北人には面白からうが、東北にはそれが同音に發する故に、何でもないから、却つてそんな口遊びは東北に生じてゐない。(金田一)

○伯林民俗學會の更生と會誌の發刊

伯林大學では民俗學の教授マックス・シミット(Max Schmidt)氏を中心にそのゼミナールに

出席する斯學の專攻者乃至同好者が一つの民俗學會を組織してゐたが、同敎授が南米へ去つてからは自ら解體してしまつたかの觀がないでもなかつた。然るに之を遺憾とする有志者が一昨年(一九二九)の初めその更生を企て、專門的研究を一層を深めることは勿論、更に斯學の知識の一般をも目的とし、會員にはアマチユアの參加をも歡迎し、講演會を催すと共に四月の二日から機關雜誌として"Der Weltkreis"を發行してその活動を新たにすることゝなつた。その編輯主任には會の委託に依つて、我等極東の土俗に興味を有するものに親しみの深いハンス・フィンドアイセン氏(Hans Findeisen)が當つてゐるが、恐らく氏は編輯事務ばかりではなく、會の中心人物として萬端の經營に奔走してゐることと思はれる。(氏が蒙古やシベリアの土俗各般に就いて一方の權威であり、ロシアの文獻に精通してゐることは今改めて記すまでもないであらう。)

○

會誌は未だ私の親睹しない所であるが、初めは謄寫版刷で會員に頒つてゐたが今では活版に附されてゐるらしい。第一卷は一九二九―一九三〇年度分で第一號乃至第十二號、第二卷は一九三一年度分で一月以降毎月刊行されてゐる。今Zeitschrft für Ethnologie, 62, Jahrgang, 1931, ss. 374―5 に見える紹介の記事に基いてその既刊分に見えた論說の二三を擧げて見る。特にシベリア、蒙古方面に關する記事の多いのは我等には嬉しく感ぜられる。

第一卷

第一册

一、フィンドアイセン女史(Nata Findeisen)、「絕滅せんとするシベリア極北種族の風俗慣に就いて(イェニセイ・オスチャク族に伍して得たる體驗)」

一、ゲンティムール(W. Gentimur)(蒙古人なら ん)、「エルデニ・チョノン王の埋葬」

第二册

一、クランマン(Ernst Kranman)「一老伯林人の民俗學的回顧錄」――クランマン氏は博覽洽識を以て獨逸民俗學界に鳴る人、伯林の博物館に關してはその表裏の情僞にも精通し、その回想錄は一個の學者の自傳としても、側面觀的民俗學史としても面白いとのことである。

第三册(第三・四號)

一、ウンクリグ(W. A. Unkrig)、「ブリヤートの一敎科書(讀本)所載物語り五種」

一、ハンス・フィンドアイセン及びゲンティムール(Hans Findeisen u. W. Gentimur)、「レニングラート、スケッチ」――多分レニングラード所在の蒙古研究資料の過眼錄といふやうなものではないかと思ふ。

第四册(第五・六號)

一、ハアス(A. Haas)、「ボンメルン(ボメラーニア)の民間傳承に於ける風」

一、ハンス・フィンドアイゼン、「シベリア極北地方に於ける小兒の生活」

第五册(第七・八號)

一、ハンス・フィンドアイゼン、「北アジアに於ける最古の人類及びその文化。(アウエルバッハ Auerbach 及びソスノフスキ Sosnowskij 兩氏の一九二三年クテスノヤルスグ附近アフォントベルグにて試みたる發掘の結果に基きて)」(素描の圖版四個入り)。

第六册(第九・十號)

一、「ハンス・フィンドアイゼン、「北東アシアに於ける戰爭と軍事一般」

一、ウェークナー(Rudolf Wegner)、「海に關する妖怪譚と迷信」

一、シタール(Günther Stahl)、「民俗學と日刊新聞」

第七册(第十一・十二號)

一、イミエラ・ゲンティムール(W. Imiela Gen

-tumr)」「余の極遠蒙古地方旅行記より」

第二卷（一九三一年）（第一―四號迄の分）

一、シタール、「コロンブス以前のアメリカ發見」

一、ルブリンスキ女史(Ida Lublinski)、「一夫一妻婚の起原と變遷」

一、アードラー(Bruno Adler)、「ロシアに於ける民俗採集事業の新進路」

一、プリシケ(Hans Plischke)、「嘘構の旅行記」

一、アウエルバッハ(N. K. Auerbach)、「シベリア石器の材料に關する疑問に就いて」

一、シナイダー(J. Schneider)、「石器時代のスキー」

第二卷に入つては編輯振りも一層新味を強く出して來たらしく、交詢に重きをおいて各自の研究の孤立の弊や不便を除去するに努め、又民俗映畫の紹介批評等にまで意を用ゐてゐるとのことである。編輯所は Berlin, N. W. 40, Dörberitzer Str. 1 フィンドアイゼン氏宅、第一卷假綴七マルク、第二卷(一年分)四マルク五〇ペンニヒ。會の正式の名稱は Vereinigung für Völkerkunde und verwandte Wissenschaften.

（石田幹之助）

ミクロネシヤの神々

ポナペには「カン」と云ふものが信仰されてゐる。これは其の本體かなんであるか明かではないが蜥蜴だとも云ふ。――ミクロネシヤの蜥蜴は非常に大きく長さ二尺位が普通である。――日本語の「神」と云ふ音と似てゐるのは注意すべきことだ。舞踊の日程を定めることも雨乞も總てこの「カン」に依つて行はれる。本島には大なる「カン」が三つある。「トミル」「テリウキ」「マキ」がこれであつてこれには司祭者がゐて守り人里離れた山間に住み神託を取りつぐのである。トラック島では神が「アル」と呼れ善神惡神があり又「グリンメイベ」も云ふ死神がある。山野の神は「マルネイボクワル」、海岸の神は「チャルツケン」、海の神は「アルメタウ」、戰の神は「アルショショ」家の神は「リヤング」と云ひ何れも呪咀するときに祈られるものであると云ふ。

マーシャル群島では大石及び「パンの木」を崇拜する。そして風が吹いてパンの木の葉が鳴るときには神が喜んでゐる表現だと信じてゐる。ポナペ島で神に祈らうとする時には山中に設けてある神殿に入り「ヤチカオ」と云ふ酒を掌に充し立つたまゝ呪文を唱へ祈願するのである。無念無想の境地に達したとき突然神が姿を現はすのである。人を呪咀するには右手に石を握り左手の掌に酒を充し呪文を唱ふるのであつてかうすると石が急に右手から飛出して被呪者の方へ飛んで行き體に當るのだと云ふ。こゝには食糧を運ぶものと大酋長以外には普段近づくことはタブーである。

この「カン」の司祭者は「カム・ナテナク」と云つて世襲制である。「カン」の供物は多く椰子果汁である。これを人目に觸れないように山中に置き祈の言葉を述べて立去り再びその場所へは近寄らないようにするのである。又家々でも時折椰子の新芽を結んでバナヽを供へ、椰子の實を口外に供へて「カン」を供養する。パラオの神は明かに祖先崇拜と結びついてゐる。パラオの大祖は「オボカシ」と云ふ男女一體の神であると信じられてゐるがこれには祭も祠もない。所謂中興の五神と云はれるものが特に神社に祭られてゐる。神社の構造は一般に「アバイ」(集會所)を形どつたものであるが現今では物置小屋化し私がのぞいた時には中に網が入れてあつた。

アンガウル島では更に來世の觀念が發生してゐるのであつて「ベリコーアソオード」と稱する神を信じてゐる。本島の南には小さい池がある。土人はこの池を死人の靈が使用すると考へてゐる。亡靈が淨土に行く前には先づこの池の水で身體を淨めるのである。そして途中に一つの橋があり其處には神が居て亡者の裟婆に於ける善行惡行を判じ若し惡いことをした人間であるときには池中に投じ善いことをした人だけを淨土に行かしめると云ふ。

今でもこの池に近づくと夜間人の投じられる水音を聞くことが出來るそうである。それで島民がこの池の附近に來り去らうとするときには必ず自己の名を呼ぶのであつてそうしないと己の魂が池中に留つて死んで了まうと信じてゐるのである。（小山榮三）

編輯者の言葉

Im Anfang war das Publicum「最初に讀者ありき」とはユリウス・バーブの言葉です。それで私は編輯者として讀者各位の要求と意向とを尊重しその滿足を充足しうるやうに出來るだけ努力する積りです。この欄にはそう云ふ意味で編輯者の計畫や讀者各位への御相談や讀者諸君の編輯に對する希望事項を書き連ねる積りです。

寄合咄は割合多くの人に注意して讀まれてゐるようです。中には寄合咄しか讀まないなぞと見えを切つてゐる方もあります。毎號全委員の顔振れを揃へたいと願つてゐますが色んな事情でそうばかりもゆきません。それで寄合咄をもつと擴張して讀者諸君の寄合咄欄を設けてみようかと思つてをります。柳田先生から伺つたのですが昔或村に呼寄せ塚と云ふものがあつてこの一定の場所で呼び聲をあげると村民が皆な集まつて來なければならなかつたそうです。これは多く迷子等を捜索する爲に用ひられたもので今でも地名となつて殘つてゐるところがあるそうです。このお話を私は大變興味深く承りました。それで私は讀者の寄合咄欄を「呼寄せ塚」と名付けたいと思ひますが如何ですか。

この欄はむづかしい理窟をぬきにして勝手な氣焔をあげるスモーキング・ルームにしたいのです。

民俗學のトピクに觸れたものなら漫談でも希望事項でも書籍の批評でも海外ニユースでも——もつとも餘り個人的なものや惡意の露骨なものは困ります——なんでも「思ふこと」なら入れ度いと存じます。兼好法師の所謂「腹ふくるゝ業なり」のもらしどころとしたい考です。或は又民間傳承採集旅行等に於けるエピソード、失敗談、ゴシップ等の輕い氣持のものもけつこうです。

民俗學の寄せ鍋又はカクテールと云ふところです。どしどし原稿をお送り下さい。一人で何篇お書下さつてもかまいません。長さも御自由です。お待ちしてをります。

前月號正誤

◇啞人が鳥を見て言ひ出す　〇四二五頁上段終ヨリ五行目　十一月申午ハ十一月甲午〇四二六頁上段終ヨリ八行目　朝のまだからハ朝のまだきから〇四二六頁上段終ヨリ六行目　睨みつくらからハ睨みっくらから

◇人が蟲に成た話　〇四三六頁下段始ヨリ十行目　絨線、は絨線、〇四三六頁下段始ヨリ十行目　山中僧人取二空圓一ハ山中僧人取二懸空圓一

◇支那の初夜權　〇四四九頁終ヨリ六行目　安鑑は安鑑

◇紙上問答　〇四七〇頁答（五八）中段始ヨリ十行目　筈なし迚きくにハ筈なし迚、きくに〇四七〇頁答（五八）中段終ヨリ四行目　石ハ右〇四七一頁答（六二）中段始ヨリ六行目　是菩薩化身所レ撰、ハ是菩薩化身所レ撰、〇四七一頁答（六二）中段始ヨリ十三行目　元旦大師ハ元三大師〇四七二頁答（六三）上段終ヨリ六行目　人かハ人が〇四七二頁答（六三）上段始ヨリ十二行目　里人ハ黑人〇四七二頁答（六四）下段終ヨリ十三行目　月金廣義ハ月令廣義

◇一極めの詞　〇四七三頁中段一行目　京年踊ハ豐年踊〇四七三頁上段終ヨリ二行目　アメクテハマメクテ

資料・報告

長野縣上伊那郡宮田村附近の口碑

向山武男

一 廁の神

廁の神樣は綺麗好で、あれもきたない、これもきたないと、何を見ても言つた。そこで、親神は怒つて、そんなに綺麗な所が好きなら廁へ行つて綺麗にしろと、廁の神にさせられた。それ故、廁を清潔にすると、その家へ福を與へ、不潔にすると、禍を與へる。

二 道祖樣

或る所に、非常に美しい兄妹二人が住んで居た。年頃になつたので、兄は美しい嫁を、妹は美しい男を探す爲に、各々、別な途へと出かけた。兄は、各地を巡遊したが、思ふ樣な美しい女はなかつた。ある時、森を通ると、一人の美しい女が居た。兄はすぐさま求婚して、二人は夫婦になつた。そして二人は色話して見ると、その美しい女は、美しい男を得る爲に出た、自分の妹であつた。で、兄妹夫婦の事を、道祖樣と言ふ。

三 意地惡の道祖神

ある所に二人の男があつた。二人共、道祖神へ、嫁をお授け下さる樣に願をかけた。一人は、目も鼻も口も整つた美しい女を、お授け下さいと願をかけ、一人は、めつかちで、ちんばで、鼻かけで、口のまがつた女でもよいから、是非一人の女をお授け下さいと祈つた。所が、美しい女を望んだ人の所へは、片目のちんばの見苦しい女が授かり、他の方へは、非常に綺麗な女を授けた。で、道祖神は、あゝ云へば斯う云ひ、斯う云へばあゝ云ふ意地惡な神樣だ。

四 針の鳥居

ある女が、神樣に、「この事をお聞き下さつたら、金の鳥居を奉納致します、どうかお聞き下さい」と祈つた、すると、女の大願は、たちまち成就した。女はもとから、金の鳥居を奉納する心もないが、神罰が恐しいので、針で鳥居を作り奉納して、「針でよいよい〳〵」と歌ひ乍ら毎日社の前で踊つて居た。

五 鴉《カラス》の話

烏は、一番先に起きたものは、默つて、くつくと飛んで行く。一番後から起きた者は、「寢過ぎたしまつた」と鳴き乍ら飛んで行く。一番先へ飛ぶ烏は、決して、鳴き乍ら飛ばぬ。

六 團子神樣

赤穗村の町から、大御食神社へ行く途の畑中に、團子の山がある。土地の人の話によると、これは「オコリ」の神様で、願をかけ「オコリ」が全快すれば、御禮參りをする時に、自分の年の數だけ、團子を供へる。二尺五六寸の石碑が建つてゐた。土人は、團子神樣と呼んで居る。

七　ホシカの金比羅樣

片桐村竹の上と云ふ所の古い堂が、四十年ばかり以前に、屋根替された。村の若い衆が、屋根をはいで居ると、人の形をした物が、天井裏にあるので、一人が下つて見ると、乾屍が一つあつた。屍は旅裝して、金比羅樣のお札を胸にかけてゐた。何處から天井裏へ登つたものかわからぬ。若い衆は、その屍を、そのまゝ裏の松林へ埋めた。すると、其夜から、發見した若者は、大熱を發した。ある夜、乾いた屍が夢枕に立つて、金比羅樣を祀つてくれたら、體もよくし、籤も當てると云つたので、すぐに埋めた所へ祠を建てた。すると病人は間もなく全快して籤もよく當つた。一時この神樣は大流行したが、今は後方もないほど、荒れてゐる由。

八　お產の神樣

伊那村の火山に、大きな杉があつて、その幹の傍に、大きなコブがある。その上部が、女陰の形をして、そこへ淸水が涌き出す。いくら汲取つても、何處からか涌いて出る。雨水ではないそうだ。この水を汲み出して、姙婦に飲ませると、お產が輕いと言つて、信仰されてゐる。附近の家の五歲ばかりの子が、その所へ小便した。すると五日ばかり病んで、急死した。これは、神の祟だと云うてゐる。

九　稚兒塚

宮田村、松戶に、熊野寺と言ふ藥師堂がある。昔は、この堂で、六十一年目毎に祭があつて、美しい稚兒が舞ふ事になつてゐる。或る時、八人の稚兒が、舞つてゐる時に舞を間違へて、斬首された。首を切つた所は、つひ先年まで一坪ほどの窪地になつてのこつてゐた。そこへ、馬が落ちると死ぬと言はれた。稚兒の屍を裏の松林へ埋めた。この松林は、私の家の所有になつてゐるが、人々からは、墓のある事さへ、忘れられてゐる。碑が二三本建つてゐる。こゝを稚兒塚と云ふ。稚兒の踊ることをふむと言つた。

十　早太郎

日本傳說集に採錄してゐる。狒を退治したのは、遠州の府中である。早太郎の墓石の頂に窪があつて、こゝへ溜つた雨水は、犬に嚙まれたり、獸に嚙まれたりした傷に、特効があると云ふ。

十一　美女が森

赤穗村にある。日本武尊が御通過の際、この地の首長、赤津彥が接待し、一泊せられた時、自分の娘、美篶姬を、お伽に奉つた。赤津の地名がのこつてゐる。この時武尊は、非常に大食

長野縣上伊那郡宮田村附近の口碑　（向山）

なされた、それで大御食神社と言ふと土人の話、大杉や、腰掛石がある。

十二　狐島の話

曾我兄第が仇討をして、五郎が捕へられた時、賴朝が祐經の子、犬房丸を召して「お前の父を殺したのはこの者だ」と云はれた。犬房丸は、すぐ樣、縛られてゐる五郎の頭を、いやと云ふほど、ぶん毆つた。すると五郎は、火の樣に怒つて「縛られてゐる者は、手足のない者と同樣だ、これを毆る奴は、人間ではない。こんな奴を召かゝへておく賴朝は、畜生だ」と言つた、で賴朝は家來と相談して、犬房丸を、畜生島へ流す事にし、全國へ命じて、畜生島を探させたがない。よつて狐島へ遠島申し渡した。犬房丸の食事をしたと言ふ器を、小學校に居る時、遠足に行つて見た。大きな桑の木の椀があつた、と、記憶してゐる。

十三　濃ケ池

西駒ケ岳に、濃ケ池がある。こゝの主は蛇だと言ひ傳へてゐる。高遠藩の士、坂本天山が、まだこの山の開けない頃、一人の從者と登つて、褌一つになつて、刀を銜へ、池の中を泳ぎまはつた。すると、池の中は血の水がたゞよひ、大浪がたつて荒れ出した。その麓の、宮田の里へ石が降り、高遠へは雹が降つて、農作物は、ほとんど、とれなかつた。この駒ケ岳には、駒

の傳說が多い。駒飼の池は、義仲の、駒を飼つた所、麓の駒つぶれは、義仲がこの山から、一飛びにかけ下つて、駒をのりつぶした所であると云ふ。駒つぶれには、石の上に、駒の足跡がある。

十四　猿田彥

下伊那郡を步いて見ると、道側に、猿田彥命と言ふ石碑がある。これは家の守護神だ。家を建てようとする人は、先づ、猿田彥を祀つて「こう〳〵云ふ理由で、どこそこの地へ家を建てるからお許し下さい」と、伺ひをたてる。行者から、お札を戴いて來て、始めて、家を建て、家の正面に向つて、祠か碑を建立する。この神はその土地を守り、家及び家內の安全を保つ。この祭を、地神祭と言ふ。

十五　お芋樣

下伊那郡松尾村の龍內寺境內に、お芋樣の祠がある。龍內寺の過去帳には、

寶歷十三年八九才
禪室智海禪尼

とある。この婆さんは、土地の者で、下女奉公をして居た。非常に芋が好だつた。その中に、下の病をわづらつてそれより自覺を發し、人の病もなほした。願をかける人は、芋をそなへる。

十六　乳房觀音

八幡村にあつたのを、龍内寺のお芋様の祠に並んで祀つてある。乳の惡い人、乳の出ない人が願をかける。乳の出ない人は、この神に供へた米を戴いて歸り、粥へ入れて煮て食べる。お禮には、乳房の形を、布でこしらへてあげる。今でも、婦人の乳房の様なものが、觀音のまはりに吊下げてある。

十七　二ツ山の話（下伊那）

二ツ山の裏に、爺婆が住んで居た。爺さんは、大へん酒好であつたが、貧乏の爲に、飲む事は出來なかつた。爺さんは信心深くて、常に、二ツ山の神を信じて居た。

ある時、何時もの様に、握飯を婆さんに作つてもらひ、二ツ山の方へ、柴刈に出かけた。夕方爺さんは、へロ〳〵に醉つぱらつて、柴も刈らずに歸つて來た。次の日も、次の日も、へロ〳〵になつては、仕事もしないで、歸つて來た。毎日爺さんが醉つぱらつて、歸るので、婆さんは、どこか、いゝ所を見つけたのではないかと、嫉妬心をおこし、或る日、何時もの様に、爺さんを山へやつて、自分もその後をつけて行つた。そんな事とは知らず爺さんは、二ツ山の裏手の、小さい水溜の所へ腰を下し、その水を、美味そうに飲み始めると、醉がまはつて寢てしまつた。婆さんは、感附いて、「此の水めが、此の水めが」と怒り、杖をとつて、「もとの水になれ、もとの水になれ」と、かきまはして歸つた。爺さんは、やがて起きて、一杯のんで歸らうかなと水をのむと、今度は酒ではなかつた。爺さんは、不思議に思ひ乍ら、しほ〳〵歸ると婆さんが待かまへてゐて、「今日は、何かあつつら」「うん、どうも不思議だ」と云ふと、「その筈だ、俺が行つて杖で掻まはして來た」と云つた。爺さんは怒つて。「よし、この年まで連れ添つて酒ものめない事を知り乍ら、折角、神様に御願ひ申した酒まで、よくも水にしてしまつたな。もう家に居る事はならぬ。出てうせろ」と追出した。婆さんは、「この七十餘になるまで人を働かせて、今になつて離縁するのか。よし、これから、年よりも若い者も、この山の裏道を通る者は、必ず離縁にさしてやる」と、のろひ乍ら出て行つた。それから、この道を通る人は、必ず離縁になつた。或る時、磯丸と言ふ歌人が來て、この事を聞いて、一首詠んだ

萬代の、はなれぬ仲のめうと山
　いつの世にかは、むすびそめけむ。

これ以來、よく〳〵緣のない人以外は、この道を通つても、離緣になる事はない。

長野縣上伊那郡宮田村附近の口碑（向山）

長野縣傳說集

小泉清見

註 本集は上田中學校昭和五年度第四學年生と共に小泉清見氏が小縣郡上田市南佐久郡更級郡埴科郡内に傳はつた傳説を調査輯録せられたものであつて所謂動物に關するものを主目的とし蒐集されたものである。每號繼續して戴せる積りである。(編輯者記)

清流千曲に残る猫石

小縣郡神川村

信濃の戸隠山に鬼女が住んで居ました、非常に恐ろしい奴で、人民を苦しめたり田畑を荒したりしたので、時の天子様に人民共から、此鬼女を退治して下さいと御願をしました。そこで天子様は大變御心を悩まさせられ、色々と朝臣や公卿などと御相談の結果遂ひに、時の将軍で武勇の勝れた平維茂《コレモチ》将軍に此大任を御命じになりました。維茂将軍は之れを有り難くお受けして、自分の兵を引き連れ都から信濃路へはる〴〵下りました。都を出發して幾日かを費し小縣郡神川村の千曲川の南、石井といふ村落まで進んで來られました。さて将軍が石井にお着きになると、丁度千曲川は長い間の雨で水量が增してゐて、勿論橋などは押流されてしまひ、濁流が岩を噛んで非常な物凄さだつたのでした。そしてなか〴〵此河を舟などで渡れさうにもありませんでした。一同のものは只海の様に荒れ狂つた千曲川の流れを見て途方に暮れてゐました。すると不思議にも何處ともなく一匹の眞白な巨猫が現はれて、維茂将軍達のゐられる岸からザンブと此の荒れ狂つた水中に飛び込み、濁流を泳いで川の眞中頃にあつた大きな岩の上に泳ぎついたのです、そしてブルブルと身振をして後をふりむき、将軍達をじつと見つめ、復たそこから私共の町（大屋）の方へと泳ぎ渡り、又々振り向ひて将軍達に私の來た道を御出でなさいと云ふやうな顔をして、その姿を急に消してしまひました。これはつまり将軍に水の淺い所を教へたのでした。そこで将軍は之れは神様の化身であると思はれ将卒を勵まして、自ら馬を乘り入れ、今巨猫が泳いでいつた後を辿りながら進むと、あんなに物凄い川の水も、この道丈けは穏かであり、馬も樂に泳げました。かうして途中のあの岩の上で一息入れ、又其處から私共の岸へとお着になりました。それからこの岩を猫石と呼びました。私が小學校の三、四年生頃までは其大石は矢張り川の眞中にあつて、而かも非常に流れの速い瀬の眞中にありました。そして大きな高等科の生徒達が天下取りだなどいつて、よく夏に騒いで遊んだものでした。私共の様な子供が五、六人はゆつくり其上に乘れたものでしたがその以前はずつと大きかつた相です。私が覺へてから幾度か洪水が出て此猫石も次第に水中に入つて現在では少しばかり水面に出てゐます。だが石としては大きい方で子供が二、三人は上れます、今も猶ほ猫石と呼んで居ます。

維茂將軍がかうして千曲川を渡つてから私共の町はづれに幕を張り陣を敷きました。そして將軍の馬をこの松の木に鎖にてつないでおきました。すると馬は木から離れやうとして松の木を蹴りました。それで其鎖と蹄との跡がはつきりとは言はれませんが今も殘つてをります。此松は私共の三かゝへもある大木ですが惜しいことに枯れた上に落雷などして只太い幹丈けが殘つてをります。

夫婦《ミオット》橋

小縣郡禰津村

私の家より少し離れた所に夫婦橋といふ橋があります、で此橋を渡るには、坂道を少し下り、渡つて少し上ります丁度谷の底のやうな所にあります、今では其邊に多くの家が出來てをりますが、昔は非常に淋しい溪谷で淸い水が流れて居たのだと思はれます。で昔吾が禰津村には東西に通ずる路がなかつたので人々が非常に不自由をしました。それで遂ひに村中を東西につらぬく路を作ることになりました。そして工事がだん／＼進んでいよ／＼此橋を架けることになりましたが、なか／＼難工で容易に橋が架りませんでした。すると何所からともなく猿の一群が現はれて不思議な踊を踊りました。すると此橋が難なく架つたさうです。それより此の橋を猿橋と言つたさうです。暫くして殿樣にお姬樣がありました。彼の女はあまり容貌がよくなく猿に似て居りましたので猿姬又は黑姬と呼ばれました。そして何所へも嫁に行く事が出來ず婿を迎へることも出來ませんでした。ですから人が嫁に行く時には常に此の橋の所に遊んで居りまして其近所の大きな石の上から羨しさうに見て居つたといふことです。ですから此の猿橋も當時猶ほ有名になつたさうです。其石は今に畑の隅の人目に付かない所にあります。さうかうしてゐる中に何うした事か姬が死亡しました。其の時今の御姬尊のある所に御光がさして御姿が映つたさうです。そこで御姬樣の櫛や簪を大石の下に埋め御姿をその石の上に刻みつけて御祭りしたのが今の禰津のお姬樣（黑姬樣）です。さてお姬樣が死んだ後猿橋は嫁に行くものは誰も通らなくなりました。併し不便で困りましたので橋を架けかへることにし二枚の石を渡して橋となし之れを夫婦橋と改名しました。これから後、嫁も通るやうになつたといふ事です。

おかんが池

小縣郡青木村

青木村の大明神原といふ原に一の沼の樣な水溜りがあります、昔其附近におかんといふ女が住んでをりました。或る時家人に非常に叱られた上、家を追ひ出されてしまひました。おかんは人生の無情を感じてか、この沼にはいつて死んでしまひました。そして確にはいつたことは分かつてをるが、どうしたことか死骸が發見されません。里人は沼の主、大蛇となつてしまつたのだと思つた。それから後或る人がこの沼の水を干さんと水を流し出し、今少しで干さうになつても何うしても干ない。これは何うしたことかと思つてをると急に雷鳴轟き大雨が來て到到干すことが出來ませんでした。それからは誰人が行つて此の沼の水をかひ出しても直ぐに雷雨が襲來するので大蛇の祟だとて恐れてをつた。そして今でもこの沼は氣持の悪い程水が青くその中程より泡が立つてをる。それは大蛇が呼吸してをるのだと言ひ傳へられてをります。今日でも旱魃の砌には此沼に水を貰ひに行くと降雨があるとて水貰ひに行くとのことです。里人は此沼をおかんが池と呼んでをります。

蟇

昔、上田の或る町に一軒の家柄のよい家があつた。或る時一人の六部が來て泊つた。その六部は大金を持つてをつたので遂ひ其金を奪つて了つた、そしてそれを資本として商賣を初めた所非常に繁昌した。そして其家には何時となしに蟇が澤山居るやうになつた。家の人達は福蛙々々と大切にしてをり人にも見せたりして誇つてゐた。其中に家の人達は悪疫に罹つて了つた。お客は出入りせず家運が衰へて來て今迄居つた蟇も何時となく居なくなつて了つた。悪疫は六部の祟りであり、蟇か來たのは連れて來て外の眼をくらましたのらしいとのことである。

在所での夜話片々（西三河下市場地方）

矢頭和一

今日六十才位の人達が猿蟹合戰や桃太郎のお伽話では物足らぬ年頃で在つた頃迄、盛に其親達から聞かされたものだと云ふ他愛も無い話ですが、夫れでも土地の人達は其話を誠實なものと確く信じ切つて居り、今尚ほ微か乍ら殘つて居るものです。

△下市場から北方三里に在る猿投山（猿投神社祭神大碓尊、景行天皇、垂仁天皇）と、南方三里の知立に在る明神様（知立神社、祭神木花散那姫命）とは兄弟で在て、毎年春と秋には猿投山の猿が明神様へお使に行く、早朝西の方を道を菅笠を冠つて桐油に一寸したものをつゝんで大事相に肩に掛けてすた〳〵と急いで通る姿を見受けたが、或年下市場から南方一里餘りの所で悪るい獵師の爲めに打たれて大傷をしたが、悲鳴を擧げて、命カラ〴〵猿投山へ引き返してからは、もう人の目に附かぬ暗い眞夜中に木から木へ傳つて行く爲めに再び其姿は見えぬ樣に成つたと云ひます。

猿投山は二月の初午に此の地方から澤山登山する人が在るが平素は澤山の猿が居て一人も登山させぬが、初午の日だけは山を公開して猿が遠慮して其姿を更に見せぬと云ひます。

又、知立の明神様は其境內のお砂を受けて（代りの砂を持參して同量位の砂を貰つて來る）來て、夫れを屋敷の中に撒して置くと決して蝮が來ぬ、夜道などに其砂の少々所持して居ると決して蝮の害を受けぬ、若し其砂の持ち合せが無い時は、一心に知立々々大明神、知立々々大明神と口で念じて居ても御利益が在ると云つて居ます。

△昔アマノジヤクと云ふものが在つた、アマノジヤクは何事に依らず親の云ふ事を反對して一つも其まゝ聞入れた事が無い、親が寒いと云へば暑いと云ひ、山へ行けと云へば川へ行く、寢よと云へば外へ飛び出すと云ふ風です。

アマノジヤクは母親一人だつたと見えます、其母親も大分年を老つて明日にも知れぬ命と思ひ付いて、或日アマノジヤクにワシが死んだら死體を川へ投げよと云ひ付けました、之れは母親ではこう云ひ付けて置いたら世間並に野に埋めるだらうと云ふ考へです、しかしアマノジヤクは母親の死んだ枕元で今迄何一つとして母親の云ひ付け通りに行つた事が無いが、もう之れが暇乞ひだ、之れだけは親の言葉通りにしようと飛んだ孝行氣を出して早速深い川の中へ投げ込みました。

共後、他の者は今日は親の命日だと云つて其死體の埋めて在る野邊へ行つて目標の石碑や松の木に香華を供へるが、アマノジヤク許りは、流川の眞中へ投げ込んだ爲めに更に目標が出來ぬ、こんな不自由な事に成つたのは母親が馬鹿氣て居たからだ、かうして見ると矢張りおれの方が利口で在つた、親と云ふものはロクな事を云ひ付けるものでない、おれの考へ通りに川から引き上げて野へ埋め直さうと夫れからは毎日朝から晩まで川へ行つて死體を探して歩いても何うしても見付からね、夫れでも何でも見出したいと川と云ふ川を毎日探し廻つて居る中にトンビ(鳶)に成つて高い所を廻りながら母親の死體を探して居るが今以て見付からぬと云ひます。（私が此の稿を草した後本誌の第三號が發行せられ折口さんのあまんじやくの記事を拜見した、多分同一の意義のものらしい）

△昔は月六サイの雨と云つて一ケ月に六日間は日が極つて雨が降る、其日は人々は一切外へ出ずに家の中で遊んで居た、其六日間の雨が農作物に多からず少なからず丁度好い鹽梅で在つたが、人間がセヽコマシク成つて簑笠と云ふ物を考へ出して降雨の中でも外へ出る樣に成つた時から照り降りが不順となり、其中に雨量が不足の時は川から水を引き入れる工夫をしてから大雨があり洪水がある樣に成つた。又雨量の多過ぎた時は田から水を落す考を出してから日照り續きで水の不自由を知る樣に成つた、雨の無い時に神佛に雨乞をするのは善いが、如何に長降で困る雨でも雨脚の止まる樣に願をするもので無いと云ひます。

在所での夜話片々 （矢頭）

△鳥が畠を掘つたり鶏が野菜などを荒すを追ふ時はホ、ツホホツと云つて叱る、夫れは鳥類の王樣は鳳凰であつて其王樣の來た事を知らすると夫れに恐れて早速逃げる、又、犬や猫の類を追ふのはシ、ツシ、ツと云つて叱る、夫れは獸類の王樣は獅子で在つて其王樣の來た事を知らすると夫れに恐れて早速逃げると云ひます。

△誰やらさんと云ふお大身の家は何一つ不足の無い一家で在つたが、何故か當主が嫁を迎へて三年餘りに成るが肝心の子寶が一人も出來ぬ、此のまゝでは先祖代々傳つた血統が絶へると云ふ懸念から氏神樣へ祈願を籠めた甲斐が在つて玉の樣な男の子が生れたと云ひます。

其男の子の生れた夜の事、一人の六部が氏神の拜殿で夜明しをして居ると、ウツ〱と夢路に入つたかと思ふ頃に何所からとは無しに澤山の跡の音が聞え、夫れが社前の邊で止まつたかと思ふと續いて大勢が交々の聲で「お目出度ふ、又貴公の所は男の氏子が一人殖へて誠に目出度い」と云つた意味の話聲が聞へたと思ふと、次は沈んだ調子で「餘り目出度く無いのだ、アノ家は先祖から永く續いたが當主限りで血統の絶へる運命に成つて居ると云ふ事も知らずに餘り無理に請求せるので氣の毒にも思はれて仕方なしに水難の相の在る子供を授けた、之れも一の方便でアノ家に今子供が無いとすると夫婦共病氣に成つて難澁するが夫れも氣の毒と考へて當場の氣安めに授けた子供だが、後目相續の出來ぬ子供を授けるは氏神として之れ程辛い事は無い」と云つて何ふやら泪を落された樣子に六部は我に返つて不思議な事も在るものと考へ、夜の明けるのを待つて子供の生れた家を訪ねて是れ〱の次第と物語つて聞すると、其家人達は喜びの最中に飛んだなげき事が出來た、此の上は生れた子を大切にして氏神から頂けられたと云ふ心で育てる外仕方ないと、夫れから其子供の爲めに大勢の奉公人迄使つて大事の上にも大事に掛けて居る中に、もふ一人歩きも出來る可愛い盛りになつても虫の氣一つも出ずに至極健全の爲めに六部の注意も忘れたでは無いが先れ程氣に計り掛けぬ樣に成つた或日の事です、其母親を先に大勢の奉公人共が取り圍んで安全な土藏のそばで遊ばして居た時に、何うした事か庇の瓦が一枚落ちて夫れが大勢の最中に居た子供に當つたと見ると即死した、其瓦を取り上げて見ると三つ巴が在つて矢張り水難にかゝつて死んだと云ひます、子供の澤山生れるのも又一人も無いのも皆神佛のお授け事で在る、子供の欲しい者に初めて生れた時に誠に有難う御ざいますと云つて御禮を申上げるのはいゝが、何ふぞお授け下さいと云つて無理な事を御願する者で無い、又氏神樣は其氏子の身邊を離れずに人間は何事も知らずに寢入つて居る暇でも又旅先でも少しも油斷なしに夫れ其所に川が有る落ちるな夫れ石が轉る逃げよ夫れ着物がうすいで風邪をひく、夫れそんなものを食べると病氣に成ると云ふ風に何事に依らず一々御注意が在るが、見る事も出來ぬ悪魔が邪魔したホンの僅かの暇に色々の事が出來るのだと云ひます。

△此地方で氏神の祭禮に獅子芝居の餘興を見受けるが昔下市場の若者連中にも其組が在つて附近の町村にも招かれたと云ひ、其時用いたと云ふ木造の重く大きい獅子頭が子供の弄び物に成つて殘つて居た事を私も記憶して居ます。

獅子頭を冠つて獅子唄（下市場が開いた文句は只今不明ですが、斷片的のものでも集めて見ようと思つて居ます）につれて踊る、其唄は無論豐年を喜ぶ意味です、一寸見ても恐ろしい姿の獅子頭を冠つて身體をしな〳〵と踊るは若い娘や若い嫁達を象つたもので、其顔は美しいなめらかな生地で在つたのが五月の田植から秋の收穫迄水田の中で日にてらされたり風に晒されたり、又寒中にも畑の中で雪霜に打たれて鏡に向ふ暇も無しに一生懸命に働いた時の有樣で、夫れだけの働き甲斐あつて、今お國の寶たる米の澤山出來上つたのを見て嬉しさの餘りに思はず踊り出した形だと云ひます、其證據には踊りに引續いて芝居に成ると獅子頭は必ず女性の役に成る、鳴戸のお弓、矢口の渡のお舟、大井川の深雪、忠臣蔵のお輕なるが其適例だと云ひます。（尚此地方の祭禮は秋で、夫れも收穫の十分な年は十分に賑ひます）

△俗謠は年の吉凶に先觸れて流行るもので此地方で「高い山から谷底見ればノ、うりやなすびの花盛りノ、アリヤドンドン〳〵、コリヤドンドン〳〵」と云ふのを子供達が唄つた年は何時でも豐年で昔お伊勢さんの御札が降つた事さへあると云ひます、夫れと反對なのが、今から三十四五年前に私が極く朧な記憶に在ります「コイシコシサノ辨天サン、松ガ見ヘマスノウチヨサン、青々トシングイ〳〵」と云ふのを誰が數へたとは無しに云ひ合はした樣に其所でも此所でも十四五歲の大勢の子供達が大聲で唄ひ出した、夫れを相當年輩の人達が聞いて、「誠にオゾイ事だ、考へて見ると四十年位(?)は何人も口にした事の無い唄を聞くものだ、此の唄の流行つた年は必ず饑飢年と極つて居る」と云つて顔をしかめたものです、其中に又誰か云ひ出したものか此の唄を唄つて居ると巡査が縛つて行くと云ふ話が出て善悪ない子供達も之れでパッタリ唄を止めたが、夫れは果して警察が干渉したものか又は心ある何人かの方便かは不明です、又其年は豐年か凶年かも記憶しませぬ。

そして此の忌まはしい唄は夫れ限り下市場から全く消へた、今私が此のお話をするのを聞いて叱り飛ばす人が在るかも知れぬ位です。

△子供は身體の成長最中で在る事は勿論だが、只徒らに身體計りが延ひても肝心の眼の着け所をあやまつてはならぬ意味

で、其玩具が色々出來て居り、四季夫れ〴〵異なる眼の働方を自得させる、正月から春風の吹く頃は殊更に各方面へ眼を働かする必要が在つて、下の方を見るに獨樂、眞直ぐを見るに小弓、空を見るに凧、空の變化を見るに羽子板、上下交々働かすに手まりと云ふ風だと云ひます。

平野の御田資料篇

錦　耕　三

翁面由來書　一軸

秦河勝者化生乎人皇三十代欽明天皇之御宇者也天皇一夕夢有神童言曰我是秦始皇之後身也以有緣生於日域請爲臣矣時大和州有洪水欽明天皇二十八季之變初瀨川大漲有大甕流來止三輪明神廟前土人開之視則有一男子身體如玉土人奏之天皇曰所夢見者此人也擧養之賜曰秦氏其才智與季相長至十五歲授大臣位而奉五朝欽明敏達用明崇峻推古以至推古女主之時豐聰太子監國祭祀天地神祇以布安國利民之政因六十六番之面命河勝弄假貊直遂於橘內裏紫宸殿前令作此伎由是四海波穩萬民康樂也太子以其神樂折神字名之曰申樂河勝遂入攝津州難波浦遊乘一小舟任風之所行而舟浮西海着播摩岸土人聚觀其形非常之人靈威可畏矣共謀立神祠祭之曰大荒明神是我秦氏之祖神也故代々爲四天王寺之樂頭自古至今綿々不絕者也

又讀秦字唱波太者人王十六代應神天王十五季秦氏者來自支那秦氏養蠶勤機織造帛綿煖人膚倭人呼膚曰波太故有此訓天皇賞之於山城國葛野郡賜地其績糸入器次第增疊或曰其形似巴渦倭人呼巴渦曰宇豆麻佐故名其地秦氏此地立秦始皇廟故加大字書大秦用地名

又書廣隆者人王三十四代推古天皇十一季聖德太子語侍臣曰我一像誰能安之秦河勝進曰臣願得之乃建蜂岡寺安像々阿逸多今之廣隆寺也故通用矣或曰秦氏來此土遙久始皇曾遣方士徐福𩐋詩作徐市將童男童女各五百人入海來神仙三山徐福不敢還遂止此洲至今子孫皆曰秦氏見後漢書東夷傳文獻通考義楚六帖等考季記始皇二十八季也當人王第七代孝靈天皇御宇

又大明大祖皇帝洪武季中倭朝沙門中津絕海入明帝召海見英武樓帝問秦徐福事答以絕句云熊野峰前徐福祠、滿山藥草雨餘肥、祇今海上波濤穩、萬里好風須早歸天子和曰　熊野峯高血食祠松根琥珀也應肥當昔徐福覓仙藥直到如今更不歸以此等可謂之秦氏祖神乎余以謂、徐福始皇君以不足爲秦氏之祖神只有緣而已

或問云所傳秦氏汝之家二面者所謂六十六番之內乎　答不然攝津州東生郡平野庄熊野權現之神寶也人王三十二代後鳥羽院御宇建久元季春三月三日白髮行者忽然來而自言曰我熊野山伏役優婆塞之流者也吾察此所種生百倍家富民可榮之地也其容匪常之人長高眼光如明星口廣赤齒大白聲響似華鯨其儀着頭巾及不動袈裟懸笈

持獨鈷衆人畏不近只遠望之異人遂懸笈于松枝（此松至今猶存俗呼曰權現松又曰笈懸松）盤桓消失矣鄕人聚觀之旦夕自笈放光輝於艮方又椰三本俄生七日長大大拱而枝葉皆向南又純黑烏自空翔下上椰梢各一烏曾不恐人此時衆人皆云熊野神現于茲矣時鄕人聚而開笈見之則有權現之直體並二面（一面熊野權現 一面天照大神）及獨鈷種々神寶也故鄕人相共建神祠曰熊野權現　右一面權現含口穀實朶々人皆不番此時又有老翁忽然來曰是祥瑞也撰其人可以植田遂去不知所其行於此隨翁教鄕人盡其名書小札開牛王置之以椰枝任神取鬮厥中有秦氏古春增四郎增五郎兄弟庶子增五郎擧之故開掌二面又爲樂頭每歲春秋（正月十三日 九月九日）於權現廟前神事之申樂無懶怠者也（此時之容儀裝束誦文言語人數器物悉皆在家之口傳）一季蚄蟹蝥多萬民愁之時移件面於田中忽虫去却成美稼而無秕自爾以下每有蚄蟹如斯皆有驗矣

中古有未重帶刀一子患痘疹百療術盡親族悲帶刀一夕夢拜天照大神之面疾平矣明旦告秦氏古春遂如夢立愈至今痘痘痲疹之人拜之重變輕嗚呼誠可信而可信（三八之誤）

建久二辛亥季

三月吉日　古春增五郎

忠勝判

慶長十五庚戌季

三月吉日

古春增五郎

（原本杭全神社所藏）

翁面由來書寫添文　末吉道久筆　一通

十三世　道久未定稿

本記者杭全神社翁神面ノ卷記ナリ記中ノ翁面ヲ古春家ニ世々寶物トシテ奉祠シ傳ヘシハ年々植田ノ爲樂勤務ニ依リ自家ニ安置シタリト云然リ而シテ明治維新ノ際ニ至リ能樂亂舞ハ衰廢ノ極ニ達シ隨テハアハレ古春家モ漸次零落トトモニ他ニ轉々セシヲ聞クヤ予常ニ遺憾ナリシニ偶然浪花平瀨氏（通名千種屋）所藏ストテ玆外戚森本半四郎士ヲ介シテ之レヲ訪ハシム又轉シテ中島氏ニ保存スル事ヲ聞得タリ依テ尚森本氏ヲ以テ翁面ノ由緒ヲ説キ更ニ杭全社ニ還納セン事ヲ懇議スル處同氏速カニ應諾セラレタルヲ以テ其代資ヲ償ヒ共ニ奉納ス因テ本卷ヲ摸寫シ此所以テ記スモノ也

古面奉納扣

本臺紙ハ［身カ］予カ母雲閑院智性名道柏原氏ノ女歸嫁ノ節ノ殘存紙ナリ刀身曾テ此事故懸念セラレタル因緣ヲ以テ之レヲ使用セリ

〔表紙〕

明治三十二年二月
古面奉納扣
杭全神社

二月十一日氏神に寶物翁面還納之爲め、大阪市西區江戸堀北通五丁目中嶋德次郎及平瀨氏之代人今田德兵衛並に森本半四郎之三氏午前十一時湊町發列車にて翁面奉持して來られ當驛にて下車し、先づ弊宅に落付申候暫時休憩之上、氏子惣代石田六兵衛氏之案内にて勘四郎も同道し宮に參還納授受之式を擧げられ、寶物展覽御湯之催しあり、式中中嶋氏御器之來歷を演説せられ、式終りは午后一時三十分頃なりき夫れより弊宅に於て當町訴《マヽ》口下共に午飯を呈し酒紺に付舞謡等數番あり、午后五時三十分頃歸宅せられたり。

一二月十一日午前十時神器當方へ落付の事
一同日十一時氏神の拜殿に於て奉納の式を終へ一同神酒相伴の事
一同十二時一肵當方へ參集酒飯を饗應する事
一三月廿三日勘四郎出頭中島、森本、今田の三氏報酬す

目 錄

一神 饌 料　　金參圓

一樽 料　　金拾五圓
一結 城 島　　表裏貳 反

右は神器翁面杭全神社江御寄附被下候爲御挨拶報呈仕候御領受可被下度頓首

三 月　　末吉勘四郎

中島德次郎殿

本書ニ認ム

一、粗菓トシ　禮狀添
山本三四郎殿へ

一、金三圓　今田萬兵衛

挨 拶

以下高島屋拂、入用（神饌料・祝儀等ノ金錢ノ入用記）ヲ略ス

末吉勘四郎回章　一通
翁面奉納記念品贈呈目錄　附諸書一通
末吉勘四郎回章　一通

右略ス

杭全神社翁　面奉納請證　內一通寫ナリ　二通

〔包紙〕

目 錄

杭全神社翁假面奉納請證

目録

一、神器翁面壹個
由緒壹巻添

右杭全神社江御奉納相成御寄特之至り永遠に保存致者也

明治三十二年二月十一日

攝州
平野鄕町
杭全神社氏子總代
石田六兵衛㊞
土橋保愛㊞

杭全神社
外御壹名 殿

平野鄕町 水野富三郎 □

目録

一、神器翁面 壹個
由緒壹巻添

右杭全神社江御還納相成リ御寄特之至リ永遠ニ保存可致者也

明治三十二年二月十一日

攝洲
平野鄕町
杭全神社氏子總代
石田六兵衛
土橋保愛

杭全神社
中島德次郎殿
外御壹名

平野鄕町長 水野富三郎 印

此寫外壹名ハ末吉勘四郎ナリ

神面授受之事

神面授受之手續之事

本月十一日午後一時神前ニ於テ献湯之上拜殿ニテ授受之事

授受了リテ連歌所ニ於テ寶物ノ一部ヲ展觀メ粗茶及餘興トシテ辨當ヲ饗スル事

尤モ受與人ハ神社總代集合之上代表右ヘ受クヘキ事 以上

右 古面奉納扣（明治三二「一册）ヨリ抄出ス

翁ニ關シタ記録

平野鄕覺帳ヨリ抄録シタ「杭全神社記錄」カラ

乍恐以書付奉願候

一、本多中務太輔殿御知行所攝州住吉郡平野鄕熊野權現社來子之年二月十五日より四月十五日迄開帳願之通御免被爲下候ニ付大坂古春左衛門儀往古より當社神事之翁之面傳來仕每年無怠數代相勤申候依之權現社開帳之節者右之翁面境內ニ而見せ物同前ニ諸人江見せ申候來春茂先例之通境內へ差出見せ申度由左衛門奉願候則六拾壹年以前開帳之時茂見せ申候段相違無御座候間願之通被爲　仰付被下候はゝ難有可奉存候其外他所より寶物等借受指出し不申候以上

享保四亥年十二月

末吉德・安
同　辻葩孫兵衛
同　土橋治左衛門
同　辻葩七右衛門
同　三上傳左衛門
同　土橋七郎兵衛
大阪本町四丁め植松屋武左衛門借屋　古春左衛門

其外他所よりと申未御番所にて御好故以上を削り書繼申候以上
極月十一日御番所へ德安樣七右衛門樣古春御通御出相濟申候但寺社御役人江御札古春計にて相濟候以上

御奉行樣

右之通大坂　御奉行樣江願上度奉存候願之通被爲仰付被下候ハ丶難有可奉存候以上

亥　二月

惣年寄　末吉德安㊞
同　辻葩孫兵衛㊞

五二二

惣年寄　土橋治左衛門㊞
同　辻葩七右衛門㊞
同　三上傳左衛門㊞
同　土橋七郎兵衛㊞

佐野半治樣

乍恐以書付御斷申上候

一、本多中務太輔樣御知行所攝州住吉郡平野鄕町熊野權現開帳ニ付私所持之翁之面權現境內ニ而先例之通諸人ニ弘メ申度旨去亥年十二月十一日御願申上候所願之通被爲　仰付被下難有奉存開帳中諸人ニ拜せ仕廻申候ニ付御禮申上候以上

享保五子年五月朔日

大阪本町四丁目植松屋武左衛門借屋　古春左衛門㊞

御奉行樣

右之書付當鄕より御出被遊候付古春左衛門も一所に御召連御出被成候

乍恐以書付御斷奉申上候

一、本多中務太輔領分攝州住吉郡平野鄕社熊野權現當年二月十五日より同五日迄開帳仕度奉願候所願之通被爲仰付依之於境內古春左衛門傳來當社神事翁之面右開帳中於境內弘申度去ル

辰正月廿五日奉願候所願之通被爲仰付難有奉存候依之來ル十五日より相弘め候に付乍恐御斷奉申上候以上

寛延貳巳年二月十三日

南久太郎町壹丁目　古春左衛門

平野郷社宮本惣年寄　末吉治兵衛

御奉行様

乍恐以書附奉願上候

一、來ル十五日當郷氏神御火燒御神事御座候所大坂能太夫古春左衛門儀者從往古春秋兩度御神事相勤來候者ニ御座候然ル處右左衛門儀爲祈願右神事當日囃子奉納仕度旨門弟中より私共迄申來候ニ付奉願上候何卒御聞屆被成下候ハヽ難有可奉存候以上

享和元年酉十一月十一日

月番惣年寄　土橋七郎左衛門

同　土橋九郎右衛門

地方

御役所

但右之趣御願被成遣候所先例無之ニ付御聞屆無之御事

乍恐口上

一、大坂能太夫古春左衛門衣裳方木村茂七より當月廿二日於當社舞臺能奉納仕度泥堂町小米屋嘉七へ頼來候ニ付引請世話方仕尤拜殿修覆之折柄ニ付見物之人々より心持次第寄進申受度心願ニ御座候段右嘉七より申出候ニ付乍恐奉願上候御聞屆被爲　成下候ハヽ難有奉存候以上

文化三寅年九月十七日

月番惣年寄　土橋七郎左衛門

同　三上吉五郎

地方

御役所

奉納九月廿二日於當社能番組

翁　三番叟　土屋猪右衛門

住友善次郎

弓八幡　中村彌三郎　川端太郎兵衛　小松原傳右衛門　岩井坍五郎　濱名長三郎

住友理助

巻絹　増池他次郎　西川七三郎　野口勘藏　高松平左衛門　小瀬吾作

井坂次郎右衛門

藤榮　中村彌三郎　由利元三郎　小松原新助　中井半十郎　庄田與兵衛

平野の御田資料篇（錦）

井坂次郎左衛門　西川七三郎　中井半十郎

邯鄲　濱名才助　小松原新助　庄田與兵衛

祝言

末廣　藤井小四郎

蝸牛　森　源六

ゐくい　美次由貞吉

乍恐口上

一、明九日當社御神事ニ付舞臺ニ而翁相勤申候ニ付乍恐御屆奉申上候以上

天保二卯年九月八日

月番惣年寄　土橋七郎兵衛

同　中瀬九兵衛

地方
御役所

乍恐口上

一、當郷氏神舞臺ニ而明十三日例年之通御田植神事相勤申候付此段御屆奉申上候以上

天保四年巳年正月十二日

月番惣年寄　中瀬九兵衛

同　末吉勘四郎

地方
御役所

年中行事川役集 安永天明頃 辻葩氏藏

安永天明頃ノ　（辻花のぶ氏藏）

年中行事役用集

一樋尻川表入樋辰ノ田植祭有之水守兩人罷出相勤候

一八日宮石美表灌順綱一式毎年新藁ニ而拵神前江餝社僧中不殘禰宜神子神前へ相詰メ讀經神樂等有之地下役人不殘參詣滿座之上神樂所ニ而爲例格地下より雑煮餅ニ而持賞

袴羽織着

一諸方年頭狀正月早々より使役人中相認候事並ニ東武安殿様へ年贄平野飴百本入但箱干蕪五十箱入飛脚に遣ス

一十三日當社御田植神事有之大阪より古春左衛門相見へ毎例舞臺ニ而田植之義式有之惣御年寄中並役人中社參時刻は初夜過

但傍役以下袴羽織着ス上下着ス

但古春氏ハ年番惣代方ニ而取賄致ス役人中トモ傍ヲ通ル
一十五日社僧中拜殿ニ而五穀成就之讀經祈願有之御礼御供町々
へも爲持遣ス
但僧禰宜神子取絹神樂所ニ而右同斷
一十六日御領主様御武運長久殿内安全如意圓滿御祈禱大般若經
轉讀有之御禮一式箱ニ入御役所へ上ル
一十七日郷內安全五穀成就祈禱大般若經轉讀有之
一三月三日權現影向之縁日ニ付二日夜三日夜家ニ挑灯出候事
一同四日宮ニ而社僧中般若經轉讀有之
同廿六日三十歩宮神事ニ付大坂より覌來御湯上ル
惣御年寄中役人中社參
御衆中様へ御社參案內宮役人より
一五月十六日宮拜殿ニ而郷內安全五穀成就之祈禱
大般若經轉讀有之社僧中不殘禰宜神子罷出ル
同廿三日長寶寺川村御祭リ惣御年寄中並役人中不殘參詣散物
鳥目貳貫文上ル觀音堂ニ而神酒頂戴有之
但御年行司ヨリ右鳥目貳貫貳拾文出ル（代共也）
一六月六日當社牛頭天王神輿八ツ時ニ樋ノ尻川ニ而神輿洗有之
行列毎例相究有之猶又暮より神輿御旅所へ御出有之鳥目壹貫
文散物上ル禰宜神子神樂有之也

但六月十四日御衆中御出勤之伺ハ宮役人ヨリ御伺申上候也
一同十四日神輿毎例郷內御祓筋へ渡御有之
一神輿舁並祭禮人足夫々二人割書付町々前廣ニ遣ス
但安永貳年西脇之者申合神輿舁申度願出候ニ付猥リ無之様申渡墨手形
五百枚遣シ舁セ申候處翌年河骨池ニ揚中仕共寄進ニ舁度願ニ付猥リ無
之様申付願御聞届有之
一六月上旬より同下旬迄に早稻中稻晩稻木綿並雜事仕付根付證
文委細相改御役所へ上ル但シ其時之旬ニより遲速有之
一住吉御神事奉行より兒禰宜出勤有之候様書面持來也
一當社神事相濟候屆書御序之節御役所へ上ル並住吉御祓當郷よ
り兒子禰宜荒和祓屋御神役相勤屆書上ル猶又相濟候上屆有之
一住吉御祓出勤ニ兒付禰宜惣會所へ前日七ツ時分罷出汐かきい
こし止宿有之
一住吉迫廊へ着仕上住吉御神務並神事役之衆中へ屆有之神事奉
行より使者覆面持來ル故實有之
一十一月十五日當社御火焼御神事河州八尾寺內村禰宜友田越前
來御湯上ル惣御年寄中地下役人社參上下着ス
但傍役以下袴羽織着ス

杭全神社縁起繪詞　二軸

上卷

攝津國住吉郡平野郷に鎭座まします熊野大權現は我本朝天神第七代の主伊弉册命にておはしけるたつぬるに夫伊弉册尊火の神をむれまし給ふときやかれて神退ましぬるを紀伊國牟婁郡熊野の有馬村に葬められしより土俗此神の魂を祭りて熊野の社とあがめ奉りし也又伊弉諾尊遂て伊弉册尊かいます所にいたりて歸らんとし給ふ時唾はく所の神を速玉の男と名つけ是を掃ふ神を泉津事解の男と名つけ或は事結の神も名つく仍熊野三所と申すは伊弉册尊速玉の男事解の男三神にてそおはしける則ち當社に勸請し奉る熊野三所權現是也

繪

蓋聞役小角は和州葛木郡茅原村の人にて神異不思儀の行者本朝修驗道の高祖たり久しく葛木山に住藤を衣とし松を食として常に孔雀明王の咒を持し雲に駕し風に御し仙宮にあそひ鬼神をつかひ名山靈區處として經歷しはといふことなし時に人皇四十四代元正天皇の御宇小角熊野の社に詣て給ぬかけまくもかたしけなくも此御神頭巾をめされ忽然として示現し給ひ知れりや吾はこれ證誠不思義者權現也と宣ひしを悦ひうや〳〵しく信して尊形を御手つから彫み給ひそれより證誠大權現とあかめ奉られしとかや其後五百年を經て此郷に遷座ましませり則ち當社證誠殿尊形是なり

繪

此郷は往昔杭全の庄と申待りしを人皇五十二代嵯峨天皇の御宇征夷大將軍大納言正三位坂上大宿禰田村麿の男右兵衛督從四位下廣野麿に賜りて庄園として待りしより後裔爰に傳はりいつとなく廣野を以て所の名とよひしが後世に轉して平野といふなり伏聞むかし牛頭天王阪上棠に神託まし〳〵て我は此郷の地主の神也時のいたるを待つこと久し則山城國愛宕郡八坂郷に跡をたれて祇園牛頭天王といふわ我事なり今より後此郷にあかめ祭りなば國家安穩人民豐樂をまもらんと宣ひまのあたり影向し給ひしかは有難覺傳りて勸請奉りしと也時に彼影向し給へる所に俄然として生たるなれはとして今に殘りて當社影向の松とそいひ傳へ待りける

繪

夫れ牛頭天王は我本朝地神第一の主天照皇大神の御大弟素盞鳴尊にそおはしける爰に人皇四十二代文武天皇慶雲元年近江國栗太郡の杉の木に影向し初めて牛頭天王とあかめ奉る或はいはく天竺にては祇園精舍の守護神或は破梨天女或は年德善神と號すと云々然は卽非男非女亦男亦女一體分身同體異名の御神にて吉祥を千古にしき福祐を萬世にほとこし給ふ又人皇四十五代聖武

天皇天平五年吉備眞備といふ人唐土より歸朝の時播磨の國にて老翁出現し吾はこれ素盞嗚尊也百王を守り萬民を保せんと宣しより眞備是を帝に奏し奉り詔をうけて社を經營す今の廣峯の牛頭天王是なりその後人皇五十六代淸和天皇貞觀十一年廣峯より山城國祇園の社に勸請し奉るとそ又貞觀年中に一演法師同國鴨川の西に建立し給ひし感應寺に牛頭天王化現し給ひ我は此地の主なり今より伽儸神となるべし我に神力ありよく魔障を除き疫癘をさり夫婦のよしみを結ひ産婦の平安を守らんと宣ひしとなり上の件の來歷を考るに當社牛頭天王の勸請も貞觀年中のことにやと知られ侍りける爾來此郷坂上七名の長當社を掌り神宮寺大坊を建立し弘法大師の法流を傳へ兩部習合の神事を修し毎日朝暮の讀經怠らす毎年六月九日の祭禮を勤め國家安泰諸民快樂風雨時若五穀豐饒を祈り奉る社也

繪

此郷の野堂村に藥師堂あり全興寺と名つく聖德太子の御草創にて則御自造り給へる藥師如來の尊像安坐の靈場野堂村といふ野中に此藥師堂有しより創れる村なれはとてかく名つけ侍りしとかやさるにより此郷濫膓の地にして十三村の第一とすこゝを以て郷民の渴仰地に異なる事實に故あるかな又坂上大宿彌田村麿病癒を祈り給ひしに靈驗あらたにまし／＼て忽に平癒有しより崇敬斜ならさる本尊なりしとそ曾聞牛頭天王本地藥師如來なりと依此郷地主の御神として影向ならせ給ひ坂上某神託によりて當社の奥院と仰き來りしと申傳ふる事豈殊勝の故實にあらすや

〔繪〕外題　近衞攝政家凞公。第一　伏見宮邦永親王。第二　松木儀同三司宗顯公。第三　坊城大納言俊淸公。第四　日野前大納言輝光卿。第五　廣橋中納言兼廉卿。

前平大納言時成

下　卷

抑熊野證誠大權現の尊形當社に遷座まし／＼けるは人皇八十二代後鳥羽院建久元年三月三日當社へ山伏一人笈をおひ來り社僧に語りていはく役の小角熊野の神慮に感して御手つから彫し給ふ證誠大權現の尊形を附屬すへし當社牛頭天皇とならへてあかめ奉りなは此郷を守らせ給ひ長く繁榮の地とならんと云々然に社僧うけひかされは山伏跡をけして歸り去りしか當社より四五町はかりひつしさるの方なる一木の松の件の笈をかけ置ぬ奇哉共夜今の權現の鎭座まします邊へ此の松より光を放てり笈掛松とて今に殘れるは是なり加之其頃當社の境內におゐて一夜に梛の木三本生出て烏三羽飛來り人をも恐れす三本の梛の木にやとれり今の世までも神木とあかめ烏を使鳥とするは是なり

繪

厥時人々奇異のおもいをなしまつに懸置し笈をひらきみ侍るに

微妙端嚴の尊形おはしましければ身の毛もよたちてあり難覺へまきるへくもあらす熊野證誠大權現と拜み奉りぬことさら種々の奇瑞有しかは七名の長是をはかり日あらすして社壇あらたにし奉り尊形鎭座まし〳〵て證誠殿とあかめしかは貴賤心を傾け遠近あゆみをはこひて神慮をあふかさるはなかりき今に至りて例年三月三日祭をなし社僧拜殿にて法會を勤るは影向の初めをしめすなり蓋彼山伏はまさしく小角の化現し給ふこと知られていとたふとし

繪

人皇九十五代後醍醐天皇元亨元年當社熊野權現影向の來由を天聞に達せしかは叡感淺からす詔勅まし〳〵て證誠殿の社再興ありてさらに熊野三所權現の勸請なし奉り此一鄕の惣社にいはひ若一王子等の諸社熊野權現の本地阿彌陀如來安座し給へる寶塔以下の諸堂修造こと終り華表の額熊野三所權現と宸翰を染させ給ひ神宮寺社僧寶祚長久を祈り奉るへき宣旨を下し給ひぬ仍神德益〻高く靈威いよ〳〵嚴におそはしける

繪

當社の境内に一精舍あり普光山修樂寺と號し僧坊六坊を構へ弘法大師の法燈をつき秘密の印契をつたへて本堂日課の勤絕ることなし其本尊は大師御自作の十一面觀音の靈像なり又大師御自筆の法華經八軸並に普光山の額今猶殘りて寺鎭とす傳聞此精舍

は廣野麻呂創建の道場にて田村麿追福の梵刹也とそ遠惟るに大基たることうたかふへからす昔は當社より五六町東鹿內といふ所師の閑にありしを人皇一百一代後小松院應永三年今の所に移せり惜乎大像の本尊破壞し尊容半存して今に殘れり仰て再興の時を待つのみ彼の鹿內は田畑となりて纔に舊跡を存せり今の寺前村ハ則むかしの門前にてありしと也其後ハ神宮寺六坊修樂寺六坊相ともに當社寶前年恒例の法事十二坊一列に是をつとめ儀式いよ〳〵嚴重なり

繪　奥端云て從五位下右近衛將監繪所預土佐光芳謹圖（印）（印）

偉哉當社は嚢時牛頭天皇影向の地にして誠に役小角御手つから彫給ふ證誠殿の尊形鎭座まし〳〵後醍醐天皇詔ありて熊野三所權現の社等修造の華表の額宸翰をそめさせ給ひ寶祚長久を祈り奉る勅願所なり又奥院全興寺に聖德太子御自造給へる藥師尊像安座まし〳〵修樂寺に弘法大師の御自彫給へる大悲の靈像安座ましませは慈雲覆の外なし願海深くして底なし十二坊勤行怠らすして神威佛德あふけは彌高く十三村信感究りなくして本地無跡崇むれは益妙也

〔外題〕　近衛前攝政家熙公。　第六　梶井宮道仁新王。
第七　三條大納言公統卿。　第八　滋野井前中納言公澄卿。
第九　外山前中納言光顯卿。　第十　廣幡大納言豐光卿。
前大納言時成。

田植儀式(1)シテが鍬を擔ひで田おりてくるところ

田植儀式(2)田を鋤く所作

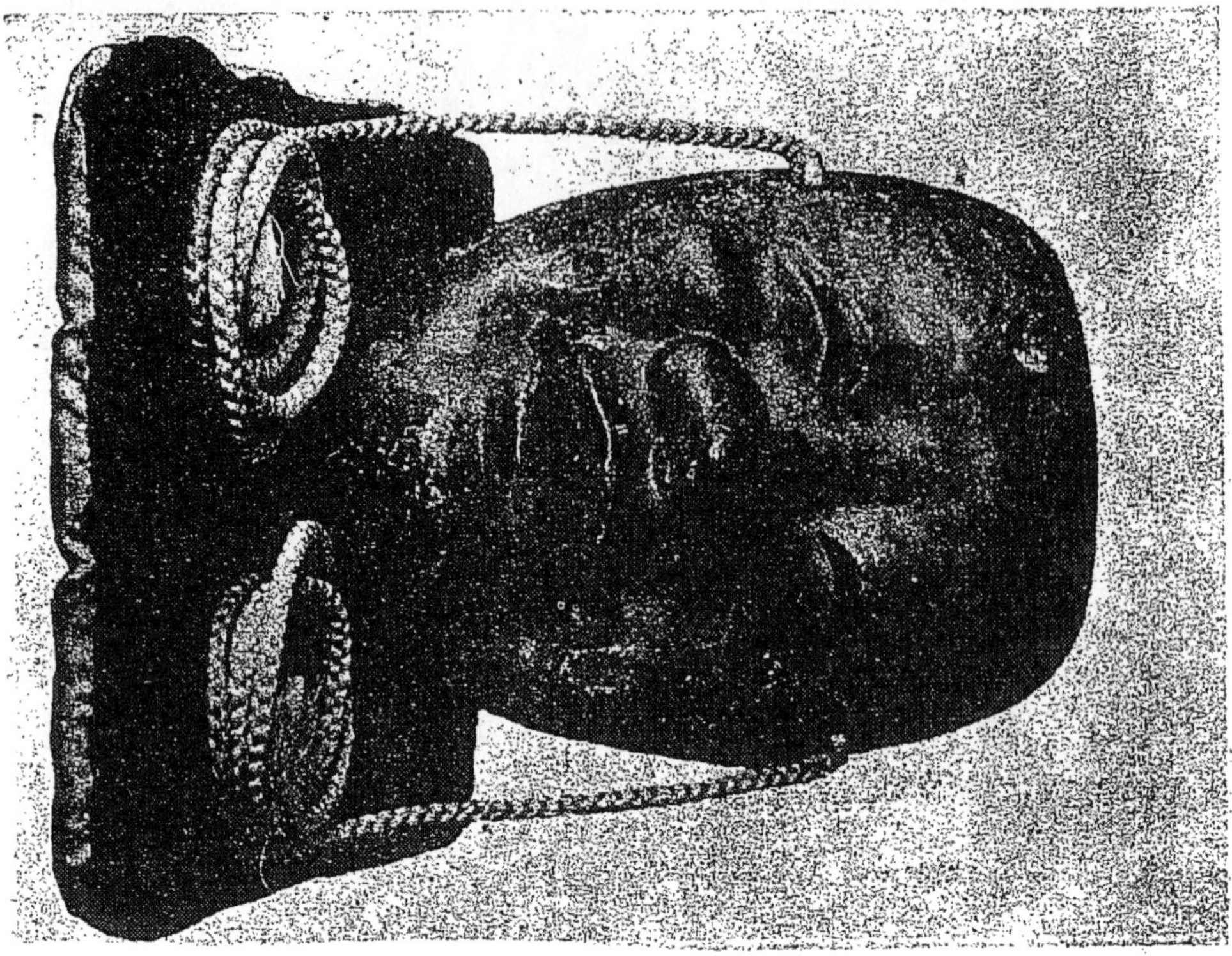

田植儀式のシテ面

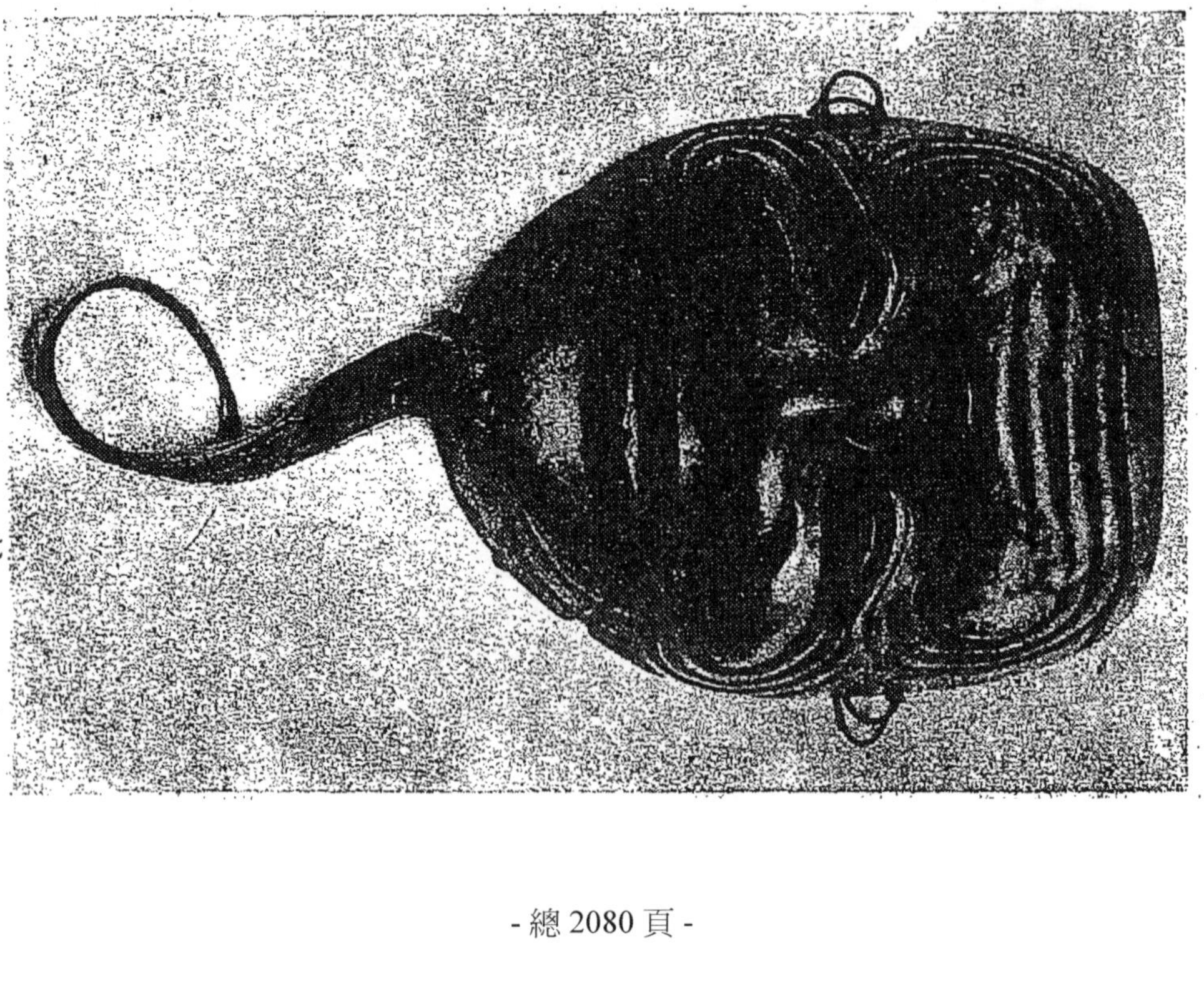

翁の古面

奉納繪馬

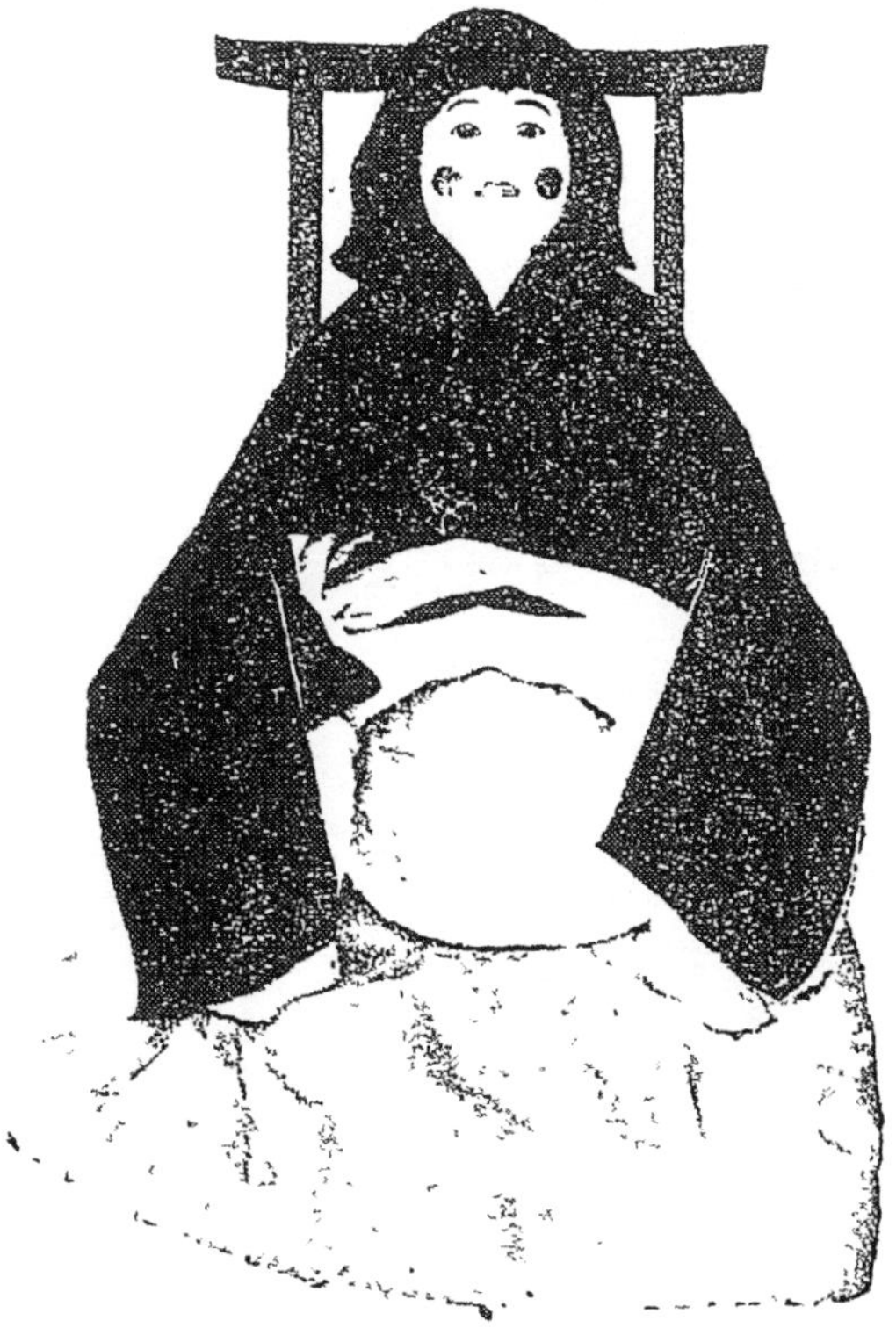

田植儀式の使用の人形

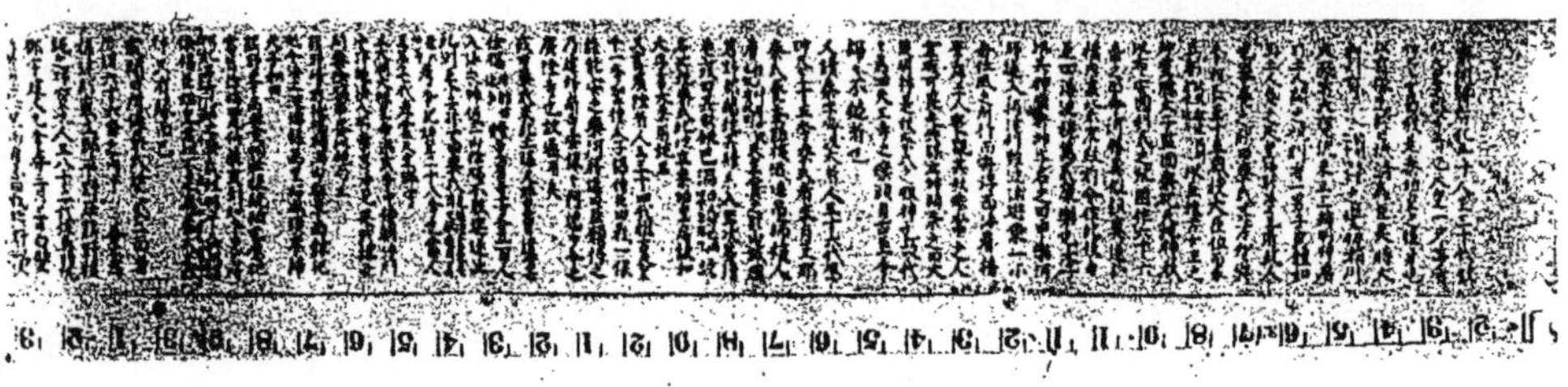

翁面由來書

杭全神社御田植神事寫眞註記

田植儀式(1)複寫原板…………錦　耕　三所有

原圖は、杭全神社々司藤江正治氏所藏の物が焼付けが悪いので複寫がきかなかつた。併し、幸に、それと同一の寫眞を立川寫眞店（平野本町通）で所藏してゐたのでそれを複寫させた。原圖は何年前に撮つたのか訣らぬ。田植儀式のしてが鍬を擔いで頌詞してゐるところ。地謠の座から見て、南の方に向うてゐるのが訣る。此寫眞を撮影した年の惠方が南方だつたのか、それとも寫眞を撮るためにかういふ向になつたのか詳でない。

田植儀式(2)複寫原板…………錦　耕　三所有

原圖は「田植儀式(1)」に同じ。してが牛を追ひながら唐鋤を操り、田を鋤いてゐるところ。この寫眞では舞臺の方角が訣らない。

翁の古面原板…………末　吉　家所藏

面は神社所藏のもの。この面は、現在は使用してゐない。

田植儀式のシテ面原板…………末　吉　家所藏

面は神社所藏のもの。

奉納繪馬原板…………末　吉　家所藏

男が人形を背負うて橋がゝりに出てゐるところを畫いたもの。

原畫は神社の繪馬堂にある。

田植儀式使用の人形原板…………錦　耕　三所有

この人形は、してがしらむしを食べさせ、小便をさせる。

神社所藏のもの。

翁面由來書原板…………末　吉　家所藏

原本は神社所藏のもの。

紙上問答

○たとへ一言一句でもお思ひよりの事は、直に答をしたためて頂きたい。

○一度出した問題は、永久に答へを歡んでお受けする。

○との問題の組にも、もあひの番號をつけておくことにする。

問（七〇）峠の地藏の前にて盜人が人を殺す話。

鵯越で、强盜か人を殺し金を奪つた。誰れも見てゐる者はなかつたが側に地藏さんが安置してあつたので「地藏いふなよ」といふと地藏さんが「わしは云はぬか汝《ワレ》云ふな」と仰つた。その後幾年かを經て兵庫の方から登つて來る二人の旅人が地藏さんの前で休んだ。一人が何年か前の殺人事件を話すと他の一人が「そんなによく知つてゐるならお前が殺したのだらう」といつて仇討ちをした。

これもよく聞きますが一度集成したいと思ひますので旣に報告のあるものでも未發表のものでも、異同、殊に語られてゐる地方と峠の所在地を明確に御敎示下さる樣希望します。（栗山一夫）

問（七一）洛西下津林では德川時代の村の制度としてたとへ一泊でも村以外で外宿する場合には以後絕對に仲間外れで宴會にも出席させませんだ。其んな例が他にもありますか。（井上賴壽）

問（七二）繪卷物を見ると佛寺の前に椽臺の樣な物があつて男女が本尊の方を向いて腰掛けてゐます。京都の淸水寺の堂内には明治迄これがありました。今熊野觀音の前には簡單な椽臺が三個あつて巡禮が笈を下し腰かけて經を誦してゐました。（本年六月見る）古刹にこんな例は廣く殘つてゐませんか。名稱、用法等承り度し。

問（七三）元祿十五年版、西澤一風作「女大名丹前能」卷之三、『話でまぎらかす道成寺』の段に、安珍淸姬の物語の終りに、「……つひに山伏をとり殺しをはんぬ。なんぼうおそろしき物語にて候。かゝる例より女たる者、鐘樓堂にいれば、釣鐘落つるよしいひなせり。猿が尻はまつかいな。」とあつて、話の終に全く無關係の「猿が尻はまつかいな」を付けたり。是れに據り思ひ出すに、余の幼少の頃當地に於て、昔話の終りに「猿のけつまつかいけ」と云ふを常とせり。東北地方の「どつとはらへ」系と全く異なるものとして面目し。かゝる風習他地方にも在りやと質問す。（昭和六、八、一九 攝津高槻 藪重孝）

問（七四）新潟縣岩船郡塩野町村の某氏は、金釜三個を埋めてあると云はれる程の舊家であるが（金釜云々はともかく、同家に傳はる古文書は親しく拜見したが同家が昔の大名主なる事を良く示してゐる）去る六月十五日、同村字ハゲの岡を鑛泉を得るがために、多數の人夫をして堀らしめた所、圖に示す如きものが出て來て、

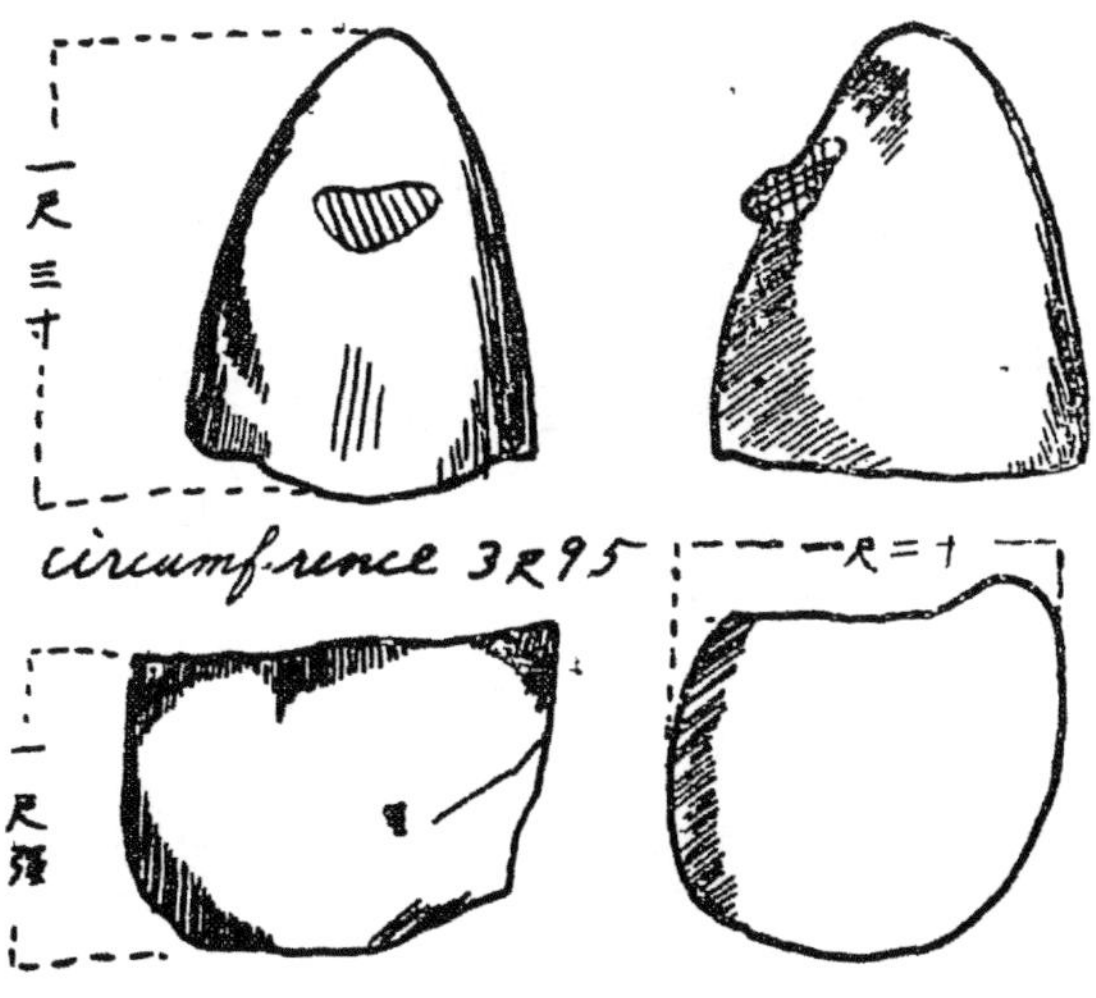

人々を不思議がらせてゐる。其の型態は、狐の有する寶子《ホウシ》に似てをり、同村の人々は、これを

祭るために、現在御稲荷樣の社を造りつゝある。所謂寶子は頗る重く、大人でもなか〳〵持つ事が出來ない。それは圖に示すが如き木の臺の上にのつて、そのまはりは石綿の如きもので蔽はれてゐた。木の臺と云つても、手でさはれば、ぼろ〳〵とれる程のものである。重量の多い點から見て隕石が落ち、なにかの工合で、その如くなつたかと思はれもするが、其の臺になつてゐる木材などを考へて見るとどうかと思はれる。明示する事が出來ないが人工が加はつてゐる。

(一)狐に對する思想は源氏の夕顔あたりで見られるのが古いものゝ一つと思はれるが、狐が寶子を有する考へ方は何日頃から、又、どうして起つてゐるのか、(二)この遺物は狐の有する寶子とは異つた他の意味を有するものであるか、(三)全々、自然作用と見るべきであるか、御報告と共に、諸先輩の教示を希望する次第であります。(丸茂武男)

(答十七) 風邪の神を追ひ出すには。

風邪の神を追ひ出すには、乾鰑《スルメ》を火中に投じて燻せば其香と共に風邪の神は出て行くと云ふ。美濃國太田町地方の風俗なり。(林魁一)

答(二八)

和名	雌雄	廣島市附近方言
ギンヤンマ	♂	オンタァ
〃	♀	メンタァ
オニヤンマ	♂及♀	トオラァ
シホカラトンボ	♂	ヂィラァ 或はヂィラン
〃	♀	ムギラァ 或はムギラン

雄が後尾部にて雌の頸部を摑みたる一對の雌雄を「チョウヘイ」と云つて居ります。尙子供がオトリにて他のトンボを呼ぶ時の稱呼は『トーロリィ　トーロリィ』です。以上(磯貝勇)

答(四三) 荷ひ桶の水はれ出るを防ぐ法。

酒屋の杜氏達が造り込みに使ふ水を庄尾井戸から汲んで運ぶ時、水のはれ出るのを防ぐ爲に、薄板を十字に組んだものを浮かしてあつた。棕櫚繩で桶の手に繫いであり不用の時はぶらりと垂らして置く。これは土佐の幡多郡全體を通じて行はれるところ。この杜氏の田ノ口村出口及び伊屋に最も多いが、他郡にも縣外へも出稼ぐらしいから、この方法は何處か他處から將來されたものかも知れない。

下田ノ口では、盆の十六日に海潮を汲んで來て雪隱を洗ひ、疫病を除け、雪隱虫の湧くのを防ぐ俗があるが、潮を汲んで歸る時には濱のボウフウを根から掘り取つて浸して來る。潮水と相俟つて病災除けの効驗を豫想してゐるボウフウではあるが、水のはれ出るのを防ぐ用を足してゐることも確かである。(中平悅麿)

(答)四三

和歌山縣那賀郡田中村地方でも、板二つの十文字のものを浮べて水のはれるのを防いだ。今は殆ど見當らない。

又肥持ちの時には、草か、藁の切つたものを浮べる。この方は今も行はれて居る。(與田左門)

答(四四) 人呼び坂。

幡多郡小筑紫村に呼び崎といふがある。入江風になつた一方の岬だから、渡し船を呼んだ所ともとり得るが、對岸に村がある點から考へて、觸れ事の爲に呼んだ崎である故の命名かと思ふ。

私の鄕里下田ノ口は、上前中前下前馬野々の四組から成り立ち、荒神山を圍んで位置してゐる。部落の小使は道を大聲に呼び歩いて事を觸れるが、時にはこの事觸れを荒神山の上からすることもあつた。たゞし呼び丘などの命名はされてゐなかつたらしいが。

萬葉集卷十四、東歌を見ると、雜歌の部に、

三四四二 東路の手兒の呼坂越えかねて山にか宿《ね》むも宿りは無しに

相聞の部に

三四
七七東道の手兒の呼坂越えて去《い》なば我は戀ひむな後は逢ひぬとも

の二首が見える。駿河國廬原郡陏隧峠のあたりらしいが、松岡氏の『民俗學上より見たる東歌』の中に必ず出てはゐようが、同書未見のまゝに若しやと思ひ御報告申す。(中平悅磨)

答(五四) 夜口笛を吹くを忌む。

高知縣長岡郡田井村附近にては「夜口笛を吹けば蛇が來る」と言ひ、香美郡大楠植村附近にても「夜口笛を吹く」を忌む。(澤田廣茂)

答(五四)

私の父は兵庫縣高木郡笹山の者ですが、夜口笛を吹くと蛇が來ると言つて居ました。夜口笛を吹くのをいやがるのは、兵庫縣の方々にあることの樣です。京都市でも夜口笛をいやがる風習があります。(齋藤强三)

答(五六) 「吾が身ぢやないが」

高知縣長岡郡田井村附近、香美郡大楠植村附近にては「我が身でなし」と言ふ。(澤田廣茂)

答(五九) 各地の墓地方言

高知縣長岡郡田井村地方及香美郡韮生方面では「はかとこ」と言ふ。

前者にては「墓地」又は墓のある地名例へば「上《うへ》の山」等とも言ふ。(澤田廣茂)

答(六二) 「ねこ」「ねこがき」

山形縣鶴岡市のことですが、ねこ(猫もネゴと半濁になるやうであるが、藁製床のねことは發音が異る。)は元柔術稽古場に敷いてありました。編み方は圖の通りかと思ひますが、或は、少し異ふかも知れません。ネゴマグリと云ふて此床にて棒卷のやうにして迫るのです。惡い事をすると、此の制裁を受けるのでした。明治の末まで用ふ。

又同市附近の農家では、元日は勿論來客があると、新しい莫座(ウシベリといふ。表に良い疊表を裏に惡い疊表とを合せたもの、平常は惡い方を上にして敷き來客の時は良い方を敷く。)又は新しい莚(特別製)を敷き、又爐端にもこのやうにして敷きます。(昭和六、七、廿 國分剛二)

答(六三) ムクラモチを防ぐ法附鼠を防ぐ一法

郷里では鼠は蓖蒻玉の皮や屑を、ムグラモチは鷄糞を嫌ふものと信じてゐる。で鼠の穿つた壁穴は、蓖蒻玉の屑を赤土の中に混して塞げば、再び其處を孔あける事なく、モグラの來る土地へは鷄糞を埋め置けば穿ちに來らずとて之を施す。(中平悅磨)

答(六三)

奈良縣宇陀郡伊那佐村でも、タンゴの兩角の上を荷棒で擦ります。農夫二人が兩方から擦つて其の軋る音で土龍を追ひ拂ひます。廣島縣世羅郡でも行ひます。(井上賴壽)

答(六四) 猫又といふ怪

徒然草にあるものが、果してどんな俗信に據るものか、相當困難な考證を要しよう。手近の註釋書を見ると、猫の劫を經たもので、尾は二又になり、種々の怪異を行ふとある。私鄉里では、死人を猫が跨げば、立つて歩きだし、屋根の上をも易々と歩く、この怪を猫またといふと傳承してゐる。(中平悅磨)

學界消息

○琉球舞踊古典劇公演會 は、東上の野村琉球舞踊團を迎へて八月六日午後六時半より、日本靑年會館講堂に於て、同館後援、民俗藝術の會の主催によつて開かれた。其のプログラムを左に示せば

一 若衆扇子踊 かぎやで風節
二 花笠踊 本嘉手久節 出砂節 揚高禰久節
三 扇子踊 上り口說
四 田舍娘雜踊

五　花笠踊　伊野波節　長恩那節

六　四竹踊　仲里節

七　船送り　花風節　下出述懐節

八　高平萬歳　道行口說　ウフンシャリ節　サインスル節

九　女手踊　仲良田節　瓦屋節　ションガナイ節

十　漁村雜踊

十一　松竹梅踊　揚作田節　東里節　赤田火風節　夜雨節　浮島節

十二　かしかき踊　干瀬節　七尺節

十三　天川踊　加那ヤッ節　天川節

十四　ションドレ節踊　仲間節　諸鈍節

因みに、組踊『花賓の緣』の始るに先立ち、『組踊と端唄』と題し、折口信夫氏より組踊りの成立及謠曲の『葦苅』と同じ說話型に屬する『花賓の緣』のモチーフに就いての解說があつた。

當夜は盛會であつた。

○三河各地の民俗學家の座談會が、伊勢神宮皇學館に於ける講演を了へて歸京の途にある柳田國男氏を迎へて、八月八日、御馬引馬野に於て開かれた。會する者十六名。柳田氏よりは歐洲諸國に於ける民俗學の歷史についての談があつた。

○松本話の會第三回例會　は、來信の早川孝太郎氏を迎へて、八月十一日、筑摩祭り見學後、松本市『鯛萬』にて開會された。胡桃澤、地上兩氏をはじめ會合するもの併て十八名。三州よりは原田、夏目の兩氏出席。村の嘘つき者、嘘つき話を中心として座談が取交された。

○折口信夫氏　は八月下旬東北地方に採訪旅行に赴いた。

○宇野圓空氏　は近く同文舘より『宗教史實と理論』岩波書店より『宗教學』を上梓する。

○防長史學　は山口縣下の鄉土史家の鄉土史研究發表の機關誌であるが、其の第二卷第一號は鄉土地理研究號にあてられて居る。御薗生翁甫氏の『二五三棟船考』なる卷頭論文は、長門本平家物語成親流罪事の條に見える、二五三棟につくりたる船の考證、起原及使用年代を論じ、其遺風として尾張津島神社の車樂船、安藝嚴島神社の御管絃船をあげ、谷苔六氏の『防長藩總石高考』は毛利氏慶長入國以來の撿地・石高による毛利藩の經濟史的論究をなす。『門名の研究』なる一欄には、重本多喜津氏の「豐東村門名集」金屋泰介氏の「大内村長野に於ける門名の調査」佐伯利器夫氏の「門名管見」ありて、屋敷名、地名に關する貴重なる文獻を呈示し、國弘保氏の『膝坂部落の研究』、谷苔六氏の『鄉土地理雜俎』、つゞいて石川卓美氏の精細なる『鄉土研究プラン』、本誌より轉載せる『民俗資料採訪要目』『野外採集要目』あり、兼常彌富、藤井禎輔氏の『防長俚諺集』、次に『防長方言調査表』の動植部あり、更に『防長祭曆』あり、卷末には『防長古文書』(氷上山興隆寺文書其二)を附してある。本號は特に鄉土研究の指針を示すために作られたといふ。(菊判一二四頁、山口縣立山口圖書館前　發行所興海館)

○中國民俗研究　が創刊される。昭和二年十一月に始つて號を重れること約五年四卷六號廿四册に及び、同地方の民俗學研究の爲に功績赫々たりし『岡山文化資料』は第三卷第六號を以て一先づ癈刊され、この九月よりは斯學の隆運に鑑み、新に中國民族學會が組織されるに及び、『中國民俗研究』と改題刊行されることになつた。

廣く會員を募集すると。左に其會則を揭げる。

中國民俗學會會則

第一條　本會を中國民俗學會と名づく

第二條　本會は中國地方に於ける民俗研究及び民俗資料の採集を目的とす

第三條　本會は目的を達成する爲めに左の事業を行ふ

イ、毎月一回雜誌「中國民俗研究」を發行す

ロ、隨時民俗研究及び民俗資料に關する書籍の出版をなす
ハ、每月一回例會として民俗座談會を開催す
ニ、隨時民俗資料採集の旅行をなす
第四條　本會の會員は本會の趣旨目的を贊成し會費（半年分一圓二十錢、一年分二圓四十錢）を前納するものとす
第五條　本會會員は例會並に旅行に參加することを得るは勿論本會出版の書籍に對しても相當の特點を得
第六條　本會に左の役員を設く
顧問　若千名
同人　若干名
イ、顧問は本會事業の指導を分擔す
ロ、同人は編輯、庶務、會計の事務を分擔す
第七條　本會の事務所を岡山市門田屋敷九十一番に置く

附　則

第一條　本會は昭和六年九月一日創立す
讃助員　柳田　國男
顧問　東條　操
正宗　敦夫
同人　水原岩太郎
佐藤　清明
時實　默水
桂　又三郎

尙、『岡山文化資料』の最終號の要目を擧ぐれば、佐藤清明氏の『全國ハコベ方言集』桂又三郎氏の『岡山に於ける神功皇后傳說』『岡山縣動植物方言圖譜』時實默水氏の『邑久郡土俗資料』桂又三郎氏『岡山縣墓蹟一覧』『郷土隨筆』等である。

○郷土和泉　の第三號方言號は、同誌の主催者たる小谷方明氏によつて募集された同地方の方言七六二を收載して居る。卷頭の佐藤清明氏の『和泉は近畿か山陽か』なる一文は、同地岸和田中學の加藤氏によつて編された和泉の植物目錄に載る植物一千五百餘種が中國と共通なる點より、今後小谷氏の努力によつて同地方の方言が更に蒐集整理せられて、和泉地方の方言が近畿に近きか、中國に近きか決定せられる曉の遠くなきことを述べて居る。謄寫版刷、半紙十四枚、非賣品。照會は大阪府泉北郡上神谷村豐田小谷方明氏宛

○設樂　三河國北設樂郡を中心とする郷土研究雜誌『設樂』が同地方の研究家有志によつて設立されし『設樂民族研究會』の機關誌として創刊された。郷土研究によつてこの山間の村々に力強く生きて居た村人の生活史を再吟味し、新に郷土に即した生活方法を知らんとする爲、且つはこの地方が民間傳承に豐富なるが故に、これが蒐集は斯學のため裨益するところ又尠くないであらうといふ見地から生れたといふ。其目次をあぐれば、

設樂の發刊について　原田　清
木みさき樣の話　佐々木嘉一
明治二年百姓騷動の事　原田　清
てんばこ樣　飛八樣の事　佐々木嘉一
尾籠桝について　岡田松三郎
比喩形容語　原田　清
布川村の盆踊　岡田松三郎
女いれずの田　原田　清
孫一樣の杉　佐々木嘉一
五人組御條目　岡田松三郎
ほころびぜい　永江土岐次

謄寫版、半紙十六枚、會費一年壹圓貳拾錢、六册發行、照會、愛知縣北設樂郡本鄉町　原田清氏宛

○郷土研究第五卷第三號
馬首農神譚　佐々木喜善
農村に殘つてゐる上代の面影　窪田　空穗
栗鼠の怪　南方　熊楠

學界消息

陸奥女人の話　同
逆さ柱、鳴と認印　長尾　豐
左の目　中山　太郎
肥後天草島の民譚　濱田　隆一
雫石の掃部長者　田中喜多美
伊勢の話　澤田四郎作
信濃園原にて　早川孝太郎
碧城大越村習俗　富塚　善次
琉球怪變化種目　金城　朝永
秋田縣角館地方の禁忌と呪と占事　武藤　鐵城
紀南方言雜記　雜賀貞次郎
阿波の神踊歌　後藤　峰子
子供のみが祭る神社　桂　又三郎
大精進御宿帳　雜賀貞次郎
齒の禁厭　岡田　蒼溟
鐵漿のこと　久仁　興仁
方言覺帳から(二)　山本　靖民
東筑摩郡道神圖繪の刊行　胡桃澤勘內

○民俗藝術　四ノ四

鉤占から兒童遊戲へ　柳田　國男
童戲・童謠・童詞　瀨川　柾夫
陸奥の毬つき唄其他　能田　太郎
南部の童詞　橘　正一
盛岡の童謠童詞　後藤　圭司
武州川崎での所見　溢　亮三
東京附近の毬唄・羽根唄　熊谷　勝
信州下伊那の毛毬唄　鈴木　修一
清水附近の童謠　土屋　武夫
北伊勢の童謠・童詞　野田木美智
大坂の兇戲　鈴木　太良
播磨の童謠　河本　正義
岡山のお手玉唄　石田　憲吉
第六回郷土舞踊と民謠の會合評記
郷土舞踊を見たまゝの記　中野　桃男
牛方唄・山唄の會
地獄變と盆燈籠　西村　紫明
陸前のおかざり・えびすの幣・おひな　本田　安次

○南方土俗　一ノ二

福州の一瞥　久保　天隨
承管埔地合同約字より觀たる埔里の熟蕃聚落(一)　移川子之藏
南支那蠻族の文化　前島　信次
金銀の産出と其祭祀　小葉田　淳
言語と人類學　アルンテル、デル、レ
小人傳說　笹尾宗晴・山中樵
アミ語錄　佐藤　豐明
タイヤル族兒童色彩の好き嫌ひ　飯沼龍遠・力丸慈圓・藤澤佈
ファラボン史蹟に就きて　桑原　政夫
崑崙船　神田喜一郎
ルフト蕃移住の語　岡田謙・馬淵東一
加禮宛の傳承二三　宮本　延人
ブヌン族資料斷片　岡田謙・馬淵東一
加走灣頭の熟蕃　宮本　延人
頭社熟蕃の歌謠　移川子之藏
パゼツヘ族資料斷片　馬淵　東一
ポンポン社の口碑　若林　修三

○方言と土俗　二ノ四

馬鈴薯方言地圖　佐藤　清明
馬鈴薯方言分布　佐藤　清明
暗礁の方言　桂　又三郎
青森縣海岸の風の名と氣象狀態　橘　正一
蜻蛉・その他　諸　家
動植物の方言と子供遊び　橘　正一
土佐の俗信集　橋詰　延壽

○史學　十ノ二

奧州地方に於ける特種信仰―隱念佛に就て　佐々木喜善
七世紀末のマレイ語碑文　松本　信廣

○講演百五三號　アイヌの話　金田一京助

○民俗研究卅一

幣束の話(閑窓雜話祭祀の部)　山本鹿州著
日本民俗研究會發行

◇前號目次

△原稿、寄贈及交換雜誌類の御送附、入會退會の御申込會費の御拂込、等は總て左記學會宛に御願ひしたし。
△會費の御拂込には振替口座を御利用ありたし。
△會員御轉居の節は新舊御住所を御通知相成たし。
△御照會は通信料御添付ありたし。
△領收證の御請求に對しても同樣の事。

昭和六年九月一日印刷
昭和六年九月十日發行

定價金八拾錢

編輯兼發行者　小山榮三　東京市神田區表猿樂町二番地
印刷者　中村修二　東京市神田區表猿樂町二番地
印刷所　株式會社　開明堂支店
發行所　民俗學會　東京市神田區北甲賀町四番地　振替東京七二九九〇番　電話神田二七七五番
取扱所　岡書院　東京市神田區北甲賀町四番地　振替東京六七六一九番

MINZOKUGAKU
OR
THE JAPANESE JOURNAL
OF
FOLKLORE & ETHNOLOGY

Volume III September 1931 Number 9

CONTENTS

PUBLISHED MONTHLY BY
MINZOKU-GAKKAI
4, Kita-Kôga-chô, Kanda, Tokyo, Japan.

民俗學

第參卷　第十號

昭和六年十月

民俗學會發行

民俗學會會則

第一條　本會を民俗學會と名づく

第二條　本會は民俗學に關する知識の普及並に研究者の交詢を目的とす

第三條　本會の目的を達成する爲めに左の事業を行ふ

イ　毎月一回雜誌「民俗學」を發行す

ロ　毎月一回例會として民俗學談話會を開催す

但春秋二回を大會とす

ハ　隨時講演會を開催することあるべし

第四條　本會の會員は本會の趣旨目的を贊成し會費（半年分參圓　壹年分六圓）を前納するものとす

第五條　本會會員は例會並に大會に出席することを得るものとす　講演會に就いても亦同じ

第六條　本會の會務を遂行する爲めに會員中より委員若干名を互選す

第七條　委員中より幹事一名、常務委員三名を互選し、幹事は事務を執行し、常務委員は編輯庶務會計の事務を分擔す

第八條　本會の事務所を東京市神田區北甲賀町四番地に置く

附則

第一條　大會の決議によりて本會則を變更することを得

委員

石田幹之助　宇野圓空　折口信夫
金田一京助　小泉鐵　小山榮三
松村武雄　松本信廣（在京委員）
秋葉隆　移川子之藏　西田直二郎
（地方委員）

◇前號目次

民俗學目次　第三卷・第十號

寄合咄

資料・報告

私達が集つて此度上記のやうな趣意で民俗學會を起すことになりました。考へて見ますと學問が大學とか研究室とかに閉ぢこめられてゐた時代は何時までつゞくものではないといふことが云はれますが、然し大學とか研究室とかを必要としなければならない學問のあることも確かに事實です。然し民俗學といふやうな民間傳承を研究の對象とする學問こそは眞に大學も研究室も之を獨占することの出來ない學問であります。然しさればといつてそれは又一人一人の篤志家や學究が個々別々にやつてゐたのでは決してものになる學問ではありません。出來るだけ多くの、出來るだけ廣い範圍の協力に待つしかないものと思ひます。日本に於て決して民間傳承の資料の蒐集なり研究なりが閑却されてゐたとはいへません。然しそれがまだ眞にまとまるところにまとまつてゐるとはいはれないのが事實であります。

かう云ふ事情の下にある民俗學の現狀をもつと開拓發展せしめたいがために、民俗學といふものを發起することになつた次第です。そして同樣の趣旨のもとに民間傳承の研究解說及び資料の蒐集を目的として、會員を募集し、會員諸君の御助力を待つてこれらを發表する機關として「民俗學」と題する雜誌を發行することになりました。

どうかこの一般國民生活の中に深く生きてゐる事實の意義及び傳承を生かす爲めに、そして民間の學問としての學的性質を達成せしむる爲めに、本會の趣旨を御諒解の上御入會御援助を賜りたく御願ひ申します。

民間傳承と自然的環境（下）

松村武雄

五

自然的若くは地理的環境のうちで、人類の生活、それが產み出すさまざまの文化形相に最も廣汎にして深大な影響を與ふるものは、地勢と氣候とであらう。而して這般の關係は、文化形相の一としての民間傳承に就いても、固より眞である。但しここで自分たちがよく注意しなくてはならぬことは、地勢と氣候との文化形相に與へる影響が廣汎深大であるだけに、うつかりすると、這般の影響關係をおし廣げ過ぎて、餘りに多くのものに之を當て辨める病弊に陷り易いといふことである。シャルル・セーニョーボスが、その著『文明史』(C. Seignobcs, Histoire de la Civilisation) に於て、

『波斯の宗教は、猛烈な對照の國――豐饒な谿谷と不毛の高原とが相並び、冷かなオアシスが燃ゆる沙漠の間に點在し、開懇せられた田野が漠々たる沙原と交り、自然のもろもろの勢力が、永遠の爭鬪を營んでゐる國土に、その根原を發した。イランの民衆は、おのれ等の四圍に見出した這般の爭鬪を以て、宇宙の法則であると考へざるを得なかつた。かくして人間に勞作と德行とを强ゆる偉大にして淸淨な宗教が發展したと同時に、人間を苦しめる惡魔に關する深酷な信仰が生れた。』(一)

となした如きは、些かさうした弊に墮してゐる。なる程イラン高原は、その地勢と氣候とに於て峻烈な反對力の展開場ではある。この地域は、燃ゆるやうな沙漠と、氷のやうに寒冷な高臺とから成つてゐる。かくて氣候は嚴苛で、或る地方は百四度に上り、他の地方は氷點下四十度に下る。セーニョーボスの言葉を借りて云ふなら、西比利亞の嚴寒とセネガルの酷熱とを併有する地域である。また地味から云つても、茫漠たる大砂原が河川を吸ひ盡し、生成の力を破壞する鹽湖が到るところに横るかと思ふと、谿谷地帶は太だ豐腴で、所謂『果實と牧場との國』を形成してゐる。しかしそれだからと云つて、氏のやうに、イラン高原に於ける地勢及び氣候の二元性と宗敎的觀念の二元性とを結びつけて、直端に兩者の間に因果關係を見出すのは、餘りにイージー・ゴーイングな大題小做としなくてはならぬ。宗敎上の二元觀を發生させる因子は、それほど簡單なものではないであらう。明暗、寒暖などの自然現象の印象、人間性の省察、相異る生産形態の相剋、異民族に對する情感など、みなそれぞれの度合を以て這般の二元觀の成立に寄與するところがあり得る。この意味に於てセイニョーボスの見解は、複雜な現象に對する誤れる簡易化であるとしなくてはならぬ。

かうした先人の躓きを胸臆に留めて、自分は先づ地勢と民間傳承との關係を繹ね、而して次に氣候と民間傳承との交渉を考へることにしたい。

歐米の文明國について、その總面積に對する森林地の面積の百分比を見ると、稍ゝ古い調査ではあるが、一千九百年に於て、（一）

大ブリテン	四	丁抹	六、二	和蘭	七、五	西班牙	一三
希臘	一三	伊太利	一四	ルーマニア	一四	白耳義	一七、二

佛蘭西	一七、七	瑞西	二〇、	諸威	二一	獨逸	二三、三
合衆國	二五	墺太利匈牙利	三〇	露西亞	三二	加奈陀	三八
瑞典	四〇	芬蘭	六〇				

この統計が示すやうに、芬蘭《フィンランド》は稀有の森林國である。實際この國は、地勢的に云へば、沼澤と森林とから成り立つてゐると言ふことが出來る。そして氣候からすると、長期に亘る嚴苛な冬威に惱まされる地域である。かくてその住民であるフィン族は、田畝の耕作によつて食養過程を解決することに重きを置くことが出來なかつた。彼等は農耕經濟によるよりは、寧ろ漁撈、狩獵、牧畜によつて生活しなくてはならなかつた。ところで一方民間傳承に關する諸現象を見ると、自分たちは、

(1)フィンランドの多神教は、殆んど云ふに足る農業神を持たない。固よりフィン族と雖も大地の生成力を認めてはゐる。しかしマア・エミー（Man-emme——『母なる大地』の義）は、農作を掌る神と考へられるよりは、『天父』に對するものとしての『地母』に過ぎなかつた。ただウィロカンナス（Wirokannas）だけは、ライ麥、大麥、麻等の成長を掌る靈格として、農業神の面目を具へてゐると見ることが出來る。しかしこの神さへも、『綠の衣せる森の司祭』といふその一稱呼が示すやうに、本職は森林原野を支配することに存し、農耕への關與は、その片手間の爲事に過ぎなかつた。

(2)之に反してフィンランドの多神教は、著しく森林神、狩獵神に富み、而してそれ等の靈格は、民衆に大きな親愛感と崇仰感とを以て迎へられた。タピオ神（Tapio）が、『森林の友』、『森林地の惠深き神』などの稱呼をささげられてゐる事實の如き、その一例證である。

(3)エスキモー人が海豹に特別な敬意をささげ、トダ族が水牛を神聖視したやうに、フィン族の間には熊族の崇拜が盛んで、殆んど arctolatry の域に達してゐる。(神熊としてのオトソー(Otso)の如き、『黄金の駿足』、『毛皮を纏へる森林の友』、『茂みの誇り』など、殆んど煩しく感ぜられるほど多くの美稱をささげられてゐる。)といふ事實に逢着する。(三) フィンランドに於ける地相と民間傳承との間のかうした平行關係は、地相が生産形態を決定し、而してかくして決定せられた生産形態の特徴が更に民間傳承に作用したといふ因果關係に置換せられ得ないであらうか。

フィンランドの多神教が、殆んど全く農業神を有しないといふ事實と好個の對比をなすものとして、古代埃及の多神教が殆んど全く言ふに足る海神、航海神を持たぬといふ事實がある。そしてこの一見奇異なる民間傳承的現象も、地勢とそこばくの交渉を有してゐるやうに思はれる。國家としての古代埃及をなしてゐた地域は、海洋とは可なり縁の遠いものであつた。該地域と海との間には、多くの砂丘が横つて、民衆に對して海への容易な接近を拒んでゐた。言ふに足る海神が生れてゐないのは、さうした地理的環境に少くともその一因を有するではなからうか。尤も古代史研究者の或るものは、埃及人が古くから海上を馳驅し、航海の老巧者として遠い地域まで船を乘り出したことを力説する。もしさうした見方が正しいとするなら、埃及多神教に於ける海神の缺漏と自然的環境とのつながりの想定は、その根底をくつがへされるわけである。しかし他方では、古代埃及人を目して海洋に親しみの薄かつた民族となし、彼等が液體の道路の上に活躍したのは、一般民衆的ではなくて、少數の冒險者がフィニキア人を手先として行つた爲事であると主張してゐる。自分の現在の知識では、その何れが事實の眞相をついてゐるかを判定することが出來ぬが、假りに眞の海上活躍者は、フィニキア人であつて、埃及人は之を利用した影武者に過ぎぬとすれば、海神缺漏の現象に地理的環境――殊に地勢の手が働きかけてゐるらしいといふ推定も、强ち無理ではないことになる。しばらく記して達識の士の示敎を待つことにする。

海神問題よりはもつとはつきりと砂丘の民間傳承への働きかけを示す事實として、埃及人の冥府觀念を擧げることが出來さうである。

埃及の宗敎及び神話に於ける冥府觀念の一つの特徴は、冥界が廣さに亙つて沙原から成つてゐるといふことである。埃及人が想定した死の世界は、十二の地域に區分せられてゐた。そのうちで、第五から第六に亙る地域が先づ廣大な沙漠で、一滴の水を見出すことが出來ぬ。かくて船に搭じて夜毎に冥府を過るラー神(Ra)は、餘儀なくそこで船を棄てて、長蛇の背に跨り、若くは四柱の神に牽かせた蛇形の橇に乘らなくてはならぬと信ぜられた。第六域からは、死界の王者オシリス(Osiris)の領域であつたが、これ等もまた茫々たる沙原つづきであつたこと、古い記錄の一つに、この地域の民を指して『沙上にゐる人々』と呼んでゐるに徴し、またラー神が親しくそこに幾多の砂丘と、砂丘の下に埋まつたシュー(Shu)、テフヌート(Tefnut)などの神々を睹たといふ傳承に徴して明かである。

埃及人の冥府觀に現れた此の特殊な形相は、どこから來たであらうか。埃及の地貌に眼を注ぐものは、それがいかに沙原帶と砂丘帶とに富むかを見出すであらう。事柄の性質上、自分たちは、埃及の觀念上の死界が沙原と砂丘とに特徴づけられてゐる事實が、現實世界に於けるかうした地勢的特質の縮圖若くは轉移であるといふ證據を擧ぐることは出來ぬ。しかし二者に於ける這般の符合は、著しく自分たちの注意を惹く。人の子はおのれを中心として他を解釋する强い傾向を持つてゐる。神の住む世界、死後の生活が行はれる世界などは、表象の自由さに於て殆んど無制限であるやうに思はれて、實は頗る窮屈な考へ方に支配されるのが、實情である。人の子はかうした場合太だ屢〻宗教學上に謂ふところの (Continuance theory) に引きずられる。自身の生活を他の世界にまで延長することによつて解釋の片をつけたがる。炎熱に苦しむ印度の民衆は、大熱獄を地獄に想定したが、氷寒獄は考へなかつた。エデンの樂園の景觀は、伯來の民が永い間住むことを强ひられたティグリス、ユーフラテス河域の縮圖であると言はれる。古代埃及人が冥府にわざわざ砂原を持ち込んだのも、單なる空想としては說明がつき難い。空想は特に冥府と砂原とを結びつけねばならぬといふ必然性を少しも有してゐないからである。

レウィス・スペンス氏 (Lewis Spence) は、インカ族の文化が高度に自然的環境の影響を受けたことを說いて、

『インカ族の興味ある文化が發達した國土は、その環境的形相によつて、この種族の歷史に深大の影響を與へた。實際世界に於ける如何なる國土に於ても、地勢がその地域内に住んだ民衆の生活事實をかくまでに拘制したことは、恐らく無いであらう。』

と言つてゐる。(四) 些か誇飾に失するの嫌ひが無いではないが、正しく事實の一角を摑んでゐるとしなくてはならぬ。

普通にインカ族と呼ばれるものは、アイマラ族 (Aymaras) とクィチュア族 (Quichuas) とから成つてゐた。そしてアイマラ族は、チチカカの谿谷から四方に擴がつて、アマゾン河の源からアンデス山脈の高地に亘つて住みつくこととなり、クィチュア族は、これに反して、アプリマック河床の温かな谿谷地に落ち着くことになつた。かくて歲月がたつにつれて、地勢の對蹠的相違が、これ等二つの種族の性情、生活、文化に、著しく異つた烙印を與へるやうになつた。山地に住み古したアイマラ族のそれ等は、著しく『山人』の色調を帶びるに至り、低地に住

み馴れたクィチュア族のそれ等は、目立つて『平原民』の特徴を持つやうになつた。前者の宗教は、『山つみ』『山部』の宗教の代表的特質を具へ、後者の宗教は、『里人』的、村落的な宗教の典型的な形相《スガタ》を表してゐる。神話に於ても、さうした對立が鮮かに看取せられる。岩石の人間へのメタモーフォーセスを說く物語が、主としてアイマラ族の間に見出されるが如き、洪水說話が、アイマラ族の間に見出されないのに反して、クィチュア族の間には幾つも存してゐるが如き、その好例證でなくてはならぬ。かうした神話上の偏倚現象の由つて來るところも、恐らく單なる偶然ではあるまい。

赤道と南回歸線との間に橫るペルーは、地貌の上から見て、截然と相異る二つの地域から成つてゐる。一は沿海地帶であり、他は高原地帶である。前者は沙漠に似た地相で、降雨が少なく、熱氣が太だ高いのに反して、後者は一帶の高地相で、寒氣が頗る强い。エッチ・ヅーアリング博士は、これ等の兩地域の氣候の著しい對蹠的樣態を記して、

On the Puna there is extreme cold even with a sun that stings in the thin air; on the coast there is the opposite extreme, the parching, hostile glare of the sun. (五)

となしてゐる。

ところで、兩地帶は、その宗教に於ても、一つの大きな對立を示してゐる。沿海地帶の宗教は著しく太陰的要《ルーナーエレメン》素《ト》を强くしてゐたのに反して、高原地帶の宗教は、鮮かな太陽的色調《ソーラートーン》を響かせてゐた。沿海地帶の民衆にとつては、太陰神パチャカマック（Pachacamac）が最も偉大なる神であつた。『パチャカマック』は、クィチュア語に於て、質に『宇宙の創造者』を意味するのであつた。彼は太陽と兄弟であるが、太陽よりも更に有力な靈格と觀ぜられ

た。リマ（Lima）に近いイルマ谿谷地（Irma）に、前インカ時代から存してゐたパチャカマックの神殿は、沿海地帶の宗教の中心的勢力であつた。之に反して高原地帶では、太陽神の崇拜が、より古い湖水崇拜と共に宗教的二大勢力であつた。（何故に湖水崇拜が勢力があつたかは、既に述べた。）そこでは、コン（Conn）、クン（Cun）、ヴィチャマ（Vichama）、ヴィラマ（Villama）、マンコ・カパク（Manco Capac）等の名に於て、太陽神が盛んに敬仰せられ、遂にクズコ（Cuzco）高地帶に於けるかのインカ族の顯著な太陽崇拜にまで展開した。

沿海地帶に於ける太陰崇拜と、高原地帶に於ける太陽崇拜との對立が、いかに強烈であつたかは、兩者に關する神話が雄辯に自分たちに物語つてくれる。一の神話に從へば、沿海地帶の民衆が、高地からやつて來た太陽神コンを侮辱したので、コン神が恚つて、彼等から雨を奪つて、その土地に旱魃が起るやうにしたといふ。他の神話によると、太陽神コンと太陰神パチャカマックとが相爭うたが、後者がより力強かつたので、前者は爭鬪に敗れて身を隱したと。更に他の神話の告ぐるところに從ふと、太陽と太陰とは、チチカカ湖の中の或る島で創造されたが、二人の仲が惡くて、太陽が太陰の面上に灰を投げつけたので、爾來その顏が蒼白くなつたと。（六）かうした爭鬪は、決して單なる神話詩的な想像の産物ではなかつた。それは沿海地帶の民衆と高原地帶の民衆との接觸に因する宗教文化的爭鬪の事實の反映に他ならなかつた。紀元四百年頃、インカ族が、おのれ等の太陽崇拜の宗教を奉じて、高原地帶から沿海地帶の谿谷地に侵入して來たとき、その地の住民たちは、統治者カジクェ・クィスマンク（Cazique Cuismancu）を先頭として、彼等の太陰神パチャカマックのために、懸命に太陽崇拜の浸潤に反抗した。（七）そしてインカ時代になつた後も、パチャカマックの神殿は、課稅免除の特權を有し、その託宣には、インカ族さへも傾聽しなくてはならなかつた。（八）

かうした鋭い對立は、どうして生じたか。ダブリュー・レーマン氏（W. Lehmann）は、その著『古代ペルーの藝術』（The Art of Old Peru）の中で、この問題の解釋に輕く觸れて、

『南方高原地の辛辣な氣候は、重苦しく取卷く山々や恐るべき雪嵐と共に、住民の魂を嚴肅寂寥ならしめる。同時にかうした環境は、太陽崇拜の興起に特に都合のよい條件をつくる。……一方には、豐饒な谿谷を有し、騷がしき海を望む乾燥した沙漠狀の沿海帶が横つてゐる。かうした地域の住民は、太陰崇拜に心をささげる。』（九）

と說いてゐる。しかしこれは氏自身の推測以上のものではない。自分たちは、出來るならば、住民そのものの聲を聞きたいのである。その意味に於て、ガルシラソ（Garcilaso）の記述は、頗る重要である。彼は、イルマ谿谷地の住民の觀念信念を述べて言ふ、彼等は、おのれたちの有する太陰神パチャカマックを以て滿足し、何等他の神々――少くとも太陽神を望まなかつた。なぜなら彼等は、おのれたちの國土が與へてゐる以上の熱氣を要しなかつたからであると。更にまたガルシラソその他の記述によると、沿海地帶の住民が、高原地帶から降つて來たインカ族の太陽崇拜に强烈に反抗したのは、彼等自身の主張したところに從へば、太陰神は、滋養に富む食用植物を惠むに反して、太陽神はこれを枯渴させる。從つて前者は後者よりも一層偉大であるといふ理由からであつた。（十）

アイスランドの神話に從へば、太初には虛無が茫然としてひろがつてゐた。虛無の南の果に極熱世界ムスペルハイム（Muspelheim）が存し、北の果に極寒世界ニフルハイム（Niflheim）が存した。そして極寒世界の中央にある一の泉から流れ出る水が凝つて絶大の氷塊となり、極熱世界の熱風が吹きつけて之を解かしたとき、巨人イ

ミル（Ymir）が生れた。イミルは萬物の始源で、神族も巨魔族も彼の血を享けて生《な》り出で、天地、山海、草木なども、彼の體軀の諸部からの化生であつた。（十一）

まことに奇異なる宇宙創成觀である。アイスランドの民衆は、何が故に特に『冷』と『熱』とを拉し來つて、これ等二つのものの接觸に、あらゆるものの發生を觀じたであらうか。この絶海の離れ島の地勢は、太だ特異的である。英國の文豪カーライルが、その靈筆によつて鮮明に描き出してゐるやうに、

…… that strange island Iceland, ……with its snow-jokuls, roaring geysers, sulphur-pools, and horrid volcanic chasms, like the waste chaotic battle-field of Frost and Fire.

である。（十二）

實際アイスランドは、火と氷とから成立つてゐると云つていい位である。僅に四〇四三七平方哩の島であつて、その中に一〇七個の火山を有し、地球上最高度の火山地域の一をなしてゐる。そして地質學に謂ふところの第三紀（Tertiary period）に於てこの島が成立した以來、現在に至るまで絶えずそれ等の火の山が活動してゐる。（十三）然るに他方から見ると、同島はまるで氷づけになつてゐる。本論考（上）に指摘したやうに、三二八〇平方哩に亘るファトナヨークルを始めとして、幾多の大氷原が島を蔽うてゐる。（十四）かくしてアイスランド島そのものが、云はば火と氷、『熱』と『冷』との物凄い對立の展開場である。かうした地勢を胸臆に藏めて、先に擧げた奇異なる宇宙創成神話に對したなら、該神話の驚くべき『風變り』が、決して單なる『風變り』ではないといふことに思ひ當るであらう。この島に住む者は、日夜常住に極熱世界と極寒世界とを目睹し體驗してゐるのであつた。

最後に氣候（天候をも含めて）と民間傳承との關係がある。この場合にも餘りに comprehensive な與件を持ち出すことは、學的不正確に陷り易いといふことを忘れてはならぬ。さうした與件は、通則として發生因子に於て複雜錯綜して居り、從つて自然的環境の一本調子で始末をつけ得る底のものでないからである。例へば、神の職能と氣象・氣候との間には、確かに或る程度の關係が存してゐる。或る神に於ける職能の變化の如き、往々にして氣象・氣候の吹息がかかつてゐる。しかし這般の關係によつて、ドャウス（Dyaus）、ゼウス（Zeus）、ティウス（Tius）三神に於ける職能の變化を說明し得るとなす或る一派の學徒の提唱の如きは、可なり危ないものであると思ふ。印度日耳曼族に屬する若干の民族が、共通の天空神として div（『輝やかな』の義）を語幹とする靈格を崇拜してゐたことは、マックス・ミュラーやヤコブ・グリムなどの既に證示したところである。（十五）印度日耳曼族が分裂して、そのそれぞれが次第に異なる方向に移動し、異なる地域に住みつくやうになつてからも、その神は依然として崇拜しつづけられた。印度吠陀の宗教に於けるドャウス、希臘宗教に於けるゼウス、北歐宗教に於けるティウスなどが、卽ちこれである。しかしこれ等三個の神は、みな div を語幹としてゐる點では、依然として傳態を守つてゐるに拘らず、その職能に至つては、『輝やかな天空』の神といふ一致點を失つて、いつしか相互に stranger となり了してゐる。ドャウスは『輝やかな天空』の神でありつづけてゐるが、ゼウスは天空神とは云ふ條、より重要な職能として雷霆を掌る神となつて居り、更にティウスに至つては、全く天空神の性質を喪失して、一個の戰鬪神に變容してゐるからである。或る學徒は這般の職能變化の原因を自然的環境の影響に求めて、

(1)印度では烈日に照り輝く空を仰ぐことが多い。だからドャウスは『輝やかな天空』の神に終始した。

(2)希臘でも、輝く空を仰ぐことが多いが、雷霆、雨等の乾象は、印度ほど强烈でない。だから印度では、天空神、雷神、雨神などが、それぞれ專門的に生れたに反して、希臘では天空神がこれを兼ねるやうになつた。

(3)北歐は陰暗な空を見ることが多い。だから輝く天空の神は、存在の意義を持たなくなつた。

といふやうに說明する。かうした說明で納得のいく人もあるかも知れぬが、自分はどうしても首肯するに躊躇する。自然的環境は決して萬能藥ではない。それの正當の領域を超えて、餘りに多くの事象に喙を容れるといふことは、それ自身の力までもいかがはしく見られることになる基であらう。これ等三神に於ける職能の變化を、自然的環境の影響といふ單一の原因に歸するのは、ひいきの引き倒しである。自分の見るところでは、這般の變化には、民族文化、民族性――たとへばゼウスが、民衆の神々への働きかけとしての選擇作用及び理想化作用の下に、多くの職能をおのれに吸收したといふ宗教文化的現象や、北歐人が戰鬪好きで、病死を『藁死』として極端に忌み嫌つたといふ事實など――が少なからぬ程度に働きかけてゐると思ふ。

しかしそれだからと云つて、氣候や氣象が、神々の職能の變化に對して何等の關與をも持たぬと考へてはならぬ。たださうした關係を考へるには、上に擧げた事例のやうな comprehensive な民間傳承を避けて、もつと簡素な、他の因子の働きかけの少ない事實に注目する方が、より効果的であるといふのである。

中央亞米利加に於けるナフア族（Nahuas）とマヤ族（Mayas）との宗教文化は、本來同根から出たものである。兩文化は本質に於ては全く同一性質のものである。それにも拘らず兩者が展開した種々相に至つては、著しい相違を示してゐる。而してそれ等の差異相を仔細に檢討すると、自らそこに作用した共通の素因を看取することが出來る。

ナフア族の住土であつたアナフアックの地は大氣が乾燥して氣候が溫和であるが、マヤ族の本土であつたユカタン及びグァテマラの地は、雨氣が多くて熱帶的氣候の特色を强く帶びてゐる。自分の見るところでは、這般の氣溫及び濕氣の相違が、可なりの程度に、兩者の宗敎文化に働きかけてゐる。

一例としてククルカン神（Kukulcan）とクェツァルコアトル神（Quetzalcoatl）との宗敎的職能の關係を擧げる。ククルカンはマヤ族が信奉した雷霆神である。しかしその原體はナフア族の神クェツァルコアトルである。ククルカンといふ語は、クェツァルコアトルといふ語のマヤ語に飜譯せられたものに過ぎぬ。（十六）從つて前者は、『翎根の生えた蛇』を意味する點に於て、全く後者と同一である。かくしてマヤ族のククルカンは、一種の輸入神である。しかしクェツァルコアトルが、ククルカンとしてマヤ族の國土に定住するやうになると、その內性職能に著しい變容が生起した。ククルカンの原體であるクェツァルコアトルは、風の神であり、大氣の神であり、また『太陽人』であるが、ククルカンは雷霆神たる面目を多分に具へてゐる。這般の變化は、氣候の差異に因する民衆の『自然』からの印象、感情の差異に負うてゐることが大であるらしい。マヤ族の住土であるユカタン、グァテマラに於ては、眞晝の太陽が屢〻そのまはりに雲を呼び、雲が聚まるにつれて、電光が閃めき、雷霆が鳴りはためいて、やがて沛然たる雨となる。これアナフアックに見ることの少ない氣象的特徵である。かくてこれ等の地にあつては、ククルカンは、クェツァルコアトルが有する太陽的若くは大氣的性質に於て崇拜せられるよりは、寧ろ雷霆を驅使するものとして畏敬せられるの止むなきに至つたと思はれる。

蘇格蘭にあつては、冬期はあらゆる山脈が深い雪に埋もれ、多くの內湖（inland loch）が無慘に氷結し盡して、人の子は寒威の嚴峻に惱みつづけねばならなかつた。ビーラ（Beira）といふ陰慘な女魔は、かうした冬の惱みと深い關係を持つてゐる。ビーラは『冬の女王』である。かの女に絡るさまざまの信仰及び神話は、冬と早春とに於ける懼るべき天候の標徴的記述に他滿してゐる。この地域の民衆が一月と二月とに屢々經驗しなくてはならぬあらしは、かの女の起すところである。Corryvrecken の危險な大渦卷を生ぜしめるのも、かの女である。蘇格蘭の東北海岸に住む漁民たちは、今日でも早春の疾風を目して、Storm-wife たるアンニー(Annie)といふ女魔の爲業であると信じてゐる。そしてアンニーは、實に近代化したビーラに他ならぬのであつた。

冬の寒威を畏れ且つ憎んだ蘇格蘭の民衆が、出來るだけビーラの表象を物凄く想定した心持は、容易に理解することが出來る。かの女は隻眼の老婆である。しかもその目は氷のやうに鋭く冷たく、大洋の鯖のやうに敏く嶮しい。その顏は冬の容そのまゝに鈍暗な青色である。かの女は歌つて云ふ、

Why is my face so dark, so dark ?
　So dark, oho ! so dark, ohee !
Out in all weathers I wander alone
　In the mire, in the cold, ah me !

と。(十七) そしてかの女の歯は鐵銹のやうに赤く、重たげに肩に垂る毛髮は、雪に蔽はれた白楊のやうに蒼白い。衣は灰色で、いつも大きな薄黑い肩掛を纏うてゐる。あらしの冬の夜は、かの女の酷愛するところで、颯々と吹きまくる疾風の闇を、ただ獨り歩き廻つては、凄慘を極めたかの歌をうたふ。

冬期に於ける蘇格蘭は、全くビーラの支配下にある。いかなる靈格も、この期間においては、かの女と優越を爭ふものは無いと考へられた。しかし春光がほのかに萠し始めると、かの女の勢威が蝕まれ始める。蝕ばむもの

は、西方から出現する『陽春の精靈』アングス(Angus)である。本論考(上)に云つたやうに、蘇格蘭はその西海岸を暖かな潮流に洗はれてゐる。だから西南若くは西から吹いて來る風が、多量の暖味を帶びて春の魁をなす。かくて『陽春の精靈』は西方から現れ、而して冬の女王ビーラの最も恐るべき敵手となる。ビーラはこれと抗爭するために、冬の間をアングスの妻なる若い乙女を囚にしてゐる。ものみなに暖味を惠む力を憎んで、ビーラは乙女に弊衣を纏はせてこれを酷使しつづける。しかし春は遂に來る。垢づいた羊毛を純白に濯ぐやうに命ぜられた乙女の前に、一人の老人が現れて、一握の花を與へながら、もしビーラに問かれたなら、『綠の樅の森』の下に生えてゐたと答へよと敎へる。この答はビーラの心魂を戰がせる。かの女は猛り恚つて、多くの妖女たちに、

北に馬を走らせよ、　南に馬を走らせよ。
東に馬を走らせよ、　西に馬を走らせよ。
霜と嵐もて、　世界をうち惱ませよ。
一莖の花をも咲かしめざらんために、
一枚の葉をも生き殘らしめざらんために。

と命ずる。(十八)

蘇格蘭に於ては、冬と春との交替は著しく遲くてのろい。春先になつても、あらしが屢〻嚴しい冷氣を齎らし、强い霜が降つては、若草を凋ませる。そしてこの國の神話は、さうした氣候的特徵にその內容構成を支配せられて、春先の霜と嵐とを、冬の女王が春の目覺め――アングスの出現を阻止しようとする努力であると說き、陽春の到來の遲いのを、アングスの妻の幽囚に基くと說かねばならなかつた。(十九)

北邊の邦土では、太陽は、その光度と熱度とに於て、決して强烈な印象を民衆に與へ得るものではない。而して民間傳承的事實として、自分たちは、北邊の地域に於て太陽神が槪して偉大な神格にまで昂揚してゐないのを見出す。フィンランドに於てさうである。スカンディナヴィアに於てさうである。グリーンランドに於てさうである。北部亞細亞に於てさうである。そこに自然的環境と民間傳承とのつながりを見ることが出來ぬであらうか。しかしより興味の多い問題は、日神及び月神の性《セツクス》のいかんと自然的環境との交渉の有無の問題である。性の關係を主にして云へば、多くの民族は、

(1)日神を男性とし、月神を女性とする。

か、若くは、

(2)月神を男性とし、日神を女性とする。

に傾いてゐる。而して若干の學徒は、この事實と自然的環境とを結びつけて、

(1)第一の場合は熱帶、亞熱帶に多く、第二の場合は、寒帶、溫帶に多い。

(2)それは、熱帶、亞熱帶に於ては、太陽の光熱が强烈であるに反し、寒帶、溫帶に於ては然らざるのみならず、かうした地域、殊に寒國に於ては、月が嚴冷にして男性的な感じを與へるからである。

となしてゐる。ウィリアム・タイラー・オルコットが、その著『あらゆる時代の太陽傳承』(W. T. Olcott, Sun Lore of All Ages)に於て、

『多くの異つた國民によつて日月に歸せられる性の混亂は、次の事實から起つたと思はれる。或る地域では、晝は溫柔にして親しみ易い。だから晝を支配する太陽は恐らく女性と考へられるであらう。同時にうそ寒く

て嚴苛な夜を支配する月が正當に男性と見なされ得る。之に反して、赤道地域では、晝は忌々しく燒きつけるやうであり、夜は溫和で快適である。これ等の類比から推して、若干の部族によつて太陽と月とに歸せられた性が、他の若干の部族のそれと反對であるといふことは、氣候的條件がその混亂に對する責を負うてゐるやうに思はれる。』

となした如きはこれである。(二十)

なる程印度のやうな熱い國では、太陽神が男性で、月神は女性であるに對し、日本、希臘、北歐、エスキモーの住地のやうな溫帶、寒帶では、月神が男性で太陽神が女性である。リシュアニア人の間でも、月男、日女であること、彼等が好んで歌ふ歌謠(dainos)に、

The Moon wedded the Sun
In the first spring.
The Sun arose early
The Moon departed from her.
The Moon wandered alone,
Courted the Morning Star.
Perkunas greatly wroth
Cleft him with a sword.

とあるに徵して明かである。(Perkunas は雷神)(二十一)だからこの見解も一應尤ものやうに思はれる。しかし最

後の斷案を下すに先つて、自分たちは、
(1)多くの民族につきて、日月の性を仔細に調査すること。
(2)多くの民族に於て、月の崇拜の方が太陽崇拜よりも古く、從つて月の神が太陽神よりも勢力があり、而して性の關係は、この勢力關係にも左右せられたらしいことを考慮のうちに入れること。
(3)日月の何れかを他より勢力ある存在態となす理由は、民族によつて區々であるといふこと。(例へば、ユンカバタの北部谿谷地に住む印度人は、太陽は晝のみ輝くが、月は晝も夜も輝き、而して月は時として太陽を蝕するが、太陽は決して月を蝕することはないといふ理由で、月を以て太陽よりも一層强勢なものとなしてゐる。)
(4)或る地域には、日月の性について、反對の觀念が共存してゐるといふ事實を考慮のうちに入れること。(例へば北歐では、男性としての太陽神バルデルと女性の月神を考へてゐると共に、他方では太陽を女の子としてソル(Sol)と呼び、月を男の子としてマアネ(Maane)と呼んでゐる。(二十二)古スラブ神話でも、一方では太陽を女性とし、他方では Dazhbog の名の下に男性と考へてゐる。(二十三))
かうした注意の下になされた調査の結果が果して上に擧げた見方に一致するか否かは、興味ある問題であらう。

民間傳承と自然的環境との關係の考察に關しては、この他にまだ幾多の問題がある。國土の地勢若くは位置と民間傳承の保存力の强度との關係、國土の地位に基づく外來的民間傳承の分布樣態、道路若くは橋梁としての半島の民間傳承の仲介的役割など、その二三に過ぎぬ。しかしあまり長くなるから、これで一先づ筆を擱くことにする。

註

(一) C. Seignobos, Histoire de la Civilisation, Chap. IV.

(二) J. Brunhes, La Gèographie Humaine, Chap. V.

(三) J. M. Crawford, The Kalevala; D. Comparetti, The Traditional Poetry of the Finns 參照。

(四) L. Spence, Myths of Mexico and Peru, P. 428.

(五) W. Lehman, The Art of Old Peru, P. 42.

(六) Lehman, Op. Cit., P. 38. Note 25.

(七) Garcilaso, Comentarios Realis, Tomo IV. PP. 33—35.

(八) Lehman, Op. Cit., P. 37.

(九) Lehman, Op. Cit., PP. 16, 17.

(十) Garsilaso, Op. Cit., IV, PP. 33—35; Fr. Géronimo Roman, Republicas de Indias, lib. I, Cap. 5.

(十一) B. Thorpe, Northern Mythology, vol. I 參照。

(十二) Carlyle, Hero-Worship, Chap. I.

(十三) Encyclopædia Britannica, Vol. XIV, P. 229.

(十四) Encycl. Brit., Vol. XIV, P. 228.

(十五) Max Müller, Chips from a German Workshop, Vol. V, P. 121: J. Grimm, Deutsche Mythologie, I Band, S. 160.

(十六) Spence, Op. Cit., P. 83.

(十七)(十八)(十九) D. A. Mackenzie, Wonder Tales from Scottish Myth and Legend, Chap. I.

(二十) W. T. Olcott, Sun Lore of All Ages, P. 38.

(二十一) Nesselmann, Littauische Volkslieder, No. 2; W. R. S. Ralston, The Songs of the Russian People, P. 89.

(二十二) R. Anderson, Norse Mythology, P. 177.

(二十三) Ralston, Op. Cit., P. 85.

ドンコの類魚方言に關する籔君の疑問に答ふ

南方熊楠

籔君が擧られた諸魚中、予がよく知た者二三に就ていふも、是等は決して類魚と言ふ可らず。大正十三年十二月、東京小石川區西原町二ノ一一、紀元社發行、宇井縫藏氏著紀州魚譜は、其發行前二年、魚學の元締め田中茂穗博士予に語つて、本邦地方魚學書中未曾有の好書と評された。予も在外中、多少魚學に關係したが、歸朝後一向遠ざかりおるので、昨今の魚の分類學には風馬牛である。因て專ら宇井君の書に據て、少しく言んに、先づギヾは和歌山や湯淺でギウ〳〵、日高郡の山地《さんち》諸村でコウバチ（川に住で人を螫す故、川蜂の意だらう。上總でカハバチと、物類稱呼に出ると、籔君も書きある）。予幼時紀の川え游ぎにゆき其鰭棘で螫れた事あり。結城秀康の幼な顏が此魚に似た故、於義々丸と命名された由、何かで讀だ。捉ふればギヾ又ギウ〳〵と云ふ如くなく。學名アルギドラコ、又チケブスでナマズ科の魚だ。獨人セレンドルフ說によるも、又自分が大英博物館で標品を看て調べた限りも、本草綱目等の黄顙魚をギヾにあてた小野蘭山等の見識はよく中りある。然し古今圖書集成禽蟲典一四一をみて分る通り、支那には此屬の魚一種と限らず。本邦になき大きな者もあるらしい。次に予等少時和歌山でドマグロ、田邊々で今もドマグロ、西牟婁郡諸處でチヽッコと云は、宇井氏の書に據れば、江戸でダボハゼと云た物らしく、ハゼ科の魚で、學名、トリデンチゲル、オブスクルス。然し畔田伴存の水族志をみると、ドマグロとダボハゼは全く別物らしいから、篤と宇井氏に聞き合せてみよう。次にドンコはドンコ科の魚で、學名モグルダ、オブスクラと宇井氏の書に出るが、水族志にドンコてふ魚を三條迄出しある。（一）豫州でドンコ、京都でカマツカ、京都の賀茂でカワキス、阿波でジンゾク、和漢三才圖會四八に、本草の鯊を此名にあてある。故近藤廉平男、貧家に生れた。日本郵船會社長と成て、榮達した後ち、齋藤實子を招待して、へんな小魚を食せた。齋藤氏迷惑して、抑も何の由來で、こんな結構な馳走をなさつたかと問ふと、近藤男、是こそジンゾクとて、吾が若い時至極珍重した御馳走なれ、こんなまづい物を、最上饌と心得て勉强したと語つた由。大正十一年予東上した時、共同郵船會社より故男爵の傳記を頼まれ、起草中の末廣一雄君が旅館え訪れて、阿波え往くと、今も毎朝ジンゾクヤーイと呼で、此魚を販ぐ者が町を通るが、何と學名を唱ふる物かと問れたが、卽答し得ず。歸縣後三年めに種々の書で方言を調べ、扠宇井氏の書に出て、是は紀州在田郡の或部でトグチバイといひ、鯉《こひ》科の魚で、學名ゼヾラ、ヒルゲンドルフィと分つた。(二)本草啓蒙に防州でドンコウ、筑後でトンコといふは、紀州日高、東西牟婁郡でアイカケ、羽賀郡でアイカイ、伊都郡橋本等でタカノハ抔いふ。淸き急流にすみ、時節により川口え下り來る。蓋しアユを追て移動する者か。宇井氏は言及されおらぬが、淺き湍流に俯し、靜まり反つてアユの來るをまち、忽ち其前鰓蓋後の鉤棘を以て之を引懸ると、アユきりきり廻轉すれども脫し得ず、益々鉤で身を貫ぬく。斯樣にアユを食ふて一生を過す。先は靑州淸風山の小嘍囉が一條の絆脚索もて行客を把え、印度のタッグ兇賊が輪索で旅人を縊殺して世を渡るに似たり。本朝食鑑のカジカ魚、大和本草の川ヲコゼも、水族志に是と同物としある。南方隨筆二四九頁に出た「昔し人あり、十津川の奧白谷の深林で、材木十萬を伐しも水乏しくて筏を出し能はず、因て河下なる、土小屋の神社に鳥居(現存)を献じ、生たるオコゼを捧げ祈りければ、翌朝水夥しく出て、其鳥居を浸し、件の谷より此處迄筏陸續して下り、細民生利を得る事維れ多し、其人之をみて大に歡び、徑八寸ある南天の木本にのり、流れに任せて之く所を知ず」と云ふ咄のオコゼは、海産の物を活乍ら爰迄運ぶは迚も叶はず。多分この川ヲコゼ乃ちアイカケで有たらう。學名コッツス、ポルルックスで、海魚コチ科に近いカジカ科の者だ。(三)水族志に筑前福岡でドンコ又ボヾコヤシ、紀州でアナハゼ抔あるは、宇井氏說に、田邊でマラスヒ。海近い水底石穴中に居り、常に頭のみ出すからアナハゼ、形が彼物に似て、毎々穴に吸込れおる樣だからマラスヒ。根本說一切有部毘奈耶三七に、男以レ女爲レ食、女以レ男爲レ食。三十餘年前、何かの雜誌で、ポール、ダンジョワが接吻の起原は、男女相愛するの極、吾れ汝を食はんといふ意を表はした遺風と說たのを見た。そんな考えで、彼物の形ちした魚を、不斷入れて食はすと、穴が肥るてふ意義で、ボヾコヤシと名けたとみえる。學名プセウドブレンニウス、ペルコイデス。是もカジカ科の魚だ。

以上畧說したナマズ科のギヾ、ハゼ科のドマグロ、鯉科の伊豫でいふドンコ。カジカ科の防州でいふドンコウ、及び福岡でいふドンコと四科五種の魚、各別に學名を具えた者共を混同して、何たる魚學上の智識なしに、方言を集められたら、其方言亦二重三重に混同されて、何とも方の付ぬ物となるべく、學問を益するよりは、反つて損する事となりはせずやと危ぶまる。

ドンコの類魚方言に關する鐵君の疑問に答ふ（南方）

「宇井君の著書に載た諸魚の標品は、當田邊附近瀨戸鉛山村の京大臨海研究所え悉皆寄附され、同所に保存されあるから、先づ宇井君の著書を手に入れ精讀の上、かの研究所の許しを得て、標品を參看し、諸魚の形式をよく明らめた上、方言調査に取掛られん事を鐵君に御勸め申す。誠に以て餘計な差し出口の樣だが、是は南方先生や佐藤清明氏に御願ひしたい」と、拙名を掲げて要求されたから、憚る處なくかく申し上る。

又鐵君は本草啓蒙等諸書を擧て、故人も是等の魚を混同し判斷に苦しんだと言れたが、今日如き精細な鑑識法を知なんだ時代に比しては、貝原、人見、寺島、小野等諸先生は、多くの重複せる方言よりも、實物をよく觀察して、例せば本草啓蒙に、同じドンコと呼ばれ乍ら、豫州のドンコ（四國でジンゾク）と防州のドンコウ（紀州等でアイカケ）と異なる由を注意しあり。其他諸書にも先づはギヾとドマグロを混じた樣な事はない。但し宇井君の書に、アイカケと同屬にカマキリあり。前年來朝採集された米國のジョルダンとスタルクス二氏之にコッツス、カジカと學名を附られたをみると、アイカケをカジカといふ所もある外に、このカマキリをもカジカといふ所があるらしい。宇井氏の記載に、カマキリは頗るアイカケに酷似すれど、アイカケは前鰓蓋上の後緣に鈎狀の一棘あるに、カマキリは前鰓蓋に四個の棘あり、上方の一棘は著しく鈎狀なり、アイカケの頭は幅廣く、僅かに縱扁するに、カマキリの頭部は多く縱扁すると有て、其他に諸部の色や斑の相異點を擧げ、カマキリの生れたのを捕へるとブウ／＼と鳴くとある。カジカ蛙の外に、カジカ魚も鳴くと啓蒙等にみゆるは、アイカケでなくてこのカマキリだらう。廿三年前、予東牟婁郡請《うけ》川村でアイカケの乾品を獲、持歸つたのを昨今みると、宇井氏の書に所謂アイカケもカマキリもある。請川村人は通常此二種を別たず。多少形色相異なるを、雌雄位いに心得居るらしい。予も亦左樣に心得居り、宇井氏の書をみて始めて別種と氣付いた。去ば古人もこんな誤見を免かれなんだ例多かるべく、只今一種としおる者が、他日二種三種と知れ、別種としおる者が、全く同一種と知れる樣な事も多々有べしと惟ふ。（八月廿五日、午前二時稿成る）

七夕祭の起源的諸相と展開のあと（一）

栗田　峻

目次

△七月七日といふ日

たなばた祭に何故に此の七月七日が撰ばれたか。それは、明治六年の年中行事廢止以前は、殆ど公式の祭日の樣に認められて居た所謂五節供の日を列擧して見れば、大體其の意味が判明する。一月七日の人日、三月三日の上巳、五月五日の端午、七月七日の七夕、九月九日の重陽、皆いづれも陰陽道から言へば、陽の月の陽の日である。中間の陰の月日には何もない。陰陽道の解釋に從へば、天地總ての構成の上に、陰陽が等分に相調和して居るのが最も平衡狀態に在るので、それが理想。陽の月陽の日などは、陽氣があまり勝ち過ぎて、何事か禍の起りさうな恐しい日であつた。偶々重陽の干支に生れた丙午の女も、斯うした者への爲に天下に迷惑をして居る者の多い事は、我々の見る通りの有樣だが、年中の此種の凶日に於ける恐怖感は、古來色々な偶發事件として恐しくも亦忌はしく語られてゐる。一月七日は、とうどの鳥の鬼車鳥が家々を襲ふと言ふので、家毎に六日の晩に七草を囃し打つて、惡魔の鳥の襲來を防ぎ、三月三日には郭虞と言ふ男に三女があつて此日倶に死んだので、俗此日を忌むのであるとか、五月五日には楚の屈原が汨羅に投じて死んだので、後人其の怨靈を慰めるとか、七月七日には高辛氏の小子が死に、其靈が鬼となつて人に瘧病を惱ませる、其小子は生存中麥餅を好んだので、此日これを以て祭れば祟らない。故に此節索餅を食ふのであると言つた樣な事、又九月九日には、漢の桓景が道士費長房に「其日汝が家當に災厄あるべし」と豫言の注意を受けて、當日茱萸を携へて高山に登り、菊花の酒を飲んで一家災を避けて居た處、夕方になつて歸宅して見れば、雞犬牛羊皆死んで居つた。それは多分身代りになつたのであらうと言はれた話がある。

それが日本に傳はつては、中には和譯された話になつて居るのもある。例へば、光仁天皇の御代に蒙古の賊が攻めて來た時、早良太子が藤杜の社に祈願して出陣すると、忽ち神風が吹いて皇軍戰はずして勝つた。其日が五月五日であつたので、以來此日は武具を飾つて祭るのであると言つてゐるのは、多分惡靈の來る日といふ意味が和譯された話であらう。外にも一二かういふ話はあつた。尙これとの日が恐るべき日であるので、終には人の生れるのや受胎する事までも忌む様になり、五月五日に生れる者は後來人間に禍をなすと言つて痛く忌み嫌ひ、七月七日の夜と同じく夫婦も同衾をせぬ事庚申の夜の如くであつた。

それで、これとの日は支那でも古來種々の行事をして計らざる災禍の發生を防ぎ、惡靈の襲來を遁れようとしたらしいのである。陽氣によつては、打連れて水上に出て祈禱祓潔をしたとあるのは、日本のみそぎに偶然似てゐる。論語に、顏回の樂みとして「暮春祈に浴する」とあるのは、三月上巳の祓潔だらうと言ふ說もある。又素秋二七の水嬉は、日本の七夕の七度浴びやねぶた流しに似てゐるが、これも祓潔の意味を持つた行事であつた。人日の七草粥、上巳の桃の酒や草餅、端午の菖蒲、藥玉、重陽の菊、茱萸、それぞれ皆凶日の邪氣を避ける代《しろ》に過ぎないが、此處に述べようとする七夕祭にも、同樣に此日の惡靈を擯斥しようとする行事が勿論ある事はあつた。處が、七夕には一方に、七夕と言へば直ちに聯想させられる程通俗化されてゐる牽牛織女二星交會の說話があるので、專ら其方に諸人の注意は奪はれて、惡靈擯斥若くは農業呪術祭としての他の意味は、疾くに多くの人々から忘却せられた。其れほど我々の注意を一方に奪つた二星の說話に就いて、私は話を推移させて行かねばならぬ。

△種々の七夕譚と其變化

二星が此晩天の河で出會ふと言ふ支那起源の說話は、其他の行事と同じ經路をとり、初め新知識と共に朝廷を中心としてその周圍にだけ行はれたものが、皇威の擴大と共に、大和山城の役人が地方へ殘して行つた置土產の都ぶりであつたのであらう。中には歸化人から直接敎はつた外國ぶりもあるかも知れぬ。公で行はれたは仁明天皇の天長十年よりとか、孝謙天皇の天平勝寶七年よりとか傳へてゐるが、公記錄では延喜式に初めて現れて居り、奈良朝の頃には既に行はれてゐたのである。

平安朝時代に朝廷で行はれた七夕祭は、支那風に幾分の日本風を加味したものであつた。先づ庭上に机四脚を出し、其上に燈臺九本を立てゝ火を點じ、靑物類の種々の供物を陳べ、傍に琴を立て、机上の香爐には終夜香を焚き、水盤に水を盛つて星影を寫し、又五色の絲を竿頭にさげて願ひの糸と言ひ、梶の葉に和歌を書いて手向けると言ふ様な形式が普通であつた。言ふまでもなく、二星の此の夕の交會を空の上に想つて大宮人は祭つたものではあるが、二星の祭りとは言つても、乞巧奠と言ふ名前の示す樣に、寧ろ其精神は織女を重にした祭であつた。乞巧の意味は、秋の山の龍田姫が染物の神と崇められた樣に、織物の神「たなばたづめ」に綾かる樣にと、女子の手わざの巧ならん事を祈願したのだ。すなはち此處では最早惡靈擯斥の意味は、索餅を食ふ事などに纔に俤をとゞめ、感傷的な牽牛織女の說話は殆んど此の日の行事の全體を壓倒して仕舞つた風がある。さうして經濟的關係から有閑な情趣の生活に浸り得た大宮人の趣味に、最もぴつたり適つた所の二星が一年にたゞ一度のみ此の夜に出會ふと言ふ話は、限もなく遊戯的に誇張され、纖細な點にまで空想され盡した。だから彼等の七夕の和歌といへば、二星の相會ふと言ふ事に就いて、自分等の生活趣味から類推した型のきまつた退屈の讀み甲斐のない歌ばかりである事は、國文學をやる者の知つてゐる通りである。

但しかうした壓倒的な二星交會譚も、一種のみに固定して仕舞つてゐる。たゞ一筋の話かと思ふとさうではなく、これにも和漢を併せると六七種の異說が、私の承知しただけでもあつた。

支那での七夕異說には、昔時唐土の瓊に夫婦あり、夫を遊子妻を伯陽と言ふ。二人の者月を愛賞する事限りなく、晩には遠境に徘徊して月の出るを待ち、曉には月の沒するを惜んで高峰に登ると言ふ程であつたので、夫婦の死後天帝これを憐んで牽牛織女の二星となした。二星は銀河を渡つて相會したいと思つたが、帝釋この水で毎日水浴するので、水穢れるとして渡る事が出來ない。けれども七夕には帝釋天が善法堂へ參るので水を浴びず、銀河を渡る事を許される。それで此の日に會ふのだと言ふ。（曾我物語に引いた話）

日本の話で稍古色があり、偶ゝ都近くであつた爲に平安朝の文士に知られてゐたのは、余吾の湖の天女の傳說である。昔余吾の湖に天人下り、羽衣を漁師に盜まれ、心ならずも漁師の妻となり年月を經たる中、羽衣を取り得て天上し、又再び人界に降つて漁師と共に昇天した。以來女は織女となり男は牽牛となつたが、其再び昇天する時梶の木の上から絲を下し、これに上つた故に、今もつて二星の手向けに梶の葉を用ひ五色の絲を用ひるのだと言つてある。（管宰長朗詠抄、淡海志）此の話を自分は馬琴の歳事記で見たのみで、以上の通り骨組だけしか記してないから、よくは解らぬが、一方に余吾湖畔の川並村なる天満神社の緣起に、これと極類似の話があるから、多分もとはこれと同じ話であつたらうと思つてゐる。其方の話は稍詳しい。昔時川並村に桐畑太夫と言ふ者があつた。一日舟を浮べて釣に出で、日暮歸つて舟を繋がうとすると岸の柳に何者かかゝつてゐる。これを取つて見れば異香ある輕羅の衣であつた。即ち懷に入れて還らうとすると、忽ち一人の美女來つて言ふ樣は、君の懐にするは妾の羽衣である。妾この江水の清きをもつて每年一度來り浴す。今衣を失へば天に還ること能はず返し給へと、太夫は尙知らずと言つて返さぬので、天女は泣く泣くも今より君の家に至つて婢妾とならんと、遂に妻となつて明年一男を生んだ。夫妻これを愛してゐたが、一日太夫はうつかりと羽衣を出して日に曝した時、其子は羽衣を取つて破らうとしたので、太夫これを制して他所に連れて行くと、其留守の間に婦人は兼ての羽衣を身に懸けて空に昇つた。驚いた太夫が今更ながら幼時を携へて天を望み別れを惜んだが既に及ばず、非常に悲歎する。此の子が後に菅原是善の湖に遊ぶに命つて、養はれて道眞となつたといふ話である。一見誰でも氣の付く樣に、此の話は完全な白鳥處女型の說話であるが、前に擧げた朗詠抄の方の話は、慥かにこれと舊は同一の話であつたに相違なく、この緣起物語が七夕の由來譚と融合して成長した形蹟は蔽はれない。

此處に一つ、若しかしたらば源は此れと同じではなかつたかと思はれる程よく似てゐる七夕由來譚が、薩南の海上に散りばふ奄美大島のあたりに、殆ど完全な姿を以て傳はつて居る事を、自分は昇曙夢氏の報告によつて知つた。これは「旅と傳說」の第一卷に載つて居るからそれを參照して頂けばいゝが、便宜の爲に大畧を記して見よう。

みけらんと言ふ勤勉な若者があつた。或る夏、山深く入つて涼を取る爲に一つの淵に浴しようとして見ると、岸の松が枝に目を驚かす衣が懸つてゐる。彼は歡喜の叫びをあげてそれを搔き抱く樣にして取ると、裸女が淵から浮び上つて、それは自分の飛び衣であるから還して貰ひたいと哀願する。若干の問答あつて、結局衣をとられた天女は里へ下つてみけらんの妻となり、七年の間に三人の子供まで擧げた。日が經つにつれて天女は天上を憧れる樣になつたが、飛び衣の所在を知らないのでどうする事も出來ない。或る日みけらんの釣りに出た留守、七歲の長子に生れたばかりの幼兒を負はせて、五歲の次子の子守りをする樣に言ひ附け、村はづれの小川まで水汲みに行つて歸りがけ門口まで來ると、裏口から子守唄が聞えた。それを聞くともなしに聞くと、飛び衣の在り場所を唄に歌つてゐる。天女はこれを聞くや直ぐ樣、飛び衣を取り出して身に着け、長子を負ひ次子を懷にし、幼兒を右手に抱き、一度煽ると庭の松の樹の上に達し、二た煽り目に雲の峯に到り、三煽り目には天上に達した。途中右手の幼兒をば思はず取り落して仕舞つた。けれども夫に對しては、天に昇る方法を委しく書き遺した。一方歸宅したみけらんは其場の有樣を見とつて非常に驚愕したが、火吹竹の中から發見した彼女の遺書によると——下駄の千足、草履の千足をかり集めて地中に埋め、其上にきん竹を植ゑると、二三年に天まで屆く程成長するから、それを登つて來いと書いてあつた。早速その通りにして、成長した竹を登つて行くと、もすこしで天に達すると言ふ處で、惜しくも竹の頂が盡きて居た。それと同時に彼は、千足の下駄と草履を九百九十九足で昇つて來た自分の性急に氣が付いて後悔した。

天上に於ける彼女は、機屋に居て彼の事を思つて居ると、きん竹が門の前の二三間下でゆらゆらして居るのを見ると共に、小さいみけらんが、遙か下の葉末で悶へて居るのを見たので、杼を吊りさげて、到頭彼を天上に釣りあげた。みけらんが昇天して安心する間もなく、天上は丁度耕作時であつて、父神の恐るべき試しは、後から後からと彼に被さつて來た。それ等の數多の試しも幸に天女の蔭ながらの敎へによつて、無事に成し終へたと思つた最後に、彼自身の收穫した唐瓜《しぶり》の料理を父神から命ぜられた時に、思はぬ大失敗をして仕舞つたのである。其れは三箇の唐瓜《しぶり》を縱に斷ち切つて其上に仰向きに寢ろと言ふ父神の命令であつたが、彼は天女の眼の合圖があつたにも拘はらず、父神の命令どほりにやつて仕舞つたかと思ふと、其處に山と積まれた唐瓜は悉く縱に劈けて、見る間に大水が湧出した。其大水の爲に、終に彼自身も流されて大水は「天の河」となり、みけらんは牽牛星、天女は織女星となり、それ以來銀河の兩岸に懷しい瞳を交しあつて居る。織女星の近くの二星が七歳と五歳の子供であつて、毎年の七夕に彼等は一度だけ逢ふ事を許されたのであると言ふ。途中で落された子供も無事に地上で成長して暮し、天上から常に米を貰つて養はれて居たが、後に何處かへ行つて仕舞つた。

斯樣にお話して來ると、此の話は凡そ三つの型――白鳥處女、キウピツトとサイキ、牽牛織女――の話が殆ど縫目が見えない位に完全に融合されて、渾然たる成長を遂げて居る事は認められる。

さて此の話の始めの部分の成長した植物を攀ぢて昇天すると言ふ點の類似其他から言つて、七夕由來の殘孽として此處に擧げてもよいかと思はれ民譚が、少しかけ離れて、東北の邊陬にもあつた事を自分は知つたのである。其話は斯うだ。或る處に一人の息子、母親の吩附で茄子苗を町へ買ひに行き、百文でたつた一本の苗を買つて來た。母親が驚いて詰ると、息子は「此れは高くても、一本で何千何百もなるので買つて來た」と言つて畠に植ゑて毎日丹精して居ると、遂に息子の言葉通り天を突き徹すまで大きくなつた。やがて美しい紫の花が咲き亂れ、それが一つ一つ實つて七月七日になつた。息子は又母親の命令で、茄子を取りに其木へ登ると、到頭天上まで來て仕舞ふ。見ると目前に立派な御殿がある。其處で老翁に會つて息子が事の由を言ふと、姉妹二人の娘まで出て來て歡待する。其のうちに晝になると、翁は娘共を催して、夕立を降らせる支度をして出て來る。出て來た老翁の恐しい服裝に息子が吃驚すると、驚いては困る。俺は元來雷神だが、これから少し下界に夕立を降らして遣らぬと作物が伸びぬ。どうだ少し手傳つて吳れぬか。との話である。そこで息子は手傳ふ事になつて、二人の娘と共に柄杓を持つて出かける。娘達は又鏡を手に持つて閃々させるのであつた。下界は丁度七夕で村々は祭りの最中であつたので、夕立に驚いて大騷ぎをする。終に息子の村の上に來た。息子はふと下に居る知人どもに揶揄つてやらうと言ふ氣になり、自分ともども一際激しく降らせた。其時娘達の、鏡を一生懸命に振りまはして居るしどけない姿を見た息子が、はつと氣拔しをする拍子に雲を踏みはづして下界に落ち、畠の畔の桑の枝に引つ懸つた。娘達はひどく息子を惜がつた。父の雷は娘達の心持を察して、「これからは俺は桑の木のあたりに落ちぬ事にしよう。あの息子が可哀想だから」と言つた。だから今でも雷鳴の時に、桑の枝を折つて來て軒端に挿すのだといふ。（江刺郡昔話）

この話には別に牽牛といふ事も織女といふ事もなく、打ち見た處七夕由來譚といふよりは、極めて素朴なたゞの民話とも見える。が、植物によつて昇天する部分の類似も偶然とは思はれず、またほのかながら、男女の間が一度破局になるといふ骨組も何處やらにある様な氣がする。丁度時も七夕になつてゐる點などから思へば、自分には矢張り、七夕由來話の崩れて民話に落ちたものとしか思はれない。但し此の話だけで見ると、雷神と桑の木の關係に重點がある様だ。

茲に、最近島津久基氏の紹介によつて、自分が始めて知つた七夕說話に、室町時代の草子物の「天稚彥物語」がある。此の方は多分に小說的作意や脚色の跡があるが、猶大體の骨組だけは透して見る事が出來よう。島津氏のお話によると、其物語にも筋の違つた二本があるといふ。旅と傳說（昭和六年新年號）に載せられた同氏のお話によつて其一つの方を記して見れば、京都三條萬里小路の內大臣の二女の中、妹姫に豫てより帝の懇望があつたが、折惡しく姫には夜毎に通ふ美男があつて、既に其種を宿して居た。內大臣驚いて、姉姫を代りに入内させたるに、これは醜きを以て近づけ給はず、遂に姉は悶死した。兩親はこれを悲んで遁世し、妹姬は乳母の許で男子を生んだ。其後も屢々帝は妹姫を召されたが、兩親は終に御意に添はず。果は帝も御出家、姫は却つて新帝の后となり、一門繁昌した。後七夕の際、先に妹姫に忍び通つた男が再び降下して、實は自分は「七夕のあめわか」と言ふ者である由を名乘り、時に五才になつて居た男兒を伴つて昇天、世繼と定めたと。併し島津氏の說の如くに、井澤長秀翁の俗說辯に見える簡單な七夕譚、

俗說云むかしいづれの代にか、三條大納言といふ人の息女照

日前といふ美女ありしに、天稚御子あまくだり、夫婦の約をなし、二人ともに天に昇り去る。是世にいふたなばたなり。を此の話の原型とすべきかどうか。自分は反對に俗說辯の話も、多分此小說の異傳だらうと思つて居るが、何れにしても、誠に都で生長したらしい七夕由來譚ではある。第一平安朝風の生活樣式――たとへば源氏物語などにも見えてゐる、夜深く女の許に通つて來る素性を知らぬ貴人の印象が、田舍の話の羽衣傳說と言はれる一部分に置き換へられて居り、帝との關係が、此の小說の効果を示さうとしたやまでありながら、猶少々不自然な織ぎ合せになつて居るのは致し方のない事だ。五才の男の子だの、後々の昇天などを思ひ合せると、此は矢張り余吾の湖邊に傳はつた口碑が、都に出てのかへり咲きであらうと自分は思つてゐる。

今一種の本の「天稚彥物語」は、これとは不思議なほど構成が違つてゐる。或長者の家の前で女中が洗濯をしてゐると、蛇が來て文を渡す。長者が披いて見ると、三人の娘の中の一人を與へねば、夫婦を殺して仕舞ふと書いてあるので、兩親の歎いて居るのを聞いた美しい一番末の娘は、自ら進んで父母の命に代り、池の中の釣殿で蛇に供せられる。時刻になると、果して風浪の中から大蛇が近づき來り、蛇頭を切つてくれとの事であつたから、爪切刀で切ると、美男が現れて姫と契を結んだ。或日男の言ふには、自分は海龍王で空にも行き通ひして居る。今空に立ち去るが七日後には還つて來る筈で、若しも三七日經つても還らなかつたら、もう來ぬものと思ひ給へ。さらば西の京に住む女に一夜杓《ひさご》を借りて天に昇り、天稚みこの居る所と尋ね來よ。又汝に預け置く唐櫃の蓋を開くものならば、自分は再び下界に歸り來る事は出來ないであらうと言ひ遺して昇天する。其の後で、姉達にせがまれる儘に禁を破つて彼の櫃の蓋を開くと、煙が立ち昇り、果して天稚彥は還らなかつた。彼女は言ひつけの通り一夜杓を借りてそれに乘り、途中尋ね問ひながら、遂に天稚彥を尋ねあてゝ再び語らつた。併し天稚彥の父神なる鬼が來て人の香を怪むと、彥は種々の物に姫を代へて隱さうとする。がしまひには見あらはされ、それより父神の種々の試しがあり、それこの試しも夫の庇護により難なく逃れる事が出來る。結局父神も折れて、二人の會ふ事を月に一度は許さうと言つたのを、聞き違へた女が「年に一度か」と聞き返すと、「では年に一度」と言ひ渡して瓜を投げるとそれが天の河となり、それより二人はたなばた彥星として年に一度七夕に逢ふ事になつたと。此の話の前半は、まがふ方なく東北の邊陬に今まで遺されて居た蛇息子の話（紫波郡昔話）と同じ筋だが、どうして此處に織ぎ合せられたかを考へて見ると、矢張り單に物語作者の作意を働かせた便宜から來て居るものと思ふ。それが此處に織ぎ合せられた動機としては、長者の娘と、それに婿を求めて來る美男といふ二つの條件が、此の話の原型と思はれるものと宛かも適合するからなのであらうが、併しもともと繋ぎ合せた說話であらうと言ふ事は「自分は海龍王であるが、空にも行き通ひしてゐる」と不自然な辯解見た樣な事を言つて居る點から大抵推測がつく。さうして話の大體の骨組は、きうぴっとさいき型の諸條件をよく具へて居るのである。後半に於て特に氣の付く點は、大島の七夕譚と驚くほど細部まで類似して居る事だが、これは偶合としては餘りに似過ぎる。多分一つの原の話の分派ではないかと思ふ。紀州有田郡のあたりでは、今でも七月七日の朝の四つ時まで瓜を切らない。（紀州有田民俗誌）それは、瓜の水だけでも增す時は、此晩天の河原を越す七夕樣の妨げになるので、と言ふ樣な習慣がある處から見ると、前揭の樣な筋の七夕說話の一群が、廣く地方に行き渡つて居た時代があつたのではなからうか。

こゝに一つ自分に新しい推測を導かせる點は、二星の會ふ日を聞き違へたと言ふ話が支那にある事だ。此支那の方では、天帝が銀河の兩岸の二星に七日に一度會はせる事を決心されて、其由を二星に傳へる樣烏に言ひつけて遣すと、口不調法な烏が聞き違へた儘周章てゝ飛んで行つて、七月七日に一度と申傳へた爲に、こんな事になつて仕舞つたのだと言つて居る相である。（永尾龍藏氏著支那の民俗）尙それこの地方では、其爲に間違つた使ひをした烏を非常に惡んでゐる。七月七日過ぎ頃から烏の羽毛が拔け初めるのは、この罰だとまで言つてゐるさうだが、さうして見ると、今まで簡單に承知して居た牽牛織女譚よりは、もつと詳しい意味の、より民譚的な二星の話が、歸化人でも媒介になつて、疾くに我邦に傳はつて居たのではないかと言ふ推測も出來る。さうすると、堂上方にはつまり二星が會ふとか、相憶ふとか言ふ情趣の方面のみが、特に誇張されて話され、他の部分（農民的な）は忘却された譯である。

勿論此處に擧げたのは、相離れた所々の話の拾ひ集めであるから、中間になつて居る七夕由來譚が種々あつたに相違なく、それは偶々知る事を得ないだけだ。若しこれだけの範圍内で考慮を回らすといふ大膽を敢てするならば、羽衣の話との融合は、想像される原型七夕譚の中の「天女」と「夫婦のちぎり」と言ふ骨子から誘導されて來た自然の結果であり、「きん竹」「梶の木」「茄子の木」などから昇天した事を話してゐるのは、七夕祭に樹てたもの——憑り座しの木が素材になつてゐるからであらう。又紫波郡の民譚と奄美大島の七夕譚とは、雙方とも非常に農耕に因緣して話されて居る點が目につく。それが三河の擧母地方で今でも言つてゐる樣に、七夕の神樣は一年中たゞ一度此の晩「さゝげ畑」の中で出會はれる。其れ故此日はさゝげ畑の中へ這入るものではないと言ふ様な民間信仰になつて來ると、我々にとつて、極めて親しい地上の農業の神になつて仕舞つてゐる。實際七夕の頃は、青田に爽かな風が吹いて、やがてこれから收穫の秋にならうとする、農業生活者にとつては一年の中で最も心配な季節ではあるし、自然に委せて置いても何時とはなじに農業祭の色彩がついて行く事は、蓋し當然の成り行きである。のみならず我邦の原始暦には、星の天上に於ける位置が農耕の目ぢるしになつて居た様な事もあり、尙直接には、星辰が農作物に對して力を働かして居た樣にも考へて居た樣だ。

△稔りと星辰との交渉――さんばい神

星の文學研究家野尻抱影氏が紹介された星の說話に、蝎座のあんたれず（心宿）と、それを挾む三つの星を石見の農村では「箙かたぎ星」と呼んで居る。三つの中紅い中央の星を農夫、左右の二星を其擔いで居る箙と見て、兩方の箙が重たげに下つて見える年は、稻の收穫が多いとして喜ぶさうだ。又同じ處に引いてある、吉田弦二郎氏の故鄕の筑紫平野の地方に言はれて居ると言ふ話に、矢張りあんたれすは收穫の神で、左右の星を擔いで居る。秋になると、收穫の爲に箙が重くなつて、神さまの顏は益々赤くなるのだと言つて居るといふ。

日本では昔から農民の間に、穀物（重に稻の）稔りに天上の現象――雷鳴、稻妻など丶共に星辰の神々の働きを考へて居た樣である。それの一つとして、地方の田植ゑに久しく歌はれて居た田歌に「さんばい」と言ふ田の神がある。少し考證的になる嫌ひがあるけれども、一とわたり自分はそれに就いて考へて見よう。

歌の始めにまづ「さんばい」にまゐらせう。今日のひろ田にまづ「さんばい」下しまゐらせう。植ゑや育て丶稻鶴姫にまゐらせう。「さんばい」はヤアレ今こそおりやる宮の方から。（安藝國田植歌）

田の神はヤアレ「さんばい」さまに、おろしには、ヤアレどのくぼにヤアレどのくぼに、ヤアレみしまのくぼの眞中に。（出雲大原郡田歌）

「さんばい」はどちから御座る宮の方から、葦毛の駒に手綱撚りかけ、手綱よりかけ、先づ「さんばい」の。（石見邑智郡田植歌）

「さんばへ」はあらたま神で、馬から落ちて笠をとれ、あぜ豆がによいと出た。ききやう笠着つれて、なつはいどうや、そうにや〳〵〳〵。（讃岐田歌）

これこの田歌にある「さんばい」は田の神である事は、民間でも旣に言つてあるし解つて居るが、たゞどういふ系統の神であるかと私は考へて居た。或人の說に「さんばい」は散飯《さば》と同じで豐受媛であると言ひ、又或る人は三拜だとも言つて居るが、自分には信じられない。それよりは、古事記天岩屋後の段に、日神が岩戸に隱り給うたので、葦原中國皆暗く常闇になつた。萬の神の聲は「さばへ《五月蠅》なす」皆滿ちた。とある「さばへなす」に語源があると自分は思ふ。建國神話のうちでも、國民的常識となつてゐる日神岩戸隱りの神話に就いては、種々の解釋がある樣だが、此の神話の暗示する諸要素の中、太陽更生の意味を說かうとしてゐる色彩も特に濃厚にある。萬神之聲者狹蠅那須皆滿とあるのは、太陽が西に落ちて星晨が賑かに夜空に輝き出す心持を多分に表現して居ると見てよい。それにしても「五月蠅那須」の「さばへ」が、田の神「さんばい」になるまでには、相當永い經路があつた。

古事記では「五月蠅那須」は副詞として用ひられてゐるが、既に此の時代から此の語は、神話中の此處に限られた特殊な語の樣に、固定して來た傾向が見える。紀の下卷の方には、五月蠅此云二左魔陪一と特に讀方が註してあり、記には狹蠅那須と此語だけ假名書きになつて居る。「さばへ」だけで次第に「荒ぶる神」の內容を持つて來て、終には名詞化しようとする下地は既にあつたのである。それが後世になると、名越の祓の歌に

「さばへなすあらぶる神もおしなべて、今日はなごしの祓ひなりけり。（拾遺、夏）

みそぎする麻のたち枝の青にぎて、さばへの神もなびけとぞおもふ。（五社苗首）

第二の歌では既に副詞「さばへなす」が完全に荒ぶる意味までを包容して「さばへの神」と名詞化してゐる。此處から前にあげた讃岐の田歌の

「さんばへ」はあらたま神ぞ云々

までは一歩程の變遷である。この「さんばへ」が、他の地方では更に「さんばい」に訛つたのであらう。かう言ふ田歌もあつた。

「さんばい」は三度祭る神やれ、としとごたなばた、三度まつりて田畠の神と」（東石見田歌）

これを見ると、歲の始めに祭る歲德神も星であるし（牛頭天王天刑星の妃頗梨女）たなばたも星であるし、三度目には田畠の神としても祭るのだと言つて居るから、自分が「さんばい」を星神と推定する事も、さして不自然ではない樣である。現在でも行はれてゐる安藝の田植祭の「囃し田」などでは、畔に立つて派手な服裝で田植の全體を指揮する人を「さんばい」と呼んで居るが、もとよりそれは「さんばい」神の代理者と見てさう言つたのである。土地の人々は別に「さんばい」と言ふ神は「三月には竈の神となり、五月には田植の神となつて田の中に天降り、五穀成就を司り給ひ、七月には上天して世上を守り、十月には米を授け給ふ」神だと信じて居る。これなども自分の推測

を強めるのである。

自分は前に、今猶星によつて稲の稔りを卜ふ土地もある事を述べたが、星は矢張り古くから、日本の農民にとつては極めて重要な田の神であつたのである。現代風に考へれば、星を田の神としては餘りに霄壤の差がある様な氣もするが、「たなばた」様が七夕には「さゝげ畑」の中でひそかに出會はれるとも思つて居た、素朴な人達にしては、少しも不自然な話ではなかつたのだ。

此處まで話が來ると、餅をかちん（歌賃）と言つた始めだと言ふ民間語源說になつてゐる有名な俚話、能因法師が山里で旱魃の時に詠み與へて靈驗を現はしたと言ふ

「天の川なはしろ水にせき下せ、天くだります神ならば神」

と言ふ歌の意味も、ほのかながら解つて來さうな氣がする。此の歌は多分雨乞ひの際に常に唱へた由緒つきの呪言的な歌であつたのだらう。「天くだります神ならば神」と言ふのは、別して神話學的知識があつて言つたのではなくて、目前に田植の節などに天降る「さんばい」に就いて言つた事勿論である。田畑を潤ほす「天つ水」も亦、「天の川」から下るものと信じて居たのは、前章にお話した紫波郡の七夕譚の中にも話されて居た。七夕に天の川の星が見えぬと、其年は水不足で困ると古くから津輕地方で言つてゐたと言ふ俚諺も、其意味からは了解出來る。從つて、小野小町の雨乞ひの歌

「千早振る神も見まさば立ち騷ぎ、天の戸川の樋口あけたまへ」

もこれと同列に見たい。（續）

寄合咄

『おがめの』語辭に就きて

『民俗學』第三卷第八號の寄合咄の中で、蟷螂のことを肥後でオガメといふこと、而してそれは『拜む』の意味を持つてゐるだらうといふこと、『拜まねば通さぬ』といふ言葉がそれを示唆してゐるだらうといふことを述べたに對して、第九號で別所梅之助氏が懇切な御教示を與へられたことを感謝する。氏の教示の要旨は、

(1)タガメ(田龜)だの、クサガメ(椿象)だの、何ガメといふ蟲の名が數々あり、問題のオガメもさうしたものに屬するではなからうか。

(2)『拜まねば通さぬ』とは、さうした名にもとづいた洒落ではなからうか。

といふに存する。お言葉を返しては恐縮だが、自分は消極的及び積極的な理由から氏の見解を首肯しかねる。

消極的な理由と云ふのは、タガメやクサガメ等の語辭に於ては、タやクサに意味があるが、オガメに於ては、オの説明が困難ではなからうかと思はれることである。假りにこのオに對して充分首肯される説明がついたとしても、次に述べる積極的な理由が殘る。

群馬縣の或る地方では、蟷螂のことオガミッチョと呼んでゐる。この場合のオガミを何ガメと解するのは、無理であらうと思はれるに反して、『拜む』説を採れば、まさにあるべきことになる。更に埼玉縣の或る地方では、オガミムシといふ。かうなると、少くとも自分などは、『拜み虫』と解する方が、より穩當であるやうな氣がする。

更に次の一事象は、何ガメ説では、到底始末をつけることの出來ぬことが明白である。信州の或る地方では、蟷螂のことをタョォサン若くはタイフサンと呼ぶ。タイフサンは『太夫さん』で、禰宜《ねぎ》、神主《かんぬし》のことである。問題の動物をタイフ

サンと言ふのは、禰宜、神主などが神に祈拜する樣子に、この動物が前脚をすり合せる樣子を思ひ合せたところから來てゐるに違ひないと思ふ。

かうした理由から、自分は、現在の知識からすれば、やはりオガメを『拜む』から來た語辭と解し置きたいやうな氣がする。依つて『拜まねば通さぬ』も、やはり『拜む』に因んだものであつて、何ガメ說から抽き出されるやうな洒落ではないと考へたい。（松村武雄）

南部・津輕

かう言ふおほざつぱな事を言ふ旅行者に步かれては、縣廳は嘸迷惑だらうと思ふが、槪しての話であつて、抗議を含んだ物言ひだとつて貰はぬ方が、雙方ともに都合がよい筈である。私は去年と今年と二夏、出羽奥州を、わりあひに廣くあるいて見た。其最終端に當つて居る靑森。岩手二縣の間にある相違が、色々感じられた。其唯一つを言ふと、道路の事である。岩手縣の方に、道路の整理がゆき屆き過ぎる位であるのに、靑森縣の方は、存外朗らかな感じでなり行きに任せてゐると言つた風が多い。別に國縣道を要しない方面ながら、國の外端に當つてゐる爲に、舊來の道を其儘一等道路と認定して、徐に改修の時を待つてゐると言へば言へるのが、靑森縣の邊陬の道路である。

岩手縣では、代々の當事者が實に丹念に道路計畫を立てて來た痕が見える。丹念すぎたのは、大凡三通り位の新舊道を具へてゐる事である。さうして、其中、最古い舊道が榮えてゐるのや、舊道と最新道とが衰へて、明治大正に拓かれた分が利用せられてゐるのなどがある。どちらにしても、すぐに人一人とほらぬ樣になつて、雨や嵐で壞されて了ふのは、最近に出來た馬力や自動車の通る樣にとの企てを待つた道である。さうして、其開通式に大きな車が通つて見る。此が初めの終りになつて了ふ。かうした國縣道が南部側には、可なりにある樣である。

道を利用する人の心を理解せない點において、又道の利用法を誨へようと考へない點において、兩方から手ぬかりがある樣に感じられる。だが、こんなことに、他の府縣においても、ざらに見られる事實なのが、今まで氣づかなかつたゞけに過ぎないのかも知れない。（を　生）

田舍者の敬稱

田舍は敬語が簡略であるが、それでも呼び方の上に、何等かの形で區別めいたものが存在してゐたやうである。私の家に行はれた樣な呼びかたは、盛岡方言の中の一つの現はれであつたであらうから、思ひ出すまゝに書きつけて置く。こんなことは、もう失はれつゝあるやうに思ふから。

今なら、飯炊きは一等下位の女中の樣に思はれるが、田舍では、少くとも共の頃は女中頭の權を揮つてゐ、御飯の時には此が坐つて給仕をして、あとの女ども、スヱやトラを頤使した。呼ぶのに外の下女をば家では皆その名を呼びすてに呼んだが、この女のみを、上にオを冠らせて呼びすてた。この女は、スヱをばスヱコマ、トラをばトラコマと呼んだ。コは女の名の下に添へる子であつて、マは樣の上略のマであつたことは云ふまでもない。このマの使ひ樣、盛岡方言で、外の場合を私は全く知らない。スヱ及びトラからは、この女を、上にオをつけ、下にサンをつけて呼んでゐた。下男は、女どもからは一樣に『さん附け』で呼ばれて、自身は女どもを呼びすてだつたが、飯炊女ひとりをばやはり、『さん附け』にしてゐることだつた。

アイヌなどでも、飯を炊くといふことは、神聖な仕事の方に考へられてゐて、勿論主婦のすることであるが、御主人が手をかけて鍋を下ろしても決して可笑しくない。だからユーカラの中にも、酋長の英雄が、自ら飯を炊いてポイヤウンベにすゝめる所が出て來るのであるが、可笑しく聞こえない。

私の小學時代に貧しい士族の寡婦で、一人息子を成人させてゐる六十計りのお針の婆さんがゐた。私の家では、その婆さんを、オフクロさんと呼び通した。

私の中學時代に、やはり、貧しい士族の寡婦で、老母一人を養ひながら、若い時からお針奉公をして老いた四十女がゐた。私の家ではこの婦人を、カカさんと呼んだ。尤も同じ年頃の町家の貧しい家から來る雇女などだつたら、たゞカカと呼びすてた。それが若し農家の同じ年頃の婦人などを、忙しい時に來て手傳つて貰ふ時は、ガガと呼んで區別があつた。カカもガガも、母といふ語であるが、農家では、子供らが、家の中で、ガガと呼んでゐるので、その子達の呼び樣を以て呼んで使ふのにほかならなかつた。

私及び私の十人からある兄弟は、その着物を大抵このカカさんの手しほにかかつて育つたものだつた。カカさんは、言葉の遣ひ分けが本當に几帳面だつたので、私の母はいつも感心してゐた。まづ同じ女中でも、子守女をばたゞ何さんと呼ぶだけで、上へオをも附けて呼ぶ女中と、ちやんと區別をしてゐた。

カカさんは固より、私達の弟妹をば、みなそれ〴〵實名を呼んだ（勿論、さんを添へて）が、決して總領の私と、私の姉とだけは、實名を呼ばず、兄姉といふ語の頭へオをつけ、て下へさんをつけて用ゐ通した。姉の夫が田舍から養子に來たら、それをばアェナさんと呼んだ。アェナは盛岡方言の『兄』の親稱である。そして私自身を呼ぶ稱へとは常にはつきり區別をつけてゐた。

その內に私達が成長した。私は家を出た。私の直ぐ下の弟は、成人して伯父の銀行へ出て月給取りになつた頃から、カカさんは、この弟を呼ぶのに、やはり實名を避け出して、これもアェナさんと呼び始めたが、姉婿をば、その居所に從つて、停車場前のアェナさんにしてしまつた。そして、私は、いつの間にかワカダンナサマになつてゐた。

この弟が結婚すると、その妻をば、カカさんはやはり實名を避けて『姉さん』と呼んだが、私自身の姉の方には、その上にオがつくから、はつきりしてゐて混同しなかつたのである。（金田一京助）

首狩の目的

「南方土俗」第一號に宮本延人氏がハットン氏「アッサムに於ける首狩の意味」J. H. Hutton, The Significance of Head-Hunting in Assam (The Journal of Royal Anthropological Institute of G. B. & Ire. Vol. LVIII.)を紹介され、アッサムに於て首をとるのは穀物の豐饒を祈るためである。一體死者の靈魂は穀物を豐かにすると考へられてをる。しかして人の頭には靈魂が宿ると考へられてをり、從つて首狩が收穫と密接な關係あるものとされてをるといふ說を述べ、臺灣の生蕃にも同樣な例を認められ得るが、しかし同時に爭の黑白を決するため首狩に出る例もあるから、これによつて神の意志を判ずる觀念があつたのではないかと論じてをる。

此一文は、時節柄甚だ興味ある紹介であるが、此處に今一つ明記したいのは、ヴィルツがハンブルグ大學から出版した「蘭領南ニューギニアのマリンド・アニム族」第二卷、第三編四十九頁から六十二頁に述べられた首狩の記事である。

Die Marind-anim von Holländisch-Süd-Neu-Guinea, von Dr. P. Wirz, II. Band. Teil III, 1925. Abhandlungen aus dem Gebiet der Auslandskunde (Fortsetzung der Abhandlungen des Hamburgischen Kolonialinstituts) Band.16, Reihe B. Völkerkunde, Kulturgeschichte und Sprachen, Band 9.

これによると首狩は矢張り靈魂の頭に宿つてをるといふ信仰とも關係し、サブの祭やマヨリ秘密祭祀とも關聯してをるが、主とする所は、新しく生れた兒に名を獲得せんがための行爲である。今左にその要點をつまんで譯してみる。

蘭領南ニューギニア全土ごく最近まで首狩が日常茶飯事でつた。ちがつた言葉を話す種族の者を根絶しにするといふことは彼等にとつてけして不正とは考へられてゐなかつた。マリンド・アニムもその例に洩れず、毎年首狩に出掛けたのであり、その一つの重要な目的は、「その子供に名前を得んが爲」であつた。子供が生れると一人の首をとられた者の名前を、「首名」としてこれに扶與する必要があつた。であるから首を得てもその人間の名を知つてゐないと役に立たぬのである。今日首狩が海岸附近で禁止せられた結果土人は、奥地の住民から首を交換によつて獲得し、それによつてその子供に命名してをる程である。

習俗の起因は、今日土人も説明することが出來ないが、これが人の頭に宿つてをる强力な魂の威力に對する信仰と關係してをることは疑ふまでもない。彼等は、首を手入し、飾り、彩色して、保存し、この力を堅く保持しやうと勉める。名前それ自身人間の一部でその個性を持つてをるものである。その名を扶與することにより、その靈力が、媒介物から子供に移り、その被命名者が死ぬまで持續したのである。つまり首をとられた敵の活力は、この名前を附せられた新生兒に移つてしまふわけである。またその首は、成年者集會所の裝飾とされる。首狩があると常に新しい集會所が建設され、其處に斬獲した首を仕舞つてをく。

古代に於て各部落は、一定の首狩地域を有してゐた。例へばマリンド・アニムは、フライ川河口の西英領の部落に侵入するのを常習としてゐた。しかし彼等にとつて敵對關係と友好關係は、それほど相反するものでなく、首狩旅行は、同時に商業旅行を兼ね、仇敵視する異種族より已れにとつて必要缺くべからざる餘剩物品を得んがため、首狩の傍交易を營んだのである。首狩隊はなるべく公然たる戰鬪に訴へることを避け、敵の虛に乘じ、奇襲によつて首を獲得することをその軍略としてをる。

首狩には、多くの親密な部落が一共に參加する。まるで祭の樣な騷ぎで先づ女達は食糧たるべきサゴ果を澤山貯藏し、男達は、武器とカマーを調へる。一番經驗深い老人が指揮者となり、女も子供も犬も豚も伴ひ必要な世帶道具は、全部持參する。家には若干の老人病人とさしせまるサゴ祭の用意をする數人の若い妻をのこすのみである。この祭は直接首狩に連絡してをるものであり、月餘否一年も前からその準備にかゝつてをる。も一つ大切な用意は集會所の新築で、この中に戰利品たる首を入れるのである。

かういふ用意が終ると、村々が集團をなし、各氏族ことなるカヌーに乘つて進發する。銘々勝手に出發するが途中一定の場所に會して多少滯在し、サゴの貯へを補充したり、狩や漁をなし、けして進行をいそがない。準備萬端終了してカヌー隊は、敵地に向け前進する。男達は、歌で退屈な船こぎをまぎらはし、かつ士氣を皷舞する。途中諸所に會營し、友好關係のある村々を訪れ、なほ加勢の人數を加へ、女は適當な場所でサゴを補充し、かつ次の遠征にそなへる栽培をなす。夜は火をかこみ、歌と踊で過される。敵地に來ると首狩歌が太皷の音に和して每夜夜を徹して歌はれる。その歌は、單調で莊重であり、ヴィルツ氏その歌詩と譜を採集してをるが意味不明である。これと同時にまはりの藪で性的行爲が間斷なく行はれる。この首狩歌が歌はれる人と々は kui-aha 首狩棒と呼ばれる軍旗樣の標章のまはりに集まる。これは上端に∧樣の彫刻をした覆ひをつけた棒で尖端がとがり、火食雞の羽を結んでをる。

襲擊すべき敵部落に近づくと、カヌーも女も子供も置去りにし、男達は、老人の先導で朝早く敵の村に近づき、偵察をなし、事情の有利な場合に襲擊を企圖する。さだめの日に彼等は、敵の村の周圍に潛行し、一晩をあかし、東の空が白めく頃、一度にどつと「出る、首をとりにきたぞ、出てきて戰へ」とわめき襲ふ。眠を破られた敵人は、とまどひして武器を捨て、或ひはまた逃げやうとあせつて却て敵手に落ち、または射殺される。攻擊者はなるたけ生きながら敵をつかまへやうとする。その名を知らなければ首に一文の價値もないからである。名を聞いても勿論相手の言葉を解しないから大抵叫聲か呪詛か何かが名前だと誤解されてしまふ。殺戮が終ると敵の小屋を掠奪し、栽培をあらし、少しでも價ひのあるものは悉く戰利品として齎し歸る。

陣營に歸ると早速その首の調整をなす。先づ腦を除去し、頭皮を剝ぎ、全ての肉の部分を頭蓋より除去し、眼孔にはサゴの葉のすぢを入れ、薄い籐の條を頭蓋に緊く附着せしめ、その上に皮をまたくつつけて縫ひ合す。それからとろ火にかけ乾燥させ、村に持ち歸る。

村では祭の用意が出來てをり、バナヽ、アレカ、その他澤山の美果が供へられ、サゴが豐富に集められてある。その貯藏されてをる所に高い木が立てられ、これに多數の横木を結びつけ、葉をもつて飾る。恐らくこれは首狩のトロフイであらう。遠征隊は、その獲得した首を新しい集會所に入れ、最後の仕上げをなし、コナットの葉の條で頭髮を編んで長くし、最後に顏面を赤く黑くいろどる。

集會所の中心まはりには彩色した木の柱が建てられる。その意味ははつきりしない。準備が全部とゝのふと愈々式が始まる。その詳細は、わからないが著者の聞いた所によると子供の命名式には特別の式はなくたゞ首狩の直接の關與者が特に尊敬されるとのことである。首をとる時多くのものが協力するが、首を切つた者が、その首の所有者である。しかし他の協力者もその子がもし「首名」を持つてゐない場合にはこれにその名をあたへる權利を持つてをる。從つて同時に多くの人間が同じ名を得る場合があり得る。「首狩棒」が地上に植ゑつけられ、之にとつてきた首を懸ける。或社では籐のわをつくり、これに首をぶら下げる。中には、これに人骨の殘片を梯子狀に結びつけたものもある。

祭の第一夜は老人が葬歌を夜を徹して歌ふ。つゞく連夜大祭小祭が相聯讀する。その中首と關係があるのは次の式である。或朝首狩に參加した男達は祭の場に坐し、その傍に首をならべる。一番先頭に首をきつたものが坐し、第二列に敵をおそつたもの、第三に敵を射たものが坐する。第一列の者から順次に首を兩手にかゝへ、海に飛び入り、「こゝで汝を永久におれの家來としてはなさぬぞ、向ふから來い、そして此處に止れ」と叫びながら歸つて來、首をもとの所におく。すると外の者がまた自分の首で同じ眞似をなす。

式が終ると首は屋棟に吊しておく。これで首の役目は終了した樣に見へるが實際は、これによつて命名された人間が死ぬまで媒介物《メディウム》として重要な意義を有してをる。最近首狩が禁止され、土人の有する首が警官に押收された時にも、その下顎骨はこつそりとりはづされ、保存され、これだけは手放すことをがへんじなかつた。これが頭蓋骨同樣の機能を滿したのである。

以上の記述によつてわかる樣に此首狩は、敵の魂を子供のために獲得する手段である。首狩の意義を考察する上に極めて暗示多き一資料である。これによつて此習俗が更に他の大きな一部門に聯絡してをることをほいかに推測せしめる。すなはち單なる想像ではあるがアイヌが各自或一定の鳥獸の頭骨を守護神として一生保存する習慣などもだん／＼たどつ

てゆくとまんざら御關係ではないらしい。（松本信廣）

附記

ヴィルツの本はマーセル・モース氏の Marcel Mauss の推賞する名著であり左の四部からなつてゐる。

一、マリンド・アニムの物的文化

二、マリンド・アニムの宗教表象及び神話並びにトーテミズム的社會的集團の構成（以上第一卷）

三、マリンド・アニムの社會生活

四、マリンド・アニムの祭、藝術、その知識、特性（以上第二卷）

ミクロネシヤの「タブー」

「タブー」。タブーは本來ポリネシヤ語で「區劃されたる」と云ふ形容詞であつてキヤップテン・クックが千百七十七年にトンガに於て始めてこの語に接し英語に輸入して文明語となつたものである。タブーは未開社會に於ては該成員の規範として其の社會的機能を發揮してゐるのであつてそれへの違犯は超自然の罸を豫想せしめる禁制の體系なのである。

このタブー組織の最も完備した形態を我々はポリネシヤに於て見い出す。タブーの概念の基礎となる表象には二つの相反するものが結合されてゐる。神聖と不淨はそれである。ヤップ語では「タブー」に相當する語に「マチマチ」（共に死すの意）と云ふ言葉がある。ミクロネシヤに行はれてゐるタブーは種々あるが大體次の如きものがある。

「月經出産に於ける婦人のタブー」。自然民族に於てこのタブーは到るところに見られる。トラック島では月經期の婦人は不穢なものとして其の漁した魚は男子が食はないし又男子と會食することも禁じられてゐる。女子が初めて月經のあつた時には母はその局部を拭ひ且其の手當法（布片又は草葉をつめる）を敎へ新しき腰巻に「テーク」（黄褐色の粉末）を塗り全身を裝飾して家族に知らせるのである。出産の時には産婆を呼ぶ。産婆は椰子の實を燒いて搾た油（ドルン）を草根を碎いたものに混じこれを指につけて姙婦の Labium minus になすりつけ Schamspalt を擴大し出産を容易ならしめる。婦人が産氣付いたことは決して他人に知らせないのである。その理由は呪咀を恐れるからである。産婦の水を飲むことは「タブー」である。ヤップ島では女子が最初の月經の時が來ると主屋の近くに設けた小屋に隔離され他人と顏を合はすことは禁じられるのであつて其の期間は三ケ月である。これが終ると更に共同の月經小屋に行き奴隷の婦人と同棲すること百日に及ぶのであつてそれが終れば父の在住する日を撰んで兩親の元へ歸るのである。兩親はそこで「ガール」で黒く染めた

「マラファオ」と云ふ紐を頸に掛けしめ同時に齒を黑く染めらすのであつて其の方法は「ガール」樹の葉と芋畑內の泥土とを煮出したものを齒の間にはさみ一日そのまゝにしてをくと齒は全く黑色に染るのである。これは娘が一人前の女となつた證であつて家族は祝として蝶貝を贈る。この齒染法に用ひらるゝ土は「カチヤラオ」芋畑の地下四尺の所から發掘したものに限られるのであつてこれを取る者は一日斷食して椰子の果汁を掘らうとする土の上から注ぐのである。産婦は蟹及び斑點のある魚類を食することはタブーであつて若し之を食べると不具又は斑點のある子供が生れると信じられてゐる(そばかすを彼は非常に忌ふ)。又三ケ月から六ケ月の間はバナ、を食ふこともタブーである。新月の時又は知人の死んだ報を聞いた時には祈禱を行つて其の安産を祈るのである。産婦の夫は其の期間「バナヽ」龜類、落ちた椰子を食ひ樹木を切伐し石貨染料を他人に貸與することがタブーである。

この月經出産に於ける同樣なタブーは、オーストラリヤ、ウガンダ、デヴェ、ブリブリ、コスタリカのインデアン、タイチ、アラスカ、カジヤク、バンタ、バベディ等の民族に行はれてゐる。

「人物のタブー」。魔術師酋長、及び貴族は一般にタブーであつてこれらの人物に近づいたり名を呼んだりすることも禁じられてゐる。ヤップ島では奴隷民の所持するものに對して手を觸れることはタブーであり又觸れた時にはそれを海中に投じて淨めるのである。奴隷の漁獲した魚も自由民にはタブーであり奴隷は鰻沙魚以外の魚を取ることは禁じられてゐる。又集會所に入ること「マッパ」以外の種類の入墨をすることも奴隷には「タブー」である。この人物のタブーはニュージーランド、ポリネシヤ、ハワイ等に極端に行はれてゐる。

「動物のタブーとトーテミズムの痕跡」。食物に關するタブーは最も早くから行はれてゐたらしい。これは特定の動物若くは植物の食用を禁止するものであつて植物の禁は動物の禁から轉じたものである。これらの動物のタブーはトーテミズムの存在したことを示すものであつてトーテミズムが消滅した後までも其の痕跡として殘つてゐる。

(註)トーテムは ototeman から出たものでオジヴァやアルゴンキンの方言では兄妹親族 'his brother-sister kin' を意味してゐる。此の語を英語に最初に用ひたのはロングであつたが彼はその意味を誤用した、正しく最初にトーテムの意味を說明したのはオジヴァの酋長でメソヂストの傳導師となつたピーター・ジョーンズである。

カロソン群島のポナペ島に於ては各家族は動物殊に魚類に特別な關係があると考へられそして自分達は其の動物の後裔

だと信じてゐる。彼等はこれらの動物に「母」の名を與へその家族からは神聖視され決して危害は加へられない。又その爲めに魔術師を伴つた舞踏が行はれる。かゝる動物を殺した者は侮蔑と罰刑を受けなければならない。彼等は盲目はトーテムを無視した結果だと信じてゐる。然し誓ひと醫藥が其の惡果から救ふことが出來る。鰻は「テペンパネアイ」、「ラジラップ」に蟻は「リペタン」に烏賊は「ティペヌアイ部族」には神聖なものである。又一説に依ると「ティペヌアイ」の神聖な動物は烏賊でなくて鰕《エビ》であつて若し陸にうちあげられてゐる時には深い海に放してやるのである。昔は部族の一人が死ぬと鰕の爲めにするように椰子の果漿を水に注いだのであつてこれはその死者の魂が鰕の體中に宿ると考へたからであらう。又鳥から取つた名の家族もある。例へば蒼鷺《サギ》、梟、水夫長鳥と名づけた部族もある。パラオ島では「カシカカン」部族は蟹を「アブコラブヨ」部族は鰯タマカイ魚を「カラスマオ」も蟹を「アンガウル」「カヤルガン」はグヌサオル魚を「アルコロン」は椰子蟹を又「アイバドル」と云ふ酋長の一家及び「アルリライ」一家は鰕を食ふことはタブーである。ヤップ島では蜥蜴海鼠を捕ふることはタブーであり、魚を取る時又「サカル」「エッチ」(網の名)を製作する時は男女の性交はタブーである。飛魚を捕へる期間集會所から外出して歸宅すること、山に登ることはタブーである。

「**植物のタブー**」。ヤップでは大木を伐ることはタブーであり姙婦の夫の落下した椰子を採ることはタブーである。パラオの「アコール」部族はバナ、の實を食ふことはタブーである。又ヤップでは椰子の若葉を結んだものに手を觸れることはタブーであつて一面から云へば占有を示す印である、この葉を結びつけるタブーの形式は多くの自然民族に行はれ財の管理者として彼等はそれを施すことによつて不在の時に家屋收穫等のものを保全することが出來るのである。これは現今の登記の起源とも見るべく公示方法として第三者に對抗することが出來るものである。こゝに又私有權發生としての公信力の方法が認められる。

「**性のタブー**」。トラック島では女子が素燒を作る時近つくことは男子のタブーである。又ヤップ島の「ウムン」踊は男子が見ることはタブーであり「カオレヲ」踊は女子にタブーである。集會所へ女の近づくことカヌーの進水式の時それに乘ることは女にタブーである。

「**タブーと祓ひ**」。タブーは一村一家男女個人各々にあるものであつて一般に特定的なもの普遍的なもの永久的なもの定期的なもの偶然的なものに分類することが出來る。タブーは禁戒であつて其の概念の中には神聖と穢汚とを含む。從つてこれを犯したものはそれより生ずる結果を淨め贖《ツグノ》はなければならない。この制度はタブーの發達と平行して組織立てられて行くものであり且つ專門化して行くものであつてこゝに魔術師階級の特權と搾取とが容認されることゝなるのである。

「魔術と卜筮」。自然民族の魔術的思考は必然的に未來の運命を豫知する方法を發展せしめるものであつて「前兆《オーメン》」や「神《オラ》託《クル》」を信じ又卜筮術を生んだのである。この心理作用はanteと propter との混交に本づくものである。トラック島では卜筮術を「ポエ」又は「ウラポエ」と云ひ其の方法は椰子樹の新葉一莖を左右に持ち右手の親指と人差指の爪で以つて右端の根元から葉柄を中に挾んで一二三……と引き裂き「ひとへ」結びになしそれを結んでゐる間は始終自分の占ふと欲してゐる事項を言項に發し獨言を云ふのである。斯く第一を結び終るとそれを左手の小指と無名指との間に挾み第二と順次に移つて行くのである。四本を結び終ると先づ第一に結んだ結目を算へ次に第二を算へ此の二つを以つて一卦とし第三と第四とを又一卦とし此の二卦の總和で善惡吉凶を定めるのである。第一卦を「ポエマラウ」第二を「マーシヤ」第三を「ウキル」と云ふ。これに用ひらるゝ葉は八粍米の幅で十二ー十三センチ米位の長さである。又「ポエリヤシ」と云ふ略式の卜筮術がある。これは同樣に數個所を結び五宛數へて端數も五とし、已が好む數に結び或は豫め定めた數に附合するか否かに依つて判斷するのであつて葉の長さは十四センチ米である。サイパン島のカナカ族でも同樣の方法が行はれてゐるのであつて右端の根元から八枚に裂き右端の一筋から十個所に結び目を拵へ斯く順次結んで行つて終つたなら其の結目を數へ其の數の奇數偶數によつて卦とし吉凶禍福を占ふのである。パラオ島では雲の運行狀態から占ふ。これを「オルガサカアンガル」と云ふ。又木脂を所要の數に分割して各片に火を點じ之を水中に投げ入れ其の各片の運動行程から占ふ。これは「オモカラグオイス」と云ふ。以上二つは主として軍事上の卜である。

出産又は生れる子の男女を占ふ場合等には「オモアリウス」と云つて椰子の實を割り其の龜裂の狀態から卜する。蟬の啼聲から判ずるものを「タガデオ」と云ふ。これらは人事關係の卜である。マーシヤル群島ではトラック島と同樣の方法の占があるが椰子の葉を用ひないで「パンダナス」の葉及び木葉の結節の數で吉凶を卜する。一般の神託は魔術師が行ふ。

未開社會に於ては一般に其の社會の內部に秘密結社《シクレットソサイテー》を形成する。これは始め年齢階級による結社と競合してゐるものであるが斯かる結社の長老は其の社會の禮法密法の支持者として又祭祀、行政、教育殊に戰闘の場合に於ける決定者として最高の樞密機關として神聖なものとして尊崇されてゐる。そしてこの地位は相續されるのであつてそこに魔術師階級の集結が行はれる。彼等は靈魂と交通することを得ると信じられてゐるが故に社會の安寧を維持するために神の意志を窺はんとする方法儀式を發明する。これはイニシエーションの儀式から播種等總ての該社會の重要事象に不可缺に結合されるのである。

「葬法」。未開人は甚だしく死人を恐れる。睡眠や幻覺や夢の生理現象の經驗で死を理解しようとした未開人はいつまでも醒めない人間を氣味惡がつた。そして肉體から離れた魂が惡戯して色々な天災を起し又立歸て來るものと信じた。で埋葬、水葬、ミイラ等は一つは肉體を保存して魂の迷子を作らないためであるが一つは死人の魂が出て暴れることの出來ないように束縛する方法なのである。パラオ島では死體は淡水を以つて洗ひ「アレン」と云ふ黄粉を全身に塗り（これは神聖な化粧料である）其の携帶品パラオ貨幣を胸に飾り墓は石で長方形に疊まれてゐる。マーシャル群島では生前に金錢財貨を多少皆な土中に埋藏してゐて死ぬ時でも他人には知らせない。これは再生の時の用意である。トラック島では幼兒の死體は土葬も水葬もせず敷物に包み又は箱に入れて保存し死體が腐敗して流出する滴汁を掬ひ集めこれに椰子油を混じた「テーク」を溶解して顔に塗るのである。ヤップ島では死體を運ぶのは奴隷の專業であつて地下三四尺に掘下げられた所に之を埋め石を以て長方形に地方三四尺まで積上げるのである。家長の死んだ時には「キカール」と云つて石貨武器等が近身者へ片見分される。送葬の後は「リユ」と稱して故人の所有物は遺族も一定の期間手を觸れることはタブーであつて其の間墓の附近に小舍を立てゝ住むのである。人體は海水を以つて洗ひ生前の服裝をさせ「チョイ」と云ふ葉の敷物に包むのである。トラック島では一般に水葬が行はれてゐる。

この起源は傳說に依れば昔し一人の女がトラックに住んでゐた。そして珠玉を頸に懸け海原を渡つて來た一人の男と同棲して一男一女を生んだ。一日父が行方不明になり其の珠玉も紛失して了つた。或日二人の子供は舟に乘つて遊びに出た。と急に大風が起つて來たので驚いて歸らうとすると一匹の大魚が舟の後に從つてゐるのを發見し男兒はその魚を槍でさした。そうすると大魚は口から珠玉を吐き出して逃れて行つたのである。

子供は母にこの珠玉を見せると母はその大魚こそは汝等の父であつて汝等を守つてゐたのであると敎へた。

母の死ぬ時遺言に依つて死體を父の住んでゐる海中に葬つた。これが水葬の始であると云ふ。

又昔しトラック、ポナペ、クサイ、サイパン、チニアン、ロタ、パラオ等では死體を廢墟に葬つた。

これは昔し巨石文化《メガリシツクカルチャー》の存在したことを示すのであつて其の遺跡は現今その住民の魔術信仰の對象となつてゐるのである。夜近づくこと、一人近づくことはタブーであり又此の廢墟に入る時は敬虔謹愼の念を抱かなければ祟りがあると云はれてゐる。（小山榮三）

サイパン島に於ける社會組織

いまだにからだの調子が本當でないので、テキパキとした仕事が出來ず、つい物を書くのが臆劫になつて今月も資料報告を休みました。然し寄合咄だけでもせめて責任を果したいと思つて、先日中から拓務省の厚意で借讀してゐる南洋廳の舊慣調査報告によつてサパン島に於けるカナカ族の社會組織の概要を紹介することにします。

因に同調査報告は『サイパン島カナカ族ノ日本民法親族法相續法ニ規定スル範圍ニ屬スル事項ニ關スル慣習』（婚姻ニ關スルモノヲ除ク）牧野判事調査、『サイパン島チャモロ族ノ日本民法親族法相續法ノ規定スル範圍ニ屬スル事項ニ關スル慣習』（婚姻ヲ除ク）牧野判事調査、『サイパン島チャモロ族カナカ族ノ婚姻慣習』奥津判事調査、『ポナペ本島ニ於ケル舊慣』（民法親族編ニ關スルモノ）柳田判事調査『舊慣調査資料』（親族關係）柳田判事調査の五編であります。それは私自身が必要とし、知りたいとする資料としては未だ物足らないものがあり、檢討を要する點がありはするが、然し興味あるものです。其のうち今は其の第一編によつてクランと統治組織のことだけを簡單に記します。

カナカ族がサイパン島に渡來したのは、一八一五年に英國人のジョンソンといふものに率ゐられて來たのが最初だとしてある。そしてカロリン群島中の諸島から漸次渡來し來たつたのであるが、其の主なる島々は Sotomal Elato, Suk, Onou, Riserat である。

彼等の社會集團は Sippe と呼んでゐるクランであるが、彼等は前住地に於けるシッペを其の儘維持し、各々其の前住島の區別によつて獨立してゐる。但しオノン島より渡來した者達だけは、其のオノン島がスーク島の屬領であつた關係からサイパン島に於てはスーク系のシッペの中に包含せられてゐる。

彼等の間には女系制度が行はれ、シッペには支配者としてSamor（酋長）がある。サモアは元は强者が實力によつて其の地位を占めたのであるが、スペイン領時代を經てドイツ領時代に至つてから爭鬪によつて其の地位を摑得することが禁せられ、そして其の當時に其の地位にあつたものの親族が後に記すやうな順位による相續慣習によつて世襲することとなつたのであるが、彼等が他の諸島からサイパン島に渡來せる際に、彼等は各々其のサモアに率ゐられて一團をなして移住したので、其の時のサモアの親族が其の儘其の地位を繼承してゐると記されてある。現に五六年前スーク系のシッペに內訌があつて二者に分裂し、脫退せるもの達によつて新しいシッペが生じたのであるが、此の新しいシッペは其のサモアとして舊シッペのサモアの親族中から彼等の慣習上、血族的に最もサモアに近いと認められる者を推戴したと報告書に述べてある。

それで彼等の習慣による繼承の順位を記すと、先づ

第一には、現サモアの弟、

第二には（若し第一に相當する者がないか若しくは死んだ場合）現サモアの姉の男子、

彼女に男子なき時は彼女の出生した女子の男子、次いで此の姉の卑族の女子が出生した男子、

第三には（第二に相當する者のない場合）現サモアの妹の男子、

次いで此の妹の卑族の女子が出生した男子にゆくことは第二の場合と同じ。

第四には（前三者に相當する者が皆無となつた時には）親族中最も近き女の出生した男子に移り、

其後は又此の原則に從つて繼承せられるのである。

それは以上の順位によつて男子によつて繼承せられること明かであるが、他島に於て男子の繼承者の全然少なかつた場合に女子がサモアになつたことがあるといはれてゐる。

之を圖式してみると、例令次のやうになる。

女親─┬─サモア
├─次男(1)
├─三男(2)
└─┬─┬─長男(3)
│ └─次男(4)
└─┬─長男(5)
 └─次男(6)

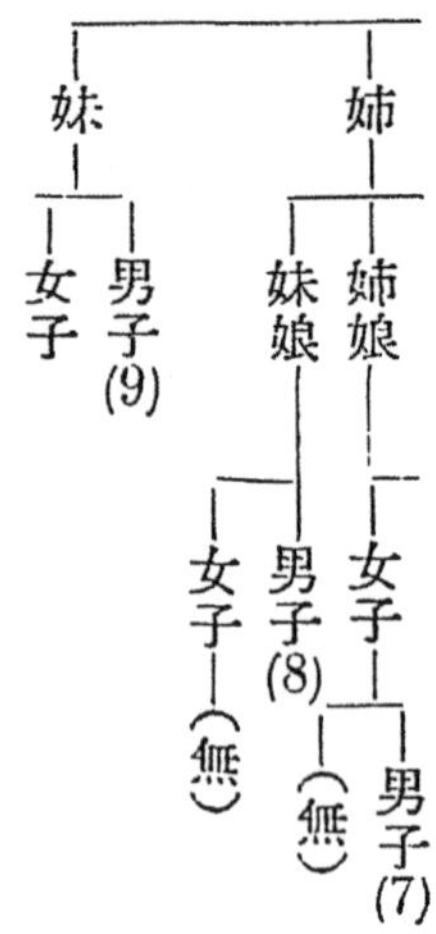

斯くて此の地位はサモアを父とするものの卑族には決して繼承せられないのである。それは女系制家族に於ける通則である。

〔からだが又ひどく疲れて來たので、今はこれでやめます。來月續きをかくことにします。〕（小泉鐵）

グラネ氏の「支那文明論」に就いて

○

支那古代史の研究に、その民俗的方面をも比較的注意して取扱つた學者として佛蘭西のマルセル・グラネ氏を擧げることは誰しも認めることであらう。氏はこゝ十數年間に公にした支那の古代に關する勞作は一種の民俗學的古代研究、と云つて悪ければ古代民俗學的研究と云つて差支ないものが大部分を占めてゐた。新しい見地に立つた古代史、前人未拓の道筋よりせる古典の新解釋、それが支那の古代を探究するものにどれ程深い示唆を與へ、どれほど新しい世界を見せてくれたかは、今改めて述べる迄もなからう。

○

從つて氏の近業「支那文明論」（Civilisation chinoise. Paris 1929）が公にせられるや、之を歡迎する聲が所在に聞えたのも尤な次第であり、いち早く友人某文學士はその邦譯を企てられたとさへ聞き及んだ。佛文に熟せざる余の如きも風を望んでその一本を購ひ、續いて英譯が世に出るに及んでは（London 1930）早速丸善の架間より抽いて之を机邊に收めたやうなわけであつた。余の同學の諸君子の間にも、有志相會して此書の輪講を試みる集りが二つ迄も作られ、支那の古史に造詣の深い內藤博士の擧げられた此書の美點なども風の便りに東都迄傳はつて來て、支那學の學徒の間には自ら本書が話頭に上ることが多くなつて來た。

○

余は性甚だ疎懶にして又深邃なる研究の理解力に乏しく、未だ此書を通讀するに至らないし又讀み得た所も十分に之を會得する域に達して居らぬ。然しその方法の嶄新と見解の Suggestive な點には多くの佳所を認むるに吝なるものではない。然し、すべての研究はその資料の正確と、その解釋の正確とを第一の要件とする。萬一信ずべからざる資料に基き、更にその誤解と獨斷との上に立つ論證があるならば、たとへ如何なる大家巨匠の說と雖も斷じて余輩の聽く能はざる所である。我がグラネ氏の論考には果してその邊の議すべきものがなかつたであらうか。これは一應我等の心して考ふべきことであらう。

○

近頃北京の中國社會及政治學協會刊する所の雜誌 The Chinese Social and Political Science Review の第十五卷第二號 (July 1931) を見るに、丁文江氏の「グラネ氏『支那文明論』を讀む」の一篇がある。(pp. 265—290)。これで見るとグ氏は資料の鑑別に於いて驚くべき無頓著であり、又その文の讀解に於いて甚だしい過誤を犯してゐる。丁氏をして云はしむれば殆ど誤謬滿紙、全く讀むに堪へざる庸劣の書であつて、その無雜作《むぞうさ》な概括と、漢文テキストの誤讀とは、動ゝもすれば支那の學者の心を驅つて歐西支那學の價値を疑はしむるの嫌なしとせぬといふ。(But Prof. Granet's new book with its facile generalizations and erroneous reading of Chinese texts tends to prejudice the mind of Chinese scholars against European Sinology. p. 265) 丁氏の云ふ所全部が果して當れりや否やは姑く措くとして、その一々擧出せる例證は多く至當にして、グ氏に於いて一言の辭なかるべきものが甚だ多い。

○

我等が私かに一抹の危惧の念を抱いてゐたことは、端なくも玆に丁氏の文に依つて痛烈に、少しの忌む所もなく白日の下に曝されることゝなつた。余は決して之に快哉の叫を擧ぐるものではない。日頃に特に心を寄する佛蘭西の支那學に對し、少しでも斯くの如き感じを抱くものでないことは必ず大方の諒承を得ることゝ信ずる。然し余が佛蘭西の支那學を最も愛慕するはその「眞」を發すること最も大にして又それに特に忠なるが爲である。たとへ佛人の著と雖も「眞」を探ぬるに缺陷あり、之を求むるに道を違へたるものがあれば余と雖も之を采る所以を知らない。グラネ氏の新著は苦心の作であり、大いに讀むべきものであらう。否、細心に之を熟讀すべきものであらう。然し余は同學の士が之を讀むに先立つて必ず先づこの丁氏の批評を一讀して然る後本書を繙かれんことを希望する。獨り支那の古史とのみ云はず、廣く世の上世の史を尋ねるもの、その特に心を留むべき用意の奈邊に存するか、必ずやその數々が最もよく玆に開列せられてゐることを看取するであらうと思ふ。(**石田幹之助**)

呼寄せ塚

讀者欄

この欄をくつろいだ座談の集りにしたいのです。

民俗學のトピックに觸れたものなら議論でも希望事項でも書籍の批評でも海外ニュースでも――もつとも餘り個人的な物や惡意の露骨なものは困ります――或は又民間傳承採集旅行等に於けるエピソード、失敗談、ゴシップ等の輕い氣持のものも載せ度いと思ひます。

○栗山一夫氏「村の記錄」(第三卷・第五・六號)のやうな正確な記錄を各自の村々についてすることが、最も大切な仕事だと思ひます。何故號を次いであゝいふ記錄が出ないのかを不思議に思つてをります。資料報告欄には口碑・傳說・俗信の類は盛んに出ますが、村の社會組織・經濟組織の報告のないのは、何としても寂しいことです。舊家と新家と、地主と小作と、主業と副業と、血緣と類緣と、等々各々の村や町について正確な報告をすることは見のがされてはならぬ仕事と思ひます。(多莊可)

○八月號寄合咄　松村博士の蟷螂の肥後方言のオガメについて九月號に別所氏の說が出てゐます、それについて福岡縣の筑後一圓、又筑前の一部朝倉郡)などではオガマニャトーセン、(オガマナトーセン)オガメ等の方言で呼んでゐるが、私としては松村博士の御說の方に贊成したいのです。蟷螂が鎌をふりあげてゐる前に他の昆虫がおそれ逝り得ないのを見る子供達がかく呼んだのではありますまいか、松村博士の御話のやうに蟷螂に對して云ふと云ふやうなことは未だ耳にしませんが或は或地方にはそんなことが殘つてゐはしまいかとも思はれます、私の今迄耳にしたのでは、蟷螂の格好からオガメ、オガマニヤトーセンが出てゐるやうです。(梅林新市)

○「**オガメとタンガク**」　本誌第三卷第八號「寄合咄」に松村博士の「熊本の方言に就て」の小篇を見た時、一二言ひたい事があつた。然るに同第九號を見ると、オガメに就ての別所氏のとんでもない異見が飛び出した。松村博士も別所氏も殘念な事には、柳田先生の「蟷螂考」(土の色第四卷第四號)を見てゐられぬらしい。次に松村博士の言及された肥後方言のタンガクに就て一言して置きたい。此の語に就ては、博士も引用された通り、方言學者東條氏も「たまかつま」の說をそのまま信用されてゐるらしいが、少くとも私だけはまだ疑つてゐる。肥後も北部の當地南ノ關町附近では、タンガクを又轉倒してガクタンともいつた。此の兩語は又屢々口達者な女性を罵る語として用ひられた。又當地で「蛙」はビキタ

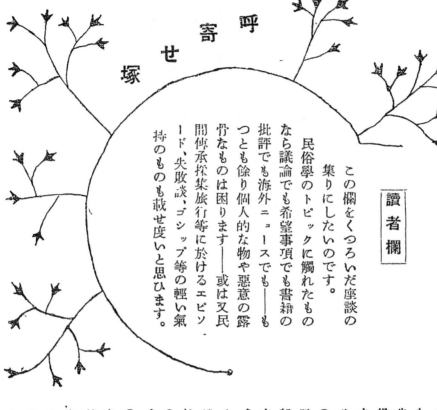

ンであつたが、類語のビキタ、ビキタロは分布地域が甚だ廣いらしい。まだ多くの類例を見當らぬから、確かな事はまだいへぬが、タンガクのガク（又はギャク）は「かへる（蛙）」のカへと等しくもとは其の鳴聲であつたかと考へてゐる。然らばタンは何か、と問はされるなら、臆説だけは有してゐるが、まだ急いで答へる必要はあるまいと思ふ。それより今のところ、類語を精々集めて、それから結論はゆつくり求めた方が賢明である。いくら偉大なる先人の説でも、多少でも疑ひ得る餘地ありと考へられたら、十分氣長に其の疑問を探求することこそ眞に學問に忠實なる所以であらうと思ふ。（**能田太郎**）

○寄合咄の「熊本方言に就いて」のオガメの條を、私郷里での童戯と類似してゐるので嬉しく讀んで居りました處、別所梅之助氏が御異見を出されましたので、御參考に供するため、幡多郡での方言オカメの因つて起る所のあそびを御紹介致します。それは「オガメ、オガメ、オカマニャブチロス。」と唱へて、彼が兩手を額の前で合せるまで、棒切れや指で叩いていぢめるのです。拜むまでに嬲る手指などへ鋏を打込まれる事もありますので、そんな折は宣言通りに虐殺もし兼れなかつたものです。この方言とあそびとは柳田國男先生に報告した事もありました。先生の「土のいろ」特輯號『蟷螂考』は、方言オガメに就いても述べられてゐたと思ひます。就いて御覧になられることを御希望申します。（**中平悅磨**）

○**習慣を破る實例**　A家の當主は三十七八才である。先代の亡くなつたのは二三年前であつた。その頃、毎晩おちよこに一杯の酒を佛壇に供へてゐた。「お祖父さんがお酒が好きだつたから」と云ひ乍ら。又「お祖父さんが好きだつたから」と云つて若鮎を供へたりしてゐた。その家は數十年新しい佛がなかつたと云ふ珍らしい家だから、自然佛はそのお祖父さん一人の樣に考へられてこんなになつたのであらうが、面白いと思つた。「佛が好きだつたものを供へると佛が喜ぶ」と考へてゐるのだ。今でもやつてゐるかどうかは知らない。

B家は數年前火事をやつた。それは、丁度お正月であつて、神棚へのお燈明がしめ飾りへ燃へ移り、家人が近所へ貰ひ風呂に行つて留守の間にすつかり全燒してしまつたのだ。原因はさう考へるより仕方がなかつたらしい。それ以來その家は、正月には神飾りは勿論、凡てのしめ繩はしない事にしてゐる。「俺の家はお正月が來ても飾り繩をこさふ事がいらないから簡單だ」と云つてゐる。以上二つとも、實際私の村にある極く最近の話です。（**與田左門**）

○「**ジンベイサマ**」オウウ地方キンガザン沖にカツオ漁に出かける、チバ縣アワ郡の漁夫の話。カツオのよくとれる時にはしばしば「ジンベイサマ」とゆうものに會う。「ジンベイサマ」はいつもイワシを食い決してカツオは食わない。もし誤つてカツオを食うと、「ジンベイサマ」の身はたゞれてくさつてしまう。で、カツオは安心してこの「ジンベイサマ」のまわりに集つている。カツオの大漁で船の中にどしどし釣り入れても、船の足がある―吃水の變らぬ―と思われる時には、氣を付けないと、この「ジンベイサマ」が船の下に來て體で支へていることがある。上からのぞくと船のまわりが一面淡く光つてゐるのでそれと分るが、この時には竿で光りのあるところを力強く突くとそろーんと、ジンベイサマは沈む。「ジンベイサマ」は、船の前後から見ても、首尾の別が分らない、どれ程大きなものか、見たものは無い。サメの類だろうと言つてゐる。漁夫は「ジンベイサマ」にあえばカツオの大漁があるといつて喜ぶ。（**木下利次**）

資料・報告

長野縣傳說集

小泉清見

雲雀　（小縣郡內村）

內村は東西兩村に分れてゐる。其隣接の依田、富士山等の村には雲雀が囀つてをるが內村には姿を見ることが出來ない。併し昔は飛んで居つたと言ふことである。內村の奧、鹿教湯に文珠堂といふ智慧の佛樣を祀つた堂がある。昔雲雀が飛び廻つて居つた頃、雲雀が此文珠堂の屋根に糞をした。文珠樣は非常に怒られて雲雀に再び此村に歸つてはならぬといつて追ひ出された。それで內村には雲雀がをらなくなつてしまつたといふ。

狐と白蛇　（小縣郡和村）

私の村（和村栗林）の片隅に小さな石の祠がある。其神樣のお使に狐と白蛇とが居た。狐は白狐であつた。そして白蛇には肢が四本と體一面にいぼが出來て居た。又これがなくては神樣のお使となる資格がなくなるのであつた。或時狐は考へた。何うかして神樣に自分一人丈け可愛がつて貰ひたいと。そして彼の憎い白蛇を追ひ拂ひたいと。それにはあの肢と疣をとればいいと考へ付いた。そこで或る晩白蛇の寢て居る間に小石を拾つて來てこすつて疣を皆んな取つてしまつた。白蛇は眼覺めて驚いた。自分の大切な疣が奇麗に取去られて居るのに、併し何うすることも出來ないので、遂ひに何處ともなく姿を隱して了つた。此時以來、同祠の小石を借りて來て疣をこすると皆取れてしまふと言はれてをる。

狐　（小縣郡東鹽田村）

昔古安曾村（東鹽田村）の平井村といふ所に平井寺といふ寺が有つた。其寺には貧しい坊さんが一人きりで住んでゐた。そして其寺は常に狐や狸の宿になつてゐた。坊さんはそれ等の獸からも恐れられもせず終には獸と面貌や形や手眞似に依つて互ひに意志をも通ずる樣に成つた。或る冬のことである、雪は平年と違つて地上に積ること四尺餘、流石の狐も食物を見附け得ずほと〳〵弱りぬいて彼れの夜の旅を終つて寺に辿り着いた。狐は空腹と疲れでへト〳〵になつてをることを坊さんに通じた。坊さんは氣の毒に思ひ直ちに有り合はせの食物を與へた。それから幾日もの間食物を得られなかつたので狐は坊さんに飼はれた。其狐は心の奥から其恩を謝したことであらう。或る時坊さんが不圖した事から病氣になつた。今度は坊さんが食物を得る事が出來なくなつた。坊さんの困窮に陥つたのを見出した狐は夜になると人里に下り人家から食物を持歸り寺の床下に蓄へておいて坊さんに與へた。坊さんは其れで安心して病を癒すことが出來た。或る時獵師が其寺にいつて見たら坊さんは遂ひに冷たい骸となつてをり、狐も又見受けられなかつたといふことである。今も其狐の巣と遊び場とは殘されてをる。

尻燒田螺　（北佐久郡三井村）

北佐久郡三井村字安原に安養寺《アンニャウ》といふ寺があります。此寺は北條氏と深いゆかりのある寺であります。此寺の開基の和尚樣は大層偉い方で其木像が安置してあります。或る年の火災に此木像が尻に火傷を負ひました處木像はひとりでに其境内にある池の中に飛び込み火傷の手當をしたさうです。それから後此池にすんでをる田螺は尻（殼層の上部）がなくなつたとのことです。今其池及び附近の堰で田螺を採集して見ますとさういふのが澤山にをります。

白馬ケ淵　（北佐久郡伍賀村）

北佐久郡伍賀村に面替《オモガヘ》といふ部落があります其部落に沿つて一つの淵があります。昔此部落の一人の若者が年頃になつたので同村字茂澤といふ部落から嫁を貰ふことになりました。何しろ山道のことですから嫁さんは白い馬に乘つて其若者の家に來たのです。が其途中其淵まで來ると馬は嫁さんを乘せた儘一聲嘶いて淵深く沈んで了ひました。其れから年月が流れて面替の百姓の茂兵衞といふ人が白馬をひいて此淵のほとりに草刈に出かけました。さうすると矢張り其馬は一聲嘶いて又淵の中に飛び込んでしまひました。それで村人は主《ヌシ》が白馬を引込むのだと言ひまして誰いふとなく此淵を白馬ヶ淵といつて居ります。そして其後は面替では絕對に白馬は飼はなくなりました。

猿　（北佐久郡輕井澤）

輕井澤に日本一と稱された獵師が住んでをりました。其獵師は三人の兄弟の子供がありました。或日獵師は例の通り山へ獵に出かけて行くと岩の上に脊を向けて居る猿が居りました。早速肩の鐵砲を卸して狙を定めると猿は急に獵師の方に向き直つて掌を合せて何か哀願して居る樣な容態をしました。然し獵師はそんなことに頓着なく打ち殺して了ひました。其猿は姙娠してをつたのでした。其後間もなく獵師の三人の子供は死に其家を相續する人は皆死んで了ふので其家の血統は絕えてしまつたとのことであります。これは姙娠してをつた猿を殺した祟であるといふてをります。

双子池の主　（南佐久郡切原村）

立科山の麓で南佐久郡切原村小田切に昔何時の事とは知れず

或る長者が住んで居つた。城の樣な邸宅を構へ數多の召使を置く豪奢な暮しは村人の羨望の的であつた。併し人間には兎角「二つの寶は兩手に得難し」とか云ふ如く此長者夫婦にも子寶といふ一つの寶が無かつた。それが二人の何よりの淋しさであつた。夫婦は神佛に子供を授けて貰ふことを祈願した。其靈驗によりて年老いてから一人の男子が生れた。夫婦の喜びは此上なしで龍造と名づけて愛育した。此樣に大切な一人息子の龍造は何うした事か四歳になり五歳になつても口を利く事が出來なかつた。長者は近在のあらゆる神佛に願をかけ又修驗者等を招待して加持祈禱を行つた。其結果漸く口を利くやうになつたが、不思議なことには「双子池の主になりたや」といふ不氣味な事しか言はなかつた。佐久平と諏訪盆地とを東西に劃つたその中に衝立の如く屹立する立科山の嶺近く太古以來恣まに枝を交はした灌木の黑斑に埋れて奇岩怪石の懷深く喰ひ入つて身を切るやうな冷水を底知れず湛えた二つの池があつた。里人はこれを雄池雌池と呼び併せて双子池と言ひ慣して居た。長者の愛兒龍造は「双子池の主になりたや」と明暮云ひあかした、やがて手習する頃となつた。彼は師の手本になど一顧も呉れず毎日〳〵不氣味な一句を口から筆に寫した。かうして彼は十三の歳になつた。それは秋の寒い朝であつた。長者夫婦は龍造の寢床がもぬけの空となり冷え切つてをることを發見した。邸內は勿論近所を隈なく探して見たが皆目行方が分らなかつた。狂氣の樣になつた夫婦は不圖愛兒の毎日口ずさみたる「双子池の主になりたや」といふ言葉に思ひ及んだ、夫婦は双子池に行く事に決心し大勢の召使や里人數多引具して二里の嶮を冒して終に池の畔に辿り着いた。果して池畔に彼龍造の下駄が行儀よく並んで居た。かうして我が兒の入水は紛れもないと知つた夫婦は流石に池畔を去り難く妻は「龍造嘸饑じからう」と泣く〳〵携へて來た握飯を盆に載せて池に浮べた。するとザワ〳〵と波立つよと見る間に一つの渦卷を殘して盆は水底深く捲き込まれてしまつた。暫くして盆のみ浮び上つて來た。そこで長者夫婦はいよ〳〵我が兒懷しく「せめて一目なりともありし昔の姿を見せよ」といひ〳〵池に向ひて號泣した。親のこの切ない心が通じてか池水動くよと見る程に池心に龍造の稚な姿が現はれて次第に池の面に浮びあり〳〵と見られたが一語も交さずに再び底深く消え失せた。餘りの悲しさ懷しさに夫婦は聲を限りに呼び叫んだ。かくして再び姿は池の面に現はれた。長者は「今一度」とせがんだ、かくて三度池水動搖するや、こたびは山なす大波を起し岩石一度に鳴動し逆卷く渦中から池にはびこる大蛇の正體を現はし巨巖の樣な鎌首をもたげて一度に池水を立科の峯に向つて吹き上げた。このあさましい我が兒の姿に恐ろしくなつて山を逃げ下つた、龍造が此の池の主になつて以後、雄池は昔ながらに碧水を湛へて幾十尋の底にある小石をも數へ得る程であるが雌池は一帶に褐色に濁つて池の底を窺ふことを永遠に封じてしまつた儘現在に及んで居る。雄池の池底を横斷して向ふの岸の黑斑の中に消え込む蜿蜒蛇腹の如き一條の蹊道は今尙ほくつきりと水面に浮んで見え池畔に立つ者は思はず冷水を注がれる樣な氣持になるといふ。小田切村の小學校の南方二町餘の水田の一角に梅の老木一株と其根元にさゝやかなる石造一基の祠がある。此れが長者の邸跡だと言はれて居る。双子池は雨乞に靈驗あると言はれ現在にてもこの池畔で雨乞が行はれる。

別所溫泉石湯 (小縣郡別所村)

昔、どうしたものか身體を傷けた大蛇がをりました。大蛇は溫泉で癒すより外に方法がないと考へて探し歩きました。所が一所石の裂け目に溫泉が湧出して居るのを發見しました。そこで大蛇は湯治して全癒し何處ともなく立ち去りました。これが今の別所村の石湯であるさうです。今でも女湯の方には朝など溫泉の澄んでゐる時は大蛇の鱗がきれいに並んでゐるなどとの噂があります。

鞍ケ淵の大蛇 (小縣郡西鹽田村)

今、獨鈷山の麓を巡つて走つてをる川があります。其上流に鞍ケ淵(西鹽田村手塚)といふ一つの見るからに恐ろしい淵があります。丁度大きな岩が兩方から落ち合つて馬の鞍の樣な形をしてゐます。昔、其岩の下は晝も尙ほ暗く渦卷く水は藍よりも靑く實に物凄い有樣でした。丁度其頃獨鈷山の嶺に一人の美しい若僧が修行をしてゐました。どうした事か或る雨の降る晩を一人のそれは〳〵美しい婦人が若僧を訪ねました。若僧は非常に驚き且つ怪しみつゝ訊ねました「貴女はこんな恐ろしい峯に雨を冒して何しに來られたのです」と。彼の女は「私は旅のものです雨と暗さとに道を迷ひこんな所に來て了ひました。何卒一夜の宿をお願ひ致します」と懇願しました。若僧ははたと當惑しましたが氣の毒の餘りとう〳〵泊めることに致しました。婦そして其晩は二人で色々と身の上話等して語り合ひました。婦人は翌朝未明に若僧に暇を告げて山路を下つて行きました。さて其後も夜になると其婦人が度々訪ねて來ました。最初は若僧も其婦人をいぶかりましたが次第に其の心も和かになつて行きました。それからは毎晩二人は仲のよい友達として山の淋しさの中にも明るく愉快に過ごすやうになりました。或る日一人きりになつた若僧は何となく此の婦人の不思議さを疑ひ出しました。そして好奇心が若僧の胸の中に閃きました。そこで或る晩彼れ若僧は長い糸のついた針をそつと婦人の着物に刺し通して置きました。翌朝になつて若僧はその糸をしるべに山を下つて行きました。所がどうでせう。見るも聞くも恐ろしいあの鞍ケ淵の渦卷の中に糸は沈んでをるではありませんか。彼れ若僧は顏色を失ひましたがもつと〳〵彼れを驚かしたものがありました。それは恐ろしい大蛇が大きなうめきをあげて赤兒を產んでをる所でした。大蛇は我が身のあさましさを見られた悔しさと黑鐵の針の毒とによりて產兒を遠く投げ捨てゝ遂ひに悶死しました。其產兒は小泉村（今の泉田村小泉）の一人の婆さんに救はれました。婆さんは此の兒に小泉小太郎と命名し大變可愛がつて育てました。小太郎は生長するにつれて力持ちになつて行きました。或る日婆さんは小太郎に薪が失くなつたから萩を採つて來て與れと言ひ付けました（萩は生でも燃ゆるさうです）。孝行者の小太郎は快く出掛けました。半日程經つて小太郎は歸つて來ました。婆さんは見ると驚きました。半日もかゝつて僅か半束ばかりしか伐つて來ませんでした。併し小太郎は婆さんに注意しました。この萩は一本宛拔いて焚いて下さいと。婆さん其意味が解りませんでしたから小太郎の言ふたことを聞かずに束を解きました。ところが薪は放たれたばねの樣に婆さん迄も一所に天井裏まで跳ね上げてしまひました。それも其の筈でした。小太郎は小泉山の萩を皆伐つてあんな小束にしめ上げたのでした。それで今でも小泉山には萩はないとかいふことです。

かくて小太郎は武道を勵み立派な武士となり鹽田平に勇名を轟かしました。今川邊村築地組より泉田村町小泉に通づる舊松本街道の石橋に小泉小太郎の馬の足跡であるとて其跡が殘つてをり第二線路（上田松本間の縣道）の工事頃まで川邊村神畑のお宮に小泉小太郎力驗しの石といふのがあつたさうです。扨て大蛇が產をしたから彼の川を產川といひました。そして其川原には大蛇の骨が石となつて殘り今尙ほ其化石が蛇骨石として產するのだといはれてをります。

玉　石　（北佐久郡大里村）

私共の村から五町ばかり離れた松林の中に一つの大きな石があります。村の人達はその石を玉《たま》石と呼んで次のような物語を傳へてをります。昔々私共の村が川村の長者と云ふ人に治められて居た頃長者に一人の麗はしい御姬樣がありました。そして其の御姬樣が十七歲の秋でした。村にこんな噂が立ちました「長者のお姬樣は每夜々々社の森をうろついてをられる、何うしたのだらう、俺が今朝薄暗い中に裏山に登つて行くと何處からか悲しげな泣聲が洩れて來た、これはをかしいと思つてその聲を便りに莘を分けて行くとまあびつくりするではねいか、胴腹の丸みが一斗樽程もあるでつかい蛇が居るで俺は青くなつて逃げて來たゞがまあ何にしても大變だ」。又「まああのお姬樣のおやつれになられたこと、まるで去年頃までの美しい面影は何處へ往つて了つたのか、只の體ではない樣な顏色をして居られる。ほんとうにどうしたことだらう」。などと袖引き合つて居た。それから三月ばかり立つた寒い師走の夜でした。お姬樣は廣いお屋敷の離れ間でしく／＼泣いてをられました。先刻まで母屋の方で母からさんざん苦しめられて居たのでした。「お前をこんなにしたのは誰だ、さ、言ひなさい、誰です……親にも言へないのですか、そんな親不孝な子はもう之れきり親でも子でもありません。お父さんにお願ひして明日から親子の縁を切りませう、眼の中に入れても痛くない程可愛いお前ですが親をだましてそんな眞似をするとは、とても我慢が出來ません」そういつて室に歸されたのでした。すると戸口が靜かに開いて白衣に青の袴を着けた﨟闌けた貴公子が這入つて來ました。そしてお姫様に呼びかけました。併しお姫様はいつもの樣には應へませんでした。貴公子は「姫よどうした」と言ひながらお姫様の側に座はり白衣の袖で涙を拭つてやらうとしました。その刹那でした。きらり鋭い光が閃いて貴公子は身を反らして倒れました。その瞬間に貴公子は恐ろしい大蛇と變じ姫を咬へて恐ろしい吠聲をあげ屋根を破つて空に飛行しました。お姫樣は血刀をもちたるまゝ氣絶して大蛇に咬へられてをりました。この物音に長者は郎黨を具して庭におり立つた。そして空を仰げば怪しい黑白の影が彼方へと舞つて行くのでした。長者は郎黨の弓を取りて怪しの影の眞只中を射ました。同時に地鳴りを生じ天地も崩れんばかりの凄しい嵐が捲き起りきした。そして長者の家は村は其内に包まれて了ひました。村人は喚き叫びて逃げ廻り今の私の村のある所に來たのでした。嵐は止みました。村人の恐れ驚きつたらありませんでした。餘りの恐ろしさに今迄住み慣れた元の村へは歸らうとせず遂ひそこに皆が住み替へることになりました。それから數ケ月たつた或る日村の若者が數人して元の村に歸つて見ると長者達も家も其影だになく只芒々と枯草が臥して其中に大きな石が一つ轉つて居りました。その側に行つて見ますと石の下から悲しげな女の泣き聲が聞えて來ました。そして時々恐ろしい唸り聲が洩れて來ました。若者共は恐れおのゝひて只走りに已が新らしい村へと歸りました。それから村の人人は其石を蛇石とも玉石とも呼んだとのことです。お姫様の名前が玉姫といふたからださうです。數十年前まではこの石の側へ行つて玉ちやんと呼べば泣聲が聞えたとのことです。

箱疊の池　（北佐久郡横取村）

丸子から望月の方面へ行く峠の上に箱疊の池といふ周圍一里程の用水池がある。この池の東の岸に一寸出張つた所がある。そこに一本の老松が茂つてをる。その下の水は何んとなく薄氣味悪いどよみを持つて湛へられてをる。五六百年の昔附近の百姓が此の池の鯉の主を捕へて其尾を切り池中に捨てた。處がその悲しみの餘り鯉は毎夜この松の下蔭に淋しく恨めしく悲しげに泣き其の聲が聞えた。その百姓の家には間もなく恐ろしい得體の知れない病氣が襲つて一家のものは一度に枕を並べて苦しみ悶へて死んでしまひその家は絶えて了つたとのこと。今も其鯉の泣き聲が聞えるとのことである。

大　　蛇　（小縣郡武石村）

昔、武石村下本入二本木といふ所に大蛇が住んでゐて、毎年其の大蛇に村より一人の娘をやらなければ其年は色々な凶事が起つて村人を惱ませる。娘をきめるには天より白矢が立つた家より出すのであつた。或る年に其の白矢が庄屋の家に立つた。庄屋の家では非常に悲しんで居る所に所謂武藝修業者がやつて來た。早速譯を話して其人に娘の身代りになつて貰ふことになつた。それで例年の通り村人は櫃に武藝修業者を匿して大蛇の棲んでをる所に擔んで行つた。夜更けて大蛇が出て來た所を武藝者は退治して吳れた。村の人々は後の祟りを恐れて其處に小さなお宮を建てた。其お宮は今もある。このお宮は大きな岩の上に建てゝある。村人は今でも其下に大蛇の子孫である片目の蛇が居るといつてをる。山などに行く折此お宮にお詣りして行けば蛇などに途中で逢ふことはないといつてをる。

麻と女との關係

田中喜多美

『雫石麻布』は南部領の地元で織出した自家用衣服の原料である。此の麻布は所謂『雫石染』として他地方に迄賞用されたのは、商品として産出されるに至つた雫石麻布と同じ時代であるらしい。唯此所に注意しなければならぬのは、『雫石麻布』と『雫石染』(俗に二重《ふたゑ》染ともも稱する紬染)とは原料こそ同じ南部特有の麻を使用するが、二者全く製出方法は違ひ、一方は常用衣服となり一方は裏地類にしかならないと言ふことである。

「雫石麻布」は二三年以前盛岡の新聞(岩手日報)に『お國の名物』なる特産物として其産額十萬圓位(年額)と揭つてゐたが、そんなものでは無い。實に微々たるもので其の十分の一の産額にも遙かに遠い樣である、是が賣却用の麻布で、自家衣服の麻布は雫石地方で猶ほ各戸の樣に製出されてゐる。自給自足と言ふ事は過去の人生が必然要求してゐた姿であるから、斯うした餘影を保留する鄕土は、我々の民族生活の研究に力强い啓示を與へてゐる。

今回は其衣服用となる麻布の原料と女の關係を述べて、彼等が何んな信念の元に、そして何んな習俗の元にやつて來てゐるかを報告し、後日「雫石麻布」の製出方法や是に關する土俗及び、「雫石紺染」の出來上るまでの系路や使用衣服其他模樣・名稱・織方等を述べて、農民考察や鄕土研究に資したい考へである。

【麻畠は萬年畑である】

麻を播き付ける畠は一定不變のものであつて、所有畑の內最も地味の宜しき肥沃の地に選定されてある。所謂萬年畑で他の雜穀を蒔付ける事は禁ぜられてある。是は一方地味の痩せ衰へる事を恐れると共に次に說くやうな信仰から來てゐる。此の畠を稱して『オツボ』と呼んでゐる。賣買の價額は殆ど水田や苗代と匹適する程である。「オツボ」なる方言は明かでない、或は『糸《いと》を蒔く場所』の意ではあるまいか、此地方で麻を決して「アサ」とは言はないで、必ず『イド』(糸)と唱へてゐる。されば一名「オツボ」を「イドバダケ」(糸畠)とも言つてゐる。「オ」は卽ち緖で糸に通ずる、「ツボ」は此地方で「其場所《そのばしよ》」の意で「あのツボに行けば茸《きのこ》がある」などの例である。故に「オツボ」は右の如く『オを蒔くツボ』『麻を蒔く場所』に違ひあるまい。麻の皮を取つた後の白い木質分を『オガラ』と稱するが、是とても糸を取つた殼と言ふ意味に違ひない。(併し此地方の農家ではその庭園を『坪《ツボ》前』と稱するが、此場合の「ツボマイ」の意味は判然しない。)

【鷄の糞と麻畠の關係及俗信】

此地方では鷄の糞を麻畠にのみ使用する、それは鷄糞は不淨なもので一番汚ないものとされてゐるからである。麻畠は女に絕對の權威があるもので、女は罪深いもの汚ないもの不淨なるものと信じられてゐるから、隨つて其畑へ此の不淨な糞を持運ぶのである。其他の田畑には鷄糞の使用は絕對禁物とされてゐた。何故に鷄糞は獨り嫌はれるのかは知らない。

【春初めに先づ麻畑を耕す】

雪解を待つて屋外に働きに出ることを「春う立」と稱するが、先づ麻畑の手入に懸るのが習慣である。「うッ立《たち》」は「プッ立《たち》」とも言ふから、「打ち立懸る」の意味らしい、本來は出小屋へ(卽ち働き小舍を云)自分の家を打出て行く所から出來た言葉であらう。言語情調から言つては何うも古代臭みのする言葉である、「朝ヴッ立」「晝ヴッ立」など使はれてゐる。此の麻畠の耕作は悉くは女許りと言つてもよい、此頃は男は未だ他の仕事に忙しいからである。殊に畑の仕事は女は主人役で男は補助役たるに過ぎない。そして女は雪消えを待つて眞先に取付く麻畑の手入は、女には重大な衣服上の仕事が課されてゐるからであつて、此の一大事業は常に女の念頭を離れないで專ら其方面を擔當してゐる彼等をして如實に證據立ててゐることになる。

【晝休の定律が麻の仕事に依つて】

假りに「イド」(麻)蒔きが三月十六日であるとすれば、百姓の仕事の全部が此日から午休《ひるやすみ》を行ひ、「イド」の引取りは七月三十日であれば七月三十日からは所謂「ひるやすみ」が、百姓の仕事なら如何なる種類のものでも以後斷じて無いのは此地の風習であつた。各戶とも仕事の都合で各々差異はあるが、時季の仕事であるが故に大抵一週間以上の差異はないと見て差支へない。晝休とは今の言葉で「午睡」時間の事、晝食後一時間乃至二時間位の休みを言ふのである。何うして斯く「イド蒔き」と「イド引き」は正午《ひる》休みのカッキ（カッキは此地方の方言でカッキがある カッキがないなど 期間、期限、期定、規律、規定などの意になる）になつてゐるのかは判らない。只斯うした不文律は永い間習慣となつて確守されて來てゐる。

【麻の種を卸す頃と農民意識】

麻の播き付けは農民仕事の第一着手であつた。そして是より次次へと播き物はされて行くのである。それだけ「イド蒔き」は重大な仕事になつてゐるのである。

『山椰《ブナ》の萠へが見えて來たぞ「イド」蒔かねェャばならねェャ。』

『あャ八十八夜來たからナ』

四方の山が色付いて來る時言はれてゐる此地方の言葉であり諺である。山椰の芽の萠へ出す頃は麻の種を蒔く時節と信じ、その頃は八十八夜なのである。是などは郷土に永い間訓練されて來てゐる自然暦で、農民等は山嶽の雪の消へて行く狀態や、樹木の變化に依て時期を辨へ、自己の仕事に適應する樣に自然の環境を凝視して來た例で、其觀察は常に純理に叶つてゐたと言ふ可きであらう。

農民は傳誦口授に安んじ鄉土の訓練に賴つて來てゐる證據で、是が農民の歷史でゝもあらう。そして農民の歷史は記錄では無く、鄉土意識にあること生活意識にあることが分る樣な氣がしてならない。

麻の蒔付が終了せば、殊更女はその監督眼を麻畑に傾けて注意してゐるのも、衣食住の衣を掌る彼等としては無理からぬ事で、半年を雪の中でその衣服の製出に沒頭する者に取つては全く血の眼で經過を窺ふのは又必然とも言ふ可きであらう。

【麻の引取りから干燥まで】

麻が成長して七八尺に達すれば雄雌の別が生じ、雄花の粉が飛散する、是方を「花ソ」と唱へるが此時期を過さずに引取る、所謂る「イド」引きで三四軒乃至六七軒の男女が一團となつて順次に組仲間の家の麻を引抜き、根を切り去り、葉を打ち落して、蒸氣で煮るのである。それを河濱の磧などで大陽熱に干燥するのである。

此一團を釜組と名付けてゐる。一定の場所に持寄り大きく長い桶を倒にし其中に麻を入れて蒸すのである。茲に畑と麻の關係は一段落を告げて其所作は糸へと移つて行く。

【釜祝ひは祭祀でもあり禊祓でもあるらしい】

麻引きが始まると御天氣は變調子になると信じられてゐる。女は罪深いからだと言ふ、嫉妬心猜疑心を起すからだと言ふ、不淨であり汚《けが》らはしいものだからとも言ふ。然らば何うして雨が來るのかと問ひ詰めると誰も知つてゐないらしい。天ば女を憎む爲なのか、或は不淨だとされる女性と麻とで汚した地を拔ふのか即ち罰なのか、淸める爲なのか意味が知れないが『「イド」引きが始まる様になると雨が降るのだ、』―女が邪心が强いから』是だけを言ひ是れだけを信じてゐる。

何故なれば煑た麻を『干燥《ほす》』と言ふことは彼等一年中の衣服を左右すべき最大重要期である爲である。緣りの麻は引いて來ては煮なければならぬ、煮だものは燥さなければならぬからで、少しでも濕氣があれば忽ち腐敗して其皮は全く剝落して用を爲さない始末になる。されば女の血眼になるのは當然で、雨模様となれば夜中起き出して取入れる位であつた。干燥は二日間を野洒しするのが限度とされ、三日以上は夜露で早や腐敗の徵候を顯す程であつて見れば、麻引の日以來晝休の無い譯も多分と分る氣がする。畑の麻は花が咲くのは次第に黃味を帶びて枯れ様として畑に其儘置くことが出來ず、止むなく引始めるや雨模様となれば、全く女ならずも氣が氣でない。

麻の若いのは皮が薄く糸が切れ易い、隨つて產量が少ない、二百十日は眼前につらつき氣象が動き出してゐる頃なのである。

此僅かの時期の間に巧妙に麻の取入を急がねばならぬ所に、早や彼等の俗信が生じ女の世界が展けて來てゐる。數限り無いエピソートと紀念す可き思出は澤山に生れてゐる。全部取入が濟めば、組一團が集つて歡びの祝宴が擧げられる、【釜祝】が是である。仕事が首尾能く運んだ歡喜と感謝の意味、不淨なものを煑た釜への淸めの意味などであるらしい。糸の神様（麻の神の意味であらう）、があると主張するから多分にその祭祀が主たるものであらう。（此地方には釜神と言ふのは聞かれない上閉伊郡方面にはある。）

神酒や餠は供へられ女達の笑顏が見られる。

【其後は麻糸製造】

斯くて其後は、干燥せる麻を一家內に於ても適當に分配し女はその擔《たん》當の麻を適當に水漬けして一皮一皮剝ぎ取る。そうしたものを「オヒキダ」に懸け、「オヒコ」で素皮を取去るのである。「オヒキダ」は前文の如く「糸を引く板」の訛りに違ひない、「オヒコ」は「糸を引く器」のことではあるが、『コ』は小さい道具などに用ゐる南部言葉で、此場合は「小さい器」を『コ』を以て代詞せしめた一種の省界語となつて「オヒッこ」になつてゐるであらう。

麻糸には二種の製出方法があり、是が二種の雫石麻布となるのであるが詳しい事は後日の機會に讓ることにする。麻糸の二種は「タダソ」と「シラソ」の事であつて、「タダソ」は商品用麻布の原料に、「シラソ」は自家用麻布の原料となるもので、「タダソ布《ぬの》」は衣服用とならず「シラソ布」は現在でも衣服用として賞用される所のものである。

雫石地方では、麻を「イド」と呼び糸の方を「シラソ」など

麻と女との關係（田中）

と呼んでゐるが、「ソ」は「アサ」の訛りではあるまいか、「シラソイド」「タダソイド」、「シラソハダ」「タダソハダ」などと呼んでゐるから確かに麻(アサ)の訛りは「ソ」となつたに違ひない。北上川ばたかに(稗貫郡歟)青麻の權現と稱する神樣はあるが、是も確かに「アヲソ」と呼んでゐるに徵すれば「ソ」は「アサ」であるに違ひない。

【麻に關する土俗】

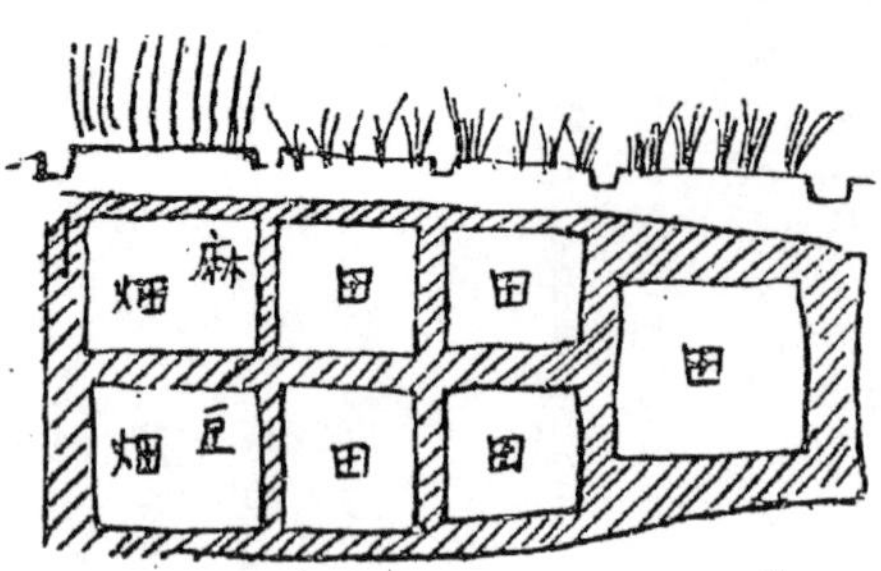

正月十五日には田植の行事をするが、其の際雪を踏んで區劃を作り其中に田と畑とを名付けて畑は二枚で一方は豆畑とし一方は麻畑とし、麻畑へは「オガラ」の筋の能いのを刺して麻畑に凝し、其年の麻も斯く長く筋能く成長する樣にと祈るのである。是なども稻と豆と共に等しく重要なるものとして、行はれる事を象徵するものであらう、稻は生活の主要原動力であり、麻は衣服の全部を占めてゐた此地方の風習、豆は味噌用として重要がられる。是等行事は單なる土俗の一片であるとは言へ、見逃す能はざる意義を含むものではあるまいか。古代日本の姿も女は既に全力の二分の一を傾けて衣服製造をしてゐたであらう事を思はば、斯うした鄕土の土俗も幾分古代思想を想察し得べき遺風として珍重す可きであらう。

【女は衣服上の絶對の權威者、里の主宰者】

衣服の製出には女のみ携つて男は是に預らないのは現代まで餘り變りはなかつた、秋の收穫が濟めば男は山に入り女は殆ど餘念なく麻布の製出に精進し、二月下りになると何れの地でも何れの家でも布機《はた》織《を》る音がしてゐた。民譚と言つてゐる農民童話も此間に語られ引繼がれて來た點が多い。秋から春までの雪期は女子供の籠居生活として、女は此間に麻布を織り衣服を綴ぢたのであつた、是が農民文學に切り離すことの出來ない關係にあるもので、多くの農村傳誦は是等女を介して引繼がれ把持されて來てゐる。幼時母より受ける智恵の感化の偉大なのは多く傳誦文學に依る智能の啓發に過ぎないであらう。斯うした鄕土の衣類の全量である麻布を製出傍ら爐邊叢談をする教育者は實に里の主宰者であつた樣に考へ得らるゝではあるまいか。

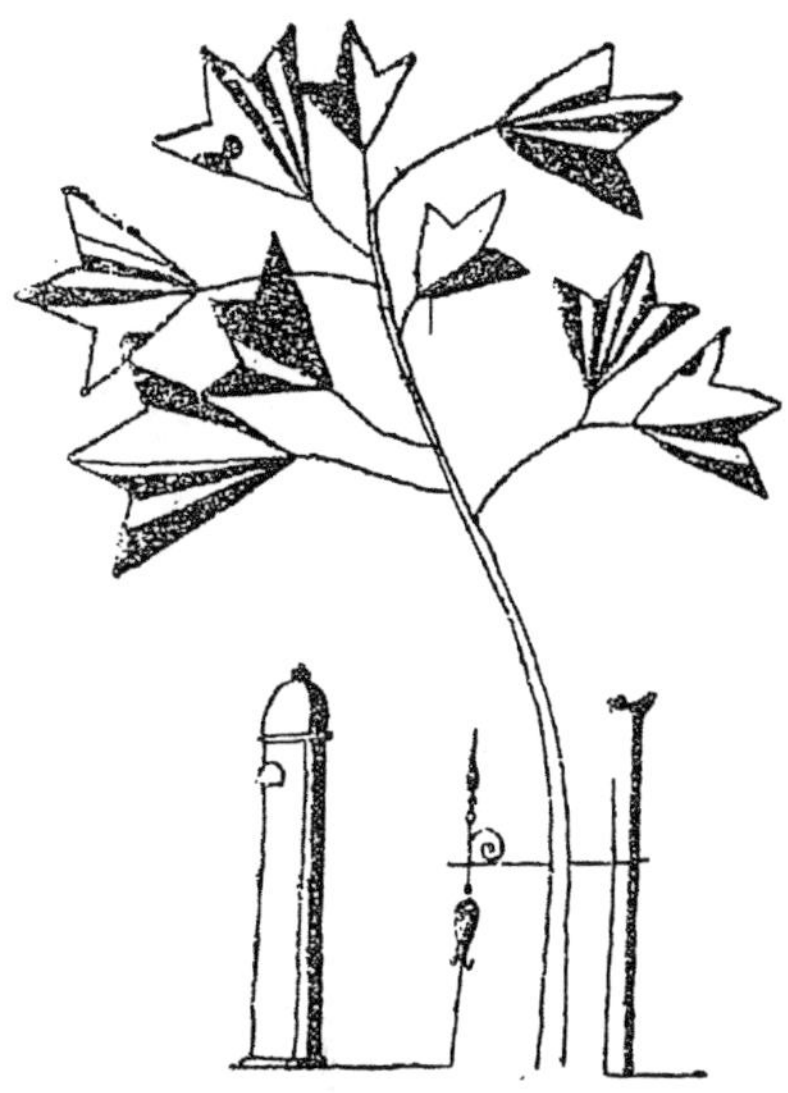

紙上問答

○たとへ一言一句でもお思ひよりの事は、直に答をしたためて頂きたい。
○一度出した問題は、永久に答へを歡んでお受け致します。
○どの問題の組にも、もあひの番號をつけておいて下さい。

問（七五） 百合について、各地方の傳說、方言及外國の諸例をおしへ下さい。（木下利次）

問（七六） ツタ類についての傳說、方言外國の諸傳說を承りたし。（木下利次）

問（七七） 一般蔓草について、傳說、方言、外國の諸傳說を承りたし。（木下利次）

答（四三） 第三卷第八號で報告いたしましたが、其後耳にしたのを一報いたします。廣島縣、安藝郡坂村、賀茂郡西條町、高田郡吉田町、山縣郡都谷村等では肥を運ぶ時藁を短く截つたものを浮べるのが普通ださうです。清水の場合は木片を二枚十文字にしたものを浮べるが、肥の場合特に藁を丸く編んだもの（廣島市附近では俗にサンダワラと云ひます）を浮べる時もあるそうです。私の知る朝鮮少年（慶尙南道生れ）の話に朝鮮慶尙南道晋州附近でも矢張り肥を運ぶ時、これをやるそうです。（磯貝勇）

答（五四） 夜口笛を吹く事を忌むのは、廣島縣下に廣く分布して居ります。忌む理由は「盗人が來るから」と云ふのが最も多い樣です。其他、「蛇が出ると」云ふもの。廣島縣吉田町。同西條町。同吳市。同蘆品郡戸手村。同安佐郡三川村。同比婆郡八鉾村。「魔がさす」と云ふもの。同佐伯郡水內村。同賀茂郡廣村。同双三郡八次村等があります、之は口笛とは異りますが、阿波德島では、夜手を打つ事を、狸が出るからといふ理由で大變に忌むそうです。其理由に阿波らしい地方色があると思ひました。ついでながら報告いたします。（磯貝勇）

答（五四） 和歌山縣那賀郡田中村地方では、夜笛（口笛に限りません）を吹くと、クチナ（蛇の方言）が出て來ると云つて子供をたしなめます。私達子供の頃、伊勢笩(今は見當りませんが、普通は伊勢參りの子供への土產といへば、之に限られてゐました。)を吹いてよく叱られたものです。駄足ですが、私の地方はどうか知りませんが、東京の水商賣の家では、夜針を持たなかつたり、或は、夜爪を切るのを忌んだり、夜する事を忌むものが色々あるのではないでせうか。(與田左門)

答(六一)　惠美壽膳。三卷八號四七一頁拙答追記を讀で、京都井上頼壽君より來示に「御地と等しく伊勢度會郡でもソバ膳と申し候、丁度山田市岩淵町の老女來り候を捉へ、聞く所を記し候、人なくなれば、早物屋(凶儀の物を扱かふ店)より、カミノシキ(脚付き白木折敷)を持來る。其を死人の頭の先へソバ膳にすえ、土器に鹽と味噌と飯を入て供へる、行列の時一員が其を捧げもち、墓地に再び供へる、カシノシキに竹と木の箸を置き候」。田邊町では此飯を枕飯といふ。此因緣で竹の箸と木の箸と併用して飯を食ふを忌む。拙妻の亡祖母、食膳に鹽と味噌を双べのするを太く嫌えりと聞くも。此凶緣であらう(九月八日早朝、南方熊楠)。

答(六一)　惠美壽膳、三卷八號四七〇頁え答文を載せられたのを、友人多屋謙吉氏に示すと、其老母(八十歲許り)の話しとて傳えられたは、紀州田邊では古く、食膳の板の條理を膳に對ふ人に縱に据るを猫膳とも呼だ。猫に食をやるに、動もすれば食ひちらして近傍を汚す。其を防ぐ爲め皿やアワビ介の殼に食を盛り、皿や介殼の下に板をしく。其板を上述の樣に据るから、かく名くると聞たと。(九月廿四日早朝、南方熊楠)

學界消息

○山本靖民氏、大西伍一氏の盡力によつて、民俗藝術の會の有志の人々は九月廿日午後一時京王電車松澤驛に集合、東京の神樂師の元締である同地神職齋藤氏宅を訪問し、神樂師內藤老人より神樂、神樂囃子等の話を聞き衣裳面類等を見學した。

○三田史學會研究會　は廿三日慶應義塾萬來舍に於て開催され、川上多助氏の「氏族制度の崩壞に就いて」、占部百太郎氏の「書評　フイルマーのパトリアキアルに就いて」と題する講演があつた。

○南島談話會第二回例會　が九月廿五日(金)午後六時半より新宿白十字喫茶店三階で開催された。當日の話題は「南島方言に於ける敬語法」で、最初に金城朝永氏が立つて、琉球本島の首里・那覇地方に於ける敬語法に就いて概論を述べる所があつた。特に首里市は舊王都で階級的色彩の濃厚な地であつた爲めに敬語法が著しく發達してゐて、南島に於ける敬語法を見るのに最も便利な所であり、代表的な「研究室」とでも稱すべく、その組織的な形態の完備と使用法の嚴格な規定は他に比類が無い。この實例に就いては比嘉春潮氏が次に立つて詳述し、引續き本島の北部國頭地方の敬語法に就いては島袋源七氏が、八重山島のは宮良當壯氏、奄美大島の龍鄉地方は岩切登氏から各々詳細な報告があり、これが終つてから服部四郎氏よりの質問があつた。この速記錄は整理された上で、同會の機關誌『南島談話』第二號に掲載される事になつてゐる。來會者二十九名。南島側、伊波普猷、昇曙夢、宮良當壯、比嘉春潮、上里朝秀、仲原善忠、比屋根安定、比屋根定雄、比嘉俊成、岩切登、金城朝永、源武雄、島袋盛敏、仲宗根盛善、島袋源七氏の十五名。その外に柳田先生、今泉忠義、服部四郎、山本靖民、岡村千秋、北野博美、岩淵悦太郎、天野義郎氏外六名の盛會さであつた。次回の話題は柳田先生の提案により「南島に於ける海に關する話」に決定して十時散會。當日は來會者に對して機關誌『南島談話』の第一號を頒つた。同誌は最初、單獨に發行する計畫であつたが、種々の都合で當分『旅と傳說』誌上に合併刊行することになつた。特に之のみ欲しい方には別刷を作つてあるので頒つ事になつてゐる。希望者は市外淀橋町一四二 比嘉春潮氏方南島談話會事務所へ申込まれたい。

(金城報)

○最近物故せるロシャの蒙古學者にして、其の民間傳說の研究にも多大の力を傾注せるウラジミルツォフ氏を記念する爲、九月廿七日大坂靜安學社に於て、その著述論文等の展覧會があつた。出陳のものは廿九點にのぼり、殆ど氏の重要なる著作を網羅してゐる。

○東洋文庫第十七回東洋學講座 は同文庫に於て十月一日より毎週木曜日、約八回にわたつて、開講される。講題は津田左右吉氏の「左傳の思想史的考察」

○折口信夫氏 は八月下旬より九月中旬まで岩手、青森、秋田縣方面に採訪旅行をなした。

○松本信廣氏 は同文館より近く「日本神話の研究」を出す。

○福岡郷土民俗繪葉書 が九州土俗研究會より發行されて居る。其の最近の輯には、博多の夏祭の大燈籠の美しき武者繪の寫眞、筑前筥崎八幡宮の社日の御潮井取りの寫眞が收められて居る。(福岡市博多大學通り 九州土俗研究會佐々木滋寛氏發行)

○郷土 一ノ三

御頭の木 柳田國男

玉依比賣命神社御田植祭拜見記 安間清

山湊馬浪 早川孝太郎

ボッカ 武田豐

村の生活と山林 有賀喜左衞門

上伊那郡伊那富村の山ノ神(下) 小松三郎

山の神と道祖神 中村寅一

下伊那郡伍和村の山の神 熊谷謙

南安曇郡梓村の田植 二村和一

下高井郡瑞穗村福島の田植及田植唄 大月松二

上水內郡南小川村及戸隱村の田植唄 坂井典敏

更級郡小島田村の田植唄 伊藤英一郎

北安曇郡小谷地方の方言(三) 馬場治三郎

諏訪郡北山村の方言 濱喜代治

下高井郡倭村の方言 望月清雄

北佐久郡小諸町の方言 小栗擦治

諏訪郡原村八ッ手の手毬唄(二) 小池安右衞門

小縣郡長村の手毬唄 箱山貴太郎

東筑摩郡新村上新の手毬唄 丸山壽榮

下伊那郡川路村の手毬唄 長田尙夫

「なんちやもんちや」の報告 有賀喜左衞門

回想錄(三) 矢ケ崎榮次郎

○旅と傳說 四ノ七

六所神異考 中山太郎

筑紫の雨 井上萬壽藏

北海アイヌ採訪記 田村浩

岩手雜纂 田中喜多美

支那へ渡つた鐘 雜賀貞次郎

再び古代くど石に就いて 山口麻太郎

下河原の話 木村弦三

御筒粥神事及其他 丸茂武重

石にからまる出雲の神話 小村力藏

寢物語に聞いた昔話 久長興仁

ナ、カマドと竈よけ 桂又三郎

長崎縣北松浦郡宇久島方言 澤田四郎作

學界消息

既刊郡誌書目解題　大藤時彦
蓼科山紀行　高橋宏一
○旅と傳説　四ノ八
武藏野と水　柳田國男
北津輕の民俗　早川孝太郎
阿波北方、夏の年中行事　金澤治
岩手雜纂　田中喜多美
備前西大寺の裸祭り　川口操麓
クヌギと地名　杉谷流翠
熊野古道と閻道　樫山嘉一
佛法僧のこと　雜賀貞次郎
塙保己一と閻覺樣と神道德次郎　北澤怡佐雄
ひだる神の事　小島千夫也
子守唄の一考察　栗山一夫
茨城縣黑澤村近津神社緣起　笹子德三
既刊郡誌書目解題(十二)　大藤時彦
淡路島のいろ/\　下村作二郎
六所神異考に就いて　岩崎卓爾
猫魔ケ嶽附近　島影盟
石槌祭と朝鮮の盆　光成信男
○日向鄉土資料　第二輯
寶暦十一年日向國那珂郡江田村明細帳
景清考　日野巖
日向妖怪種目　同

おに火たき　金丸豪
炭燒小五郎　加藤富士雄
祝ひの歌　同
「ろ」といふ接尾語　日野巖
爐の周圍の座席名　同
石奈古に就いて　同
ジョのつく方言　日野巖
日向方言語彙　遠藤茂
金丸豪
○土のいろ　八ノ六
木喰上人の遺作に就いて　牧野宇兵衛
濱松の秋葉神社　山田鐵一
河豚閑話　後堂閑堂
○愛媛縣周桑郡鄉土彙報　第十三號
周桑郡壬生川、越智郡鈍川の地名起原に
關する參考資料　菅菊太郎
全國「片足飛び」方言集
同　方言地圖　佐藤清明
○方言と土俗　二ノ五
全國蝌斗方言集　佐藤清明
言葉と子供　橘正一
地理の方言　諸家
伊豆韮山方言　吉田澄夫
龔食らへ　橘正一
土佐の俗信集　橋詰延壽

○史苑　六ノ八
古代人の集團樣式と世界觀　井上芳郎
民族學の人々　岡田太郎
○史林　十六の三
大物主神について　肥後和男
○史林　一ノ二
オリンピア祭における主神その他の問題　原隨園
三皇五帝について　飯島忠夫
上古時代の家　後藤守一
○佐渡鄉土趣味研究　十一輯
諸家通信
佐渡の感想
佐渡の方言から　田中喜多美
○九州方言講座放送講演集
九州方言の輪廓　吉町義雄
熊本縣の方言　田中正行
福岡縣の方言　安田喜代門
佐賀縣の方言　澁谷武夫
長崎縣の方言　吉田弘文
大分縣の方言　堀江與一
宮崎縣の方言　小川新一
鹿兒島縣の方言　原田芳起
九州方言講座の後に　春日政治
日本放送協會九州支部

○寄稿のお願ひ

○種目略記　民俗學に關係のある題目を取扱つたものなら何んでもよいのです。長さも御自由です。

(1) 論文。民俗學に關する比較研究的なもの、理論的なもの、方法論的なもの。

(2) 民間傳承に關聯した、又は未開民族の傳說、呪文、歌曲、方言、謎諺、年中行事、生活樣式、慣習法、民間藝術、造形物等の記錄。

(3) 民俗採集旅行記、挿話。

(4) 民俗に關する質問。

(5) 各地方の民俗研究に關係ある集會及び出版物の記事又は豫告。

○規略

(1) 原稿には必ず住所氏名を明記して下さい。

(2) 原稿掲載に關することは一切編輯者にお任かせ下さい。

(3) 締切は毎月二十日です。

編輯後記

○舊い言葉ですが「燈火親む候」となりました。それで御覽の如く誌面の體裁を少し變へてみました。紙面がかた苦しいとの非難がありましたのと學術雜誌でも多少美的要素を入れて新秋に伴ふフレッシな感じを出した方がよいと思つたからです。

○良い雜誌を作るには良い原稿が澤山集まらなければ困難です。このうえともに讀者各位の積極的な御寄稿を待ちます。

○民俗學大會を今度地方で開き度いと思つてをります。準備が出來しだい期日會場等に關する詳細な豫告を通知申し上げる筈です。

○本誌の目的は日本の民俗學研究を中核としてゐるものでありますが然し民俗學の研究が先づ西洋で始められ發達したものですから比較研究上歐米の文献の紹介もしたいと考へてゐます。クラッペ、クローン、ハイムス、ファン・ゲネップの著書の飜譯もその中に載せ度いと思つてゐます。又社會人類學、文化人類學の方面のものも入れたいと思ひます。この方面を取扱つてゐる專門雜誌が日本に現在一册もないのですから。

○鄕土研究に附隨して民俗學の研究がかなり盛になつて來たのは喜ばしいことです。然し各々孤立してゐるのでその業績が全般的に知られてゐないのは遺憾です。それで本誌はこれらの地方の研究者の發表機關として出來るだけ御便宜を計りたいと思ひます。又謄寫版ずりの立派な報告を出してゐるところもありますが然し一般に行き渡らないでゐるものが多いようです。新刊紹介欄ではこうしたものゝ中から適當なものを拔萃、再錄したいと思つてゐます。お座なりの批評や單なる目次の羅列よりも內容を摘出して「讀者自身の判斷」に待つ方がより紹介になると信ずるからです。

△原稿、寄贈及交換雜誌類の御送附、入會退會の御申込會費の御拂込、等は總て左記學會宛に御願ひしたし。

△會費の御拂込には振替口座を御利用ありたし。

△會員御轉居の節は新舊御住所を御通知相成たし。

△御照會は通信料御添付ありたし。

△領收證の御請求に對しても同樣の事。

昭和六年十月一日印刷
昭和六年十月十日發行

定價金八拾錢

編輯兼發行者　小山榮三
東京市神田區表猿樂町二番地

印刷者　中村修二
東京市神田區表猿樂町二番地

印刷所　株式會社　開明堂支店

發行所　民俗學會
東京市神田區北甲賀町四番地
振替東京七二九九〇番
電話神田二七七五番

取扱所　岡書院
東京市神田區北甲賀町四番地
振替東京六七六一九番

昭和五年十二月五日第三種郵便物認可（毎月一回十日發行）

MINZOKUGAKU

OR

THE JAPANESE JOURNAL OF FOLKLORE & ETHNOLOGY

Volume III October 1931 Number 10

CONTENTS

PUBLISHED MONTHLY BY

MINZOKU-GAKKAI

4, Kita-Kôga-chô, Kanda, Tokyo, Japan.

民俗學

第參卷　第十一號

昭和六年十一月

民俗學會發行

民俗學講演大會のお知らせ

今度信濃教育會の御好意によりまして民俗學講演會及び第五回民俗學大會を信州松本市で開催することになりました。

會員及び同好の各位多数お誘ひ合して御來場下さることをお願申し上げます。

時日 十一月二十三日（新嘗祭）午前十時開會

會場 長野縣松本市、松本女子職業學校講堂

演題及び講演者

玉の話　慶應大學及國學院大學教授　折口信夫

民俗學と宗教　東京帝國大學助教授　宇野圓空

未定　東洋文庫主任　石田幹之助

未定　東京帝國大學助教授　金田一京助

（聽講無料）

主催 民俗學會

贊援 信濃教育會東筑摩部會

昭和六年十一月發行

民俗學

第三卷　第十一號

目　次

資料・報告

民俗學會會則

第一條　本會を民俗學會と名づく

第二條　本會は民俗學に關する知識の普及並に研究者の交詢を目的とす

第三條　本會の目的を達成する爲めに左の事業を行ふ

イ　毎月一回雜誌「民俗學」を發行す

ロ　毎月一回例會として民俗學談話會を開催す

　但春秋二回を大會とす

ハ　隨時講演會を開催することあるべし

第四條　本會の會員は本會の趣旨目的を贊成し會費（半年分參圓　壹年分六圓）を前納するものとす

第五條　本會會員は例會並に大會に出席することを得るものとす　講演會に就いても亦同じ

第六條　本會の會務を遂行する爲めに會員中より委員若干名を互選す

第七條　委員中より幹事一名、常務委員三名を互選し、幹事は事務を執行し、常務委員は編輯庶務會計の事務を分擔す

第八條　本會の事務所を東京市神田區北甲賀町四番地に置く

附　則

第一條　大會の決議によりて本會則を變更することを得

委　員

石田幹之助　宇野圓空　折口信夫

金田一京助　小泉鐵　小山榮三

松村武雄　松本信廣（在京委員）

秋葉隆　移川子之藏　西田直二郎

（地方委員）

前號目次

德物山都堂祭

秋葉隆

都堂賽神閣内部

德物山は開城の郊外にある巫女の中心地であつて、謂はゞ巫山とも稱すべきものである。山上に小部落があり、隔年に都堂祭（Todai-kut）と稱する村祭を行ふので、之を見學して、朝鮮巫俗に於ける山神の地位を考へて見た。

李圭景・五州衍文に、「松都城東南十餘里、有德積山、山上有崔瑩祠、祠有塑像、土民祈禱有驗、祠旁置寢室、土人取民間處女侍祠、老病則更以少艾、今已百餘年、侍女自言、夜輒降靈交媾云、此見李重煥所記、今則絶無靈驗、巫女傳奉張此神之靈異也」とあるが、德積山は今德物山と書き、Tŏkmul-san の音便 Tŏmmul-san と呼んで居る。蓋し tŏk はテイブル・マウンテンの意、mul は物の音、積の訓であつて、(1) 而も此地方の古縣名を德水と稱したことを考へると、德水も亦水を訓じて Tŏkmul と讀ませたのではないかと思ふ。而してこのことは古く德水を德勿と書いたことに依つても證據立てられる。(3) 更に又現在の德物山の山容は、必ずしも咸鏡北道のテイブルランドに多く見る所謂德山即ちテイブル・マウンテンの典型を具へては居ないが、それにしても嘗て德積山城を築いた跡があり、頂上は若干の平地をなして、山腹に湧く四箇の泉と共に、四十戸許の山上部落を形成せしめて居ることを思へば、Tŏmmul-san は元來水の湧く德山と云ふ意味であつて、德水・德勿の古縣名も亦此山の名に依つたものであるかも知れない。

私はこの朝鮮巫山の最も代表的なる德物山に對して、少からざる興味をもつて前後三回の登山を試みた。第一回は昭和三年五月末、赤松教授及び加藤灌覺氏と共に、開城の觀燈行事を見學しての歸途、初夏の日光を浴びつゝ山頂の神殿に舞ふ老巫の賽神を一見して歸り、第二回は今年二月京城の老巫婁女が山上に神事を行ふ機會に於て、其息金君と三人連で、折柄の雪を冒して長湍口から登山し、巫家の溫突に一夜を明かして、婁女の賽神を見學すると共に、山の巫女達と相知つて、冬の夜長を語り更かした。而して最近の第三回は、今年五月初め山上に都堂賽神が行はれるといふので、豫て知合へる山の巫女の招きに應じて、赤松教授及金・圓城寺兩君と共に、勇み立つて登山した譯である。

山といつても海拔二百メートルに滿たぬ寧ろ石だらけの丘陵であるが登路は開城口長湍口共に可なりの嶮峻であつて、山麓に夫々一祠があり、村柵城隍 (Maruri-sonan) と呼んで居る。それは神山の神域を劃する境の社であつて、開城口のは稍大きく、表に崇神組合致誠堂の看板を掲げ、中に山神・城隍神・城隍夫人及び馬城隍の畫像を懸げ、梁上に巫女が鬼神を幽閉したといふ古行李及び青色の神衣を置き、柱には無數の神鞋と布帛白紙が吊つてある。神鞋は Kuuri と稱し、藁で作つた小さい爪先の無い鞋であつて、登山者は開城から之を貰つて來て、先づ山下の城隍堂に捧げるのであり、布帛白紙は多く正月の參詣に供へたものであるといふから、恐らくは京城邊で正月月內に行ふ横數防 (Honsumégi) と同じ性質のものであらう。

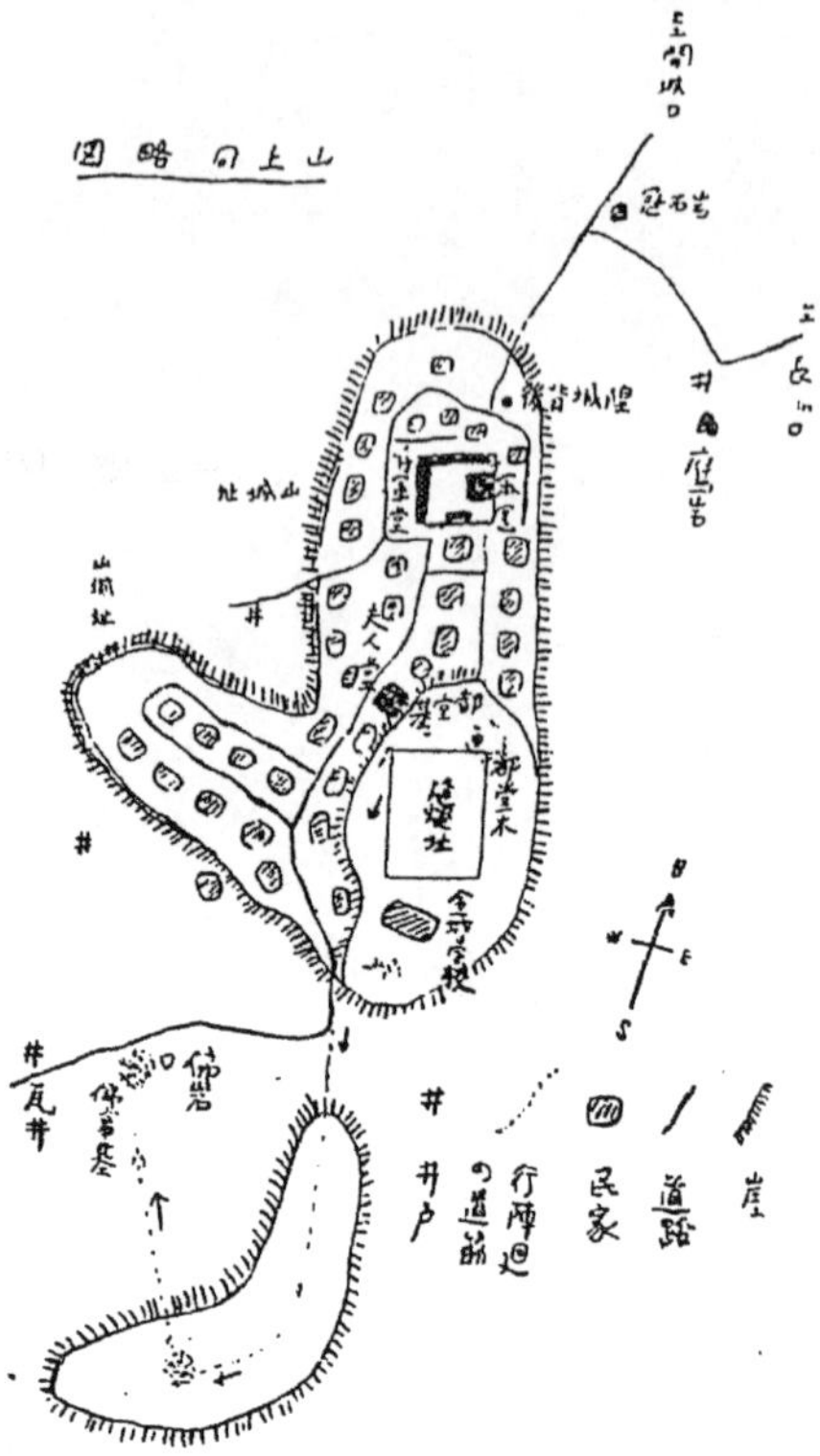

次に長湍口の村柵城隍は、二本の神木と一箇の藁葺の神堂と更に一箇の藁薮の Chujori (主席?)とから成り、(3)神堂には山神・三佛等の五神像を懸け、手垢に黑ずんだ占石が置いてある。登山の信者は先づ此の神堂に詣でゝ、已れの祈願が神の容るゝ所となつたか否かを占石を立てることに依て占ふのである。神堂の傍に聳ゆる Cham-namu (椽) は枝々皆寄生木を宿して如何にも怪奇偉大なる神木であるが、(4)之と道を隔てゝ相對する神藪には無數の Ojeni と稱する小叺を懸け、布帛白紙を結び、之を背景にして Chujori が置かれてある。先づ神堂に詣でた者が、次に此の下位の聖所に對して極めて簡單な供物をするのは、吾々をして淨き神靈と穢れたる鬼神との對立を想はせる。そこでいよ〳〵神域の嶮峻を攀ぢて頂上近くに至ると、「鷹岩」の下に一箇の井戸があつて、絶えず其水を汲んでは山上の家に運ぶ女人の姿を見るであらう。尙行くこと一町ばかり「冠石岩」の立つほとりで、開城口からの道と相合し、軈て「門岩」を過ぎて山頂部落の入口にかゝる所、將軍堂の裏手に當つて、後背城隍 (Tuippə sonai) と稱するさゝやかな聖所がある。一本の灌木が岩を割つて生えたのに、二三の小布を結んだものに過ぎないから、心無き旅人の注意を引くには足りぬが、敬虔な人々の心は決して此のさゝやかなる聖所をも見逃がすことは無い。

山頂は高低區々、石を積んだ垣と凹凸の小路が思はぬ所で曲つたりして、四十戸の藁屋根が目白押しに並んで居る。之を山上洞と呼び、部落に入

—秋葉—

つて間も無く將軍堂卽ち崔瑩祠の門に達する。神殿は三間四面、屋根は瓦葺の入母屋造りで、前面の庭を廻つて廻廊風に側堂その他が圍んで居り、棟に置いた數個の色瓦に在りし日の壯麗を物語つて居る。(5)本堂には正面奥には崔瑩將軍及び其妾と稱する婦人の大塑像を安置し、右に將軍の女兒一人、男兒二人及び軍雄を祀り、左に別相の龍床を奉じてあるが、其女兒は卽ち痘神戸口別星であると考へられ、別相は所謂米櫃大王卽ち莊献世子であると信ぜられて居る。尚右側の壁には、三佛帝釋・七星神・坡州平山尹氏大王・Kamaṅ・四方天王・林(慶業)將軍、左側の壁には紺岳山天聰大王Kamaṅ 夫人・龍王・龍王夫人・松岳山神・三佛帝釋の畫像を懸け、大小凸面の神鏡を配し、長大なる青龍刀・三枝鎗等の神器を置き、一隅に油煙に汚れた木製の燈明臺がある。別に側堂には中央に神鈴を吊り、正面に將軍の下卒の畫像六面を懸け、朱塗の木彫假面四個を共間に配して、尚神鏡數個を置いてある。此假面を首廣大（Mok-kuandę）と稱し、此堂を倡夫堂（Chańbu-dań）又は Chengę 堂と呼んで居るが、廣大も倡夫も共に歌舞の優人であつて、巫女の夫として巫樂を行ふを常とし、從つて廣義の巫（Mudań）に屬するものであり、歌舞そのものは實は Chengę と稱する精神病魔の接ける者の行ふ所となす信仰の存することを思ふ時に、此等の名稱の意味が了解されると共に、此の側堂が穢れの鬼神の住家であり、本堂が淨き神靈の在す所として、朝鮮巫俗に於ける二面性を理解することが出來るであらう。尚門側に將軍の乘馬の塑像があり、入口近くに供物の布帛白紙等を燒く石があることも見逃がしてはならない。

德物山遠望（長湍口より）

進んで部落の中央に至れば、將軍の夫人を祀れる夫人堂があり、(6)將軍堂に比して規模甚だ劣るも、堂內に夫人の塑像を安置して、背後に大神鏡を懸け、之と並んで左右に三佛其他を祀り、外廓に夫人の下卒の畫像及び首廣大二面を掲ぐること將軍堂と規を一にして居る。而して夫人堂の直ぐ後方は、一段高き平坦な地をなして、玆にも岩石の間に生えた本鄕木（Ponyań-namu）卽ち都堂木があり、其前面を本鄕基（Ponyań-to）又は都堂基と呼び、都堂賽神の神庭である。本鄕木は卽ち德物山神の宿る山神木であつて、其後方は昔烽燧のあつた所、晴天の日には遠く京城の方北漢山を眺め、臨江及び漢江より江華島方面を望むことが出來る形勝の地である。

そこで此處から山上洞の部落を眺めると、山頂の地形は大體に於て南北に長く、東西に狹く、而も一方に突出した枝をもつた、謂はゞ細長い手のやうな形をして居つて、面積、凡そ千坪位、四十戶の民家中巫家六戶、人口約三百の中巫女七名、Kidę と稱する巫樂の皷手二名を數へ、其他の人々も或は遠く山麓の田畑を耕やすことがあつても、多くは侍奉と稱して神殿に出入し、又四時賽神のために集まる人々に一夜の宿りを與へて生活するといふ狀態であつて、加ふるに崇神人組合の設立にかゝる金城學校を有し、教師一名、生徒二十二名、男女共學無月謝で初等教育を施して居る。

而も敎師の俸給年額籾二十石といふのも面白い。之を要するに山上洞は將軍堂・夫人堂及び本鄕基等の聖所を中心とする一個の神聖部落であつて、此神山の樹木は都堂祭の日以外は之を切ることを禁忌され、若し之を犯すことがあれば、必ず神罰を蒙むるものと信ぜられて居る。

さて都堂祭（Todaṅ-kut）は二年に一回陰の三月に行はれるのであるが、祭日は其月の朔日に家々の戸主が都堂基に集つて、姓名の代りに番號を書いた紙片に小豆を包み、之を水中に投じて最もよく浮いたもの二人を化主卽ち齋主となし、其人の運數に應ずる吉日を以て本祭日とする。之を擇日と云ふが、今年は十四日といふことになつて、化主は先づ「大洞神祀擇日、三月十四日、造酒同月初五日、周堂竈」と書せる紙を本鄕木卽ち都堂木に結び、一日より十三日迄禁肉斷房して神酒を謹釀し、十三日に至れば巫女の賽神の始まるに先だち、洞內の男子は凡べて沐浴齋戒して將軍堂に參拜し、崔瑩將軍を都堂基にしつらへた賽神閣（Kutkak）內に奉迎して神酒を献ずる。因みに此の賽神閣の建造は洞內各家から木材を運んで行ひ、神壇には洞內戸主全部の氏名を列記した祈願記をさゝげる。併しながら吾々は此の男子のみより成る可なり儒禮臭き行事に於てよりは、寧ろ巫女を中心とする喧噪亂雜なる賽神に於て、遙に徹底せる都堂祭の眞面目を見るのであつて、其は所謂遊科（yuga）と稱する神の訪づれを以て始まるのである。

都堂基（神庭）に亂舞する巫女・賽神衆・社堂輩

十三日の午後一時頃、山頂に着いた私達が、祭の群衆の間を拔けて、物貰の聲鐘鼓の音かしましき中を過ぎ、相識の一巫女の家に入つて、僅二疊敷位の狹い膝突に膝突合せて持参の鑵詰を開き、型ばかり晝餉の後、いざ出發といふところへ折よくも遊科の一隊がやつて來た。乞粒の米袋擔ぎが走り込んで來たかと思ふと、五尺許りの神竿に家々から祈願をこめた布帛・白紙・白絲・衣服等を結んだ城隍竿を捧げた巫女を先頭に、赤笠を戴き紅衣を着けて、本鄕神（Ponyaṅ-manura）に扮した主巫女が、大監服を着けた大國使臣、倡夫服の本鄕幕童、杖鼓打ち、銅鑼打ち、鏡鉢打ちの五人の巫女を從へて、Sanmo と稱する長房のついた Pongoji を被り、[7] 白の鉢卷をした村の青年達が、所謂賽神衆輩（Kutchuṅpə̈）として、社堂輩（Sadaṅpə̈）[8] と共に手に手に大洞神祀と書いた手鼓を打ちつゝ後に續き、鐘鼓の音耳を襲するばかりの勢で踊り込む。狹い庭では城隍竿が群衆の頭上に纓の如く震へ、社堂輩賽神衆が首を振り足を踏んで踊る間に、巫女が大廳（maru）と稱する板の間に上つて賽神の歌舞をなし神語を發すると、家族の人々は此の神の訪れに對して金穀を供へ、合掌禮拜祈願を込める。斯くして遊科の一群は城隍竿を先頭にして其家を出で、洞內の家々を訪ふて暫しの賽神を行ふのであるが、それは決して門並に順次に廻るといふのでは無く、宛も新たに神懸りになつた新巫が、發作的に村の家々に飛込んで神言を唱へつゝ金穀を得る所の、所謂「亂明廻り」(Kəmyon-tonda)[9] に於けるが如く、極めて順序不同に、ほしくも神のまに〳〵躍り込むのである。吾々は茲に神の訪づれのまことの姿を見ることが出來る。

斯くて十三日の晝は遊科に暮れ、夜に入りて山嶺の賽神閣には、白衣の女人が滿ち溢れ、巫女の唱ふる物靜かな不淨祓の呪歌が、單調な鐘鼓の音と共に流れて、正面の大神鏡に映ずる神火の影も神々しく、一方將軍堂の庭では、篝火高く燃えて、滿庭の群衆に取卷かれつゝ月下に亂舞する賽神衆・社堂輩の姿面白く、奥殿には燭火きらめいて玆にも巫女の賽神があり、將軍の像もいたく今宵の歡樂を喜ぶものゝ如くである。軈て庭の一隅にしつらへられた舞臺では、操人形（Koktu-kaksi）が始まり、夜更けて祭りの情緒に搖り動かされた人々は、所謂舞感が立つて吾知らず踊の列に加はるに至る。斯くて春の夜の曉近く、人々が月下の亂舞に疲れて眠る頃、賽神閣では敬虔な女人達に圍まれて巫女の行ふ十二節の賽神が、漸くにして不淨とKamaiの二祭節を終るに過ぎない。(10) 又その閣內の一隅には城隍竿が置かれ、入口に二頭の豚が丸のまゝ犧牲として供へられて、其首に色紙を卷いたのが、夜氣にしつとりと濕うて居る。

明くれば本祭の十四日、朝から帝釋祭節が始まり、別相の後いよ〳〵本鄕神・都堂翁媼の二節が行はれ、續いて倡夫・本鄕下卒の二節を終つて此日が暮れる。此等が何れも賽神閣の內部に於て行ふものであつて、殊に本鄕神の祭節は最も重大な行事であり、可なり堂々たる巫舞でもあるから、人々は只其神威に打たれて、吾も吾もと其神意を仰ぐべく、紅衣紅笠の神裝をなせる、色黑く薄髭さへ見えて、ますらをの如き老巫に對して、合掌祈願神意を伺ふに餘念が無い。巫は之に對して一々神占を行ひ神意を告げ、人々の捧ぐる紅白を彩扇を以て受けては祭壇に供へる。越えて十五日は所謂庭賽神（Madan-kut）であるが、神刀を肩にかけて賽神閣の前庭に舞ふ軍雄の祭節には、巫女が下唇を以て金屬製の容器を支へ、之に賽錢を投じて神占をなす行事があり、次の幕童の祭節では、軍雄と幕童とが共に弓矢を携へて四方を射る行事があり、且つ可なり喜劇化せる仕草に富んで、所謂餘興の俤を想はせる。而して最後の靈山卽ち後餞の祭節に於ては、二人の巫女が夫々藁叺を負ひ、之に粟飯と豚肉とを入れて、左右に走り行き、之を道傍に捨てること幾十遍なるを知らず、昨日來の夜をかけての行事に泥の如く疲れた彼女達が、痛む足を引きずりつゝさ迷へる亡靈の姿を眞似て、之に施すべき粟と肉とを走り運ぶさまを見ては、如何にも其現實的な原始信仰の强さに打たれざるを得ない。

城隍竿を持てる山の巫女。後方に紙を結べる神木か都堂木（本鄕木）である。

さて玆迄の巫女の行事は、主として山麓の里の巫女に依るものであつて、その選擇も亦前述の化主のそれの如く、偏に水占の神擇によるのであるが、思ふに化主の神擇に於ける水占こそは、實は巫女神擇の模倣であらう。所がここで賽神閣が取り毀たれて、所謂行陣廻り（Heŋjin-tonda）が始まるに及んでは、山の巫女達も凡べて之に加はり、今迄彼方の將軍堂の庭に日夜鐘鼓を打ちつゝ心ゆく迄踊つて居た賽神衆・社堂輩も亦之に從ふのである。卽ち賽神閣を取拂つた都堂基には、山の老巫が打つ銅鑼の音を相圖に、之等の人々が一齊に集合して、今迄路の端、山の角に小屋がけの店を開いて居たものも、將軍堂の庭にお祭騷ぎを樂しんで居た群衆も、さては遠々京城・開城等から出稼ぎに來た色酒家の女達も、續々と山上の都堂基を目がけて蝟集する中に、十數人の巫女の一隊が城隍神竿を先頭に、賽神衆・社堂輩を從へて、本鄕神木の神岩の周圍を、右から三回、左から三回、眼を据え足を躍らして、鐘鉦を急打しつゝ旋風の如く馳せ廻り、暫し都堂基に亂舞した後、卒然として走り出した物狂ほしい一隊は、見るまに山端れの金城學校の前に至つて更に狂踏、再び算を亂して山の背を馳せ飛び、遙かなる尾根に狂ひ踊る姿が、澄み亘つた初夏の青空にくつきりと浮いて動く。群衆は我を忘れて其後を追うも、到底神の接ける人々の足に及ぶべくも無い。只あれよ〳〵と驚き叫ぶ間に、山巓の神人達は忽ちにして急轉直下、途も無き山腹の斜面を疾風の如く馳せ下つて、山麓の瓦井近くの佛岩のほとり、豫めしつらへた致誠幕の前に至つて狂踏亂舞、止めんとして止むる能はずといふ光景は、まことに人の世のことゝは思はれぬ興奮を迫る。

巫女が犧牲の豚に神刀を貫き、之を立てゝ行ふ〔サアシル〕の神占

—秋葉—

さて流石に二年一度の神の興奮に疲れた賽神衆の若者が、色笠白鉢卷の姿美しく、神鼓片手に瓦井の神泉に渇をいやして、巫女による佛事賽神が佛岩の前に始まる頃、日は西山に傾いて、賽神衆・社堂輩は別に彼方の畑中に至り、舞踏・舞童・觝力等の餘興を演ずる姿が夕日に映えて美しい。佛事賽神は不淨祓に始まり、次の本鄕祭節では丸のまゝの豚及び物凄い牛の頭に神刀を貫いて立てる神占がつて、人々は胸を轟かしつゝ之を見守り、次の軍雄祭節では軍雄と幕童が四方に弓を射る行事があつて、其弓は後背城隍の神木である Mulpuri の枝を以て作るのであるが終に之を折つて捨てる所に、滅却に依る祓禳の淨化を窺ふことが出來る。而も次の鎭山の祭節に於ては、前祭の日には遊科の先頭に立ち、本祭の賽神に賽神閣に奉じ、今日の行陣廻りにも亦先頭に奉ぜられた城隍神竿が、更に遠く走り運ばれて之を投げ棄てる行事がある。而して其後から一人の巫女が、犧牲の豚の頭と粟飯とを運んで、之を其あたりに投げ與へ、更に粟粒を撒布すると、何處よりか異形の乞丐が現はれて、其豚首を拾ひ取るのも何と微笑ましき雜鬼の出現ではないか。そこで城隍神竿に結んだ布帛其他は、實は村中凡べての穢れであつて、今や全くあらゆる穢れは捨て去られたのであるから、之からいよ〳〵いとも清淨なる佛事祭節が行はれて、佛岩には造花をつけた白餅が供へられ、致誠幕の前では巫女が僧帽を被むり、長衫を着、袈裟を懸けて舞ふと共に、一方では地を穿つて竈を築き、之に大鍋をかけて瓦井の神水を入れ、化主の執刀によつて割かれた生々しい犧牲の牛豚が大鍋の中で煮られるのである。さて日沈んで夕暮迫る頃、犧牲を煮る竈の烟は山の端に沿うて棚引き、今日の吉き日の大團圓である饗宴が始まつて、人々は犧牲の聖餐を圍んで神酒を汲み、神の恩寵の懷に抱かれつゝ、老も若きも男も女も、今宵限りの歡樂の程もすのであるが、私達は化主と共に最初の聖なる箸を取るの光榮を與へられて、朝鮮第一の稱ある德物山成桂肉の美味を賞することを得、(11)厚く

山の人々の厚意を謝して歸途についたのが、日全く暮れて十五夜の月未だ上らぬ中であつた。それから幽かなる提灯の光に、まさぐるやうにして山を下り、月出でゝ山上に歌ふ祭の人々の法樂を想像しつゝ開城に着いたのは、夜も十一時に近い頃であつたらう。

さて今少しくこの都堂祭の意味を考へるならば、本來此祭は所謂德物山崔瑩祠の神事では無く、其本體は實に山上の本鄕木又は都堂木と稱する神木に宿る山神であつて、此のより原始的な神靈の加護の下に、村の一切の穢れを拂ひ、息災招福を祈願するといふのが其本質であるだらう。而も之を山の巫女自らが行ふことをせずして、態々他所の巫女を神選びして行ふといふのは、現在の山の巫女の語る所によれば、此祭りの機會に將軍堂に祈願の賽神を乞ふものが多く、爲に彼女達は專ら之に從はねばならぬといふ實際的理由に基づくらしいが、其は却つて山の巫女が山神に對立する將軍の侍女となつた爲めであるかも知れない。而も彼女等の主神とする崔瑩將軍も所謂舞感が立つ意味に於て、賽神閣の行事に崔瑩將軍の舞を演ずるものは山の巫女であつて、之は偏へに本鄕神即ち山神と將軍の靈とが和議せんが爲めであると云はれて居る。思ふに現在德物山といへば、將軍堂を考へる程に、將軍の靈が前景に立つて居るとはいへ、而して山上の巫女は凡べて將軍を以て身主（Momju）即ち守護神として居るとはいひながら、その一層本原的な信仰は此の都堂祭の主神たる本鄕神即ち德物山神の信仰であつて、後來崔瑩といふ歷史上の人物の靈が、英雄神として重きをなし、古き山神が背景に退いたものではあるまいか。而して私の此の推察を裏書きすることは、京城邊に於ける巫女の賽神に於て、崔瑩將軍の祭節を一に山神（San-manura）と稱することである。果して然らば德物山の信仰は、古く山神の住む德山として、山腹の神泉を汲む人々の心に芽ぐんだものが、漸く發展するに及んで、高麗朝巫女の中心地とも避難地ともなり、其表看板を崔瑩將軍とするに至つたものではあるが、今尙其都堂祭の主神が山神であることを考へるならば、古き神の生命の如何に無窮であるかを感ぜざるを得ない。

尙李重煥の所記に見えるといふ「士人民間の處女を取つて祠に侍らしめ」、「夜は輒ち降靈交媾する」といふ信仰は、[12] 現在の山の巫女の間に其儘の形では存在しないが、只彼女達の慣習として今尙賽神の當番が定まつて居り、當番の巫女は其日の賽神を終つた後、必ず將軍堂の燈明を上げる義務があつて、私がさきに將軍堂内の叙述をなすに當つて注意した、油煙に汚れた薄汚ない木製の燈明臺といふのは、實はその爲めのものである。加ふるに側堂の一部には寢室と思はれるものさへ存在するので、私はそこに幽かながらも昔の巫女が神妻として、神祠に侍した姿を窺ふことが出來るやうに思ふ。而もその神は實は崔瑩將軍といふやうな歷史上の人物の靈以前に、既に所謂獨脚鬼（Tokkębi）とか山神とかの姿で存在したのである。今でも民間の婦女が、夢に獨脚鬼大監と交はれば財福を得るといふ信仰があり、又山神の訪づれに從はなかつた娘が虎に喰はれて死んだ話も所々にある。[13] 所謂神婚の傳說であつて、例の檀君傳說に見ゆる熊女天神と婚して孕む話と其本質を同じうするものである。神と神に仕へる巫女との婚姻、そこに生れるものが神の血を受けた英雄であるから、從つて英雄檀君が死して阿斯達の山神となつた如く、英雄崔瑩が死後其靈の住家を德物山上に見出して、山の巫女の主神となつたことに不思議は無からう。

更に吾々は此祭に於ける主として男子のたづさはる行事と女子の行事とが、必ずしも全く同一ではないことを注意せねばならぬ。即ち前述の如く男子は賽神閣に於て巫女の賽神が始まるに先だつて、沐浴齋戒して軍堂に參拜し、將軍の靈を迎へて賽神閣に至り連名の祈願記を捧げることに於て、それは寧ろ儒禮の形式を裝うた將軍の靈を主體としたものであるに對し、女子にありては飽く迄本鄕神卽ち山神を以て本體とする巫女の行事を重しとして、玆に男女兩性に於ける信仰の對立を見ることが出來る。換言すれば女性の信仰は古き山神を對象とする巫女の行事に強くまつはり、男性の關心は新しき英雄神に對する化主の祈願に結合することが多い、此の意味に於て前者は古き巫的文化の運載者であり、後者は新しき儒教文化の標榜者であるとも考へられる。

併しながら吾々は斯くの如き對立が必ずしも互に遊離した無關係のものでは無くして、却つて其間に密接なる結合をもち、而もその中心か依然として古き山神に存することに、限り無き興味を覺えるのである。卽ち男子が將軍の靈を賽神閣に迎へることと、山の巫女が將軍の舞を賽神閣に演ずることゝは、共に山神と將軍との結合を意味し、而も後者がどこ迄も從たる姿を取ることを示す。又化主神擇の水占が實は巫女の神擇の模倣であることは既に述べたが、村の青年が賽神樂として巫女と共に遊科及び行陣廻りを行ふことにも、如何に此祭が古き山神を中心とする巫的行事であるかを窺ふことが出來よう。

註

(1) 昭和五年秋咸鏡北道吉州に旅行せる際、邑外に石積岩國師堂(Tolmurobaui-Kuksudaŋ)といふのがあつて、主として盲覡の祈禱する場所であるといふことであつたが、名稱の示す如く石塊を多く積んで神域を作り、中央に大石を置いたものであつた。そこで tol は石、baui は岩であることに問題は無いが、muro, muro, moro, mura 等と訛つて居る語が集積の意であることを土地の人から告げられた。

(2) 新增東國輿地勝覽、卷之十三、豐德郡、建治沿岸の條に「世宗二十四年、幷德水縣、改今名」とあり、其山川の條に「德積山、在郡東三十里」とある。更に三國史記、卷第三十五、志第四、地理二に「德水縣、本高句麗德勿縣、景德王改名、今因之」とあつて、勿の音 mul に水の訓 mul を當てたことが分る。(共に朝鮮史學會本に依る)。

(3) Chujori は藁を以て圓錐形に蔽ふた原始的な神祠であつて、中に多く素燒の瓮を置き、之に米などを入れて神の住家となす。時に民家の裏庭醬甕基のあるほとりに之を見ることがあるが、基主大監卽ち屋敷の神の宿る場合は大監主席(Te̜kam-chujori)又は基主嘉利(Tojukari)と稱し、業神卽ち財福の神の住むものは業主嘉利(op-chukari)と云ふ。

(4) 朝鮮では橡・櫟・檞の類を總稱して凡べて Chamnamu と云ふが、此神樹は橡の木であつた。

(5) 正面に竹城明默堂と篆書せる額を掲げ、又純祖五年五月(一八〇五年)の重修文を刻した扁額がある。

(6) 將軍は生前夫人と仲が惡かつたので別々に祀つたといふ俗說があるが、之も實は夫人堂の方がより古い山の女神を祀つたもので、後に將軍堂の出來るに及んで、之を夫人堂としたのでは無いかと思ふ。何となれば夫人堂は所謂本鄕木卽ち山神木のある都堂基の眞下にあるからである。

(7) Pongoji は山の低い圓形の、馬の毛で作つた帽子で、頂に Sanno と稱する房を垂れ、頸を振つて此長房を回轉させるのが、彼等の踊の特徴である。

(8) 社堂は又捨堂・寺黨等と書き、妙齢の女子一、二人を中心として、八九人の男子が一人の頭領の下に一團をなし、男が女を負うて各地を遊行しつゝ、鐘鼓を打ち歌舞曲藝を演じ、又多く賣笑のことをなすものを云ふ。彼等が賽神の巫女の後に従ふのは、日本の祭禮に藝娼妓の參加する宗教的性質を想はせる。

(9) 拙稿・朝鮮巫人の入巫過程參照。(宗教研究、新八ノ四)

(10) 赤松智城「薦新賽神の行事」參照。(朝永博士還暦記念哲學論文集)

(11) 德物山では高麗の忠臣崔瑩を崇拜する結果、高麗朝を亡ぼした李朝の太祖李成桂の名を以て、將軍の靈に捧ぐる豚肉の稱呼とし、之を成桂肉 (Sŏnhe-kogi) と云つて居る。

(12) 李重煥、擇里志、松都の條に、「松京十餘里有德積山、上有崔瑩祠、祠有塑像、土人祈之有驗、祠傍有寢室、土人以民間處女侍祠、老病更以少女、女言 夜輒降靈交婚云、蓋瑩以謀勇爲辛禑之妃父、謀國不臧、斷送社稷、爲鬼於國郊、不忘男女之道、淫昏不明矣」とあるが、李重煥ほどの學者までが將軍の靈の存在を信じて、死後尚性の問題を忘れないと見たのは面白い。

(13) 拙稿「江陵端午祭」參照。(民俗學、五ノ五)。

附記。この小篇は昭和五六年度帝國學士院の學術研究補助を受けて、同僚赤松教授と共に從事しつゝある「朝鮮及滿洲に於ける巫俗の研究」の一部であつて、舊稿「江陵端午祭」と共に朝鮮巫俗に於ける山神の地位を明かにすることを目的とした。

(昭和六・一〇・二〇、濟州島に旅立つ前夜、京城にて。)

一秋葉一

ぬくめ鳥
額より妙相を現ぜし事
足を薪にした怪婆
源爲朝一箭で船を射沈めた事

南方熊楠

ぬくめ鳥

北村靜廬の梅園日記に此事を詳しく考證しある。ちと長いが丸で受賣りとせう。『雅言集覽云、後京極鷹三百首「鷹のとるこぶしのうちのぬくめ鳥、かる爪根のなさけをぞしる。」西園寺殿鷹百首、「寒さゆる一夜の鷹のぬくめ鳥。はなつ心もなさけ有かな。」但し此歌塙本にみえず。鳥柴雪と云書に出たり。彼書の異本なるべし。按ずるに別本にて然も注ある。〔割註〕按に臂鷹往來云、鷹書者、西園寺入道相國蟄居百首一冊。閑羽林注。」注云ぬくめ鳥とは、いかにも寒き夜、小き鳥を生乍ら、鷹の兩の手にて取隱し、足を暖たむる也。其朝放ち遣て、此鳥宿らん迚、其へ行ず、情をなす也とあり。又前の後京極殿三百首にも亦。注本あり。注云、鷹の野をかける時は、爪を深く嗜なむ也。小鳥を殺さずして、我拳を暖ためて、明れば放つ也。彼を放ちやり、其方へ三日行ざる處を、爪根の情をしると申すにや。又按ずるに此事唐の代より云し說也。朝野僉載五卷に、滄州東光縣寶觀寺、常有二蒼鶻一集二重閣一、每有二鳩數千一、鶻冬中、取二一鴿一以煖レ足、至レ曉放レ之、而不レ殺、自餘鷹鶻、不二敢侮一レ之。柳宗元文集十六卷、說又有二鷙曰レ鶻者一、穴二于長安薦福浮屠一、有レ年矣、冬日之夕、是鶻也、必取二烏之盈レ握者一、完而致レ之、以燠二其爪掌一、左右而易レ之、旦則執而上二浮圖之跂一焉、縱レ之、延二其首一以望、極二其所一レ如、往心必背而去焉、苟東矣、則是日也不二東逐一、南北西亦然矣。白氏文集三十六、遇レ物感興、因示二子弟一詩に鳩心鈍無レ惡云々、鶻撚擒暖レ腳と作れるも是也。文苑英華百卅六、李邕鶻賦に、夫其嚴冬冱寒、烈風迅激、或上二棘林一、或依二危壁一、身既稟二於喬木一、骨將レ斷二於貞石一、嘗二會鳩一以自暖、罔レ害レ命以招レ益、信終夜而懷レ仁、仍詰旦而見レ釋。又埤雅、五雜俎抔にもみえたり』ところだ。

熊楠謂く、此話は和漢の外にも行はれたとみえて、一八七六年板、サウゼイの隨得手錄、四篇一三七頁に、アルテ、デ、フルタールなる書を引て「ノロエガ〔どこだか一寸分らない〕の鷹は、冬の一日中捉ふる最後の鳥を殺さず、夜中其鳥を握つて脚を煖ため、翌朝放ちやり、どちらえ飛だかをよく見置て、其方え鳥を採りに行ず。前夜ぬくめくれた恩を仇で返すを好まぬからだ」と記す。此事餘り古い西書に出居らぬから、多分支那說を傳えて、ノロエガなんてふ地に托した者で有う。（五月十八日、午前四時）

額より妙相を現ぜし事

宇治拾遺（日本文學全書七編所收、百五章としあれど、予纔取り限で算えみるに百七章である）に「昔し唐土に寶志和尚といふ聖あり。いみじく尊くおはしければ、帝彼聖の御姿を影にかき留めんとて、繪師三人を遣はして、もし一人してはかき違ふる事もあり迚、三人して面々に寫すべき由、仰せ含められて遣はさせ給ふに三人の繪師聖の許へ參りて、かく宣旨を蒙りて詣でたる由申しければ、しばしと云て、法服の裝束して出會ひ給ひけるを、三人の繪師、各書くべき絹を廣げて、三人並びて筆を下さんとするに、聖暫らく、我誠の影あり、其をみて書寫すべしと有ければ、繪師左右なく書ずして、聖の御影をみれば、大指の爪にて、額の皮をさし切て、皮を左右へ引のけてあるより、金色の菩薩の顏をさし出たり。一人の繪師は、十一面觀音とみる。一人の繪師は、聖觀音と拜み奉りけり。〔今一人は何と拜見したか詳かならぬ〕各みる儘に寫し奉りて持て參りたりければ、帝驚き給ひて、別の使を給ひて、問せ給ふにかいけつ樣にしてうせ給ひぬ。其よりぞ凡人にてはおはせざりけりと申しあへりける」と出づ。

寶志は梁の慧皎の高僧傳十に釋法誌に作る。太平廣記九〇や神僧傳四には寶誌とす。鷹の巢より見出され、手足皆な鳥爪ありしといふ。古希臘のプタゴラス同樣よく分身して同時に異處に現はれたとて名高い。洛陽伽藍記には此僧を沙門寶公とし、胡太后が爾朱榮に害さるべき豫言がよく中つた一事のみ、卷四に出しある。高僧傳に、宇治拾遺の記事如き話はないが、稍や之に近い文句はある。云く、陳征虜なる者あり、擧家誌に事ふる事甚だ篤し、誌嘗《かつ》て其爲に眞形を見せしむるに、光相菩薩像の如しと。眞形は拾遺に所謂誠の影だが、光相菩薩像の如しとは、全身より光を放つ事、菩薩像の如しと云のだ。其を、寶誌は鳥の爪を具へたと云ふより思ひ付き、爪で頭を自ら裂開くと、金色の菩薩が其創から顏を出したと謬傳したのだ。源平盛衰記卅に、聖武天皇藤原廣嗣の奏により、御簾の隙より叡覽有しに、光明皇后は十一面、玄昉僧正は千手觀音と顯はれて、共に慈悲の御顏を並べて、同じく濟度の方便を語り給へり。元亨釋書九に、光明皇后釋實忠を觀る內、之と夢遊し、竊見レ忠頂戴二十一面觀音一、儀相自若、后出拜、合掌懺謝曰、凡女癡慾、輒摩二愛見一、聖師眞慈恕二我觸忤一。北宋の張邦基の墨莊漫錄十に、胡道修、驚ろくべき醜女怪を無双の美女と見て、數千金で購なひ、在來の艶妻を離緣し、其醜婢を愛して男女數人を生せたとみえ、宇治拾遺一六章に、丹波の老尼が、地藏菩薩は曉毎に步くと聞て、毎朝之を拜せんと惑ひ行き、博徒に騙されて衣を脫ぎ與え、地藏と名くる小童を拜んだ。時に其童何心なく楚《すはえ》で額をかくと、額さけて中より地藏尊の顏を現ず。老尼淚を流して拜み入り「頓て極樂に參りにけり。去ば心にだにも深く念じつれば、佛もみえ給ふなりけりと信ずべし」とは尤もで、鰯の頭も信心からだ。

北宋の眞宗の時成た沙門道原の景德傳燈錄二に、第十九祖鳩摩羅多、法眼を第二十祖闍夜多に付せし時、偈に曰く、性上本無レ生、爲レ對レ求レ說、於レ法既無レ得、何懷レ決不レ決と。鳩摩羅多曰く、此是妙音如來、見性清淨之句、汝宜三傳二布後學一。言訖つて卽ち座上に於て、指爪を以て面を裂くに、紅蓮の如く開き、大光明を出し、四衆を照耀す。而して寂滅に入る。闍夜多塔を起す。新室の十四年壬午の歲に當る也とある。（西曆二十二年）。額を裂て妙相を現じた宇治拾遺の談は、略ぼ之に基づいたと考へる。（五月廿三日、午前十時卅分、南方熊楠）

—南方—

足を薪とした怪婆

明の錢希言の猗園一三に、松江の張瀲山が通判と成て、溫州に赴任する迚、其妻陸氏を伴ひ行く。旣に界に入たが、溫州城迄なほ數十里といふ處で日が暮れかゝる。夫人疲れ極まり驛遞に憩はんと思ふに、唯一つの家らしい者をみ付たので、左右に先づ往き窺はしめた。白髮の老嫗が地爐に木をたき、いと美しい少婦が燈下に糸をくり居た。通判夫人に向ひ、吾は明晨上任せにや成ぬ、彼家は女斗りときく故、和女は一泊して、夜明てゆつくり入衙せよといひ、二子と先づ往た。夫人と二女は車を停めて宿を乞ふと、嫗と婦と欣然出迎へ、嫗は婦を夫人に陪せしめ、自分は茶を拵える迚、水をくみ火を擧げ、兩足を薪の代りに、竈門に推し入れて焚き出した。女奴之をみて大に怖れ呼だ。時に從者數十人、行き疲れに其家の周りに假寢し居り、一齊に聲を揚て家内に向ふと、嫗も婦も小家も器物も忽ちみえず。惟だ空林中に纍々たる數塚のみ有たと出づ。

卅一年前龍動の南ケンシントン美術館で、小脇源太郎氏の跡釜として、日本畫本目錄編成を賴まれ、執務中見た繪本黄昏草《たそがれぐさ》は、石田玉山畫で寛政五年京都板だ。それに或る旅人が行暮れて貧家に泊ると、獨り住みの老婆が接待の爲め茶を煮るとて、自分の二脚を爐にさしくべ燃すをみて、旅人仰天する處が有た。外に江戸の武士永田氏の妻、夫の不在に家を守るに、山伏一人一泊を乞ひ、長屋か何かに宿る。山伏此婦人に熱情頻發して制し得ず。其髮一條を求めた、婦人怪しんで、廐の馬の尾一條を拔き自分の髮と稱して授けた。夜分に山伏其尾毛を呪すると、其の本主だつた牝馬が廐の戸を蹴破り、不意に山伏の寢室に突入り、抱き付て其摺鉢をすり付る。勢ひ極めて烈しきに山伏あわて走り廻るを、馬はヤイノ〳〵とも言ばこそ、一心不亂に追懸るに山伏足場を失ふて終に深い井に陥つた。よく調べると彼は著名な惡人兼奸婬家で、從前髮毛に修法して、多くの婦女を迷はし、犯して樂んだ者だつた由をも載せあり。而して之によく似た話しを二條迄猗園に載せある。由て察するに、繪本黄昏草の老婆が脚を薪に代用した話は、全たく猗園の支那話を本邦の事に作り直した者だろう。

髮毛を呪して女を迷はした話は、内外共少なからぬが他日別に述べし。兩脚を薪とする話は餘り多からぬ樣だ。差當り此外に唯一つ識りおる本邦の者は、老媼茶話に、武州川越領三の町へきた行脚僧が、泊つた家で鍋來れと呼ば、鍋彼が前へ踊り來る。僧それに米と水を入れ、左右の足をふみのべ、いろりの縁へあて、傍らなる大鉈もて、膝節より打碎いて薪とし、火に焚て程なく飯を拵へたと出づ。外國には、首楞嚴《しゅれうごん》義疏注經八に、寶蓮香比丘尼が、婬欲熾盛の餘り、女根より大猛火を發し、其より節々猛火焼燃したとあるから、無論兩脚もやけたのだ。神代卷に伊弉冊尊火神を產み、ミホド乃ち神の事だから敬稱して、御陰門を燒れて崩じたとあるが、御兩脚はどう成たか記してない。是等と沒交涉らしいが、以前和歌山の小兒共が失火をみる毎に、「ボ、やけてサネの森」と呼だ。鷺の森てふ所に本願寺懸け所有るを御坊(ゴボ)と稱へたからの洒落だ。今と成ては餘り知た人がないから、後記に留め、之を讀で、昔しの子供を卑穢とか、素樸とか、批評を人々の任意に委ぬる。南宋の洪邁の夷堅志支戊一には、閩僧宗達死して五年、其弟子だつた者ふと之に遇て其寺に宿り、夜に至つて達の所在を失ない、呻吟の聲のみ聞えるので尋ねゆくと、達は竈下に坐し、足を伸して火に入れ叫苦絶ず。已つて行き立つ事初めの如し。我れ在世の時、曾て寺後の木二本を伐て人に與えた報ひ

—南方—

で、今水を煮る毎に必ず我脚を薪代りに使ふと、語つたとある。其から一九一〇年板、セリグマンの英領ニウギニアのメラネシアンス、三八〇頁には、或る老婆が兩腿間より火を出して芋を煮たのが火の始めと見ゆ。
(十月廿五日、早朝稿成る)

追記 本文發送後、一八九二年板、スヰンナートンの印度夜讌譚二三三頁を見ると、回教行者が魔法女に、パンを燒て食せと望むと、其坐右に眠りおる小娘の兩脚を爐に入れ、漸次膝迄燃すも、娘聊かも痛めず、斯てパンを燒き了り、有色の液を水でとき、娘の脚を浸して後ち復た臥しめ、行者にパンを進めた。處え魔法女の夫も歸つて食へと勸むるも、行者食はず。女兒の脚を焚て調へたパンが食へる物かといふと、夫は、なに女兒の脚がそんなに燒る物かとやり返す。行者は、然らば論より證據と、進んで蒲團をまくると、燃てしまつたとみた兩脚は、少しも損せずに、娘は依然熟睡して居た。行者之をみて感じ入り、日々托鉢して得た物を殘らず、魔法女に與えて心底をみせ、遂に悉く其術を授かつた次第を述べある。(同日午後五時)

源爲朝一箭で船を射沈めた事

保元物語に、源爲朝伊豆の大島え流されて舊臣を嘯集し、近海諸島を押領し、其民を虐たぐる由、狩野介茂光が上京して奏聞したので、後白河院驚き玉ひ、伊豆相模武藏の勢を催ほし發向すべしと宣旨あり、嘉應二年四月下旬、茂光の兵五百餘人、廿餘艘の船に乘て、大島の舘へ押寄た、爲朝多く人を殺すも詮なし迚、悉く其兵士を落去しめ、「矢一つ射てこそ腹をも切めとて、立向ひ給ふが、最期の矢を手淺く射たらんも、無念也と思案し給ふ處に、一陣の船に兵三百餘人、射向けの袖をさしかざし、船を乘り傾けて、三町許り渚近く押寄たり、御曹司矢頃少し遠けれども、大鏑を取て番ひ、小肘の廻る程引切て兵と放つ、水際五寸許り置て、大船の腹をあなたへつと射通せば、兩方の矢目より水入て、船は底へぞ卷入ける、水心ある兵は、楯搔楯に乘て漂よふ所を、櫓櫂弓の筈に取附て、並の船へ乘移りてぞ助かりける、爲朝之をみ給ひて、保元の古へは、矢一筋にて二人の武者を射殺しき、嘉應の今は、一矢に多くの兵を殺し畢りぬ、南無阿彌陀佛とぞ申されける、今は思ふ事なし迚内に入り、家の柱に背をあてゝ、腹を搔切てぞ居たりける」と見ゆ。

晉書九七に、扶南國〔今の後印度の一部〕去ニ林邑一三千餘里、在ニ海大灣中一、云々、其王本是女子、字葉柳、時有ニ外國人混潰者一、先事レ神、夢神賜ニ之弓一、又教載レ舶入レ海、混潰旦詣ニ神祠一得レ弓、遂隨ニ賈人一汎レ海、至ニ扶南外邑一、葉柳率レ衆禦レ之、混潰擧レ弓、葉柳懼、遂降レ之、於レ是混潰納以爲レ妻、而據ニ其國一云々と出づ。南齊書五八には、扶南國は日南の南、大海西灣中に在り、廣袤三千餘里、大江水あり、西に流れて海に入る、其先女人あり、王と爲る、名は柳葉、又激國人混塡なる者あり、夢に神弓二張を賜ひ、教えて舶に乘て海に入しむ、混塡晨に起き、神廟の樹下に於て弓を得、即ち舶に乘て扶南に向ふ、柳葉舶を見、衆を率て之を禦がんと欲す、混塡弓を擧げ、遙かに船の一面を貫ぬき通して人に中つ、柳葉怖れ遂に降る、混塡遂に以て妻と爲す、其の形體を裸露するを惡み、乃ち布を疊んで其首で貫ぬき、遂に其國を治め、子孫相傳ふとある。杜佑の通典の文略ぼ南齊書と同じ。だが激國を扶南の南にありと明言し、柳葉年少く壯健で、男子に似たる有りと附け加えある。柳葉と葉柳、混塡と混潰、何れが正しいか知れない。晉朝は南齊朝より五十九年前に亡びたが、晉書は南齊書より約百廿年程後ちに成た。故に南齊書に、混塡、が弓を擧て遙かに敵船の一面を射貫いたとあるを、晋書に抄畧して、混潰弓を擧て葉柳懼れ降つたとしたは。其意を悉しおらぬ。弓を擧たを見た許りで何のこわかろう。斯て柳葉女王が混塡の妻と成て、布を疊んで首で貫ぬき、國中の女人みな之に倣ふたが、男は相變らず。裸かで居たとあれば、扶南國は其頃甚だ文化の低い所で、其船も至つて薄弱、强弓の手で射貫かれたも宜也だ。甲子夜話七七に、富士裾野の樵夫、人跡常に稀な處の木を伐り、其肉中より鏃を見出す、頼朝富士卷き狩の時、誰か射込だ物だろう、鏃の總長七寸八分、古人の弓力量るべしと有て、其圖を出す。明良洪範二四に、天正十四年、秀吉初めて男子を生み葉君と名く、蒲生氏郷其祖先秀郷が蜈蚣を射た矢の根一本を献じた、葉君三歲で早世した時、其の矢の根の妙心寺に藏めたとある。此秀郷の鏃か、爲朝の鏃か忘れたが、餘程大きな物で、後人之を得て槍の穗にした。其を明治十六年頃、東京で槍の展覽會に出品したとかで、其番附を、外神田御成道の鬼頭氏なる、古錢を商なふ店頭でみた事がある。狩野介が大島へ差向けた五百餘人は、廿餘艘の船に乘たとあるから、先づ廿六人乘りの船で、餘り小さい者で無つたろうが、總長七寸八分、若くは槍の穗に用ひ得る程の長大な矢を、爲朝如き無双の强弓に射られたら、船腹を射通されて沈む程の事はあるだろう。四十餘年前、アフリカ内地の探險記に、土人の飛鉾に船を破られ、其穴あり水入て船遂に沈んだ由を、一度ならず讀だも似た事だ。

去ば例の、何の譚も皆な言語の誤解より起つたと釋き去んとする人は、本話如きも、爲朝一箭で船を射沈めたとは、鎭西八郎大島に著して、島の代官三郎太夫忠重が娘（馬琴の椿說弓張月に　其名を簓江《さゝらえ》とす）の親切こめた据膳を賞翫し、その當世を破つた事を指た物だ。誠や風來が謂た通り、水揚げといひ新造といひ、女を船に見立た詞維れ多し。寬延元年竹田出雲作、假名手本忠臣藏、どうせ切れるの六段目の次ぎ、茶屋場の文句にも「大事ない〱、あぶないこわいは昔しの事、三間づゝ跨げても〇〇〇も入ぬ年配、阿房言んすな、舟に乘た樣でこわいわいな、道理で船玉樣がみえるは、ヲ、覗かんすいな、洞庭の秋の月樣を〇〇奉るじや、イヤモウそんならおりはせぬぞ、おりざおろしてやる、アレ又惡い事を、やかましい生娘か何ぞの樣に、逆緣乍らと後ろより、じつと抱しめ抱おろし」、と始終の痴話を舟に寄たでないか、その新舟を八郎御曹司の偉岸極まる一件で破つたと云たを、山陽氣取りで言ふなら、件と箭と國音相近きを以て、後人謬つて、爲朝一箭で船を破つたと言ひ傳えた物だと、鼻息荒くよまい言を吐くだらう。其は其人の勝手として、予には又予の料簡あり。十九世紀末近く迄、實際飛鉾で船を沈めた事有たより推し、昔しの或人が殊の外大きな鏑鏃を强勢に射た遺品より察して、混塡や爲朝が、一箭で船を射貫いたは隨分有り得た事と惟ふ。而して爲朝は大船の腹を射通し、其穴より水入て沈沒したとあるに、混塡擧レ弓、遙射貫ニ船一面一、通中レ人（南齊書五八）。南史七八には、柳葉の人衆（混塡が乘た）船至るを見て、之を劫し取んと欲す、混塡卽ち弓を張り其船を射、一面を穿ち度し、矢（柳葉の）侍者に及ぶとあるから、船の一面を射貫いて、其に乘居た女王柳葉の侍者一人に中てた迄だ。船を沈めた事なし。且つ混塡は船を射貫いた結果、敵を降して其女王を妻り其國を取たに反し、爲朝は船を射沈めて、今は思ふ事なし迚自殺した。等しく一箭で船を射貫いた物の、仔細はこんなに相違しおるから、此兩譚は各自其國々に發生して、形態が畧ぼ相似たるのみ、一邦より他邦に移つたので無いと予は考える。（十月廿七日。朝九時）

—南方—

七夕祭の起源的諸相と展開のあと（二）

栗田峻

△七夕說話の古い姿

「たなばた」の語が記錄に現れた一番最初のは古事記の建國神話の中、天津國玉の子天稚彦が、下界の葦原中國を平定して天孫を迎へる爲の先き手として、天津神達から派遣される話の中にある。神々の命を受けて地上に派遣された天稚彦が、下りついてから野心を起し、國神の女を娶つて落ついて仕舞つて天上に復命しない。天上では神々が不審を抱いて、雉をを使として天稚彦を訪問させる。天稚彦は天探女の言葉によつて、門邊の湯津杜樹の上に來て鳴いて居る雉を射殺すと、其矢が天上まで達した。其矢をとつて又天上の祖神が呪ひながら投げ返すと、今しも天稚彦が新嘗をして臥して居た胸に當つて、天稚彦は終に斃れた。やがて屍を空にあげて一同悲んで居る處へ、地に在つた時天稚彦と懇意であつた味耜高彦根神が弔ひに來る。其神の容儀が宛かも在りし日の天稚彦に酷似して居たので、妻子等が「我が君は死なずして座しけり」と間違へて取り付くと、味鉏高彦根神は死人と間違へられたのを怒つて、劍を拔いて喪屋を斬り倒しながら飛び去る。それを見て、座にゐた其神の妹が兄の立派な姿を讚美して、他の神々に名を知らせようとして唱ふのである。

あめなるや　おとたなばたの　うながせる　玉のみすまるに　あなだまはや　み谷ふたわたらす　あぢしきたかひこねの神ぞや

此れは古事記の傳へに依つたのであるが、日本紀一書の傳へによると、其時味鉏高彦根神の光儀がうるはしくて、二丘二谷に照り輝く程であつたので、其座に會合した神々が歌つた歌ともなつてゐて、多少文句が違つて居る。さうして尚其次に又歌つたとして、

あまさかる　ひなつめの　い渡らすせと石川かたふち　かたふちに
網張りわたし　めろよしに　よしより來ね　いしかはかたふち。

と言ふ歌が擧げてある。是の歌の方を古來の說では、此處にあるべき歌ではないが、誤つて挿入したもの丶樣に言つてゐるが、深く考へて見るとさうではないらしい。

自分は既に先の章で、島津氏の紹介によつて、室町時代に「天稚彦物語」と言ふ七夕由來物語があつた事について種々お話したが、その天稚彦を七夕由來物語に持つて行つた事も、自分に取つては決して偶然事とは考へられない。こ丶に斯うした物語が產れるまでには、既に早くから民間に、天稚彦についての七夕譚が、何等かの形で話されて居たのではないか。それは譬へば、井澤長秀翁の擧げた樣な骨組へ、多少の細部の波瀾が付いてゐるものかも知れぬ。若し然らずして單に記紀の天稚彦の段の歌の一句に「おとたなばたの」とあるが爲にのみ此處へ持つて行かれたとしては、他の部分の種々の類似が不思議であり、しかも「あめなるや」

の歌には「あなだまはや」の次に、何か誤脱でもある様に感ぜられ、それでないとどうも全體の意味の續き方が變だ。さうして他の方の傳へでは、其時の會葬者全體が味鋤高彦根神をたゞ讃美して歌つたので、必ずしも妹神が兄神の名を知らさんとして歌つたもの〻様ではない。第二の歌になると、見た處全然高彦根神にも天稚彦にも關係のないたゞの相聞歌の様に見えるので、色々説があるが、併し夷曲の歌として第一の歌と共に此處に歌はれて居るのは、決して誤りでも挿入でもなく、實は他に深い理由があつたのである。

今我々に傳へられた記紀の記事を、撰述した時の儘だとすると、此の天稚彦の箇所も大體奈良朝初めに口頭傳承から記録されたと思はなければならぬ。記載の大體の傾向を見ると、先づ歌曲があつて、それに適當な由來譚を持ち合せて、宛かも一種の編輯をして行つた様なけはひが見える。だから歌曲と神話は、往々にして細部に於ては齟齬して居る所がある。だがこれは記録を編輯したもの〻作意と見るよりは、口頭傳承者の心の中の、極めて自然な判斷統合の結果が現はれたのだと思つた方が、より實際に近からう。此の私の推測が許して頂けるとするならば、此時代既に歸化人は近畿地方に根を張つて居り、我々の生活が續々彼等の文化に征伏されて居た時代の事故、支那の民間説話も案外に早く浸み渡つて居たかも知れぬ。それが口頭傳承者の氣分の編輯に影響せぬとは限らぬから、或る説話成長の機縁の爲に、七夕説話が歌と共に此處に持ち合はされたと見てはどうであらうか。第二の歌は、たゞの相聞歌でもあるが、空を仰いで歌つたたなばたの歌としたならば、意味はほゞ通じよう。さうとすれば此處にあつても差支ない。たゞ古事記の方に無いのは、神話の統一の爲に切り棄てられた迄である。

自分は今から、此の二歌が神話の此處へ持つて來られた機縁と思はれる事を、全體から見て少し徹底的にお話ししたいのだが、それにつけ、話題を一轉してすこし縁の遠い様な牛頭天皇の信仰に就いて記し、其方面から此處へ還つて來たい。さうした意圖の爲に、暫く傍道に深入りする事を許して頂きたいのである。

一、牛頭天王から牽牛星まで

暑さの盛りにならうとする舊曆六月の初旬から中旬へかけて、我邦の街々村々で、鉾だりじりの練り出し賑かに行はれる天王祭り、その總本山とも言つてい〻京都の祇園今は八阪神社の祭神について、私は考へて見た。この社は式內社ではないが、二十二社の中として、中世から朝野の格別な崇敬をあつめてゐる。今その緣起によると、齊明天皇の御代、韓國の調進副使伊利之《いりしの》使臣《おみ》が、新羅の牛頭山に鎮ります素戔之男尊を此處に勸請したものだと言ふ説と、清和天皇の貞觀年間播州廣峰より北白川に移し祀り、後に今の地に奉齋したと言ふ説と二通りあるが、祭神の系統の實際は後者にあるらしい。廣峰と言ふのは、今の姫路市の北方一里ばかりにある山で、其處に素戔之男尊即ち牛頭天皇を祭つた由來は、吉備眞備歸朝の砌、此地で素戔之男の神託を崇り、朝廷に上奏して勅命により此山上に奉齋したと言ふ事になつて居り、今縣社になつて居る。併し其の一つ前の系統を辿つて行くと、これも明石から移し祀つたので、眞備が奉祀した説は、眞備等一行が齎した船來信仰と、祇園神との離れがたい因緣を語るものであらう。明石の本祠と言ふのは、明石町の岩屋大明神、神名帳所載の彌賀多々神社がそれである。更に神系を辿つて行けば、この社ももとは、向ひの淡路島の岩屋明神を勸請した由が傳へられて、昔しは神船八艘、前の八艘が濱から船出して淡路島に渡つて神迎

—栗田—

へをする儀式が恒例にあつたといふから、起源は其處まで行けそうである。同じ瀬戸内海の小豆島には、また祇園同神の素戔之男尊の遊跡と傳はつてゐるのがあつて、昔素戔男尊樟船に乗り、淡路を經、四國を過ぎて吉備に轉ぜられる時、小豆島に渡られて、民の爲に稼穡を奬められ、牧畜を勵まされた。其時御船は今の長濱に着き、それより大丸の山中に入り給ひ、八阪神社と祭られたが、後小豆島の放牧官牛が民産を損ふので、牧牛場を長島に移し、其際神社をも大丸山中より今の地に移されたと言つてゐる。由來はいづれにせよ此地は古來牧牛が盛んに行はれたが、たゞ八阪神社の例祭日九月八日には、村々の氏子が耕牛を牽いて參拜するを例としたと言ふ事が示してゐる樣に、牛と此の八阪の神とは、もとから離れ難い關係があつたのである。

小豆島の向ひ岸、高松市の近傍なる東潟元の牛頭天王社には又、場所柄源平合戰にかゝはつた牛の話がある。合戰の時高松村に陣した義經が、向ひの屋嶋に渡る術のなきを嘆じた折柄、赤牛が海を渡つて杁引の瀬を知らせて呉れたので、其瀬を渡つて屋嶋の平家を攻めた。赤牛《あかば》崎と言ふのは、其際赤牛の着いた處だからだと言ひ、また田單の火牛の樣にして海を押し渡つたとも言つてゐる。今ある其牛頭天王社頭の牛塚は、其時の牛の塚で本社の祭神は實は其時の牛を祭つたのだと言つてゐるのは、源平合戰の花々しさにひかれて、逆に本緣をも奪はれた形ちであらうか。

由來、瀬戸内海の島々から沿海の四國の讃岐、伊豫、山陽諸國には、支那系統から朝鮮系統の歸化人の殖民した遺跡が非常に多く、一寸播磨風土記を見ても、所々に殖民して居た漢人《あや》や韓人《から》と交渉した話が、地名に因んで極めて印象深く語られて居る。たとへば、天草の領主原田氏の先は、後漢の光武帝より十二代目の獻帝で、後胤阿多倍玉なる者孝德天皇の大化年中日本に歸化し、播磨國明石に着いて大藏谷に住し、後裔「大藏」を姓とした。それから十三代目の大藏春實が筑前原田に住したので、それより原田を姓とし、以後其一族が天草の領主になつても己が氏の神を忘れず、漢の高祖を瀬戸の嶽村に祭つて、大王の宮としたと言ふ。明石大藏谷の稻爪神祠には、往古異國人が攻めて來て國司がこれと苦戰し、遂に稻爪の神の靈威によつて克服した傳説があるが、多分異敎の神との神爭ひの話らしい。社記によれば、此の稻爪の神の九月九日の祭りに、男子の面に白粉を施し、額に犬の字を書きて異形の笠を被り、素袍を着し弓矢を持ち、牛に乘りて神輿に供奉す。牛の口取又異形の尉姥なりとあつて、これを午《うま》祭(牛?)とも言つてゐるのは、此邊に歸化人の住んで居つた影響が十分に殘つて居ると私は見て居る。

日本の國史に黎明の光が射す頃、これ等大陸の歸化人達が我々に齎した外つ國ぶりは、次第に我々の生活を豐富にし、多少なりと幸福に導いて來た事は、それは今から考へても感謝するに十分である。政治若くは宗敎などの方面の、今までも學者によつて論じ盡されたそれとの貢獻は、今更あまりに事々しいが、顧みられなかつた地下の平民も亦、彼等から續々と新しい生活資料を與へられた。それには、優れた清酒を醸す術とか、陶磁器を作る方法とか種々あらうが、もつと平民の生活に切實なものとしては、農耕に牛を使ふ事、瓜角豆などの青物を作るすべなども彼等に新しく敎へられた事であつた。一例を擧げて牛の利用で言へば、概して關西方面は牛耕が基調になつて居り、關東方面は、牛耕もある事はあるが、馬耕の方が多い。關西の小學生はそれ故、敎科書などで馬が用を耕いて居ると言ふ記事を讀んで理解が行かぬと言ふ事を聞いたが、それは關西方面には古來歸化人が直接牧牛して、牛の利用が廣かつた名殘り

—栗田—

である。東北の地方には、よく牛の長者の口碑があり、牛を飼つた者の長者になつた話を往々傳へて居るのも、牛の利用が農業に特に利益であつた事と、それを用ひて歸化人等が常に裕福であつた事の記憶が、斯うした口碑を殘したものであらう。

　中央の記錄の側から見ると、古語拾遺の中に挿入した口碑に、昔大地主神が牛肉を田人に食はせた處が、御年の神父子の怒りを買つて田に蝗を生じ、苗の葉悉く枯損して篠竹の如くなつた。そこで捧物をして神意を和し、漸く舊の如く茂つたと言ふ話が載つて居るのは、牛耕をして時には牛肉を食ふ事をもした今來の神が、我邦固有の習慣と違つたが爲に國つ神の怒りに遭つた話とも見られる。續日本紀桓武紀には、伊勢尾張近江美濃若狹越前紀伊等の國々の百姓が、牛を殺して漢神を祭るのを禁斷した云々とあり、これは秦《うづまさ》の牛祭に似た事であつたかどうか、いづれは歸化人に影響された流行であらう。前掲小豆島の牛頭天王社にまつはる素戔之男尊遊行の話は、八阪の神が後に譯あつて素戔之男尊に和譯された後に置換へられたので、明石の濱の祇園の本跡に行はれた、八鮍か濱の神迎へと同じく、歸化人殖民の跡を語る話に相違ない。單に此處のみならず、瀨戶內海の島々から沿岸の國々に、特に早くから牧牛が盛んであつた事は、文獻の上からも尠からず實例が擧げ得られる。併も我々のずつと古代の生活には牛は現はれて居らず、後世歸化人と共に牛の話も出て來るのであるから、山陽四國の地方に早くからこんなに牧牛が盛んであつた事も、歸化人の殖民と必然的に關係があつたのである。

　そこで問題になる事は、これ等今來の人達の信仰はどうであつたか。信仰といふものは存外頑固なものである。たとひ他の習慣は、次第に周圍に順應して行つても、心の奥の民族性が、容易に信仰の改廢を許さぬらしい。現代の民國人が、世界何れの處へ行つて街を作つて住んでも、猶本國の年中行事を忘れないで、時には仲間の間で祝つて居る樣に、其頃の歸化人等も皆それぞれの國神を祭つて居たのである。平安朝の初めに、古語拾遺を書いた齋部廣成は、神祇に奉祀する本邦の名族でありながら「秦漢百濟內附の民各々萬を以て計ふ。褒賞すべきに足れり。皆其祠あれども未だ幣例に預らず」と、施政の遺漏の中に數へて憤慨して居る口振りから見ると、此の人々の奉祀した今來の神も、相當な數に上つたらしい。

自分の今の考へでは、稻荷山のいなり神、秦《うづまさ》の摩多羅神などと同列に、牛頭天王の祇園神も、山陽四國方面で牛を農耕に用ひた人々——歸化人の守り本尊とした今來の神の一つであつたと思つてゐる。それには、京都祇園の緣起の一說に、調進副使伊利之使臣《いりしおみ》韓國の牛頭山から勸請したと言ふのも一面の暗示ではあるが、寧ろ牛と歸化人との離れ難い關係の方に、私の說の重點がある。今此の點について細かく觸れて行かうとすれば、あまりに部分的に傍道へ入る繁に堪へないから、此處には姑らく結論だけ記して置きたい。卽ち此の牛頭天王は、實は陰陽道、宿曜經などの信仰の方面で本尊とした神で、星宿二十八宿の中では、牛宿がそれに相當して居たと言ふ、根本の理由があつたのである。自分は、話の本系を辿つて今少し詳しくお話して行く積りであるが、此の祇園神の種々の屬性から見ても、牛の便益を農業の全部とした人々が祭つた神として少しも不自然はなかつたと思ふ。

　若し私のこの推測が當つて居るとすれば、吉備眞備神託を崇つて播磨大峯に勸請した說はどう解釋すべきか。眞備は古來凡ての學問文化の始祖の樣に、殆んど偶像的に尊崇されてゐる中でも、陰陽道一派からは、

—栗田—

阿部晴朗よりも更にそもその元祖の様に思はれて居る。その關係からも陰陽家の一部の者が、祇園の本跡廣峯の牛頭天王をも、或る因縁によつて我が方へ引きつけたのだ。それは宛かも、弘法大師が宿曜經を將來したと言ふ說が、宿曜經と眞言との親しい關係を我々に示すが如きものであらう。

祇園の神のお話をすれば、直ちに觸れなければならない問題に、此の神と瓜との特別な關係がある。凡そ國々の天王社で、瓜と其社の神との特別な由來譚を說かないのは一つもない位で、大抵は氏子がそれを作る事を禁じて居るのが多く、中には祭禮の時に盛んに瓜を食べるのもある。京の祇園などは、盛んに食べた方で、凡そ此の日に洛中瓜を食べない家は無いだらうとまで言つてある。それならばどうして瓜と祇園神とかうまでに關係があるかと言ふ事を解釋して、此神が瓜の蔓などから危害を被つたと說くのもあり、或は瓜に乘つて來臨されたと言ふのもあるが、先は大體が、瓜の切口が祇園神の神紋だからと言ふのが多い。祇園の神紋もつかうは、嚴密に言ふと瓜の切り口とは違ふが、大略の形は似てゐる事は似て居る。併し多少の相違は後に圖案化されたと思つてもよいが、これにはもつと深い理由、卽ち神紋を正しく瓜の切り口としても、何が故に瓜の切口が神紋になつたかといふ理由の說明が必要になつて來る。そこまで行かなければ、瓜との斯程までの關係を說明したとは言へない。單に切り口の類似だけでは、素人の說明になつて仕舞ふ。

話を舊へ戾すが、廣峯の牛頭天皇が、初めて京都へ遷されたのが、最初は東山の瓜生山《うりふ》（北白川東光寺の所）で、後貞觀年間に今の八阪神社の地へ移し祀つたとなつてゐる。その瓜生山は多分瓜畑であつたらうと思はれる事は、後來上京吉田邊が、すぐれた越瓜の名所になつて居た事から推しても想像がつく。勿論歸化人の作るに長けて居たものが瓜ばかりとは思はれず、角豆や茄子其他の青物もあつただらうが、青物の中でも瓜はとりわけ平安朝の人々の賞美する所であつたらしい。催馬樂「山城」で有名な「狛のわたりの瓜作り」は、京都南郊井出の里の南から木津の渡附近の、狛人の業はひの瓜つくりを言つたものだが、後世までも狛の里から京都へ出る瓜茄子が最もはしりで、單に瓜と言へば、もう直ぐに狛の里を人々の頭に聯想させる程になつてゐた。瓜生山の神跡に近く、神樂岡の地主神には又木瓜《こうり》大明神があり、その傍には西天王社があつて、程遠からぬ岡崎の東天王社と相對し久しく祭られてゐた。此の邊の狀勢から考へると、祇園神と瓜と關係が出來たのも、歸化人と、瓜造りと、彼等一族の農業の守り神といふ始めは偶然に近い一聯のかゝりあひから、後には供物にもし又其祭日以後盛んに賞美する爲に、終に必然的な關係を持つ樣になり、祭典の際の幕などに切り口が圖案化されたのではあるまいか。祇園の鉾の一層原始的な形式とも見られる粟田口天王祭の鉾の圖が、伊勢參宮名所圖會に載つてゐるのを見ると、錦旛の付いた一人持ちの鉾の千段卷の處には、現に實物の瓜が飾り付けてある。さうした經路を辿つて、幕に染めつけたもつかう（木瓜？）の紋ともなつたのである。祇園本社と瓜の問題が解決すれば、大抵末社の間柄になつてゐる諸國の祇園神と瓜との關係も判明した事になる。

東山八阪神社の祭神は現今、素戔之男尊同じく妃櫛稻田姫命と八柱の御子神になつてゐるが、明治以前の祭神は、牛頭天王と其妃なる歲德神（頗梨女）及び共御子神なる八將神と言ふ陰陽道の神達であつた。それが別に故意にではなく、殆んど自然に或る理由の爲に、素戔之男尊と其一族の神々に飜譯されて行つた經路に就いて、これから遂次に觸れて行

―粟田―

きたい。

今祇園緣起として傳はつて居るのを正直に見ると、其雜多で不統一な事、これによつてよく外來の神が漸く日本化せんとする自然の有樣を知る事が出來る程である。便宜の爲に大略を記して見れば、天竺の北に九相國と言ふ國があつた。其國の吉祥園中の城主、牛頭天王又の名は武塔天神が、遠い南海の娑竭羅龍王の女を娶つて后となさんとする道中の話、牛頭天王日暮に及んで宿を路傍の家に借らんとしたるに、富める方の巨旦將來なる者は宿を斷り、貧しい兄の蘇民將來の方は喜んで宿を許し、粟莖を座とし粟飯を奉つた。其後八年の後、后との間に八王子を生みなしたが、歸るに及んで蘇民が家に至り、嘗ての恩に報いる爲に、茅輪輪作つて行疫を免れるすべを敎へた。其後天下に惡疫流行したる折、人民死するもの數を知りなかつたが、唯蘇民將來が家ばかりは、茅輪を懸けて置いたので災厄を免れたといふのが大略である。細かい不統一な異傳をすこし例に擧げて見れば、牛頭天王と言ふのは、素戔之男尊童兒たりし時の御名であるとも言ふし、素戔嗚命唐には牛頭天王と言つたのだとも言ひ、或は天にては天刑星、娑婆界に下つて牛頭天王と言つたのだとも說いて居る。さうかと思へば、武塔天神が後に蘇民將來に向つて、我はこれ速須佐雄神なりと自ら名乘られてゐる一說もある。御子神の八王子も、暦で言ふ八將神であると言ふのが本說であるのを、今は八島篠見神、大歳神以下の八柱の御子神を數へて居るが、或說には、素戔之男が姉神天照大御神と相對して劍と玉の誓を立てゝ生れた際の五男三女だなどと言つて居る樣な有樣である。但し斯うした不統一も、見方によれば、却つて正直な有りの儘の素材の樣な傳へとして珍重すべきであつて、つまりは祇園がもともと官祀でなく、公權力によつた統一取捨の手が未だ及ばなかつた事と、過去の民間信仰の全部を蔽うて居た陰陽道の中に祇園神が取り入れられたが爲に、銘々勝手に解釋して居たと言ふ二つの原因によつてこんな混雜を來して仕舞つたものだらう。

祇園神が陰陽道と關係がついたのは何時頃からだらうか。陰陽道の始祖たる吉備公の胤と名乘る、阿部晴朗の撰だと世間に傳はつてゐる實は俗書の簠簋內傳には、堂々と劵頭に牛頭天王の由來が載せられてゐて、しかも全卷を貫いて、最も重要な陰陽道の神になつてゐる事は考へさせられる。此の書は古くから晴明一流の陰陽家が、いはゞ聖書ともしてゐる樣な本だが、不思議にも祇園緣起のも少し詳しいのが、其儘記されて此書の骨子になつてゐる。此書が果して晴明の撰であるかどうかは、文章が一見憫れる程稚拙奇怪な點から見ても問題の外として、ともかく世間ではさう信じて居た事と、陰陽道と宿曜經とを一緒にした民間の信仰をよく傳へて居るのは事實で、略一般の實際の信仰と一致して居る事を否定出來ない。先づ牛頭天王由來譚の中で、特に行疫神としての由來が强調してあり、牛頭天王は天道神、其妃の頗梨女は歲德神、以下八王子も暦の中の八將神にそれぞれ宛てられ、蘇民將來を天德神巨旦大王を金神となし、猶元日上巳端午七夕重陽の樣な年中行事の由來を殘らず此の說の中へ取り入れてある。此の邊を見ると、此書は慥かに或る個人の統合組織を經たものゝ樣で、今傳はつて居るのも林羅山の本朝神社考に乘せて居るのと略同じいから、德川以前には溯れるが、多少の增減はあつても、元は朝廷附屬の陰陽師の家あたりから出たものではないかと私は思つてゐる。

そこで是等の陰陽說の源が何處にあるか、どう云ふ經路を取つて來たかと言ふ事は、未だ考究を未來に保留すべき大問題で、それは靜かに他

—栗田—

日を待ちたいと思つてゐる。此處に自分の持つてゐる目的は、此の牛頭天王の由來と七夕譚との交渉にあるから、其方へお話を進めよう。

祇園が、北白川の瓜生山から今の八阪の地へ勸請されたのが貞觀十一年だ（緣記）とすると其年は丁度悪疫天下に流行したので、卜部日良麿が勅を奉じて、日本の國數と同じ六十六本の鉾を立て、六月十四日洛中の男兒や郊外の百姓と、祇園の神輿を奉じて神泉苑に送り、疫病退散を祈つたと言ふ祇園祭の起源と一致し、つまり瓜生山から感神院（八阪）の地に勸請されたのは、此の際純然たる行疫神として迎へられたのであつた。さうすれば、此頃早く簠簋内傳藏する所の様な祇園緣起が骨組だけでも大體あつて、宮廷附屬の陰陽家や宿曜師の發案で、瓜生山にあつた歸化人の氏神が、牛頭天王にあたる牛宿の神であるのを幸ひに、行疫の猛威を和めるために、此處に勸請したものか。尤も阿部晴朗は播磨守であり、明石郡平野村花岡山に嘗て住んで居たと言ふ傳へもあるから、陰陽道と祇園神との交渉も或はもつと以前からかも知れぬ。

それは姑く措き、夏季の流行病は此頃の様なちぶす虎列剌の類の悪疫は無かつたとしても、京都の様な都合では普通の夏のはやり病も可なり猖んな事もあつたらうから、陰陽家宿曜師の輩が、これを以て天上の諸星の探題である牛頭天王（既に祇園緣起の原型があつたとして）の祟りであるとして、自分等も僧侶の向ふを張つて、天刑星の法など言ふ祈禱を行つた様な事は、極ありさうな事ではある。唯牛頭天王から行疫神までの道筋が、今の處はつきりしない。が、いかに陰陽師が牽强しようとしても、其處には何等かの下地がなければ、有意識にせよ無意識にせよ卒然として說を立てる譯はない。それについて自分は斯う考へてゐる。

陰陽家の說の中には、佛說と共に支那の天文學說が多分に這入つてゐるが、晉の天文志には、凡そ五星（火水木金土）の精、地に下りて人となる。歲星（木）は貴臣となり、熒惑（火）は兒童となりてよく歌謠遊戲し、鎭星（土）は老人及婦女となり。太白（金）は壯夫となり林麓に處る。辰星（水）は婦人と爲る。と言ふ說もあり、地上の人も時々天に昇つて星となる事がある樣に、天上の星も屢々下つて人に化する事があるとは考へて居たらしい。此の中でもひまつぼし（熒惑星）は殊に人間に下つて兒童に交はる事を好み、宋史に「永安二年稚子群戲する事あり、一小兒忽ち來つて曰く、我は人に悲ず熒惑星なりと言ひ訖つて上り飛んだといふ例もある。本朝にもこれとよく似た話がある。聖德太子傳記に、敏達天皇の九年夏六月、土師の連八嶋と言ふ者、歌を歌ふ事世にすぐれて居たが、夜な夜人あつて來り相和して歌ふ、其聲が尋常でなかつたので、八嶋これを怪んで追ひ尋ねたるに、逃れて住吉の濱に至り、天曉海中に入る、其物火の如くにして光を放つた。太子天皇の床下に侍して奏すらく、これは熒惑星なり云々と前掲天文志あたりの智識を其儘述べて居り、其時に八嶋の歌として「我宿のいらかになのる聲は誰ぞ、たしかになのれなにの草とも」これに對して星の返歌「天の原みなみにめぐるひなつ星、なにのくさどもとよさとに問へ」とあつたといふ太子傳の中で有名な挿話は、そのまゝ支那の天文知識の受け買りながら、我國に於ける陰陽家や修驗道の側からは元祖とも偶像とも仰がれてゐる聖德太子にかゝはる話として特に面白い。

若し斯うした事が陰陽家の豫備知識となつて居たとすれば、天上の探題たる天刑星が下界に下つて牛頭天王となり南海の頗梨女を妻問ひしたりなどして、終には行疫神とまでなつたのも、彼等に取つてはさう突飛な牽强ではない事にならう。

わたしは此處で、武塔天神、蘇民將來、巨旦將來などの名前の出所に就いて、やかましい詮穿を敢てしようとする意圖を打たないが、たゞ卒然こゝに牛頭天王遍歷譚が新しく出來あがつたのではなくて、簠簋系統の牛頭天王由來譚が、陰陽家や宿曜師一統の人々の間に形作される一時代前には、これとは土臺が違つた意味の、一種の牛頭天王（假りに後の名で言ふ）遍歷譚が歸化人の間にあつて、其話の若干が後の陰陽說祇園由來の素材になつては居るだらうと思つて居る。

備後風土記の栽培神の話はたとひ信用を措けぬとしても、祖神が遍歷して富士の神の處では宿を斷はられて呪ひ、筑波の神の處では好遇せられて祝福した話は常陸風土記にもあり、牛頭天王が蘇民と巨旦を訪れる部分の話は、よく見ればまだ何處やらに風土記の臭ひのする、日本出來の話ではないか。小豆嶋の福田村葺田神社には、かう言ふ口碑もある。昔、今の福田村の地に與助と言ふ村民があつた。應神天皇の二十年九月、天皇此地を御巡行の際、自分の田を刈り取り、天皇の宮居を葺き奉つた。それより此地を葺田と言つたのを、後福田に改めたといふ。與助の後胤なる村元氏は以來己の田を御供田として、御供米を奉つてゐるが、神の加護によつて其家の者は疫病に罹らぬと言ふのは、蘇民將來の話の變化と見るよりは寧ろ、風土記の落葉と見る方が當つて居る。品田天皇巡幸の話は播磨風土記にも澤山あるが、祇園由來の素材は或は此の邊にはなかつたか。柳田國男先生のお言葉を借りて言へば、話は雪達磨を轉ばして行く樣に、次第に新しい要素が加はつて肥つて行くものであるから、自分が見ては祇園緣起も、凡そ三つの部分卽ち牛頭天王妻問ひの話と、或る高貴な神が蘇民と巨且の樣な者を訪れる常陸風土記にある樣な話と、行疫神由來の佛說を入れた賑やかな殘りの他の部分との成長融合したものの樣に思はれる。その初めの部分の、天王が南海の頗梨女を娉ふ點こそ、實は自分がお話を此處まで持つて來た主眼點なのである。

自分は前に旣に、北白川瓜生山の天王以前は、祇園神は牛の農業をした歸化人の本尊たる神であつた事をお話した積りであるが、事實の處、赤牛崎の天王も小豆嶋の八阪神社も、行疫神と言ふよりは牛を牽いて參詣する樣な稼穡の神であつたのである。すなはちお話が此處まで來れば、如何に私が內輪に推測しても、歸化人が牛宿（牽牛星）の神を、牛の神若くは農業の神として祭つた事と、牛頭天王娉ひの話と、七夕由來譚とがもとは一と連の關係にあるといふ事を言つても了解して頂けさうな氣がする。

二、伯耆大山の神

此處までお話しして來て、私は伯耆大山の神に就いて少しばかり記しながら、祇園信仰のほのかなる原型の一つを擧げて見たい。

大山と牛との關係は、麓に古來牧牛場のある事も、山陰道で名に負うた牛市の此處にあつた事も餘りに有名である。中には牛を牽いて此處に詣でる者もある事、恰かも小豆嶋の祇園神の如くであつたが、それは此山の草を頂いて來て食はせれば、牛の病氣が癒ると言はれてゐた程、大山の神と牛とは切實な間柄にあつた。牛市を開くにも、先づ盛大な祭典を營んでから、山麓の字博勞座に於て取引を行ふ仕來りで、今もさうしてゐるとの事だが、但し牛との關係が付いた事を、大山寺中興の祖なる奇行上人の偶然の思ひつきで、村人に奬めて放牧を始めたより起るとして居る事はどうだらうか。牛との關係が信仰上からあまり此山の神と切實な有樣から見ても、それは到底信じられぬ話である。此の附近には高麗人の遺蹟が多く、大山に就いては近年博士達の研究が多々あつて斷定

—栗田—

を與へて居るさうだが、それはともかくとして、自分等の學問の方面からも歸化人の影響を辿り得る證跡はある。

社傳によれば、奇行上人によつて大名牟遲神を始めて勸請され、それを第一明權現と稱し奉つたとあるが、上人でも何も無かつた山上に卒然大名持神を奉祀したのではなく、實は既に古くから山上に有名な地藏尊があつたのを、改めて第一明權現と名けて兩部の神としたものである。大名持神は「國造らしゝ神」と言ふ傳へによつて常に公表を憚かり、若くは由來不明なる神々を改祀する際に、置換へられて祭られる慣しだが、殊には此の神の威靈を以て掩はれて居た此の地方の事である。しかも民衆の信仰の實際は、古來より儼として農業の神になつて居る事は、神體は改正になつても信仰は容易に改正にならないと言ふ、頼しい處なのである。西行の撰集抄には、大山明神の本地は地藏菩薩で、俊方と言ふ者の守本尊であつたが、菩薩の慈悲によつて狩獵を思ひ止めさせられた靈驗によつて自宅を寺にしたのが大山寺だとある。また一說には奇行上人が第一明權現を勸請した以前の地藏尊は、『公正坊といふ人が備後のじんせき(神跡?)から奉じて來たのだとも言ふ傳へには、此の神が瀨戸內海方面の歸化人系統らしい一消息でもある。公正坊が其地藏尊を此處へ奉安するに就てはまた、農事に不思議な靈驗を現はされた譚まで傳へられて居た。其處には後世的に地藏尊となつては居るが、思ふにたゞの地藏尊ではなく、舊を辿れば此れも亦山上の作の神としての石神ではなかつたか。風土記に數多見える山上の石神は、大抵自然の形をしたたゞの岩石であつたらしく、勿論それを直ちに地藏尊と見る事は出來まいが、それが次第に地藏尊の方へ近づいたものも中にはあつた樣に思へる。播磨風土記に、神島の石神が形佛像に似て居て顏に五色の玉があつたので、此處を通つた新羅の客が欲を起して、其面上の一瞳を掘り取つた處、直ちに神罰に觸れて漂沒して死んだ話を傳へてゐるのは、何事かを我々に暗示する。

また一面から考へて行けば、大山の地藏尊の靈驗が說かれる以前の信仰は、出雲の楯縫郡神名樋山の上なる石神の如き信仰ではなかつたらうか。風土記に「楯縫の郡神名樋山上に石神あり、高さ二丈周り一丈許り、傍に小石神百餘りある、古老の傳に阿遲須枳高日子根命の后天御梶日女命の生む處の多伎都比古命の御魂で、旱魃の際に雨乞すれば驗あり」とあるのは、恰かも自分の言はうとする所に事實が近づいて居る樣な氣がする。此處で更に阿遲須枳高日子根神と御梶日女神の事に論及すれば、あまりに結論を急ぎすぎて合理主義に陷りさうな危險があるからそれは控へるが、大神岳(大山)に歸化人の信仰があつたとすれば、それはどうしても此山の信仰の最初からでなくてはならず、修驗道が入つてから後に石神が地藏尊になり、更に第一明權現になつたと想像する事も許されるであらう。

自分は尙一つ此處に假說を立てゝ見たいのである。それは山上の大山寺と共に廣く民衆の信仰を繫けてゐる山麓の赤松の池に斯う言ふ傳說がある。何時の世の昔か松江藩士の娘某が此の池畔へ花見に來て池の主に見込まれ、忽ち池の中へ沒した。暫くして姿を現はして言ふには、自分は今日から此の池に住む事になつたが、兩親に遭ひたいから每年此の日を期して玄關の入口に水を堪へた盥を出して置いて吳れと言つて姿を沒した。以來每年其日に玄關に盥を出せば、花見姿の娘が水面に映るといふ。或はこんな風にも言つてゐる。母がそれを聞き歎いて地畔に慕ひ行き、名を呼ばはると、蛇身の娘が姿を現はし空を仰いで「叢の眞中にあ

—栗田—

れ星が出た」と言ひ、母が氣をとられてゐると、其儘池中に沒した。其日に家で盥を出して置くと、日暮になつて必らず其れが濁るのは、娘が年に一度舊の家へ歸るしるしだと。かうした話は、凡そ到る處の池の水神の傳說に共通した類型だが、たゞ娘が現はれて空を仰ぎ「星が出た」と卒然言つた事と、松江の家で盥を出せば日暮に至つて影が映るといふ二點が、他に類型がなく不思議なのだ。しかも一方では旱の際に、遠く備中備後あたりの人までも大山寺に參詣祈禱して貰つてから、銘々酒を器に入れて來て池に注ぎ、代りに池の水を汲み歸つて田畑に注げば必らず雨降ると信じて居る程、寺と池と兩者の信仰は一致してゐるのである。

傳說は既に常識の合理化を經て、星が出たと言つた事を母の目をそらす爲とか、盥に水を盛る事を家戀しさに年に一度歸るのであるとか傳へてはゐるが、自分の假想するのは、此れはずつと以前の星祭りの特別な行事が、池の祭りに關係してあつて、其時の記憶が傳說へ織り込まれた結果ではないかといふのである。

以上の自分の言葉は不十分ながら、大山の神も當ては歸化人の信仰した農業——牛の神であつた事と、更にそれが同時に星の神牽牛神でもあつたらしい微かな輪廓をお話して、此處に一傍證を提示したかつたのである。

三、三つの話の相關

尙參考の爲に、牛宿の牽牛星についても中途から大きな誤解があつて、未だに吾々がそれを受け繼いで居る事を申したい。一般に知られて居る通り、世界何れの國でも星の傳說や由來譚は、大概星と星との間に假りに想像線を連ねて假想した形から出て居て、現代の天文學の星座の名稱にまで尙其名殘りがある。支那の天文學で定めた星座二十八宿の名稱も、其星座の中の重だつた星の形から來て居る樣だ。こゝに牛宿と言ふのは、無論一群の星座の總稱だが、其中で更に其宿の名前を以て呼ばれる大體が牛の形ちをした六箇の星がある。此れを一名牽牛とも言ふ。これこそ本當の牽牛星と言はれるもので、支那の天文學の占星には、形ちから見て先づ頭部に當る中の一星は牛を主り、移動すれば牛多殃あり、明大なれば王道昌なり、其曲星れば則ち米貴し、明ならず常を失へば穀登らず

牛宿之圖

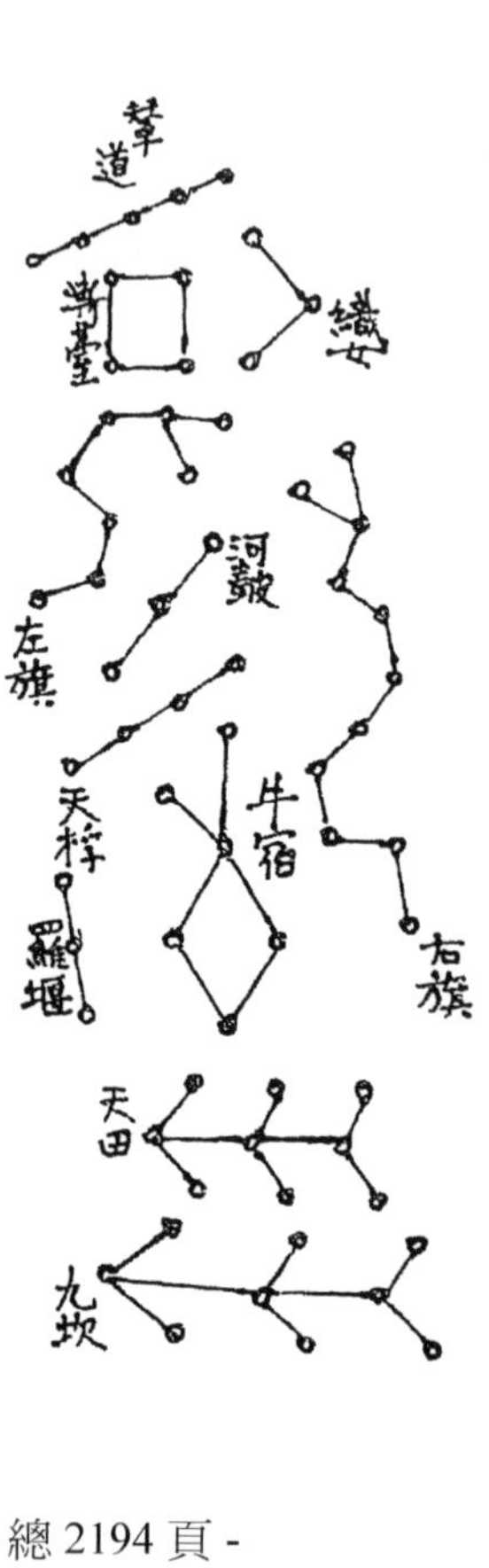

など、言つてある。我邦でも牽牛星を一名いなみぼし(稲見星)と言ふのは、此の牽牛星の占星から言つたものだと思はなければ意味が解らぬ。所謂七夕の二星も双方とも此の牛宿の度分内にあるが、織女星の方はいゝとしても相手の牽牛星の方が問題になる。以上のお話の通り、牽牛星を牛宿の本星の名とするのが本當だとすると、牽牛織女の牽牛も舊は是であつたのである。それを支那でも中途から何時の間にか同じ度分内ながら銀河を挾んで直ぐ向ひの最寄りの河鼓星と思ひ違へて仕舞つた。荊楚歳事記に、牽牛星荊州呼んで河鼓となす、關梁を主る云々と記してあるか、關梁を主るのは、牛宿本星の牽牛の方であつて、河鼓星は本來軍鼓の形ちから名づけたので、それ故占星では天子の三將軍を主るとなつ

—栗田—

ゝて居る。このをかしな誤りは、一から十まで支那には盲從した昔の日本の學者にそのまゝ受けつがれ、和名抄以來、河鼓と書いてひこぼしといふ訓まで付けて居る次第である。かうした誤解を導いた本の理由は、元來支那の七夕祭も初めは農業祭や季節祭であつたものが、都市に這入つて都會風になり、宮廷に入つて儀式的になり、終には織女へ對してのみ願ひを懸ける綺麗な祭りの乞巧奠になつて仕舞つたが爲に、牽牛星は人々の視野を離れて、單なる位置の錯覺から河鼓星に誤認せられ、一名牽牛と言ふなどと理不盡な事を言ふ樣になつたものであらう。さすがに後世の學者も此點には不審をもつた人があつて、色々說を立てゝ居るが、結局牛宿の本星が牽牛星であると言ふ古來の傳への通りで差支ないと言ふ點にはまだ氣がつかなかつた。此の話は、自分の說かうとする牛頭天王由來譚へも展開して行く。

古來陰陽家は宿曜師は、五行、七曜、九星などと一緒に、二十八宿と言ふ單なる星座に過ぎないものを虎の子として、人事百般に割り宛てゝ說く事をするが、たゞ其中の牛宿だけは省いて決して用ひなかつた。其子細は、牛宿は諸星の總體で能成の本宿だからと言ふのは、一方に牛頭天王天に居ては天刑星と言つて、諸星の探題であると說いて居るのと正に照應する。また斯う言ふ話もある。昔此の譯を知らないで牛宿を除かず、二十八宿を共備全部時刻に配當した時に、長安城の人死する事一萬人に及んだ。彼の國の帝王哀傷して、天刑星の法を行つて見れば、牛頭天王現はれ給ひ、我が主なる所の牛宿を雜亂したる故、衆人を滅したのだ。若し此の宿を除外して每日の丑の時に配當するならば差支へなかるべしとの託宣であつたので、帝王歡喜して之を省かしめたと言ふ。此の話はつまり、牛宿が祇園緣起風陰陽本說の中では、牛頭天王と言ふ本尊となつて現れたが、しかも尚牛宿だけには特別な由緒があるといふ心持だけは忘られなかつた事を示してゐる。

終に最後に殘つた問題は、後來素戔之男尊に置換へられて行つた筋道である。素戔之男尊の行動の中で最も目立つてゐる、出雲の簸の川上に下り八岐蛇を斬り殺して稻田姫と婚ひ、八嶋篠以下大歲の神などの穀神が產れ出る傳說は、話の性質上から言へば、一種の稔り過程式說話であると言へる。從つて、現今まで行はれて居る各神社の神樂若くは御田植祭には、原始劇の形式で此の素戔之男蛇退治の段が、必らず缺く事の出來ぬものとして演ぜられて居るのも、たゞに神意を和すのみでなく、別に呪術的意味があつたらしい神樂の本來の意味と、農民生活との關係を暗示して居るのだと私は見てゐる。特に此の中の八岐蛇を退治する部分は、神話や傳說では蛇が常に雷神と同一であつたといふ點からも解說はつくだらうが、他面にはこれが地方的に「神いくさ」の傳說ともなつて、秋の央ばの暴風の一夜を、稻の稔りを心配しながら明かす農民の素朴にして敬虔な心持を反映した。

此の素戔之嗚蛇退治の說話が、牛頭天王妻問ひの話に置き換へられさうな事は、巨旦大王を誅戮するまでの種々な說話の條件から見ても當然の樣に思はれるが、一方から考へれば、牛頭天王同神の牽牛妻問ひの話も、同じく矢張り稔り過程式說話であつたとして見れば、尙更これは自然に近い交涉であつたのである。斯うした道筋から觀察すれば、祇園が素戔之嗚に轉化したのはさう新しくはなく、多分はこの神が京都へ入つて陰陽宿曜の側の行疫神になるより以前、中國四國地方の歸化人に齎がれて居た頃から、其きざしはあつたのだらう。但し後世までも、牛頭天王か素戔之嗚か共境ひ目はあまりはつきりして居らず、諸人の判斷は常

—栗田—

に動搖して居て、中には牛頭天王我邦では素戔之鳴尊と言ふと言つた樣な垂跡風の解釋も現はれて來た。併しながら或る意味から言へば、祭神の飜譯としては珍らしく出來のよい方だと思ふ。全國を通じて見るに、明治維新後の祭神の整理には、隨分理由のないひどいのもあるが、これなどは正にさうなるべき理由があつて變化した所爲か、最も正しい自然な飜譯と言つてよい。

此の邊でお話を最初に戻せば、「天稚彥物語」が七夕由來になつて居るのも、決して或る一人の作者の偶然の思ひつきから出たものでなく、其の奥には國民の根深い記憶があつたとするならば、少くとも古事記に此の神話が記錄された時は、既に一種の七夕譚として語られて居た痕跡がある。此の物語の末尾に、天に昇つた牽牛が、數多の試しの苦業をし終へて後、父神も終に月に一度二星の交會を許さうと言つたのを、織女が不注意にも年に一度と聞き違へて、それ以來年に一度の交會になつたと語つて居るが、北支那地方ではこれが鳥の傳令の誤りから起つたとする傳說があるとすると「きぎしのひたづかひ」と同樣な鳥の傳令の失敗が七夕譚にもあつたのが古い姿ではないか。牛頭天王遍歷譚の中にも、簠簋内傳にのせる詳しい方のには、青鳥が現れて天帝の命を傳へ、頗梨女を娶る事を敎へる話がある。古代の傳說の中では、鳥類は天地の間を飛んで居て常に神々を人間との連絡をとり、神の心を人々に傳達する役目を持つて居るものだと普通に考へられて居た。あいぬ人は今でもさう信じて居るであらう。我國の地方で見る所でも、鎭守の森から神田に通ふ白鳥などが、屢々村の祭事に重要な役目を演じて居るものがある樣に、建國神話に有名な八咫烏金鵄の話から長者と白鳥の、話に至るまで、神意を示すものは往々鳥であつた事が多い。天稚彥の話ではそれが不幸にして敵對關係の「きぎしのひた使ひ」になつて居るが、鳥が天帝の命を傳へると言ふ點では、七夕星に引きつけられ易い一成分とも見られる。下照姫との間も、此處では悲劇的死別になつて居るが、これも七夕の二星の結末とほのかに似通つて居る處があると言へば言はれよう。最も重要な下界へ來て下照姫と婚ひすると言ふ部分は、素戔之鳴が稻田姫にまぐはひする話、即ち他の側から言へば牛頭天王頗梨女を娶る傳へと丁度よく對比されるが、其處へ「天つ水」の神と思はれて居る。(或は雷神とも) 味耜高彥根神が來て、死者と間違へられたのに怒つて、喪屋を斬り倒して飛び去る部分に至るまで、無論はつきりとまでは行かないが、稔り過程式說話の七夕譚に交涉して行きさうな組立ては、略揃つて居る事は居る。天稚彥が新嘗の胡坐に臥した處を天つ神の返し矢に遭つて死ぬのは、穀神犧牲の俤が其處らに漂つて居さうな氣もするが、其處まで言つては、なんだか合理說に墮ちさうな危險がある。ともかく斯う言ふ本質的類似は、極めて七夕譚への飜案意圖を誘致し易い狀態にあるので、記紀へあの記事が記錄された時代には、既に七夕由來の方へ何となく引き寄せられて居たのだと思ふ。

私の話が此處まで來れば、神話のあの場所に「あめなるやおとたなばた」の歌と「あまざかるひなつめ」の歌が何故這入つて居るかと言ふ事も自然に讀者に了解して頂けるだらう。今までの自分の言葉を此處に約めて言へば、舶來の七夕譚と、日本の稔り過程式說話が、本質的に同一な起原から派生し交涉して、素戔之鳴蛇退治の話と、牛頭天王遍歷譚と、天稚彥の話と三つの間を相往來して居た古い姿をお話して見たかつたのである。

—栗田—

寄合咄

金田一京助
松村武雄

熊のあたま

前號の松本信廣さんの蘭領ニューギニアの土蕃の首狩の話は大へん面白かつた。勿論私はあれを讀みながら、半ば頃から、もうアイヌの熊狩・熊祭・熊のされかうべを神籬へ飾りて置く事柄を聯想してゐた。終りへ行つて『口上の記述によつてわかる樣に、此首狩は、敵の魂を子供のために獲得する手段である』といふ推斷に一も二もなく推服し、更に、單なる想像ではあるが」と謙遜されながら『アイヌが各自或一定の鳥獸の頭骨を守護神として一生保存する習慣などもだん〲たどつてゆくとまんざら無關係ではないらしい』といふ示唆に、すぐに共鳴した。

臺灣の生蕃の首狩の目的が、色々話に聞くところでは、今一つそれの前の氣持が有り得るやうに思へてしかたがなかつた所を、このニューギニアの蕃人たちが、他部族のもの丶首をば、我が子のために、魂を取つてつける目的で獲得するといふのは、確かに、今一つ前の古い原型であらう。それから想像する人類原始生活の殺伐さには、目も晦むやうに闇然となるが、併しどうしても、さうした事が全く現實の眞相であつたであらう。

鷲が兎を捕喰し、或は、猫が鼠を捕り喰ふやうに、他の存在を喰つて太つた原人生活の殺伐さは、思ひやることが出來ないことは無い。併し常食物としては、他の同類以外の動植物の上に落ちついて、人間をば食はなくなつても何かの上にその影を止めること、卽ち儀式的に喰ふ(セマング人などのやうに)——更に、形式化して、その肉を食はぬまでも、その代りに、その魂をこつちに取つてつける爲めに儀式的に他種族を殺してその首を取つて來る、極めて有りさうな段楷である。そこから派生したのが生蕃の今の首狩の風習ではあるまいか。

アイヌに於ける熊狩、その熊はアイヌに於ては神である。神《カムイ》とは人間《アイヌ》に對する存在であつて、決して、文明國の觀念の神のやうなものではない。アイヌでは、この世は、人間《アイヌ》と神《カムイ》との存在で、人間以外のものが卽ち神である。いはゞ他種族である。相利用する間柄だけで、文明國にいふ崇拜といふ語葉どほりの崇拜の對象ではない。熊崇拜などいはれるが、崇拜といふと、人はすぐに、言葉通りの崇拜の意味に取るから、誤解が起る。實は崇拜といふ語を使ふのはわるい。だが、アイヌでは熊は、人間と對立する存在—神—の中では、最も多く關心をもつ所のものである。これを獲て、護りにするといふ氣持の今一つ前の意味は、同じやうに又その魂を身に取つてくっつけることだ。『護りにする』と譯すけれど、そのアイヌ語セレマクウシとは、我が魂をつよくするといふことである。seremak は護り神であるが同時に今一つ直譯すると『たましといふことだよ』とアイヌが云つてゐる。ushi は、くっつけること、ush はくっつくことで、人間から云へば sermak-ushi「守護神にする」「たましをくっつける」、神から云へば、「守護神になる」「たましがくっつく」である。さう考へ、さう云つて、殺した熊の首を、腦味噌を拔きとり、頰の肉を小刀ではだけ落して、側花を

—金田一—

詰め込んで、稱して、サパ・カラ（sapa「頭」kar「作る」）といふ。そして其を狩獵の神の幣棚《イナウサン》（家の前の神籬《ひもろぎ》、それをアイヌ語で削花《イナウ》の棚《サン》といふ）の一本の棒に貫いて懸けて置くのである。生蕃が、首狩りをした首を澤山並べて飾つて置くやうに、幾つでもこのサパカラした熊のされかうべが、幣棚に古くなつて蓄積されてゐる。尤も、現今は、熊が居なくなつて、何處の家でも一樣に幣棚がさびれてゐる。三十年以前には、數十の頭骨が鈴なりになつてゐる家がよくあつた。生蕃が、首狩の首の多い程その家の誇りであるやうに、アイヌで幣棚の熊の頭骨の多い程誇りなのである。この事は、誰でも知つてることで、吾々學生の時代に、坪井正五郎博士は、日本の曲玉の起源が、それの今一つ形式化した進歩した形であつて、あれは、やはり、獲つた猛獸の牙を、身の誇りに首へつなぎ掛けて裝飾にしたのが元だといはれた。裝飾の今一つ前の意味は、やはり魂を身に取つてくつつけることだつたのであらう。マナといふやうな觀念があつて。

サパカラの圖

今のイナウサンの圖

後世でも敵將の首級を擧げて酒宴を催し、その頭蓋骨を杯にして酒を飲む話など、隨分殺伐な話であるが、古い昔の心持、その魂を取つて身にくっつけるやうな意味が隱約の間にのこつてゐてそんなことをさせるものがあつたからなのであらう。

アイヌの今の思想では、神と人との交りは、平和な、相倚り相立つ關係にまで進んで來て、自分達が營む狩獵生活を美しく理由づけて安心して捕つてたべてゐるが、尙、神籬の熊の頭のそいこと少いことが、社交的に大きな關心をも

イナウサンの新しい熊の首の圖

—金田一—

たせて、よく昔の本にも、婚嫁の時に、先方は、その頭骨の數が、どれほどある家だといふことが問題にせられる、といふことなどが見えてゐるのであるが、アイヌの昔噺などを聞いてゐると、やはり、始めてある家を訪問すると、まづ之れを心にとめて、この家の主人は大した人だな、思ふとか、近頃は、お授りが少いと見えて神籬がすつかりさびれてゐるな、など思ふ由がいつも出て來る。之をお授りと考へ、又さう云ふ程、今では實際に熊と人との關係がなごやかな多少の歸依的な態度になつて來てゐる。それはお伽噺にも、神謠にも、又平素の雜話にも一貫してゐる普遍的な事實である。もう一つ前の形から、進歩した形へ我々が今日出逢ふのであらう。(金田一京助)

呪的逃走モーチフ

呪的逃走(Magic Flight)——或る者が怪物、巨人、妖巫などに追跡せられて、危難が迫つたとき、さまざまの事物を後方に投げると、それが籔、林、山、海その他いろんなものに變じて追跡者を阻止するといふことは、文化民族や自然民族の說話に廣く見出さるるモーチフで、我が國でも、伊弉諾尊が黄泉から逃げ出す物語や、『御曹子島渡り』に於ける義經がかねひら大王の許から大日の法を盗み寫して逃げ出す物語などに、このモーチフが現れてゐること、みな人のよく知るところである。

このモーチフには、いろんな解釋がある。或る學徒は、單なる文學的技巧の現れの一つであるとするが、これはどうも贊同し難い見方であるやうに思へる。或る他の學徒たちは、實際の民間信仰と文學的技巧との結合の一産果とする。ジェー・エー・マッカロック氏(J. A. Macculloch)の見解の如きは、その代表的なものである。氏はその著『說話の小兒期——民間說話及び原始思想の研究』(The Childhood of Fiction: A Study of Folk Tales and Primitive Thought, London, 1905.) に於て、

(1) このモーチフの最も原始的な形態は、單に事物を投げ出して、それによつて追跡者の追跡を遲らせることに存し、事物の變形は、この時期にあつてはまだ考へられてゐなかつたであらう。

(2) しかし變形の觀念信仰は、至るところの民族に共通なものであり、また類同したものは類同したものを産み出すといふ觀念も、殆んど人類的な普遍性を持つてゐる故、やがてかうした觀念信仰が、story artist によつて、投げ出される事物に巧みに結びつけられたであらう。

となしてゐる。(Op. Cit., pp. 177, 179.)

氏が言ふやうに、旅する人などが、野獸に追ひ迫られたとき、さまざまのものを投げ出して、危難から脫け出さうと試みるのは、實際に屢々見られる出來事である。だからマッカロック氏のやうに、單にものを投げる形が始原的で、あとで『變形』や『類同したものは類同したものを産み出す』といふ觀念がこれに技巧的に融合したとする見方も、或は成り立ち得るかも知れぬ。

しかし自分は、も少し觀點を變へて、このモーチフを眺める必要がありはしないかと思ふ。

ものを投げて追跡者を阻止する實際的事實としては、野獸の追跡もその一つの場合であらうが、自分たちは、もつと頻繁に、もつと日常の生活に、さうしたことが起つてゐることを見のがしてはならぬであらう。それは死靈が生者のあとをつけて來ることを妨げるために、いろんなものを投げ出す民俗である。死體を葬つた場合に、その場所から歸つて行く人々が、後ろざまにさまざまのものを投棄する實修は、自然民族の間に太だ屢々見出されるところである。そ

—松村—

して這般の實修の目的が、死靈が生者のあとを追うて來るのを阻止するに存することは、言ふまでもない。假りにマッカロック氏の見解を許容して、問題のモーチフに於ける事物投出が、民衆が持つ或る實際的な行爲に根ざしてゐるとするなら、對野獸の經驗よりも、寧ろ對死靈の經驗が、より強く作用してゐるではなからうか。

この意味に於て、先に一言した伊弉諾尊の黃泉脫出の神話は、少くとも自分には、可なり示唆的であるやうに思へる。誰でも知つてゐるやうに、この物語には、呪的逃走の件のつづきとして、所謂『ことどわたし』の件を含んでゐる。伊弉冉尊が自ら追つかけて來たとき、伊弉諾尊は、千引石を黃泉比良坂に立て塞いで、その石を中に置いて、各々對立して『ことどわたし』を行うたと傳へられてゐる。『ことどわたし』は絕緣の呪誓であらう。その絕緣は、普通に夫婦の緣を絕つことのやうに考へられてゐるが、それよりも寧ろ冥界のものとしての伊弉冉尊と、明界のものとしての伊弉諾尊との絕緣と見るべきであらう。『ことどわたし』のための千引石が冥明二世界の境に立てられたことが、それを證示してゐる。もしさうであるとすると、恐らくこれは民間の實際的習俗の反映であらう。

多くの民族は、生者と死者とのつながりを斷ち切るために、死者を葬つた場所から自己部落への路にさまざまの事物を置く習俗を持つてゐる。ツングス族はさうした場合に雪若くは樹木の障壁を造る。マンガル人は、荊棘の障害物を造り、その上に大きな石を載せ、その石の頂に立ち、左手に香料を焚いた壺を持つてゐる。而して人々は順次に石を乘り越え、香烟を浴びて、障害物のかなたに降ることによつて、死靈とのつながりを斷つのであつた。(J. G. Frazer, Psyche's Task 参照)わが千引石も、少くとも本原的にはかうした意味合のものであつたらう

問題のモーチフの原初形態が、單に事物の投出であつて、それが他の事物に變化するのは、story artist による民間信仰の後期的利用であるとするマッカロック氏の見解を許容しても、これだけの異つた見方が成り立ち得さうである。が、更に一歩を進めて、氏の見解の全部に對しても、或は異論が挾まれ得さうに思はれる。正面的に云へば、問題のモーチフの發生過程を二期に分けて、第一期は事物の單なる投出であり、第二期は事物の變形であるとなし、而して後者は、說話的技巧としての民間信仰の誘導にその發生因を負うてゐるとする見方を排拒して、(1)事物の投出と變形とが始めから結合してゐたこと、(2)這般の結合形態そのものが、民間の實修として存在したこと、(3)その實修が說話に反映したことを認めるといふ見解も、少くとも部分的には許容されさうである。

といふのは、多くの自然民族は、死人を葬る場合に於て、當面の問題であるモーチフそのままのことを實際的行事として執り行うてゐるからである。

コリヤク族の葬式がその一つである。或る觀察者(W. Jochelson)が親しく目睹したところによると、コリヤク族の一人の女兒が死んだときの葬儀に、その祖父が死體に一本の棒を突き刺して "Of yonder magpie pricked." と叫び、それから死靈が冥界に移つてゐること及び決して家に歸つてはならぬことを死兒に指示する目的で、死の世界に於けるマッグパイ鳥の動作を模した。そして死兒を燒く火が消えかゝると、近くの鐵林から若干の小枝を折り取つて、焚木のまはりにずらりと置き並べた。それは茂林となつて、死靈の追跡を妨ぐると信ぜられた。それから祖父は焚木の周圍を、先づ右から左に巡り、次に左から右に巡つた。わが足跡をくらまして、死靈がついて來るのを阻止するためであ

—松村—

る。次には火葬場から少し離れて、雪の上に一線を描き、これを飛び越えて、體をふつた。この一線は、死體を焼いた場所と村落とを分つ河を表示する。人々はそれが大きな水となつて死靈の追跡をとめてくれることを願ひ且つ信じてゐるのであつた。(W. Jochelson, "The Koryak," Jesup North Pacific Expedition, vol. VI (1905,) p. 112.)

同じやうな意圖に基づいた實修が、チュクチ族の葬儀に於ても行はれる。彼等は死人を葬つたあとで、その場所と村との間に、一ケ所に杯を隱し、他のところに一束の草を隱して置く。さうして置くと、死靈が追つかけて來た場合に、杯の水が海となり、草の束が森となつて、これを阻止してくれると信じてゐるのである。(W. Bogoras, "The Chukchee," Jesup North Pacific Expedition, vol. VII (1907) p. 528.)

これ實に『呪的逃走』モーチフをそのまゝの實習ではないか。自分は說話に於けるこのモーチフの發生過程を考へるに當つて、かうした實修を考慮のうちに入れることが肝要であると信じてゐる。

或る事物を投げて、それが或る他の事物に變じて、追跡者を阻止するといふモーチフが、實際の民間習俗に根ざしてゐるらしいことの一證示として、櫛を擧げなくてはならぬ。問題のモーチフに櫛が現れることの屢々であるのは、多くの人の旣に氣がついてゐるところであらう。遠くに實例を求めるまでもなく、わが伊弉諾尊が、右のみつらに刺した湯津津間櫛《ユツツマクシ》を引きかいて投棄てると、乃ち笋《タカムラ》が生り出で、尊を追ひかけて來た黄泉醜女《ヨモツシコメ》がそれを抜き食む間に、逃げて行かれたとある。ところで、ジェー・イー・キャメル氏(J. E. Campbell)が、その著『西ハイランドの民譚』(Popular Tales of the West Highlands, vol. 1.) に於て指摘してゐるやうに、またエル・ガーネット女史 (Lucy Garnett) が、その著『希臘民間詩』(Greek Folk Poesy, vol. II. p. 437.) に於て證示してゐるやうに、櫛は多くの民族に於て、大きな價値物と考へられた。從つて亦それは呪力によつて邪氣、邪靈を驅除するものであると信ぜられた。ケルト族の古い記錄に於ける櫛の如きは、その好個の例證である。我が國の古史神話に於て、伊弉諾尊が、左のみつらに刺した湯津津間櫛の男柱一つかぎ取つて、一つ火ともして、黄泉の殿内を窺つたといひ、また彥火火出見尊が、櫛もて火を燭して豐玉姫の產屋を覗き見したといふのも、その呪力と關係があると思ふ。岩瀨百樹が『歴世女裝考』に云ふやうに、櫛が長く大きくて充分燭の料になり得たからではないであらう。燭の料にするのなら、何も櫛にかぎつたことはない。他により適當なものがある筈である。黄泉といひ、產屋といひ、いづれも一の sacré impur であることを思ふがいい。素戔嗚尊が怪蛇と鬪うに先つて、奇稲田姫《クシナダヒメ》を櫛になして頭髪にさしたといふ傳承も、新井白石が『古史通』に於て說いたやうに、『クシナダ』の『クシ』との緣と考へるか、若くは中山太郎氏が說いてゐられるやうに、『クシ』といふ發音のために櫛と串(動物の肉を刺して神にささげた串)とが混同したものであると考へるだけでは、或ひは充分でなからうかと思ふ。櫛に邪靈をはらふ呪力があるといふ信仰や『かざし』といふものが、貴族階級の單なる『大宮人はいとまあれや』の風流韻事となるに先つて、一の呪術的な實修であつたことなどを、胸に藏めて對すべき問題であらう。

櫛が問題のモーチフに頻出するのは、つまるところは、それの呪力によつて邪靈を斥けることを狙つたものであり、從つてこの一事から見ても、問題のモーチフに實際の民間信仰の裏打があることを考へなくてはなるまい。(**松村**)

—松村—

竈神

西角井正慶

圖は宮城縣柴田郡川崎村下石丸にて寫生せるもの。竈はもつと大きい。面は、縦二尺位、横一尺五寸程の木彫で、素人の作である。多く土を以て作るが今日は之を祠る家さへ稀になつてゐる。柴田郡名取郡等にては「かまじゝ」と稱し斯く恐しい面相ばかりであると云ふ。

「かまじゝ」に對する信仰も薄れ、由來も語られてゐない。只、竈注連として此の上に飾るお注連は屋根がへの時にかけ始め、正月毎にかけ添へて次の屋根がへに至るまでは、三十本も四十本も重なるも之を解さない。

又此圖を採つた家には、其《ニハ》側の柱に鍬、鎌、鉈の模型を鑄物にし、竈神の御用として飾つてあつた。總じが燻ぼけた、廣い土間の隅に、金物を張りつけた眼だけが光る。眉、鬚、髯等馬の毛にて短かく植ゑてあるが、頭髮と鼻髭がない。此は定つてゐるのではないらしい。

呼寄せ塚

讀者欄

この欄をくつろいだ座談の集りにしたいのです。

民俗學のトピックに觸れたものなら議論でも希望事項でも書籍の批評でも海外ニュースでも——もつとも餘り個人的な物や惡意の露骨なものは困ります——或は又民間傳承採集旅行等に於けるエピソード、失敗談、ゴシップ等の輕い氣持のものも載せ度いと思ひます。

○民俗學三巻十號正誤　五五八頁上欄末より四行、「學名フルギドラコ、叉ヂケブス」は、「フルギドラコ、叉ヂケブス」の誤刊、五五九頁、上欄八行、「羽賀郡」は「那賀郡」と正す。同頁下欄末より六行「鯉科」なる二字の上に「ドンコ科のドンコ」と挿入、同所末より四行「四科五種」を「五科六種」と正誤す。

蟷螂（三巻十號五八八頁）紀州覃妻郡富里村、大字大内川の小兒蟷螂をみれば「オカミオガマニヤ、此道通さぬ」といふ（大正三年「郷土研究」一巻十二號、拙文紀州俗傳六。南方隨筆三九五頁）。土佐幡多郡では「オガメ〳〵、オガマニヤ打殺ス」といふ由（本誌一巻四號二三六頁、中平君說）孰れもブロヴアンスで此蟲を神拜者といふと同樣、拜むの義で龜の意味でない。タガメ、クサガメ等の蟲名は、其上翅が多少圓くて龜に似たからで、堅きを主としたでない。それらの上翅が較や堅いにしても、蟷螂の脊は決して堅くも圓くもなく、龜に似た處少しもなし。扨この七日前から予の此書齋に茶色の蟷螂入込み、日夜小蜘蛛抔を採り活きおるをみるに、蟷螂が鎌をふり上げまち構へおると、それを知らずに小蜘蛛が走り來りて捉へ食はる。叉五日以前、自宅の倉の入口で大なる綠色の蟷螂が鎌を振上げ靜止しおる前を、何の氣も付ず、其よりも大きな蜘蛛、脚を伸して全體の前後の徑七サンチメートルなるが、走り過るを取り食ふを生捕た。古支那人も蟷螂よく形ちを隱すと云た通り、鎌を振上て靜止するは、走り過る他の蟲に見付られぬ爲で、梅林君の察しの如く、他の蟲を慴伏せしむる爲でない（熱帶國には蟷螂が種々變形し眩色して蘭類の美花としかみえぬ物抔あるは予も親たり見た。本邦の諸種も或は綠、或は淡黃褐或は濃紫褐で、それ相應の色の環境に住み、形色を匿して餌を覘ふとみえる）。故に小兒が其行路を遮ぎり拜まにや殺す抔いふと、忽ち靜止して拜む形をなすから、其が面白さに加樣な慰さみを常習とするので、蟷螂が鎌を振上るを、他の蟲が立留つて怖れ入るのでない。只今座右に住む茶色の奴は、初めは筆の柄で其行路を遮ぎり、仕込だが、訓練やゝ届いて、今では予が叱ると立留り左右に首を傾むけ考えおる體をなす。又呼べは予の膝より胸に這上る。（十月十九日午後五時、南方熊楠）

○「夜ばいの話」下市場地方で生れて今日六十才位の年盟の者は或る特別の一二軒を除いた以外では男女共夜ばいの經驗の無い者は絶無と斷言が出來る程です。夜ばいの相手は男の方では他村の女、女の方では他村の男に求め同村内の男女には成立した事が無いと云ふ位いだ。併し女子衆と云つて百姓奉公に他村から泊り込みで來て居る女には村の男が相手と成り寧ろ他村の男が遠慮し、叉男衆と云つて他村から百姓奉公に泊り込みて來て居る者は夜ばい其ものを遠慮した風です。年頃の娘や女子衆の在る家で木綿絲を紡ぐとか衣類の手入れなどのヨウナビ（夜業の事）をなして居ると幾人かの他村の若い男が宵の中から寢る間際迄上り框に腰を掛

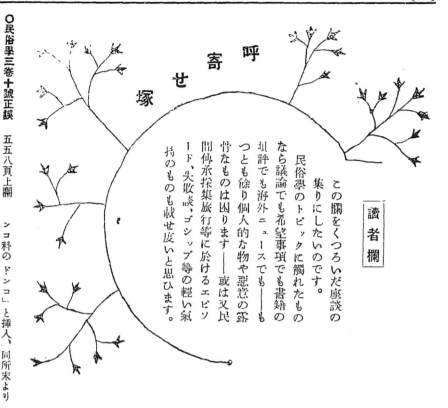

けたり又坐り込んだりして其親達に遠慮も無く世間話で夜を更す、之れを夜遊びと云ひ初めの中は手拭で頰冠りをしたまゝ人々に顏を見られぬ樣にして居るが五夜六夜と累なる内に何時の間にか手拭を除つて吹し煙草で平氣なものに成ります、其中に男の一人と女との間に約束が出來ると夫れ限り一切男はより付かぬ樣に成つて誰からでも夜ばいが出來たと云ふ事が合點される、相手方の男は家人の一同が寢靜た頃に成つて其家の附近で忍んで居ると女は小便にでも出る風でコッソリ引入れます。一旦夜ばいが成立すると、男の方でも女の方でも決して同じ樣な相手を他に求めぬ、そして夜ばいの結果ホッタゴ(私生子)が出來ると誰れ夫れのホッタゴを孕んだとか誰れ夫れにホッタゴを作つたとか云ふ評判が立つが其評判は男女共に恥としたものです、然し兒をおろした例は聞きませぬが一部の人には或る手段の心得も在つた樣です。又夜ばい同志が夫婦に成つた例も極稀れで大抵の女は夜ばいが嫁と成る可き花道の樣に考へ、年頃の娘としても男としても當然の事として居た樣です。夜ばいの全盛時代を若い年で暮した私の長兄で三年前に六十八才で死亡した者の話ですが娘時代に夜ばいが成り立つと其者は××機關の完全で在る事を一般が認める事に成り、若し夜ばい無しに婚姻の話でも在る娘はアノ娘はまだ○○○が破れて居らぬと云つて寧ろ侮早を蔑んだ程だつたと云ひます。夜ばい同士の一方が他に嫁入りする事に成つたとか、又他から嫁を迎へる事に成つたとか、相手方が嫌に成つたとか他の相手が慾しいとかの場合は其相手方に「ひまおくれ」と申込むと相手方は必ず仔細なしに「よしひまやる」と云ふ話が出來て、其申込者から相手方に證據の品(普通は相手方の用ひる足袋二足と手拭一筋)を渡すと夫れを快く受取つて完全に解決して其後は双方に何等の苦情は無かつた想です、而してひまおくれひまやるはホッタゴと違つて何等の恥で無い計りか當然の事で在つたのです。(矢頭和一)

○餘計な事を申して皆樣のお叱りを受け閉口致します。御承知の如く生き物の名は、形からいふのもあり、そぶりからいふのもあります。カマキリもしくはその生むものにしても、カマギッチャウ、イボムシ、オチヂノフグリなどは、いづれも形からの名でせう。お示しのタイフサンは、そぶりからの名でございませう。イネツキムシは稻につく蟲でも、コメツキバッタの名は、そぶりからでせう。そしてこれも「コメツキバッタ米搗け」何とやらとなへますが、蟲の名をコメツケ。とは申しますまい。ヌカヅキムシも名をヌカヅケ。とは聞きませぬ。そぶりからなら拜むものをチガメと命令形で呼びますでせうか。オガメのオは、ケラ(螻蛄)をオケラといひますやうに接頭語で、カマもしくはカメが本體でありますまいか。カマキリの太つても羽の伸びぬ中など、からだの節々《ふしぶし》がカメの聯想を起させるやうなのを、カメと名につく蟲など(古い意味で)多いので、前の樣に申しましたが、あとでカマからカメが出たのかとも思ひました。カマギッチャウとオガミッチヨとは、その媒をしてくれるかも知れません。柳田先生のは、まだ拜見の機を得ません。以上くど〳〵とつまらぬ事申しあげます。尤もこれで私はおしまひにしますから、誌上におのせならぬでも構ひません。何せよ皆樣にお禮申しあげます。(別所梅之助)

○**「東村山(武藏國)の話」** もとの下宿の小母さんは東村山の人であつた。その人から茶飲話に聞いたのである。小母さんは、昔のしきたりを若い人たちが取合はずに、そんなことがすたれて行くのを悲しんでゐた。

1「眼のおまじなひのこと」 一緒にゐる男の人の喩にものもらひが出た。小母さんのいふには「井戸の緣へ味噌こしを半分ほどのぞかせて『ものもらひを三日のうちになほしてくれたら圓《マル》を見せる。』といへばなほる。」とのことであつた。男の人がそうすると、何日目かにはなほつたのである。男の人は埼玉縣の粕壁の人で、その地方にもかうした信仰が行はれてゐる樣子であつた。信濃の友人も、その地方にかうしたことが行はれてゐると語つた。その他、着物の裾をとぢることも云つた。またこんな方法もあるのである。それは、他人の臺所へ行つてこつそり人に見られないやうに味噌をなめてくればなほるといふのである。この事は、ものもらひといふ名から聯想したのであるかもしれない。またはこの逆も考へられる。そうすればなほるから、こんな名が出たのかもしれない。小母さんは、ものもらひとよのめとをはつきり區別してゐて、よのめのおまじなひには次の樣なことをおしへてくれた。どこでも水――流れてゐる水か、そうでない水かはききもらした。――のある所に、お米を三粒なげて「よのめをなほしてくれ。」といふのである。お米のくさる時分になると、よのめは拔けてなくなるのださうだ。私の故里《クニ》(津輕)では、ものもらひといふ名稱はなく、喩に出るもののことをよのめといふのである。それで小母さんが、ものもらひとよのめを區別してゐるのが解らなかつた。

信濃の友人が、「よのめは自分の國ではいぼの大きなものでさゝくれだつてゐるのをいふ。」と知らしてくれた。小母さんに確めて見樣と思ふてゐる。

2「おぼんのこと」　おぼんには家のまはりの草をとるといふてゐた。その理《ワ》出《ケ》をたづれると、草がしげつてゐてはおぼんさまが來られないからだと知せてくれた。おぼんになると村の娘たちは珠數玉（植物の實の名）を糸に通し、玉と玉との間に一寸ぐらゐに切つた麥藁のいろとりどりに染めたのを交へて、それを輪につくり、その樣なもの二つをたすきがけにして踊に出るといふことである。

3「たべもののこと」十月三十一日におかまのだんごといふことがある。米の粉一升でおだんごを六十一（？）作つておかまさまへあげるのである。おかまさまは臺所に祭つてある神樣である。座敷へ娘たちが集つてそのおだんごをはふり出し、その轉げて行つた方にお嫁に行くと云つてゐる。十一月九日の晩にはゐのこのぼたもちといふことがある。それはその年の新しい餅米でつくるのである。この頃には農家のとりいれがすんで、これがそのお祝になるのである。「ゐのこのぼたもち、中まで米だ。エーサッサ、エッサッサ。」と變な節でうたつてあるくので娘の頃はなかしくてしようがなかつたと小母さんはつけ加へた。正月十一日には倉開きがある。いゝことがある樣にといふて、おしるこをあげるといふことであつた。正月十一日の倉開は津輕にも行はれてゐる樣だ。他にもありそうな氣がする。

○**「山中共古先生」**　共古山中笑先生は基督教界よりも民俗土俗學界の人として知られてゐた。先生逝いて早や二周年になる。それで先生を懷しみその鑽を慰すべく、斯界の權威十四氏相寄り、その物する所を蒐めて、共古翁紀念文集「趣味と嗜好」を岡書院より上梓されたのは喜ばしい。私は先生を知ること尠ない。從つて先生の私生活を知らぬ。またそれに就て述べやうとする者ではない。私はここに日本民俗學界に於ける山中先生の業績に就て少しく述べてみたいと思ふのである。先生は資料の蒐集に熱心であつた。考古學的資料・古錢・繪馬・御札その他多くの土俗的資料を蒐集された。先生は古錢家としても有名であつた。御札の蒐集に就て先生は「予神佛の御影を集むること多年その數三千に近く、現今絕えたるもの多く、雅俗新古を問はず得るに隨ひ帖に張り十八帖にあまれり」（影守雜記）と言はれた。この一事を以つても如何に先生が資料蒐集に熱心であつたかを知るのである。先生は調査採集旅行をなされた。そしてよく人の未だ手のつけぬ新らしい調査や、採集をされた。私は或る時先生に「Hに行かれた事がありますか」と尋れた。先生は卽座に「あります」と答へられた。Hとは私の生地近くにある小さな淫祠である。こんな小さな、つまらぬ淫祠をも調査採訪された先生の細密なる調査採集旅行には驚いたのである。先生には著書は少ない。私の知るものは、『甲斐の落葉』『砂佛』『共古隨筆』などである。けれども先生には未發表の稿本「共古日錄」やその他多くの研究記錄が有ると聞く。また『人類學雜誌』『鄕土研究』『集古』やその他の雜誌に多くの貴重な研究を發表せられた。『日本百科大辭典』には「土俗」を擔當執筆されたのである。斯く述べ來ると、山中先生の日本民俗學界えの貢獻は決して尠くはない。資料の蒐集や調査採集に、新らしい境地に向つて進められ、われわれに範を示した。先生は實に民俗學界の開拓者であり先覺者であつた。先生の業績を後世に遺すために、その著書の出版を望む者は私一人ではあるまいと思ふ。稿本共古日錄を初め、未發表の研究記錄、諸雜誌に發表された研究文などを編輯して、刊行されたならば、必ず民俗學研究者に益することである。切に先生の著書の刊行されんことを望む。これ山中先生の業績を紀念する最もよき事業である。（白根喜四郎）

○**「先頭《さき》松明その他」**　滋賀縣滋賀郡高穴穗村所見。葬式の先頭にサキタイマツと稱して一種異容な人物が先行す。經帷子を着し、頭を白細紐にて鉢卷し左肩に薪を擔ぐ。その薪は藁束を割竹にて圍み、四處計り繩（白紙にて卷く）にてしばる。そして左足にはさん俵よりも大きな草履を履き、右足には反對に豆草履をはく。村人の話によるとこの習俗はこの村以外には坂本位で附邊にもないらしい。高穴穗村盛安寺——同寺には桃山期の立派な襖繪がある——住職、大窪功源氏よりの來示によると。——この松明は焚かずそのまゝ墓場に打捨ててくると。村の組織として四五軒が、組と稱せられ冠婚葬儀等の場合の一切の世話をすること、そしてこの場合の草履はその組のものが造るのであると。草履製作の理由は解らないが、この大小の草履をはく場合は、多く高齡者の死亡の場合であつて、夭死の場合は比較的少いことによつて、この高齡者の死の目出度葬を面白半分に滑稽化した結果、こんな草履が出來上つたのだらうと推測されてゐる。當村並びに坂本村に於ても「眞面目な宅」ではこうしたことはしないと。草履の大きいものになると腰を下し得る程なのもあり小さなものも時によると細長く丈二尺五寸にも及ぶものがあると。そしてこの片々《かた〱》の草履を履く風習を實際的方面より見ると、先頭の歩速がはやくならず、葬列の歩調を定めるのに宜しいと。尚次手を以て葬儀の順列を誌してをかう。先松明、四本幡（諸行無常、是生滅法、生滅々已、寂滅爲樂）三ツ具足（鶴龜、香爐、四花――四本の細き竹に紙を細く切り巻きつけたもの）僧侶、樒花、位牌、輿の順。

次に私は現今世人の一部に信じられてゐるらしい俗信の一つを報告してをきたい。最近伊勢大神宮御飼養の神馬が一匹死んださうであるが――その正否を私は知らない――その馬の毛が、目下各地で行はれてゐる、在郷軍人の簡閲轉呼や復務演習に持參する、奉公袋の中から不思議にあらはれるさうである。そしてこの怪異は國家的大事件の前徴だとして喧傳されてゐる。（山田弘道）

（編者註記。この原稿は滿州事變勃發以前に届いたものです。九月十五日の讀賣新聞にも次の如き記事が出てゐます。『日本の國に何かある　それが證據に「奉公袋」から馬の毛が現はれる、この奇蹟は、日清、日露の兩戰役の前にもあつたことだ』と云ふ噂が、一箇月前頃から東北、北海道の各聯隊から近縣の在郷軍人の仲間に擴がつて、今では、東京を中心に何所でも彼所でも苟も身を軍籍に置く者の間には動かし難い事實として喧傳されて居る。更に又この奉公袋から現れる馬の毛と云ふのは、明治大帝の御料馬として長く大帝に仕へた御愛馬『藤園』が大帝崩御後伊勢の外苑に奉獻されてゐて先頃死んだが、其の藤園の毛が一夜のうちに吹き飛んで、奉公袋の中へ御神託となつて現れたといふので、今や在郷軍人間の一つの不思議として滿蒙時局談に結び付けられて居る。）

○**「女祭文語り」**女祭文語りを何とかして捜し出したいと思つて、何時か豆腐屋の老人にきいたのを便りに、小舍町《コヤマチ》（今はそんな町名はない、年寄りだけが昔のまゝにさう呼んでゐる）あたりを訊いてもらつたが、矢張り何の手がゝりもなかつた。

横町《ヨコマチ》（前同）の麻裏やの老人の話に依ると、佐野在富岡の吉田と云ふ人は若い時祭文を語つたことがあるさうだ。めつかちである上に、今は中氣で寢てるらしい。雲右エ門と云ふのも、足利在の者で、もとは矢張りでうれん祭文《ザエモン》をやつてゐたが、早く上方へ行つてしまひ、歸ると浪花節などゝ云つて威張つてゐた。

麻裏やさんの話で、米本の娘が或ひは語つたかも知れぬと云ふので、その方をさぐらうとしてると、偶然、佐野在富岡に祭文語りがゐたと聞いた。富岡と云ふ所は、際物屋――人形屋の多い土地で、又藝人のよく住んでる處である。或る人の紹介で、元、義太夫を語つてゐたと云ふ渡邊榮吉（八十一才）さんに逢つて若しやと思つてきいて見たその話。

天神大門の紺屋《コウヤ》――みます（三升か）と云つた――の弟子によれもと云ふのがゐた。生れは富岡の者で、三鴨村大字はたばりの親方の所にゐる中、その親方の娘とくつつきあつて、名はおきくさんと云つたが、そのおきくさんをつれて佐野へきてしまつた。おきくさんは後ですてられて、洋傘屋をしてゐた。子供は娘一人、息一人あつた。おきくさんは祭文を語れたと思ふが、聞いたことはない。ほら貝をならしたりしやくじようをならしたりしたのは確かに知つてゐる。よれもとは東京に行つて浪花節にかへつたと云ふことだ。二つ上だからまだいきてるかどうか解らない。

又、その近所の吉川森七さんの話。祭文は一人でほら貝を吹き、錫杖を鳴らし、語る外に、一人が祭文をよむと、その妻君なり弟子なりがほら貝と錫杖をならす樣なこともあつた。だから、米本の娘になつた赤坂の女も、若しかすると語れたかも知れない。よれもとの弟子に政《マサ》と云ふのが、小舍町あたりにゐたつた。よれもとのおいになる關根富松と云ふのもやはり道樂者《モン》で、三味線なしで浪花節を語つてゐた。今は奥州の方へ行つて居ない。又或る人の話によると、明神さまの下に小屋がけをして、夏場になるとよく祭文をよんでゐた。毎晩同じ人で、一晩の中に幾つも語つたが、一席終る毎に扇子を持つて錢をもらひに下りて來る。すると今迄むしろや椽臺に寢ころんで聞いてゐた人達は、皆半分以上逃げ出してしまふのださうだ。勿論、それは露天である。

豆腐屋の老人の親方「雷山」が居た枡倉の雷電さまの脇には、大きな池とも沼ともつかないものが二つある。昔、非常な干ばつが續いて、附近の田は勿論、この沼まで水が一滴もなくなつてしまつた。何より頼りとする沼の水さへひてしまつたので、村人はその水のない沼の眞中に集つた、雨乞ひをしてゐたが、何のきゝめもなかつた。と、そこへ一人の雲水坊主が通りかゝり、ひゝらぎの木を切つて、之れを沼の底に逆に樹て、村人にはすぐに決して後を見ずに岸に逃げかへる樣に命じた。村人が岸へ歸りついて、沼の方を顧くと、水がいつぱいにたゝへてゐた。後で、その靈水は弘法さんだといふことが解つた。私の家のそばの大倉の をぢさんの話である。

佐野の七不思議と云ふのを生れて始めて人から聞かされた。今まで聞いても氣にとめてなかつたために、忘れてか、知らなかつたのかも解らない。

片葉の葦《ヨシ》　城山公園の東にある。昔、或る此の山に籠つた大將が外からせめられた時、この葦に向つて歌を詠んだ。歌は傳つてゐないが、意味は、先方では俺がわるいと云つて攻めてくるが、若し本當に俺が惡くて、伐れるのが當然ならば葦《アシ》のまゝで居れ。然うでなければ、かたわの葦《ヨシ》になれ。と云うのである。從來、葦は片葉になつた。

涙の瀧　矢張りすぐその東にある。目の惡い人は最近まで、皆この瀧の水で目を洗ひに行つた。殊に、五月の節句にはよくこの水をもらひに行つた。目の藥になるのである。元、俵藤太秀卿が戰場で目に矢を射られ、痛さを耐へて此處まで來、矢をぬいて目を洗つたところが次第に元通りになつたと云ふので、人がさうする樣になつたのだ。

眞菰が池、親子か夫婦か、それとも又許婚か解らないが、兎も角、男女の上の方が此の池に身を投げた。すると、それから間もなく一對の鴛鴦が現れてその池に住んでゐた。人々はおしどり樣と云うた。

佐野の猿橋　佐野の東方、韮《ニラ》川の邊に兄弟二人の者があつた。弟は佐野の西の富岡に緣付いて、一女一男をあげたが、娘が年頃になつた時分には、年中病床にあつて、家は益々貧しくなつた。娘は韮川の伯父の所へ無心に行つたが、いつも體よく斷られてゐた。或る霖雨の日、例のやうに可愛いがつてる小猿をつれて韮川へ出かけたが、又斷られ、歸途佐野川にかゝつた時には、大雨のため川が增水して、橋は流されてゐた。と、懷の小猿が橋になつて、娘さんを渡した。その紀念に今の大橋は猿橋の形に作られてゐるのである。

虎班《トラフ》の石　富岡にあると云ふが、由緒不明。

鬢の子橋　小豆洗の婆さんがこゝの川へはまつて死んだことがあつて、それからと云ふものは、此の橋の上でころんだ者は、きつと片袖とられた。佐野在赤坂にある。

あやめ塚　辨天池のそばにあるとのことだが、これも何かわからない。

惡狐三國傳參番卷末に次の如きものあり。

今曉者御院主樣御在宿ニ付得貴顏（モトノマヽ）ヲ長座仕御退屈ニ存候次釣鏡心願成就仕依而豆腐並ニ五斗入ノ米壹（モトノマヽ）俵差上申僞ニ而無御座候恐惶謹言

八月十五日　小柳常吉

廻向院樣

右ハ大名十六人苗字ノ老（モトノマヽ）

林　北條　內田　大田（モトノマヽ）　永非（モトノマヽ）

秋田　富木　叶　岡部　大俵

新庄　本田　尾帳（モトノマヽ）　秋月　本條

大關

三國惡狐傳五番卷頭

抑大津東町ノ大馬除ノ由來ヲ悉數諒ルニ其昔シ東天笠國跋多河ノ邊リニ馬多ト申者釋加如來ノ說經ノ折柄地獄餓鬼畜生トノ三惡道マヌガレベク說法有リケル所彼ノ馬多恐ク如來ノ仰ニ背キ候故乍レ生畜ノ地獄ニ落チ如來ナゲカセ給テ迂緣ニヤ被レ思レ召レテ御敎化有リ其時先非ヲ改メ歸腹ス故惡道ヲ除テ其上馬明菩薩（モトノマヽ）トキベツチ蒙リ其難レ有サニ馬ノ災難ヲ除ク可ク契約ス故ニ馬頭明王ノ祖神ナリ日本國ニハ人皇三十三代聖德太子ノ御宇ニワタル王城ノ地ノ邊リニ安直（モトノマヽ）シ奉ル馬頭明五是ナリ日本惣シ社ナリ然ル故ニ大津東町ト記シ候時ハ大馬難ヲ除事故世ノ人ノ記所ナリ謹而朝暮無ニ懈怠一信心可被遂候ナリ謹言

毎卷末に記す、

栃木縣管下（モトノマヽ）

第拾貳大區五小區

筵樂郡吉戶村（モトノマヽ）

原野富吉

十年前頃まで佐野の町を物日に流してゐたと云はれる人が、赤見村字山崎に現在することを後で知つた。おかみさんも眞似事位はやれる由で、又此の人が米本の名籍を襲いでゐることもわかつた。荒川米本と稱してゐる。この人の話では茨城縣猿島郡永須といふ所にはたしか、龍力《タツリキ》と云う女の祭文がゐるそうである。（高瀨源）

資料・報告

柴田郡川崎村石丸にて

西角井正慶

石丸樣

宮城縣柴田郡川崎村の上石丸下石丸といふ部落は神樣の名を村の名とした處である。上石丸は男神、下石丸は女神であつた。下石丸の祠つてある家で、野らに出てゐる時なぞ急に雨が降つて來ると、石丸は女の姿に現はれて洗濯物を取りこんでくれた。下石丸の家は富んでゐたが、火災に合うて石丸は何處へか飛んでいつていくら探しても見當らず、家も絶えてしまうた。上石丸を祠つてある高橋家は今でも一番の分限で、石丸は佛壇の處に祠つてある丸い石である。

太子樣

石丸の道際にある太子樣は、大變子供が好きな神で、大人では何うにもならなかつた。一度他へ移した時には非常に暴れた。子供等が其の佛像を苗代に持ち出し、繩を着けて代かきに引づつてゐるのを見た下石丸の法印は、烏丸の法といふ驗のある法を以てしても此神ばかりには閉口してゐた位だから、勿體ない事だと子供等をとがめた處、かへつて法印が病氣になつて死んでしまうた。だから今でも太子樣は子供が鼻を拖いても耳を落しても少しも構はない。

長者原

太郎川（名取川支流）上流の長者原に或る男が山小屋にゐた寒い夜、一人の男が來て、自分は天明の飢饉の時に此處で死絶えた長者の金番をしてゐるものだが、とても寒くてたまらぬから爐にあたらしてくれと云うた。見ると蒼白い悲しさうな姿であつたので淋しさにゐたゝまらなくなつて、村の方に走つてゆき今かうかうだと話した處、其は惜しいことをした直ぐ後をつけて行つて金の在處を探さうとなつたが、先刻の男も知れず、其後も度々思ひ當る處を堀つたが金は發見されなかつた。

三月三日に桃の酒を飲む理由（三輪山式傳說）

山小屋に美しい娘がゐた。或家の息に其を嫁したが、夫の留守中、毎晩の樣に間男が來る。姑が不思議に思うて綻間を覗いた處、何か譯の分らぬことをくよ／＼話してゐる。翌朝「あねあね毎晩來る男は誰だ」と聽いても知らぬと言うので、今度は糸を其の男の着物に縫ひつけて置けと教へたので其樣にして置くと、翌日絲は煙出し（この地方では破風と言ふ）から出て、入山の岩穴に這入つてゐた。其糸をたどつて其處に來た者はその中の大蛇のうなつてゐる聲と親子の話し聲を聞いた。大蛇の親はだから人間は敵はぬだらうと言ふと、間男の子蛇がだがあの娘も俺の子を孕むから死ぬだらうと答へた。すると親蛇が人間は賢いから桃酒、菖蒲酒、菊酒を飲むから駄目だと云うた。其で三月三日には此の邊で桃の酒を飲むのだ。

卯月花

入間郡梅園村に卯月花といふ處がある。秩父に通ずる道の山の口から一里ほど入つて、谷を北に入つていつた籠つた處である。昔から村田

―西角井―

と町田と兩姓の家が七八軒あるが、特別の行事もない。只縣の天然記念物に指定された周圍四十五尺高丈九十五尺の大楠があり、其の下に兩家の氏神とする山の神が祠つてある。卯月花といふ名は五萬分の測量圖にはあるが、小字の名ともなつてゐない。この土地の話しを知つてゐる神職小澤清三郎氏が測量の案內をした時教へた名が地圖に載つたのである。

附近に六萬部といふ地名がある。其は十万部の經があつたのを六萬部は字上谷の狐が森に埋め、四萬部を秩父のシマブに分けた。六萬部は戰爭の場合祈願を行つた處だと言ふ。

むじなの來る家

梅園村に二軒の家があつた。左京と吉左衞門と言うたが、吉左衞門の家は絶えた。殘つた左京の家に毎夕貉がやつて來て、爐ばたであたつてゐた。婆さんは糸を績いでゐたが、もう歸りなといふと歸つてゆく、毎夕きまつてやつて來るので食べ物をも呉れてゐた。或日爺さんが山から歸つて來て、石を燒いて紙に包んでおき、いゝものをやらうと其を與へた處、貉は手を燒いて其ぎり來なくなつた。其後この家も絶えてしまうた。

むじなの內裏と法螺穴と

愛宕地藏を祠つてある山の山腹は、丁度重箱を重ねた樣な岩が重なつてゐる。其の內に穴があつて、人は之をむじなの內裏といふた。又別に岩の重なり合つてゐる處があつて、其處には生きてゐる法螺が住んでゐた。或時法螺の音がして何處ともなく消えていつたが、其の時かぎり法螺はゐなくなり、今その跡の穴だけが殘つてゐる。

天狗の護摩壇

桂木山の尾根のたるんだ處を天狗の護摩壇といふ。岩群が段の樣になつてある中に疊一枚ほどの平な岩がある。其處が天狗の護摩をたいた處だ。小澤老人が子供の頃見た記憶に據ると、夜、松ぼくりの樣な形の氣味惡く赤い火が、ぼうつと落ちたかと思ふと、坂を轉がる樣にして止まり、ぱあつと燃え立つて消える。其が二三度繰りかへされた。小澤老人の先祖は、杣師であつた。二三人で山に這入つて木を伐つてゐると、天狗がすぐ近くでその眞似して楔を打つ音をひゞかせたりした。山彦ではない證據は仕事を休んでゐる時だからである。又頭の上にのしかゝつて來る樣な大木の倒れる地響きを立てたりする。そんな時は仕事を止めて歸らぬときつと道に迷ふのであつた。前村長の村木屋新井氏に今でも使はれてゐる老人が小僧の時分仲間の小僧と其處へ仕事に行つた。すると二人の小僧の名太平に又吉と呼んでハ、、と笑つたので、驚いて逃げて來たことがあると言ふ。天狗は必ず笑ふものだと言うてゐる。

犬かけ松

卯月花の山續きの峰に犬かけ松と言ふ、幹が這ふ樣に延びた、枝の擴がつてゐる松の木がある。比企郡明覺村大附に接してみねといふ處があつて僅か三軒の部落があつた。その或る家で、夕方外で子供に小便をさせようとした處泣いて困るので「そんなに泣くと向ふの小父さん(天狗)に呉れちまうぞ」と言うて「オーイ」と呼んだ。すると「オーイ」といふ聲が答へたと思ふと、夕暗の中に目の前に黑いかたまりが立ち塞がつた。「この子ぢやないよ。其處にゐる犬ですよ」と致し方なしに言うたら犬がゐなくなつてしまうた。翌朝不思議にして山に行つてみると犬が赤裸にされて此の松に引掛けられてゐた。夕方はめつたなことを言ふものでないといふ戒め話しになつてゐた。

きんちやく松

此村に兒玉黨の雲大夫の墓がある。近津神社の傍の宮坂を登りきつた處に松の木と樅の木と

—西角井—

が組み合うてゐる。其處は化物が住んでゐると云はれてゐた。小澤老人の祖先が龍隱寺へ通ふ當時のこと、鼻先に大きな巾着が下つた。そこで大刀を拔いて切りつけると、音がして、巾着は尾を引いて飛んでいつた。後をつけてゆくと甕大夫の基の屋根に疵がついてゐる。其後妖怪は出なくなつた。他の人が通つた時は提灯が下つたこともある。また或時は、何處から來たとも訣らぬ修驗が松の下で錫杖を振つて經を讀んでゐたといふ。勿論化物であつた。この松は明治四年に伐つてしまうた。其以前伐りにかゝつた事があつたけれど、血が出たので止めたといふ。樅も伐つてしまうた。妖怪を切つた刀は近津神社に奉納したが、何ものにか盜まれた。盜つた者も又還したが、再び盜まれてしまつた。

河童

「伊草のケサ坊」に「越邊《カッベ》の久兵衛」といふ名の河童がをつた。川魚村の八幡淵にはよく河童が出る。子供の姿である。梅園村矢の淵の際にもゐて、或時子供の遊んでゐる處へやつて來た。何しに來たと問ふと「火をくれ」と云うた。「今火がないから二度目に來い」と答へた。で其の次來た時「河童火やろ」といふと「イへ……」と云つて行つてしまつた。

鬼橋

入間郡勝呂《スグリ》村塚越に鬼橋といふ橋がある。小川の眞中に板石があり、其が支柱で一枚石が渡されて橋になつてゐる。この石材は昔鬼が來て打ち込んで行つたもので、何んなに掘つても深さが知られない。その圍りを掘ると何んなに川が涸てゐる時でも大雨が注つて來る。

サハラ明神

勝呂村に下野の住人サハラ太郎サハラ次郎の社がある。村の或病人に此の神が憑つて「俺はサハラ明神だ」といつた。「何う書くのです」と問ふと、病人は全く無學の者だつたけれど、國分と書いてみせたといふ。

—田坂—

奄美大島民謡

田坂誠藏

▲さと節

○あたらうみにぞがきむくゝるやしがサトウ
わかりゆになりやすだどよなゆるサトウ。
○とゐやむるともにはにたどちうとてサトウ
わみやさとたどちうくてよやらささトウ。
○かなしうみにぞむぬきやゆすなゆいサトウ
むちりたぬしちぬあたらよやしがサトウ
○すらばすゐぎゅらしゃぬかばぬきぎゅらささ
トウ
ぬちゃむでちよんぞわくぅとぅよいるなサ
トウ。
○石《イシ》と鋏《クルカニ》ぬくちゆぬときなてむサトウ
にぞとわがいちゃぬむにぬよくちゅいにや
サトウ。
○さとがわぬすてゝとじかめるやりやサトウ
やはらとじかめて死なちよたぼりサトウ。
○いちきゃばしゃうみやわがたみになゆいサト
ウ
ひちゅぬをととたんてわたみならむサトウ。
○月《チキュノ》ぬゐるゐるでたまがいやしるなサトウ
我屋《ワヤ》ぬ三尺やいちむ闇夜《ユヤミ》サトウ。
○三尺ぬむしるゆすなりやいばささトウ
にぞとうたいなりや尺にあたるサトウ
○にぞが原《ハル》わ原はるちゆ原やりやサトウ
はるぬいきかへにみやゆらやしがサトウ。
○東《アガリ》あきゃがたんとぅ夜明《ユアキ》だらとみやサトウ

月《チキュ》どぬき出《ジ》たる戀《クヰ》し夜中《ユナカ》サトウ
○鳥《トヰ》うたぬ中にさと起《ウクチ》やらすサトウ
若《ム》し道怪《ミチキ》我《ガ》ぬあたらとむてサトウ。
○しまぐゐじ遊《アス》でしまぐゐに泊《トマ》てサトウ
戻《ムド》る曉《アカトキ》ぬつゆぬ繁しやサトウ。
○深谷《フカマタ》ぬ露《ツユ》や昇《アガ》る太陽《テダ》まちゅいサトウ
わみやたるまちゅいさとどまちゆるサトウ。
○宵《ヨネウ》降りる露《ツユ》や花《ハナ》ど怒《イカ》らしゆるサトウ
さとど怒《イカ》らしゆる宵《ユネ》ぬ闇夜《ユヤミ》サトウ。
○宵《ユネ》や腕枕《ウデイマクヮ》夜半《ユナ》や膚重《ハダサカ》にサトウ
歸《ムド》る曉《アカトキ》ぬ袖《スデ》ぬ涙《ナミダ》サトウ。
○起《ウ》きり〳〵さとめ我《ワ》が思《ウムヰ》かたらサトウ
わみやうらゆいに青菜《アホナ》むきてサトウ
○さとが三味線《サンシル》に呼《ユ》び出《ダ》さりてわみやサトウ
父《アチア》や親君《ウヤキミ》ぬあゆらとむてサトウ
○遊《アス》びすび同志《ドウシ》んきやくとしやに遊《アス》びサトウ
なやにしちぃからやなし子《グヮ》めだきサトウ。
○三味線《サシミル》ぬ絃《チル》や切《キ》りらばどう繼《チ》ぎゆるサトウ
緣《ホス》ぬ切《キ》りてから繼《チ》ぎがヨーならむサトウ。
○切《キ》りて仲《ナカ》がよて又《マタ》む着《チ》く緣《ホス》やサトウ
りんぎ枝枕《エダマクラ》あぬゆまでもサトウ。
○一時二時頃《グル》に夢《イミ》に起《ウ》くさりてサトウ
すぐずぐにうみや眠《ニブ》いならむサトウ。
○夢見《イミミ》りや二人《フタイ》起《ウ》いて見《ミ》や我《ワ》一人《チュイ》サトウ

三尺ぬ筵探《ムシルサ》ぐて見《ミ》ちやむサトウ。
○片手《カイタデ》しや枕《トクラ》片手《カタイデ》しやがまくサトウ
にぞがしやぬ情《ナサキ》忘《ワシ》り難《グル》しやサトウ。
○とみに船《フニウ》浮きて風待《カジマ》ちゅぬ夜《ヰル》やサトウ
にぞがさと待《マ》ちゆしっりとぅうなじサトウ。
○濱打《ハマウ》ちゆぬ波《ナミ》やうち戻《ムド》し戻《ムド》しサトウ
にぞ忍《シヌ》ぶ道《ミチ》やうりと同《ウナ》じサトウ。
○雨《アミ》ぬなき降《フ》りや道《ミチ》どなぶるさるサトウ
にぞがなまがへや肝《キム》どやみゅるサトウ。
○耕《フナ》し田《ダ》ぬ水《ミジ》や澄《シ》みやどぅ底見《スクミ》やゆるサトウ
珠黄金《ダマクガマ》さとが肝《キム》ぬ見《ミ》やらむサトウ。
○情《ナサキ》ありにぞよらう一人《チエイ》思《ウム》とらばサトウ
うらむ我《ワ》が如《グトゥ》しや一人《チュイ》ヨー思《ウム》りサトウ。
○さとが屋《ヤ》と我屋《ワヤ》と軒《スキ》ぬきよち造つて
さとが屋《ヤ》ぢ見《ミ》ちやや我屋《ワヤ》ぢ見《ミ》ちやや。
○後世《アヌユ》までまでむ緣《ホス》やうち結《ムス》で
先《サキ》に肝《キム》かはすさとがうらみしゃ。

▲アンチヤメガ節

○アンチヤメがだまりがに合《アヮ》し苦《グル》しゃ
だんじゅいちきゃがし合《アヮ》しならむ。
○石垣《イシガキ》ぬ上《ウヰ》から吹降《フキウ》るす御風《ミカジ》
御《ミ》風《カジ》だらしりやにぞが御息《ウツキ》。
○西見《ニシミ》から田《タ》皆谷《ミナマタ》どぅひざめてうる
言葉《フトゥバ》變《カハ》らしゅぬ水《ミジ》ぬらみしや。

○潮《ウシュ》も吸《ク》ひ苦《グル》しや西見《ニシミ》沖泊《ウキジュマイ》
水《ミジ》ぬ吸《ワ》み苦《グル》しや島尻《シマジ》暗穴《クラゴ》。
○墨《スミ》うちゃぬ眉毛《ミマユ》雪《ユキ》うちゃぬ白歯《シラハ》
何時《イチ》し夜《ユ》も暮《ク》りてみくちするが。
○やまにはるみじやたんにゆくさゆい
ましちにんゐねやゆくしならむ。
○山《ヤマ》に木《キ》やあしが枝木《グラヤニギ》ぬ無《ナ》だな
妾《ニングル》や居《ウ》しが妻《トジ》ぬうらむ。
○妾《ニングル》と妻《トジ》やうどる親《カナ》しやあいよ
妻《トジ》や親心《ウヤググル》妾《ニングル》ぬ親《カナ》しや。
○妾《ニングル》に惚《フリ》れて妻《トジ》やいまりゝて
生痛《ナマヤミ》ぬ心《ククル》や果《ヘ》む無《ネ》さみ。
○捨妻《ステトジ》と思《ウム》うて捨言葉《シテクトバ》しるな
葵《アヲイ》ぬ花見《ハナミ》より根本《ムト》じ咲《サ》きゅさ。
○根本《ムト》やかなしゐぬ半頃《ナカグル》やぬちゅて
咲《サカ》すかい咲《サ》かち後《アトウ》や一途《チュミチ》。
○天《テン》ぬ白雲《シュクム》に橋《ハシ》ぬ懸《カキ》らゆいにや
及《ウユ》ばらぬ汝《ニソ》に手掛《テカキ》ならむ。
○及《ウユ》ばらぬ汝《ニソ》む懸《カ》きらゝぬ梯《ハシ》むよ
掛《カ》て忍《シノ》びしゅど男心《ウトコグクル》
○高《タカ》さ咲《サ》く花《ハナ》ぬ我《ワヌ》に及《ウユ》ばゆみ
下板《シムユツ》かつみとて泣《ナ》きどうしゆる。

▲治世口說《チセイクドキ》（萬歲口說《マンゼククドキ》）

(一)質《ジツ》や治《ヲサマ》る君《キミ》が代《ヨ》は

一坂田 -

波《ナミ》は靜《シヅ》かで
順風《ジュンカジ》の枝《エダ》を鳴《ナ》らさむ雨露《アミツユ》も。
〇イヤ〳〵本《ホン》ニ治《ヲサマ》ルシルシサーヘー
風《カセ》ハ穏《オダ》ヤカ雨《アミ》ハナヨゴシ
五《ゴ》穀《コク》萬作《マンサク》國家《コッカ》一般《イッパン》祝《イヘ》ヘ萬才《バンザイ》
イーヤ
ナマヌ調子《テウシ》に口說讀《クドザイユ》め〳〵
サーサ
㈢時《トキ》を違《タガ》はず降《フ》りぬかば
五《ゴ》穀實《コクミノ》りて
萬《マン》作や民《タミ》の竈《カマド》は賑《ニヤハ》いて
サテ〳〵眞《シン》ニ治平《チヘイ》ノ御代《ミヨ》ト知《シ》ラルル
上下別無《ベツナ》く衣食我儘《イショクワガママ》
老も若《ワカ》きも嬉《ウレ》し顏《カホ》して
朝夕《タユウベ》に家業《カギヨウ》働《ハタラ》くめでたい〳〵イーヤ
ナマヌ調子《チヨウシ》に口說讀《クドキユ》メ〳〵
サーサ
㈢四方《ユモ》の果迄《ハテマデ》文讀《フミヨ》むの敎へ知られて
男女共《ダンジヨトモ》ヱイ〳〵
忠義孝行《チユウギコウコウ》の道諭《ミチサト》す
君《キミ》の惠《メグミ》が有難《アリガタ》や
〇イヤ〳〵天下太平國家安康《テンカタイヘイコッカアンコウ》
空《ソラ》にもうずる海《ウミ》に棲《ス》む神人《カミヒト》に馴《ナ》れすみ
君《キミ》の仁德之《ジントククリ》に知《シ》らるゝ

今日《チユウ》の祝五《ユハイゲニ》ふみかい、眞《シン》に面白《ウモシル》い、千門萬戸《センモンバンコ》
國旗《コッキ》ひら〳〵陛下萬歲帝國萬歲《ヘイカバンザイテイコクバンザイ》イーヤ
ナマヌ調子《チヨウシ》に口說讀《クドチユ》め〳〵サーサ

▲ハワル行（琉球民謠）

男《トノカ》〇船《フニ》や綱取《スデヒ》ゆい汝《ニツ》や袖引《スデヒ》ちゆい
いちゃし汝捨《ニツフナ》ぎて船《フニ》に乘《ヌ》るが。
女《ヰナク》〇さとや付の方に忘《ワシ》りてど行《イ》きゅる
我身《ワミ》やいきゃなゆいよ泣《ナ》きどうしゅろ。
〇涙《ナミダ》うし拭《スグ》うて貴方《サト》が袖引《スデヒ》ちゅむ
さとが一言葉《チユクトバ》よ聞《キカ》ち給《タボ》り。
男〇お前《イヤ》と我《ワミ》とぬよ夫婦《トジウト》ぬりらゆみ
お前《イヤ》や百姓《ヒヤクシヨウ》うまり我《ワン》や武士《サムレ》。
女〇貴方《サト》が言《イ》ふ言葉《クトバ》やまなやぬで言《イ》ひみせる
貴方《サト》や情《ナサキ》ぬしびらん死《シ》ぬがましやる。
男〇チルグワヘ一チルグワ今《ナマ》ぬ事《クト》しゆしは
世間《シケン》に笑《ワラ》らゆむあんせりしなよ。
〇我《ワン》がハワイ島行《ジマイ》じ三年《ミチユ》儲《モウ》けて來《チニ》ゆんごとに
チルグワ宿戻《ヤドムド》て待《マ》ち居《ウ》りよ。
女〇出《イデ》で行《ユ》く船《フニ》ぬ我《ワミ》に寄《ユシ》せらゆみ
行《イ》もちもち貴方樣《サトメ》港《ミナトウク》迄ら。

▲夜半《ユナ》貴方《サト》忍《シヌ》び節

女〇今日《チユウ》ぬ日《ヒ》や暮《ク》れて夜《ユナ》なて來《キ》ちゃむ
他人《ユス》ぬ自《ミ》忍《シヌ》で行《イ》ちゆむ。
〇生神《イチガミ》に萎《ナチ》り百日に通《カユ》ふて
戀《クキ》ぬ氏神に御願立《ウグワンタ》て〳〵て。
〇戀《クキ》ぬ氏神《ウジガミ》ぬまさりあて給《タボ》り
懐《カナ》しうみ貴方《サト》と逢《アヲ》ち給《タ》ぼり。給《タ》ぼり。
男〇今日《チユウ》やぬがゆやら寢《ニ》てん眠《ニブ》らゝむ
心《ククル》浮《ウカ》さりて出《イジテ》て行《イチユ》む行《イチユ》む。
女〇しばし待《マ》ちみそり物《ムヌ》ゆ賴《タノ》まぶら
片時《カタトウキ》やくまん休《ヤス》で給《タ》ぼり〳〵。
男〇人達《ヒトマギ》やあらみ前《アユ》に道《ミチ》止めて
他人《ユス》ぬ袖引《スデチ》ちゆ無理《ムリ》やあらみ〳〵。
女〇無理《ムリ》んあやひらむ人達《ヒトマギ》むあなむ
貴方《サト》に思《ウム》ふ事《コト》ぬあてど止《ト》める〳〵。
男〇靜聞《クヲキ》きや女　姿見《ヰナグシガタミ》や男《キニガ》
肝不思議《キムフシギ》でむぬ急《イス》じ歸《ムド》り。
女〇夜半風《ユナハジ》たよて見《ミ》る人《ヒト》やねさみ
あきよらみ貴方《サト》よ情《ナサケ》ぬら〳〵ん。
男〇情《ナサケ》我知《ワミシ》らむ戀《コヒ》ぬ道知《ミチシ》らむ
ゆゐのあるなりや宿《ヤド》に來《イモ》い。
女〇宿《ヤド》ん我要《ワミイ》らむ其處《クマ》うとうてさとが
ちゆうとばにかゝる命《イノチ》でむ〳〵
男〇神佛《カミフトケ》だまり願事《グワンクト》や聞《マ》ゆい
用《ユイ》ぬあるなりや急《イス》じ聽《キカ》し。
女〇生神《イキガミ》に萎《ナチ》れ百目に通《カヨ》て
忍《シヌ》で來《チヤ》ぬ心《ククル》うかもてたぼり〳〵。
男〇汝《ニノ》がうりだけぬ情《ナサキ》ありなりや

—田坂—

我《ワミ》む汝頼《ニソクヨ》てなりて行ちゆむ〳〵。
女〇継《クガ》ぬ氏神ぬまさゝあてぼち
貴方《サト》逆《チ》りて宿《ヤド》ん戻《ムド》る嬉《ウレ》しや嬉《ウレ》しや。

▲金之浮世口説

一、金《ジン》と命《イヌチ》や右左《ミギヒダリ》、昔《ムカシ》言葉《クトバ》聞《ンチイ》きなぎや、
人《チユツ》ぬ心《ククル》ぬあさましさ。
二、酒《サキ》と色《イル》とに踏《フ》み迷《マヨ》て、明《アキ》る月日《チキビ》、ん打忘《ウチワシ》りて
後《アト》ぬ哀《アワリ》ん打忘《ウチワシ》りて。
三、うり程《フド》親《カナ》しやん親兄弟《ウヤウトジヤ》、妻生子《トジンナシグワ》打捨《ウチシ》てゝ、
花《ハナ》め香《ニホイ》に惹《ヒカ》さりて。
四、寝《ニテ》てん覚《サミ》てん忘《ワシ》りらゝむ、朝夕《アツユウ》むがきたちまさり、
身《ミ》ぬ上《ウヰ》にさがをうて暮《クラ》さらむ。
五、親《ウヤ》ぬ譲《ユジ》じたぬ金銭《ジニカニ》、酒《サキ》と色《イル》とに踏使《フミチ》にて、
遊《アシ》び楽《タノ》しみしる中《ウチ》に。
六、年齢《トシ》や段々老《ジンジンウヰシ》占めて、顔《カホ》や頭《カシラ》に雪冠《ユチカブ》つて、
涙《ナミダ》流《ナガ》して泣《ナ》ちやんてー。
七、舊《ムト》ぬ若《ワカ》さにならりゆみ、是《ク》りや思《ウムボ》つばなちかしや。
後《アト》は悔《クヤ》むなかみしむん。

▲かまいなし節

一、あたら此《クヌ》の世《ユ》に生《ウマ》りてん、うゐがりゃな、
僅《ワジ》か夢《ユミ》ぬ間《マ》ぬ世間《シケ》やしが。
サーサ、かんしん、あわりじんかにゐする事《クト》や。
二、肝《チム》に思《ウム》てん自由《ジユ》ならむ、泣ちやんてー、
如何《イカ》な首《クビ》だき思《ウム》うたんて、
サーサ、うむゐぬ間《マ》にやはたらゝむうちゆでむぬ。
三、老《ウ》いてん若《ワカ》さむ聞《チイ》きみそり、
此浮世《クヌウチユ》金《ジニ》ゆくの寳《グーラ》はねーらんぐとう。
サーサ、ずり呼《ユ》び酒《サチ》き飲《ヌ》みしらぬ事《クトウ》、働《ハク》らこや。
四、金銭《ジニカニ》儲《モウ》けて妻子人勝《トジカリヒトサマ》ひ、勝《マサ》る妻《ドジ》からけしとめて、
サーサ、またとなくらゝにうちゆでむぬやん事《グト》に。
五、親兄弟妻子《ウヤチヨデトジクワ》は揃《ソル》て睦《ムチマ》じく、暮《クラ》ち行《イ》ちゆーどうまんつに、
サーサ、手本《ラフン》とさりとて幾世《イクユ》迄《マデ》む沙汰《サタ》さりる。

▲テンヨ〳〵節

一、今《ナマ》する歌《ウタ》よ歌《ウタ》で思《ウム》ふて聞くなよ、
耳《ミミ》に聞《キ》き染《ス》めて肝《キム》に思《ウム》ひ染《ス》めて、
老《オイ》いてん若《ワカ》さん聞《チチ》きみそり、たとひ金銭《ジニカニ》あたんてー、
無理《ムリ》に人《チユウ》や壓《ウ》すんなよ、金銭《ジニカニ》で人《チユウ》や壓《ウ》すらむ、
テンヨ〳〵シトルトテンサーサ、ハリヨヌウキヤツサー。
二、今《ナマ》ぬ世間《シチ》にうる人《チユウ》や、馬鹿者《フリムン》他《フカ》にや一、二、三、
四、五、六、七、八、九、十知《シ》らぬ御方《ウカタ》やめーめーさむ。
やんぐとう金銭《ジニカニ》あたんてー、無理《ムリ》に人《チユウ》や壓《ウ》すんなーよ、
テンヨ〳〵シトルトテンサーサハリヨヌウヰヌサー。
三、誠《マクト》ぬ心《ククル》ど何時《イチ》迄《マデ》も、取沙汰《トリサタ》さりとて、沙汰《サタ》やする、
やぐる誠《マクト》を第一やさ、晝夜《ヒルホル》働《ハク》らちゆぬ金銭《ジニカニ》
儲《ムウ》けて子《クリ》に譲《ユ》じんたんてー魂《タマシヒ》と誠《マクト》ぬ念《ネン》ありわ、
テニヨ〳〵シトルトテンサーサハリヨヌユウヰヌサー。
四、ぬしゆじうぬあがらぬ金銭子《ジニカニクリ》ぬあんせぬ人《ヒト》々《ヒト》や、
朝夕《アサユウ》さ心《ククル》や許《ユル》さんぐとう子《クリ》ぬ教育第一やさ
テンヨ〳〵ミトルトテンサーサハリヨヌウヰヌサー。

▲チユウヌフクラシヤ節（御前風普通祝座）

－田坂－

〇きゆうぬふくらしややた〻にぎな立てゝ
ちぶてうぬはなぬてうちやたぐで。

▲御前風八拾八才祝座

〇ちとしうなるまつぬみどりばぬしたに
かみがうたしりやつるやめ（舞）かた。

▲鶴亀踊用

一、じんやちゃらとむすーりー
うじやしんちにいぢてよースリー
うじやしちにいぢてよー

二、踊《ヲドイ》る我袖《ワガスデ》ぬスリー香《ニホイ》のすら〳〵しゆらさよ
スリー

一、千歳《チトセ》なる松《マツ》ぬよースーリー緑葉《ミドリハ》ぬ下《シタ》によー
スリー
香のじゆう〳〵しゆらさョ。
みどりばぬーたによーすーりー。

四、亀《カミ》が歌《ウタ》しりやスーリー鶴《チル》や舞《メ》ひ方《カツ》よスリー
ちるやめかたよスリー。

▲鶴亀祝歌

（イ）千《チ》歳《トシ》から始《ハジ》まるはいやぬ、千年よ萬年
互《タゲ》に年《トシ》比《ク》らべて幾世《イクユ》迄《マデ》む、まいむすびんか
たゐさまんちよ
ちゆらさ、すらしてみなうりさんせー。

（ロ）鶴《チル》と亀とぬ齢《ユワイ》はいやぬ、
すんばりぬーもらしをどり、
まいむすびんかたゐさまんちよちゆらさ。
すらしてみなうりさんせー。

▲胡蝶の舞

一、スリ東《アガリ》打向《ウチムコ》てスリスリー、
飛《ト》びぬ文蝶《アヤカビル》よスリサーサ、ミユラヤサハイ
ヤ

二、スリ先《マ》ぢ待《マ》ちより蝶《カビル》 スリスリー
イヤイ〳〵頼《タノ》まぶらスリサーサ、ミユラヤ
サハイヤ

三、スリ文蝶《アヤカビル》だまりスリスリイ
花《ハナ》た頼《タヨ》て行《イ》ちゅいスリサーサ　シユラヤサ
ハイヤ

四、スリ我《ワミ》む貴方《サト》た頼《タヨ》てスリスリー
ナイキ〳〵ぶしやむスリサーサシユラヤサ
ハイヤ

▲グイクマギリ

一、グヰクマギリニアタヌコト
ジグワウサトガシヤーヌコトヨ、ユヤサシ
ヤーヌコト

二、ユナビヤガマハリトリメグテ
ミヤラビ三人《ミチナイ》ウルウチニ、ユヤサーウルウ
チニ

三、ウリカラ一人ヤユビイジャチ
デイカ行カミヤラビアスビイカ、ユヤサー
アスビイカ

四、ワネンアスビヤシキヤシガ
チユヌチバラヤウヤヌカワゴ

五、サトガワタンジヤウチハジテ
チンジグクルニウチフシテ

六、チヤガ〳〵ミヤラビウチヂチヤミ
カウシウミサトメナウチジチヤミ

七、ウリカラヨイ〳〵アユダリヤ
ヤマウチメヌヒラナユシカ、テ

八、ヒラヌタカサヤアユマラム
クシウチトラサバキバテアユミ

九、ワンムクシヤデアユマラム
クシウチトラサバキバテアユミ

一〇、ミウチスルウチアユダリヤ
ヤマウチニセタトハイイケヨテ

二、トクヰフルザキムチユシテ
ムカシユイヌハナサカジキヤ

三、キユウヌアスビヤデキタシガ
アチヤヤウムカギヌタタンカヤ

▲數へ歌

一ツトヤ人ヨリ勝《マサ》ヌヌ體《カラダ》持《ム》チ
鎮臺《チンダイ》取ラトウテ出世《シユツセ》シユム〳〵。

二ツトヤ二親離《ハナ》レテ行《イ》ジカラヤ
命《イヌチ》ヤ御上《ウカミ》ニ捧《ササ》ゲトテ〳〵。

—坂田—

三ツトヤミブシヤシンシヨンナアニマトシユウ
三年《サン》ツトメテカヘテチユン〳〵。
四ツトヤ夜ハ五尺ノ箱ノ中
ハラノ太物ニワラ枕〳〵。
五ツトヤイツモ咲ラヌ我體
熊本城行《イ》ジサカリユム〳〵。
六ツトヤムシカカフラヌ時ナラバ
神樣拜《カミサマフガ》ドウテ待《マ》チミソリ〳〵。
七ツトヤ七ツナンギトウムユシガ
陛下ヌ爲《タミ》ニバ仕方ナイ〳〵。
八ツトヤヤガテ電報ヌクルトキバ
島ヌ名殘《ナグリ》ヌ立チドウシユル〳〵
九ツトヤ心《ククル》ハ我家身ハ義地
落ツル涙ハ城ノ中〳〵。
十トセトウ〳〵滿期《マンキ》ムイチキアダイ
懷《ウナ》シヤヌ二親ミヤキドシユル〳〵。

▲センスル節

一、東西南北皆揃《ス》りて
老《オイ》いてん若《ワカ》さむ聞《チチ》きみとり
あたら此世《クヌユ》に生れとて
僅か《ワジカ》夢見《イミミ》ぬ世間《シケ》やーが
めたていちゆんうまんちゆて
めだんわぼくにくしゆしど
あたら人間《ニンギン》生れとて
義理《ギリ》と誠《マコー》とぬ記《ノル》しさみ
金《カニ》や浮世《ウチユ》ぬ廻《マハ》り物《ムヌ》
油斷さんぐうと働らちゆて
金錢《ジニカニモウ》儲けて親兄弟《ウヤチヤウデ》
御名《ウンナ》擧《アギ》げとてやす〳〵と
暮《クラ》ち行《イ》ちゆしどうまんちゆる
何時《イチ》む何時《イチ》までも沙汰《サタ》されて
○クヌユカラアヌユマデサタヤ殘ル
センスル〳〵ヨーセンスル。

二、又ん話《ハナ》さば聞《チ》ちみそり
誠ん金錢《カニ》ん寶《タカラ》ぬ綱
あくじやひるみちとしららんで
昔言葉《フトバ》にある事やさ
顏《チラ》ぬ變《カハ》てかわゆくぬと
心《ククル》ぬ變《カハ》ゆしあさましむん
親《ウヤ》ん殺《クル》しゆぬ人《チユウ》むうん
妻子《トジクワ》殺しゆぬ人むうん
親《ウヤ》に生《ナ》さてや親ぬ恩《ウン》
忘しりて一人樂《ドウチユイラク》しゆん
しゆて話しゆぬ人もうん
神《カミ》む佛《フトケ》むうらむでち
浮世《ウチユ》渡《ワタ》ゆん人もうむ
今日《チユウ》と明日《アチヤ》と變《カハ》り行《ユ》く。
人《チユウ》ぬ心《ククル》やあさましむん
○無理《ムリ》シユナ浮世《ウチユ》タゲニ情カキテ
渡《ワタ》テ行《イ》カユサ此《ク》ノ浮世《ウチユ》センスル〳〵ヨーセンスル。

三、復《マタ》ん話さば聞ちみそり、親《ウヤ》に孝行盡《カウカウチク》しゆんし
君《トミ》ぬ御《ウ》爲《タミ》に働らちゆし
誠《マクト》ありばどう盡くさゆる
たとひ金錢《ジニカニ》あたんて
義理《ギリ》と誠《マクト》ぬなんやりや
いしぬあしとやゐむんやさ
成程《ナルフド》金錢《ジニカニ》や寶物《タカラムヌ》でち
三つ四つの幼兒《ワラビ》まで
言《イフ》ふに及《ウユ》ばん人《チユウ》ぢちゆん
使い所に使ゆしど
いきやなる金錢《カニ》も寶やる
金錢《ジニ》ぬ値《ネウチ》ぬわからんぐと
使《チコ》い所《ドコロ》ぬめからんぐと
夜晝《ヰルヒル》働《ハタ》らち儲《モウ》きたんてー
ぬしぬの自由《ジユウ》ぬあがうんじかに
義理《ギリ》と情《ナサキ》と忘《ワ》しらんぐとう
互《タゲ》に働《ハタ》らち儲《モウ》きやり
易々《ヤシヤシ》と渡《ワク》ら此《フ》ぬ社會《シケ》や
○センスル〳〵ヨーセンスル

四、口說《クドキ》話《ハナ》しや面白《ウムシロ》むん

—田坂—

復《マタ》ん話《ハナ》さば聞《チチ》みそり
如何《イカ》な親《ウヤ》とぬ仲《ナカ》あてむ
如何《イカ》なる妻《トジ》とぬ仲《ナカ》あてむ
如何な子《クワ》とぬ仲あてむ
如何な妻《トジ》との交《マジヘ》ひむ
誠《マクト》ちくって交りやど
何時《イチ》ぬ何時迄もかなはゆる
人《ヒト》も馬鹿者《フリムン》せんぐとうに
自分《ドゥ》む馬鹿者《フリムン》ならんぐとう
しりやど何時迄もかなはゆる
如何に親《カナ》しやる妻《トジ》あてむ
如何にかなしやる子《クワ》あてむ
誠《マクト》すくて交りやど何時《イチ》か何時《イチ》迄《マデ》む
波風《ナミカジ》ぬ音《ウトタ》ぬ立たぬ事交《グトマジ》はゆる
○センスル〱ヨーセンスル。

▲短《イチキヤ》　節《ブシ》

○旅《タビ》や濱宿《ハマヤド》に草枕《クサマクラ》 心《ククル》
寢《ネ》てん忘《ワシ》りら〻ぬ我屋《ワヤ》ぬ御側《ウソバ》
○飛鳥《トブトリ》む飛ぬるけやなりやまと
夢《イミ》や自由なむぬ見して給《タ》ぼり。
○社會《シケ》や水車《ミジグルマ》かはすなよ互《タゲ》に
巡《ミグ》て來《キマ》ぬ機會《シチ》ゆ待《マ》ちよいもり。
○百合ぬ花株《ハナグマリ》亞米比加で咲《サ》きゆい
ましち人間ぬ咲かにやきやすが

▲豊年節(チクタヌメー節)

一、今年作くたぬ米やーしん珠《グ》ぬないしゆさ
・ヤイスリーししんだまぬないしゆさササア
サツ
二、前《メー》ぬ風吹《カジフ》きや眞北《マニシ》ぬまぶし枕《マクラ》
ヤイスリーまにしぬまぶしまくらササアツ
サ
三、眞北風《マニシカジ》吹《フ》きやましへぬあぶしうまくら
ヤイスリーまついぬまぶしまくらササツ
サ
四、あぶし枕《マクラ》しゆて稲《イニヤ》やらど薙《ナ》ぎゆる〱
ヤ〻スリ　稲《イニヤラ》　やらど薙《ナ》ぎゆる〱ササアツ
サ
五、稲やら薙《ナ》じからやとくめどまんだき〱
ヤイスリとくめどまんだき〱ササアツサ
六、とくめだちからやがるましやびう〱
ヤイスリがルマシヤビラ〱ササアツサ

▲短節《イチキヤ》の續き

○旅《タビ》ぬ上《ツイ》ぬくちさ雨降《アミフ》りやむくすさ
いきやくすさあてむ泣《ナ》きやヨーしるな
○人《チユウ》や肝心《キムグクル》 影姿《カギシガタ》いらむ
蠶《カイコ》 虫《ムシ》見《ミ》より腹《ハラ》や錦《ニシキ》
○たとい影姿《カギシガタ》 枯朽木《カリクチギ》あてむ
肝心《トゥムグクル》 花《ハナ》に咲かうぶしやむ

○年やはいかくぬ流《ナガ》り水心《ミジグクル》
復《マタ》むどて見《ミ》ぶしや舊《ムト》ぬ拾む
○月見《チキユミ》りや昔《ムカシ》 變《カハワ》じ照《テ》ゆい
思《ウム》はじに寄《ユ》たぬ年《トシ》ぬうらみしや
○年世《トシユ》戀《クヰ》むどち若《ワカ》さならりらむ
二度かへて咲ぬ花ぬねさみ
○年ゆ見や二三十肝《キム》見りや兄《ワラビ》
何時《イチ》む童心《ワラビキム》持ちゆてきやしゆいよ
○西風ぬ吹きや海ぬ底荒《スクア》りる
我が惡さあてど他人《ユス》をあらす
○酒呑《サキヌ》みむ八十飲《ヌ》ま酒まだなむ八十
酒ぬでぬ八十ましやあらみ
○天ぬ星株《ホシダマリ》讀みやさみしゆい
わがうみぬ事ぬさみぬしゆみ
○あさましが社會《シケ》に生りてやうしが
易《ヤ》す〱と暮《クラ》す暇《ヒマ》ぬねさみ
○哀《アワ》れしゆて泣《ナ》くな風《カジ》に笑《ワロ》らゆむ
泣なしゆてきばり花ぬ童《ワラビ》
○九《ココノ》つの鳥《トキ》ぬくぬくだいうとりや
さんにやしやし聞きや八十一《チユ》ふし

▲チヤツキヤリ節

○いちむ此ぬ世間《シケ》に暮さらぬ命《イヌチ》
社會《シケ》あたいぐちさあたらきやしが
○親《ウヤ》が生《ナ》しうかぎ文程《タキフド》に成長《フデ》て

—田坂—

親ぬなし事やしそに思《ウム》ふな

○情《ナサキ》あらと思《ウム》うて山道通《ヤマミチカ》ふて情無《ナ》ぬ汝《ニツ》がならみしやや。

○我《ワミ》としゆぬ情他人《ナサキユス》としゆみでみや、うでうちぬみやくぬちゞ眠《ニブ》て。

○指輪《ウビガニ》ぬかたみわぬくりて置《ウ》かば、手洗《テア》れ度毎《タビゴト》に我《ワ》事思《ウム》り。

○島越《シマゴエ》みぬ貴方《サト》にかきらでわみや、切《キ》ちむ切《キ》らむ金《カニ》ぬ結《ムス》び。

○貴方《ニソ》が事思《ワトウ》みや痛《イタ》まぬどむ痛《ヤ》みゆい、親《ウヤ》ぬ愚者《フリムヌ》や醫者《イシャ》ど呼《ユ》びる。

○戀《ウヰ》しわかりゆぬ藥《クシ》ぬあるなりや、たんで醫者《イシャ》がなし飲《ヌ》まち給《タ》ぼり。

○戀《クヰ》に焦《クガ》いてや泣《ナ》きがりやしらむ、戀《クヰ》し言葉《クトバ》ぬあてど泣きゆる。

○他人《ユス》ぬ戀聞《クヰチ》ちゆて泣《ナ》くなよや貴方《サトメ》他人《ユス》や花散す風《カジ》ぬ心《ククル》。

○流《ナガ》りゆさ貴方《サトメ》我救《ワヌスク》て給《タ》ぼり、社會《シケ》他波《ユスナミ》ぬ立《タタ》たぬ先《サキ》に。

○思てくりるなりや今思ふて給《タ》ぼり、年寄《ユ》てぬ空に思ふてぬすが。

○御門迄《ウジョマデ》や忍《シヌ》で木戸《キド》開《ア》けがならむ、かすら石枕《イシマクラ》夜半《ユナカ》過《スグ》す。

○夜半《ユナ》風《ハジ》たよて入《イ》らんでどしやしが柄竹《ガラダケ》ぬ床《ユカ》ぬ音《ウト》ぬ繁《シギ》しや。

○柄竹《ガラダキ》ぬ床ぬ音繁しやあてむなきしだいいもり話《ハナ》ち戻《ムド》さ。

○貴方《サト》やちり方《カタ》に忘《ワシ》りてど行《イ》きゆる、繰《ク》り返《カヘ》し〳〵うみしのちゆい。

○我一人寡婦《ワチュウイナグサメ》で思《ウム》い切《キ》ちどうたる、我《ワヌ》ち言葉《ムニ》言《イ》ちやぬ貴方《サト》がゝらみしや。

○親《カナ》しうみ貴方《ニソ》が情《ナサキ》さへありや、ぬゆで此《ク》ぬ困《ク》ちさ思《ウム》うてうるが。

○思《ウム》うてうりよ汝後先《ニツアトサキ》どうなゆる、思てさへうりや後《ヤト》や一途《チュミチ》。

○八月ぬ十五夜ゆりむどり〳〵汝《ニツ》と我《ワ》が若《ワカ》さ戻《ムド》りならむ。

○若《ワカ》さにぬ姿年取《シガタト》りや變《カハ》る何故《ニガヨ》や年寄りや姿《ノカタ》かはる。

○汝《ニツ》やいかいさみ樂《ラク》〳〵と眠《ニブ》て、我《ワミ》や汝《ニツ》が門《ジョ》に立ちややゐちやや。

○深く縁結《ホヌト》すでとじまらんやりや、貴方《サト》む考《カ》んぎより我身がいくゐ。

○貴方《サト》やいかいさみ勝《マサ》る花《ハナ》咲きゆい、我《ソミ》や貴方《サト》がまゝ年ど寄《ユ》ゆる。

▲万歳《マンゼー》口説《クドキ》

(二)親《ウヤ》ぬ仇《カタキ》を討《ウ》たんてい
萬歳姿《マンゼーシガタ》にうちかくち
棒と杖《ツエ》とて忍《シヌ》びてい。

(三)編笠《アミガサ》深く顔かくち
忍び忍びて立出でゝ
村々里々《サトウサトウ》越え來《ク》りば。

(三)やがてさたんに願立《グヮン》てて
前《メー》に向《ムカ》うて眺《ナガ》むれば
四方《ヨモ》の景色の面白《ウムシル》さ。

(四)行く末吉野《ユシヌ》ぬ大神《ウフガミ》に
祈る心は我が敵に
急《イス》じいき含《アウ》ち給《タ》ぼり。

(五)ちとけらまぬとなかには
海人《アマ》の釣舟《ツリブニ》みまごや
それから下《クダ》り來《キ》ちえい
後《ウシルゲ》御門《ムン》に立ち出でゝ
休《ヤン》む姿《ンガタ》が他人《ユス》知《シ》らむ（以下不明）

（故郷の青年、早瀨宮純兄の蒐集したもの）

—田坂—

手まり唄

紀北地方の童謠

——和歌山縣那賀郡田中村——

與田左門

(1)耳引きかり引き　かっぱ引き
おーとしたーら　耳を引く
しっかりしょーど　受けなされ

(2)おねんじょーの　尻まくり
おーとしたーら　まくりましょ
しっかりしょーと　受けなされ
（那賀郡東部）

じょーれんじょーの　尻まくり
おーとしたーら　むくられる
しっかりしょーと　頼みます
元《もーと》のお方に　渡します（伊都郡）

(3)換《か》へ換へてんまり　換へてまり
じょーず《上手》に換へたら　男《おとこ》の子
へた《下手》に換へたら　女《おなご》の子
さー一ぺん　換へましょか
（那賀郡東部）

換へ換へてんまり　換へて見しょ
上手に換へたら　男の子
下手に換へたら　女の子（伊都郡）

(4)とめ十《とーお》でよー來たな
　とめ二十《にーじゅ》でまーた行け
とめ二十でよー來たな
　とめ三十《さんじゅ》でまーた行け
とめ三十でよー來たな
　とめ四十《しーじゅ》でまーた行け
とめ四十でよー來たな
　とめ五十《ごーじゅ》でまーた行け
とめ五十でよー來たな
　とめ六十《ろくじゅ》でまーた行け
とめ六十でよー來たな
　とめ七十《ひちじゅ》でまーた行け
とめ七十でよー來たな
　とめ八十《はちじゅ》でまーた行け
とめ八十でよー來たな
　とめ九十《くーじゅ》でまーた行け
とめ九十でよー來たな
　とめ百《ひゃーく》でまーた行け
二人で交る〱つき合ふ

(5)とんと車に　十乘せて
十やそこらで　二十乘せて
二十やそこらで　三十乘せて
…………　…………
…………　…………
九十やそこらで　百乘せて
まあ一かん　貸しました

(6)とんと落せば　やすやのこいのき
まりつき　やりつき　すっとんとん
一《いち》や　どんどん
二《に》や　どんどん
三《さん》や　どんどん
四《し》や　どんどん
五《ご》い　あがり
百十日《ひゃくとーか》　一文目《いちもんめ》（一匁か）
百十日　二《にー》文目
百十日　三文目
百十日　四《しー》文目

百十目　五《ご》いあがり
金やの一
金やの二
金やの三
金やの四
金やの五いあがり
りんしょ　りんしょ　一りんしょ
りんしょ　りんしょ　二りんしょ
りんしょ　りんしょ　三りんしょ
りんしょ　りんしょ　四りんしょ
りんしょ　りんしょ　五いあがり
せんもんぢゃが　一文目　ふやふや
せんもんぢゃが　二文目　ふやふや
せんもんぢゃが　三文目　ふやふや
せんもんぢゃが　四文目　ふやふや
せんもんぢゃが　五いあがりふやふや
かきつばた　一文目
かきつばた　二文目
かきつばた　三文目
かきつばた　四文目
かきつばた　五いあがり
庭はき　一文目　はきはき
庭はき　二文目　はきはき
庭はき　三文目　はきはき

庭はき　四文目　はきはき
庭はき　五いあがり　はきはき
髮すき　一文目　すきすき
髮すき　二文目　すきすき
髮すき　三文目　すきすき
髮すき　四文目　すきすき
髮すき　五いあがり　すきすき
白粉《おしろい》つけ　一文目　つけつけ
白粉つけ　二文目　つけつけ
白粉つけ　三文目　つけつけ
白粉つけ　四文目　つけつけ
白粉つけ　五いあがり　つけつけ
紅つけ　一文目　赤い赤い
紅つけ　二文目　赤い赤い
紅つけ　三文目　赤い赤い
紅つけ　四文目　赤い赤い
紅つけ　五いあがり　赤い赤い
着物着かへ　一文目　着《き》た着た
着物着かへ　二文目　着た着た
着物着かへ　三文目　着た着た
着物着かへ　四文目　着た着た
着物着かへ　五いあがり　着た着た
帶しめ　一文目　締め締め
帶しめ　二文目　締め締め

帶しめ　三文目　締め締め
帶しめ　四文目　締め締め
帶しめ　五いあがり　締め締め
前掛結び　一文目　結び結び
前掛結び　二文目　結び結び
前掛結び　三文目　結び結び
前掛結び　四文目　結び結び
前掛結び　五いあがり　結び結び
金柑《きんかん》　一文目　ころころ
金柑　二文目　ころころ
金柑　三文目　ころころ
金柑　四文目　ころころ
金柑　五いあがり　ころころ
梅干　一文目　すいすい
梅干　二文目　すいすい
梅干　三文目　すいすい
梅干　四文目　すいすい
梅干　五いあがり　すいすい
おかぐらどんちゃん　一文目　一《ヒ》ィ二《フ》ゥ
おかぐらどんちゃん　二文目　一ィ二ゥ
おかぐらどんちゃん　三文目　一ィ二ゥ
おかぐらどんちゃん　四文目　一ィ二ゥ
おかぐらどんちゃん　五いあがり
一ィ二ゥ　（伊都郡）

―奥田―

麴をつく間に、庭を掃き、髮をすき、
白粉をつけ、帶を締め等、それぞれの
所作をする。この唄は那賀郡田中村で
は大分形が崩れてゐる。簡單に擧げて
見る。

とんと落せば　おすがに子がなきょ
麴ついた樣に
すー　どんどん
一ゃ　どんどん
……　………
五い　あがり
百十日　一文目
……　………
百十日　五いあがり
りーんよ　りんよ　一りんよー
……………　……………
りーんよ　りんよ　五いあがり
さくらと　一さくら
……………　……………
さくらと　五いあがり
足袋はき　一文目
……………　………
足袋はき　五いあがり
下駄はき　一文目
………　………
下駄はき　五いあがり
帶しめ　一文目
……　……
帶しめ　五いあがり
金柑ならし　一文目
……………　……
金柑ならし　五いあがり
梅干　一文目
……　……
梅干　五いあがり
ちょっと一かん　貸しました
(田中村)

(7) おしろ《後》のせー
ほんとのせー
大阪《おーさか》大《お》阪《さか》で　どやすやで
とやまかぜの　おはぐろほい
いくらですー
五百ですー
まーちとまからか　すかしかほい
あなたの事なら　まけとくえー
一《ヒ》ィ二《フ》ッ三《ミ》ィ四《ロ》ッ五《イ》ッ六《ム》ゥ七《ナナ》、八《ヤ》ァ九《ココ》ノ十《ト》ヲ
とお犬王寺の　おっ猿さんが
赤《ちーか》いおべべ(着物)が　大屑すーきーで
テテチャン　テテチャン
ちょいと一かん　貸しました。
(那賀郡西北部)

……………　…………
(前畧)
赤いおべべが　大屑好きで
テテチャン　テテチャン
昨夜《よんべ》貰うた　鯛の燒もん
小判の吸もん
わたしも　よばれて
(御馳走になる意)
一杯吸いましょかね
二杯吸いましょかね
三杯目には
肴が無いとて　お腹《はら》を立てて
はてな　はてな　はてはて　はてな
さあ丁度　一かん貸しました
(那賀郡東部
伊　都　郡)

(8) 一《ひ》ぃ二《ぶ》の　姉《あね》さん
お殿は無いとて侮りよーすーな
(よすなはなさるなの方言)

—與田—

殿は丹波の ×菊市さーまーよ
×
助市（那賀郡東部）
×菊の土産に 何々貰ーろーた
×
助（那賀郡東部）

一にゃ香箱 二にゃ白粉箱
三にゃさし櫛 しのびのまーくーら《枕》
擧げて一番 かーたーびら
片すーそば お梅の折り枝
中は五條の そーれ橋
それ橋から お水が出て來て
小萬《こまん》（小判と感じてゐる）小袖を
流《なー》がした
流す小袖に 水と云ふ字を
書いて流せば よー流《な》ぁがーろ
（那賀郡）

…………………………（前略）
小萬小袖を 流した
一つ流した 二つ流した
三つ目には 白い浴衣に
水といふ字を 書いて流しゃれ
スートントー スートントー
（伊都郡）

(9)
一《ひ》二《い》三《ふ》の姉さん 十四で嫁入り
四六二十四で 子が出來ました
去《い》ねとおっしゃりゃ 去にますけれど
元の十四に しておくれ

(10)
井戸端水仙 咲いたか見て來《こ》い
咲いたら一枝 お呉れと云《ゆ》て來い

(11)
今日は日はよし 天氣よし
向《むか》へのえびす講へ よばれて行《い》たら
鯛の燒物 小判の吸物
わたしも柳で
一寸一杯吸いましょかね
二杯吸ひましょかね
三杯吸ひましょかね
…………………………（7)參照）

以下、歌詞のみ殘つてゐるものであるが、或は手毬唄ではなつたかと思はれるものである。手毬唄と斷ずる爲には尚考究の餘地があらう。

(12)
うちの隣の 良太郎さんは
馬に乘ろとて 馬から落ちて
竹の切口で 手の平突いて
醫者を迎《むか》おか 鍼者《はりしゃ》を呼ぼか
醫者も鍼者も 御無用《ごみょー》なして
おっやちの山で 小石を拾うて
高野《こーや》へ 持って行き
高野のねーさん 金《かね》かと思《おも》て
之が金なら 帶買《こ》てあげら
帶にゃ短し たすきにゃ長し
三月の 腹帶
コラドンドン〱
ハリバドンドン〱
コリバドン〱 （那賀郡西北部）
これの裏やの ちょーだんさまが
馬に乘ろとて 鞍から落ちて
竹のちょがしで 手の平突いて
醫者にかけよか 眼醫者にかけょか
醫者も眼醫者も 御無用《ごみょ》になして
ごみよ川原で 碁石を拾ろて
紙に包んで 奥山へ持《も》てて
奥山おばさん 金かとおしゃる
金ぢゃござらぬ 碁石でござる
行《い》けば餅つく 酒買《こ》てのます
酒の肴にゃ 串柿三つ
もどり土産にゃ 三尺手拭

—與田—

帯にゃ短かし たすきにゃ長し
やはた八幡 鐘の緒に 鐘の緒に
（那賀郡東部）

(13)
和泉で一番 六兵衛さん
山口一番 きないさん
六兵衛の娘は お菊さん
お菊きないへ 貰はれて
やらんと云ふに 呉れと云《ゆ》て
それからお菊は 行くと云《ゆ》て
簞笥長持 おひをかけ
針さし針山 おひを掛け
赤い小袖も 十二枚
白い小袖も 十二枚
黒い小袖も 十二枚
帯は千筋 二千筋
下駄は百足 百ならべ
金の鋏も 十二挺
銀の鋏も 十二挺
これだけ揃へて やるからにゃ
戻つて來るなよ お菊さん
去られて來るなよ お菊さん
父《とゝ》さん母《かゝ》さん そりゃ無理ぢゃ
戻って來よとは 思やせん
去られて來よとは 思やせん
先の父さんの 氣も知らず
先の母さんの 氣も知らず
氣を知らねば 教せてやろ
夜は良人より 遅ふ寢て
四十四本の 戸を閉めて
朝は良人より 早《は》よ起きて
四十四本の 戸を開けて
かんす磨いて 茶々入れて
（かんすは茶釜）
一くべ焚いても まだ沸かん
二くべ焚いても まだ沸かん
三《みー》くべ目《めー》に 沸いて來て
父さん起きよし 茶々沸いた
それでも父さん 返事せず
母さん起きよし 茶々沸いた
それでも母さん 返事せず
良人起きよし 茶々沸いた
それでも良人は 返事せず
母さん寢言に 云ふ事にゃ
お菊焚いたら 茶々苦い
それからお菊は 腹立てて
二階へ上つて 髮といて
あんどの小影で 化粧して
六月土用の 事なれば
帷子一かん 手にさげて
雪駄一足 足袋片足《かたし》
山行き小僧に 問ふたなら
彼の山越えたら 我が里ぢゃ
門番門番 開けて呉れ
狐か狸か 化物でない
もとのお菊と 申します
お菊よう來た 開けてやろ
お前來るとは 知ったなら
馬や籠で 向ふのに
馬の丈程 金やろか
馬の丈程 金いらん
お前の丈程 金やろか
わたしの丈程 金いらん
黒土踏んだ 事もない
赤土踏んだ 事もない

(14)
昨夜《よんべ》生れた 松つぁんは
さし下駄はいて 杖ついて
算盤橋《そろばんはし》を 渡ろとて
下から蟹に はさまれて
上からとんび(鳶)に つつかれて
おいたいこいたい 權兵衛《ごんべ》さん

私《わたし》や十五に　なったなら
あの山ひらいて　宮建てて
宮のぐるりへ　松植えて
松の間へ　鈴つけて
あっちゃ引きぁ　ガラガラ
こっちゃ引きぁ　ガラガラ（田中村）
昨夜《よんべ》出來た　いとさんは
じょいじょい剃つて　髮結ふて
白粉つけて　紅つけて
紅が足らいで　買ひに行《い》て
かいかい橋を　渡ろとて
蟹にちょんぼり　挾まれて
蟹さん蟹さん　こらえて
（許して）お呉れ
わたしゃ十五に　なったなら
あの山崩して　宮たてて
宮の廻《ぐる》りに　松植ゑて
松の廻りに　鈴つけて
チロリンカラリン　鉮うて見しょ
（那賀郡南部）

(15)
わしの弟の　千松は
七つ八つから　金山《かなやま》へ
命を掘るやら　死んだやら
一年經つても　狀《ちょー》は來ず
二年經つても　狀は來ず
三年月の
夜《よる》の夜中に　狀が來て
狀の上書《うはがき》　讀んで見れば
千松死んだと　書いてある
ととさんかかさん　泣きよすな
（なさるな）
わしが十五に　なつたなら
あの山くだいて　宮建てて
宮のぐるりへ　松植ゑて
松の小枝へ　鈴つけて
チリリンカラリン　鉮って見ましょ
一寸一かん　貸しました。

(16)
一《いっ》でいとさん　こっぽり下駄たより
二《にー》でにわとりゃ　お米がたより
三で酒のみゃ　おととがたより
四《よっ》つ嫁さん　婿さんたより
五つ醫者どん　病人たより
六つ婿さん　嫁さんたより
七つ泣きみそぁ　おんば(乳母)
がたより
八つ山行《い》きゃ　辨當《べんと》がたより
九つ小《ご》坊《し》さん　おちんがたより
十《とお》で豆《と》腐《ぶ》屋《や》のないぎさん　三つ子産《ごー》ん
一人の子《こー》を　茶屋《ちゃーや》いやって
茶《ちゃ》のべべ着せて　ちゃーちゃーよ
ま一人の子《こー》を　くづし屋いやって
くづしに卷かれて　ふぎゃふぎゃふぎゃよ
ま一人の子を　紙屋いやつて
紙半帖貰うて　おと《父》っ《す》つ《ん》ぁんの前で
イロハー書いて
おまん(饅頭)三つと　換へ換へよ

—奥田—

エスキモ社會の季節的變動（モース）（一）

——社會形態學的研究——

湯淺興宗

本文は M. Mauss. Essai sur les variations saisonnières des sociétés eskimos. Essai de morphologie sociale. (L'anneé sociologique. Neuvième année.) の詳しき紹介である。モース氏のこの論文が佛蘭西に於ける斯學關係の最も卓越した論文の一つであることは今更めてここに述べる必要はあるまい。社會構成の民俗學的理解を得るに我々は多くの教示をここに見出し得ると信ずる。（編者記）

私達はここにエスキモ社會の社會形態學を研究したいと想ひます。

周知の如く私達はこの言葉で諸社會の物質的基底卽ち社會が地上に建てられましたときに採る形態、人々の數及び密度、人口の分布狀態及び集團生活の基礎を形成する諸事物をただ叙述するだけではなくそれを說明するがために研究する科學を意味してゐます。然しながら吾々は限られた地理的住民に就いて研究するのでありますから純粹な人種學的研究を避けなければなりません。私達は然してエスキモの形態學を研究してその種々の特徴を叙述的な一地方誌に集めることを志してゐるのではありません。その反對に私達はエスキモに關してある程度まで一般性のある諸關係を定めたいと思ひます。そして私達がこの注意すべき住民を私達の研究の對象としましたのは私達が注意を促したと思ふ諸關係がここでいはば擴大せられており、より明白な形態を呈してゐるのでその性質及び意義をよく理解することが出來るからであります。かくてこれ等の關聯がより不明瞭であり他の社會的事實が錯綜してそれ等を觀察者の眼から隱蔽してゐる社會に於てもそれを認め得るようになるでせう。エスキモがこの點に就いて特に優れた研究領域を提供するのは彼等の形態が一年の異つた季節によつて同じでないからであります。すなはち季節によつて人間の集合する形態、彼等の家屋の面積と形、彼等の建物の性質が全然變化するのです。これ等の變化——これは後述の如く非常に大きなものであります——によりまして、吾々は特別に有利な條件の下に人間集團の基底の性質及び構成が如何に種々なる集團的活動の樣式に影響するかを研究することが出來るのであります。ある一つの場合にのみ適用せられるのではない命題をたてる事を目的として研究する場合單一の民族を基礎としたのではあまり基礎が狹すぎると多分お考へになるでせう。しかし先づ最初にエスキモは土地のみではなく海岸に廣い面積を占めてゐることを見落してはならないのです。エスキモに就てはその所持する文化が有效に比較するに足る程同質でありまた豐富な比較が出來得るに充分なほど多樣に富んでゐる社會が一つに止らず數多存すのです。その上科學的命題はそれが確かめられたと思はれる場合の數が多ければ多い程そのために信頼が出來ると考へるのは誤りであります。一つの關係が唯一であつても系統的に細心に研究せられた場合に立てられたならば、證明としては多いがしかしごく異質的な社會民族文明から借用した實例で話を施した場合とは反對にその眞理は確實であります。スチュアード・ミルがどこかでいつてをります。よくなされた一つの經驗は一つの法則を證明するに足りると。それは惡くなされた多くの經驗より無限によく事物を證明します。然るにこの立法論の法則は他の自然科學と全く同樣に社會學にも適用されるのです。なほ私達はこの論文の終りに於て、私達がエスキモに就て觀察する諸關係が一般性を持つといふことを證明する數箇の事實を示すでありませう。これ等の問題を取扱ふと私達は人類地理學といふ特別な學問が實際に行つてゐる方法に對する私達の態度を明示することが必要になつてきます。それが取扱ふ對象はある意味で私達が取扱はんとする對象と全く同じ種類に屬してゐます。それも亦地表に於ける人類の分布の狀態及び社會の物質的形式を研究しようとしてゐます。その學がその方向に於てなした探求が重要な結果を齎したことを不法にも否定することは出來

—湯淺—

ません。この輝ける著述家の代表者に負つてゐる實證的な發見や豐富な暗示の價値を否定する程私達の思想から遠ざかつてしまふことはありません。私達は社會を地球上の一定點に集つた人間の集團としてのみ理解するから社會が土地の基礎から獨立してゐると考へるような過誤は犯しません。地貌、鑛石の産出、動物界、植物界がその社會と組織に影響することは明かです。しかしこの學派の學者がすべて地理學の專門家であつたのでその人々は自然に對象を非常に特殊なアングルから眺めるようになりました。卽ち研究が進むにつれて土地的要素に殆んど獨占的優越を與へた社會の物質的土臺をそのすべての要素、姿態に於て研究せずに何よりも先に土地に注意を集中しました。土地こそその人々の探求の最初の目的であり彼等と通常の地理學者との差異は土地を特に社會との關係に於て考へたことであります。他方、その人々はこの要素に何か解らない効力があるとしました。恰も土地が自己の力のみで云はば他のそれに補助し又はそれを一部又は全部破壞する力の協力なくして、それが含める效果を發現するかの如くに。最も著名な人類地理學者の著作を開いて見さへすれば、この觀念が各章の表題に現れてゐるのを見ることが出來ませう。土地の住居に對する關係の論文、土地の家族に對する關係の論文、土地の國家に對する關係の論文等等が相續いて存在します。

然るに事實上、土地はそれと分つべからざる他の多數の要素の作用とその作用の交流なくしては何事も出來ません。ある鑛石の富が人類を地上のある點に集合させるためには單にそれが存在するといふことだけでは不充分であります。その外に工業的技術の狀態がその採掘を許すといふことが必要であります。人類が分散して生活せずに集合するためには氣候または地形が促すだけでは充分でありません。その外にその道德的、法律的、宗教的組織がそれに集團生活を許すことが必要であります。純粹に地理的な環境はその上に殆んど排他的に注意しなければならない事實ではなく、それは人類社會の物質的形式が依存する諸條件の一つに過ぎないのであります。多くの場合、それは多數の社會狀態の媒介によつて初めて効果を生じ得ます。その社會狀態は最初は地理的環境に影響されますが終局の結果はそれのみによつて說明せられるのです。一言でいへば土地的要素は全體性、複雜性に於る社會的環境と關聯せしめられなければなりません。その要素は社會的環境から孤立せしめることは出來ない。同樣にその效果を研究する場合には相互反響をなすべき集合生活の全範疇に於て求められなければならないのです、それ故これ等すべての問題は地理學的問題ではなく純粹に社會學的問題なのであります。私達はこの仕事の對象をなしてゐるすべての問題を社會的精神をもつて取扱ひたいと思ひます。私達がこの研究が人類地理學に屬さないで社會形態學に屬するといふのは單に新造語を製造して喜ぶためではありません。この外見上の差異が指針の差を意味するがためであります。その上、エスキモの人類地理學の問題は極地帶の問題にいつも興味を持つてゐる地理學者の注意を可成屢々引きましたがそれに拘らず、私達の取扱はうとする題目はそれ等の著書の中では殆んど偶然に斷片的に取扱はれてゐるに過ぎません。

最近二つの著書が出ました。Steensby 氏の Om Eskimo Kullerens oprindelse 及び Riedel 氏の Die Polarvölker. Eine durch naturbedingte Züge charasterisierte Völkergruppe であります。前者はより優れて居り寧ろ民族學の研究であります。それは主にエスキモ文化の單一性を指摘しその起源の探求を目的としてゐます。著者はその起源をエスキモの外に發見したと信じてゐますが、それを充分說明すべき證據はありません。後者は專ら地理學的であります。そこには今迄吾々にエスキモの諸種族及びその居住地に就て與へられた最もよき敍述があります。しかし、そこには學生の論文によくある誇張をもつて土地的要素の獨占作用の理論が述べられてゐます。他の刊行せられた勞作は殆んど一樣に移住の問題を對象にしてゐます。

Hassert, Boas, Washter, Issachen, Faustini 諸氏の著作がそれであります。Mason 氏の交通機關に就ての著書の第三部は特にエスキモに關つてゐます。然し之は主として運輸と水運に關する技術的な研究であります。結局 Steensby 氏のみが幾分かエスキモの形態學の季節的變化といふ特殊問題に注意を拂つたに過ぎないようです。それ故吾々はその問題を取扱ふが爲には觀察者の直接の資料に賴るより他はないのです。

—湯淺—

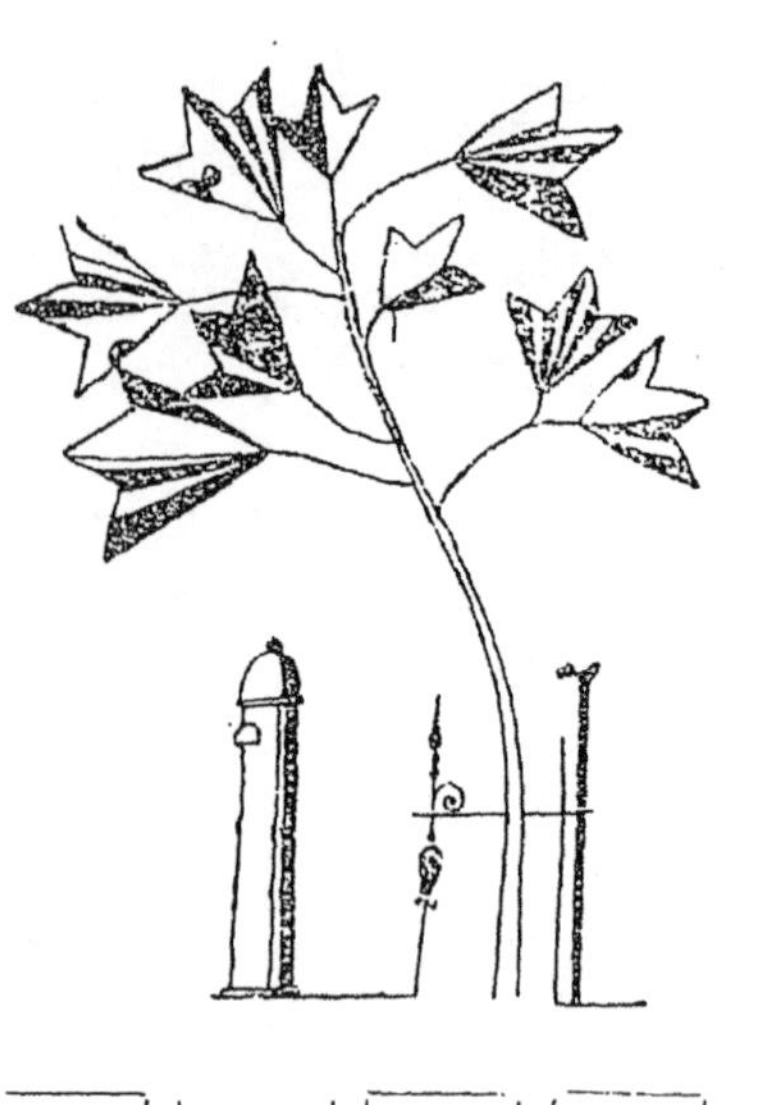

紙上問答

○たとへ一言一句でもお思ひよりの事は、直に答をしたためて頂きたい。
○一度出した問題は、永久に答へを歡んでお受け致します。
○どの問題の紙にも、もあひの番號をつけておいて下さい。

答(五八) 私の兄などが、生意氣盛りの明治四十年頃高知の商家を軒並に入つては、スルトヒーデルを呉れの、カムトゴーリゴリを呉れの、スワルトバートルは無いかなど丶からかつて廻つた由です。これらは燐寸、高知名產のツブ、マント等を外國語まがひにいふ謎語式の洒落なのですが、明治時代の流行の一現象として面白いと思ひます。(中平悅磨)

答(六一)「種子」 九月一日の鄉土研究(五卷四號)二四三頁以下、拙文「我子を生んが爲に他子を養ふ事」一讀を望む。又十月五日、大分市上野住、波多野宗喜氏來示の大意次の如し。云く、大分縣大分市及び大分、直入、大野諸郡では、結婚後數年又十數年を經て、なほ子なき場合は、止を得ず他子を養ふ、是れ我子を生んが爲に他子を養ふ事は割合に少なく、時偶ま養子をしても、實際に我子を生ん爲に、將來戶籍の都合上等、面倒の生ぜぬ樣に致しおく者もある樣に聞及ぶ、然るに、是迄何等統計を取てみた譯でなきも、子なき者が養子をすれば實子のできる事は隨分多く、其實例三四に止らず、優に十以上は數へ得る、此場合できた子供をセライ兒と稱ふ、セリ合ひの義か、養子と實子と競合ふといふ意味なるべし、他子を養ふた後に生れた子が隨分多いので、此地方では相當根强い俚說と思て今日迄傳はりおる樣だと。(十月十日午前十一時、南方熊楠)

答(六一)「種子」 島根縣濱田中學に奉職する千代延尙壽君より來示に「子供なき者が他人の子を貰つて育てると、屹度子供が生れる、而して世嗣が數代もなき場合抔は男子が生れると、當地方で信じて居る、之を鬼子とか、セラヒ子とか言て居る、又拾子を拾ふて育てると、子供が生れると信じて居る」と。(十月十七日午前八時南方熊楠)

答(六二)「ムグラモチを防ぐ法」 先に高槻地方の法を答へて置いたが、書物の中から又一法を見出したから再答する。嘉永二年版、狂言堂春や纖月の著「浪花十二月畫譜」下卷「厄はらひ」の條下に、節分の社參の事を述べて、「節分の夜……中略……又家々にて年弱《わか》きもの小兒など打參りいろ〳〵鳴物打オゴロモチハ內ニカマンヱコトノ、御見舞ジヤ子どもの丶しりはやすを吉例とす其奇特なきにあらずといふ」と見えてゐる。これによれば大阪地方は古より節分の行事と思はれる。(藪)

答(六三)「ムグラモチを防ぐ法」 書物の中から又一つ見附つたから報告する。長崎市史風俗編の中、長崎方言集覽一七一頁に「モグラウチ(土龍打)」と題して、「土龍打は(土龍卽鼴鼠)正月十四日なり。此日夕方より初更の頃に至て止む。ヲコロモチ長崎にてモグラと云。蓋方言。

長崎名勝圖繪」とあり。說明が簡に失して解り難いが、かゝる風習のありしことは知ることが出來る（藪重孝）

答（六三）　廣島縣賀茂郡西條町ではムグラモチを防ぐのに肥タゴ（肥を運ぶに用ふる桶）の兩耳をエンボ（天秤棒）にてこすり異樣な音を出す方法を用ひます。又廣島市郊外皆實町及愛宕町近傍ではナマコ（海鼠）の上に短く截つた藁を撒いて出來るナマコの溶け水をムグラモチの穴に注げばムグラモチは出て來ないと言はれてゐます。ナマコの代用にクラゲを用ふる事もある樣です、尙前記愛宕町にては年越しの晚、ブリキ鑵其他を打ち叩いて人々口々に

オグラドン（或はウグロドノ）オウチカ

ナマコドン　ガ　オミマイヂヤ

と叫び乍ら騷ぎ步く風習があつたものだと言ひます。（磯貝勇）

答（六八）　大便の催したのをとめる法は、土佐國幡多郡でも、人知れず小石を拾つて懷に入れると、暫くすると忘れた樣になほるとされ、幼時小學校の歸途など實行奏功した事を記憶してゐます。愚著萬葉傳說歌考で、神功皇后の鎭懷石の考辨に引いたことがあります。（中平悅磨）

學界消息

○慶應大學地人會例會　は十月廿三日同大學万來舍に於て開會された。先づ中村重嘉氏の日本領樺太に於けるオロッコ族の調査報告あり、今村晋氏よりは秋田縣大舘町在池內のシシ踊についての報告あつて、次に松本芳夫氏より熊野の童戲といふ話があつた。これは、明治三十年から四十年の頃、氏が少年時代に、生地熊本縣東牟婁郡に於て、親しくした童戲を省察し、報告したもので、童戲を說明して細微な點にいたるものであつた。童戲を季節に關するものと關せざるものとに分ち、前者より始めて、女郞蜘蛛をたゝかはせる遊び、トンボつり、目白とり、（ネンガリ）ネッキ等話は諸種のものに及んだ。終つて女郞蜘蛛をたゝかはす遊びの分布等が座談にのぼつた。

○東京人類學會例會　は十月廿四日東大人類學教室に於て開かれ、戶田貞三氏の「家族の構成に就いて」と題する講演があつた。

○日本社會學會第七回大會　は十月卅一日、十一月一日の兩日東京帝國大學講堂に於て開催された。當日學會に報告された題目廿六、今其若干をあぐれば、小林郁氏の「社會學上の問題」喜多野淸一氏の「農村に於ける階級構成に就いて」鈴木宗忠氏の「社會組織の社會學的解釋」松本潤一郞氏の「社會的接觸」小山隆氏の「婚姻より見たる士族の社會關係の變動」橫江勝美氏の「松平諸大名の婚姻に就いて」井森陸平氏の「農村人口の都會移動に就いて」鈴木榮太郞氏の「農村社會學上の一研究」小松堅太郞氏の「原始社會に於ける生產關係の位置」巨橋賴三氏の「武士階級社會組織治下に於ける固定階級の檢討」

○金田一京助氏　は十一月十五日豐橋市に於て開會される愛知縣教育會講演會に於て、「言語學と鄕土研究」と題する講演を行ふ答である。

○折口信夫氏　は十一月中旬長野縣小縣郡方面に赴く筈である。

○日本圖書館協會　第廿一回大會は十月九日、十日、十一日金澤市に於て開會され、特に今回は各地の圖書館が其地の鄕土誌資料を蒐集するに際して如何なる方法をとるがよきかといふ問題が討議された。これと時を同じうして、同大會委員會の主催によつて開催された鄕土文化展覽會は多數の貴重なる鄕土文化資料を展觀したが、就中、藩政時代の年中行事を一々當時の遺物を用ひ、或は新に實物を作つて示したのは面白い試みであつた。其十一月、十二月の部に出陳せられしものをこゝに錄せば、◇十一月、（袴着）熨斗目紋服・裃・印籠・碁盤（吹鞴祭）鞴・同飾一式（子祭）大黑天木像・子祭飾一式、◇十二月（雪中行事）被呉座・山岡頭巾・長合羽・雪道具（針供養）（餅搗）繭玉・杵卷（追儺）箕・桝（年越）掛鯛・矢立・弓張提灯

○「佐渡鄕土趣味硏究」旣に其十二號を出さんとして居るが、其發行者たる靑柳秀夫氏は更に「土俗硏究」及「佐渡珍書研究」の創刊を企劃して、目下會員募集中である。「土俗研究」は月刊、一冊貳拾錢の豫定。「佐渡珍書研究」は年六冊、燒附寫眞二、三葉を附し、限定十部、定價一部五拾錢、會費は二冊分前納の由。なほ同氏は「佐渡俗信集」「明治廿三年相川暴動の顚末」「佐渡一揆訴訟義民遺跡」「佐渡鄕土資料目錄」を近刊すると。照會は新潟縣佐渡郡小木町靑柳秀夫氏宛。

○筑前續風土記附錄・筑前續風土記拾遺、大宰管內志其他、福岡縣地方の鄕土文獻の複刻や、鄕土史料寫眞集の刊行を目的とする都久志刊行會は今回其機關誌とし

て郷土研究雜誌「都久志」を發刊した。菊版七二頁、植村恒三郎氏の「有史前後の千代の松原」長沼賢海氏の「九州の文化と博多」桑木彧雄氏の「博多獨樂」島田寅次郎氏の「英彥山の沿革概要」外八篇を收む。定價一部四十五錢福岡市材木町五二都久志刊行會

○青森縣に關係を持つ歷史研究・考古方言風俗等の民俗學・藝術・紀行・隨筆・座談會記事等郷土研究の各部面を綜合する郷土雅誌「むつ」が生れた。

其第二特輯號にのる柳田國男氏の「ツグリの事其他」は、地方言語の變化の社會的理由をもとめ、獨樂の變遷名稱の變化のあとを尋ねたもので、津輕の青森では鐵製の獨樂をコマ、其外は總てヅグリといひ、弘前では全部ヅグリといふが、ヅグリ・ツブリ・ツムグリは獨樂の古稱であつた。乃ち、和名抄下總本・伊呂波字類抄の獨樂の條を引いて、平安朝の初めまでに、有孔の舶來品のこまが入來し、高麗のツグリ、即ち、コマツグリ・コヽツブリと稱へられて珍重された。其結果京都では、早くから、此語を簡單にしたコマがツグリに代り獨樂の總稱となつたことを證し、津輕のツグリは京都の何時の狀態を傳へて居るか、今後の調査によつて確められるが、固有のツグリは轆轤細工の捻りゴマではなく、圓錐形の、心棒のない、不細工なブチゴマで、ヅングリしたといふ詞もこゝに由來し、橡の實をドングリといふのも、この實がツグリ・ツムグリとして用ひられて居たに基く、又東北地方にツグリの語の遺るは、轆轤細工の新種の來輸、即ち、これに關係する木地屋の來住の遲かりしことを語るものであるといふのである。この外、言語方面では、能田太郎氏の「東北語と九州語」一戶鎌三氏の「鼓蟲と水黽」民謠方面では松野武雄氏の「津輕民謠史」木村弦三氏の「採譜錄」民俗學方面では、竹内長雄氏の「西の關」木原茂

介氏の「海村時代」福田健之助氏の「下北半島雜記」山下次男氏の「昔話二つ」戀川春氏の「南部の春」座談會「佞武多の話」彌富破摩雄氏の「津輕の馬耕」更に、石田武雄氏の「岩木山神社と安壽姬」の考證をはじめとし、森武助氏の「伊能忠敬と竹內甚左衛門」佐藤雨山氏の「津輕の地本より觀た安東內亂の遺跡愚考」中道等氏の「奧羽劍客傳の傍證」外八篇を收む。菊版一七二頁、年四回發行、定價一部四拾錢。弘前市土手町神方陸奧郷土會發行。

○郷土研究　五ノ四

支那及朝鮮に於ける巫の腹話術　孫晉泰
お船靈樣　山本鹿洲
南と北の襯衣方言　能田太郎
明治二十年代、郷里の農村に殘つてゐた上代の面影(二)　窪田空穗
銘仙の語義　秦秀雄
我子を生まんが爲に他子を養ふ事　南方熊楠
孕婦の屍より胎兒を引離す事　同
虱が人を殺した話　同
信州松本在の狐　小口伊乙
山の夜話　土橋里木
名馬磨墨の產地　鈴木重光
美濃の炭燒長者傳說　林魁一
河童の傳へた家傳藥其他　田中喜多美
肥後天草島の民譚　濱田隆一
阿波の神踊歌(二)　後藤蜂子
紀南方言雜記(二)　雜賀貞次郎
秋田縣角館地方の禁忌と呪及占事　武藤鐵城
天氣觀測の俗信　河本正義
伊勢の話　澤田四郎作

○旅と傳說四ノ十

島の生活　早川孝太郎
日蓮の柳曼荼羅　中里龍雄
石の傳說　梅林新市
播州のお亥巳籠り　玉岡松一郎
かんから石　大坊柳骨
人體俗信集　小野秋風
既刊郡誌書目解題　大藤時彥
岩手の旅　本田安次

南島談話

「あさみち」と云ふ古語　伊波普猷
九州以南に於けるが行鼻音の調査　宮良當壯
風に關する喜界島の方言　岩倉市郎
島と云ふ言葉について　島袋盛敏
犯人檢擧と鬼定めの法　島袋源七
琉球語と日本各地方言との類似語　金城朝永

○史苑　七ノ一

ドルイドの研究　遠矢徹志
民族學の文獻　岡田太郎

○設樂　一ノ二

瀧壺に沈んだ人に就いての話　佐々木嘉一
本郷七人塚　原田清
かんろく羽織　早川孝太郎
籠立て場　佐々木嘉一
名うそ話　岡田松三郎
荒神祭　永江土岐次
村生活の一片　岡田松三郎
職分申渡の事　岡田松三郎
獵師をやめた話　槇林巳六眞
私の村の年中行事　西林喜久男
三ツ瀬村の舊事　原田清

日本神話傳說の研究 神話傳說編

菊判假綴三三〇頁
定價一圓八十錢
送料十四錢

高木敏雄著

本書は日本神話學民俗學の開拓者たり建設者たる故高木先生の神話・傳說・說話・童話に關する歷史的にして而も今日尙意義と價値とを有する研究論文を網羅したものである。

先生の日本神話學民俗學に於ける地位と功績とは今更茲に說くを要しない先生は人類學的比較神話學の潮先に立つて舊來の歷史派・言語學派・神道家の固陋獨斷的なる學說を一蹴し、而も日本特殊の方法を以てせる日本神話學の樹立を企てられたのである。實に輓近に於ける斯學の大成は先生の卓見と努力の賜と言はねばならぬ。

本書院は本書を刊行して先生の功績を不朽に記念し又以て斯學研究者の机上に薦めたいのである。

神話傳說編要目

日本神話學の建設
日本神話學の歷史的概觀
嵐神論不可能說に答へて自己の立脚地を明にす
素戔嗚尊神話に現れたる高天原要素と出雲要素
日本農業神話
大國主神の神話
古事記に就て
羽衣傳說の研究
浦島傳說の研究
アメリカに於るアジア的傳說要素
太平洋兩岸共通の傳說
牛の神話傳說
日本の天然傳說
人狼傳說の痕跡

說話童話編要目

日本古代の山岳說話
說話學者としての瀧澤馬琴
日本神話の印度起原に關する疑問
日韓共通の民間說話
三輪式神婚說話に就て
驢馬の耳
暗合乎・傳播乎
日本童話考
人身御供論
早太郎童話論考
英雄傳說桃太郎新論

附錄

日本土俗學研究の本領

日本神話傳說の研究 說話童話編

菊判假綴二四〇頁
定價一圓二十錢
送料十四錢

東京神田駿河臺
北甲賀町四番地
岡書院
電話神田二七七五番
振替東京六七六一九番

○寄稿のお願ひ

○種目略記　民俗學に關係のある題目を取扱つたものなら何んでもよいのです。長さも御自由です。

(1)論文。民俗學に關する比較研究的なもの、理論的なもの、方法論的なもの。

(2)民間傳承に關聯した、又は未開民族の傳說、呪文、歌曲、方言、謎諺、年中行事、生活樣式、慣習法、民間藝術、造形物等の記錄。

(3)民俗採集旅行記、挿話。

(4)民俗に關する質問。

(5)各地方の民俗研究に關係ある集會及び出版物の記事又は豫告。

○規略

(1)原稿には必ず住所氏名を明記して下さい。

(2)原稿掲載に關することは一切編輯者にお任かせ下さい。

(3)締切は每月二十日です。

編輯後記

○豫告のように今度「民俗學大會」を信州松本で開くことになりました。御病中にも拘はらず種々御盡力下さいました胡桃澤勘内氏、池上隆祐氏に深く感謝致します。

○本誌に載つた内藤智秀氏の「回教徒の祈禱作法」、松村武雄氏の「民間傳承と自然的環境」、外資料數篇が最近中華民國中山大學の少壯學者によつて漢譯されました。新興支那の民俗學研究熱はすさまじいものです。御存じの如く日本の民俗學は柳田先生の御努力を中心として今では世界に誇つてもよい程發達をしてゐると思ひます。然し不幸にして日本語の局限性は日本民俗學の世界的進出を阻んでをります。本誌が漸次日本民俗學界の國際的進出に貢献すること が出來てくるのは嬉しいことです。同時に外國の民俗學界を日本に紹介するのも亦本誌の務めだと考へてゐます。本誌が歐文の目次を載せ又外國の文献紹介を載せてゐるのも學問の眞の發達は國際的協力によつて始めて可能であると信じてゐるからのことなのです。念の爲めに申し添へます。

○本誌の體裁を一寸と變へて以來讀者各位からいろいろなお言葉を頂きました。贊否何れにしても「何んとかして良い雜誌にしたい」と努力してゐる微意だけはくんで頂き度いと思ひます。親切なお言葉はまだなれない編輯者に希望と勵みとを與へて吳れます。

○總目次索引を作つて貰ひたいと手紙をよせられる方が多いのです。今まで作らなかつたのは確かに手落か又は怠慢であつたと思ひます。目下、製作中ですからもう少しお待ち下さい。

○今まで本誌の形は四六倍判であるのに記事面は菊判と同じ大きさでした。高踏的であるけれど不經濟です。本號から限られた紙數に豐富な内容をもるため思ひ切つて欄を擴げました。讀者各位の御滿足を得ることが出來れば幸だと密かに心配してゐます。

△原稿、寄贈及交換雜誌類の御送附、入會退會の御申込會費の御拂込、等は總て左記學會宛に御願ひしたし。

△會費の御拂込には振替口座を御利用ありたし。

△會員御轉居の節は新舊御住所を御通知相成たし。

△御照會は通信料御添付ありたし。

△領收證の御請求に對しても同樣の事。

昭和六年十一月一日印刷
昭和六年十一月十日發行

定價金八拾錢

編輯兼發行者　小山榮三
東京市神田區表猿樂町二番地

印刷者　中村修二
東京市神田區表猿樂町二番地

印刷所　株式會社　開明堂支店

發行所　民俗學會
東京市神田區北甲賀町四番地
振替東京七二九九〇番
電話神田二七七五番

取扱所　岡書院
東京市神田區北甲賀町四番地
振替東京六七六一九番

昭和五年十二月五日第三種郵便物認可（毎月一回十日發行）

MINZOKUGAKU

OR

THE JAPANESE JOURNAL OF FOLKLORE & ETHNOLOGY

Volume III November 1931 Number 11

CONTENTS

PUBLISHED MONTHLY BY
MINZOKU-GAKKAI
4, Kita-Kôga-chô, Kanda, Tokyo, Japan.

民俗學

民俗學

第參卷　第十二號

昭和六年十二月

民俗學會發行

民俗學會會則

第一條　本會を民俗學會と名づく

第二條　本會は民俗學に關する知識の普及並に研究者の交詢を目的とす

第三條　本會の目的を達成する爲めに左の事業を行ふ

イ　毎月一回雜誌「民俗學」を發行す

ロ　毎月一回例會として民俗學談話會を開催す

　但春秋二回を大會とす

ハ　隨時講演會を開催することあるべし

第四條　本會の會員は本會の趣旨目的を賛成し會費（半年分參圓　壹年分六圓）を前納するものとす

第五條　本會會員は例會並に大會に出席することを得るものとす　講演會に就いても亦同じ

第六條　本會の會務を遂行する爲めに會員中より委員若干名を互選す

第七條　委員中より幹事一名、常務委員三名を互選し、幹事は事務を執行し、常務委員は編輯庶務會計の事務を分擔す

第八條　本會の事務所を東京市神田區北甲賀町四番地に置く

附則

第一條　大會の決議によりて本會則を變更することを得

委員

石田幹之助　宇野圓空　折口信夫

金田一京助　小泉鐵　小山榮三

松村武雄　松本信廣（在京委員）

秋葉隆　移川子之藏　西田直二郎

（地方委員）

前號目次

昭和六年十二月發行

民俗學

第三卷 第十二號

目次

資料・報告

附錄

樟柳神とは何ぞ

南方熊楠

郷土研究五卷四號二二三頁に、孫晋泰君言く、樟柳神とは、淸代の記錄より現はれたる者で、その性質の如何なる物であるかは、未だ私には判明しないけれども云々と。樟柳神に就ては、過る明治廿八年四月廿五日のネイチユール（五一卷六〇八頁）に予其說を書き、シユメルツ之を自分發行のインテルナチヨナル、アルキヴ、フユル、エツノグラフイエえ、シユレッゲル之をその通報《ツンペオ》に轉載し、大もてだつたので、次年更に予一世一代の長文を、ネイチユールに出した。然るに之が諸學者に引用さるゝ事、阿漕が浦の度重なりて、歲月の進むに隨がひ、予の名は振落され、今は之を受賣りした人の創說と心得た者も多い（例せば一九〇九年板、ハートランドの原始父權論、一卷四六―四七頁）。兎に角自分が一番早く氣付た事ゆえ、左に此神の何物たるを再說せう。

明の謝肇淛の說に「易に曰く、莧陸夬々たりと、陸は商陸也、下に死人有ば、則ち上に商陸あり、故に其根多くは人形の如し、俗に樟柳根と名くるは是也、之を取るの法、夜靜にして人無きに、油を以て梟の肉を灸つて之を祭り、鬼火叢集するを俟て、然る後其根を取り、家に歸つて符を以て之を煉ること七日なれば、卽ちよく言語す、一名は夜呼、亦鬼神の義を取る也、此草赤白二種あり、白き者は藥に入る、赤き者は鬼を使ふ、若し誤つて之を服すれば、必ずよく人を殺す、又荊楚歲時記に、三月三日杜鵑初めて鳴く、田家之を候がふ、杜鵑晝夜鳴き、血流れて止ず、商陸子熟するに至つて乃ち止む、蓋し商陸（子）未だ熟せざるの前は、正に杜鵑哀鳴の候なり、故に夜呼と稱ふる也と。」明の錢希言曰く、梁溪華別駕善繼、傳レ古嗜レ奇、詩才淸贍、與二弟善術一齊レ名、中歲投レ閒喜談二仙鬼一、從二方士一鍊二樟柳神一、戲學二耳報術一、後悔不二肯竟一レ學、爲二此鬼鑽入二耳中一、耳遂以聾、終二其身一不レ能レ聽と。又明の王同軌曰く、門人武辨陳生、寓二楊州軍門一、料レ敵有二奇中一、後何吉陽先生任二南少司寇一、以二火司馬李克齋公薦一、至居二衙中一、談二人往事及家居墳墓園宅一、如レ指二諸掌一、生所レ挾有二樟柳神一焉、神僅三寸許、白面紅衣、能從レ袖出、躍至二几上一、飮レ水歷々有レ聲、時而自呟レ作二閩語一、謂曾爲二儒生一死、而陳制二取之一、然相隨不レ久、亦當レ去矣と。是等を合せ攷ふるに、商陸の赤き者の根を取り歸つて、七日間符呪を仕掛れば、死人の魂が其根に來り留まり、術者の問に應じ、種々の事を告るので、其神時に小人と現じ、術者の袖より出で、几上に躍り上り、水を飮み抔したのだ。華別駕は其術を學びかけて中止したので、其神怒つて耳に深く入り、終身聾たらしめたと云のだ。（五雜俎一〇、末條。獪園一三。寄園寄所寄五）。孰れも明朝の書故、樟柳神の記錄は淸代に初まるてふ孫君の說は間違ひおる。

方術に植物の根を用る例は支那に限らず。往年此田邊近い漁村の或老婦（予知人の姑）が蓖荊（五卷五號三二四頁をみよ）の根本に、畸形の贅、自然に大黑とか惠比須とかの像とみゆるを採歸り、禱れば豫言して、福を授け給ふ迚、衆を聚め賽錢をせしめて、警察事件を生じた。此木の根本は浪と沙に採れ、往々異態の贅を生ず。予も富田中村の濱で、相好圓滿四具皆備の妙門形の物を獲、轉輪聖王玉女寶と銘し、一切衆生迷途所、十方諸佛出身門と、狂雲子の詩句を其箱にかき付け、戀しきにも悲しきにも歸命頂禮しおる。彼老婦は、代々エビス卸しを務めた女巫の家に生れたと云ば、此木の贅は、古來其修法に使はれたと察する。之に似た事、今より約千六百年の昔し、晋の嵆含が書た南方草木狀に、五嶺之間多楓木、歲久則生瘤癭、一夕遇暴雷驟雨、其樹贅暗長三五尺、謂之楓人、越巫取之作術、有通神之驗、取之不以法、則能化去。以前和歌山城に加藤清正が朝鮮より持歸つた楓の枯木を藏し、明治七年の旱りに、之を借て泥を塗れば雨ふるとて、村民等縣廳へ押かけ大騷ぎだつた。是れ支那で楓を神物とした遺風だらう。「越後國久米山の藥師のみくじトコロにて苦々しくも尊かり鳧」。此本尊はトコロの根を煉て作つた由。此事彼如來の諸經に無し。古く本邦でトコロの根を煉て、方術用諸像を作つた痕跡か。上に引た謝鏺二氏が、樟柳神像は煉て作らると云たに近い。清の張爾岐曰く、左道刻商陸根爲人形、咒之能知禍福、名章柳と。去ば刻んでも作つたものだ（蒿菴閒話二）。支那の舊說に、千歲の柏木、其下の根座せる人の如く、長さ七寸、之を刻めば血あり、其血を以て足下に塗ば、以て水上を步行して沒せざるべし、以て水に入ば水之が爲に開く、以て淵底に住べき也、以て身に塗ば則ち形を隱す、見られんと欲せば則ち之を拭ふと、以ての外以てだらけの記述だが、果して然らば以て身投げを粧ほひ、借金取りを避て、海底に夫婦暮しもなるべく、又以て自在に竊盜や夜這ひをし濟し得べしだ。安南で蠱に事ふる者は一草の根の精を祀る。其根精名はオントーだが尊敬して曾祖父と稱ふ。其草名はンガイ、山中に生ず。事蠱者秘密に之を山中又原野に培養し、期を定めて一所に之を祀り、呪を誦した後ち、白雄鷄一羽の足を括り、置て歸つて翌日往き見れば、鷄はなくて羽毛のみ殘る。扨事蠱者其法を行はんと欲すれば、根精を尅する時を擇んで、呪を誦し、何時迄にかく／＼の事を仕遂よと命じて其根を拔く。例せば、刀一本、水牛一頭、龜一尾、家一軒抔、敵の體內に生じ、增長して敵を殺せと命ずれば、其通りに成行く。其根の一片を敵の飮食に入てもよく彼を殺す。尤も輕便な一法は、ンガイ根の微分を事蠱者の爪下に匿して、敵に向つて彈き出し、又其口內に含んで敵に話し懸るに、敵答ふれば輙はちごねるのだ。李時珍蠱の種別を列ねた中にみえた草蠱とは是だろう。中央アフリカのボンゴ人は惡鬼、幽靈、妖巫、梟、蝙蝠、ガラゴ夜猴等を怖るゝ事甚しく、之を辟くるに或る植物の根を用ひ、術士之を賣るを專業とする者あり、又其根を使ふて鬼神と通じ、或は人を害し得と信じ、其使用法に精通した酋長に敬服して其威を仰ぐ。ニャムニャム人は、カルラてふ莎草の葉腋に出る毬根、先はムカゴの樣で、やゝ菱の實の形したのが、多く生ずれば其年狩の幸多く、片手に弓をもち、其上で其根を剉めば、矢必ず中ると信ず。（嬉遊笑覽一二。抱朴子內篇一一。一八八〇年西貢發行、佛領交趾支那遊覽探究雜誌、一卷六號四五三頁。本草綱目四二。出板年記無き龍動三板、英譯、シュワインフルトのアフリカの心臟、一卷一四五頁。二卷二四五頁）。

斯く根を方術に用ひる植物多般なる內、他に挺んでて最も著名なはマンドラゴラに極まる。是は地中海地方に二三種、ヒマラヤ山邊に一種、合せて只三四種より成る一屬で、茄科に屬し、紫の花さく。就中古く醫術媚術と左道に用ひられて過重された一種は、地中海に瀕する諸國の產で學名マンドラゴラ、オッフィシナルム。英語でマンドレイク。獨語でアルラウネ。露語でアダモヴゴロヴ。古ヘブリウ名ヅダイム。波斯名ヤブルズ。アラブ名イブルッ。パレスチナ名ヤブロチャク。今座右にないから月日は分らぬが、確か明治廿九年か卅年のネイチュールに、予此ヤブロチヤクなる名を、予未見の書で、明の方密之の通雅四一に引れた方輿勝略に押不盧藥と音譯したと書たは兎に角、右の波斯名かアラブ名を、宋末元初時代に押不盧と音譯したは疑を容れず。押不盧は本草にもし明の李時珍が、昔し華佗が腸を刳り胃を滌ふた外科施術には、こんな藥を用ひたゞろうと古人の言を引たを讀でも、和漢の學者何者とも分らずに過したのを、予が語學と古記述を調べて初めてマンドラゴラと定めた。宋末に周密曰く、回々國之西數千里、地產ニ一物ー極毒、全類ニ人形一、若ニ人參之狀一、其酋名レ之曰ニ押不盧一、生ニ土中深數丈一、人或誤觸レ之著ニ其毒氣一必死、取レ之法、先於ニ四旁ー開ニ大坎一、可レ容レ人、然後以ニ皮條ー絡レ之、皮條之系、則繫ニ于犬之足一、既而用レ杖擊ニ逐犬ー、犬逸而根拔起、犬感ニ毒氣ー隨斃、然後就埋ニ土坎中ー經レ歲、然後取出曝乾、別用ニ他藥ー制レ之、每以ニ少許ー磨レ酒飮レ人、則通身麻痺而死、雖ニ加以ニ刀斧ー亦不レ知也、至ニ三日後一、別以ニ少藥ー投レ之即活、蓋古華佗能刳レ腸滌レ胃、以治レ疾者、必用ニ此藥ー也云々と(一八九五年ライプチヒ板、エンクレル及プラントルの植物自然分科篇、四篇三部二卷二七頁。一八八四年板、フォーカードの植物俚傳口碑及歌謠、四二六頁。一八八五年三板、バルフォールの印度事彙、二卷八四四頁。一八七九年ボストン板、ピッカーリングの植物編年史、二四七頁。本草綱目一七。癸辛雜識續集上。志雅堂雜鈔)。西曆七世紀の初め西班牙セボヤの僧正で、中世最も行はれた大部の百科全書を物したイシドルス曰く、マンドラゴラの根は男形のと女形のとあり、之を採る人は、之に觸ぬ樣注意して、其周りを飛廻るべし、先づ此草に犬をしかと括り付け、斷食せしむる事三日の後、パンを示して遠方より呼ば、犬パンを欲して草を強く牽き、根が叫び乍ら拔ける、其叫びを聞て犬は矢庭に斃る、人もそれを聞ば必ず忽ち死ぬから、耳を強く塞ぐを要す、其根を獲れば何病でも愈ぬはなしと。蓋し持主の守護尊と成て萬病を治し、埋藏せる財寶を見出し、箱に納めた金錢を二倍に殖し、邪鬼を辟け、戀を叶へ、豫言をなす等々其利益あげて數ふ可らずと言傳へた物だ(一九〇五年板、ハズリットの諸信念及俚傳、二卷三八五頁。バルフォールの印度事彙、前に引た卷頁)。然し此物は毒藥で、古希臘より中世歐洲に至る迄、患者を麻醉せしめて施術するに用ひ、アラブの名醫アヸセンナも其功を推奬した。又カルタゴの大將マハルバルは、酒にマンドラゴラを入て、叛徒多人を睡らせて殺し、ジュリヤス、シーザーはシリシアの海賊に捕はれた時、マンドラゴラ酒もて彼等を睡らせ難を脱れたといふ。又支那人がマンドラゴラを人參の狀の若しと云た同樣、昔しの歐洲人は、支那の人參の根が人に似て、藥功神の如しと聞き、支那にもマンドラゴラ有りと信じた(一九一八年板、フレザーの舊約全書の俚傳、二卷三八七頁。一八五五年五〇板、クルーデンの舊新約全書要語全解、四三六頁)。押不盧なる漢名と波斯語のヤブルズ、アラブ語のイブルッ、パレスチナ語のヤブロと酷似するのみならず、押不盧とマンドラゴラの記載諸項がかく迄符合する故、予は胡元の威勢が、遠く西亞から地中海濱に迨んだ時、彼方に行はれ居たマンドラゴラの諸談が支那に入來り、其名を押不盧として周密に筆せられたと知た。

本草綱目一七、押不盧の次に曼陀羅花あり。其名が似るを以て之をマンドラゴラと想ふ人あり。李時珍說に、法華經に、佛說法の時天此花を雨らす、又道家北斗に陀羅星使者ありて手に此花をとる、故に後人因て以て曼陀羅花と名く、梵言雜色也、中略、姚伯聲が花品に惡客とよびなすとある。

—南方—

佛經に所謂曼陀羅花《マンダラ》は、天妙花又適意と譯し、帝釋天の五木の一で、印度から琉球に多く產するディゴ（梯姑）學名エリツリナ、インヂカ、又同屬のエリツリナ、フルゲンスの由。何れも英語でコラル、ツリー（珊瑚木）花赤くて美しい故に名く。「器量よければわしやボケの花、神や佛に嫌はる る。」日本では刺ある花を神佛が忌むといふに、印度では花さえ美しければ、刺が多からうが、膀迄毛がはえ有らうが、構はぬとみえ、此木には刺が多い。因て支那で刺桐と呼ぶ。昔し福建の泉州に城を築いた時、盜を禦ぐ一助でも有らうが、刺桐を環らし植たので刺桐城と通稱された。唐の陳陶が泉州城の刺桐花の詠六首等あり。當時アラブ人多く渡唐し、刺桐の音がゼイツン（オリヴ樹のアラブ名）に近いから、刺桐城乃ち泉州城をゼイツン乃ちオリヴ城と呼だ。ゼイツンを唐の頃齊暾と音譯したが、そはオリヴの事で、油を取て用る事、中國の胡麻を用る如し抔かきある。オリヴは唐朝の支那に無つた故、珍聞として書留たのだ。其を知ずに、本邦の本草學者の牽强を沿襲して今も、エゴノ木を齊墩（暾が正しい）果とかくは、謬りを守るに忠なる者だ（一八八八年板、アイテルの支那佛教學者必携九四頁。上引バルフォールの印度事彙、一卷一〇五頁。廣群芳譜七三。明治四十年十二月發行、東洋學藝雜誌三一五號、拙文「オリヴ」樹の漢名」）。扨本草綱目の曼陀羅花は、木で無て藥草だから、佛が持たとか極樂を莊嚴すとかいふ曼陀羅花（乃ちディコ、漢名刺桐）とちがふ。又本草の曼陀羅花は、獨莖直上四五尺とか白花を開くとか、丸でマンドラゴラの葉殆んどなく、花紫なるに異也。決してマンドラゴラでない（一八八〇年板、ラウドンの植物辭彙、一五四頁）。重修植物名實圖考二四下に、嶺外代答、廣西曼陀羅花、大葉白花、結レ實如ニ茄子一、而徧生ニ小刺一、乃藥人草也、盜賊採乾而末レ之、以置ニ人飲食一、使ニ之醉悶一、則挈レ篋而趍、南人或用爲ニ小兒食藥一、去レ積甚峻と出し、秘傳花鏡五に、其實圓くして丁拐（イガ）ありと記せるは、從來邦人がテウセンアサガホに當たを正しと證する。花鏡に曼陀羅花蓋秀語也とあるは、詰らぬ物に花を持せやつたとの意で、先づそんな事だらう。又本草圖譜一八に、狼毒をマンドラゴラに近いと言たが、本草綱目に狼毒の形狀を載せず。苗が大黃に似る抔短文であるのみ。名實圖考に、本草書狼毒に於て、皆な甚だ明らかならずといひ、二書の其圖が些ともマンドラゴラに似居らぬ。そんな物をかれこれ推測したつて當る筈なし。由て繰返し、押不盧のみが、マンドラゴラの漢名と斷言しおく。序でにいふ、本草和名一一に、狼毒をヤマサクと訓す。博物志に防葵似ニ狼毒一。防葵は何物と知れねど、綱目の記戴と圖を併せみれば、繖形科の物と判る。それに似たと云から、狼毒も繖形科の物らしい。扨本邦にシャク又山ニンジンてふ繖形科の草あり。此シャクが、昔し狼毒に當てられたヤマサクと、何等か聯絡あるのかと想ふ。（箋注倭名鈔十參照）。

商陸又當陸と書く。李時珍曰く、此物よく水氣を逐蕩す、故に逐蕩《ついたう》といふ、訛つて商陸、又訛つて當陸、北音訛つて章柳となすと。そんなに訛まり續けたと假定するよりも、予は商陸の字に意義なく、どこか邊土の支那人外の原住民の語を、支那語に音譯した者と思ふ。倭名類聚抄に其和名をイヌスキとしてあるが意味判らず。其根の形が似た故か、山ゴボウと通稱。此稱へは約九百五十年前成た康賴本草既に錄しある。商陸科の商陸屬植物は、マンドラゴラ屬の東半球に偏在するに異り、東西半球に產して總て十一種、內一種フィトラッカ、アシノサは和漢共に產し、普通のヤマゴボウと商陸で、多少の變種もあるらしい。支那で其根も苗も葉も洗ふて蒸し食ふが、根の赤いのと黃色なは毒で、白根と紫根の者のみ食ふべしといひ、ネパル人も日本人も其葉を煮食ふといふが、此邊では食はず、脚氣患者抔が、水下しに根を煎じて呑み、呑過て死ぬのも時々ある。陶弘景曰く、商陸根人形の如きは神ありと。小野蘭山說に、其根皮淡黄褐色、形ち大根の如し、或は人形の者あり、年久しきは、甚だ大にして徑一二尺に至ると。此稿の初めに述べた如く、支那の術士はこの人形の根もて樟柳神を作るのだ。此事殆んど歐洲でマンドラゴラの人形の根を奉崇するに同じ。本草に商陸に赤白の二種あるをいひ、プリニウスはマンドラゴラの根亦白い雄と黒い雌の二樣あるを云たが、商陸に雌雄の沙汰なし。古希臘では、マンドラゴラに催婬の力强しと信じ、婬女神アフロヂテをマンドラゴラ女神と稱へた。戀を叶へん爲に其根を求むるに、刀で三度此草の周りに圜を畫き、面を西にむけて之を切る。第二の根を求めんとならば、專念猥談し乍ら其周りを踊り廻らざる可らず。又根を掘るに、身を風上に置ねば成ぬ。風下で立廻れば、其惡臭强くて人を打倒す事あるからだと。現代の希臘青年も其小片を佩て媚符とす。こんな事は商陸根にない。それからマンドレイクは古來子を孕ます効ありとされた。舊約全書に、ラケル已がヤコブに子を生ざるをみて、其姉を妬み、ヤコブに言けるは、我に子を與へよ、然らずば我死んと。ヤコブラケルに向ひて怒を發して言ふ、汝の腹に子を宿らしめざる者は神だ、我れ神に代れる者か。ラケルいふ、我婢ビルハを視よ、彼の處にグッと入れ、彼子を產で我膝に置ん、然らば我も亦、彼に依て子を得るに至らんと。其仕女ビルハを彼に與へて妻たらしめたり、ヤコブ即ち彼の處に入る。ビルハ遂に孕みて、ヤコブに子を生ければ、ラケル言けるは、神我をかんがみ、亦我聲を聽いれて、吾に子を賜へりと、是に由て其名をダンと名けたり。ラケルの仕女ビルハ再び孕みて、次の子をヤコブに產ければ、ラケル我れ神の爭ひをもて、姉と爭ひて勝ぬと言て、其名をナフタリと名けたり。茲にレア產む事の止たるをみしかば、其仕女ジルパを取て、之をヤコブに與へて妻と爲しむ。レアの仕女ジルパ、ヤコブに子を產ければ、レアやらかす門に福來れりと云て、其名をガドと名けたり。レアの仕女ジルパ、次の子をヤコブに產ければ、レアいふ、我は幸ひ也、娘等我を幸ひなる者と爲んと、其名をアセルと名けたり。爰に麥刈の日にルベン出往て、野にて戀茄〔ヅダイム、乃ちマンドラゴラ〕を獲、之を母レアの許に持來りければ、ラケル、レアに言けるは、請ふ我に汝の子の戀茄を與へよ。レア彼に言けるは、汝の我夫をとりしは小さき事ならんや、然るに汝又我子の戀茄をも奪んとするや、ラケルいふ。されば汝の子の戀茄の爲に、夫是夜汝と寢ぬべし。晚に及びてヤコブ野より來りければ、レア之を出迎へて言けるは、我誠に我子の戀茄をもて汝を雇ひたれば、汝我の所に入ざる可らず、ヤコブ卽ち其夜彼と寢たり。神レアに聽給ひければ、彼れ妊みて第五の子をヤコブに生り。レア言けるは、我れ我仕女を夫に與へたれば、神我に其値を賜へりと、其名をイッサカルと名けたり。いつさかる所ろか、すぐさま矢繼早にさかつたので、レア復た妊みて、第六の子をヤコブに生り。レア言けるは、神秘によき賜物を賜ふ、我れ六人の子を生たれば、夫今より我と偕に住んと、其名をゼブルンと名けたり。其後かれ女子をうみ、其名をデナと名けたり。爰に神ラケルを念ひ、神彼に聽て、其胎を開き給ひければ、彼妊みて、男子を生ていふ、神我が耻を洒ぎ給へりと。乃ち其名をヨセフと名けていふ、ヱホバ又他の子を我に加へ賜はんと。之に反して商陸には子を孕ましむる藥功も一向みえない。是等が二者のちがつた所だが、外には似た事が多い。

マンドラゴラが催眠又麻醉性に富る由は前に述べた。是も商陸には有りと聞ぬ。然し本草に商陸に赤白の二種あり、白き者藥に入る、赤き者を內

―南方―

用すれば甚だ毒あり、鬼神を見るとか使ふとか、人を殺す抔いひおり、一概に赤い者を排斥したから、右記の藥性が有ても知及ばなんだ筈だ。たゞ一つ、北宋の蘇頌が、人心昏塞し、多く忘れ臥すを喜むに、商陸花を百日間陰乾し、搗き末して、日暮れに方寸匕を水で服し、臥して欲する所の事を思念すれば、卽ち眠中に醒悟すとあるは、阿片等の催眠劑に、時に加樣の働らきあるより推して、高陸花も多少催眠の効ある證かと思はれる。アラブ人はマンドラゴラを惡魔の蠟燭とよび、十或は十一世紀の英國古文書には、此物夜分蠟燭程光るといひ、西曆一世紀の猶太人は、マンドラゴラの色焰の如く、夕に强く輝やくと云た。之と均しく、上に引た五雜組に、商陸を、靜夜梟肉もて祭れば、鬼火集まると出づ。一八七六年レボーがニカラグワで見出し、電氣商陸と名つけた灌木は、八步隔つた磁針を狂はし、蟲鳥も近付ぬ程の發電力ありと云から、貧乏に成ずとも、芽から火を出すだらうが、先はそんな發電植物がありとは受取りかねる。古猶太人はマンドラゴラ根もて、邪鬼が付た患者に觸れば忽ち退散すと信じた。神農本草に商陸は鬼精物を殺すと述ぶ。マンドラゴラよく叫ぶ事は上に出した。五雜組に、商陸一名夜呼、赤鬼神の涎に取ると云、荊楚歲時記に、商陸子熟せざれは、杜鵑鳴き止ず。その成長中に此鳥なき續く故、商陸を夜呼と稱ふとあるが、嬰兒が夜啼する間だ、溫飩ができ上らぬ故、夜啼溫飩と云と解く樣で、合點が行ぬと云と、擂妻めが、香螺《ながにし》を祝せば、嬰兒の夜啼が止るから、彼の貝をヨナキといふ例もあると出しやばる。猪狐才めと睨んでも、南方隨筆四六頁に說た通り、「那でもトシマと云ば廣い樣。」飛切り廣い介を持居るので邪視も利ぬ。然しこんな時には佛說通り、ナニサ是は心自言心、釋迦大日もそれ此を如何だ、何と考えても、神農本草既に商陸を夜呼と稱へあり。杜鵑の名を更に載せ居ぬから、商陸子熟して杜鵑鳴き止むの說は、梁朝人のこじ附けに相違ない。次に西說に、マンドラゴラは地の暗き處に棲み、絞臺の下で、絞刑尸の氣と肉で育つといひ、獨逸では、盗褻の盗人、又胎內にある內、母が竊盗した者が絞刑に處せられた斷末魔の遺精又遺溺より、マンドラゴラが生るといふ。其と相應して、五雜組に、下に死人有ば、則ち上に商陸ありと出づ。(本草綱目一七。一八八九年ライプチヒ板、エンクレル及プラントル、植物自然分科篇、三篇一部三卷一〇頁。バルフォール印度事彙、三卷二〇九頁。重訂本草啓蒙一三。プリニッス博物志、二五卷九四章。フレザー、舊約全書之俚傳、二卷五七五－五七六頁。創世紀卅章一一二四節。フォーカードの植物俚傳口碑及歌謠、四一六及四九四頁。一八五一年板、ツレール英譯、ヨセフスの猶太軍記、二卷二三〇頁。フレザー同前、三八一頁)。一八四五年ブルッセル四輯、コラン・ド・プランシーの妖怪事彙三〇七頁に云く、古獨逸人は堅い根で守護尊の像を作り祟め家內安全を祈つた、殊にマンドラゴラで作つた、之を鄭重に衣裳させ、小篋中に軟かに臥さしめ、毎週酒と水で浴せしめ、毎食時に飲食を供へた、左樣せぬ時は像が小兒の樣に泣き飢渴を訴へ、家內に不幸を招いた。此像は秘藏し置れ、吉凶を問ふ時の外、取出さなんだ、斯る像は高さ八九吋、奉祀する者始終幸福で、何物をも怕れず、望む物皆な獲、いかな難病も治すと信じた、又未然を豫言する事頗ぶる妙で、吉凶を問ば其頭を搖て答ふと云た。下日耳曼や丁抹や瑞典に此迷信今も殘存すと。亡友廣畑岩吉氏談に、飯綱の法を使ふ者、其神が寄りある人形を、京の吉田家へ借りに行くと、一室に多く人形を祀りあり、そこへ案內されると、人形各々笑ひ媚て其人方え徃んと求む。自家相當の人形を乞ひ、持歸つて美裝愛撫する事吾子に異ならず、扨色々と事を問ふに、或は頷づき、或は首を振て應答した由。惟ふに支那の樟柳神も之と同樣、古獨逸のマンドラゴラに似た者だらう。又沙翁の戲曲に一して地中より引拔たマンドレイクの樣な叫び聲、人が聞たら氣が狂ふ者とある由、フォーカードの植物俚傳、口碑及歌謠、四二六頁にみゆ。支那でも、明の方密之の物理小識十二に、莨菪子、雲實、防葵、赤商陸、曼陀羅花、皆令二人狂或見一レ鬼と出づ。

以上予が商陸とマンドラゴラの東西諸說相似た諸項を列擧した。讀者之に就て、此二つの迷信は相類似せる點甚はだ多く、初め別々に生立はしたもの丶、成長の進むに隨つて、彼は此れに採り、此れは彼に倣ひし事亦決して少なからぬと氣付るゝで有う。

蓋し、商陸が早く支那人に知られ、マンドラゴラが早く地中海沿岸諸國に聞えたに甲乙無れば、此二草に關する迷信の根本は全く別なるべく、迷信諸項多く相一致するも、或は彼に在て此になく、或は此に在て彼になきは、適たま其根本の異なるを示す（亞細亞の西部、マンドラゴラを產する地方に、一種の商陸、フィトラッカ、ブルイノサあれども、晩く氣付れた物で、古典に見えず）。商陸が東洋で最も古く記されたは、神農本草に之を下品藥とし其効能を述ぶ。此書は漢代の作といふから、實際一番古い文獻は易經で有らう。古今圖書集成、草木典一三一に引る五代の邱光庭の兼明書に易經夬九五曰、莧陸夬々、中行无レ咎、王弼云、莧陸草之柔脆者、子夏傳云、莧陸、木根草莖、剛下柔上、馬鄭王肅皆云、莧陸一名章陸、明曰、如二諸儒之意一、皆以二莧陸一爲二一物一、直爲二上六之象一、今以二莧陸一爲二二物一、莧者白莧也、陸者商陸也、莧象二上六一、陸象二九三一、上六象レ陰、莧亦至柔也、九三以レ陽應レ陰、陸亦剛下柔上也、且夬是五陽共決二一陰一之卦、九五以レ陽處レ陽、旣剛且尊、而爲決二主親一決二上六一、而九三應レ之亦將レ被レ決、故曰莧陸夬々、重言レ之者、決レ莧決レ陸也、由レ此而論、莧陸爲二二物一、亦以明矣、桉本草商陸一名葛根、一名夜呼、一名章陸、一名烏椹、一名六甲父母、殊無莧〔陸〕之號、蓋諸儒之誤也、云々とある。是は莧も商陸も柔らかな物ゆえ、莧陸夬々云々の句ができたと解たのだ。北宋の陸佃は曰く、易曰莧陸夬々、莧訓二上六一蓋兌見也、而又乘二五剛一、柔脆易レ除、莧之象也、九五剛得二尊位一、大中高大以平、而柔生二于上一、莧陸之象也列子曰老韭之爲レ莧也老羭之爲レ猿也、言物以レ老故變、有二如レ此者一故易、以二九六一爲レ老、蓋老則變矣、傳曰靑泥殺レ鼈得レ莧復生、今人食レ鼈忌レ莧其以レ此乎と（埤雅一七）。是は莧を變化を能する草と見立たのだ。昔し科學智識の乏しかつた世には、味が似たとか、柔かさが似たとかで、何の緣邊もない物をも同類とし、莧科の莧（ヒユ）と馬齒莧科の馬齒莧（スベリヒユ）を一類二種とみた。由て朱子は易經の莧を馬齒莧とし、商陸と共に陰氣を感ずる事多き物と言た。淸の張爾岐朱說を贊成し、嘗て聞く、馬齒莧與二鼈臛一同食、成二鼈瘕一、雜二和鼈肉一同器藏レ之、信宿化爲レ鼈、左道刻二章陸根一爲二人形一、咒レ之能知二禍福一、神醫書又云、取二商陸花一陰乾百日、擣末服レ之、臥思二念所レ欲事一、卽於二眼中一自見、二物實草木之妖異者、其感二陰氣一之多可レ知、小人倏內變、現二魚怪一百出、正相似也と云た（蒿菴閒話一）。

人の身內に鼈生じ惱ますを鼈瘕といふ。支那の醫書に數しばみえる。滿翰譜八下に云く、天正十三年四月十六日、丹羽長秀切腹して死す「是は年頃の積聚といふ病に犯されて、命旣に盡んとす、譬へいかなる病なり共、我命失なはんずる者は正しき敵にこそあれ、いかで其敵討では空しくなるべき迚、腹搔切り腸くり出してみるに、奇異の曲者こそ出來たれ、形石龜の如くに、喙嘴の如くに尖り曲りて、背中に刀の當りたる跡有けり、長秀自ら筆執て、事の由を記して、我跡の事をよきに計らひ給ふべしと書認ため、彼の腹切たる刀に積蟲添て大臣に獻る下略」とある。其蟲を秀吉が醫師竹中法印に與えた（和漢三才圖會五五）。明治十五年頃それを見た人が、東洋學藝雜誌え報知したのを讀むと、全く海龜の幼兒だつたそうな。長秀かねて鼈瘕の話を聞きかぢり居たので、秀吉の下につく事を不快で死だと知れぬ樣、海龜の子を求め傷つけ、鼈瘕の惱みに堪ず、自殺したと吹聽させたとみえる。本草綱目四二、紫庭眞人說に、九虫之中六虫傳變爲二勞瘵一、而胄蚘寸白三虫不レ傳、其虫傳變、或如二嬰兒一、如二鬼形一、如二蝦蟇一、如二守宮一、如二蜈蚣一、如二螻蟻一、如レ蛇、如レ鼈、如レ蝟、如レ鼠、如レ蝠、如レ蝦、如二猪肝一、如二血汁一、如二亂髮亂絲等狀一とある。諸動物の寄生虫、トレマトダ類抔には形ち扁圓で、鼈に似たといひ得る者が少なからぬ。處ろえ科學智識なき人は、寄生虫が自分の體內で動く樣子を考えて、種々の物がそこに住むと確信する。そんな所の醫者巫覡亦中々黠智有て、病人が體內にありと信ずる通りの物を持來り、投劑祈禱して後ち、患者の身から其物が出た樣、素早く手品をやり、安心せしめて其病を治し了るのが多い（續南方隨筆、一八六頁以下參照）。印度の醫王耆婆は、升で穀を量り了つて、其升で自ら頭を傷つくる人をみて、何故と問ふに、頭が痒くて堪へられぬと答へた。耆婆乃ち法を以て彼の顱骨を開き、蜈蚣を取出し療じ、又亡夫の魂が爬虫と成り、其形見の衣類を「出す度にしく〳〵となく若後家」の彼處に棲で、日夜モーたまらぬ、是はどうも成ぬと悶へしめ居るを憫れみ、彼女を丸裸にして、爬蟲を除き、全快せしめたので、若後家恐悅やら恥かしいやら、あれ程深い處に潛んだ虫を引出されて、穴が大分あいてきました、どうぞ跡片付けに、太い棒で地突きを遊ばしてと、尻目で見たる麗はしさ、去れど耆婆は南方先生に次だ堅藏故、吾れ和女を全治せしめて滿足した、どんなに誘惑しても、吾れ和女をみる事羅刹女をみるに異ならずと言て、立去たとは無情極まる、此一件御望みの節は、晝夜を別たず、御用立て可申候也と、預かり手形にさせて廻して吳ればよかつたと、憾んでも時代がちがふ。今迄生存した處ろが、マンモスやグリプトドン同然、過去世の若後家ときて間に合ふまい。何に致せ惜い事でムります。又プルシャワルスキがタングット國で訪はれた病女は大麥粉を過食し消化機が弱つたのを、其體內に蕈が生えつゝあると言た由。松蕈の太い奴をも食ひ過たとみえる（一九〇六年板、英譯、シェフネルの西藏諸譚、一〇〇及一〇二頁。一八七六年板、英譯、プ氏の蒙古、タングット國及び北藏寂寥境、二卷、一六五頁）。斯て平生多少鼈の形した虫が諸畜に寄生するを見るより、病で臟腑中でそんな物が動く樣感じ、馬齒莧と鼈肉を同食すると、屢ばこの症を起すといふ經驗らしい雜說から、殺された鼈か莧に逢ば復た生ず抔言出したゞろう。カメムシ、タガメ抔、多少鼈の形した蟲類多種なれば、鼈莧と馬齒莧を雜え置ば、それに來り集まる者も實にあるだろうし、全たくの虛談でも無らう。古川辰の語に、今の人に丸で理解のできぬ譚ほど、それ丈手取早く、昔の人によく理解されたと云ふ樣なが有た。この莧が鼈を助くる話抔其適例で、昔し此話が生じた地では、其證左實在して、誰にも判り切た事で有たゞろう。近い話しは、予若年の頃、一知人が大した癪持ち兼大飲家で。酒を過せば屹度癪を起し、瀕死の八倒をして四隣を騷しく煩はした。終に其が爲め四十餘歲で若死した。今日此紀州で體育が行動き、右樣の男の癪持ちは懸賞しても出來らず。丹羽長秀如き、三軍を叱咤した勇將が、癪の爲と稱して自殺した抔、噓にしても、今の人に飮み込めない。昔の人は其を快よく飮込んだればこそ鼈瘕の話も行はれたので、其話を飮込だ昔しの男に重大な癪持ちが多かつたと知る。

—南方—

又古今圖書集成、草木典六一に、劉宋の劉敬叔の異苑を引て云く、晋に士人有り、鮮卑女名は懷順を買得たり、自ら說く其姑の女赤莧に魅せらる、始め一丈夫容質妍淨に、赤衣を著るを見る、自ら云く、家は厠北にありと、女是に於て恒に歌謠自得す、毎に夕方に至り諏ち結束して屋後に去る、其家〔人〕伺ひ居ると、唯見る一株の赤莧あり、其女の指環が莧の莖に掛りあり、之を刈ると、女號泣宿を經て遂に死だと。是れ馬齒莧外の諸莧もよく怪をなすてふ舊信有しを證する。諸莧とは白莧赤莧野莧等で、木草圖譜四五に圖出づ。かく商陸と莧と共に、他に異なる草として、いと古く易經に載せられ居れば、商陸よく鬼を使ふてふ迷信は、根本マンドラゴラと何の關係なく、支那に發生した者と判る。

古今圖書集成草木典一三一に、南宋の鄭樵の通志より、商陸の根人形の如き者、神道家以て脯となすあり、之を鹿脯といふ、赤白二種あり、白者服食の須《ま》つ所と引た。本邦でも茄子で鴫焼、豆腐で鴫焼、蒟蒻で糟鷄を製し、其他羊羹鼈羹魚羹海老羹等、或は貧貴人が葷物を調ぶるにア、金が欲いなー、或は肉食禁制の僧侶がせめてもの氣休めに食てみたさに擬作したのだ（嬉遊笑覽十上。遠碧軒記下二）。道家亦然りで、商陸の白根が、成帝が覗いた飛燕の膚と迄ゆかずとも、較や脂ののつた鹿の肉に似たにより、之を乾して鹿脯と號し、食用したとみゆ。今一八三一年龍動板、ワレイの英譯煉金家紀行の序に云れた如く、儒家に廢却された支那の古風が、道家に保存された者頗ぶる多ければ、この所謂鹿脯も、商陸根を靈物として神に供へた舊路の痕跡かも知れない。

本文の初めに引た錢希言の說に、華善繼が方士に從つて樟柳神を錬り、戲れに耳報術を學んだとある。一八九二年板、リーランドの羅馬俗傳に殘存せるエトラスカ風、三三八頁以下に、匈牙利のジプシーは、介殼に耳を欹だつれば聲をきゝ得といひ、痴漢をして大きな介殼に耳をあてしめると、果してアリ〳〵と聞ゆ。そこで痴漢の目を隱し、其介を取て他の介の頂を穿ち長管をはめたると替え、其一端に口をあてゝジプシーが話すを、痴漢感じ入て神語と信ず。トスカニアの妖巫は、介の頂に、糸の長さ三肱叉五肱なるを結び、糸の他端を樹に結び付け、介の精を祀して豫言を求めしむ。此糸實は傳信線と成て、術者の語を信者に傳ふるのだと。錢氏が所謂耳報術も、多少こんな事だろう。故に樟柳神のみか、他の諸神の言を傳えて、信者を感じ入しむるには、媒神者が腹話術の外に、耳報術にも精通しおくを要したと惟ふ。

又本文の初めに引た王同軌の說を按ずるに、樟柳神は樟柳乃ち商陸の根に、死人の魂を呼び寄せ留めて、人間の用事に應じ勤めしめたので、商陸根自身に其精が有たでない樣だ。人を殺し其靈を偶像に附て離れざらしめたは、例の輟耕錄、王万里の事等諸書に散見する。コラン、ド、プランシーの妖怪事彙、四板三〇七頁に、フランドルの老巫が、三脚架上に小さきマンドラゴラ像を座らせ、其左手を出して、絹糸の端に、よく研いて尖らせた鐵製の蠅一疋を付たるを、緩く垂れしめ、其下に水晶觴を置く。扨老巫其像に向ひ、此お客樣が程なく旅立るゝが、行中無事ならば、蠅をして三度觴を叩かしめよと命ずるや、老巫少しも、觴や絲や蠅や像に觸れざるに、蠅卽ち三度觴を叩き觀者仰天す。今度は品を換て、かくかくの事が起り、叉起らぬなら、蠅をして觴を叩かしめるなと戒しむると、蠅少しも動かす。其實この鐵の蠅至つて輕く作られ、十二分に磁力を付られあり。叉別に力強き磁石片を嵌た指環あり。老巫蠅が觴を打つを望む時は、指に其指環をさすから、蠅之に向つて動いて觴を打つ。老巫蠅が

—南方—

觴を叩かざれと望む時は、人に見えぬ樣其指環を脱す。尤も老巫の棒組共來客の内情をよく探り知て前以て老巫に内通しおくから、此術で紿むかれた者多かつたとある。王同軌說に、樟柳神が、神に事ふる人の袖より出でたり、水を飲だりしたとあるも、種々の機巧を構へてしたのだろう。

隋書二三に、高祖の時、上黨に人有り、宅後每夜人の呼聲あり、之を求むれども得ず、宅を去る一里の所に、但見る人參一本枝葉峻茂す、因て之を掘去る、其根五尺餘、人狀を具體す、呼聲遂に絕ゆ、蓋し草妖也と有て、帝の二男晋王廣が母后等と組で、其兄太子勇を讒し廢し天下の亂階と成た、其前兆だつたと出づ。古今圖書集成、草木典一二五に異苑を引て云く、人參一名土精、上黨に生ずる者佳なり、人形皆具はり、能く兒啼を作す、昔し人有り之を掘る、始めて鏵を下すに、便はち土中呻吟の聲をきく、音を尋ねて取れば、果して人參を得たりと。唐の張說の宣室志五に、天寶中趙生なる者、兄弟四人みな進士となり仕官した。趙生だけ魯鈍で何を讀でも分らず。面白くないので書百餘篇を負ひ、山に入て苦學しても一向進まない。或時老人が來て、吾子志趣甚だ堅し、老夫能する所無しと雖も、誠に君に補ひ有んか、幸ひに一度我を訪へと言た、由て其宿所を尋ねた處ろ、吾は段氏の子で、山西大木の下にすむと答え、忽ち消去た。趙生怪んで山西に往くと果して椵樹が茂りおる、是が所謂段氏の子と推察し、其下を發《あば》くと、長尺餘の人參有て、甚だ彼の老人に似おる、生曰く、吾れ聞く人參能く怪をなす、又疾ひを愈すべしと、其をゆでて食ふた。それから頭がサラリとよくなり、書を讀めばよく奥を窮め、歲餘にして明經を以て及第し、歷官數任して卒したと見ゆ。既に宋末の周密が押不廬を人參の狀の如しと言た如く、支那人ガマンドラゴラの話をきけば、直ちに人參に思ひ到つた上に、二草共に怪を爲す事甚だ相近い。然し人參が無上の良藥、神農本草に、補二五臟一、安二精神一、定二魂魄一、止二驚悸一、除二邪氣一、明レ目開レ心益レ智、久服輕レ身延レ年と有頂天に成てほめ揚られたに反し、マンドラゴラは初めから大毒藥で麻醉催眠催情等の危險劑と惡名を負たは大ちがひだ。所詮此二物は偶たま其の根が人形に似るの一點で相合ふより、共に怪をなすと傳えられたのだ。商陸に至つては根が人形をなす事も、毒藥たる點に於てもマンドラゴラによく似ておる。

南宋の王應麟の困學紀聞一に、易經莧陸夬々の話を解て、莧は山手、陸は其行路をいふとし有り。淸の翁元圻の註に之に類した諸解說を列べあるが王氏の時代には穿鑿届かず。陸は商陸たるを知なんだので今よりみれば採るに足らざる解說といふの外なし（昭和六年十一月九日、午前九時稿成）。

—南方—

猫

（長野縣北佐久郡布施村）

昔、北佐久郡布施村に梅溪院といふ寺があつて其處に老いたる斑猫が飼はれてをつた。住職は日頃之れを愛し生活の友として居た。然るに每夜壁に懸けたる衣が朝になると不思議に下に落ちて其上泥が着いて居る。僧は不思議に思ひ或る夜之れを見屆けんと睡眠した姿をして見て居た。夜更けて斑猫は連りに其衣に飛びつき到々引き落し咬へてずる〳〵と引き摺つて行く、住職はさてこそと其後をつけて行つた。斑猫はそれとも知らず裏の山に引き行くのであつた。狸むじなの面々が旣に集つて居て「梅溪院和尚遲かつたなー」と言つた。斑猫は直ちにかたへにある木の株に飛び上り持參の衣を纏ひ端坐して「松蔭に月さす此れ如何に」と問答を始めた。住職はをかしさをおさへて寺に歸り翌朝火を焚きながら側にすましかへつて居る猫に「昨夜は御苦勞だつたなー」といふと、猫はニヤーンと答へたまゝ行方知れなくなつた。數日を經て大きな山芋を持つて來て謝恩の意に置いて行つた。住職は之れを奇とし猫と山芋の畫をゑがかせて幅となし記念とした。後寺に火災ありて今は燒失して無いとのこと。（小泉淸見）

へいさらばさら考（一）

岡本良知

名義

へイサラバサラを最も簡明に說明した一例は、大槻磐水の「蘭說辨惑」である。

『問ていはく、世に「へいさらばさら」といふものあり、いかなるものにや。答て曰、これは天竺地方に出來たる澼石なり、呼んで「ぺいどうべぞある」といふ。「へいさらばさら」はその轉ぜるなり、諸獸より出る澼石、各その名あれども、大抵此名を通稱す、支那にていふ鮓答なり、牛黃、鹿玉、狗寶、豬丹、馬黑、みな此類なり、予これを摘芳中に出す、其内に品類及主治功能等を詳にす。』

この名稱の說明を同じき江戶時代の國學者、本草學者のいふところに照せば、その洋學による智識の正確さが思はれる。例へば、貝原益軒の「大和本草」（卷之一六）には、『ヘイサルハサルハ蠻語ナリ。』と書き、「本草綱目譯義」（五〇）に、『蕃來ハヘイサルバザルト云、ヘイタラバサトモ、ヘイサラバサラトモ、ヘイタルバサラトモ、皆誤リ云也、ヘイサト云石ノコト也、バサルト云ハケモノヽ名ナリ、此獸ノ腹中ニアル石ナリ。』となし、「雲根志」（前編卷二）には『獸の腹中に生ずる物也漢石鮓答俗名石の蠻梵名ヘイトヲルベツワアヽル』と述べ、また『蠻名をヘイサラバサラと覺へ或は馬に產するをバサラ猿にあるをヘイサラと覺へたる人あり大にあやまりなりヘイサラバサラの事志ある人を待て語らん』と語り、「輪池叢書」（十二）に、『和漢にて鮓答と云、天竺にてヘイサラバサラと云』と見え、「俚言集覽」には『へいさるばさる　鮓答又はテイサルバサル』と說く等を磐水の說に較べて見られるがよい。

次にペドラ・ベゾアルといふ語の源流を追求して見やう。十六世紀半の東印度に在つたガルシヤ・ダ・オルタは『こは pazam と稱せらるる牡羊より出で pazar といふ。斯の如くして、若し貴下にして當地に毒に抗する藥を求められんか、彼等（土人）はパザンを擧げ、ロコリノ（犀角の轉音）を擧げ、ツリアガ（ペルシヤ・アラビヤの解毒濟の名）を指す。ペルシヤ人アラビヤ人は皆このパザールの名を以て稱し、我等ヨーロッパ人は不正に bezar といふ。在印度の人は更に不正にこれにペドラ・デ・バサールと名付く。蓋しバサールは市場の名なり。その故は、パザールは物品の賣らるるところなればなり。』（Colloquis, pp. 233）と述べた。オルタの註者フィカリョ伯爵はこれを說明して『オルタはベザールをペルシヤ語のパザールから來、パザールは亦牡羊の名パザンから來たといふ。ベザール若しくは今日より多く用ゐられてゐる bezoar の語源はアラビヤ語の bazahr であることに疑ひはない。これは、また、ペルシヤ語の pazahr 若しくは padzahr に相當する。然るにこのペルシヤ語はオルタのいつた如き意義を有たない。』（Colloquio, pp. 236）と訂した。オルタと同時代の人ではクリストワン・ダ・コスタの「東印度藥物誌」に『ペルシヤ人、アラビヤ人、コラソン人の間に於ては、元來

pazar と稱せらる。蓋しこれを產する動物の名を採りたるなり。或る人は、この石を Belzahr といひ、また他の人は不正に bezar と名稱す。而して印度の人々及びポルトガル人は全くその名を失墜せしめ piedr del Bazar といふ』(Tratado, pp. 153)とオルタと同じき說を述べた。

この若は同代の人々の間にかなり信ぜられたと見へて、リンスポーテンも亦『この(石を產する)山羊若しくは羊はペルシヤ人によりてパザンと稱せらるるの故に、彼等はこの石をパザン石と名付けたり、ポルトガル人は之れを吪りてバザールまたはベザールといひ、印度人はペドラ・ド・バザールといふ。このバザールたるや、より多くは市場石ともいふべきなり。蓋し、バザールは印度語にては市場若しくは食糧の保藏賣却せらるるところを意味す。』(The voyage, II. pp. 142)と語つた。その註者も亦フィカリュ伯の如くに、羊の名を採つて名稱したといふのは誤つてゐて、『元來ペルシヤ人のこの石に與へた名は pādzahr であつて、その意味は、pad がョリ豫防スベキであり、zohr 若しくは zahr が毒ヲ逐フである。アラビヤ人はこれを bādzahr bazahr と書く。これ乃ちスペイン、ポルトガル人のベザール、ベゾアールの出所である。』と更訂した。この意義を早く唱へたのは、十六世紀末のペドロ・テイシェイラの『ペルシヤ、オルムス記』である。それには『'pazahar' 解毒藥の如きもの、本來は毒よりの回復を意味す。zahar は一般に毒を稱し、pa は回復なり。』(Relaciones..)別に同時にフレイ、ガスパール、デ・サン・ベルナルディーノも亦「印度行記」に『良質のものの賣らるるコラソーネの市に於ては、それを動物パザンのペドラ・バザールといふ。ペルシヤ人に尋ねたるに、これまことの名にして、毒に抗する女王を意味すといへり。甚だ理あることなり。蓋しその故は、凡そ予等の東洋諸地方より得る抗毒藥の中にて、實驗によりてこれよりも正しき立證者を擧げ得べきは他にあらず。まことにこの石の効力たる、人命に關する總ての諸病に對する最強にして眞實なる解毒劑なり。この石の名パザールは元來のものにして、バザールは失當不正なり』(Itinerario da India.. pp. 167)と斷定した。

今この語源に關する近世の諸學者の說を擧げる。十八世紀のフレイ・ジョアン・デ・ソーザ著「ポルトガル語に於けるアラビア語の痕跡」に、『Bezuar, Pedra Bezuar. Badzabar、ペルシヤ語、抗毒石、bad (石)、zabaar (毒)、より構成せられたる名。パードレ・ベント・ペレイラ P. Bento Pereira はその *Prosodia* に於て Regina veneni (毒の女王) を意味すといふ。』(Vestigios. pp, 79. 80.)の說の誤解であるは容易に了知せられる。ア・ペ・ピシヤンの「アラビヤ、ペルシヤ、トルコ語傳來フランス語源彙」には、『Bézoard. pâd 豫防する、zehr 毒の二語より成る。世にベゾアールと稱す。仍ち解毒劑である。(中略) フランス語とペルシヤ語の間に存する發音法の相違に拘らず、他にこの語の語源を決し得べしとは思はれぬ。エスパニヤ人は bezoar または bezar と書き、ポルトガル人は bezoar, bazoar, bazar と、イギリス人は bezoar とイタリヤ人は belzuar と記す』(Dictionaire étimologique. pp. 69)と稍々精說した。ドン・フランシスコ・デ・サン・ルイス (カルデアル・サライワの名で通る)は「アラビヤ語以外東洋語傳來ポルトガル語彙」に於て、「Bazar 或る種の動物の腹中にある反毒石、これに我が國の諸學者は多く bezoar bazoar の名を與へ、これより bezoartico 等の名が生じた。眞の名稱はフレイ・ガスパール・デ、サン・ベルナルディーノの述べた如くパザールである。ペルシヤ音であつて、pa は反對の意、zaar は毒の義である。

—岡本—

その理由は、ペルシヤの羊の體肉に良質のこのベゾアル若しくはバザール石が生ずるに依る。或る理學者等はこの石を腹中に有する羊に、ベゾアル羊と名づけ、また東方人はこれをパザンと稱する由を記載した。』(Glossario de Vocabulos portuguezes... In Obras Completas de Cardeal Saraiva. Tom. VIII. pp. 236)

近代の二大東洋語學者の說を次に擧げて煩はしき語源鑿議を終ることとする。ヘンリー・ユール及びアーサー・コーク・バーネル著「ホブソン・ジョブソン、英印語彙」は、この語の解義の來歷を署術して決定を與へた。『この語は印度の俗語には屬せずして、古き東洋貿易と醫學上の問題に關する。pādzahr または pāzahr といふペルシヤ語轉訛である。上の語はメニンスキーによつて語源として決定せられ、次にリットレによつて受け容れられた。アンブロース・パレーよりの後の語の引用は、この語が一般に解毒劑として通つてゐたことを示す。この意味では多くアヴィセナによつて用ひられてゐる。疑ひもなく我國語（イギリス語）へは他の多くの語と共にこの語は、中世に於て甚だ研究深かつたアラビヤの醫學者より傳へられたのである。而して、初字をbとした理由はアラビヤ語にpがないからで、從つて bazahr と書いた。併し、この語を通常に適用するものは、動物の體內に發見せられ、解毒の効力が歸せられ得た。特にペルシヤのラル州の野生山羊の胃から得られる硬い、凝結物に限られてゐた、また今もさうである。この動物とベゾアールに就ての報告はケンプェルの「異國產物趣味」に公にせられた。(Hobson-Jobson: pp. 68, 69)これと同じきことをフィカリュ伯もいつて、『ペドロ・テイシーラの語源說は、翌世紀メニンスキーの辭彙に追續せられ、最近ではリットレとユールによつて繼承せられたが安全なものとして肯定すべきである。』(Colloquio pp. 236)と。記者はメニンスキー(Meninski, F. à M. Thesaurus Linguarum Orientalium. Viena, 1670. II ed. 1780)をもリットレー (Littré. Dictionaire de la Langue Française. Paris. 1873-74. Suppl. 1877) も見ないが、その意見はこれを以て畧推測せられるであらう。ポルトガルの東洋語學者にドルフォ・ダルガード氏の說は、『Bazar, bezar, bezoar, pedra bazar, pedra de bazar. ペルシヤ語 pādzahr pāzahr に起る。これよりアラビヤ人はその語のアルファベットにpを缺くを以て、bādizahr または bāzahr に變じた。その意は毒を遂ふもの、仍ち解毒劑である。この語は、或る四足獸の體內諸處に形成せられ、解毒的特性を附與せられる石灰質凝塊に適用せられた。併し、實際に於て、我が國の印度學者が非常な誇張を以て記載し、現今では bezoar oriental として知られてゐる pedra bazar はペルシヤのララ州(ユールのいふラル州)に棲む Capra aegagrus の胃中に在るものである。古の諸學者の記載に普通に見られるこの語の綴は bazar または bezar である。これはガルシヤ・ダ・オルタ及びクリストワン・ダ・コスタやリンスホーテンの書中に看られる如く、東洋貿易によつて普遍化せられたバザール卽ち市場よりから若しくは（バザールの）アラビヤ轉化語よりから出來したのであるが、後者の方がより可能的に考へられる。この名とこの名をヨーロッパに傳播したのはポルトガル人である。Skeat は英語の bezoar を舊いフランス語より誘導したといひ、Brachet はポルトガル語より來たといふ。』(Glossario, I, pp. 107)。

以上の諸書の記するところを綜合し結論すれば、ペドラ・ベゾアルのうちベゾアルの語源はペルシヤ語のパザールであり、その意義は毒を逐ふものであり、それよりアラビヤ語に入つて P が B に變じてヨーロッ

—岡本—

パ諸國語に移入せられたのである。ヨーロッパ諸國語のうちで何れの國語に入つたのが最も早かつたかを論ずるのは甚だ難かしい。「ホブソン・ジョブソン」にいふ如く、或はワットの「商品考」に『この語はアラビヤ人の bazahr と書いたものより英語に來た。』(The Commercial Products, pp. 131) と述べた如くならば、アラビヤ語から直接に且つ殆んど同時に近く諸國語に採り入れられたと考へねばならぬ。一方ではダルガード氏の如く『ヨーロッパに傳播したのはポルトガル人』であつたと說き、ブラッヘの「フランス語源辭彙」に『ポルトガル語は我等に印度及び支那の習俗に關する諸語を供給した。例、bézoard, bayadère (以下略)』(Bracht, Dictionaire étinologique. pp. LVI) と述べた如くならば、最も早く東印度へ進出し印度及びオルムス等に於てアラビヤ人または回教徒と接觸したポルトガル人の語に先づ入り、それよりヨーロッパへ運ばれて他國語に入つたか、或はその數世紀前アラビヤ人がイベリヤ半島占據の頃にアラビヤ人より殘されたかであるに違ひない。この後者の兩假定のうちでは前說により多くの肯定すべき理由が存する。その故は、ポルトガルにはペドラ・ベゾアルの名を記載した書が十五世紀までに絕てなく、而も、十六世紀以後に見えるものの大部分は、近世の辭彙を除いて東印度に關する紀行と藥物の書である。今これを英語、オランダ語に見ても殆んど同じいことがいはれる。ここには一々その例示を略するが英國人オランダ人の東印度及び海洋紀行、藥物誌が主である。このことはヨーロッパ諸國語への傳播仲介者として十六七世紀のポルトガル語を認容せしめやうとする。急にこれを斷言し得ないが、最も蓋然性のある推定といへやう。

日本へは明かにポルトガル人がこの語を將來した。その理由は、ヘイサラバサラが大槪盤水のいふ如く、ペドラ・ベゾアルまたはバサールの轉訛であつて、(近代の諸學者も同じく斷定する、例へば古賀十二郎氏の「長崎市史風俗編」、に見られる)それがポルトガル語であるといふに存する。ポルトガル語の pedra は石の意義であるが、若し他のヨーロッパ語では、エスパニヤ語で piedra、ラテン語で petra、イタリヤ語で pietra、フランス語で pierre、英語で stone、オランダ語で steen、ドイツ語で stein となる。一方から見て、この語が日本では必ず江戸時代を通じて諸書に散見するところより見れば、その時代までに日本へ交通し藥品を將來したポルトガル人、エスパニヤ人、オランダ人、イギリス人の語のうちでなければならぬ。それ故にポルトガル語であるとは容易に斷言し得る。而して、ヘイサラバサラが pedra bezoar であるか pedra bazar であるかを考へるに、音の近似よりいへば後者に近いであらう。

日本では別に鮓荅といふ名を以ても稱する。これは支那より傳へたものであるが、嚴密にいつてヘイサラバサラと同一であらうか。「本草綱目」(卷五〇)に『鮓荅生《ス》二走獸及牛馬諸畜肝膽之間一有二肉囊一裹《ム》レ之』とあるから、鮓荅は各種の獸類の腹中に生ずる結石の總稱である。而して、前に引用した諸書によれば、ペドラ・ベゾアルは或る限られた地方の限られた動物の結石をのみ指すやうに思はれる。さうだとすれば鮓荅とヘイサラバサラとの間には意義の廣狹の差があるといひ得る。少くともペドラ・ベゾアルの効果を信じた當初に於てはさうであつただらうと推測出來ぬことはない。併し、近代の學者例へばピェル・ギーグ氏の『鑛物質及び動物質のベゾアルが知られる。この異なる二種類中、一の中心を周る各種の物質の同心層中の滓査により形成せられる凝固構成に依る。鑛物質ベゾアル中には石灰凝固たるチヴォリ彈があり、動物質ベゾアル中には反

—岡本—

芻類膽囊及び胃腸の結石がある。』(Les Noms Arabes dans Serapion...)の如き、フィカリュ伯の『ベゾアルの 源に於ては羊の名と何等の關係をもたない。それ故に、ペドラ・ベゾアルの名は各種の獸、就中反芻獸の腸內結石に與へられた。』の如き說が行はれるから狹い意味のみに解すべきではない。さうすれば、鮓答とヘイサラバサラは殆んど同じい意義を有することになる。支那に於てもヨーロッパに於ても獸の種類每に別の名稱を以て稱するものもあるから、ここには同義の語として解しやう。江戸時代の端書は兩者を全く區別しないで、『和漢にて鮓答と云、天竺にて、〃 ラバサラと云』(輪池叢書一二)、『諸獸より出る癖石、各々その名あれども、大抵此名（ヘイサラバサラ）を通稱す、支那にていふ鮓答なり』(闢說辨惑)、『鮓答又はテイサルバサル』(俚言集覽)と考へた。

その他にもいろいろの名がある。『輪池叢書』馬石記にいふところの、『按ずるに石糞と稱するもの、馬槃と云、鮓答といふ、馬石と云、赭丹と云、邊伊佐良波佐良と云、或は毬糞石矢の異名あり』は馬の結石に關する記載であるが、その大部分は馬のみに生ずるものの名ではない。『雲根志』(四九)に『漢名鮓答俗名石の糞』と見え、本草綱目譯義(五〇)に『鮓答、ムマノタマ、セキフン（中略）一名赭丹』とある。これらは主として日本に於ける俗語であらう。

支那に於ては少なくとも三種の名が行はれ、三種共に支那個有ではないやうである。最も古きは婆娑、次は鮓答、新しきは把雜爾である。前後の二者は同語源に屬して、一は早く西域を通じて、他は南海よりヨーロッパ人を介して受容し、鮓答は蒙古土耳古語系統より來たものである。

最新の把雜爾より始めて遡り探究する。把雜爾は一旦ヨーロッパ化せられた Bazar または Bezoar の音に充てたものであらう。『職方外記』卷一渤泥の項に、『有レ獸似レ羊似レ鹿、名把雜爾、其腹中生二一石一』といつて、バザルを獸の名としその獸の結石するを說く。『坤餘外記』(瓊浦偶筆卷五所引）にも、『渤泥國有レ獸、名把爾、似二羊鹿一、腹內生二一石一』とあるは前者に據るところである。『澳門記略』(下卷三七丁)に、『有レ獸似レ羊腹內生二一石一、可レ療二百病一、名曰二把雜爾一』と記載があるのは前二者よりも確な報道である。これらの書は明末清初に滯在したヨーロッパ人の著作であるか、またはヨーロッパの智識を採つた地理書である。當代に支那に在り、ヨーロッパの智識を供したのは主として天主教を奉ずる南歐の國民であり、その本據は媽港に置かれた。彼等の通用語はポルトガル語であり、宗教語としてラテン語が行はれたことが明かだ。今假に、『職方外記』の著者艾儒略がイタリヤ人であることを考へても、それらの書に見える把雜爾がポルトガル語か、ラテン語かイタリヤ語かの傳來に限られねばならない。バザル石に相當する石の語が記されてゐないから、そのいづれの國語に出づるかを斷定し難いが、この語が宗教語ではないからラテン語傳來を考に入れないとすれば、彼等の通用語たるポルトガル語より來たと推定するも殆んど無理ではない。殊に『澳門紀略』の記載はこれを肯定せしめる。

元來ペルシャ音をヨーロッパ人を通じて知つたこの結石の名の現れたのは、以上の如き近代の地誌を除いては殆んど見られない。この結石を稱する三語のうち支那に於ては最も流通少なきものであらう。

鮓答は餘程古くから用ゐられてゐた。『廣大和本草』に引く張華の『續獸經』に『鮓答、稀文作レ蚱、亦本出二大秦國及于闐國一、緻人呼二鳥珂一、梵書謂二之阿濕婆達密一、或曰二隸福羅一、曰二醍盧折那一』とあるのを假に信ずるとすれば、既に漢代にこの語が存し、且つ西域を通じて來たものではな

ー岡本ー

からうかと思はしめる。尙、古くは、同じき「廣大和本草」に引く「格物論」に、『「石者氣核也、古書所レ載、如二至寶一藏二石中一、有二老樹包レ石者一、皆無情之變異也、蛇魚、蝦蟹、皆能化レ石、乃有情之變化也、此外蛇之鮓閣、猿之腦胴、羊之白石、鹿之青玉、犀之瑞核等』」とも說明する。明の陶宗儀の「輟耕錄」に載する鮓答は後世支那及び日本の諸家の多くが典據とするところのものであるが、それは主として蒙古人の土俗を說いてこの結石の由來を述べた。その文に『蒙古人之禱レ雨《ヲ》取二淨水一盆《ヲ》一浸二石子數《ヲ》枚一而已、其大《ナル》者若《シ》二雞卵《ノ》一小《ナル》者不レ等然《カラ》後默《シテ》持《シテ》二密呪《ヲ》一將《テ》二石子《ヲ》一淘漉《シ》玩弄如《スルコト》レ此《ノ》良久《シテ》輒有レ雨石子名曰《テ》二鮓答《ト》一乃走獸《ノ》腹中《ニ》所レ產《スル》獨牛馬《ノ》者最妙《クハ》恐亦是牛黃狗寶之屬耳』とあるのは解する者にとつては、この書の作られた明代中葉には鮓答の語が耳新しかつたやうに考へられる。前記した如く、鮓答の語が古く旣に支那に入つたものであるとしても未だ多く識られるに至らなかつたのであらう。鮓答その物は支那人が早くより發見してこれを用ゐたが、その用途は藥品としてであつたから牛黃狗寶の如き名によつて存しても、鮓答の語に熟さなかつたのであらうが、北方の蒙古人と接する每に異なつた用途とその語の本來音を屢々傳へ入れたと想像出來ぬこともない。

鮓答の源流を求め經路を探つて遠隔な時代に入るのは、この文の目的外であり、著者も亦能くするところではないが、アジヤ中央諸民族も亦この結石を早くより知り用ゐてゐたから、その名稱を尋ね、且つ支那の鮓答に影響した點に觸れざるを得ない。然し、ここにはその詮鑿を罷めて、この問題に對する優れた他の一文を引用するに止める。それは現代フランスの東洋學者ペリオー氏の一九一二年 T'oung-pao, t. XIII. p. 438 に發表した一節である。

『土耳古に於て yada、蒙古に於て djada と稱せられる石がある。魔術者がそれを以て雨を降らしめることは眞實である。キャトル・メールQuatremère はその Histoire des Mongols. p. 428–440 に長き記述を供した。この石は單に硬玉《ジャド》ではないが、この愼重な言語學者キャトル・メールはその如何なるものなるかを少しも述べなかつた。この石に yada または yadatās と名づけ、それを用ゐる魔術者を yadaci といふカシュガルでは、yada は馬のベゾアルであると考へられてゐる。クーチャル(新疆省)では、西方及び南方に於けるよりも蒙古の影響が遙かに著しい痕跡を殘してゐるが、そこにはこの石の通俗な名として、蒙古音の djada を保守してゐる。そこでも亦、この石がベゾアルであることを人々は予に確言した。ベゾアルとして djada はコワレウスキーの辭典(p. 2257–2276)に載せられた。同じき說明はデニソン・ロス Denisson Ross によつて(The Tarikh-i-Rashidi, p. 32–33)によつても採り入れられた。魔術者といふ語 yadaci は、その儀式的價値が不確實なまゝであるが、支那領トルキスタンのヴィーグル語記錄のうちに發見せられた。(F. W. K. Müller, Uigrica, II. 84)』(Toung-pao, t. XIII, 1912. Bulletin critique, p. 437–438)

この文にいふところの蒙古人の djada、トルコ人の yada が餘程古くから存してゐたものであることは疑ひがない。右に所引のミュラー氏によつて、唐代七、八世紀頃に勢盛んであつて後消滅した回紇人の語中に發見せられたこともその一理由であるが、また支那の書に早くより現れたこともその證蹟である。ペリオー氏はこれに就て、更に續ける次のことを述べた。

『yada または djada は支那人の智識に入つた。欽定皇輿西域圖志(卷

四三、六十七丁）のうちに、また元朝秘史卷五のうち李文田の注のうちに、また宋伯魯の還讀齋雜術（未刊）のうちに若干の文が示されてある。十四世紀末に、この石の名が陶宗儀の有名なる著書、輟耕錄に鮓答(tcha-ta)と書かれてあるのが見られる。十五世紀初に金幼孜の北征錄は札達（tcha-ta）と稱した。清代極初に於て一六四四年發見せられた馬ベゾアルに就て、犂筠廊筆記はこの石が毒に對する妙藥であり、牛馬の腹中に主として發見せられる作答と述べた。一七一七年には東華錄に査達石が論ぜられた。十八世紀には方觀承がその松漠草詩註のうちに楂達に就て語つた。凡そアジャの諸國を通じて斯くの如く yada または djada として知られるものがベゾアルであることに疑はない。（中略）この yada または djada の語は極東に於て蒙古人と共に現れたのみである。』（前同書）。

この結石の名として支那人の最も古く稱した婆娑に就ても、その語源の追求はペリオー氏の文に盡きるから、引き續きここに轉載する。

『支那人は（古くから）ベゾアルの名と實物を知つてゐた。後代の書たる十六世紀の本草綱目にそれに就て變字婆娑（p'o-so）が記載せられた。事實上、p'o-so の語は最も古きものである。唐代に用ゐられたのはこの語であつた。例へば、本草衍義、卷四四丁裏に記載を見られる。八七五年に書かれた北戸錄卷一、二丁裏にはこの石の婆薩 p'o-so（basat または basar）の語を見出す。この石は毒を摘發し、且それより保護するの特性を有するものとせらる。それ故にヒルト氏 Hirth は mo-so または p'o-so のうちにベゾアル元來の名稱たるペルシャ語の解毒劑を意味する pāzahr を再探するに確かに成功した。（Hirth, Die Länder der Islams, p. 45, Hirth et Rockhill, Chau Ju kua, p. 140）併し、宋代の諸書に見えるものも、この語が現代に有する意義のベゾアル石として、mo-so を述べてゐないことを注意せねばならぬ。mo-so としての傳音は不自然である。それこそ、發音上の等類と意義上の効果とを、兩方の破片として、前者の上へ後者を接木した場合である。mo-so は「摩擦する」の意義に譯せられた。而して、この石 mo-so が摩擦せられる石として確に了解すべき文句がある。ベゾアルの實物に就ては支那人は殆んど各時代を通じて識つてゐた。就中、牛のベゾアルを熟知してゐた。その支那語は牛黃である。一方では亦駱駝黃をも記載した。（記載、一例本草衍義卷十六、二丁）』

產　出

『牡羊（より眞實にいはゞ牡山羊）をペルシャ語にてパザンと稱す。この羊はコラソン（註、ペルシャ北西部州名）並びにペルシャに在り。予はゴアに於てその褐色の大なる一頭を見たり。諸人予に、これよりも小さき金色、或は他色のものも在りといふ。この牡山羊の胃中にて甚だ薄細な藥を心となしてこの石發生す。玉葱の如く織られ、外皮を形造られ、圓柱の如くなる。必ずしも一の形態にあらず、予の既に見たる如く、屢々石中に藥が認められ、またときに認られず。その大部分は平滑にして、色薄紫、形大小あり。諸侯は一般に大なるを尊重す。その故は、大なる體は大なる効力ありて成ると稱せらるればなり。（中略）この石を毀ちたるときかの薄細なる藥の上の造くられたるを予は見たり。信ずべき人々の予に、オルムスにあるも亦同じきといへり。その後、予が（コモリン岬外なり）ワカス島の一艦體にありたるとき、艦體のため大なる牡羊を殺したるを見たるに、それらの羊の多くは胃中にこの結石を有せり。』

—岡本—

諸人も亦その在るところを知りて進んでこれを捜さんとせり。その後、その島に立寄る旅人に、多くの羊を殺すこと風習となり來れり。ベンフィアラの人々、チランの暗礁に乘り上げたれば船の一部を輕からしめんとてかの島に來れり。それより後、常にそこよりペドラ・デ・ベゾアルを齎したり。(中略)蓋し、この石は前述のツカス島にあり、マラッカ地方の一部にも産するを以て必ずしもペルシャのみの産にあらず。然れどもペルシャとコラソーネのものは甚だ良價を認めらる。』(Orta, Colloquio, II. pp. 231, 232)

『ベザル石はペルシャ國コラソと稱せらる州及び印度の諸地方に出づ。羊山羊の眞胃内にて小さき藁の周圍に成長す。これ仍ち、實驗によれば、このベザル石の内に屢々藁の見出さるるの故なり。この石、外側は甚だつやつやしく滑かくして暗綠色なり。(中略)この石の最も多く發見せらるる處はペルシャ及びまたワカス島またの名コヴェス島なり。この島はカンバヤへ入港せんとき海岸の沼地の河口にあり。ポルトガルの船は屢々その島にて飲料を得んとて寄港し、羊や山羊を殺してその體内よりベザル石の多くを發見す。』(Linschoten, The voyage, II. pp. 142-144)

以上のガルシヤ・ダ・オルタ及びリンスホーテンの記載したところは殆んど同趣旨である。十六世紀に於ける最も詳しい且つ依據せられた説である。これに對する後人の評言を次に掲げる。

『この石の名高いものはペルシヤに出で、いはるるところに據れば野山羊 Capra Aegagrus 卽ちペルシヤ人のいふ pasen または pazen、オルタのいふ pazam に生ずる。オルタのゴアで見た「褐色の大なる牡羊」は、實際に於て野生種であり得た筈である。併し、飼養山羊にも亦かの結石が成生するは確かである。ペドロ・テイミェーラは、胃中にベゾアルを有したペルシヤの羊を語つたとき、野生種よりも飼養種により多く語を費したやうだ。オルタ及びティシェーラに從へば、ワカス島の山羊にもベゾアルが發見せられたが、ペルシヤ産のものより稍々劣ると見做される。その山羊は元來飼産のもので、ポルトガル人によつて移されたといはれてゐる。寶石とベゾアルの取引をなして、この結石を産するゴルコンダ (Golconda) 地方の山羊を見たジャン・バッチスト・タヴェルニェーは「甚だ丈高く美しき獸にして、絹糸の如き緻密なる毛を有」る如く述べた。これは明かに飼養種である。これらに據れば野生獸のベゾアルがより稀であつて、從つてより高く評價せられてゐたことを妨げない。Amoenitatum Exoticarum にこの結石に關する詳細な消息を傳へたケンプェルは、正しく眞の貴い東洋ベゾアルの漂囂として、ペルシヤの野生山羊、それも主としてラル地方のものを指示した。野生山羊よりの正しさも、飼養種稍々價劣るものの外、一般牛、羚羊、その他の反芻類より生ずるものがある。オルタは同中心の微細な層を疊んで成るこの腹内結石の内部構造を知つて、非常に明白な一文で「玉葱の如く織られ、外皮を形造られ」ると述べた。また、藁または小さき異物の周圍に屢々形成せられる事實をも知つてゐた。本文に引用した凡ての著作者は、ベゾアルの成生に關し、その獸の食物の影響あることを主張した。ケンプェルは、ペルシヤの或る地方に多い脂質の香氣ある植物がこの結石の成生を決定するといつた。タヴェルニェーに依れば、山羊の嚙つた特別な灌木の新芽や小枝の周りにベゾアルが造られる、その木の名を彼は知らなかつたか、または失念してゐた。ティシェイラの意見では「牧草がこの石の原料である。」彼はこの點に關し次の觀察を記載したが、それはその説をより正確なししとめるに証據となるものである。一五八五年大暴風雨がワカス島を全く浸水し、牧場を鹽辛くして荒らしてしまつたので、それより山羊をつれ出した。それよりベゾアルを産することがなかつた。併し、或る年數を經て牧草の鹽は除かれ、改良せられて、山羊が再び歸つて來たから「古の如く石を産し」たといふ。この記事は明確であるが、幾分信じ難いところがある。」(C. de Ficalho, colloquio, II, pp. 236, 237)

以上の説明はこの結石の産出状況と原産地を盡くしてゐるから、ここに特に著者の駄足を加へる要を見ない。オルタ、リンスホーテンの前書にも尚斷片的な諸家の臆説があつたが、それらは殆んどこの二者に較べていふに足りない程簡略であるから、以下に一、二の例を擧げるに止める。

一六一六年に著書し了へたドアルテ・バルボーザは『これらの巡禮者は Paza と稱して、Pezem といふ一獸の胃中に發見せられ杏大にし褐色なる石を齎し來る』(Livro, pag, 309) をいひ、一五六三年に出版せられたジョアン・デ・バロスの Terceira Decada (Liv. 3. Cap. 7)には、『ペドラ・ベゾアルとはこの東洋諸地方にありてペルシヤ人のいふ Pasem と稱する一獸の胃中に發見せらる』と見え、一五六〇年に初版を出したアントニオ・テンレイ(一五二二年より二八年にオルムスに在つた)の「Itinerario. da India Portugal por terra」には『この(ララ)市の近く一小山に、仔鹿の稍大なるものの如き或る動物生育し、その胃中に石を成す。これをバザルといふ。彼等(住人)の間に於て甚だ高價にして抗毒の効あるの故に珍重せらる。この石は蓋し彼の動物の食する或る草の故に成さるるなれば他の部分には屬せず。石暗綠色にして、人の小指程の太さと長さを有す。予はこれを定見せり』(Ed. de 1922. p. 11) とある。また一五一七年四月の Sir Thomas Roe の一書翰には『ベザルには三種類あり。最良はペルシヤ産、次はマラッカ産、最後はマソラパタンとベンガル産なり。最良とはペルシヤより出づる黒味がゝりの綠色なり。』といひ、一六八七年著されたパードレ・フェルナン・デ・ケイロスの「セイロン征服誌」は『ワカス島には或る山羊があり。七月頭を刎ねられ、予等に優秀なるペドラス・バザーレスを供す。』と書く。(P. F. de Queiproz, Conquista Temporal e Espiritual de Ceylão, p. 43) この石の獲取に關して最も奇妙な記錄とさしたのは十七世紀末のエンゲルベルト・ケンプェルである。彼は自らペルシヤに於てこの結石を得んために野生山羊を絞りに行つた事實を書いた。それは次の如くである。

『久しき間予はこの有名なる石の産出狀況を實見せんと冀へり。その機會は屢々現れ、その度に、人々は予に肚腹を除去せる動物を賣りつけんとなせり。この予が希望を達せんため、日常驢馬を引くを業とする者等に臓腑の完全なる動物を予に齎さんやう求めて、予が私金を彼等に支拂ひき。しかも、そは全く効あらざりき。その故は蓋し(彼等のいふ如くは)、彼等の求むるよりも大なる驢馬を重き臓腑を付けたるまま岩上に引き來るは不可能なればなり。事實に於て、裸はいづれも結石を有せざりき。ここに於て、予自ら獵師等と共に山に赴きたり。而して朝日出づる頃までは驢に乘りて、殘りは徒歩にて行きき。予は國境を越えざらんため、バーシ (Baasi) と稱する山上まで手足にて探索したること稀ならざりき。此處にて、事を行ふため、各人沈默して注意深く別々に登り行き、暗聲をなさんとて、雨水若しくは地下水を湛えたるかの暗き處を占據せり。そこはかの動物屢ゝ水を飲まんとて早朝來る慣はしあり。獵人

—岡本—

等皆一致して、他の處に進み行かざるは、ペドラを有する動物を何等かの徴しにて探知しありたる故ならん。(獵人の小聲を聞きても、この動物は敏捷に遁げ去、數日後にしてその一部のもの戻り來るなり。こは獣の火を見たるときも同じ。この動物は甚だ憶病にして、俗に噂せらるる如く猛惡ならず。待伏の第一日は、樹枝に覆はれたる洞穴にて、最も適當なる處なりしかども、一匹をも見ざりき。予等の想像にては、これ遙かの遠方に小さき火の煙りありたる故ならん。(夕になりて予等の知りたるところなり)蓋し、恐らくはそは獵人の燃したるものならんか。その爲、數夜、嚮導者等の既に熟知したりし隱れ場所に取り換へたり。そは亦予等が手を打つ毎に皆同じかりしが、遂に、或る方法にて遠方より獣の巣窟を俯瞰するに致れり、蓋し、予が同行者等の臓腑をも獲たる獣にありて、予自らなしたる注意深き調査によれば、それには一も石を藏してあらざるになり。然るに、予等より可なり遠方に在りて予の期待さることなかりし人々より幸運は別人等に齎されたり。彼等はその得たる獣を割きて甚だ珍らしき小石を發見せしが、その特徴によりて高價なる石たるを信ぜられたり。予等互の間に行はれありたる契約によりて、予等に實見せしむるためその石は予等の手に渡れり。そは幅一プルガダ(二十三ミリメートル)にして、完全に圓筒狀をなし、色黒味がゝり、譯なし。その特徴によりて明かにバアシ山の若き動物より出でたること判別せり。予は三日間完全に隱場所に在り、その二夜は火氣なく甚だ苦痛なりしが、既に憂心を去りこの大なる苦勞に對する小なる收獲なりしも、前記の石を得て悅こび歸れり。數日後かの獵人は家より歸り來り、贈物として予に小さき石を齎せり。それらの小石は同一の獣の體内に、同形同色にて重なりて發見せられしなり。併しそは一エスクプロ(七九八ミリグラム)の重量に辛ふじて達する程小なりき』(Amoenitatum Exoticarum, pp. 391, 392)。

—岡本—

この文によればケンプェルはこの石を得るために甚だ苦心をした。偶ゝ膽または胃中に生ずる結石を或る種の動物の總てに存するものとして、その動物を獵する專らであつたことに勞多くして收獲がなかつた因れがある。

この結石の形狀及び色に就ては、以上の諸家の文は各異なつた記述をなしてゐる。一定の形を色を呈した自然石ではないから、見るところとときによつて異なるのは當然である。概していへば黒みがゝつた圓に近きものが多かつたであらう。

當代に於て產地によつて價格の異なつたのは、フィカリュ伯のいふ如く、源を貴ぶ人心の傾向に理由が歸せられ、產地によつて効力の差異を發見せられたと書く諸家の意見はここには問題にしない。

支那に於てこの結石を記載する最も早い書を今ここには探索し難い、前記ペリオー氏のいふ如くに婆娑が既に唐代に記載せられたといふ。自分の知るものでは宋代の「本草衍義」(卷十六)に『野猪、黃在二膽中一』といふものである。下つて明代には既に諸書に散見するやうになる。陶宗儀の「輟耕錄」には『萬走獸腹中所レ產、獨牛馬者最妙、恐亦是牛黃狗寶之屬耳』といひ、「本草綱目」に到つて『鮓答生ス二走獸、及牛馬諸畜、肝膽之間、有レ肉囊裹レ之、多至二升許一』と要說し、更に『又按京房易占云、兵强主レ武、則牛腹生レ石、據レ此則鮓答狗寶、同一類也』といふ。尙これに就ては後記の牛黃狗寶の項をも參照せられたり。清代に入つて、「明史西域傳」に『至如牛馬生札達』といひ、傅恒等の「欽定皇輿西域圖志」(回部卷四三、十六丁)には『牛馬、驢羊、諸畜、生二札達一(中略)生畜有二札達二則漸羸瘦、久則死、以二生剖一得者爲靈』と載せる。これらは多く、蒙古西域方面の物產誌中に見えるところである。國內の逸話として、「海內諸國記」(廣大和本草所引)に、『嘉靖庚子年、蘄州侯屠二殺一黃牛一、得二此物一、無二識者一、有二胡僧一來云、此是至寶也、僧云、牛馬猪羌腹中皆有レ之』(「本草綱目」に同しいことを載せた)と記すものも西域に關係するところである。同書に、唐代人の鮓答を得た話を載せて、『元和元年秋八月廿四日、司徒長吏馮巡馬產レ人、其人經二數年一、產二肉塊一、解レ之有二石子數枚一、是亦鮓答也』といつた。信ずべきや否や急かにいひ難い。鮓答論として最も普遍的な見解は、李時珍の『嘗靜鬼レ之、牛之黃、狗之寶、馬之墨、鹿之玉、犀之通天、獸之鮓答、皆物之病、而人以爲レ寶、人靈二於物一、而猶不レ免二此病一、況物乎、人之病レ淋、有二沙石一者、非二獸之鮓答一乎、人之病レ癖、有下心似二金石一者上、非二狗之寶一乎、此皆囿二於物一、而不レ能レ化、故禽鳥有二生レ卵如レ石者一焉』(綱目狗寶の項)といふにあつた。和漢の識者の多くがこの見地に立つて鮓答を述べたことは明かである。從つて人體の結石も亦論議せられ、『嘗聞人患二石淋一、有二石塊一刀斧不レ能レ破』(前書)、『人之病レ黃者亦然、因下其病在二心及肝膽之間一、疑結成上レ黃、故還能治二心及肝膽之病一、正如二人之淋石、復能治上レ淋也』(前書牛黃の項)といふ如く見られた。また結石が獸の病氣の源であることもよく知られてゐた。『午之黃牛之病也、故有レ黃之牛、多病而易レ死』(前書)といひ、『(恭曰)牛有レ黃者、必多孔喚、喝迫而得者、謂二之生黃一』は理由ある觀察であるが、一方では『宋史云、宗澤知二萊州一、使者取二牛黃一、澤云、方レ春疫癘、牛飮二其毒一、則結爲レ黃、今和氣流行、牛無レ黃矣、觀レ之此則黃爲二牛病一、尤可レ徵矣』(前書)の如き無稽な考察も加へられた。

明末淸初の西洋智識を容れて、地誌はヨーロッパ人の說そのまゝに記載し、『似二羊鹿一、腹內一石』云々とあるのは旣に名義の項で述べた如くである。

形色に就ては、「本草衍義」に牛黃を述べて、『牛黃輕鬆自然微香以此異蓋又有䗯、牛黃堅而不香』と說く。「輟耕錄」に『鮓答(中略)其大者若二鷄卵一、小者不レ等』とあるは、後世の和漢の諸書に影響した敍述である。これを第一取り入れたのは「本草綱目」であるが、それには、『大者如二鷄卵一、小者不レ等』と傳へて、更に『大者如二鷄子一、小者如レ栗、如レ榛』と稍〻實見的な意見を交へた。同書は尙、『其狀白色、似レ石非レ石、似レ骨非レ骨、打破層疊』と載せた文を、日本の諸本草書は移して說明としたこと後述の諸書によつて見られる。「綱目」は『甘鹹平無毒』とい牛黃には『若平小毒』と述べるは、眞僞に拘らず唯一の敍述である。「西域圖志」は、『大可如拳。色或黃、或白、或如鸚哥嘴者最貴、其堅如石』といふ。凡て寶物よりも誇張的に述べられてゐるやうだ。蓋し、多くは傳聞による說をも交へたからであらう。

その產地として擧げることを指摘すれば、早く漢代に西域を通じて將來せられたかもしれない、張華「續獸經」に『亦本出二大秦國及于闐國一、彼人呼曰二鳥珂一』云々の如きは信ずるに足りない說であるが、尙或る暗示的な何物かを漏すやうである。

「衍義」に見える牛黃、駱駝黃は『皆西戎所出也』であり、輟耕錄は『蒙古人之禱レ雨』云々といつてこれを新奇なものの如くに見倣し『恐亦見牛黃狗寶之屬耳』と結んだ。また「本草綱目」及び「海內諸國記」に載せる旣述の胡僧(本草は番僧に多く)に聞く云々の事蹟といひ、「明史西域傳」及び「西域圖志回部」の說といひ、皆かゝつて、蒙古新疆の邊りの原產に關する。牛黃に就ても「本草綱目」に『牛黃生二隴西及晉地一』と

—岡本—

いふは、支那北西方を指し、蒙古に近い。併ニ明文西域傳」に「然者札達不ㇾ但産ニ於回中一、雖ニ內地一亦間有ㇾ之耳』といふが如く支那に於ては或種の物を産した。「本草綱目」に『(弘景曰)多ニ出梁州益州一、(恭曰)牛黃今出ニ萊州密的淄州青州嶲州戎州一、(頌曰)今出ニ登萊州一他處或有不ニ甚佳一』とて前人の記する諸産地を列擧した。恐らく牛黃狗寶の類は可なり古くより支那本土に產し用ゐられたものであらう。尙日本諸書に擧げる支那の牛黃羊棗の產地に就ては後說する。

ヨーロッパ人に傳へられた把雜爾を記載する書は皆その產地として特に渤泥國のみを指記するのは、その理由を知るに苦しむが、恐らく「職方外記」に源を發し、諸書それに依據して傳へた故であらう。

日本にはバザルまたはベゾアルの原義に於ける石はなかつた。何故なら古來より山羊、羊の類は日本で飼ふことが稀であつたからであらう。日本の諸書に載するものは凡て廣義に於ける諸獸の結石である。「雲根志」の(前編卷二)に『獸の腹中に生ずる物也(中略)獸每にあるにはあらず稀にあり』といふ說明は最も要を盡してゐる。「本草紀聞」の『獸ノタマナリ、諸獸ノ腹中ニアリ』の如き、「輪池叢書」引く所の『千野春畹道人の記に、鮓答は諸獸の癖石也、始て出ニ輟耕錄一、蓋胡語也』といふ如きも適當な說に近い。比較的早い日本の本草書たる「大和本草」の如きは自說を載せずして、李時珍の「本草綱目」に依り、『走獸及牛馬ノ肝膽ニアリ大小アリ上ハ肉ノ嚢ニテ包メリ白色石ニ似テ石ニ非ス骨ニ似テ骨ニ非ス云云』と述べた。

併し、諸獸のうち、『多くは馬にあり』(雲根志)『就ㇾ中馬ニ多クアリ』(本草紀聞)といひ或は、『東都馬醫の達人菊池武健、石糞の諸說をあげて云へるの文に、馬墨鮓答一物、生ニ于馬胄中一』(輪池叢書)と述べて、主として馬石を多く利用せられたやうである。從つて、『乘馬ニアルハ數多シ、大小アリ、是ハ多キハ一所ニアツマリアル故、形正丸カラズ、三角モ四角モ扁キモアリ、小ハフント一所ニ交リ下ル、石糞ト云、ゴイシ、或ハケシ、或ハゴマホドアリ、是ハ糞中ニ交リテシレ難シ、氣ヲ付レバシレル、馬ノ積氣ノ如シ』(「本草綱目譯義」卷五〇)といふやうな事實の如くにして、事實ならぬ說も現れた。

この日本で主として用ゐられた馬の結石には西方の印度、アラビヤ、ヨーロッパ等では餘り注意せられなかつたらしい。それだから、江戶時代に日本へ來たヨーロッパ人のうちには、珍らしく觀察した次の如き文を書いた人もあつた。

『私に馬の腹中に生じたといふ大きな石灰石を江戶で貰つたことがある。實際和蘭人はこれを paarde steen (馬の石)と云ふ。私はこの石の形成及び成長について少も明らかにすることが出來なかつた。たゞ江戶近くの厩にゐる馬の腹中にのみあるのだといふことであつた。そこで私は推察の上考を立てなればならなかつた。思ふに、この動物に與へる水が石灰を含有してゐて、これが動物の胃のうちに沈澱物を作るのであらう。この沈澱物がそのまゝ動ないでゐるために、漸次質が密となり、又大きくなるのであらう。この石は子供の頭位の大きさになる。又木實位の小さなものをも貰つた。これには溝がついてゐて、且いくつかの層が密着してゐた』(ツンベルグ日本紀行三三五、三三六頁)。

これ逆にして、西方より舶載の來義のベゾアルに就ては、日本人が餘り正しい知識を有たなかつたやうである。『古來渤泥波斯等ノ人將來ル、バザルトイフハ馬ノタマニ非ズ別種也、然レドモ蠻國ノモノ故何レノ獸

—岡本—

タルヲ詳ニセズ』(本草紀聞)といふ如き考へが一般の間に抱かれてゐたかも知れない。

最も早くベゾアルの消息を傳へた一人の西川如見は、その「增補華夷通商考」に、『羊ノ如クナル獸ノ腹中ニ生スル石也』とかなり正確に記したが、恐らく江戸時代初半にはこのやうな正しい見解は稀にしか存しなかつたであらう。新井白石の如き博學の人にして『又產二一藥一名二巴爾刺一、塗レ尸不レ敗、美按巴爾刺、西人所レ云如德亞產レ巴爾裟摩《バルザモ》樹一是已、古如德亞國、與レ此接レ壤耳』(采覽異言卷第三、アラビヤの項)といふ如き見當違ひをもした。(但し白石は恐らく明末淸初の支那外國誌に見えたこの漢字に拘泥して附會をしたらしく、從つてこの石に就ては恐らく別に知るところがあつたやうに思はれる。その理由として、「外國通信事略」にこの結石の各種を擧げて、或は假名書きして「へいたらばさる」、「へいたらほると」等と載せたことに照合せられたい)この結石の成生に就ては次の如き說も見られる。

『寬文年中、讃州綾南條福家の城主福家次郎左衞門藤原資基一馬あり、此馬資基が先祖より相續して、飼養する駿逸にして、綾鹿毛と名付、長八寸に餘り、其齒歲幾なる事を知らずといへ共、健實なる事、本朝の生唼月摺墨、漢の八駿九逸十騏の名馬にも劣るまじと、世に賞美したると也、ある夜、資基夢らく、彼馬來て告て云、吾腹中に一玉を藏、尤我壽已に久し、命旦夕にあり、こゝを以、君に捧て、願はくは君の子孫をして長久ならしめんとて、夢已に覺めたり、後彼一玉を得て、南綾の玉と號、珍藏せしが、兵火に遇といへども、終に燒亡せず、家益〻繁榮せり、代々至寶として傳來する事年久しく福家四郎左衞門資滿の代に至て、猶武運長久のため、彼玉を讃州香西萬德寺江奉納せし事、其家の馬玉の記に詳なり、前記を模寫して捧呈す、且綾鹿毛の事を評するに、彼馬玉は、死馬を割て得たりと云』(輪池叢書)。

江戸時代初午を代表する貝原益軒の一般鮓答に關する見解を考へるに、その「本朝食鑑」を引いて『病牛眼黃ナル者必有レ黃又魚ノ腹中ニモ石ノ如ナル物稀ニアリ眞珠モ亦貝ノ玉ナリ此類ナルヘシ淋病ヲ患ル人ニ石塊生スルカ如シ人ニモ癖石アリ』(大和本草卷十六)といふに歸する。支那人の考よりも進むところなく、且つ類推のみに賴つた說である。また菊池武健の著した「石毬矢辨」(廣大和本草所引)に、『又有二一物一名二毬糞一其形如レ結レ氈、其大小色様似二石糞一鎚破而裏又如レ氈、若謠食二砂石及代釘一而胃不レ能二消化一汚穢日集結、遂成二其物一也、毬矢者因二蒸熱一石矢者因二實熱一猶二爐裏之塊一火氣猛烈、則生二硬塊一火氣帶二水氣一則生二輭塊一』とあつて、石糞に似たりといつて鮓答ではないやうに見えるが、明かに實見に基く成因說である。併し甚だ奇怪な動物病理を附會したので無稽な奇說となつた。

この後この結石に就て『(鮓答は)猿の生膽トモ、又ハ猿猴毒ノ矢ニ中ルトキ疵ノ中ヘ解毒ノ藥草ヲ入レテ、愈エタル跡ノ贅ニナリタル者也ト云傳フ』(本草辨疑)といふ如き、『杉浦翁ノ話ニ、或ル人夜中ニ手水鉢テ邊ニテ物ヲ吐出シテ、翌朝コレヲ見レバ、小玉百目餘アルニ似タリ、ヨクヨク見レバ皆ヘイサラバサラ也、ナルホド前夜吐出シタル時、バク〳〵ト堅キモノ、オチル音シタリト也、又或ル人膝ヨリ眞ノサヾエ一如キモノ出タリ、先生又曰、中西氏ノ齒齗ヨリ形ハ鋸ニ似テ骨ノ如キモ出タルコトアリ云々』(蕉窓雜話、四ノ三八)とある如きは、全く見當外れてあつて、恐らくはこの結石の眞物に通ぜずして、他物をもこれに適てたか、若しくは作り話しであらう。既に當時にあつて、『俗傳ニ云猨爲ニ獵人ノ被レ傷其瘢痕成レテ贅肉塊也ト蓋此惑説也』（和漢三才圖繪、卷三十七）といふ如き識見有る人の是正も見えた。

以上の諸書は悉く十六、七世紀兩洋海上交通初期に屬せず、江戸中末期のものであるが、日本では前期にはこの結石を餘り知り用ゐなかつたと見えるから、その時代には殆んど記載せられてゐない。支那及びオランダ人と交通した中期以後にしても、以上に見る如く頗る見當違ひの解釋が多かつたから、よほど利用せられたとは考へられない。

同じ時代にあつても蘭學に達した人々の説は智識の系統も異なつて、直接にヨーロッパの學者の説を受け傳へた。例へば、『此土地の古老の説に、猿の腦に有之候、右のよし申傳へ候得共、紅毛の書を考へば、ペスアルとは天竺の羊の腹中に有之、積聚なるよし見へ申候』（紅毛譯問答、海表叢書卷三、二二頁）と、元來の出所によつて日本の怪しげな説を駁し、『羊のごとくなる獸の腹中に生ずる石なり』（紅毛談、文明源流叢書第一、四四五頁）、『これは天竺地方に出來たる獬石なり、（中略）諸獸より出る獬石その名あれど云云』（蘭説辨惑）と簡明な語で表現した。

性狀に就ては各書共に略ぼその要を得てゐる。『雛子ノ如シ打破レハ層疊ナル』（大和本草）といふを敷衍して『其形如ニ鳥卵ノ一長サ寸許淺褐色潤澤以テレ石非レ石可《バカリ》ニ五六錢目一研ニ磨《スレハ》之一有テニ層々理一如ニ卷成者ノ一』（和漢三才圖繪、卷三十七）と詳説した。

『馬ニヨツテ數多キモアリ、一ツアルモアリ、一ツアルハ丸ク大也、多クハコニダ馬ニアル一ツニシテ大ニ眞丸也、乘馬ニアルハ數多シ、大小アリ、是ハ多キハ一所アツマリアル故、形正丸カラズ、三角モ四角モ扁キモアリ（中略）、破ルト外ヨリ中迄幾重モ重リアリ、ケイランノ皮ノ如シ、皮ノ厚サノ物也、色ハ白モ鼠モウス茶赤ミ帶ル黑ミアルアリ、ハダヘハケイランノ如キ光アルナリ、又サメハダノ如キアリ、又マキ雲ノ如キモヤウアルアリ（中略）、大ハ西瓜ホドアルアリ』（本草綱目譯義）『雛卵ノ如クニシテ圓シ、重シ、破レバ層次アリテ皮ノ如シ、中ニ至ルマデ皆ヘゲテ取レルナリ、外皮灰色微シク黃色ヲ帶ブルアリ、又赤色ヲ帶ブルモアリ、又黑色ヲ帶ブルモアリ、又皮理麁ナルアリ、又密ニシテ光澤ナルモアリ、又雲頭ノ如キ文アルモアリ、大ナルモノ鞠ノ如ク、小ナルモノ木欒子ノ如シ、小ナルモノ多クハ正圓ナラズ、或ハ三角或ハ方、大ナルモノハ皆正圓ナリ、是レハ腹中ニ唯一塊アリ、故ニ正圓ナリ、小ナルモノハ數ノ塊集リ生ズルヲ以テ、故ニ重ナリ目アイテ形數種アリ』（本草紀聞）といふのは、前二者に追隨して少しの空見と少しの誇張を混へた說明であらうと思はれる。この根底は、支那書に據るところであつて、自家の見は殆んど加はつてゐない。それだから、一方では、『大和本草ニ輟耕錄ヲ引キテ云フ、大ナル者雛卵ノ如シトス、陶九成產物ニ暗キ故ニ雛卵ノ大ナル者ヲ以テ大トス誤ナリ』（廣大和本草）と正面よりその追隨を非難し、『大ナル者如ニ瓠瓜一、小者粟粒ノ如キニ至ルナリ、大小形色不レ一、大抵蒼灰色』（前同書）と述べたのは稍愼重な說である。『至りて大なるは毬鞠のごとく、小なるは木欒子《ツブ》のごとし、其形も一樣ならず』（茅窻漫錄）は前者に據つたに過ぎないやうだ。「雲根志」の『圓にしてかたく靑色或は白、或は赤或は黃也大なる物得難し』といふは必ずしも不當ではないが、七種の獸の石の圖を掲げ、そのうちに虛、態を入れ、各獸の石隔然と形色を異にするやうに見せしめたのは全く妄斷である。同書には引き續き、著者實見記といふが如き記載がある。興味ある文だから次に抄出する。

『播磨國高砂三浦氏珍藏せる物重き貳貫目大さ西瓜より大也江洲甲賀郡

原村に坂村長圓といふ人あり龍の珠といふ物を珍藏す青色にて光澤あり西瓜などの美玉也と予數年是を見ん事を望めども此人他國につとめある人なれば十餘年空しく暮しぬ時に去年正月五日の夜夢に坂村長圓なる人錦の袋に彼の玉を納め首に掛て予が家に來り珠を出し見す予是を見るに鮓答也よつて予是は癩《しらうま》ずの腹に生ずる鮓答といふ物なりといふ長圓大に怒つて左樣の穢惡なる物にあらず我家重代の至寶龍の生珠なりとて袋に納め首に掛去る。見て夢はさぬぬ翌日同志の友に語てわらひぬ後二月五日實の坂村長圓來る時に元來知る人にあらねども夢に見し人品にかはらず一通の物語終て首に掛たる錦の袋より玉を出し予に見せる予これを見るに色かたち大さ夢に見し物に寸分違はずはたして鮓答なりし又京都烏丸通四條邊に畑某といふ醫師あり此人珍藏せる物色かたち大いさ坂本氏の至寶と同物也是もみづから龍の玉といふ』

これは頗る奇妙な說話である。事實に認め難きやうに思はれるのはその大きにを誇張した故であるが、その點を見逃して考へればこの結石の日本に於ける位置を主張する頗る興味深いものと思ふ。

以上の諸引用文を以て考ふるに、日本に於てはこの結石の産地として特別に明示せられたところが見當らぬ。これは蓋し、その産する動物が主として馬であり、日本所在の他動物であるから、隨所にこれが得られたことを肯定する。日本人は支那の書によつて敎へられてこの結石を甲州國内に發見したといふべきであらうか。併し一方では限定せられた意義のペドラ・ベゲアルにはヨーロッパ人の仲介によつて輸入したことも否まれない。慶長以前にあつては主としてポルトガル人より、以後は主としてオランダ人より。但し、前者の輸入記錄は今のところ未だ遇目せぬが、後者に關しては、『長崎ノ人ノ云猿ニアルヲ猿棗ト云蠻國ヨリ來ル』（大和本草）、『按自リ二阿蘭陀一來有リ二牛佐羅娑佐留一』（和漢三才圖繪）、『紅毛人ノ持來ルハ、牛馬ノ玉トチガイ功モヨシ』『是ヲ紅毛人勃泥汲斯國ヨリ取來ル、是は馬ノ玉トハチカイ、丸キモアレドモ多ハケイランノ如シヒツナマシテウス茶色多シ』（本草綱目譯義）等と見える。西川如見の「華夷通商考」が、支那山東省、河南省、四川省、交趾の土産に牛黃、母羅加（マラッカ）にペイタラボルコ、阿蘭陀にヘイタラバサル及びヘイタルホルコを記載し、新井白石の「外國通信事略」が支那遼東、山東省、河南省、四川省及び東京、廣南に牛黃、支那河南省に羊棗、咬嵧吧に猴棗、阿蘭陀にへいたらほると、へいたらばさる、ぱるしやにへいたら猴棗、まらかにへいたらほると、ほるねをにへいだら猴棗、すまたらにへいたらばさるを土産として擧げ、「采覽異言」にアラビヤに巴爾刺、ベンガラに牛黃を産すと指すのは江戸時代上半期に於ける日本輸入の源産地中介貿易地の名を擧げたと考へられる。

きじ　（長野縣小縣郡別所村）

一匹のきじありて或る泉へ毎日の如く行つた。人々不思議に思ひ行つて見ると溫泉である。故に人きじが湯と命名した。これが卽ち別所溫泉の大湯である。然し今は大湯と呼ばれてゐる。

笠石　（長野縣北佐久郡小諸町）

古淺間山の法院坊（一つの穴）に大蛇が住んで居た。ある時蛇掘川が水のために一ぱいになつた。その爲にその蛇が流されて來た。その時蛇は一つの大きな石を脊にかぶつて來た。それが現在の小諸附近の蛇掘川中にその石を置いて行つた。そこでその石を笠石と云ふのだそうです。

蛇　（長野縣北佐久郡小諸町）

蛇の雄と雌とが一緒になつて居たのを見た時、今のフラスコの如き物に雌を入れておいて外に出しておくと雄はその晩どこからかダイアモンドを拾つて來て、そのフラスコを切つて中より雌を出して行くそうだ。それで朝早く行つて見るとその附近にダイヤモンドが落ちて居るそうです。小諸町に傳はつてをります。（小泉清見）

—岡本—

七夕祭の起源的諸相と展開のあと（三）

栗田　峻

△七夕を農業祭方面から

農業祭にやゝもすれば生殖行爲的儀式があつたとしても、それを見て農民の生活をば、ただ猥褻下劣なものゝ様に考へるのは當らない。なぜと言へば、未開時代には植物の類の稔りも、矢張り自分達人間と同じ行爲の結果だと、世界何れの地方でも信ぜられて居たからである。手近い例で言へば、正月十五日に近世まで地方で行はれた、或は今も行はれて居る所があるかも知れない習俗、柿の木などの果樹と家の子供と結婚の杯を取交はさせて、其年の豐な結實を待つ話は、我々をひどく童話的なつかしさに導くが、それのみならず、此の天地の創成までも古代人は、或る神人の人間的生殖行爲によつて出來たものと考へて居た様だ。いざなぎ・いざなみ二柱の國產みの神話には、古代生活の種々相が入りまじつて居て、容易にこれを說明し終る事はむづかしいが、終に天上の「日の若宮」に昇られたいざなぎと、地下の黃泉の國へ岩隱れ給ふたいざなみの夫婦神が、大八洲國の島嶼山川草木ををのごろ島の八尋殿で人間的生殖行爲のあつた後に、產みなし給ふたのである。勿論の事、農民にとつては最も利害關係切實な稻の稔りについても、古人は亦さう言ふ風に考へて居た。「みのる」・「なる」などの結實を意味する國語にも、自分の考へでは、ずつと始めにはそれ〲生殖的意義を持つて居て、皆がそれで納得して居た時代があつたのではないかと思つて居る。これを徳川時代の連歌には「稻に實のさす雨のはらはら」などゝあつて「さす」とも言つて居るが、「さす」にもさう言ふ語感が當時はあつたらしい。

特に稻の稔りを促進させる爲の呪術的行事としては、社々の御田植祭や田遊びに生殖行爲的行事が大抵伴つて居り、稻荷の神樂やさなぶりの行事には姙婦が屢々登場するのも、それは矢張り實入りをよくする爲だと言つてゐる。最も露骨で直接なのには、將に實が入らんとする頃を計つて、田の畔に出て田主夫婦が交はりをするとか言ふ様な事も外國にはあつた。

七月七日の祭りの時期は、さうした用意をさせる様な季節である上に、偶々男女交會の傳說があつたのであるから、假りに舊がさうでなくても、終には自然とさう言ふ儀式を誘導し得べき狀態に在つた。斯うした說明が若しも事實と反對の考へ方だとすると、御話しは少し複雜になつて行く。一說によれば、七夕に牽牛織女を祭るのは、宛かも七月上旬に此の二星が天に中するからであるとも言ふ。由來星辰と人事との交涉を親密に考へて居た支那の事である。銀河を渡つて一年に一度二星が交會する云々の傳說は、或は往昔の支那の民間で、穀物野菜などの豐な結實を豫想し翹望した農民の心持の投影であつたかも知れないと言ふ假想も湧いて來る。彼の地でも旣に銀河の顯晦を見て米價の高低を卜する風習があつた事は前に述べたが、自分の此の假說が若し妥當だとすれば、日支共に七夕に若し雨が降ると、天の川に水が溢れて二星が逢へなくなると言ふ事を非常に忌み嫌つた事には、深い理由があつたのである。これを古來一部では、牽牛と織女の此の年中の耕作と機織の努力が足らなければ、七夕に雨が降つて銀河に洪水が出て、遭はれなくなるのだとも逆に言つて居るが、津輕邊には、七夕に天の川の星が見えぬと、其年が水不足だと言ふ支那と似通つた言ひ傳へが古くからあつて、つまりは兩國共に、二星の交會が若し行はれぬと稻の爲に良くない――稻の稔りが惡いと思つて居たと言ふ事に歸着する。北支那地方で、天帝の命を誤り傳へた烏を悄むと言ふのも、實は出來る事なら毎月七日目毎にも二星を交會せしめたいと言ふ農民の希求（穀物の爲に）に過ぎないのだ。自分は、有閑な大宮人には此の傳説が如何に趣味的に取扱はれようとも、農民にとつてはたゞ單なる一齣の趣味傳説であつたとは、どうしても考へる事が出來ない。七夕譚は支那にあつても早くから、秋の稔りを待望する農業生活者の者に息づいて居た至極眞面目な説話であつたのだと思ふ。否たゞに説話であつたのみでなく、二星の前身がたとへば遊子伯陽と言つた樣な地上の夫婦であつた時代には、必らず日本の樣な地上の二星交會があつた筈である。

ともかく我邦でも、二星の年に一度の面會は、たゞ久濶を敍する程度の面會ではない事を、古人はお互ひに納得して居たらしい。菅江眞澄翁の樣な眞面目な人でさへ、信濃を旅して居た時、七夕が丁度庚申に當るのに出會つて、庚申の夜夫婦の交はりを忌む風習を考へ合せ

稀に會ふ夜もぬる事は楮の葉のうらみて明けん星合の空

と詠んで居る。つまり此の晩「ささげ畑」へ這入るのを遠慮すると同じ心遣ひで、二星交會譚の眞の意義は其邊にも殘されたのであらう。最も露骨にその現れて居る實例を二三擧げて見れば、越後の北魚沼郡上條村の七夕神社の例祭穗垂祭と言ふのは、毎年七月一日から二十七日まで、同村破間川の東北岸なる喬木に注連繩を引渡し、男女の隱し處を藁で作つて其繩に懸ける。其時一同の囃し言葉に「破間川に注運引渡し、西のお姫らいでのほだれ（來年の豐稔？）を迎ふ」とある。

信州上伊那のあたりは、舊例をよく守つて居る素朴な地方だが、同郡富縣村櫻井では其日に村の川を隔てゝ天白樣と言ふ社のお祭りがある。對岸の天白社からお輿が河を渡つて、こちらの天白社まで逢ひに來られ、御輿を相對して据ゑ終ると、先方の神體の幣束をこちらの神體と合して收め、其處でお祭りをする。其時對岸の村の厄年の男も一緒について來て、厄落しの行事も行はれる。（中尾逸二氏報告）

築前大嶋にあると言ふ河を挾んで祭られた彥姬の星の宮にも、勿論七夕には同樣な行事があつたに相違ない。古來有名な歌枕になつて居る勢州星合の濱の

伊勢の海の名にあらはれて娘まくら交しやすらん星合の濱（六帖）

と歌はれた式内須氏神社の星合ひの口碑も、また斯うした儀式であつたのかも知れぬ。

今でも行はれて居るものでは、飛彈の國大野郡大八賀《はちが》川を挾んで兩岸に犇えて居る七夕巖の、八月六日の夜に行はれる星祭りなども有名である。此邊の村民、家毎に豫て綯ひ置きたる繩を集め、其晩岸の東西の大岩に張り渡し、提燈に火を點じたのを數多懸けて、其間には藁で作つた馬や牛其他種々の作物などを懸け連ね、二星を祭り併せて年の豐凶を占ふのだが、翌年の七夕まで其繩が保つて居れば豐年の兆だと言つて喜ぶといふ。此の二つの岩は、舊は空から落ちたのだと思はれて居るらしい

一栗田一

が、來年まで縄が保てば豐年だと言ふのは、間違ひなく牽牛織女が其縄を渡つて相會するといふ心持が前提になつて居よう。さうすれば矢張り此處に入れていゝ例である。

尾州春日井郡太奈波多村の七夕神社、同國小田井村の星合の社などは偶々文献に現れた七夕の社だが、其外に未だ知られぬ國々の七夕の社(澤山あるらしい)も、もとは斯う言ふ儀式が一度行はれた時代がありはせぬか。前述上伊那の天白社の何神であるかは判然しないが、自分の故鄉である遠江の海岸に近い村々にも澤山ある。いづれも水田の中に點在する小祠で、今は祭りも絶えて、昔時の事を知つて居る人すらも既にないが、察するに田に關係した神ではある樣だ。

堂上趣味の七夕祭は、名は二星の祭りと言ひ條、實際にはたゞ織女へだけの乞巧奠になつて居り、その流れをくむ近世都市の七夕祭も亦大抵織女へだけ祭りのめどを置いて居る。だが地方の七夕祭にはまだ、二星への手向けの心持ちははつきりと殘されてあつた。近頃もてはやされる鄉土玩具の中に、房總地方の七夕の「眞菰馬」といふのが這入つて居るが、これは正しい意味でいへば玩具ではなく、實は眞面目な七夕の供進物で、早苗の乾燥したもので牛馬一頭づゝ作る村もある。此れを五色紙をさげた普通の七夕竹に繫ぎ、七日の朝は此の馬の方を引き出して、しとゞに濡れた若草を刈り取つてそれに負はせて歸り、もとの樣に七夕竹に繫いで置く。これらの事にも猶微かながら二星の祭りの俤が殘つて居るのを見逃せないと思ふ。

此れによく似よつて居て尙一層農業祭らしいのは、陸前宮城郡高砂村地方の農家で作る菰草製の「七夕馬」である。この方は二頭共馬で、一頭の方には人形を作つて乘せ、此を厩のぐし(棟)の上に立てゝ置くと、夜半人の寢靜まつた頃、お田の神樣がこれに乘つて、田畑を隈なく見廻つて下さる。田の神お廻りの此の日に、若しもお田の神を見た者は死ぬと言はれて居るので、此の日は手間暇を惜む百姓も、愼んで家の中に閉ぢ籠つて居るといふ。(三原良吉氏報告)專ら馬を耕作に用ひる地方では、牽牛神も「七夕馬」に乘る樣には變化しても、田畑を見まはつて守つて下さる稔りの神だと言ふ意味は幸ひにして忘られなかつたのである。

同じ陸前の亘理地方では此を眞菰で作り、刈田郡大鷹澤のあたりでは藁で作るさうだが、馬だけにしても、或は房總地方の樣に牛と馬と一頭づゝにしても、いづれも二頭作つて供へるといふ事は、二星が此晩降下して田畑を巡つて見る爲の用意だと自分は解釋する。自分の鄉里である靜岡の南部海邊の村々でも、七夕の日はどんなに忙しくても水田へ出ない事にしてゐる。いかに因業な姑も、此の日ばかりは田の神樣の怒りに觸れるのを恐れて、嫁を働きに出さないのだと聞いた。

斯樣に例を擧げて行けば限りがないが、久しく宮廷風の七夕祭を聞き馴れ見慣れて、七夕を單に乞巧奠としてしか記憶して居なかつた我々は、今改めて農業大衆の七夕祭の中に、却つて根元の意味を讀み直して行かねばならぬ時世に逢着したのである。

△七夕を惡靈攘斥祭方面から

古來の七夕祭は、二星交會の感傷的傳説が餘りに普遍的に世間に迎へられた爲に、行事の色彩は專ら其方面にばかり壓倒されて仕舞つて居るが、古代支那の民間信仰から見れば、此の日は其他の節句の日と同じ樣な、陽月陽日の惡靈襲來の日でもあつた事は前に既に述べた。それをば、高辛氏の子が此日に死んで以來、瘧鬼となり江水にゐて人を惱ます。此日に索餅を以て祭り、人もまたそれを食へば此鬼につかれて禍を被る事

—栗田—

を免れるといふ話で語つて居る。この由來によつて我邦でも七夕に、宮中では内膳司より索餅を拵へて奉つた。索餅は今の「さうめん」の原始的なもので、麥と米の粉とをねり合せて繩の樣に捻ぢたもの、麥繩の名がよく當つて居る。

搜神記の說では、これが顓頊氏の子になつて居て、三人の中の一人が江水に居て瘧鬼となつたとあるが、いづれにしても支那の民間信仰をそのまゝ受繼いだものである。我邦でこの瘧疾をわらはやみと言つたのは、多分熱が出て振ひ出す有樣が、童の動作に類して居るから名けたのであらう。秋の季節病になつて居るから、恰かも此の節に此の病魔を攘つたもので、一說によると、此の七夕の節句は瘧を除く爲なりとまで言つてゐるのである。この說が段々下にも及び、古來京都地方の民間では、此日にさうめんを贈答したり、食べ合つたりした。現今でも七夕から盆にかけて、全國一般にさうめんを食ふ習慣があるのは、意味は忘られては居るが、由來は此處にあるだらうと自分は思つて居る。

此日に支那で行はれた惡癘攘斥の行事としては、まだ此の外に水嬉と曝衣がある。有名な話では、郝隆といふ男が、隣人の曝衣を見て、仰臥して腹中の書を曝すのだと稱した云々の事が、支那人らしい衒學的な語り種にさへなつてゐる。これが我邦へ來て此節の虫ぼしとなり、京都近傍の寺社では、此の前後にそれぞれ寺寶社寶の虫はらひをやり、同時に寶物の展覽などを行つたものである。江戶市中では、此月二日頃から十三日までの間に、商家で煤はらひ虫ぼしをした。

京都の飛鳥井・難波兩家で此日に執行した「梶鞠」と言ふ蹴鞠の行事も此の系統へ這入る。兩家は堂上蹴鞠の宗家であつたが、もともと蹴鞠なるものが、蚩尤の頭を蹴るに擬した一種の惡癘避けの行事であつたから、年中の他の節々にも行はれたが、此日の意味から言つても然るべき事ながら、七夕には特に神泉苑で嚴重に興行されたのであつた。後世南北朝時代になり、所謂七夕の七遊びをする樣になると、七に因んでは七百の鞠が行はれたとある。

强ひて求めて記せば此れ位なものだが、中央の七夕祭にこんなに忘られてしまつた惡癘攘斥の方面の行事も、最近まで地方では案外盛大に行はれて居たから、混亂を避ける爲に項を別けて二三お話して見よう。

○七夕《たなばた》流し　此れは笹竹に五色の紙をつけて「たなばたづめ」に捧げた、いはゞ「憑り座し木」の一種であつたものを、祭りの濟んだ後、此れを河に流す事によつて禍事を祓ふ意味に轉化させたものである。六日の晩から祭る處では七日の朝、七日の晩に祭る處では八日の朝になると、地方によつては、それぞれ其附近の河へ子供等が擔いで行つて流すのであるが、どの家でも擔いで行くとなると、其間に自然と競爭心が起つて他の家のと途中で出會ふと、奪ひ合つたり、揉み會つたりする。豐橋の地方では、終に竿や鈎を用意して行つて引つ掛け合ひ、果ては互ひに護衛をつけて河まで行く樣になり、やつと河の畔まで行きついた頃には、もう大抵色紙が千切れて無くなつて仕舞つて居るさうだ。富山あたりでもこれが盛大ださうである。

舊時富山市の寺小屋で行はれた「七夕流し」はまた面白い意味を示して居る。其頃の話によると、寺小屋の子供達は、其日を待ち兼ねて晴衣を着て寺小屋に集まり、晝の十二時頃まで太皷を打ち節をつけながら大聲に合唱する。其歌は

七夕樣飾られた。をつたの七夕さん飾られた。めつたの七夕さん飾られた。早百合ないない。

—栗田—

七夕さま來られた。めつたの七夕さんとをつたの七夕さんと飾られた。早百合ないない。
七夕お送りしよう。西の土手までお送りしよう。早百合ないない。

二時過ぎから、師匠がこれらの子供と打ち連れて、神通川へ行つて七夕を流すのだが、歌の終りの句の「早百合ないない」の由來としては、天正の昔越中の守護職佐々內藏助成政の愛妾早百合が、寃罪を被つて神通川の畔の一本榎の許で慘殺された怨念を慰めるのだと言はれて居る。(小柴直矩氏報告)但しこれも亦支那で言へば三月三日の郭虞の女の死、五月五日の屈原の投身と同じ類ひに入れるべき民間の解釋口碑で、嘗て此日に記憶されてゐる惡靈襲來の恐怖感が、偶々こんな偶發事件に結びつけられて、具體的に話されて居るに過ぎない。

○ねぶ《む》た流し　支那にも往時は、節々に河上に出て祓禊するとか水嬉するとかの事があつた處を見ると、或は我邦の「みそぎ」に類する様な習慣があつたかとも思はれて來るが、今の所「ねぶた流し」を直ちに此れの影響と判斷する勇氣を持たぬ。青森・弘前地方では、七夕には七度水浴をして七度飯を食ふ日だと言つて、大人も子供も、盛んに飯を食ひ酒を飲み水浴をする。處によつては此れが子供達の間だけに殘つて、此の日は七度水浴をして、七つ饅頭を食べる日だなど丶言ふ。それらの地方では、いづれも七夕を「ねぶた」又は「ねぶた流し」と言つて居る。段段此れが簡略になつては、此日の朝長幼たゞ河の畔へ出て顏を洗つて「ねむた流し」だと言つて居る様な地方もある。

「ねぶた」は本場の東北地方などでは、佞武多と物々しい宛て字を書いて、それに事よせた尤もらしい解釋もあるが、一方には「ねむた」とも稱して居る通り、睡む氣《け》の意味に相違なく、舊暦七月の暑中に當つて襲ひかゝつて來る、普々ならぬねむけを攘ひ除けようとする行事であらう。たゞ單に疲れて睡いならば別に怪しみ厭ふ事はないが、健康人でさへ殆んど病氣ではないかと自ら審られる程の、日中も猶蔽ひ被さつて來る睡むさは、古人には慥かに邪氣として攘ひ去らねばならぬ性質のものであつた。宛かも時節は行疫の頃ではあるし、昔の言葉で言へば下地病氣の一つと思つたのかも知れぬ。たとへば噫をする時にも、邪氣の潜入を恐れて呪文して攘つた古代人の事である。素朴なこれらの人々には、八月の暑さの盛りの睡けも、文字通りの睡魔であつたのである。が、これも廣い意味から全體の精神を取つて解釋すれば、夏時の萬の疾病をば凡て「ねむた」の一つに代表させて攘ひ流さうとしたのだとも言ふ事が出來るであらう。しかし片方には又時節柄豐年祭りの意味に取つて行かうとする自然的轉換も、行事にたづさはる人々の心の中にきざしては居た様だ。

「ねぶた流し」が「みそぎ」系統のたゞの水浴から進展して、火の「はらへ」と合併し、終に萬燈式のものを擔いで練り廻つた後に河へ流す様な、稍や複雜な行事に變化したものが、青森・弘前地方を代表する風物の「ねぶた祭」である。同じ「ねぶた祭」でもこれを局部的に見ると、青森のねぶたは陽氣で美しくて平和だが、爭闘性を多分に持つた弘前の市民のは、青森の様な踊りはしない代りに「ねぶた」喧嘩を恒例の様にすると言ふ様な違ひはあつた。但し考へて見れば此の種の喧嘩は、單に擦れ違ひの偶然な「もの言ひ」から始まるばかりでなく、此の行事の特殊な意味に附隨してゐる、矢張り行事の一部分と言つてもよい様な譯があるのである。弘前では此の喧嘩の程度がすこし過ぎて、時には數人の生命を奪ふに至る程激しかつた事もあるさうだが、今では警察署が運行

—栗田—

の道筋を豫め整理規定し、努めて喧嘩の機會を與へぬ樣にして居るといふ。七日の日中練り廻つた後に「ねぶた」を河へ流して、河原・海岸などの廣場で宴會をやる。これまでをつまり「ねぶた流し」と總稱するのだ。

「ねぶた」の由來の中で、一番廣く信ぜられて居るのは、往時坂上田村麿が蝦夷征伐をして此處まで來た所、夷は岩木山の麓に籠つて出沒計りなく、甚だ將軍を惱ました。そこで將軍は一計を考へ、兵卒と共に假面を被り太皷をならしながら、異樣な服裝をして踊り廻つたので、不審に思つた夷共が武裝もせずにうかうかと出て來たのを、一人殘らず捕へて服從させ、まつろはざる者は悉く外ケ濱から松前に流した。今の「ねぶた祭」はこれに慣つて始まつたもので、現今「ねぶた流し」の際の「ねぶた流れろ、まめの葉とゞまれ、ああよしよし」と言ふのも、其際の囃し言葉であつたのだと言つて居るが、或はこれに宛て字「侫武多」の字義などを加へて說く者もあつて、要するに此地方だけの解釋は下して居る譯である。

併し他の多くの行事慣習の場合でも往々あるが、其地方だけの解釋は、いかに頑に守られようが、遂に全體の解釋にはなり得ない。全體の意味から言へば、繰り返して言ふ樣だが、直接に言へば暑中の睡魔——廣く言へば夏期の行疫の邪氣を攘ひ斥ける爲の行事であつたのを、此處では偶然にも田村將軍と蝦夷の話に結び付けられたまでの事で、名けて言へば行事の地方色とでも言はうか、深く考へれば面白い處がある。尙一說によれば、これが近世の元祿年間の出來事になつて居り、七月二日の夜、六羽川でその蝦夷の刑戮が行はれたとも言ひ傳へて居るのは、惡靈の代役を務めたあいぬ人こそ誠に迷惑な話だ。

一面から觀れば、斯うした萬燈風の人形をどうして擔ぎ廻るかと言ふ問題が、未だ其處に殘されて居る。思ふにずつと昔は、もつと簡單な形式であつたものが、次第に複雜に且大きく發達して來たものらしく、扇形のものなどが、大體其中間になつて居る樣だ。これをもつと簡單にすれば、たゞの提燈でも、澤山點けるか形ちを大きくするかすれば、心持は差支ない譯である。次に記す秋田の竿燈などは、たゞの提燈を數多く點けるだけだが、三河の一色村で今も行はれる「提燈祭り」などは、普通の形式の提燈の何間と言ふ大きなのを、しかも澤山點けて、年每に海上から襲ひ來る暴風の魔を攘ふ行事として執行されて居る。同じく火の力によつて惡靈を攘斥する火祭りが、篝り火・續松などを盛んに焚いたり振り廻したりする動的なのに對して、靜的な形式の火祭りが、つまり提燈や萬燈の祭りだと自分は解釋する。

○秋田の竿燈　隣縣の秋田市では、六日の晝から夜にかけて七夕の祭りがある。屋內の靜かな普通と變つた事のない七夕祭と共に、往來では六日の朝から竿燈があちらこちらと練り步く。現代では竿の長さ二十二三尺で、天邊に御幣を付け、橫竹を九本結びつけて、それに合計四十四若くば四十六個の提燈を下げた竿である。これを永年慣れた靑年が、輕業風に操作して步き、夜はそれに火を入れる。

此の竿燈は、折口信夫先生の「古代研究」に書かれた、大阪木津の八坂神社に昔あつたと言ふ「だいがく」と極めて類似したもので、自分の考へでは同一の系統のものかと思ふ。木津と同じく今は亡びて、明治十二三年頃まではあつたといふ羽後の十二所町の、矢張り七夕に行はれる竿燈類似のものは、竿もずつとこれより大きく、提燈の數も秋田のこれの二倍以上あり、おまけに「だいがく」の樣に屋臺の上に立てゝ、其の

—粟田—

屋臺の中で三味線笛太鼓で囃しながら、屋臺の下の幕の中の人夫が、調子を揃へて輿ぎ歩いたと言ふから、かうなれば木津のと全然同一である。尾張津島の船祭の車楽《だんじり》も、提燈を數百とぼし點ける點と、祭りの性質から言へば、亦この系統の中へ入れる事が出來るであらう。併し木津のも津島のも、夏祭りであるのに、竿頭や「ねぶた」は秋祭りではあるが、溯源的に其意味や性質を言へば、結局靜的な火祭りである事に相違はないのである。

△結　語

自分は尚祭に現れる事物の一々にも觸れて見たく、述べたい事はまだ多いが、それは別の機會を待たうと思ふ。

以上の自分の言葉は非常に多岐に渉つて混雜を來し易いから、結論を下す事は本意ではないが、たゞ便宜上自分の言はうとする事を要約して見よう。表の樣なもので假りに書いて見れば、こんな風になる。

七夕祭
- 農業祭（二日生説話）— 星合濱傳説其他民譚
  - 乞巧奠（織女祭）— 天白社、七夕神社行事
  - 天稚彦説話 — 眞菰馬其他慣習
  - 祇園信仰（疫癘攘斥祭）
    - 須佐之男同神説
- 祓禊祭（瘧鬼説話）— 七夕流し／ねむた流し・佞武多祭／竿燈
  - 蹴鞠
  - 索餅を食ふ
  - 曝　衣
  - 虫ぼし

勿論七夕祭が我邦に何年頃から行はれたなどと言ふ事は正確に判るものでもなく、またはつきり指定する事の出來るお話ではない。支那の文物や歸化人などを媒介として、何時か知らず浸み込む樣に渡つて來、潤ほふ樣に廣がつて行つたのである。たゞ宮廷風の乞巧奠や瘧鬼を祓ふ習慣は、漢時代の支那の宮廷風の模倣であるらしく、農業祭の方面は歸化人を通じて普及されたらしいと言ふ事、卽ち乞巧奠（織女祭）は上から農業祭は下から日本に浸潤して行つた位の推測は許されさうである。

表に示した樣に、七夕祭には農業祭と祓禊祭の兩方面の意味が、既に鄰國に於て初めからあつたらしく、それは七月七日といふ季節の爲に、大衆の祈願が必然的に此の二方面に向つて行つたと判斷するのが自然だ。從つて宮廷風の乞巧奠では、彼等の官位、戀愛などの願ひ又は女紅を祈る爲に、織女のみを祭る樣にもなる譯である。

祓禊祭は、宮廷を中心とした方面では僅に蹴鞠とか索餅を食ふとかの事を行ふに過ぎず、舊は農業祭であつた土臭い二星交會譚が、此處ではたゞ趣味的に取扱はれて、終に織女のみの乞巧奠になつて仕舞つた。大和山城の文學に氣を吞まれて來た我々も亦、今までは此方面しか知らなかつたと言ふ事になる。

東北地方の「ねぶた」や竿燈は、祓禊祭の直系なのが日本化されたのだ。だから祓禊祭でありながら、一方には豐年祭りの記憶も持つて居る。

祇園信仰は、稻荷神の信仰などと相對して民衆に普及し、今では立派な一つの信仰系統を形成して居るが、牽牛星が本來二十八宿の中の牛宿の本星であつたので其關係もあつて、陰陽家宿曜師の間に、行疫神としての祇園信仰の體系が出來なかつた。それには陰陽道の本據が山陽道邊にあり、原始七夕祭（假に言ふ）の牽牛神も亦、山陽道附近に殊に多か

—栗田—

つた歸化人の奉齋して居た常世神であつたと言ふ微妙な關係もあらう。これ以來一束に俗信と言はれて居る陰陽道が世間に普及すると共に、祇園信仰も亦民間に普及したのである。だからこれは一寸考へれば、祓禊祭の系統から分離した夏祭りの樣にも思はれるが、歸化人の牽牛信仰の展開だとすれば、七夕の農業祭の系統から分離して、終に別箇な一信仰體系を形成したと見ねばならぬ。これが最後に須佐之男に飜譯されて行つた經路は既に述べた。

建國神話の中の天稚彥の話は、巧に建國神話の中に織り込まれて居るが、尙矢張り七夕譚の既に我邦に知られた後に、有意識にか無意識にか國史の中に交錯したものだと、自分は今は推測してゐる。それでないと、この部分には不審な點が多い。自分にはこの神話はまだよく判らぬが、或はもつと深い關係があるかも知れぬ。

前にも言つた樣に、乞巧奠の七夕祭があまりに中央部にもてはやされたので、聊かそれに壓倒された氣味で、農業祭系統の七夕祭は、久しい事民間では餘り目立たなかつた。但し無かつたのではなく、恰かも朽葉の下の流れの樣に微かながら脈々たる生命を保つて、末の世の今まで息づき流れて居たのである。

自分の以上の七夕の解說は、見らるゝ通り未熟な點が多く推測の上に立脚して居る部分が多い。併し必然的な推測の上に立つて、無理はして居ない積りである。幸に一般の叱正によつて、更に確實性を加へて行く事が出來れば幸福である。昭和六、八、十、稿了。——

蛇石（長野縣南佐久郡平賀町）

平賀（南佐久郡）に山田宗左衞門といふ人があつた。その人が或る日、山にしばかりに行つて二束のしばを刈り、その重みを平等にする爲めに、一つの石を繩の間におつかつて來た。そして家に歸り、その石を庭に置くと、日一日にそれが大きくなる。そこで不思議に思つて見ると、それが蛇の如く見える。卽ちとぐろを卷いてゐる樣に見えた。そこでさつそく恐しくなり、その石を祭つたのであります。これが蛇石樣と祭つて現在でもその附近にお宮があります。

牛石樣（長野縣小縣郡武石村）

大昔、依田川の一帶は葭原で丘の方は一面に篠原であつた。或る神樣が此地方を切り開かうと思はれて牛に乘つておいでになると眞夏の暑い日の事ですから勇猛な牛もとう／＼只今の武石村沖區字鳥羽地籍で丸子町の腰越から沖の方へ這入つて行く坂の所で暑さに堪えられず死んで了つた。そして其死骸が石になつたさうな。それを牛石樣といつて疫病の神樣として居る。縣道を設ける爲めに片端に移したら其年には百日咳が流行したから之れは移轉した祟りであるといつて、土用の丑の日を祭日として祭つて居る。明治維新の頃に更級郡の八幡村の八幡樣の石鳥居を引き出す時に牛石樣に突き當つて少し欠けたら其所から牛の乳の樣なものが出たさうな。此牛石樣は長さ四尺五寸巾二尺四五寸厚さ一尺六寸位あるさうな。それから乘つてお出でになつた神樣は此篠原や葭原を燒き拂はれて開墾なされた。今では小山の麓に篠燒明神といつて此神樣をお祀り申してある。

大蛇（長野縣小縣郡長村）

昔々、信州の山奥にも多忙な夏が訪れた。吾が横澤村（現、長村）の裏の「ウチノハラ」の諏訪明神の附近の田に山奥より一疋の大蛇、廻り數尺もの非常に大きいのが出て來て田數枚に渡り長々とねそべり田に水を注ぐことが出來なかつた。村人いたく怒つて大草刈鎌を以てこれに切り付けた。大蛇大いに怒つてのたうちまわり、その附近一面の土地に土煙を漂はせた。之の土は「のぼう」といふのであつたので、そこら一帶眞黑になつてしまつた。そのため今日も吾々の地方の土は黑いのだといつてゐる。

（小泉清見）

家名のこと

早川孝太郎

家名と苗字

加賀の陶工で、有名な青木木米の弟子であつた松谷庄米は、元松屋庄平と云うたが、後明治になつてから、屋號の松屋ではおかしいと云ふので、松屋の屋を谷と代へて松谷と改めたものだと、このごろ出た「茶わん」といふ雜誌で見た。自分の玆に言ふ家名も、この屋號といふのと同じで、一般に名告りを意味する所謂家名ではない。實は斯の松谷庄米の場合のやうな例は、事新らしく言ふ迄もなく、當時方々にあつたらしい。明治初年に庶民に在名の禁を解かれた時には、土地に據つては、吾家の苗字は何であるか、元の由緒も何も判らなくて、中には出鱈目を名告つたものも尠く無い。役場吏員に賴んで、一村悉く魚の名や野菜を持つて來た等は別として、この場合苗字を作るのに、何かの據り處があつた筈である。その一ツとして屋敷の地名とか地形又は特徴などから謂うたものゝ一方に、屋敷名即ち家名をもぢつだものも多かつたらしい。自分が今知つて居る三河から信濃を繋ぐ山地でも、その例は何程でも指摘する事が出來る。古屋、西川、松場、岡田、神谷、新田、濱井などと言へば、勿論古くから苗字として存在したものであるが、この地方では、實は明治になつて始めて言ひ出したもので、何れも家名をもぢつたものである。自分の知人にもあるが、飯田の在にある日能といふ苗字なども、村の祭りに、ヒノヲといふ神の假面を着けた屋敷の記憶から來たのでないかと、密かに信じて居る。村役場の吏員や一部の物好きの有力者が勝手に附けたなどと言ふと、新らしく名告つた全部が悉く其轍を踏んだやうに考へ勝であるが、これは少し早計に過ぎたと思ふ。出鱈目にしても、丸きり型なしのものばかりではない。それを全部一所くたにして片附けて了ふことは、村の生活を忠實に觀察する所以では無い。況してその當時は在來からの苗字が判つて居るものでも、新らしく名告つたものさへある。斯うした事實を顧ふと、地方に於ける家名（所謂苗字）調査なども、その點を考慮に入れぬ限り、勞苦の割合には意義は薄弱である。少なくもこの地方では意義を爲さぬ事であつた。單に變つたものを數字的に配列するならば格別、それに依つて氏族の消長移動の跡を識る根據とするには誤りがある。

同じ信濃の南安曇郡穗高村には、穗高の宮を圍つて、穗高氏の一派と傳へる家は何軒もあつたらしい。それが明治になつて、表向き苗字を名告る事になつたことから、正系と稱する家から抗議が出て、果は訴訟沙汰まで起し、餘儀なく保尊（ほぞん）といふ事で鬼が着いたと聞いた。ほぞんでは穗高への繋がりはどの點から見ても意義を爲さぬのであるが、一方ほたかとも讀み得られる點に諦めの途があつたらしい。現に畫家の保尊靈水氏なども、自分は初めほたかと讀んで居た位であるから、斯うした誤りに期待があるかも知れぬ。斯のやうな例は、何も明治年間に新らしく起つた事ではなく、古くから繰返されて居たことであつた。從つて一方の家名から苗字を取つた事も、明治三年が最初でない事は當然で、唯苗字と言ひ家名といふ事が、村の生活の上から內容的にどの點迄區別が出來るかにある。仍つて今行はれて居る家名を細かに注意して見ると、或意味に於ける苗字でもあつたと言へる。

家名の起りが元同一氏族間に於ける各世帶を區別する遺風か否かは姑く別としても、事實村の生活に於ては、所謂二字名を許された者は、數へる程しか無かつたのだから、一種の便宜主義から云うても、之が繼承され存在したのに不思議はない。例へば伊豆七島の島々で、今でも村に同一の名を持つ子女がある場合、それを區別するのに親の名を冠せたやうに、さうした必要からも家名存在の意義はあつた。而もその親の名は、一種の永久性を持つ家名であつた場合も多い。殊に田舍の生活では、都會などと異つて、家の變遷も尠なかつたから、何となく悠久性があり、生活そのものにも相應しかつたので、事實此方が起りが古いのである。三河北設樂郡豐根村の中である以前の老平（おいだひら）村の、延寶六年の檢地帳の寫しを見ると、三十二軒の地主が、悉く自分の謂ふ家名で出て居る。之などは當時の人の氣持は忖度し兼ねるが、人名よりは家名の方が、實際上意義が通つて居たものかと考へられる。

村の生活と家名

三河の北設樂郡から、信濃の下伊那郡あたりでは、家名は文字通りヱナ又はヱーナと謂うて居る。はゝき木で有名な園原の村で問いたら、答へてくれた一老婆はヱンナと言うたやうであつた。更に上伊那郡の北端地方から、松本平へは入つても、ヱ、ナ又はヱーナで通つてゐる。

山本淸氏さんのお話では、同氏の今住んで居られる東京郊外の玉川村などにも、農家には殆んど家名を言ふ風があるとの事であるが、土地に據ると、或限られた家を除いては、もう尠なかつたやうである。現に自分が今問題にして居る三河から信濃への山地でも、新しく興つた屋敷には、家名としては格別無い。苗字を呼ぶか又は主人の名前である。苗字がある限り、わざ／＼煩はしく家名を言ふ必要もなかつたので、その點でも、家名はもう前代生活の殘存である。併し今の村の苗字が、多くの場合氏族的の因緣を知る以外に、關聯が求められなかつたに對して、家名は個々の部落を單位に行はれて居ただけに、村の生活に何かしら觸れて居たものがあり、以前の村人の感情にも直接に通ずるものがあつた。

自分は嘗て遠江周智郡の奥の水窪（みさくぼ）谷を訪れた時、其處の根といふ村で、峽の下から振仰ぐやうな位置にある屋敷の名を、傍の子供に訊ねたら、ワデといふ答であつたが、更にそれより一段上位に、もう一ツ見える屋棟を聞くと、あれはホツといふ家だと敎へられて、成程と諾いた事があつた。谿合や又は山陰の入野などに、バラリと散らかつた村などの、一ツ一ツの家の名を問ふてゆくと、大凡その部落の開發の狀態から家と家との關係なども想像される事がある。家名はその命名の動機から言うて、意識的に自から名告つた場合が尠く、周圍から誰となく附與したものだけに、地名や地形を言うたものにしても、村人の意志の或斷面を其處に映して居た感がある。或はこの氣持は、實感でない限り、不可能な領域であつたかも知れぬ。

斯の周圍から命名する慣習が嵩じて、形式化したものか、又は別の意味からの影響か判らぬ、おそらく前後の樣子から言うて別の意からであらうが、このごろでも、新しい屋敷が生まれると、それに對して新に名を附ける慣習がある。この地方でヤウツリと言ふと、一種の新築披露を

—早川—

意味して居たが、その席上で、招かれた客に依つて命名される。初めに先づ柱祝ひと云うて、太黒柱から始め隅々の柱を讃める詞があり、その後で、扨お開きにエナを一ッといふことになるのである。多くは目出度い意味から、ゑべす屋だの布袋屋など言ふ類であつた。併しさうした命名に據る家は、聞いた例が未だ尠いから何とも言はれぬが、商家でもない限り實際には行はれない、間もなく忘られてしまつたやうである。

家名として古くからあつたものは、その家の盛衰や代替りがあつても、滅多に更る事がなかつたから、地名などと同じやうに、語彙としても相當古いものが殘つて居て、今日ではその意義がもう不明に歸したものもある。殊に行事とか慣習は失はれたり變改されてしまつて、唯家名だけに纔に以前の關聯を物語つて居たものもある。斯の血統が代り又は職分を失つた後にも、家名だけが殘つたのは、一面から云ふと家名が已に存在の意義を失つて居たのかも知れぬ、さうして一方家の相續に對する村人の觀念にも關係があつたが、茲ではそれに觸れる事は差控へる。要するに村としては、家即ち血統より形式的の存在である屋敷に期待する點が多かつた事にも依る。

家名の採集

去年の七月から少しく目的があつて前言うた地域内で家々の聞書を作つて居るので、その中の一項目である家名も段々蒐つて、只今迄に約三百程揃へることが出來た。その地域は、三河の北設樂郡では、本郷町を初め御殿（みどの）振草、下川、三輪、薗、上下津具、豐根、富山から、更に西部の田口町、名倉、段嶺の各村で、一方信濃では、下伊那郡の神原、旦開(あさげ)、根羽、豐(ゆたか)、波合、智里等で、之等の中には一村で未だ五軒か六軒しか當つて居ないものもある。この他以前の採訪になるものが遠江地内に多少ある。

以上の中一ッの部落に就いて一軒殘らず當つて見たのは三河の御殿村の柿野（かぎの）四十三戸で、この中家名の無かつたのは唯二軒で、他は何かしら名がある。その他では同じ村の中設樂の二十八戸、本郷町の三ツ瀬、中在家（なかんぜき）の各十一戸で、之等は明治以前から在る家に就いて當つたもので、中設樂の二戸を除く外は悉く家名はある。他には本郷町別所の十戸、田口町大名倉の十二戸等が一部落全部に就いて當つたもので、他は飛々に拾つたり、舊家などに注意したもので、未だ調査中ばである。

唯今迄の結果で氣の附いた事は、家名の形式は、調査區域の狹い點もあらうが、各地略ぼ共通して居ることで、格別に變つたものを言ふ例は極く稀で、何處も似たり寄つたりである。それで之を形式の上から分類して見ると、一部の不明のものを除いては、位置から言うたものと、屋敷の新舊、それにその家としての特徴を促へたものの、略ぼ三ツに分ける事が出來る。尙特徵を言ふものには、地名とか地形、生活的の或印象等をも含むのである。この中位置から言うたものは、實際の狀況と對象して、村の開發又は構成の上に重要な關聯を思はせるものがある。斯の中で、最も共通的のものとしては

ワデ（上手）

ナカ（中）

シモ又はシタデ（下・下手）

地形上から言うても山地で傾斜面に發達した村が多かつただけに、最も容易に撰み得た名である。さうして事實から見て、この稱を持つた屋敷は、地形上にも惠まれて居たものが多く、家としても共通に古かつた

—早川—

やうである。例へばワデに就いて言ふと、同じく高所或は上位を意味したものと比べても、ソラ・カミ・ウヘ等の稱を持つたものは、屋敷としても一段劣つて居て、開發も後と考へられる。之はナカ又はシモに於ても同じで、例へばナカガイト・ナカザハ・ナカダヒラ等の如く地名と關聯させたもの、又下位に就いて言ふとシモノイリ・オホシタ・シタヤシキ・シモノクチ等、語としても形容の加はつたものは後の開發のやうである。從つて斯の上中下の位置を卒直に現はしたものは、命名に對する後の一ツの基準とも成つたと考へられる。斯く類似の名稱が入交つて居た事は、一見煩はしいやうではあるが、元來他と抵觸せぬもので、區別さへ出來れば、家名としての意義は達して居たのである。同じ新開を意味するものでも、アラヤ・シンヤ・アラト等が、同一部落の中に在つたのもその爲で、元は區別が目的で、次々に作つて行つたものであつた。

更に今ある家名を、形式的に由來に就いて分類を試みると、次のやうな形に別れたのである。因に家名の中には、同一の家で、二種又は三種行はれてゐるものもあり消長を示して居た。

一 新開を意味するもの
二 本據又は本家を意味するもの
三 位置又は方位を言ふもの
四 地名地形又は地相に據るもの
五 職業より言ふもの
六 建築樣式又は建築より言ふと思はるゝもの
七 家印又は家紋を言ふもの
八 村に於ける格式又は職分を言ふもの
九 出身地を言ふもの
一〇 家の祭神より言ふと思はれるもの
一一 村に於ける行事の印象より言ふと思はれるもの
一二 由來不明のもの

家名の持つ意義

前條に擧げた分類に從つて言うて見ると

第一の新開を意味するものでは、前にも擧げたがシンヤ・シンキリ・アラヤ・アラト・アラヤシキ・シンデン等が最も多く、之はわざ〳〵擧げる迄もないものである。尙同じ新開を意味するものゝ中には、實際に就いて見ると、事實開發の非常に古いものがあつて、之を總括的に新しい屋敷とする事は出來ぬ、家名には殆んど改變が行はれないから、例へば二百年前の新家も、最近のものも同じく新屋敷であるが、之を區別するには、意味は同一でも、前言うた通り語音の上で別にして行つたのである。

尙インキヨ(隱居)といふ家名も各所に多い例であるが、之又新開の意に近いもので、その他ノキ・トナリ等も、馬鹿々々しいやうなものではあるが、或對象として、內容からは同じ意があつたかと思ふ。

第二の本據又は本家を意味したものでは

ホンヤ・オホヤ等は言ふ迄もないとして、フルヤ・ヤシキ・オヤカタ・オヤケ等も、それに類するものであつた。尙斯の本家・大家等に對するものとして、コイエ・サンジヤク等があるが、之は從屬關係から言うたもののやうである。

第三の位置又は方位を言うたものは、前に擧げた外にオク・クボ・イリ・ハナレ・オホクチ・タケノハナ・ムカヒ・ヒナタ・ヒカゲ等は最も多い例で、別に方位を言うたものではニシ・ヒガシ・ミナミ・ニシバヤシ・キタダヒラの類で、之等は部落全體としての位置又は方位から言うたものもあるが、中には別に基準を爲す家があつて、それから言うた場合もある。

第四の地名地形又は地相に據つたものは、最も多くの種類がある。殊に林とか神社、寺院、竹藪、井戸、谿流、樹木等の特徴を促へたものが殊に多い。之等を一々擧げる事は唯今は無意味と考へるので、最も共通的なもので興味あるものを言うて見ると

ナガノ(長野)・ハマイバ(濱射場)・モリヂ・シマ・サハグチ・マトバ(的場)・マンバ・バンバ(馬場)・ユンバ(弓場か)・ドウダヒラ(堂平)・オヲンザハ・トヅロサハ等がその一部である。其他ホキ・アレ・ブッチ・ナ・ワリ・キジアト・ノゾキ等も、何れも類例の多いものである。この中ホキの崖は言ふ迄もないとして、アレは荒蕪地、ブッチも又同じやうた地形である。キジアトとは木地師の住んだ跡、ノゾキは傳説では昔檢地の際險阻の爲に除かれたことから謂ふと傳へるが、地形的に、恰も附近を覗くやうな位置にある屋敷である。

第五の職業より言ふものは

カジヤ・イモジヤ・サカヤ・コウヤ・トウフヤ・トンヤ・ウシヤド等で、之等は現在その業を爲ぬ迄も、嘗てさうした職業に携つて居た事から言うた事は言ふ迄もない。

第六の建築樣式又は建物から言ふと思はれるものは

イタヤ・ハイヤ位のもので、この中イタヤは、三河の本郷町附近には、各部落毎にあつて、矢張り或時代の建築上の印象から言ふかと思はれる。何れも舊家と傳へられて居る點から考へて、何か別の意を含んで居たかと思ふ。次のハイヤは灰小屋等いふ作小屋即ち一種の田屋から言うたものでないかと思ふが斷定は出來ぬ。

第七の家印又は家紋を言ふものは、比較的多くヒシヤ・マスヤ・カギヤ・カクボシ・フジヤ・サヽヤ等一々擧げる迄もないもので、信濃の國原等も、この家名が最も多いと聞いた。三河では家印を家名に言ふのは、下津具が多かつたやうである。之に就いて考へられる事は、家紋を家名にする事は、この地方では比較的新らしいことで、之なども今の苗字と同樣、以前から判つて居た家は尠なかつたと考へる。尚家印に就いては、別に少しばかり蒐めたものもあるが茲では姑く別とする。

第八の村に於ける格式又は職分を言うたものには

モンバラ・モン・オモテ・オイエ・ネギヤ・ベツトウ・イチヤシキ・アミダヤシキ等がある。この中イチヤシキのイチは巫女を言ふと考へられるが、三河の富山村等では、村の祭りにその家が重要な職分に當つて居たのである。尚アミダヤシキに就ては嘗て本誌一卷三九八頁に報告した事がある。

其他ヂトー・クモン等を言ふものがあるが、或時代の職制に對する記憶から來たものでないかと思ふ。

第九の出身地を言ふものは、都會地等には最も多い例であるが、山間僻地にも往々あつて

ヒダヤ・アハヤ・ノトヤ等が今蒐集中のものにある。

第一〇の祭神を言ふと思はれるものには、唯一種オヽジ(王子の意か)といふのがあり、三河の田口町大名倉、同じく上津具村油戸(ゆと)同じく薗村足込の三ケ所にあり、何れも屋敷脇にオヽジと稱する神を祀つてゐる。其他ダイミヤウジ・シヤクジ等の名を持つものがあるが、之等は寧ろ地名から來たものて、今少しく多くの例證を蒐めぬ限り何とも言

—早川—

へぬものである。因にダイミヤウジは諏訪神社の意である。この外ドウドといふものが、三ツ程あつて、何れも蛇婚說話、白髭明神等に傳說の伴ふ瀧の傍に在つた屋敷である事も注意を惹く。因にドードの語は、水の音から來たと思はれるが、それ以上は判らぬのである。

第二の村の行事印象より言ふと思はれるものは

トーヤ・カンタがあり、トーヤは頭屋で祭りの際の神の宿を意味し、カンタは神立とも考へられるが判らぬ。併し地名にある神田とは之は別である。何れも三河の段嶺村で、田峯觀音の祭りに重要な屋敷であつた。その他自分が久しく疑問として居たオカタといふ家なども、柳田先生の御說では、村の行事のオカタ送りなどといふ春秋の人形送りの風習と關係があるとの事であるから、この中に加へてよいかと思ふ。

最後の由來不明のものは、之は各種の意味に於けるものを含んで居る。その一ツとして、各所に多い例で、信仰上に意義があつたらしく疑はれるものでは

ニウヤ

がある。その他前言うたアレ・ブッチ・ドード等も、家の傳說等から言うても、各所に共通點があつたやうで、而も恐く舊家であつた點から考へて、單なる地名でなく、別に信仰上への聯絡が匿されて居たかと思はれる。或は又前に擧げたナベワリ・オロンザハ・マンバ（バンバとは別）等にしても、地名から來たものではあるが、何とも判斷は出來ぬものである。その他には、マサヒロ・ノリザネ・ゲンセキ・スズマ等のものは、土地の言傳へ等を參酌して、或時代の人名ではないかと思ふが、今は何とも不明である。この他家名として、變つたものを擧げて見ると次のやうなものがある。多くは地名地形を言うたであらうが、これ等も自分には注意を惹くものであつた。

○ゲンダヒラ（信濃神原村等）
○トキゴウ（三河豐根村等）
○ノンゼ（同豐根村等）
○マトー（同豐根村等）
○シシミヤゲ（同豐根村等）
○ナセイコ（同御殿村等）
○マータレ（同御殿村等）
○ヤハタゴ（同振草村等）
○オサキ（同御殿村等）
○マンダチ（同御殿村等）
○オソバ（同三輪村等）
○シッペイザア（同三輪村等）
○トノマ（同本鄕町等）

尚家名に就ては、他日今少しく、材料を蒐めた上で、それ〴〵の傳說又は實際上の觀察等を加へて全部を比較して見たいと思つて居る。

—早川—

粟稈人形

茨城縣久慈郡中里村入四間（いりしけん）あたりでは、舊暦七月十日に各戸粟稈で人形を作り腹の部分には兵粮というて團子を作って入れ、門口に立てて置く。この人形を鹿島乘りと言ふ。夕方に子供達がこれを集めて、村端れに持出し、團子を取つて食べ人形は燒く。之を別に粟稈人形ともいふ。粟稈人形のことは、同じ常陸の河內郡牛久の字天寶喜邊でも行つて居たが、之は子供でなく、村の若者組合の手で夫婦一組を作つて、村端れに送り出して燒いたのであるが、日時は七月十日ではなかつたやうに思ふ。前者は入四間の開右馬丞さん、後者は日立鑛山の病院で、蛇原清壽さんから聞いた。（早川）

資料・報告

諸國年中行事

長崎年中行事
——方言解義——

本山桂川

はしがき

本稿は長崎市に於ける年中行事に關する主要方言を摘出し、これに絡る現行行事の大要を季節の推移に順つて敍述したものである。未完成拙稿「長崎民俗誌」の一部分に過ぎない。

十二月

西南の國とは云へ、中旬以降、積るほどでなくても一二度は小雪が降る。勿論綿入も着る、羽織も重ねる。當月の最低平均溫度四・〇だが、溫度の割合に人體に感ずる寒度は强い。これは冬季日本海的氣候の影響を受け、日光の直射少く、曇天が多く、加ふるに滿洲方面の寒風が襲來する爲めである。

トージ（冬至）

ゼンザイモチ（善哉餅）

廣川獬の「長崎聞見錄」（寛政版）を見ると「唐人館内に善哉餅或は南京茶飯抔といふ看板を出したる煮賣屋あり。餅は勿論米を磨して作りたる團子にて此地の餅とは違ふなり。……殊に唐人は冬至を祝して此時は必ず此餅を賞翫するとぞ。長崎の人も之を見馴れて專ら冬至祭りをする事なり、唐人通詞などは或日盛に客來などするなり。此時第一彼のぜんざい餅をする事のよし」云々と記してある。今も骨董商や海産貿易商などでは冬至の夜、善哉餅をつくる。餅は米の粉を練り固めて小さくまろめたものと、ノシ餅などは本格的な善哉餅には用ゐない。因に云へば、長崎ではシルコとゼンザイとの名稱上の區別をつけてゐない。

尙、おしなべて、長崎式の卓袱料理の最後には太平《おほひら》と稱する大形の塗椀に盛つたゼンザイを出すのが法式になつてゐる。

モノツキ（餅搗）

冬至前後から迎春の爲めの餅搗が始まる。饅頭屋が賃餅を搗くやうになつたのは近來のことで、本來は餅搗人夫を抱えた「餅搗屋」に前以て賴み込むのが普通である。餅搗屋は竈、釜、蒸籠、臼、杵、伸べ板、取り粉一式を用意して、朝まだきから依賴された家々に、親方と人夫二三同道やつて來る。家々では豫め搗いてもらひ度いだけの餅米を磨いて水を切つて待つてゐる。薪と水とを供給すれば、總てを引受けて家々の門口で蒸して搗いて、こねて、まるめて仕上げてくれるのである。家内の者はまるめる手傳位をすればよい。さうして次々と廻つて、搗賃は後で一升いくらといふ單價で集金に來る。

オカガミモチ（お鏡餅）

オソナエモチ（お供餅）

コモチ（小　餅）

トーラゴモチ（俵子餅）

カキモチ（搔　餅）

アンモチ（餡　餅）

アワモチ（粟　餅）

これらは其時搗いて貰ふ餅の種類である。オカガミは一升餅、二升餅、三升餅といふ風に升目によつて大小を定め、一重ね二個で、上に重ねるものが下のよりもや丶小ぶりに作られる。一斗から一斗四五升位などある。オソナヘは神棚などに供へるもので之は大小二個又は大中小三個を一重ねとする。大の底邊直徑普通二寸以下である。コモチは同じく直徑一寸二分位、之は雜煮餅に用ふる。コモチの更に小ぶりなものを若干こしらへ、これをアシモチと稱へて別にして置く。これはお供餅の大小を上下に重ねる場合、直かに重ねず、中間に三個鼎足の位置に、挾んで置く爲めである。トーラゴモチといふのは一寸五分角の長さ一尺五寸位に棒狀にこしらへるもので、形なまこ（俵子）形をしてゐるので此の名がある。これは固くなつてから水甕に入れてミズモチとして春先までも貯へるのである。使用の都度五分位づゝに切つて用ゐる。カキモチは俵子餅位の長さでや丶長方形にして置く。これには味を付けないものと、味を付けるものとがあつて、味付には砂糖餅、胡麻餅、海苔餅などがある。豆餅はつくらない。粟餅も俵子餅や搔餅にすることがある。アンモチといふのは同じ餅の原料で大福餅式に中に餡を入れたもので、長く保存には堪へず、なるべく軟いうちに食べ、固くなつたら燒いて食べる。粟餅も又餡餅にする。餅搗が終ると隣近所親戚知己に、餡餅を五個十個重箱に入れて贈る。先方でも同樣なことをする。

料理屋や娼家の餅搗となると幇間や出入の誰彼まで加はつて手傳をする。傍では老妓や仲居共が高調子に三味線を搔き鳴らしてはやし立てる。「祝ひ芽出度や若松樣よ……」の唄に太鼓まで入て、杵の音と調子を合せる賑やかさである。

ヘグロヌリ（釜墨塗）

さうした花柳界の餅搗に際して、やがて搗き終らうといふ時分から、キヤッキヤッといふ突拍子もない聲に男女がもつれ合ふほどはしやぎ出す。これは彼等のしきたりとして「ヘグロ塗り」が始つたのである。釜底の煤を指先や掌に付け、男は女の、女は男の、或はそれとお互同士の頰や額に、强いて塗りつけて跳ね廻るのである。近年かうした騷ぎは大分少くなつた。

西鶴が胸算用卷の四に書いた「長崎の柱餅」といふのは今は廢れてその名さへ知る者が稀れである。

カラミモチ（辛味餅）

餅搗の搗仕舞の臼から、ちぎり立てを皿にとり、まだあつい餅の上に、大根おろしと醬油をつけて用ゐる。

この頃から、街頭には季節の物賣が、夫々のかれ聲を張り上げて、歲晩の人の心をせき立てて行く。そのふれ聲――

根引《ねびき》の松やい――門松《かどまつ》やい
しめなわひやい――ごんぼじめひやい
もろもきひやい
みかんひやい――かごひやい

根引の松は根付のまゝの若松で、これに梅と竹とをあしらつて神棚に供へる。三種束ねて幹の中央を白紙で包み水引で結へ、神棚の左右に針で打ちつける。又門柱にも打ちつける。門松は大ぶりの根のないものである。

注連繩は軒先につるすのと、門口に附けるのと、神棚につけるのと、床の門につけるのと夫々の種類がある。シメ、ワジメ、ゴンボジメなどの名稱をもつてゐる。軒先につるすのは橫繩とサガリばかりのが普通で御幣などはつけない。サガリとサガリとの間は一尺五寸位の距りがあり、其間に裏白（モロムキ）と讓り葉（ツンノハ）とを挾みつける。門口や神棚には橫ジメを用ひるが、又輪ジメを用ふる向もある。何れも注連の中央に伊勢海老、橙、墨などをモロ

―本山―

ムキ、ツンノハと共に飾りつける。床の間のも同樣である。ゴンボジメといふのは細い横ジメで、横長のまゝか、或は輪にして裏白をつけ荒神棚、恵方棚、厠等に供へる。

オーイヲ（大魚）

歳暮の贈答品には勿論いろ〳〵のものが撰擇されるが、特に此時に限つて贈答されるものにオーイヲがある。オーイヲといふのは鹽ぶりのことである。其外には鹽鮭、乾たら、鰹節、カラスミ、鴨、雁、鶏、鵪（朝鮮産）なども贈答される。

サイワイギ（幸木）

サイワイギといふのは、右の到來物を吊して置くために設けられた物で、勝手元の適宜な壁に備へてある。磨上げた杉丸太の永い年月にすゝけて黒く光つたのに十二本の繩を絢結んである。此の十二本といふ數は十二ケ月に因んだものであらう。

オカガミ・カザリ（お鏡飾り）

鏡餅が適當に乾いた時オカガミ・カザリをする。白木の三寶の上に白紙を敷き、其上に裏白を置いて大型の方のお鏡を乘せ、其上に前に云つたアシモチを三個置き、小型の方のお鏡を重ねる。お鏡の上には後方にヒオーギ（日扇）といふ特にオカガミ・カザリのために作られ扇を背景に立て、前面には幅廣の熨斗昆布を垂れ下げ、其上に扇の前には松竹梅をさし、中央に海老、串柿、左右に白紙に包んだ鹽と白米とを置く。これが普通の飾り方で、家々によつて又いろ〳〵の流儀が加へられる。先づこれを床の間の中央に飾り、商店では店先にも飾り、仕立屋、指物屋、經師屋、鍛冶屋、縫箔屋、綿打屋等家内工業の仕事場では其仕事場に飾る。

神棚、荒神棚、井戸にはお供餅に昆布と橙を乘せて裏白を敷いて供へ、厠にも同樣に供へる。

ウンキソバ

大晦日には各家ウンキソバと云つて夜になりて蕎麥を喰べる。蕎麥屋から取り寄せるのもあれば、「ウンソバ、〻〻〻」とふれて來る玉蕎麥を求めて自宅で煮る向もある。除夜の鐘が鳴るまでは、大低どこもお燈明を神棚に供へて、皆起きてゐる。

一月

ゾーニ（雜煮）

元朝、二日、三日と家族一同雜煮を祝ひ屠蘇を汲み交す。

ゾーニのダシ（すまし）は昆布を下地とし、又鶏の骨を用ふる。グといつて中に入れる食料は、これも家々により多少異るなが、先づ普通には、蒲鉾・南京芋・芋寄《いもよせ》・木耳《きくらげ》・椎茸・銀杏・白栄・鶏肉・（又は鵪肉）・魚肉・餅である。

オテカケ・ダイ（お手掛臺）

新年の來客の中親しい向は座敷に請じて屠蘇を出し雜煮をすゝめる。そして其の前にお手掛臺と云ふものが出される。黑塗りの三寶に白紙を敷き左右に垂れ、白米を盛り、北上に根引の松を植ゑ、更に稻の穗、橙、昆布、海老等を飾りつけたものである。客は之に手を掛けて押し頂くのが儀式である。今日此風は殆ど廢れて了つた。

スワリイワシ

又客膳の左隅には小皿に裏白を敷き其上にカラガキ（鹽鰮）を二尾腹合せに盛つて供へてある。これをスワリイワシといふ。食べるものでも、手をつけるものでもない。時には其傍に數の子が少量添えてあることもある。

オナマクサ

座敷へ請じないまでも、年賀客には「オナマクサ、オトゝマッセ」と挨拶をし、包菓子を盆に載せて出す。生菓子もあるが主に干菓子で三種位、多くは其の年の勅題や干支に因んで意匠

—本山—

されたものである。

キョーホーオン（器川報恩）

元日には平素使用する器物にもなますを供へたりして此の日一日間使用しない、これを器用報恩と稱する。謂はゞ器物に對する謝恩的休養の意を表してゐる。

ハツウリ、ハツアキナイ

卽賣初めである。呉服商などでは二日早朝のお客に對して景品や福引を出す。

トーラゴ（俵子）

二日早朝街頭の第一聲として迎へられるのは、此トーラゴ賣りの聲である。

トーラゴやい、ウルコワ　エー　コワト

と意勢よくふれて來る。主に近在から出て來た物賣りの女である。

トーラゴ（又タワラゴともいふ）は卽俵子（なまこ）で、新年の買初めに俵を買ふといふ緣喜から、古來先づこのなまこを買つた後でなければ買物をしない風習があつた。「ウルコワ　エーコワト」は一寸他地方の人に聞きわけられないふれ聲だが、これはうるかとこのわたをも賣つてゐることを意味するものである。

老人達の話によると明治十年西南戰爭頃までは、二日早朝出入の魚屋又は野菜屋が、だまつて俵子を置いて行つたものださうである。受取る方でも値を問はず、紙に適當な鳥目を包んで水引を掛け盆に載せて出したといふ。

ナナクサ（七草）

「芹、なづな、五形、はこべら、佛の座、すぐな、すゞしろ、これが七草」と年寄は一口にいふが、それ丈けの草が正月六日早朝までに長崎で取揃へたかどうか、たしかなことはわからぬ。「唐土の鳥の渡らぬ先に七草なづな」と唄ひ囃し、すとんとんと俎をたゝく風習もあまり見かけず、從つて七草粥を食べた記憶もない。ただ「松の內」と同意で「ナナクサ」といふ言葉だけは用ゐられる。

注連飾や門松は六日の夕方取り拂はれる。

モグラウチ（土龍打）

十四日の夜から十五日の夜にかけてモグラウチの風習が今も尙行はれてゐる。以前は町內の子供が集つてやつたのだが、今では近在の農家の子供等ばかりがおし廻ることになつてゐる。

門松に立て添えた竹の先に注連繩のサガリを束ねて結びつけ、それを以て家々の門口の敷石を叩く。門口には大低ギンバイシといつて雲母片岩の敷石が敷いてあつた。五六人の少年は一齊に

十四日のモグラうちや　とがなァ〳〵
ほうのめ〳〵　祝うて三度　オシャシャン
ノシャン

と打囃しながら右の竹棒で調子をそろへて叩くのである。家人はこれに鳥目や餅を與へる。若し何もくれない家があつたら、

打ち戻し〳〵　こゝのおかッつァンな　一
まつぼう　二ィまつぼう　三まつぼう　四
ィまつぼう　四まつぼうの方にや　鬼子も
て子もて、角ンはいた孫ぢよ」

とののしつて、次の家へと去つて行く。「打ち戻し〳〵」といふのは最初唱へた共家に對する祝福の言葉を打消す意味であらう。

イナリセギョー（稲荷施行）

寒に入ると夜中町內の若者達十人位づゝ一隊となつて近郊の稻荷祠數ケ所に詣で、油揚、赤飯、煮しめなどを供へて廻る。これをイナリセギョーといつてゐる。誤つてイナクシュギョーなどいふ者もあるがまさか稻荷修業ではあるまい。

二　月

トシコシ（年越）

節分には夕方から表戸を締めて豆撒をする。使ひ古しのヒョーコシダケ（火吹竹）にいり豆

—本山—

を入れ、(平年には十二粒、閏年には十三粒) 藁で栓をして戸外に勢ひよくたゝきつける。あつちでもこつちでも「福は内、鬼は外」の掛聲がかまびすしい。又屋内では桝に入れて神棚に供へて置いたいり豆を小脇にかゝへて座敷、中の間、店、茶の間、お勝手と部屋々々に撒いて歩く。以前は室内を暗がりにして撒いた。「福ワー内〱」と三度小聲で唱へ、「鬼は外」と大聲にどなる拍子につかんでバラ〱と撒く、後から一人杓子を持つてついて來て、其都度「ごもつとも〱」と相槌を打つのが本格的な屋内の豆撒であつたが、もうそんなことをする人は居なくなつた。撒いた豆は銘々の年の數より一つ丈け多く拾つてたべる。

豆撒が終ると家内一同座敷に集つて祝ひの膳に着いた。此の時の膳には膾、紅大根、鯨の百《ひやく》尋《ひろ》が必ず用ゐられる慣はしである。紅大根はオニノテ(鬼の手)と云ひ輪切にして鹽を添えて皿に盛つてある。ヒヤクヒロはこれも輪切にしたのを橙酢と醬油とで用ゐる。

立春の回禮に紋付羽織で馬乘提灯を提げて行く昔ながらの風習は之も近來稀になつた。

シロネズミ(白鼠)

節分の夜には物貰ひの或者が、大根の白鼠の形を作つたのを盆にのせてやつて來た。

「アキホー(明方)からシロネヅミが來ました」

とさういつて鳥目を貰つて行く。

エビス・ダイコク(惠比壽・大黑)

土で作つた惠比壽大黑の小さな像(上に金粉が塗つてある)を一升桝に入れて店先に投げ出して金を貰つて行く手あひもあつた。

オヤダイダイ・コダイダイ

又橙を二個紐に通してころがしながら

「オヤダイダイ、コダイダイ」

と唱へて行く物貰ひもあつた。

ヒチゴサン・マイリ

舊曆二月二日から十五日迄の間に、町内の若者連が打つれてヒチゴサン・マイリといふことをする。實は「七高山詣り」いふ事で、市内の周圍にある大山の連山を跋渉し順次一日中に札打ちをして廻るのである。

其の山々は、金比羅嶽、七面山、秋葉山、烽火嶽、彦山、豊前坊、愛宕山の七ケ所で、山頂には何れも夫々の山祠や社殿がある。(未完)

我が家の年中行事

藪　重　孝

◇八月　放生會之事

(明治辰年王政復古ニ付石清水仲秋祭御改正)

○十四日　赤飯餅米三升小豆四合五勺甘酒椛一枚半米四合に而夕方ニ入ル事

○十五日　朝八幡様へ備ル事

御甘酒四對赤飯四膳かます　やきものなし

八幡宮へ御備分だけ殿様へ上ル

家中三拾軒程賦り候分は小樽に甘酒黑小びつニ赤飯入候ハヾ宜敷候

○十八九日頃ニ相成候後は御宮様御神事(1)用萬事手ぬかりなきやうニ心得ル事

○廿三日　大坂ヨリ神樂役參ル事

廿三日朝御膳之覺(2)

一　かしら芋隨氣付　試かぶ

一　葉付生荷　三把

一　かき豆　見合

一　柿　拾

一　御膳　四膳

一　かます　四枚

一　御酒　四對

〆

○廿四日朝杉浦氏川嶋氏兩家ヨリ米壹俵車上り候分御膳たき備へ兩家持セ遣ス事

高田氏(3)へ御膳持セ遣ス事

杉浦河嶋高田氏御宮様へおつめ人

— 藪 —

御酒いたゞく御さかな覺
燒物かさね一ツ　かまぼこ壹枚餘入ル
同　一ツ　にしめ
何にても宜敷候
是ハ例之事

◇九月

○十五日　しぶ谷氏三嶋氏へ御禮御膳上ル事
同　大坂藪氏御洗米上ル事
○九日　節句御とう明之事
○十一日　甞後甘酒入ル事(4)
糀一枚半　白米五合おかい
○十二日　天王樣へ備物事
一　赤飯　四膳　天王樣　若宮樣
一　甘酒　四對　福神樣　稻荷樣
天王樣へ御備物分ハ殿樣へ上ル
家中三拾軒程賦り候分ハ小樽甘酒黑小びつ赤飯入候ハヾ宜敷候事
御宮樣ト賦り分　餅米壹升五合小豆貳合八勺
親類へ遣ス分　餅米三升五合小豆六合
別所芥川(5)　赤飯一重に甘酒添
冠兩家(6)　赤飯ばかりニ候事
○十三日
朝白豆四合三勺鹽ニ而いでル事
まきするめ三拾枚同斷

朝あづき五合たき汁ニ而餅米三升つけル事
甞前ニ赤飯むす事　講中いたゞく(7)
講中いたゞく御酒三升
朝御膳拵候事
かしら芋隨氣付　五かぶ
蘘荷　四把
垣豆　見合
柿　十一
かます　十一
御酒　七對
御膳よみや(8)ニは白御膳備へ神事日赤飯備ル事
甞前に小濱ヨリ神樂役壹人參る事
○十四日
朝七ツおきニ而赤飯むす事
餅米　五升
小豆　八合
此内壹升五合程御宮樣へ行講中いたゞく事
御酒壹升行
甞後八幡樣よみや之事
○十五日(9)
朝七ツおき赤飯むす事
餅米　貳升五合
小豆　四合五勺
此内赤飯貳升御酒貳升御宮樣へ行講中いたゞく事
○十六日(10)
餅米　四升五合
小豆　九合
此内三升は大坂藪氏へ行
壹升五合　治介へ行
外ニ小重箱赤飯御備行事
九月さし入ニ相成候後は御初穗米(11)請取書認置事　又御初穗米御座候ハヾ右(左?)之通御備ル事
御膳　拾一膳
かます　拾一
御酒　四對
三社樣御膳三ぜん
御酒壹對右(紋)　殿樣へ上ル事
神主御大門ニ而勤ル事
例年御初穗米牽領人御酒之覺
かます二枚　一鉢
にしめ　やきとうふ　小いも　垣豆　一鉢
吸物　松竹(作)かとうふか時見合候事

◇十月

○初丑日神樣御留守事
おはぎ凡(槪)壹升五合致シ内神樣皆々へ備ル事
高月村あるき庄米四軒後分黑米四升取ニ參る

事

◇十一月

御火焼祭り

○十日頃ニ米三升粉引候事

○十三日　朝餅つき之事

餅米　　五升

此內餅數五拾五程大坂遣ス事　八十枚(訂正?)

いし／＼小判なりに[12]致し數百拾枚致し御宮様

內神様二枚ヅヽ備る事

○十四日

天王様御備賦事

內藤氏[13]

三枚ヅヽ　三島氏

下目附

天王様ニて御火焼上ル事

天王様斗御神酒上ル事

○十五日

八幡様御備賦ル事

五枚　上野氏

三枚ヅヽ　町目附

下目附

八幡様ニて御火焼上ル事

長積(漬?)くもじ之事

凡大根百五拾本程積(漬)ル　鹽三升五合程致ス事

こう／＼積(漬)ル覺之事

四斗樽一丁ニ付凡ぬか壹斗程鹽七升程ふか鹽

貳合づヽ

右之ぶんりやうニ積(漬)行ハヾ宜敷候事凡四斗

桶四丁程年分ニ入ル事

正月味噌つき之覺

豆　　壹斗

糀　　拾枚

鹽　　五升程

右之通ニ而宜敷候事

又々時之人數おヽ(應)じ候て取斗致べく事

◇十二月

○五日頃ニは年中御札おし致ス事　其節こしら

へ置品

御宮様箸紙　數十三

幷內箸紙人數だけ

小し(幣)で　數三十五六程

長しで　半紙貳折程

○八日頃には內之すヽ(煤)取之事

此頃にメ繩なう事

○十三日　御宮様御內神様御すヽ取之事

內神様夕方かつをなますニ而備ル事

御佛前御すヽ取之事

寒ニ入候ハヾ寒之餅つく事

○廿一日ニハ白米壹斗歳暮[14]ニ大坂へ飛脚ニ遣ス

事

○廿三日頃ニ天氣見合山へうら白數百二三拾枚

程取ニ行事

此頃ニ親類歳暮之覺

凡貳匁くらひ鹽物　別所へ遣ス

凡三匁くらひ鹽鯛拾枚　芥川へ遣ス

○廿五日ヨリ御宮様正月用拵ニ行事

手洗手拭五筋拵置候事

廿四日頃　田地支配

金百五拾疋と　冠藤七へ

たら五百匁添　挨拶

金五拾疋ト　家支配

五歩くらひ品物添　町內藤八へ

挨拶

金壹朱　柴屋町家支配

いせ屋へ

挨拶

○廿六日

三匁くらひ鹽鯛拾枚　近藤氏[15]

鹽鯛拾枚　安田氏

右年貢仕舞挨拶ニ遣ス事

正月餅つき大なれバ廿八日小なれバ廿七日ニ

致ス事

御鏡之覺

大鏡　二重一重御備 一重四日鏡 幷致す事

星餅　九ツ

拾二餅

丸小鏡　三拾五重

すはり鏡　下衆人數分

右之通ニ而御備宜敷候後ハ小餅ニ致置事

餅つきしまい候て門松安満村神主へもらひに

行事壹匁程品物持セ道ス事

餅花一對付る事

正月用買物覺

こんぶ　八枚

かちくり　五勺

ころ柿　三拾

田作　壹升

數の子　五合

いはし　三拾

鹽鯛　五枚

小みかん　五十

くし貝　拾五

するめ　一把

きざみこんぶ　貳拾又

牛房　五把程

〇廿七日　黑米壹斗五升　光松寺へ上ル

〇廿八九日ニ內〆繩はる事

〇大晦日　內門松立ル事

朝白豆　二合鹽ニ而いでル

むすびこんぶ數三拾五程いでル

白米　壹升三寶

御餝三寶　二ツ

年越御祈禱棚祭ル覺

三寶三ツならべ　中大鏡一重 右左ニ小鏡三重ヅヽならべ 一膳ハ殿樣分 一膳ハ大坂分

(餝樣)かざもやう

足打二膳　一膳御星餅三ならび 一膳御星餅二ならび

かやかちぐりみかん御鏡一重

ごまめこんぶ柿六　此かやく皆々添

御酒一對　殿樣分

同　壹對　元日朝家內いたゞく分

十二(燈)とうだいとぼす

右之通ニ而御祈禱相勤ル事

元日四ツ時ヨリかざり豪仕舞ニ而大鏡一ツひ

らきニ而家中へ賦り候事

御札　一枚

御酒　壹對

御三社樣鉄　かやく添

二日に殿樣へ上ル事

御札　一枚

御三社樣鉄　かやく添

年玉ニ牛房一わ

右之品四日ニ飛脚初出ニ遣ス事

御年棚星餅　かやく添

十二餅備ル

荒神樣御星餅　かやく添

御から(唐臼)うす星餅　かやく添

帳たんす御鏡一重　同斷

御棚小宮樣折敷　四ツ

御鏡一重づヽ上る　かやく添

寶來山蛭子大黑天懸物

三寶一ツ　三重備ル　かやく添

寶船懸物　御備物なし

歳德神樣懸物　御鏡なしおざうにお供備ル

御宮樣丸鏡十七かさね　かや こんぶ 田作り かちぐり みかん 柿なし

右之かやく半枚紙ニ而つヽむ

大晦日甍後ニ備ル事

神樣おはし紙手洗手拭四すじ持參る事

大晦日夕方內神樣へ麥飯なます付ニ而備ル

今晩より三ケ日間御ざうに御供備へ置事

年越之覺

白豆　　六合

豆木之はしニて二ほうニ入ル事

歳徳神様へ備置事

いはしおにの目付方々へさす事

御佛前御㫒餅かやく添備事

松之重箱　　組重一組

燒物かさね　　組重一組致置事

年中入用覺

油四斗五升入ル　是ハ凡分量ニテ先之殘チ見合セテ調事

鹽大俵貳俵餘入ル

白豆貳斗餘〃

小豆壹斗五升餘〃

餅米八斗餘〃

註

(1)九月十四五日の野見神社の大祭を斥す。現今では一月遲れの十月十四五日に行ふ。

(2)これは神樂役に出す御膳の獻立。四人來たと見える。この神樂役は明日行はれる藩主永井公の御祭の爲である。

(3)神社係藩士杉浦川島兩氏の上《ウワ》役である。

(4)秋祭用の甘酒と見える。

(5)別所芥川共に地名。拙家の親類の所在地、次で親類を斥す。

(6)これも地名で、こゝにある亞親類。

(7)十三日は野見神社の宵宮《ヨミヤ》である。この夜各町内に在る宮詣が総参拜をする。その歸るさ、御神酒と巻するめ等を戴く。

(8)小濱は酒で有名な池田の近邊の村名。こゝから毎年神樂役が來た。近年迄同地の森常丸老が來てゐた。

(9)前號に說明した八幡宮の大祭である。

(10)祭の爲大坂の天王寺屋清右衞門から來て居た者(此處の治介がそれ)が歸るのでその土產にこれだけのものを作る。

(11)藩主からの初穗である。通例七石との事。

(12)十一月十四日(野見神社)十五日(八幡宮)は御火燒祭、その御供への小判型の團子は、團子を球型にまるめ、竹のローラーで延ばすと出來る。

(13)內藤氏は當藩第二番目の家老。本誌におなじみの內藤好春君の祖先である。

(14)歲暮とは歲暮御祝儀の略で、進物の事。

(15)近藤氏は舊高槻村の庄屋、安田氏は田地に關する事を取扱ふ村役人。

以上で帳面の大部分を盡した。要之に記事は食物と備品との名の羅列に止つてゐて、取扱や行事の微細な部分を知るを得ない。然しこれだけでも書き留めて置いてくれたことは、どれだけ有難いかも知れない。これに據つて種々の行事を思ひ起すよすがともなるからである。私以外の讀者にとりては別に興味もあるまい。然しかうした各個人の家の年中行事を調べることが、鄉土硏究の有力な資料となり得ることの決して虛言でないことは、私が說明辯解しなくとも、とつくの昔先號が言つた筈だ。唯これが何だか自家廣告とか手前味噌に思はれる以外に何物を教へるかは私は言はぬ。ずらりと一覽し靜かに考へる時に浮んで來るであらう。そして唯一つ最後にこれを他家他所と比較することを忘れぬやうに。

(昭和六・一〇・一稿)

大和國宇陀郡地方の年中雜祭行事に就いて

伊達市太郎

目次

一、初午

舊曆の二月中で干支の繰合上第一回午に相當する日を初午と言ひ、第二回目は二の午、第三回目は三の午と呼んで、地方的雜信に基づいて祀られてある稻荷社、觀世音菩薩を安置してゐる寺堂では盛んな法儀、祭典が營まれて老若男女の參詣慰樂の一日である。干支繰合の都合で初午と二の午の二回に止まることもあり、三回のこともある。其の儀式は初午相當の日が最も盛んで、他の日は簡單に終ることもあり、二回、三回共、盛大に行ふ處もあるが、概して初午が參詣人も多く、諸典儀も盛んである。此の日は稻荷社でも寺堂でも、赤、白、五色等の幟を境內、參道に樹て並べ、御供餅、菓子、野菜などを奠し裝飾を施して、讀經をなし護符を授けて參詣者の家內安全、無事息災を祈禱する。

二十五歳の男、十九歳の女は特に厄拂ひ、又は厄落しと稱へて遠近共の意に任せて參詣祈願する者多數である。

二、初　午

舊暦正月六日、七日、八日、九日、十日に亘つて其の中何れかの一日を（古來から其の地方の慣例で日は決つてゐる）初戎、戎さん、又は初市などと稱へて戎社の祠られてある土地を中心に、近郷近在の老若男女が參集する。參詣者は賽餞を奉納し、生きた鯛子を買つて、祠前に樹て〻ある竹の枝に懸けて、幸運と福德を祈請する。鯛子は大盥に入れて戎社參道の兩側で朝早くから、元氣な呼聲高く「キッキョエー、キッキョ、セイノエイノ、セイノエイノ」と呼賣をしてゐる。

賽客は各自に歸路につく時、初買と稱して、キッキョロを買ふ。「キッキョロ」（吉凶の意か）は、米俵、惠比須、大黑の像、小判、打出の小槌等の形を米粉にて造り、紅黃色に染め出したもの、又紙、繭などで米俵、大判、小判、寶船、槌、大福帳などを模造して、竹枝に結び附けたもので、之を必ず買ひ取り自宅の惠比須、大黑を祭り幸運を祈るのである。

是れが信仰の對象は七福神中の惠比須神が中心をなしてゐる樣である。古來各地に行はれた月々の市日の名殘りとして年の始めに開かれる所へ福神信仰と、緣喜を祝ふ俗信とが合して此の行事が遺されたのであらう。

三、初庚申詣附庚申講、七庚申詣

舊暦正月二月の間に干支の繰合で庚申（かのえさる）に相當する日を初庚申と言つて、朝早くから各所の庚申祠に洗米と數粒の小豆を加へて供物とし賽する例である。宇陀地方には此の庚申を祀ること盛んで、講を結んで庚申月に當番の一家に集ふて、徹夜して庚申を祀り、各大字に一二ヶ所位必ず小さな祠堂に納められたもの、祠堂なく誰れにも見易き所に異形の石のみを安置するものなど、夫れ夫れに祭祀せられてある。

其の本尊の石は大抵自然石で「庚申」と陰刻するか、○☽を刻するか其の兩様を彫刻するかして里道の辻、路傍の岸の上に祀られてある。中には青面金剛の像が刻されてあるのもあるが割合に新らしい。其の形や彫刻の手法などから大略次ぎの樣に別けることが出來る。

1、高さ二尺乃至三尺の略二等邊三角形で前面は平で後部に脹らみを持つてゐるもので石質の工合で、異物質の含有する爲めに其の表面に何等か、異形の紋樣など存する故に彫刻のないもの。

2、日月、庚申、青面金剛の彫刻あるもの。

3、大きさには大差がなくて不等邊の角柱をなしてゐるもの。

に別つことが出來る。圖の樣である。

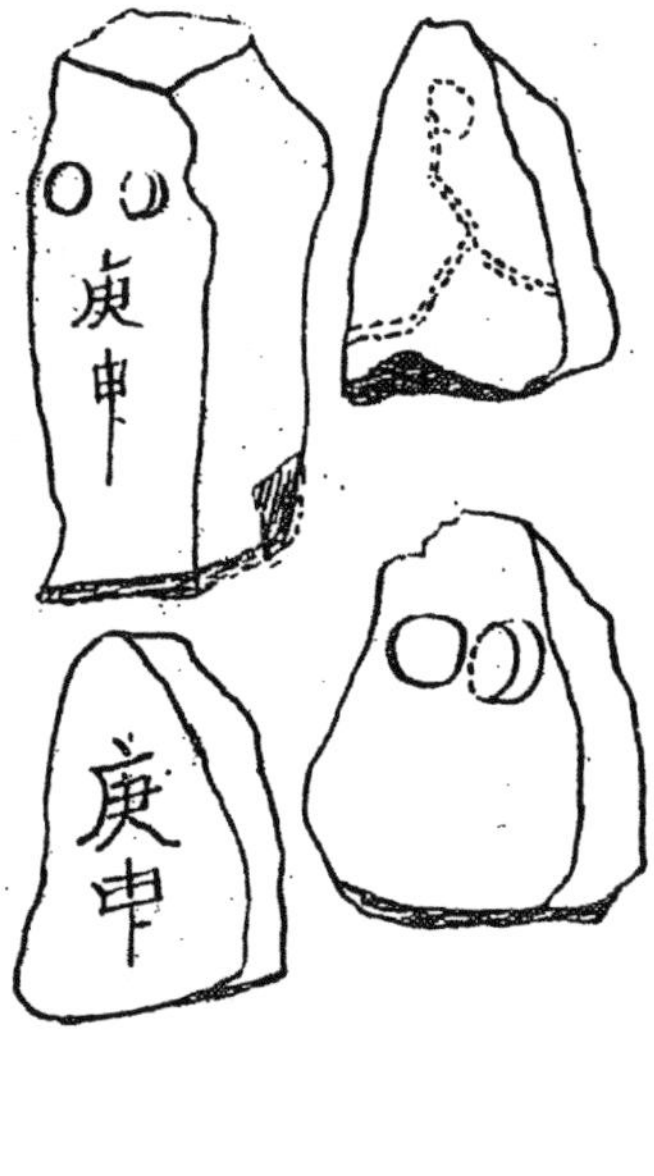

小祠あるのもあれば、道標の如くに無雜作に突き立つてゐるのもあるが、何れも臺石は決し

―伊達―

て無く、前方に線香立、供物臺があるばかりで、時に紅木綿の手拭が供へてあることもある。

初庚申には、七ケ所を巡拜するので、七庚申詣とも言つてゐる。古くから祠られてある大きな庚申堂で緣起由來の世人に知られてゐる、一ケ所を撰んで詣いることも行はれる。

大和吉野郡川上村西河の庚申堂、同生駒郡片桐小泉の庚申堂は古くから世人に知られてゐる著るしいものである。

四、節　句

節句の行事は正月元旦、三月三日、五月五日、七月七日、九月九日に其の時季に應じた祝祭行事が行はれたのであるらしいが、今は正月には鏡餅を飾る時、蜜柑や、干柿、昆布などと共に粟餅の菱形に截つたのを副へることに其の名殘りを止め、七月七日は織女星祭となつて子供達の行事に移り、九月九日は氏神又は鎭守の例祭と變つて、平素の業務を休む位に終るのみで格別の事は行はれてゐない。三月三日は雛の節句又は桃の節句と言つて、女兒のある家では雛壇を拵へて雛祭が行はれる。白酒か、酒に桃の蕾のある小枝を挿した、酒瓶に、蓬草を交ぜた團子（長徑七八寸短徑三四寸厚さ七八分位）を菱形に截り二枚重ねとして上に小形の鏡餅を截せて（別圖の形）菓子、果物等と共に壇へ供へる。

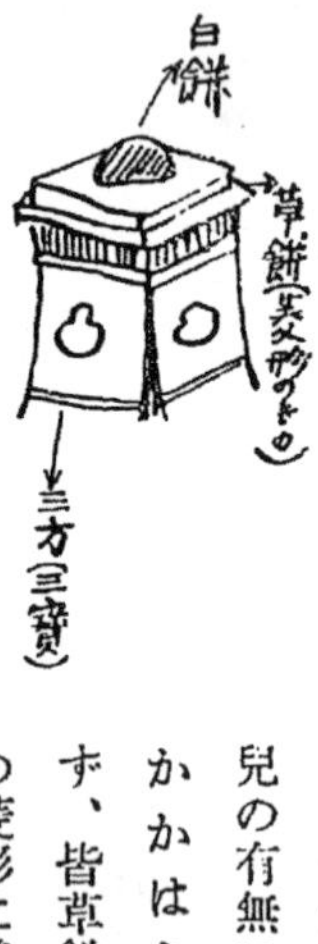

一般女兒の有無にかかはらず、皆草餅の菱形に截つたのを拵へて、燒いて家族打ち集ふて、朝食に祝酒を添えて會食するのである。

娘の婚嫁先で女兒の初兒を産んだ歳は、初節句と言つて、矢張り蓬草を入れた大形の團子を菱形に截り（長徑一尺四五寸短徑七八寸厚さ一寸五六分餘）白、靑二枚重ねの上に鏡餅を副へて、紅白の絹絲で龜甲形に裝飾し娘の實家から娘嫁先へ贈るのである。其れと同時に內裏雛、或は雛人形等、家々の財産程度格式に準じて贈與するを慣例としてゐる。

又紐落しと言ひ錦や、絲織類で帶を製して贈る習慣もある。

五月五日は男の節句、菖蒲の節句と言つて、桃の節句の雛に代るに武者人形、武者繪染抜きの大幟、鯉の吹き流しを飾るのである。一般の家々でも菖蒲と蓬草を併せて、屋根や軒端に挿し、人形壇、床の間等に「チマキ」餅と酒瓶に菖蒲を挿した御酒とを供へ飾るのである。「チマキ」餅は粳白米の粉を湯で練り固めて、茅の葉を一葉取り副へ、靑萱草で包み其の上を野生の細藺で縛つたものを拾個一束として煠で上げる。それを家族打ち寄つて、祝酒と共に膳に供へて會食する例である。

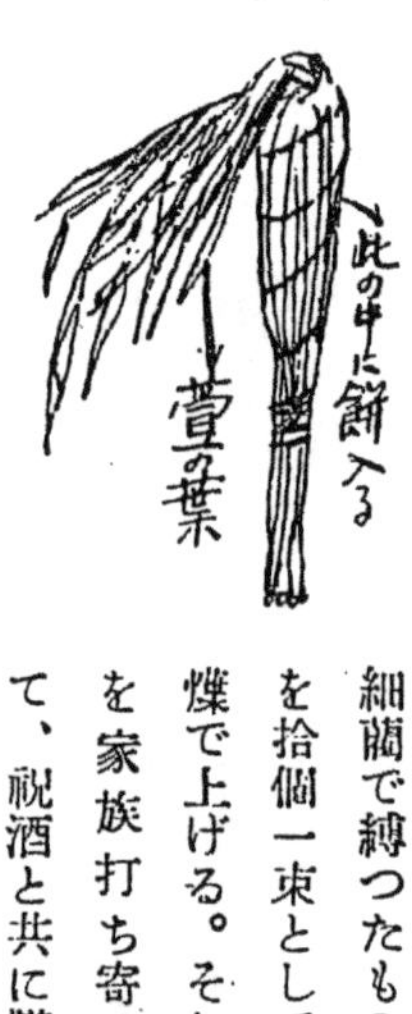

娘の婚嫁先で男兒の初兒が出來た歳は、粳白米五合許りを一個の量とした大チマキを製して、武者人形や、大幟、鯉の吹き流し等を副へて實家から婚嫁先へ贈る習慣である。

宇陀郡內には只一ケ所、足立《アダチ》と云ふ小大字があつて全く此の慣例によることが出來ぬと傳承せられてゐる。三月の菱餅は鬼の舌で、五月のチマキ餅は鬼の角を模したものだから、是を拵へない。拵へることがあつても食ふことが出來なくなると云ふことである。

其處には俗稱オモヤと呼ぶ家があつて、鬼筋だと云ひ傳へ大字の氏神は八阪神社となつてゐるが、古老の傳承では白鬚大明神と言つて一家の邸內に祭祀され、其の家の門は無くて鳥居が門をなしてゐるなど他と異なつた點が澤山ある。黒塚だとか、カゲノマへ、とか言ふ地名が

—伊達—

あつて、奥州安達ヶ原の本據は宇陀のアダチ（足立）だと言ふのである。節句に伴つた鬼の傳說を併せて記しておく。

五、會　式

春秋二回に行はれる地方的、緣日とでも云ふべきもので、小範圍では一大字位、大範圍になると一ケ村又は數ケ村に亘つて行はれるのもある。行事の對象となるのは、地藏さん、金比羅さん、辨天さん、稻荷さん、神武さん、藥師さん、觀世音さんなど地方的に勸請されてゐる神佛に對する祭祀で、供物を奠し、相撲、踊り、餅撒き、花火打揚げ等の餘興を行ひ、各家々では赤飯、餅、壽司を作り野菜、魚類の煮附を副へて親類緣者を招き、會談會食をするのであるが、此の行事によつて農家はお互に種子の交換や、農作柄の批評、懇談が出來、農家と商家との間の思惑を交換することも行はれ圓滑な社交が成り立つてゐるのである。

附

序でにお月八日（卯月八日）、明月（地方語めんげつ）の行事を記しておく。

卯月八日は佛誕會、花祭として今日各地で行はれてゐるが、宇陀郡地方では佛誕會は寺院で專門的に行はれるもので（融通念佛寺、眞言宗寺等）一般の家では特別の行事がある。時恰も舊暦であると藤の花、躑躅の花（八日花と呼ぶ一種）の盛りの季節になるので、七日の夕方に藤の花と躑躅の花とを取り交ぜて、二間乃至三間餘の竹竿長短二本の頂上に圖の如く結びて月

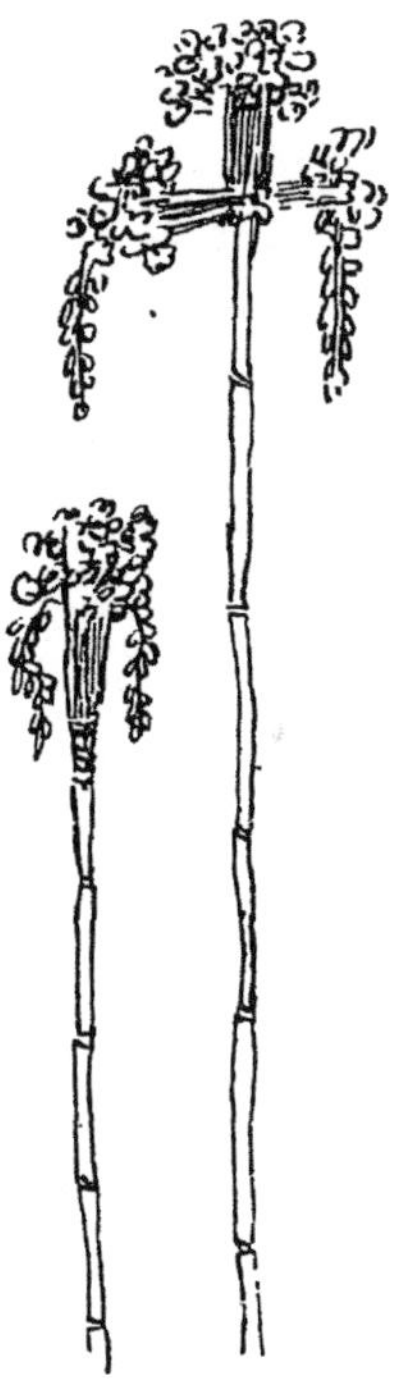

に供へるとて軒端に樹てる。

八日の夕方には其の花束のみを、屋根の上に栽せて竿だけ取り拂ふ。

明月（めんげつ）には芋めんげつ、栗めんげつと二度行はれる。芋めんげつは舊曆八月十五夜で、里芋を掘り採つて綺麗に洗つた子芋を十三個芋葉に盛つて、屋外の生籬の上庭樹の上などに置く。八月十五夜の月を祭る意味らしい。其の芋は十六日朝粥に入れて煮るが姙婦は喰べないことになつてゐる。

栗めんげつは舊曆の九月十三夜で、熟した栗の實と枝のまゝの大豆を煠でて盆に盛り、屋外の樹木や、生籬の上に置いて月を祭る。

家族は打ち寄つて、夜食に枝豆や栗を食しながら話し合つて夜を更かす。附近の子供や、若者は、自分の家にあるのを食はずに、近所隣家の月におまして（供へること）あるのをたばり（賜る）に廻る。數人が一團となつて、めんげつの栗たばります、めんげつの豆たばります、とロ々に呼びながら次ぎ次ぎへと廻つて栗や豆を集めて來る。おます家では早速に發見出來ぬやうに、一寸氣附かぬ所へ、置くのでそれを探し廻ることにも興味を持つのである。近來此の風は漸次消滅して行く。

六、連　座

連座（俗言れんぞ）純農村の行事で、苗代の稻苗も大分成長して田植の準備に取りかからうとする前、親類や知己緣者などを夫れ〴〵自宅に招待して、壽司、餅、酒、鹽鰤、生鰹、野菜など酒肴を凝らして馳走をする。

招待を受けた人々其の家に集まつて、今年の農家經營上の方針など、談合し人手を融通しあふことや、肥料の準備から購入の方法、雇人の交換など雜談中に交渉解決をすませるのである。農村の行事としては意義深いことであるが漸次其の風習は消失せんとし、又其の意義を忘

れて會食のみに流れんとしてゐるのは遺憾である。娯樂と協議とを兼ねた私設の會合として要を得たものであるまいか。

農村などの有意義な然かも幾十年來の習慣を持つてゐるものは、其の狀を辨まへて趣旨を謬らぬやうに繼續することを、考慮せなければならぬと考へる。

七、齒固め

舊暦六月朔日は齒固めと稱して、地方的には午後の仕事を休みとする。そして正月に搗いた餅の乾したものを保存し燒いて喰ふ。正月の餅が保存出來かつた家は別に新らしく餅を搗いたり、强飯（糯と粳と交ぜたり、糯ばかりの場合もある、それに小豆を交ぜて蒸して製す）を拵へて會食する。

八、日待

地方の俗お日まつゐんと呼んでゐる。毎月行つてゐる所もあり、正月、三月、七月、九月の四回位の所もある。日待を營む二三日前に當番の家では人を遣はして、幾日の晩には「お日まつゐんたかしてもらひます」と言つて白米二合か三合宛と御酒料一錢五厘か二錢宛を集めに廻はる。勿論一大字とか一村とか云ふ大數でなくて、十軒、十數軒一團となつてゐるので一大字にでも二組、三組と別れてゐることがある。そして其の當夜は日暮から一軒一人づつ當番の家へ集るので、男子の無い家は仕方がないから女の人でも集るが、男子で戸主の人か其の家の惣領息子が出るのを正式としてある。夕御飯、酒肴などで會衆が會食し、世間話で夜を更かし、朝早く氏神に參拜して解散するのもあり、朝日の出を拜して解散するのもあり、午前一時頃に伊勢神宮を遙拜して各自歸宅するのもある。此の地方俗諺に、話は日待の晩か、庚申さんの晩にせよと云ふのがある。

九、牛瀧祭

宇陀郡地方では一般に、うしたきさんと言つてゐて、大日如來、馬頭觀世音菩薩、を祠つてある所で牛馬の息災を祈禱してもらふ意味らしい。然し此の地方は田地など全部牛耕が多いので、荷物運搬にも馬車よりは牛車が多い位で、牛が馬よりも多數である結果、此の行事に牛が多數であるから此の名が出たのかとも思はれる。季節は舊暦の八月で農家の最も閑散な時で、牛の飼主達は其の飼牛の品評會とも云ふ樣な意味で、田植時の牛耕が終ると麥よ糠よと飼料を吟味し、毎日水浴に飼場掃除に、殆んど全力を注いで肥育を圖るのである。

斯うして手入れをした牛に、角卷、面掛、首輪、鞍、追綱など念入りの裝身を施こして、毎年行はれる場所へ參詣して、護符を受け牛馬息災を祈願して、其の境内へ繫ぎ止めて、他人の觀覽批評に任かせ、飼主も亦他の家の飼牛を見物して廻るのである。何時の頃から行はれたか、由來を明らかにしないが畜産市場の變態とも見えないから、矢張り動物愛護の一端の表はれと見られるのである。此の地方一般の人心には牛は、其の家族の一員と心得られてゐる點から推して、此の行事の起原や、主意が窺はれると思ふ。

十、猪の子

正月、節句、盂蘭盆、などの祝祭日には必らず人間一人分の膳立をして與へる習慣である。

舊暦十月中に干支「ゐ」の日に當ることが三回あれば中のゐの日に、二回であれば初めの日に猪の子祭と言つて酒肴を設けて晩餐を賑やかにする。此の日は農家一般に（商家も同樣）里芋の頭又は芋の子を飯に煮て、牟代の團子餅に作り、小豆の煮つぶしたのをまぶし食するのである。時は恰も農家で里芋（地方では子芋と呼ぶ）を畠から掘り取る季節である故に其れと粳白米とを混ぜて焚き上げた飯を鍊木（レンギ）

—伊達—

で紲りつぶし拵らへるのである。祭りの對象となる神盤は大部分忘却せられて猪の子の言葉と子餅だけが殘存してゐる姿である。然し場所によつては辨天樣を祀るのである。此の月は神樣達が悉く出雲の大社へお集りになるので神無月であるが、辨天樣だけは其の中へお越しにならないから、其れで辨天樣を祭るのでゐの子はゐのこりのことで、ゐの子祭はゐのこり祭だと言ふ俗傳がある。

十一、廿三夜祭

舊暦霜月の二十三日は「さんや」と稱へて福神惠比須神に生魚を掛けて祭るのである。

是れは各家々によつて多少其の風習を違へて居るが、此の地方で連子鯛と呼ぶ六寸乃至八寸位の鮮魚又は、新鮮な鯖、鰯、秋刀魚等を購つて、最良のもの二尾を藁で圖の樣にして惠比須神、大黑神の神前に掛けるのである。農家は勿論、生魚商其の他何職にかゝわらず一般に此の樣にして祠り、家族一同は小豆飯を焚いて野菜物の料理に生魚の燒き物を副へて晩に會食をし福神に感謝の意を捧げるのである。

十二、ぎおんさん

陰暦六月七日で此の日は格別異風の祭典はない。只一般に仕事を休んで半日を最寄〳〵で世間話をして過ごすのである。そして此の日に限つて川遊びや、池へ水泳などに行かないのである。若し其の習慣をやぶつて、無理に川や池へ行くと何か不祥なことか災難が起ると言ふ俗信がある。又此の日は葱圃に立ち入ることも悪いと信ぜられてゐる。

そして胡瓜の初穂（初生）を必ずぎおんさんにお供へをする習慣がある。此のことについての傳承は何も聞いてゐない。

十三、金比羅祭

金比羅社は我が地方では、大抵小高い山上に祠られてある。其の勸請された時代など何れも明瞭を缺いてゐるので、金比羅に對する信仰の何れの邊から發達して來たかよくわからない。ぎおん、稻荷、愛宕などに對する信仰と共に其の發生起原を（此の地方での）研究して見たいと思つてゐる。祭儀は春秋二回位で必ず十日になつてゐる。御酒、御供餅を山上に運んで、簡單にお祭をし、參詣の老幼婦女子一同は、餅撒きの餘興や、御供餅、御酒の分僎を請けて解散するのが例である。

十四、山神祭

毎年師走（舊暦十二月）七日を山神祭と言つて土俗此の日山仕事を休む。山神は祠として祀られてゐるのは極めて少ない。多くは山林の一角、一端や、山際、路傍などに古木として殘つた杉、檜、藤、椿、柊、竹叢、欅などを中心として其の周圍の一區劃を柵を廻らし注連繩を引きめぐらして、山神と呼んでゐる。時に奇形の石を祭つてあることもあるが、多くは從來から其處の木を截るとか、其の樹に汚穢あることをし觸れると必ず崇ると言ふ。又は祟りが起ると云ふ俗信的傳承がともなつてゐる。そして當日は家々に魚類を調へ、飯、野菜の調理をして一家會食休養する。山神に對しては洗米を藁苞(今年出來た新藁)圖(一)の形に拵へて中へ包み、御酒は篠竹の太さ、一二寸のもので兩端に節を殘して一節を切り取り、中央を扶り切つて、圖(二)の形とし圖(三)樽と稱へ兩方に酒を盛り、藁苞とともに樹の枝に懸けて、祠るのである。

(一) (二) (三)

土俗一家の妻女を山の神と呼んでゐるが、山神祭の頃は初冬の頃で天候が變調し易くて、霙、雹、霰、雨、風など定まりなく、降つて來る季節で

—伊達—

ある。それであるから山神を祭らなければ天候が荒れると言ふので、此の祭りをされるようであるが、妻女の機嫌を伺つて、出來るだけ損ねない様にすることをも山の神を祭ると言つて、其の妻女の荒れ狂ふことを賤み避ける風を示してゐる。

此等の外にもあると思ふが、尙其の由來や、緣起等を研究する必要があり、各種の講社や其の由緒も調べて見たいが別の機會に報告をすることにしたい。

宮城縣名取郡秋保村 年中行事

西角井正慶

秋保《アキウ》村は仙臺市から山形山寺村に通ずる道にあつて、山寺村と背中合せの山村である。

この記事は大字長袋の舊家である郵便局長伊藤一郎氏の話しに據る。皆舊暦であるが、今は行はれぬものもある。

大晦日。年男（家の長男）が夕刻門松を迎へて來る。松は昔は上《カミ》の原といふ所から取つて來る事になつてゐたが、其處に火葬場が出來たので、舘山原といふ村の共有地から迎へるやうになつた。松は家の格式に從つて三階松を最上とし、二階以下のものもある。松を迎へて歸ると、年男は湯に入つて體を淨め、注連繩を作る。土間《ニハ》に臼を据ゑて注連を張り、力餅を其上に供へる。井戸を始め屋敷內の諸處に注連をはる。其の夜惡魔はらへと云ふて各戶で火繩銃を打つ。

松を立てゝ門口で高砂の謠ひ一節をうたふ。

元日には家に居て往き來をしない。

二日。本家、舊主人へ年禮にまはる。

四日。嫁婿を里に歸す。初禮の者は夫婦揃うて來る。二晩泊つて六日に戾る。七草粥を食べるまでゐると馬鹿嫁である。

六日。僧侶が檀家を年始にまはる。

七日。粥をたき休み、八九十の三日もぶら〱と云ふて休む。

十一日。農はじめ、主人を始め下男早起してになは、さなは（田植に用ゐる繩）をかける。

十三日。精進をする（伊藤家）

十四日。あかつきと稱へる行事がある。正月の神造りである。主人は夜中に起きて、爐を鹽で淨め、正月飾りの松の葉を以て團子を煮る。この團子は主人年男以外の者は一切手を觸れることが出來ない。正月に用ゐた注連繩を外し一纏めにして其內に團子を入れて包み、あきの方(其の方向にあたる垣外の木の下など)に捨て置くのであるが、持つて行きながらヤヘエ、ヤヘエと唱へる。此のあかつき團子が濟んで夜が明けると、家族一同で團子さしをするみづきの枝に挿して室每の柱に飾る。團子の外に餅で鯛、俵鶴等の形を作り、大黑樣には色を着けたせんべいを下げる。

十六日まで休みであるが、其間にちやせごといふて疫年の者が裝を提げ、面(大黑、狐等)を着けて門口からどなり込んで餅を貰ひに步く。之は疫に合はない爲だと言ふ。

十七日。伊勢に代參が立つ。代參の人の前には、大根に澤瀉の造花を插し昆布を添へた膳を据ゑ、末はるばるの都路の謠ひを歌つて送る。

二月一日。夜一戶から一人づゝ大注連(第一圖)を持つて部落持ちの山の頂きにゆく、其處には山の神の祠があり、小石が供へてある。その石を出して其の上で大注連を餅の入れたまゝ燒く。一同が輪に並んで、燒いた餅を食べ、燒け石を次々に手渡しする。若

第一圖
大注連

—西角井—

し之を落すと共人は山に行つて怪我をする。この行事に中心となる者は山の仕事に經驗を積んでゐるもの。夜半に下山する。翌二日は山の神が通る日なので山に入らない。殊に女が入ると魔生を孕むと言ひ、現に實例があるといふ。

○節分、初午、ゑびす講常の如し

三月三日。おひな講、年番は巡廻りで宿を決め、娘達は集つて赤飯を作つて樂しく遊ぶ。其頃若衆が産土講を行ふ。之も巡廻りで宿をきめる。おひな講には若衆がかべにゆくと言ふて御馳走を受けにゆく、家の者に見つけられぬ樣、縁側などで御馳走し内に入れない。

女の方には年齡に依りて講が別けられ。嫁から三十代の女は山の神講として、女體の山神像の軸を懸け、餅を供へて皆で食べ、安産を祈る。四五十代は觀音講、其以上には念佛講がある。

三月二十一日、神明祭（長髮氏神）前日丑の刻に神體を遷し、御輿の渡御がある。川にいつて御輿に水を浴せかけ、村中を荒れまはる。荒れる程作がある。丑の刻には本社に歸つて神體を本宮に遷す。

○田植をどりは三日ごろから始まり、二十一日ごろ打ちあげとする。秋保六部落の内田植踊りを持つてゐる部落が三つあつて、年番で出し部落を定め、其が各部落に招かれて踊りにゆくのは此の間であり、打ち擧げは「さなぶり」と稱し、饗宴を「出し部落」が行ひ、招かれた部落に對し返禮する。

○正月の代參は四國琴平まで行き、大概この時分戻つて來たものだ。

彼岸、灌佛會常の如し。

端午、特殊行事なし。

七月六日、娘等一緒（今は小學校）に集まり、竹笹に例の如く色紙を飾り、一同紙にて着物を縫ふて之に添へ、庭に立てる。翌七日朝之を川に流し、赤飯餅を食べる。

十三日。盆棚を「なかま」に作る。（第二圖）

十五、六日。盆火（松薪を二尺位の高さに門口に積み）をたく。十六日は地獄の釜の蓋も開といふて野合を許してゐた。

二十七、八、九の三日間、諏訪神社大祭（秋保千戸の祭り）神樂、村芝居等あり、天氣の都合で八朔の朔日まで祭りを續けることがある。

八月十五日。明月の祭り。稻草祭りとも言ひ、各戸苞苴を作り、其中に赤飯を入れ、青豆（枝豆）を挿して狐のゐる山に持つてゆく。畑を荒させない爲である。赤飯の中には栗を入れる。

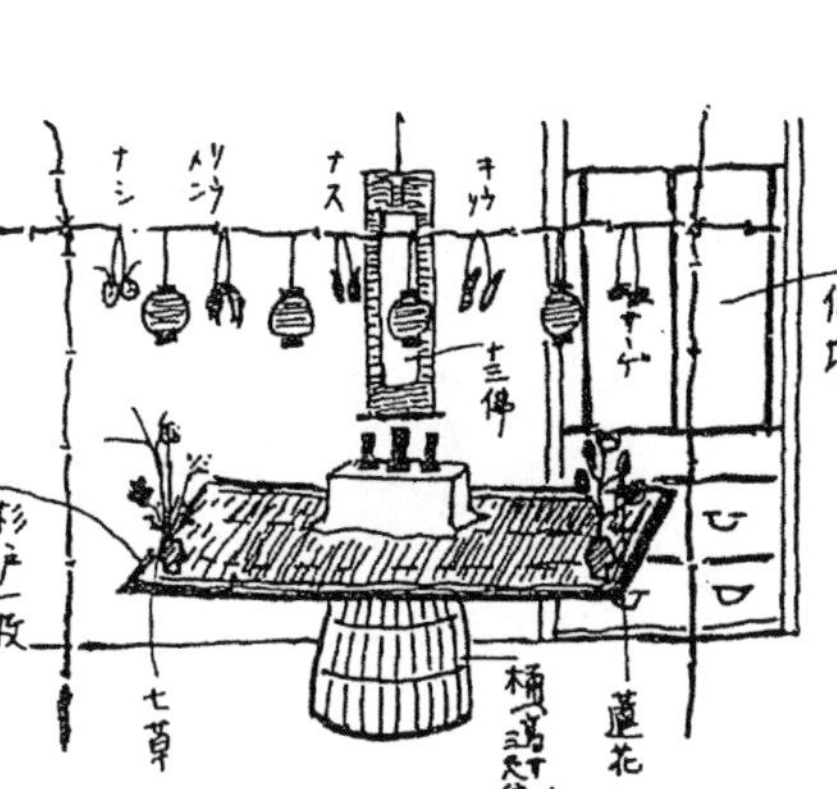

第二圖

十月一日。お刈り上げ。稻は刈り上がつて、畑のもの總て收穫を終る。野良に小屋を作つて十五六になる男女が、米味噌と鍋とを持つて其の小屋に行き別生活を營む。昔は五人組の家から小屋づゝ建てたから數戸の小屋が出來た。

其ころ家の氏神樣を作る。之をおとこ樣（をとこ樣か何うか不明）といふ。新しい藁を以て屋根を作り、神主が來て幣束を立て祭つてゆく。（第三圖）

—西角井—

昔、おくりといふ行事が其時分行はれた。藁人形に棒を通し村中かつぎ廻つて、ワイワイ

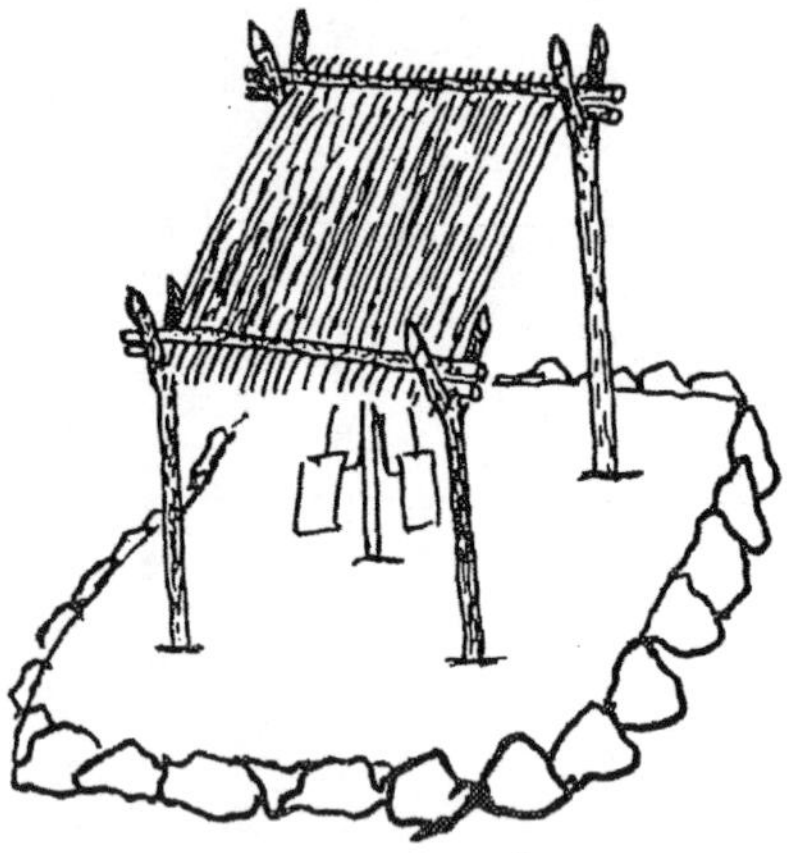

第三圖

と囃し立てゝ村境ひに持つてゆき、火繩銃で打ぢ殺す眞似をした。人形は稻などを挿し込んで盜人に見立てたものである。

十一月、先の大師(三日)、中の大師(十三日)、しまひの大師（二十三日）がある。茅穗を信心棚に供へる。長い穗を横にあげるのだが、大師は子供が多いから長い箸が入用なのだといふ。

十二月九日、まつた(股)大根を大黑樣に上げる。大黑樣が女房を迎へるのだといふ。

十二月二十七日。煤拂ひ。

二十八日。餅つき。

二十九日。つなぎ勘定と言ふて小作の不足を納めたり來年の作づけを約束したり、賦役の代金を出したり、又、あねこ（子守）をばこ(下女）作男を入れかへたりする。

お姿節に就いて

後藤捷一

阿波の民謠に「お姿」といふのがある。正しくはお姿節と呼ぶべきであるが、普通は節の字をつけず單に「お姿」といつて居る。これは一種の勞作唄で南方《みなみがた》(註一)では田植、草取、稻刈、麥打、臼搗、米踏、茶摘、茶もみ、絲繰、絲引、籾摺、地搗、桑摘等あらゆる場合に歌はれるが、また村の休日などには此唄の競演(註二)が行はれ、老若男女を問はず喉自慢の者共が出場して優劣を競ふ。近年郷土藝術が高唱されだして以來、各所に此會が行はれ優秀者には等差審判によつて名譽旗を出すといふ勢で、いやが上にその熱をあふつてゐる。然しこの競演なるものは最近はじめられたものではなく、既に昔から存して小にしては二人の掛合、大にしては大寄せがあり、お姿會などいふのは最近の言葉である。そしてこれに美聲の必要なことは言ふ迄もないが、源平競演などになると臨機應變、即座に頓智を以て應酬しなければならぬ關係上、無數の歌を知つて居ることゝ作歌が自由に出來ねばならぬ。これには建歌《たてうた》といつて山川、草木、花鳥、人物、食物、衣服など、一科を初最に題として提出し、甲乙互に歌ひ合ひ返歌の出來なかつたものが負けといふことになる。また世話歌といふのがあるが、これは何なりと物事に意をよせて歌ふものをいふのである。してこのお姿なる名稱は何に起因するか、私は未だ充分なる考察はして居らぬが、田の草取に歌はれる唄に「當は遠目でお姿を、見て樂んで草を取る、夜は嬉しや側の花」といふのがある。私はこの唄が本唄ではあるまいかと思ふ。終日田に出て働いた村の娘達は夜に入ると薄化粧して夜業《よなべ》に明日の糧たる麥や米を搗きにかゝる。一方村の若衆達はこれまた夕食を濟まして各自意氣な風をして娘のある家へ夜遊びに行く、そしてお姿節面白

く娘の夜業を手傳ふのであるが、娘は村の若者の共有物とせられて居た時代(註三)には公然と親も許してゐたので、其間に生ずる情事は親も見て見ぬ振りをして居た。であるから次に擧げる唄を讀めばその情緒纒綿たるを見るであらう。實に單調な野良仕事に一日を送つた若者にとつては、紺絣に白い姉さん冠りの娘の姿は無上の慰安を與へたのである。で、誰れ云ふとなしにこの俚謠をお姿お姿と呼び出したのではあるまいか、何はともあれ阿波南方に於ける最も勢力ある民謠で、目下その流行は頂點に達し、本春來勝浦、那賀、海部の三郡内に於ては幾回ともなく大會が開催せられ隆盛此上もないが、昔の唄は忘れられ時世の流れとは言へいやな新作歌が行はれるのでその堙滅を憂ひ、大正元年から同四年に至る間に採集した唄を掲載し以て保存を試み度いと思ふ。(註四)

いま文部省の『俚謠集』と高野・大竹兩氏の『俚謠集拾遺』とを繙くに、共にお姿節としてあげてあるがまた田植、麥搗、草取、籾摺、米踏、米搗、茶摘などの歌中に混入せられたものが多く、紛らはしきこと此上ない、仍て是等の誤謬も此機會に訂正して置き度いと思ふ。括弧内の郡村名は採集地を示すものである。

註一、阿波には昔から、南方《みなみがた》、北方《きたがた》、空《そら》といふ區劃の俗稱がある。これは劃然とした境界がある譯ではないが、勝浦、那賀、海部地方を南方と呼び、名東、名西、板野、麻植地方を北方と稱し、阿波、三好、美馬地方を空と唱へる、然して昔から南方は稻作、北方は藍作と決つて居て(現今は養蠶に變化して來た)、このお姿の行はれるのは名東郡の南部以南即ち南方で、北方や空には行はれない、然し全然皆無といふ譯ではなく、南方から來た奉公人や轉住者によつて稀に聞くことがある。

註二、昔の競演は靑年男女が唐臼を踏みつゝ(唐臼は普通米や麥をしらげるのであるが、此時には藁を入れてある)「花づくし」或は「鳥づくし」といふやうに適宜題を提出して掛合にやつたものであるが、現今は高座で三人五人と整列してやる。これは最初に何村の誰某とふれ方が紹介してから始めるのであるが、皆それぞれ應援者があつて盛んに拍手を送つて應援する、ところが此頃は發祥が發祥だけに太鼓や三味線には合ないので、何だか拍子拔けの感がある。これはどうしても本來の勞作唄でなければならぬ。

註三、阿波に於ては昔から娘はその村の若衆のものといふ風習があつた。今日でも山村に行けば未だ此風習は殘つて居ることゝ思はれるが、私の生れた名東郡國府町早淵邊にても明治の末期から大正の初期頃までは此風習が殘つて居た。で村の娘は年頃になれば處女といふものは殆んどなく、結婚前に皆成女となつて居る。そして萬一他村の若者に自分の村の娘をとられると、大なる恥辱として、若し男が通つて來るのを發見した時には大なる私刑を加へたものである。

註四、玆に蒐集した歌詞は南方から私の家に奉公に來た下女と、同地方出身の養蠶時の雇女とよりの聞書と、私が歩兵第六十二聯隊に在隊中同地方出身の兵卒から聞いて記錄したものとである。

〇

〇私の病は戀病、ハーヨイヨイ、知らぬ父上母様は、ヨイナーヨイナー、物怪《もののけ》の故《から》かと思込み、ヨイヨイ、山伏さんや先達《せんだち》を、ヨイナヨイナ、よんで私をみせの花、ヤツトサノサ。

以下囃を省略す。

〇お二人揃ひし様さんは、どちらを見ても皆お福、ほんに私もお福なり、親方のお庭ならしに一踊。

〇門に立縞三筋立、格子碁盤の間から、お殿來いとの結城縞。

〇三月節句の雛の餅、身は菱々に切られても、お様故なら厭やせぬ。

〇犬角豆《さゝげ》の妹お文さん、未だ年若し十八の、何の情も鉈豆《なたまめ》の。

〇六七月は敦盛の、熊谷三度(笠の名)で身をやつし、唄の文句が一の谷。

〇様さんのお口車に乘せられて、無汰《あだ》の夜道をふみ車。

〇岩國の算盤橋の眞中で、君のお唄にせめられ

—後藤—

て、二進三進動かれん、君の見一無頭算。

○私の生れは美濃の國、うちたゝかれて國を出で、今は屋敷の行燈紙。

○龍宮海のお姫さん、既に呑んとする所、俵藤太の秀郷が、指のおばなに唾つけて、只の一矢に射留た百足山。

○あの美くしい御殿の、お肩に掛けた手拭は、何處の紺屋が染めたのぞ、潮に千鳥の帆掛船。

○あのお殿さんは、何時來て見ても美くしい、とりてお顔を拜み度い、とつて見せるは安けれど顔は檜のしがみ顔。

○ほんとに私が燕なら、屋形の軒に巣をかこんで、主の姿を見て暮す。

○夫れ〳〵三七二十一子の梯子の上から、眞逆《まつさか》さまに突きくずされても賤が身は、お樣故なら厭やせぬ。

○私のやうなのら竹は、ちやんちや茶筅に作られて、知らぬ在所《さいしよ》をお茶濾しに。

○私のやうなるのら豆は、山田の岸にはざけられ、手斧かたいでやつこらしよと出掛けた所を、猪《しゝ》に喰はれてかぶた豆。

○一番叟や二番叟、三番叟で來た者が、ちばやも召さず鈴持たず、夫れで三番叟が踏めませうか。

○矢走の夜船か京橋か、向ふ眺めりやせいが島。

○前ではわさん鳴子竹、裏からお供が忍竹、中で旅がなきわ竹。（名東郡佐那河内村）

○私のやうな厚紙は、帳の表紙《うわがみ》はねられて、殿は相手にせんこがみ。

○花なればお殿のやうに咲いてこそ、私しや胡瓜のあだ花じや。

○海越へ山越へ谷を越へ、廻り行燈で來たわいな、少しお心掛行燈。

○歌へと御意は下りたれど、賤は智恵なし歌知らず、若しや間違出來てなら、お笑草の種となる。

○君さんが宵からお出が知てなら、門に砂盛手水鉢、内を淨めて伽羅を焚く。

○君さんとても貪慾《どうよく》な、私にこんたん談らして、後ではいやをの主あると、言ふて私をせかすのか。

○あなたが四五日見へぬ故、逢ふ人樣や友達に、あだな枕はよけれども、ひとや枕がおはづかし。

○おの北山の稚兒櫻、手に取る程に思へども、人の花なら見るばかり。

○六月土用あつもりの、熊谷笠をきいてから、心凉しき一の谷。

○お屋形の臼も盜賊杵も賊、可愛いお麥さん丸裸。　麥搗唄）（名東郡八萬村）

○井戸《いづみ》に釣瓶が戀をする、君を思ひ出す水鏡。

○あの美しき君さんの、お手の白さに顔の艶、可愛らしのお目元が。

○深山の奥の其の奥の、きんだん鳥といふ鳥は、翼《はがへ》は雪にたゝまれて、あしは氷につめられて、この雪氷解けるなら、お殿のそばへはなしどり。

○門でちらりと梅の花、お入りなされと柚の花、あとはお返事梨の花。

○樣さんよ、鏽子　りん〳〵悋氣する、茶杓子茶筅はちはをする、下で割木が身を燃やす。

○御謝免なされ頬被、取らぬは不禮か知らねども、坊主あたまに露がうく。

○一番叟や二番叟や、三番叟で來た故に、屋形は繁昌と踏みまする。

○深山の奥の其の奥の、まだ其奥の岩つゝじ、芽を出し葉を出し蕾だし、何を便りに咲く花ぞ。

○逢ふたる事も見た事も、無い樣さんと今晩はお肩ならべて有りがたい。

○初對面の殿さんに、手襷はづさず手も下げず、無禮の程か知らねども、どうかお許し願ひま

—後藤—

す。

○それやお互ぢや賤とても、破れ手拭頬かむり、これも無禮であるなれど、どうか御容赦頼みます。

○お殿に貰ひし手拭は、大阪染か京染か、波に千鳥の帆掛船。

○お姿見るより走りでゝ、妻菊さんかよ懐しや、言ふてお添へ萎れ菊。（勝浦郡）

○朝顔や萩はしほれて夜はまた、露をふくんで色に出る。

○お姿吉野の絲櫻、一枝折らうと思へども、殿の物なら折られまい。

○新舗子君に濃い茶と思へども、憎くやかなけが邪魔をする。

○殿さんのお聲聞くより走り出で、亂れた髮に氣もつかず、殿のお出での御挨拶。

○はじめておいでた殿様に、襷も外さず手も下げず、そこの所は御量見。

○お様は表の床の花、私は小溝の燕子花、おそば恐れて下り藤。

○朝顔の花の蕾の筆の先に、つるが参らせ候となり、人目の垣に忍び咲き。

○お屋形、内は朝日で出たれども、みちのく尋ねはる／＼と、尋ね來たぞよ、えんしうや。

○おいたはしいや照若君、侍從たよりに力草、たづねきしの松下へ。

○門にちらりと虚無僧が、あの吹く尺八《ぶゑ》のよさわいな、胸にやきばん彌五郎さん。

○つく／＼／＼／＼走りつく、走りついたらすがりつく、様でないぞよ、だいがらのさを。

○夜前も屋形を來て見れば、だいがらつまえて猫の糞、賤は門から犬の糞。

○私の様な河豚とさへ、嫁に見れいと舫締から、私しや何處へもいかなごの魚。

○お脊すんがりと高橋の、下行水が賤なれば、もつれつきたい菱橋。

○山中通れば鶯が、梅の小枝に晝寢して、花のちるのを夢にみる。

○お様の召したる召物は、大阪染か京染か、白にぽつ／＼梅の花。

○竹になりたい五三竹、外に望みはなけれども、お様文書く筆の軸。

○お屋敷の御座に咲いたる金銀草、一と年お花が五色咲く。春咲けや赤し、夏白し、秋紫で冬うこん、末に金の花が咲く。

○あなたは向への梛《なぎ》の花、私は手まへのあやめ花、及びないのが谷越し櫻。

○君に別れて夫れからは、袖は涙にしよんぼりと、乾くひまなき沖の石。

○そなたの御聲は義經の、初音の鼓打つ如く、賤忠信でなけれども、音に聞えて飛んで來た。

○頃は五月の末つ頃、晴るゝ隙なく降る雨に、水嵩増る川々や、私の胸は解けやらで、思ひ斗りが増さりけり。

○お姿なかばへ走り込み、無禮になるかはしらね共、そこな所は御量見。

○菊に千里のおことづけ、屆いたかいな姉さんよ、今にお返事梨の花。

○菊に千里のおことづけ、屆いたけれど殿さんよ、お主がかりでまゝならぬ。

○此頃きけば姉さんに、よいつまぎくが出來たそな、樽や肴でお振舞。

○殿さんとてもどうよくな、私につまぎくあるなれば、こんな風蘭さげやせん。

○そでない／＼空くもる、人の妻ならほしもない。

○どなた様にもお歌ひなされ、どんな私がつけまする。

○あんな綺麗な姫さんが、うちのあたりにあるなれば、繪かきやとうて繪にかいて、肌の守りとするわいな。

○父桔梗、母芍藥に姉牡丹、妹菊、賤雛頭。

—後藤—

○朝咲く花は朝顏の、晝咲く花はひぐるまの、晩に咲ぐのは雪のした。

○三井寺の夜明の鐘に出たれども、これへ來るまに暮の鐘。

○お館へ來る道筋の泥濘《じるたんぼ》、すべつてこけて又起きて、とんぼからげて來たわいな。

○お樣は風よししよてんよし、ならびに歌の文句よし、どこに非難が入れられうか。

○かう年寄りては枯草の、花咲く身ではなけれ共、お樣お歌を聞きに來た。

○一六や、六六ちんかゝはねのけて、後へお樣を入れこざん。

○私しや陰山雪ぢや故、早や降りかゝり凍り付き、凍り付いたら離れまいぞよ解けるまで。

○お屋形のもんちりめんを乘り越えて、樣のお添へきし縞の。

○姉さんの前垂縞をちよとあけて、びろうどのきんちやくちらと見て賤の棒縞立飛白。

○鮎は瀨に棲む鯉は淵、私しやお樣と見づにすむ。

○お屋形に勤めて御座るお由さん(阿波に於ける下女の通名)、お歌上手と聞いた故、邊河の奥から來たわいな。

○姫さまのおゝその下の拇取《かんどり》に、乘つて遊山がしてみたい。

○お屋形の門の小石に腰をかけ、うちの樣子を菊水の〱。

○えーちよいと來てはや縋り付く、樣でないぞえだいがらに。

○忍ぶ夜を、空に情があるなれば、月扁かくす雲が無理〱。

○伏見の夜舟京橋や、何處の御殿と乘り組んで、緣の繩引く十三里。

○あのまた綺麗な姬樣と、どうぞ我手に入れたさに、天神樣へ願をかけ心づくしの梅の花。

○お殿に貰ひし簪は、これ銀でなし金でなし、堅い約束鐵の金《かね》

○朝咲く花は朝顏の、晝咲く花は日車の、夜咲く花はなけれども、お樣寢して咲く糀花。

○二月三月は水の內、早や五月と重なれば、帶の祝儀やかゞみ餅、やがて子もちとなるわいな。

○夜は更けて、殊に夜形が離れ家の、ようこそお出で暮の鐘、初めて逢うた夜の恥かしさ、早や二晩の嬉しさは、今宵別れと聞く辛さ。

○七つの年から十五まで、御師匠樣の手にかゝり、もうこれからは君さんに、戀のいろはが習ひ度い。

○竹の子笠は善し惡し、五月の雨はしのげども、忍ぶ其夜は音高し。

○お屋形へとうに來うとは思たれど、來る道は遠し足はだいし、こゝへ來るのが今の比。

○遲く參る賤が身は、お手傳にはならねども、少しお樣へ心ざし。

○殿さんへ、遲い早いがあるかいな、御手傳とはありがたい。

○樣さんの後姿を拜すれば、菊や桔梗の立姿、步行く風蘭百合の花。

○お屋形の御門はいれば廣々と、御屋敷見ればさつぱりと、又じつさつぱりと。

○床にかけたるはま弓は、八人張りに十五束、御目出度いぞや尉と婆。

○お屋形の、お屋敷見れば廣々と、西も東も石塀で、其又裏の蓮池に、鶴と龜とが舞ひ遊ぶ。

○お屋形の御門の石に腰をかけ、內の樣子を菊の花。

○からとしよりては枯草の、花咲く身ではなけれ共、お樣お歌をきゝに來た。

○お屋形へ來る道筋は駒鳥の、勇み進んで來たわいな。

○今宵賤らは姉さんよ、雜炊すきぢや粥すきぎぢや、歌のかきまぜなほすきぢや。

—後勝—

○見る目へん、寢て耳へんがあるなれば、手へん合はして拜みます。

○姉さんと元は深川染なれど、次第にうすらぐ水淺黄、末はさつぱり桐の紋。

○先づ一番にお茶を出し、二番に粉出し附木出し、これがこんやの振前か。

○お屋形の碓の周圍に菊植ゑて、目もきくはもきく、明日はあなたの便り聞く。（籾摺唄）

○今夜も屋形へ來て見れば、れんぎが庭はく、篩が味噌する、あわてさんすなお客でないぞや、飛脚でないぞや、賤は屋形の米踏みぢや。

（米踏唄）（那賀郡）

○殿さんに上げ度きものは數あれど、山で木の數茅の數、賽の河原で砂の數、末たも上げ度い芋桶を。

○其芋桶に殿さん乘せて、そして私がかき出して、二度と來ん樣に藁火たく。

○お屋形へ來る道筋は菊原で、菊の茂りを押分けて、お樣逢ひ故來たわいな。

○殿樣のお出がとうに知れたなら、手に鎌さげて走り出て、道の茂りも刈り分けて、お殿のおみ足濡らすまい。

○御謝免なされの頰被り、とるは行儀の作法なれど、皆面々に名は知れず、とらず屋形へ御挨拶。

○殿さんそれで賤もそれ、襷はずさず手拭も、とらずお殿に御挨拶。

○こんな綺麗な殿さんを、繪にかく人があるなれば、描いてもらふて末代の、肌の守りと致し度い。

○私が肌の守りになるなれば、神や佛はどこで立つ、神や佛は世の守り、お殿の繪姿肌守り。

○それ程私を思ふなら、描いて上げませう紙と筆、私の思ひが屆いたか、描いてもらうて末代の、肌の守りとなるわいな。

○賤等は御門へ走り出て、向ふ遙かに眺むれば、松竹梅の鳥さへも、夫婦仲よく暮すのに、賤もあの樣に暮らし度い。

○月に叢雲花に風、お邪魔になるかは知らね共、少しお樣のお手妥け。

○二人列びし姉さんの、どちらを見ても皆蕾、私も蕾の花なれば、いつそお側でさかし度い。

○あの御綺麗な姉さんを、花にたとへて申すなら、立てば牡丹《ぼたん》、座れば芍藥、後姿が百合の花。

○殿御の御出があらうかと、門に砂盛り手水鉢、うちを淨めて待茶草。

○夜前も屋形へ來て見れば、牡丹の樣な姉さんが、庭にちら／＼梅の花。

○お屋形へ、とうに來うとは思ふたれど、お主がかりの身ぢや故に、御用すまして今こゝへ。

○お許しなされ旦那樣、お揃ひなされどなたにも、先づは御無事でお目出度い。

○世が世なら、主のおそばで針仕事、かしてあげたいひざ枕。

○牡丹餅はお豆きなこで化粧して、喉の細道ちよこ／＼と、腹に一夜の宿かりて、明日は高野へぬけ參り。（海部郡）

○地名町名入の唄

○二軒屋口から佐古迄を、たゞ一筋に思へども、樣よ横町是非はない。

○私の父《とゝ》さん母《かゝ》さんは、新町橋の橋の下、お米の生る木を着物《べべ》に着て、お椀片手に通町。

○夏は蚊が邪魔、蚤が邪魔、天の川には黑雲が、七夕樣の戀の邪魔、裸體《まつか》で通るよやの町、腰をかゞめて鰕屋町、その鰕とろとて殿樣が、破れいかきを助任《すけとう》町。

○長い佐古町通り拔け、御免なされと免許町、小腰かゞめて鰕屋町、石場の橋も通り過ぎ、早や出來島となりました、藍場の濱を樂んで、苦勞船場が實つらい。（名東郡佐那內）

○北地、橋本、馬場、長谷尋ねても、樣の御器

— 後藤 —

革が市原ぢや。
○様さんは新濱出して去いうて、櫻、笄を齊田村、ちよつと手拭、沖の濱。
○二軒屋町をずつといて、左を見れば觀世音、右へ手折ればそれそこに、鳥の地獄や餌差町。
○私の根性がねじくれて、それを直せと父さんが、槌を振り上げて桶屋町。(名東郡八萬)
○お姿ちらりと三谷から、津の峯山へと願をかけ、かたいで上るは模様のいつたる、かん唐金の手水鉢、これもお前の願ほどき。
○お様が召したるお手拭、私に一寸苅屋村、汗の手島を福井村。
○殿さんとても胴慾な、汗の手島を射いたなら、北中島となるわいな。
○姉さんとても胴慾な、北中島となるなれば、賤が手島で洗ひます。
○私の生れは荒川野の、藤さま(神社の名)の藤蔓、お様にきりりと卷きついて、離れまいぞや末代に。
○お館に勤めて御座るお由《よし》さん(阿波に於ける下女の通名)、お歌上手と聞いた故、邊河の奥から來たわいな。(那賀郡)
○君に逢ふのは田野、芝生《しばふ》、今日の日隈野《ひがいの》入るをまち、西の口から北町よ。

○前原抱へてあとやさき、父《てい》なし兒安《こやす》を生み落し、顏の日隈野はづかしや。
○辨天さまへと願かけて、君と夫婦に金磯と、思ふた事はみな須賀よ。(勝浦郡)
○中田《ちゆうでん》の庭じやみせんの絲櫻、風の吹く度ちりつんの花。(名東郡)
○石山にかけし霞は吹きはれて、向う遙にみかさ山。
○君さんむかうの百足山、しづは唐崎一ツ松、あひの湖へだてられ、いまだ粟津がしつつらい。
○勢多の唐橋中ほどで、田原藤太秀郷が、百足うたんと弓を引く。
○初めて逢た君様に、なに唐崎で小さうやら、胸は矢走の舟の數。
○様さんが御歌上手と聞いた故、矢走の船に帆を卷いて、歌の文句を積みに來た。
○お様が召したるお手拭、私に一寸苅屋村、汗の手島を福井村。(那賀郡)

○

建歌で源平競演の際、甲乙何れか返歌が出來ぬ場合、或は出來てもまづい唄を歌ふた時は次の唄でこれを冷笑する。

○親方に雜炊《ざうすい》唄が始つて、杓子かついで攪拌《まぜ》に來た、様も出さんせ親椀を。

この唄を歌はれると直ぐ次の返しをして、新しき題にとつかへて歌ふ。

○こう來られては賤が女の、溜に降る雪のためられぬ。(名東郡佐那河内村)

○

○謎歌の一例
○(甲)様さんよ、謎歌かけるが解きますか、井《いど》戸《み》に菊とかけし謎、これも解きよい誰様《どなた》でも、
(乙)只今かけし其謎は、他《ほか》に解き様もあらふけれど、私が解くはこう解くが、盲目《めくら》の芝居と解かんでか、未だお心が御念なら、見ず(水)に聞く(菊)ではないかいな。(甲乙合)ヤツトサノサ。(海部郡赤河内)
○(甲)様さんよ、謎歌掛けるが解きますか、阿波淡州と掛けたなら、何と御解き下さるで、
(乙)私もしかと知らねども、鐵《かね》の火箸と解きまする、未だお心が御意ならば、沖を挾むぢやないかいな。(甲乙合)ヤツトサノサ。

(名東郡佐那河内村)

―後藤―

來宮神社のこがし祭り

齋藤要八

村社、來宮神社は、三島街道の右側に沿ひ、熱海の西北に當つて、老樹の茂つた、森の中に鎭座してゐる。式內、賀茂郡阿豆佐和氣命神社であると、社記に書いてある。又五十猛神、大己貴神、日本武尊、相殿稻荷、天滿宮、柿本紀僧正を祀つてあると。相殿三座は、境外に在つたのを、明治十年合祀したさうです。政文の記には、弘仁元年、白道明神を祀ると、何れが信なるか、知るに由ないが、古來の傳說によりますと、和銅三年一株の樹根が、偶々漁夫の網に掛つた、とつて之をすてれば、又網に入る、かくする再三に及んだ。漁夫怪んで之を拾ひ、海濱松の木の下においた。漁夫の妻、麥粉を携へ來て、夫れにおやつをすゝた。たはむれに、此の樹根の口とおぼしき處へ「むぎこ」を與へたのに、樹根は生きてゐる人の之を食するやうに見えた。一夜夢に漁夫に告げて曰ふ、吾は、五十猛命である。山に七樹の楠があつて、潮聲の聞えない地がある。爰に余を祀らば誓つて村民の守護神たらんと。因て、根株を來宮と齋き祀つたと傳へられてゐる。

爾來、毎年七月十六日祭典を行つて、神輿の渡御と、鹿島踊がある。今は熱海の鎭守となつてゐる。此の祭典には神輿の行列の先拂ひは猿田彥神に扮裝した、赤き天狗面を被り、赤衣を纏ふた大男が、さきに信者から寄進した、むぎ粉（俗に「こがし」といふ）數升を携へて、大聲を揚げながら、群衆に向つて之を投げ散らす。群衆は又此の麥粉の被服に附着せるのを喜んで、夏期の疫病に罹らないなどといひつたへてゐる。

又此の祭には、神子舞附屬の音樂隊は、上宿町の若者から出し、鹿島踊りは、海濱にすめる若者から、獅子神樂は、水口部落の若者が、つかさどつてゐる。そして、神輿は、戶主が舁ぐならはしである。

此の神は、小鳥が嫌いだといふ事で、宮の境內に茂つてゐる森に、飛び來ることなく、茲に巢くふ小鳥のないのはふしぎである。

又、祭典の際、神輿の上に孔雀の飾りがある。毎年此の嘴に稻穗の實りたのをくはへさせる慣例である。時はまだ稻穗の熟するには、早いのであるが、いつも祭りの當日までに信者が必ずさがし求めて、孔雀の「くちばす」にくはへさすることのできるのは、ふしぎであるといつてゐます。

稻穗は前年の刈り採つた、根株が、成長して、實を結んだのを探し出すそうです。溫泉地の爲め、溫暖な氣候であるから、早熟のものが、できるのであらう。

又鹿島踊りは、此の地、名物の一として、たゝへられてゐる。踊り方は若者が十八名か二十二名で一やうに白衣を纏ふて、手には「にぎて」と「あふぎ」とを持ちておどる。踊り方は圓陣となり、三列となつたりして歌につれて隊列に變化がある。何れも三拍子で二ツの小太鼓と、二ツの「すりがね」とが圓陣の內に入つて勢よくおどる。おさたちは、柄杓とさくしやうのものを持つ。歌あげといふがあつて、うたふのです。此の歌あげの後は、若者でなく、一戶をかまへた年寄役が、揃ひの浴衣を着てゐる。むかしの手ぶりのさまが見えておもしろい。

水口部落からでる、獅子神樂は、此の祭典に重量數十貫目あるのを貳個出すのが慣例となつ

—齋藤—

てゐる。一人では頭上にさゝげられないから大抵一つの「かぐら」に二人の若者が被ぶる其の胴尾には、五間餘の淺黃染の布帛がついてゐる。中に拾數名の若者が手をかざして胴體のやうにしてゐる。神輿の行列に加はつて二ッの獅子が左右にならんで前驅を爲す。當日町民は、疫除の守護を得んと競ふて、此中にはいる舊慣がある。又水口では、惡疫流行の時は、之を出して、部落内に飾りおくと獅子の勢におそれて、災害は退散してしまふといつて、つよい信仰を持つてゐる。

鹿島踊りの歌

千早振る神々を、いさめなれば、みろくおどりめでたし、誠やら、熱海が浦に、みろくお船が、ついたとよ。ともへには、伊勢と春日の中は、鹿島の御社、十七が澤に下りて、黃金びさくで、水を汲む、水汲めば、袖がぬれ候、たすきかけ候、さいな、十七、天竺は、近いな、じよへ、たたらふむのが、音に聞ゆる。そのたたらを何んとふみ候。たたら〳〵と、八《や》つにふむ。鹿島には、ちごがをどりに、ごまたてば、ごまをたく、そのごまを、何んとたき候。日本ごきとうと、ごまをたく。天竺の雲のあはひで、十三小姫が米《よね》をまく。その米《よね》を何んとまき候。日本つじきと、米《よね》をまく。鎌倉の御所の御庭で、十五小女郎が酌をする。酒よりも肴《さかな》よりも、十五小女郎が、目につく、目につかば、連れてござれよ。御江戸品川のはてまでも。

兎 (長野縣更級郡)

上州深津の配所にわびしくくらす高野邊左大將家成とその後妻信州更科の大夫宗行の女の物語。初めの妻の子は娘三人と男兒一人で後妻の娘は先妻の娘と似つかぬみつともない娘だので後妻が弟と共同して先妻の娘二人と其の娘の夫を殺しました。三番目の娘は助かつたが家成は京へおゆるしをれがつてゆるされて歸つて來る途中此の變事を聞き(變事は家成が京にゐる中に行はれた)狂ひ身をなげる。そうしてゐると長子左少將が歸り非常に怒り皆を捕へそれ〴〵處分した。そして嘆き悲しみ山の池のお宮のそばで兎の背にのつた二人の殺された妹を見た。左少將はせめてその兎なりともそこに止めて置きたいと願ふと池の中の島となつた。之が赤城山頂の大沼の中の小鳥ケ島である。この樣な事も皆赤城の山の神のおたすけであるとして之を祭つたのが赤城神社である。

馬 (長野縣小縣郡縣村)

昔、宇治川の先陣を爭つた佐々木高綱がその時乘つてゐた名馬「スルスミ」は信州望月の牧から出たもので小縣郡縣村加澤で賣られ賴朝の手許にいつたものであるといふことである。それで今でも加澤にはスルスの宮といつて鄕社が殘つてゐる。それはこの由緒からであるといふ。

—齋藤—

熊 (長野縣小縣郡滋野村)

滋野村中屋敷に熊野神社といふお宮がある。其境内に枯れた大木がある。昔その洞の中に熊が棲んで居たので熊野神社を祀つたのださうである。その枯木は今被覆して保存してある。

山口の一火 (長野縣小縣郡神科村)

每夜十時過ぎ神科村山口の方角に當つて現はれる不思議な一つの火玉があつた。この火玉は薄命の乙女の火玉であるといはれてゐる。この火玉が出るやうになつてから山口山の「ツ、ジ」は赤い色の花を咲く樣になつた。それは此の乙女の紅い血で染まつたのだといふ。

蛇 (長野縣小縣郡大門村)

昔大門村に隨分大きく商賣してゐる酒屋があつた。その家の床下に大きい蛇がゐて別に危害は加へなかつたけれども家人は大變に氣味惡く思つてゐた。近所の老人が「それはたしかに家の守り主であらうからそのまゝにしておけ」と言ふのもきかずに蛇を殺してしまつた。それから一年ばかり經つた或る日の事である。その家の息子が酒倉に燈を持つて入つて行つた。そしてふと見ると一匹の大きい蛇がきら〳〵と眼を光らせ舌をぺろぺろ出しながら天井からぶら下つてゐる。彼は蛇が嫌ひであつた。そして思はず燈を酒の中に落した。酒に火がついた。息子は逃げる事が出來なかつた。そこで遂に燒死した。その酒屋はだんだん衰へて今では全く落ぶれた。

(小泉清見)

エスキモ社會の季節的變動（モース）二

——社會形態學的研究——

湯淺與宗

一、一般形態學

しかし、一年の異つた時期にこれ等社會の形態がどんな特殊形を示すかを探究する前にまづその恒常性格が何であるかを決定しなければなりません。それが如何なる變化を受けるにしても、常に同一でありやがて私達が研究すべき變化的特性が依存してゐる二三の基本的汎論があります。

エスキモ社會が土地に結付けられる仕方や、社會を構成する基本的集團の數、性質、大きさが不變的因素をなしてゐます、そして、私達が後に記述説明すべき周期的變化はこの永久的基礎の上に生ずるのでありま す。それ故私達が何よりもまづ知らなければならないのはこの基底であります。換言すればエスキモ社會の季節的形態學を研究する前に、その形態が本質的に所有してゐるものに於てその社會の一般形態學を樹立しなければならないのであります。

エスキモ人は東經七八度八分(Itah の居住地、グリーンランド北西海岸スミス海峽)と、南方五三度三四分、ハドソン灣頭（西海岸）すなはち彼等が周期的に到達しますが決して滯在することのない極限地の間に居住してゐます。ラブドル海岸では彼等はほぼ五四度迄行き、太平洋海岸では北緯五六度四分迄行きます。かくして彼等は緯度二二度、經度六六度の廣大な面積を占めて居ります。それは彼等が居住地（イースト、ケープの居住地）を持つてゐるアジアにまで及んでゐます。

しかしこの廣大な地域に於て、アメリカに於てもアヂアに於ても彼等は海岸しか占めてゐません。エスキモは元來沿海民族であります。ただアラスカの數種族が内地に住んでゐます。それはユーコン河のデルタムに居住するものであります。がそれも矢張河川の海に近い部域に住むものと見做され得るのであります。

しかし私達は更に精細に規定することが出來ます。エスキモは單に沿海民族ではなく斷崖民族でありま す。——この言葉で兎も角も海岸が海に臨んで比較的嶮岨な境界をなしてゐるのを意味せしめるとなれば、事實上——そしてこれがエスキモと總て他の極北民族とを區別する重大な差異であるが——エスキモが占めてゐる海岸は三角洲とギーヨーム王の領土の依然として餘りよく知られてゐない海岸とを除いてはすべて同じ性質を有してゐる。多かれ少なかれ狹隘な地帶が多かれ少かれ急激に海に落ち込んでゆく高原を縁取つてゐます。

グリーンランドに於ては山が海の上に覆ひ掛つてゐる。更に Inlandsis（内地氷河）といふ名稱を與へられてゐる巨大な氷河があつて殘すところは僅かに一帶の山に過ぎないので、その最大の部分(それはフィョールドによつて大きいのでそれ自身大きいのではありません。)でも僅かに一四〇哩を算するのみであります。更にはこの山帶は内地氷河の海への放射線で斷ち切られてゐます。フィマールド及びフィョールドの諸島のみが暴風に對して保護せられてゐますし、從つて凌ぎ易い氣候を受けることが出來ます。それ等だけが、鳥獸の飼料畑併びに容易に接近し得る海棲動物が食物をあさり來て自分が捕へられてしまふ魚の多い淵を供してゐます。グリーンランドと同じやうにメルヴィーユ半島、バッファン地方ハドソン灣の北方海岸も著しく切込んだ嶮岨な海岸をなしてゐます。内部の高原は氷河に覆はれてゐるのでなければ風に吹き暴されて常に雪に覆はれてをります。それで、人の住むことの出來る場所としては砂濱とか、氷結した湖に接する深い谷の縁以外にはありません。ラブラドル半島も同樣の性質を尤も内部の氣候はより大陸的でありますが。カナダの北のロラン地方及びブーシア・フェリックス地方殊にバスールスト・アンレーではなだらかに幾分の擴りをもつところに終つてをります。しかし、他の地方に於けると同じくその内地高原は——地圖を見ただけでは住めさうに見えるかも知れませんが——比較的極少な擴りな持つ場所になつてゐます。マッケンヂー東部の海岸はベーリン海峽に沿つて氷結した山頂岩だらけな山の末端にあつて以上と同じ相貌を呈してゐます。この地點から出發してエスキモ地帶の南部の限界であるカディヤック島に至るまでは、エスキモ地帶は三角洲のツンドラや山又は高原の急落地が交互に構成してゐます。

然しながら、エスキモは沿海民族であるにしても彼等の海岸は通常のものではありません。ラッツェルは海岸を次の如く一般的に定義しました。「海と陸の結合點、寧ろ、陸地と他の遙かに遠隔した陸地との結合點。」この定義はエスキモが占めてゐる海岸には當りません。その海岸と背後の土地の間には一般殆んど連絡がありません。内地の住民が海岸に長い滯在をしに來ることもなければ、エスキモが内地に入ることもありません。海岸はここでは專ら居住地なのであつて通路でも移動地點でもありません。以上の樣にエスキモの居住地點のことを述べた後に私達はこれ等の住民がその占めてゐる地表に如何に分布せられてゐるか、すなはち、如何なる特別の集團から成立してゐるか、その集團の數、大いさ、特性は如何なるものであるかを探究しなければなりません。

先づその綜合がエスキモ住民を構成してゐる諸政治集團が何であるかを知る必要となるでありませう。エスキモは果して異つた種類の集合であらうか或ひは一つの國民（種族の聯合）であらうか。不幸にして、この慣用の術語が精密を缺いてゐる點は別としても、それはこの場合には適用困難であります。エスキモ社會の構成は元來いくらか不明瞭浮動的なものでありまして、それがどんな確定的單位から構成せられてゐるかを見分けるのは容易なことではないのであります。

集團的個性、種族か國民かを認識する最も確實な標徴は特色ある言語であります。然しながらエスキモ人は可成の範圍に渉つて言語上の著しき統一を保つてゐます。私達が樣々な方言の境界を知るとき――そしてそれのみが例外的に知れてゐる場合に、一方言の範圍と一定集團の範圍の間に何ら確定的な關係を建てることは出來ません。かくしてアラスカの北部に於ては二つ又は三つの方言が、ある觀察者達が分別し得たと信じ、また、彼等が種族といふ名稱を與へた十乃至十二の集團に擴つてをります。

種族を區別する他の規準はその成員全部が有してゐる集合名詞であります。然しその分類は此場合明かに非常に不明瞭であります。グリーランドに於ては謂はゆる種族卽ち地方居住地の集團、若しくは、氏族に當てはまるやうな如何なる名前も見出されません。ラブラドルに就いては、モラーヴ派宣教師がただ一つの固有名詞も保存して置いてくれなかつたといふことを度外視しましても、吾々がウンガヴァ地方（ハドソン海峽）に就て持つてゐます唯一のものも意味が極めて漠然たる表現でありまして眞の固有名詞ではありません。（遠方人、島嶼人等々。）他の海峽ではもつと明確に規定せられました命名法分類が發見せられることは本當であります。然しながら使用せられてゐる名稱が恒常的であるやうに思はれ、すべての著作者の報告するところが一致してゐるバッファワン地方及びハドソン灣西海岸を除いては、他の何處に行つても觀察者の間に最も重大なる相違があります。

境界に關する名稱にも同樣に不確實があります。然るに自己意識を持つ政治集團の統一が最も明瞭に表現せられるのはその名稱に於てであります。然しそれに就て問題となつたのはただ一度、最も解らないエスキモ住民分布に關して起つた場合だけであります。種族間の戰爭は一種族がその存在及び感情を確信するに至る他の仕方であります。然るに私達は固より歷史を持つてゐるアラスカ及び中央種族に於ける場合を除く外はかういふ例を知らないのであります。

たしかに是等のすべての事實を論據として種族の組織はエスキモに全くないと結論することは出來ません。それ處か私達は一種族に屬してゐると通常考へられる二三の特徴を持つてゐるやうに思はれる數個の社會集團を偶然見出したばかりであります。然し同時に大抵の時にはその集合は極く不確かな不定な形を持つてゐるといふことが解ります。それが何處で初つてゐるか終つてゐるかよく解りません。それ等は容易に相混合し變形し易い關連を持つてゐるやうに思はれます。稀にはそれ等が共同行動に對し一致するのが見られます。もし種族が存在しないのではないとしても、

—湯淺—

それはたしかにエスキモ集團が依存してゐる固定的恒常的な社會單位ではありません。正確に云へばそれは領土單位を形成するものではありません。就中それの特色をなしてゐるものは、單一集團がそれが自らと同一化してゐる領土を獨占してゐることや、確定した境界が異れるまたは相隣れる集團を明瞭に區別するといふことよりも寧ろ遙かに、集積したまたその間の連絡が容易な集團間の一定關係の恒常性であります。エスキモ種族を相互に分離するものは、無人の、すべてに事缺ける居住困難な擴りであり、どんな時でも廻ることの出來ない岬でありその結果である旅行が稀である事であります。同樣に注意すべきことは所謂種族の印象を與へる唯一の集團はスミス海峽のエスキモであるといふことであります。それは地理的狀況が他の總ての集團より完全に孤立させて、その成員は廣大な面積を占めてはゐますが言はば唯一の家族のやうになつてゐます。(未完)

學界消息

○慶應大學地人會十二月例會　は十一月五日同大學万來舍に於て開かれた。當日は先づ森貞成氏より『日吉臺古墳發掘報告』と題して、新に同大學の敷地となる神奈川縣橘樹郡日吉村日吉臺にある古墳四つの中、既に發掘された、第一號A及第三號C古墳の形狀及遺物の出土狀態についての報告あり、次いで、明石貞吉氏より『小豆澤大日堂について』といふ、岩手縣と秋田縣との境にある小豆澤の大日堂に舊正月の一日の夜から二日にかけて行はれる行事、舞の次第についての話があつた。この舞はこの大日堂の由來緣起として傳はる「だんぶり長者」の譚に基いたものであるといはれて居るのださうであるが、この報告は今夏の豫備調査にすぎないとはいへ、なほかつ興味深いものであつた。終りに井汲清治氏より『ロックよりレゼージーへ』と題して、同氏が滯佛中、巴里の Institut d'Ethnographie の遠足に加つて、ロック、レゼージー方面へ赴いた時の旅行談があつた。(前月號地人會例會記事の熊本縣は和歌山縣の誤り)

○國學院大學鄕土會大會講演會　は十一月六日同大學講堂に於て開かれ、折口信夫氏の『國語學に於ける民俗學的方法――枕詞を中心として』、中山太郎氏の『紅塚より皿屋敷へ』といふ講演があつた。金田一京助氏の講演は病氣の爲なかつた。

　折口信夫氏の『國語學に於ける民俗學的方法――枕詞を中心として』は、學者は一元的に說明することを好むが、何んな物でも眞直に展開するものではなく、後から轉化せられたものがついて、變化する。だから物の起原原因を一元的に說くことは難かしい。枕詞もさうした一例である。枕詞は詞章の生命だと、枕詞の語を考へ出した人は枕詞を解して居るか、この語の出來た平安朝には枕詞が既に倫落して、萬葉以前みたいに生きて用ひられて居なかつた。大體枕詞は人麿を中心として近世化されたから、枕詞は、人麿以前、人麿以後から奈良朝まで、平安朝の三期に分けられる。だから枕詞風のものは奈良朝以前の記紀風土記に見えて居て、これは枕詞の研究に大きな暗示を與へる。故に枕詞の研究はこゝから出發せねばならぬ。枕詞は地名、人名から出來た。つまり地名、人名にかぶせる修飾語、假に之を冠詞と呼べば、冠詞から出來た。例へば赤衾犬大隅彥狹理命、くしいなだみとよ麻奴良比賣命、(神の名は神に奉仕する若者が稱へ、それが平生用ひられるやうになると人名になる。)更に神武帝の正式の御名前、畝傍の橿原に、底磐根に、宮柱太しく立て、、高天原に千木高しりて、はつくにしらす天皇である。このほめ詞風の冠詞は枕詞と言つてもよい。又例へば常陸風土記の風俗諺に「筑波岳黑雲挂衣濱國」とある。これは常陸國の序歌式の枕詞となる。同じく鹿島郡の風俗說に霰零香島國の霰零も枕詞と言へる。

　さてこの霰零は霰零吉志美嶽、(肥前風土記)霰零杵島岳(萬葉集)と流用されて居る。この原因には音韻の類似といふ以外、他の原因もありさうだ。このあられふるは、あられの降る時分にあつた新室の言壽の家ぼめの言葉である。日本では言壽ぎの神人が自分の國の神にとなへる言壽ぎの詞或は方法を用ひて言壽いで歩いた。冠詞の流用枕詞の發生もかうしたことに關係して居る。出雲はかうした言壽の中心である。「八重立出雲八重垣」は新室につまと籠る時いつも草でふいた壁といつて言壽いだ歌であらう。更に出雲の神賀詞をみると、神寶を祝詞と結びつけて言ほいで居る。それが又一々人麿風の長い枕詞をなして居る。かうした壽詞の冠詞を持つた一部は、一部でもエッセンスであれば其咒力的効果は全部と同じであるところから、遊離して枕詞風のものとなる。

　沖繩では豐見城が幾つもあるとき、金豐見城、平原豐見城とよび、地名の混同をさけるといふ。沖繩ではこれを平原の隣りの豐見城と解して居る樣であるが、舊日本ではこれを平原の中の豐見城と解して居る。近江のしが、筑前のしかしまのしかなどがそれである。そうしてこれはしかといふ地名を持つて居た團體があつだから起した。

かうした地名を二つ重ねて地名があらたまることは多くいまきの人が來た時に起る。地名は土地の神の名である。いまきの人は離れた土地の神の名を持つていつて、先の土地の神の名につける。この場合いまきの人が征服者の時には其神の名は大きく、相手の神の名は小さくなる。被征服者の時にはこの關係は反對になる。複姓（大氏・小氏）もこれに關係ある。更に天子がかばねを下して、位階をあげる時には名前の上に、新しい名がつく、かうして名前に名前がついて冠詞がふえてゆく。

即ち枕詞は地名人名に關するたゝへ詞、稱へ詞から行離して出來たもので、結局ほめ詞のつゞまつたものである。だから枕詞は大事なことと思はれて居た。ほめ詞は家ぼめの時には、家屋の一部や、其家のたつ土地や、其國などをいひたてるが、人名の場合には家々の神號をとなる。

とにかく、かうして枕詞はたゞへ詞の地名人名について發達したものを大道にして、それに色々のものがついて行つたと考へた方がよい。かつては一音の、首句に對する枕詞を考へたが、今はもう一度考へなほさねばならぬ。

中山太郎氏の「紅皿塚より皿屋敷まで」は、東大久保の西向の天神の大聖院の紅皿塚の傳說として、小宮山楓軒の參考餘錄の大聖院の書上には、紅皿、缺皿の姉妹あり、姉は先妻の子にして美しく、妹は醜女である。この姉が太田道灌の妾となり、道灌の死後尼となつてこゝに住んで居たとある。これはシンドレラ型の話で、これからいつても姉が缺皿、妹が紅皿であるべき筈だ。紅皿缺皿は皿々鄉談には落窪物語の樣な繼母が繼娘をいじめる話になつて居るが、これを默阿彌が狂言にして「魁松梅櫻曙」「月缺皿戀路宵曙」を作つてゐる。斯波郡昔話には糠袋朱皿の話があり、盛岡市には紅の子、皿の子の話があるから、紅皿缺皿が話主となつたシンドレラ型の話が考へられる。これと「播州皿屋敷」の皿を數へる話とは、宮城縣の亘にある九枚筵といふ地名の傳說となつて居る。シンドレラ型の話、繼母が十枚の筵を、一枚かくして置くため、九枚目まで繼の姉娘が數へては、一枚足りぬので泣く話となかにおいて見れば、關係がありさうだ。といふにあつた。

○鄉土研究五ノ五

狼と鍛冶屋の姥	柳田國男
字符のノリキにつき	藤原相之助
せちべん（火打袋）のこと	宮本勢助
お船鏇樣	山本鹿洲
巫の腹話術追記	係　晋　泰
團子新井	長　尾　豐
ハマボウとハマガフ	南方熊楠
近江野州郡の傳承	小牧實繁
伊勢小川村の出產風習	澤田四郎作
鄉土採集覺之書	山本靖民
武州寺塚村の婚姻習俗	別所光一
伊豆の手鞠唄	小島千夫也
相州內鄉村話補遺	鈴木重光
求菩提山松會祭御田之神歌	三　松　莊
紀南方言雜記（三）	雜賀貞次郎
夷守と毛瀰	立花正一
能登鹿島地方の童謠童詞	諏訪藤馬
西三河下市場の童戲	矢頭和一

第五回民俗學大會記事

前月號に於てお知らせいたしました如く、第五回民俗學大會は、十一月廿四日、新嘗祭の日に、松本市に於て開催いたしました。講師としましては、折口信夫、宇野圓空、小山榮三の三氏が參りました。石田幹之助氏は都合惡しく、金田一京助氏は病氣のため參會いたすことが出來なかつたのは甚だ遺憾でした。石田氏の講演は小山氏が代りました。なほ會場も變更致しまして、松本女子高等女學校の講堂になりました。其の日は午前十時、先づ信濃教育會東筑摩部會々長手塚縫藏氏の開會の辭によつて開かれまして、宇野圓空氏より『儀禮の動機と其說明』といふ講演がありました。これは、民俗學は Folklore の譯語で、民間傳承とも譯されて、民間社會に存在し、又は殘存する觀念傳承をさすものと考へられて居るが、今之を行動傳承といふ立場から考へる。この行動傳承は、傳承が集合表象として、行動形式にあらはされてゆくことで、一定の社會的制約のもとにある。農耕祭儀など儀禮となづくるものは最もよく之に當る。かうした儀禮の目的動機を說くに、從來あまり難しく理由づけて居たが、之を單純な表出運動から說明したらどうか。といふのでありました。

次に晝食後小山榮三氏より『原始的通信法』といふ演題で、新聞の前史たる原始的通信法について面白い話がありまして、つゞいて折口信夫氏より『御柱の話』といふ、昔は柱を立てゝやしろとみたてたこと、更に鎌倉の話から、進んで龍田風神祭の祝詞を引いて、諏訪の神が、風神と考へられて居た時代もあつた、その信仰と柱の話とが關係があるらしい等諏訪の御柱についての意味深い話がありました。これは同地の『鄉土』に載る筈です。終つて、手塚氏の閉會の辭があつて、四時半頃散會いたしました。出席者は約百五十名許でした。同夜は同市の話の會のお招きをうけまして、同地方の鄉土研究家及教育會の方々と會談いたすことが出來ましたのは幸ひでした。

○寄稿のお願ひ

○種目略記　民俗學に關係のある題目を取扱つたものなら何んでもよいのです。長さも御自由です。

(1)論文。民俗學に關する比較研究的なもの、理論的なもの、方法論的なもの。

(2)民間傳承に關聯した、又は未開民族の傳說。呪文、歌曲、方言、謎諺、年中行事、生活樣式、慣習法、民間藝術、造形物等の記錄。

(3)民俗採集旅行記、挿話。

(4)民俗に關する質問。

(5)各地方の民俗研究に關係ある集會及び出版物の記事又は豫告。

○規略

(1)原稿には必ず住所氏名を明記して下さい。

(2)原稿掲載に關することは一切編輯者にお任かせ下さい。

(3)締切は毎月二十日です。

編輯後記

○第五回民俗學大會を盛大に松本で開くことが出來ました。これは偏へに信濃敎育會東筑摩部會及び「話をきく會」の方々の御盡力の賜です。殊に手塚、胡桃澤、池上、佐野の諸氏及び澁澤敬三氏の御贊援を厚く御禮申し上げます。

○朝の十時から午後四時半まで長い間火の氣のない講堂で靜肅に御淸聽下さつた聽衆の眞摯な態度には心をうたれました。

○夜は「話をきく會」で歡迎會を開いて下さいました。若いものと年よりとが和氣靄々と團欒を作つて民俗學の話を聽いたり話したりするこの會をつくづく羨しく思ひました。そして各地方にこう云ふ會合が出來、それらが聯絡をとることが出來たらどんなに愉快なことでせう。

○總目錄を卷末につけました。色々な都合でいつも發行日が遲れてゐましたが來年からは注意したいと思ひます。

△原稿、寄贈及交換雜誌類の御送附、入會退會の御申込會費の御拂込、等は總て左記學會宛に御願ひいたし。

△會費の御拂込には振替口座を御利用ありたし。

△會員御轉居の節は新舊御住所を御通知相成たし。

△御照會は通信料御添付ありたし。

△領收證の御請求に對しても同樣の事。

昭和六年十二月一日印刷
昭和六年十二月十日發行

定價金八拾錢

編輯兼發行者　小山榮三　東京市神田區表猿樂町二番地

印刷者　中村修二　東京市神田區表猿樂町二番地

印刷所　株式會社　開明堂支店

發行所　民俗學會　東京市神田區北甲賀町四番地　振替東京七二九九〇番　電話神田二七七五番

取扱所　岡書院　東京市神田區北甲賀町四番地　振替東京六七六一九番

昭和五年十二月五日第三種郵便物認可（毎月一回十日發行）

MINZOKUGAKU

OR

THE JAPANESE JOURNAL

OF

FOLKLORE & ETHNOLOGY

Volume III December 1931 Number 12

CONTENTS

Page

PUBLISHED MONTHLY BY

MINZOKU-GAKKAI

4, Kita-Kôga-chô, Kanda, Tokyo, Japan